MARTIN FRANZBACH

HISTORIA SOCIAL DE LA LITERATURA CUBANA II
(1959-2005)

TOMO SEGUNDO

D1719560

BIBLIOTHECA ROMANICA ET LATINA
ISSN 1610-3890

EDITORES:

Dietrich Briesemeister (Ienensis)
Eberhard Gärtner (Lipsiensis)
Sybille Große (Posdamensis)
Maria de la Pau Janer (Maioricensis)
Axel Schönberger (Bremensis)

VOLUMEN SEPTIMUM DECIMUM

BIBLIOTHECA ROMANICA ET LATINA
VOL. XVII

Martin Franzbach

———

Historia social de la literatura cubana

(1959-2005)

Tomo Segundo

Valentia
Francofurti Moenani MMXV

Schedula bibliographica

Historia social de la literatura cubana II (1959-2005): tomo segundo /
Martin Franzbach. — Francofurti Moenani: Valentia, 2015
   (Bibliotheca Romanica et Latina; Vol. 17)
   ISBN 978-3-936132-36-6

A mis amigos cubanos
aquende y allende del Atlántico

Titulus huius libri: *Historia social de la literatura cubana II (1959-2005): Tomo
   segundo*
Scriptor: Prof. Dr. Martin Franzbach (Universität Bremen)
Compositio typographica: Prof. Dr. Axel Schönberger (Universität Bremen)
Lectrix scientifica: Prof. Dr. Maria de la Pau Janer (Universitat de les Illes
   Balears)
Interpres hispanicus: Juan Segura (†)
Domus Editoria: Valentia GmbH, Postfach 10 37 52, D-60107 Frankfurt am
   Main (Germania)
Typographeum: Druckservice Uwe Grube, Vogelsbergstraße 6, D-63697
   Hirzenhain-Glashütten

Numerus serialis internationalis huius libri: ISBN 978-3-936132-36-6
Numerus serialis internationalis huius seriei: ISSN 1610-3890

Índice General

Tomo segundo

Martin Franzbach:
Historia social de la literatura cubana II (1959-2005): tomo segundo,
Frankfurt am Main: Valentia, 2015,
ISBN 978-3-936132-36-6, págs. V-X

Cronología en etapas

A. «Luna de Miel» y «Años Duros» (1959-1967)

Mitos y sagas de la Revolución en la literatura

Literatura cubana en la diáspora

7 La poesía

7.1 Introducción

No hay hombre más desamparado que un poeta. Mas recuerda cuando te sientes a escribir, la verdad, siempre la verdad.[1]

El método de clasificar por generaciones y grupos se emplea también en la historia de la literatura cubana, sobre todo en la poesía. Así se habla, partiendo de la hegemonía del Grupo *Orígenes* (Lezama Lima, Gastón Baquero, Eugenio Florit, Ángel Gaztelu, Gorriti, Justo Rodríguez Santos y otros de una «Generación de los años 50» (véase la antología de Suardíaz / Chericián) con Oliver Labra, Marré, P. A. Fernández, Jamís, Fernández Retamar, Alcides, López, Arrufat, Díaz Martínez, López Morales y otros.

A ellos siguen los «Caimanes», con el primer grupo del *Caimán Barbudo* (Nogueras, Rodríguez Rivera, Contreras, Raúl Rivero y otros) y sus coetáneos (Morejón, Barnet, Lina de Feria, Delfín Prats y otros), el segundo grupo del *Caimán Barbudo* (R. M. Rodríguez, Fleites, Bobes, Codina, etc.). La subagrupación, en torno a revistas, que aparentemente forman escuelas poéticas, como el Caimán Barbudo o en torno a tertulias o piñas pone ya de manifiesto las dificultades para encasillar los individualistas en una institución.

Otro grupo con un perfil definido es el que pertenece a la llamada «Generación de los 80»: Yoel Mesa Falcón, Raúl Hernández Novás, Roberto Manzano, José Pérez Olivares, Alberto Serret, Carlos Martí, Soleida Ríos, Alex Pausides, Abel Díaz Castro, Jorge Iglesias, Efraín Rodríguez Santana, Abilio Estévez, Alex Fleites, Roberto Méndez, Chely Lima, Lourdes González, Alejandro Fonseca, Manuel García Verdecia, Eugenio Marrón, Jorge Luis Arcos, María Elena Cruz Varela, Cira Andrés, Víctor Rodríguez Núñez, Marilyn Bobes, Ángel Escobar, León de la Hoz, Alberto Acosta Pérez, Osvaldo Sánchez, Ramón Fernández Larrea, Zoé Valdés, etc.

Una tercera agrupación aparecida a finales de los 80 y que evoluciona y se incrementa a lo largo de toda la década del 90 estária compuesta por Alberto Rodríguez Tosca, Emilio García Montiel, Atilio Jorge Caballero, Rolando Sánchez Mejías, Víctor Fowler Calzada, Teresa Melo, León Estrada, Ismael González Castañer, Sigfredo Ariel, Juan Carlos Flores, Almelio Calderón Fornaris, Frank Abel Dopico, Antonio José Ponte, Omar Pérez López, Heriberto Hernández, Carlos Augusto Alfonso, Pedro Marqués de Armas, Damaris Calderón, María Elena Hernández, Norge Espinosa Mendoza, Alessandra Molina y Nelson Simón.

---

[1] Estévez (1998: 55).

Como prolongación de este mismo grupo, destacan Rito Ramón Aroche, Caridad Atencio, Antonio Armenteros, C. A. Aguilera, Ronel González Sánchez, Rafael Enrique Hernández, Nuvia Estévez, Aymara Aymerich, Gerardo Fernández Fe, Liudmila Quincoses, Javier Marimón, Noel Castillo González, René Coyra, Miladis Hernández Acosta, Wendy Guerra, George Riverón Pupo, Luis Eligio Pérez, José Félix León, Michael H. Miranda, Manuel Sosa, Rogelio Riverón, Laura Ruiz, Ileana Álvarez, Alberto Sicilia, Camilo Venegas, Andrés Mir, Jorge Ángel Hernández Pérez, Aristides Vega Chapú, Odette Alonso, Agustín Labrada, Marcelo Morales, Arlén Regueiro, Israel Domínguez, Jesús David Curbelo, etc.

Si los hijos tienen que inmolar a los padres para alcanzar la mayoría de edad, también en la lírica se refleja este cambio generacional y paradigmático. La respuesta al famoso poema de Fernández Retamar, «Nosotros los sobrevivientes» («¿A quienes debemos la sobrevida [...]?») la dio 30 años después Ramón Fernández-Larrea en su poema «Generación»:

> Nosotros, los sobrevivientes
> a nadie debemos la sobrevida
> [...]
> no conocía mi rostro el frank con su pistola
> yo tampoco conozco la cara
> de quien va a joder alegremente en mi cama
> en mi plato sin la alegría que merece
> o que merecería si soy puro
> viejo tony Guiteras el curita los tantos
> que atravesaron una vez la luz
> no pensaron que yo sería ramón
> sudaron porque si porque la patria gritaba
> porque todas las cosas restaban puestas al descuido.[2]

Sobre el esquema generacional, véase:

Arrom, José Juan: *Esquema generacional de las letras hispanoamericanas: ensayo de un método*, Bogotá ²1977.

Fernández Retamar, Roberto: *Para una teoría de la literatura hispanoamericana*, primera edición completa, Santafé de Bogotá 1995.

Lazo, Raimundo: *La teoría de las generaciones y su aplicación al estudio histórico de la literatura cubana (1954)*, México ²1973.

Portuondo, José A.: *La historia y las generaciones*, La Habana 1981.

En el poema «Credulidades» (escrito hacia 1993), Mirta Yáñez traza una comparación a través de las generaciones:

---

[2]   Llarena (1994: 45-46).

Mis tatarabuelos creyeron en los irreprochables terrones
que proveían casi lo necesario
[...]
Mis bisabuelos creyeron en el viaje,
la ciudad prometida
[...]
Mis padres también creyeron en lo suyo,
una familia sólida como un doblón
enterrado en la arena
[...]
Yo también creí en las mismas cosas
Y aún en otras que se me han ido olvidando.[3]

Los temas a los que aquí se hace alusión, son la propiedad rústica, los viajes, la estructura familiar, y queda vacía la fe en el futuro, que ha cuestionado todas las realidades y sueños anteriores.

Eliseo Alberto trasladó a otro plano la discusión cuando propuso hablar de grupos literarios:

Creo que es preferible hablar de grupos literarios antes que de generaciones literarias, porque la levadura aglutinadora era en principio la de la amistad. Así sucedió a los Minoristas, a los poetas de Orígenes, a los entusiastas de Nuestro Tiempo, a los iracundos de Ciclón, a los escritores de Lunes, a los fundadores de El Caimán.[4]

Si partimos del principio, como los formalistas rusos, que todo movimiento literario nuevo se desarrolla por oposición a los precedentes, entonces resultan sin duda interesantes las discusiones entre los representantes del ya desaparecido grupo *El Puente* (1961-1965) y los partidarios de *El Caimán Barbudo*.

La revista *El Caimán Barbudo,* fundada en 1966 como suplemento mensual de cultura, publicado por el diario *Juventud Rebelde,* dirigido por Jesús Díaz, conquistó pronto un amplio círculo de lectores incorporándose a ella, con Rodríguez Rivera y Nogueras, lo más selecto de los jóvenes autores prometedores. Después del cambio de orientación de la revista, consecuencia del Congreso Cultural de 1968, empezó la segunda época, en la que al *Caimán* se le extrajeron algunos de sus colmillos, como puede verse por los cambios permanentes de personal.

Por un lado, *El Caimán Barbudo* se distanció de la concepción de los editores de *El Puente,* «que proponían una concepción de la poesía más hermética, arropada con el intimismo del lenguaje. Por otra parte, polemizaban con los poetas de los años 50, a los que se criticaba por su 'retórica y realismo populista', desde posiciones — como se demostró más tarde — más populistas y retóricas de las que se pretendía distanciar».[5]

---

[3]   *Anuario Poesía* (1994: 614).

[4]   Alberto (1997: 165).

[5]   Merino (1987: XXXIX).

En el manifiesto «Nos pronunciamos», publicado en *El Caimán Barbudo* (n.º 1, 1966) y firmado entre otros por Víctor Casaus, Félix Contreras, Luis Rogelio Nogueras, Helio Orovio y Guillermo Rodríguez Rivera, se dice:

> No pretendemos hacer poesía de, desde, por la Revolución. Una literatura revolucionaria no puede ser apologética. Existen, existirán siempre, conflictos sociales: una literatura revolucionaria tiene que enfrentar esos conflictos. No renunciamos a los llamados temas sociales porque no creemos en temas sociales [...] Nos pronunciamos por la integración del habla a la poesía. Consideramos que en los textos de nuestra música popular y folclórica hay posibilidades poéticas. Consideramos que toda palabra cabe en la poesía, sea carajo o corazón. Consideramos que todo tema cabe en la poesía. Rechazamos la mala poesía que trata de justificarse con denotaciones revolucionarias, repetidora de fórmulas pobres y gastadas: el poeta es un creador o no es nada.[6]

En la antología *La poesía de las dos orillas: Cuba* (1953-1993), de León de la Hoz, se sustituye el principio generacional únicamente por un «movimiento poético» con un ritmo de unos diez años aproximadamente, introduciéndose una diferenciación por etapas: en el período 1959-1968 predominó en la lírica lo conversacional; en la segunda etapa (1969-1980) se agotó, y la tercera fase (1981-1994) se caracteriza por la síntesis.

Si prestamos ahora atención a los autores seleccionados se verá enseguida que este principio carece de fundamento, y que, sobre todo durante los años 80 y 90, se produce una variedad de estilos y temas, que con el concepto de síntesis no se abarca y todavía menos con un catálogo de rasgos diferenciales. La evolución personal de cada uno de los poetas aparece, de este modo, comprimida en un lecho de Procrustes, que da primacía a la creatividad colectiva sobre la individual.

Por muy insuficientes que sean todos estos criterios de clasificación, resulta todavía más difícil proponer una división de los poemas según su temática, ya que los poetas pasan por diferentes fases de evolución en el transcurso de su vida, paralelamente a la variedad de sus vivencias e influencias. Por esta razón, hemos seguido otro método de clasificación ya tradicional: poesía pura y poesía circunstancial, por un lado, y poesía comprometida, por otro.

Los criterios diferenciales han sido la actitud del escritor ante la historia, el compromiso social y político expresado en el texto, la función e incidencia de los poemas. Aunque a veces surjan también problemas en este tipo de ordenación, por lo menos es posible agrupar temáticamente a los autores de una forma más eficiente que en los intentos anteriormente criticados.

---

[6]   León de la Hoz (1994: 26).

Imagen 45

Antologías

Aguilera Díaz, Gaspar (ed.): *Un grupo avanza silencioso: antología de poetas cubanos 1958-1972*, México 1990; La Habana ²1994.

Aguirre, Mirta (ed.): *Poesía social cubana*, La Habana 1980; ²1985.

Alberti, Aitana (ed.): *Con un mismo fuego: poesía cubana*, Málaga 1997 (Litoral; 215-216).

Alberto, Eliseo: *Informe contra mí mismo*, Madrid 1977.

Anhalt, Nedda G. de / Mendiola, Víctor Manuel / Ulacia, Manuel (eds.): *La fiesta innombrable: trece poetas cubanos*, México 1992.

Anuario Poesía 1994, La Habana 1994 (antología representativa de la UNEAC, contiene 215 autores).

Arcos, Jorge Luis (ed.): *Las palabras son islas: panorama de la poesía cubana: siglo XX (1900-1998)*, La Habana 1999.

Bobes, Marilyn (ed.): *Eros en la poesía cubana*, La Habana 1995.

Cabezas Miranda, Jorge (ed.): *Novísima poesía cubana (Antología, 1980-1998)*, Salamanca 1999.

Cardenal, Ernesto (ed.): *Poesía cubana de la Revolución*, México 1976.

Codina, Norberto (ed.): *Los ríos de la mañana: poesía cubana de los 80*, La Habana 1995.

Couffon, Claude (ed.): *Poésie cubaine du XXe siècle*, Genève 1997 (edición bilingüe).

Dés, Mihály (ed.): *Noche insular: antología de la poesía cubana*, Barcelona 1993.

Díaz Martínez, Manuel (ed.): *Poemas cubanos del siglo XX*, Madrid 2002.

Esteban, Ángel / Salvador, Álvaro (eds.): *Antología de la poesía cubana*, tomo IV, Madrid: Siglo XX, 2002.

Estévez, Abilio: *Un sueño feliz*, La Habana 1998.

Fernández Retamar, Roberto / Jamís, Fayad (eds.): *Poesía joven de Cuba*, La Habana 1959.

Fowler Calzada, Víctor / Ponte, Antonio José (eds.): *Retrato de grupo*, La Habana 1989.

García Elío, Diego (ed.): *Una antología de poesía cubana*, México 1984.

González Díaz, Juan / Menassa, Miguel Oscar (eds.): *Poesía cubana hoy (varios autores)*, Madrid 1995.

Goytisolo, José Agustín (ed.): *Nueva poesía cubana: antología poética*, Barcelona 1969; ²1973.

Hernández Menéndez, Mayra (ed.): *Nuevos poetas cubanos*, 2 tomos, La Habana 1994.

Hernández Menéndez, Mayra (ed.): *Nuevos juegos prohibidos: jóvenes poetas de Cuba*, La Habana 1997.

Hospital, Carolina (ed.): *Cuban American Writers: los atrevidos*, Princeton (New Jersey) 1988.

Hoz, León de la (ed.): *La poesía de las dos orillas: Cuba (1959-1993)*, Madrid 1994.

Labrada, Agustín (ed.): *Jugando a juegos prohibidos*, La Habana 1992.

Lázaro, Felipe (ed.): *Al pie de la memoria: antología de poetas cubanos muertos en el exilio (1959-2002)*, Madrid 2003.

Lázaro, Felipe / Zamora, Bladimir (eds.): *Poesía cubana: la isla entera*, Madrid 1995 (54 autores).

Llarena, Alicia (ed.): *Poesía cubana de los años 80*, Madrid 1994.

López Lemus, Virgilio / Longo, Gaetano (eds.): *Poetas de la Isla*, Sevilla 1995.

López Montenegro, Omar (ed.): *El desierto que canta (Poesía «Underground» cubana)*, Miami 1993.

Merino, Antonio (ed.): *Nueva poesía cubana (Antología 1966-1986)*, Madrid 1987.

Michelena, José Antonio (ed.): *Algunos pelos del lobo: jóvenes poetas en La Habana*, Veracruz (México) 1996.

Morán, Francisco (ed.): *La isla en su tinta: antología de la poesía cubana*, Madrid 2001.

Nogueras, Luis Rogelio (ed.): *Poesía cubana de amor: siglo XX*, La Habana 1983.

Padrón Barquín, Juan Nicolás (ed.): *Con una súbita vehemencia: antología de poesía contemporánea en Cuba*, La Habana 1996.

Randall, Margaret (ed.): *Breaking the Silences: An Anthology of 20th Century Poetry by Cuban Women*, Vancouver 1982.

Ríos, Soleida (ed.): *Poesía infiel*, La Habana 1989.

Rocasolano, Alberto (ed.): *Poetisas cubanas*, La Habana 1985.

Rodríguez Núñez, Víctor (ed.): *Usted es la culpable: nueva poesía cubana*, La Habana 1985.

Rodríguez Núñez, Víctor (ed.): *El pasado del cielo: la nueva y novísima poesía cubana*, Medellín 1994.

Sánchez Mejías, Rolando (ed.): *Mapa imaginario*, La Habana 1995 (Dossier: 26 poetas cubanos).

Sender, Ramón José (ed.): *Escrito en Cuba: cinco poetas disidentes*, Madrid 1978.

Suardíaz, Luis (ed.): *No me dan pena los burgueses vencidos,* La Habana 1991 (130 autores).

Suardíaz, Luis / Chericián, David (eds.): *La generación de los años 50: antología poética,* La Habana 1984 (prólogo de Eduardo López Morales).

Valle, Amir (ed.): *Caminos de Eva: voces desde la isla,* Puerto Rico 2002.

Yáñez, Mirta (ed.): *Album de poetisas cubanas,* La Habana 1992.

Yglesias, Jorge (ed.): *Donde irrumpe la luz: 18 poetas cubanos,* Magdalena (Colombia): Universidad del Magdalena, 1995.

Estudios

Arcos, Jorge Luis: «¿Otro mapa del país? Reflexión sobre la nueva poesía cubana», en: *Temas* 3 (1995), págs. 121-129.

Barquet, Jesús J.: «Tres apuntes para el futuro: poesía cubana posterior a 1959», en: *Plural* 262 (julio de 1993), págs. 51-56.

Fowler Calzada, Víctor: «La tarea del poeta y su lenguaje en la poesía cubana reciente», en: *Apuntes posmodernos / Postmodern Notes* 7/2 (1998), págs. 14-29.

Le Riverend, Pablo: *Diccionario biográfico de poetas cubanos en el exilio (contemporáneos),* Newark (New Jersey) 1988.

Linares Pérez, Marta: *La poesía pura en Cuba y su evolución,* Madrid 1975.

Morán, Francisco: «La generación cubana de los 80: un destino entre las ruinas», en: *Cuadernos Hispanoamericanos* 588 (1999), págs. 15-29.

Ostergård, Ole: «La poesía cubana y la poesía dicha social-revolucionaria», en: Bremer, Thomas / Losada, Alejandro (eds.): *Actas AELSAL,* Gießen 1985, págs. 107-115.

Prats Sariol, José: *Por la poesía cubana,* La Habana 1988.

Ruprecht, Hans-George: «De la poésie cubaine dans la révolution», en: Leenhardt, Jacques (ed.): *Littérature latino-américaine d'aujourd'hui,* Paris 1980, págs. 390-406 («Discussion»: págs. 407-414).

Sánchez, Osvaldo: «Herencia, miseria y profecía de la más joven poesía cubana», en: *Revista Iberoamericana* 152-153 (1990), págs. 1129-1142.

Smith, Verity: «Obedezco pero no cumplo: an Introduction to the Work of the Holguín Poets», en: *Cuban Studies* 22 (1992), págs. 173-193.

Vitier, Cintio: *Cincuenta años de poesía cubana (1902-1952),* La Habana 1952.

Vitier, Cintio: *Lo cubano en la Poesía (1958),* La Habana ²1970.

Zurbano, Roberto: «Confluencias e influencias en el espacio poético cubano de los años ochenta», en: Zurbano, Roberto: *Los estados nacientes: literatura cubana y postmodernidad,* La Habana 1996, págs. 47-59.

7.2 Las grandes figuras

Ángel Augier

Cuando en 1991, la obra creadora de Ángel Augier (1 de diciembre de 1910 Central Santa Lucía, Gibara, Oriente — 20 de enero de 2002, La Habana) fue coronada con el Premio Nacional de Literatura, este autor era ya una leyenda viva. Augier se inició al mundo de las letras en 1932 con el libro de poemas *Uno*, escrito entre 1928 y 1930 en el batey del ingenio azucarero «Santa Lucía» (hoy «Rafael Freyre»), en Gibara, provincia de Holguín, donde el escritor había nacido en el seno de una familia humilde.

El modernismo de Rubén Darío y el vanguardismo de Julio Herrera y Reissig marcaron la primera etapa de su creación. En *Oriente*, el poeta santiaguero Lino Horruitiner (1902-1972) fue una figura guía para Augier. Por medio del periodismo y una serie de trabajos filológicos consiguió trasladarse a La Habana, donde se ganó la vida como profesor de Artes Gráficas en la Escuela Técnica Industrial «José B. Alemán» (1946-1962) hasta comienzos de la Revolución Cubana.

La Cuba revolucionaria le abrió las puertas como miembro del Partido Comunista Cubano, en el que ya había ingresado en 1932. La vida y la obra de Augier estuvo profundamente relacionada, en el marco de la UNEAC cubana, con Nicolás Guillén, y quien se le considera como el mejor conocedor en Cuba de la obra del poeta mulato. Augier editó las obras completas de Guillén (verso y prosa) y una biografía (*Nicolás Guillén: estudio biográfico crítico*, última versión 1984), que significaron una contribución importante para entender la obra guilleniana.

Imagen 46:
Ángel Augier

Sus numerosos trabajos filológicos (*De la sangre en la letra*, 1977, *Cuba en Rubén Darío y Darío en Cuba*, 1989) demuestran que es un conocedor polifacético de la literatura cubana y universal. En sus numerosos viajes al extranjero, Augier tendió muchos puentes y fue paciente intermediario en muchos conflictos, limando su aspereza.

Su poesía está seleccionada y recopilada en la antología *Poesía* (1928-1978), publicada en 1980, y recoge 50 años de creación poética. En ella hay que destacar, sobre todo, los *Poemas en la Revolución* (1959-1962), *Isla en el tacto* (1965), los apuntes poéticos de viaje *Do Svidanya* (1966-1969) y *Copa de sol* (1970-1978). En el prólogo a dicha antología, Eliseo Diego reconoce con agradecimiento la influencia de Augier sobre su obra, influencia que se advierte, en su primera época, sin duda, en el sincretismo entre poesía cubana (Heredia, Casal, Martí, entre otros), modernismo y poesía de vanguardia.

Las poesía revolucionaria escrita después de 1959, está dedicada a los héroes, como el cosmonauta soviético Gagarin, Camilo Cienfuegos, Che Guevara o Castro. Este ciclo se cierra con un poema sobre la amenaza de invasión de EE.UU. durante la crisis de los misiles de octubre de 1962.

En 1962, Augier participó en un Concurso Literario Hispanoamericano convocado por la Casa de las Américas. El jurado integrado por Raúl González Tuñón, Fayad Jamís y Claude Couffon recomendó la publicación de su poema extenso «Isla en el tacto» (1965). Se trata de poemas con imágenes sencillas en verso libre, en décimas y sonetos sobre el amor a su país natal, en los que se cita a Martí, Mella y Castro como luminarias de la historia. La poesía de la lengua sobrevivirá a estos himnos patrióticos:

> Soledad por tu sol y por tu ola:
> isla sola: sol y ola
> confundidos ciñendo, acariciándote
> la piel mulata de la costa,
> la femenina piel, fragante de tabaco,
> y la piel de la playa,
> cálida y temblorosa con su arena de azúcar.[7]

El libro de poemas de viaje *Do Svidanya* (1971) surgió de sus viajes a la Unión Soviética y Checoslovaquia. En él se habla de la solidaridad con los ideales del socialismo, con la Revolución de Octubre y la vida de la gente sencilla. Contiene, además, poemas dedicados a ciudades, como Praga, Spilberk Brno, y se nombra a algunos poetas afines, como Maiakowski y Jan Neruda, incorporándolos a la tradición de la literatura universal.

La poesía de los años 70 está reunida en el pequeño tomo *Copa de sol* (1978), en el cual se alternan ritmos patrióticos y antiamericanos con viñetas sobre la isla natal, cuadros de viaje y bocetos intimistas. En edad avanzada, Augier escribió sólo ocasionalmente. En Ediciones Extramuros se publicaron 1989 pequeñas ediciones de gran delicadeza: *Discurso de la ceiba, Todo el mar en la ola*. Los elementos de la naturaleza, los mitos y leyendas aparecen aquí estrechamente entrelazados con la vida personal del autor, que está en paz con los hombres y el cosmos.

En el *Discurso de la ceiba* (1989) se dice al final:

> Pero en mi secreta intimidad sé que la fuerza telúrica y cósmica de mi ser procede inagotable — como mi verde dinastía — de las profundidades de la tierra y del tiempo, y sé que la majestad que ejerzo ilimitada es generosa gracia de la Naturaleza.

Nicolás Guillén, que se sentía muy cerca de Ángel Augier, resumió magistralmente la vida y obra de su amigo, poco antes de su muerte, en un poema de 25 versos:

---

[7]   Augier (1965: 12).

Con un gran gesto amistoso,
como a su bondad conviene,
hoy Augier a darnos viene
todo lo bello que tiene
su natural generoso.

No son los libros que edita,
ni los prólogos que hace,
ni su paciencia infinita
con la que a todos complace,
ni su voz que nunca grita;

ni el sabio estilo que emplea
para resaltar, carijo,
el verbo, el nombre, el prefijo,
y al mismo tiempo la idea,
como ya Andrés Bello dijo.

Ni el amor con que se inclina
con su verso de onda fina
cada vez que el caso llega
sobre la hermosa gallega
que resultó ser divina.

No, señor, lo que él prefiere
y a todos diciendo va,
si la ocasión lo requiere,
es: — ¡Asere,
qué volá![8]

En los últimos años, Augier publicó los poemarios *Fabulario inconcluso* (1998), *Decimario mío* (1999) y *Cuba patria sin amo* (2000).

Textos

Discurso de la ceiba, La Habana 1989.
Isla en el tacto, La Habana 1965.

Estudio

Perdomo Correa, Omar: *Biobibliografía de Ángel Augier*, La Habana 2000.

Gastón Baquero

Este importante poeta, ensayista, crítico literario y periodista (4 de mayo de 1918 Banes, Oriente — 15 de mayo de 1997 Madrid) vivió en su exilio español desde abril de 1959. En los últimos años de su vida, se retiró, en paz consigo mismo y con el mundo, entre sus libros y recuerdos, a una residencia

---

[8]   Ángel Augier, hoja plegable, Premio Nacional de Literatura 1991.

de ancianos de Alcobendas cerca de Madrid. El Día de San Isidro falleció en el Hospital de la Paz (Madrid), a consecuencia de un infarto cerebral. Che Guevara dijo de él en tono de burla: «Vio claro lo que iba a ser la revolución y se fue a las tranquilas playas franquistas.»

Baquero, originariamente ingeniero agrícola, es uno de los grandes poetas latinoamericanos, que en los años 40 pertenecía ya al legendario grupo en torno a Lezama Lima (al que conocía desde 1937) y la revista *Orígenes*. Con anterioridad, Baquero había fundado la revista *Clavileño* (1942-1943) y a la vez colaboraba en otras revistas culturales de importancia como *Verbum, Nadie Parecía, Espuela de Plata* y *Poeta*.

Aunque publicó sólo en el primer número de *Orígenes,* abrió después el camino hacia la literatura a toda una generación como redactor-jefe del *Diario de la Marina.* También en las décadas de su largo exilio español trabajó como periodista y profesor, impartiendo clases de literatura hispanoamericana e historia de América en la Escuela Oficial de Periodismo, de Madrid. Durante casi 25 años colaboró en el Instituto de Cultura Hispánica, donde ocupó el cargo de técnico del Gabinete de la Vicepresidencia a la vez que realizó tareas de documentación.

A pesar de una juventud difícil y del exilio, fue un hombre de gran bondad, dispuesto siempre a ayudar. Como Lezama Lima, puso desinteresadamente a disposición los tesoros de su biblioteca a todo el que acudía a él, confirmando así la opinión de Cintio Vitier:

> Nunca vi influencia poética mayor, ni más gracia de persona ni más misterioso futuro [...] El era huésped increíble, y el poder de la pobreza.[9]

Su influencia sobre la generación de escritores e intelectuales jóvenes españoles, que le organizaron un conmovedor homenaje internacional el 27 y 28 de abril de 1993 en la Universidad Pontificia de Salamanca, merecería un estudio aparte.

En España se publicaron sus importantes ensayos que presentan a un Baquero en contacto lleno de vida con los escritores más significativos de su siglo: *Escritores hispanoamericanos de hoy* (1961), *Darío, Cernuda y otros temas poéticos* (1969), *Indios, blancos y negros en el caldero de América* (1991), *La fuente inagotable* (1995).

Silenciado en Cuba durante su vida, sus amigos, como José Prats Sariol, Barnet, Arrufat, César López, Fina García Marruz y Cintio Vitier, le prepararon en enero de 1994 un homenaje en el marco del 50 aniversario de la fundación de la revista *Orígenes.* Prats Sariol afirmó en su intervención que esperaba que muy pronto se suavizara la intolerancia cultural de otras épocas. En la revista *Credo,* del Instituto Superior de Arte, se publicaron diez poemas inéditos de Baquero, pertenecientes al archivo personal de Lezama Lima, que, en parte, se conserva en la Biblioteca Nacional, de acceso difícil.

---

9   Vitier (1970: 498).

Gastón Baquero tiene que ser desvelado todavía como una de las grandes voces de América Latina, por la riqueza y variedad de su creación. Punto de arranque para conocer su lírica lo ofrecen su *Poesía completa* (1935-1994), los *Poemas invisibles* (1991) y *Autoantología comentada* (1992).

En esta última obra, Baquero analiza las dos direcciones de su poesía:

> [...] una, la de los poemas impersonales, a los que llamo así por verlos con sólo poesía por dentro, y otra de poemas personalizados, porque no giran como los anteriores al impulso de la invención absoluta, de la fábula, sino que nacieron motivados por una experiencia personal, mía o ajena. No se sorprenderá el lector si declaro mi penchant por lo fabuloso, por lo irreal realizado.[10]

En el prólogo a su antología protesta contra el escapismo que se le reprocha, que él rechaza porque todos somos prisioneros del planeta. Los poemas impersonales y los personalizados están relacionados con obras de compositores clásicos (Mozart, Händel, Bach, Rameau, Haydn, Brahms, Wagner, Vivaldi, Beethoven, Debussy, Villalobos, Rossini, Falla, José White, Bizet, Alban Berg). El Viejo y el Nuevo Mundo se funden en una unidad cultural universal, válida para todos, en la que la música y el verso marcan el ritmo melancólico.

En una impresionante dedicatoria, del libro *Poemas invisibles* (1991), Baquero lamenta el mutuo distanciamiento de las dos Cubas y la pérdida de capacidad para dialogar. Sólo la generación de los jóvenes representa una esperanza para él: «Estos poemas son para los pinos nuevos, para todos ellos. Digo con Borges: 'No he recobrado tu cercanía, mi patria, pero ya tengo tus estrellas'».[11] En esta obra figuran algunos poemas circunstanciales, en los que resucitan a la vida poetas amigos, reales e imaginarios: con Vallejo en un lluvioso París, con García Lorca en La Habana, encuentros con Oscar Wilde, Sarah Bernhardt y Borges.

A los poemas impersonales pertenece el delicioso poema «Brandenburgo 1526», en verso libre, que refleja el espíritu del «Concierto para órgano y orquesta», op. 4, de Händel. Un día de 1526, la baronesa Humperdansk rompe con el rígido ceremonial de la corte brandenburguesa para ir a conocer los países de ultramar, descubiertos por Colón. Su regreso se convierte en una fiesta, llena de sorpresas, porque no sólo es portadora, en su vientre embarazado, del futuro heredero del trono sino que el tabaco, la música y las danzas de las islas caribeñas transforman, ademas, toda la corte en un paraíso tropical:

> «Bendecidme, mujeres de Brandenburgo,
> mirad mi vientre: traigo del Nuevo Mundo
> al sucesor de este castillo.»
>
> Y la Baronesa con suma cortesía,
> invitaba a las damas a fumar de unas oscuras hojas

---

10   Baquero (1992: 15).

11   Baquero (1991: 13).

que recogió en las islas.
El humo vistió de nubecillas plateadas la cámara del
feliz Barón. Ebrio de alegría,
agitaba su campanilla de oro, y pedía que trajesen
los vinos de las fiestas principales. Todos brindaban
por el niño que pronto haría florecer de nuevo los muros
del castillo,
Todos bailaban locos de felicidad.
Y extraña cosa en los bosques de Brandenburgo:
todos quedaban castamente desnudos, envueltos por
el humo traído de las islas,
y danzaban al son de una música extraña:
una música hecha con tamburines de oro, y palmas,
y sahumerios.[12]

En su momento adecuado, las cenizas de Gastón Baquero reposarán en una urna en Cuba. Hasta entonces, sus poemas se han adelantado.

Textos

Autoantología comentada, Madrid 1992.
Poemas invisibles, Madrid 1991 (con un poema dedicatorio de Eugenio Florit).
La fuente inagotable, València 1995 (ensayos).
Poesía completa (1935-1994): ensayo, 2 tomos, Salamanca 1995.
Poesía completa, Madrid 1998 (con un prólogo de Pío E. Serrano, págs. 17-24).
La patria sonora de los frutos, edición de Efraín Rodríguez Santana, La Habana 2001 (con apéndice de 20 ensayos sobre su obra).

Estudios

Barquet, Jesús J.: «La poética de Gastón Baquero y el grupo Orígenes», en: *Cuadernos Hispanoamericanos* 496 (1991), págs. 121-128.
Dorta Sánchez, Walfrido: *Gastón Baquero: el testigo y su lámpara — para un relato de la poesía como conocimiento en Gastón Baquero,* La Habana 2001.
Lázaro, Felipe: *Gastón Baquero: La invención de lo cotidiano,* Madrid 2001.
Lázaro, Felipe / Espinosa Domínguez, Carlos / Zamora Céspedes, Bladimir / Rodríguez Santana, Efraín / Díaz Díaz, Alberto / Binns, Niall: *Entrevistas a Gastón Baquero,* Madrid 1998.
Morales, Carlos Javier: «La 'obra fundamental' de Gastón Baquero», en: *Cuadernos Hispanoamericanos* 547 (1996), págs. 140-146.
Ortega Carmona, Alfonso / Pérez Alencart, Alfredo (eds.): *Celebración de la existencia: homenaje internacional al poeta cubano Gastón Baquero,* Salamanca 1994.
Rodríguez Santana, Efraín: «Gastón Baquero: 'Entrevisto: la poesía es como un viaje'», en: *Encuentro de la Cultura Cubana* 2 (1996), págs. 6-13.

---

[12]   Baquero (1992: 41).

Serrano, Pío E.: «Notas para una posible lectura de Gastón Baquero», en: *Mariel 2/7* (1984; Nueva York), págs. 24-28.

Vitier, Cintio: *La cubano en la poesía*, La Habana ²1970, págs. 484-498.

Manuel Díaz Martínez

La búsqueda de la armonía y la paz incide en toda la obra poética de Manuel Díaz Martínez (13 de setiembre de 1936, Santa Clara). Por haber firmado en 1991 el escrito de protesta de los diez intelectuales («Carta de los Diez»), Díaz Martínez se vio obligado a abandonar el país en febrero de 1992. Waldo Leyva, su colega literario, un funcionario de la UNEAC en La Habana, tuvo el valor de asestarle el golpe de gracia al servirse de material del Servicio de Seguridad cubano (*Juventud Rebelde*, suplemento dominical, 23 de febrero de 1992, págs. 8-9). El artículo es a la vez un triste testimonio de la envidia económica y literaria del denunciante.

Desde entonces, Díaz Martínez vive en Las Palmas de Gran Canaria como profesor de universidad y periodista. Allí fue premiado su libro de poesía *Memorias para el invierno* (1995) y dirigió la revista literaria *Espejo de Paciencia* — título tomado de la epopeya en verso de Silvestre de Balboa (1608) — que simboliza su credo político. Es miembro correspondiente de la Real Academia Española de la Lengua.

Imagen 47:
Manuel Díaz Martínez

José Prats Sariol apunta dos componentes esenciales de esta obra de Díaz Martínez: «Las nostalgias y las preocupaciones [...] ontológicas».[13] Su creación poética está reunida en los libros *Poesía inconclusa* (1985), *Alcándara* (1991) y *Señales de vida* (1968-1998). La producción abarca los libros *Soledad y otros temas* (1957), *El amor como ella* (1961), *Los caminos* (1962), *El país de Ofelia* (1965), *Nanas del caminante* (1965), *Sonetos en agosto* (1965), *La tierra de Saúd*

---

[13]   *Encuentro de la Cultura Cubana* 1 (1996), pág. 145.

(1967), *Vivir es eso* (1968, Premio de Poesía «Julian del Casal» de la UNEAC, 1967), *Mientras traza su curva el pez de fuego* (1984), *El carro de los mortales* (1988) y *Paso a nivel* (1998).

En 1999, en Bucarest, apareció la edición bilingüe rumana del libro *Paso a nivel,* que forma parte del Gran Premio Internacional de Poesía Curtea de Arges por toda su obra que le otorgó en 1998 la Academia Internacional Oriente-Occidente, de Rumania.

En enero de 1960, Díaz Martínez visitó España por primera vez, ignorando que, 32 años después, sería el país de su exilio. Por eso, resultan trágicas sus reflexiones sobre el viajero en *Vivir es eso.*[14]

> Viajero no es quien camina, sino quien regresa y
> trae todos los odios y todas las conmiseraciones,
> todas las fatalidades y todas las esperanzas.

En aquella colección se encuentra también el poema famoso «La Guerra»:

> Todos los aviones regresaron a sus bases.
> Pero no todos los hombres
> regresaron a sus casas. Pero no estaban
> todas las casas de los que regresaron. Pero no todos los que
> regresaron encontraron a todos en sus casas.[15]

Pedro de Oraá, en una crítica detallada, comenta en este contexto:

> El rostro de la guerra no admite otro escenario que el vacío y la esterilidad pero toca el
> mismo vacío en otros ámbitos que no ha penetrado la guerra y ese vacío es también la cara
> sucia de la muerte en el absurdo.[16]

Enrique Lihn (1929-1988), el poeta chileno que en 1967 integró el jurado de la UNEAC junto a los cubanos Nicolás Guillén y Eliseo Diego y a los españoles Gabriel Celaya y José Ángel Valente, presentó el libro *Vivir es eso* con esta observación acertada:

> Otra característica que comparte Díaz Martínez con sus compañeros de ruta latinoamericanos
> se refleja en el aspecto objetivista de algunos de sus poemas. La primera persona, que no
> abulta en ninguno de ellos, se adelgaza entonces hasta identificarse por completo con el poema
> objeto.

La poesía de Díaz Martínez se abstiene de cualquier triunfalismo fácil, situando en el vértice de su creación los valores humanos en su aspiración humanística intemporal. Sus poemas pertenecen a la poesía coloquial, con un trasfondo filosófico vital. Su lírica amorosa cuenta entre lo mejor de este tipo

---

[14]   Díaz Martínez (1968: 9).

[15]   Díaz Martínez (1998: 17).

[16]   *Unión* 6/3, setiembre de 1968, pág. 156.

de poesía en América Latina. En *El país de Ofelia* (1965), obra conmovedora, dedica a su esposa, entretanto fallecida, un homenaje inolvidable:

El país de Ofelia

Eres la estación de las frutas
la voluntad del surco que busca el horizonte
la luz y los senos fluviales
de este claro país que habitas

En una tabla de enamorados nudos
tu nombre inicia los caminos
y en la paz de tus colinas
por donde bajan los campos sembrados de vidas
nuevas
descubro el mundo sin el cual no vivo
y sin el cual
no será posible que canten los pájaros
para mí

Se pliega en tus esteros mi amor
que de ti viene como un río
de vigorosos juncos azules
y se duerme en tus playas de larga blancura
la noche de las alegrías

En tu intangible verano
y en la música de tus bosquecillos
sólo puedo ser eterno
No me sentiré perdido en tu extensión
de espigas y jazmineros
mientras vea mis auroras teñir
la suave inmensidad con que me acoges.[17]

El libro de poemas *Mientras traza su curva el pez de fuego* (1984) — título tomado de un verso de Antonio Machado — fue escrito entre 1968 y 1979, una década sombría para la literatura cubana. Su temática es la soledad, la muerte, los viajes, recuerdos y homenajes a poetas amigos. En el poema «Vivir», el autor expresa su sentimiento trágico de la vida:

Vivir es levantar un mundo
sobre el mundo
a cada instante.

Es también atesorar recuerdos
— voces como paso
en la oscura hierba.[18]

---

17   Díaz Martínez (1991: 54).

18   Díaz Martínez (1991: 263).

Presente y pasado aparecen aquí profundamente unidos. La brevedad de las palabras y versos subraya la importancia del proceso vital. Los poemas dedicados a los amigos vivos y muertos y los poemas de viaje, levemente nostálgicos, que evocan lo efímero de la vida imprimen su carácter inconfundible a la lírica de Díaz Martínez dentro de la «Generación de los años 50».

El «Mínimo discurso sobre el poeta, la palabra y la poesía» (1997, reproducido en *Encuentro de la Cultura Cubana* y en la *Nouvelle Revue Française*) contiene las reflexiones de Díaz Martínez sobre su poesía, una poética brillante en versos que termina:

> podrá no haber poetas,
> en cuyo caso tampoco habrá Poesía.

En el poema «Les sigo hablando en un momento» (1998) se reflejan las últimas experiencias políticas y el estado de ánimo actual del poeta:

> Me enamoré de todos los caminos
> y se me volvieron túneles,
> me aventuré por neblinosos puentes
> que nunca me llevaron al amanecer,
> he caminado a tientas por incontables noches
> buscando inútilmente una fuente, una luz,
> algo así como una melodía.
> He cambiado de cigarros, de sueños,
> de sintaxis, de país [...]
> Me aficioné al futuro,
> me jugué la esperanza, toda
> la esperanza a una profecía
> y terminé regresando por mis trajes viejos.
> La traición anduvo pisándome la sombra.
> Treinticinco años fui casado
> y me divorció la Jueza Oscura
> en un minuto de ceniza.
>
> Ahora permítanme fumar, beber algo
> y les sigo hablando en un momento.[19]

Un sector importante en la obra de Manuel Díaz Martínez es el periodismo ejercido por él desde los años 50. Entretanto su actividad periodística se ha transformado en un arma en la lucha por los derechos humanos y la justicia social en Cuba.

Entre 1959 y 1992 estuvo trabajando, primero, en el periódico *Noticias de Hoy*, en el que fue reportero, redactor de la plana editorial y redactor-jefe del suplemento cultural «Hoy Domingo»; después en *La Gaceta de Cuba*, de la UNEAC, de la que llegó a ser redactor-jefe; y, por último, en la emisora Radio

---

[19]   Díaz Martínez (1998: 117).

Enciclopedia, en la que ocupó los cargos de responsable de información y director de programas musicales.

Después de haber firmado en 1991, la «Declaración de Intelectuales Cubanos», Díaz Martínez se dedicó al periodismo independiente, cuando todavía este movimiento no existía en Cuba. En el exilio ha escrito centenares de artículos, la mayoría dedicados a explicar la problemática cubana y a denunciar los desmanes del castrismo.

Sus recuerdos *Sólo un leve rasguño en la solapa* (2002) son un documento emocionante de un «hombre sincero» en el sentido martiano. Una antología realizada por el autor reúne la poesía escrita entre 1965 y 2002: *Un caracol en su camino* (2003).

Textos

Alcándara, La Habana 1991.
Señales de vida (1968-1998), Madrid 1998 (con un prólogo excelente de Luis Alberto de Cuenca, págs. 7-10).

Estudios

Gramberg de Mendoza, Julia: «Zur Dichtung des Kubaners Manuel Díaz Martínez», en: *Matices: Zeitschrift zu Lateinamerika, Spanien und Portugal* 6/21 (1999; Köln), págs. 67-69.
«Homenaje a Manuel Díaz Martínez», en: *Encuentro de la Cultura Cubana* 40 (2006), págs. 3-48.

Eliseo Diego

Biografía

El 1 de marzo de 1994 murió en México, donde iba a recibir el Premio Latinoamericano de Literatura «Juan Rulfo» (1993), Eliseo Diego (2 de julio de 1920, La Habana), uno de los escritores más sobresalientes de Cuba y América Latina, quien durante medio siglo, dio nuevos impulsos, sobre todo a la lírica cubana. Su muerte demasiado prematura, se produjo en una época de confrontación, en la que lo que se reclamaba era la capacidad de diálogo.

Ya antes de 1959, Diego había debutado con la prosa poética: *En las oscuras manos del olvido* (1942), *Divertimentos* (1946) y los libros de poemas *En la calzada de Jesús del Monte* (1949) y *Por los extraños pueblos* (1958). Con motivo de la concesión del Premio Nacional de Literatura (1987), Diego evocaba aquellos años difíciles:

Yo tenía mucha timidez con aquel libro [*En la calzada de Jesús del Monte*] y no me atrevía a llevarlo a la imprenta, hasta que Lezama Lima me advirtió seguramente en broma — que si no lo enviaba en un breve plazo, se vería precisado a entregarlo él, pero con su nombre [...] Por aquella primera edición que constaba de 500 ejemplares, tuve que pagar 500 pesos.[20]

Con Lezama Lima, al que Diego veneró toda su vida, perteneció, también, al grupo de cofundadores de la revista *Orígenes* (1944-1956). Jesús Díaz le retrató en su novela *Las palabras perdidas* (1992) como uno de los cinco «padres de la literatura cubana» (con Lezama Lima, Carpentier, Piñera, Guillén), que ejercicieron una fuerte influencia sobre la joven generación de escritores. Su secreto y misterio poéticos residen, según Díaz, «en la inesperada coexistencia de claridad y noche, de locura y serenidad». Sus narraciones y poemas reflejan la ética cristiana del católico creyente, haciendo de él un legítimo defensor de la libertad creadora frente a algunos oportunistas dogmáticos.

Imagen 48:
Eliseo Diego

---

[20]   Escobar Casas (1987: 35).

Muy vinculado con el mundo de la literatura de habla inglesa, Diego desplegó su talento polifacético, después de 1959, en instituciones culturales y revistas, como miembro de jurado en concursos literarios, conferenciante en Cuba y en el extranjero, crítico literario, editor (V. Woolf, Faulkner, Rilke, etc.) y traductor (Hans Christian Andersen, los hermanos Grimm, Walt Whitman, Sandor Petöfi, entre otros). Su obra fue traducida a más de 14 idiomas, y premios y galardones le acompañaron hasta su muerte.

La lírica

Eliseo Diego se inició en la lírica cubana con el ciclo *En la calzada de Jesús del Monte* (1949). Ya aquí son visibles los temas fundamentales de su obra: infancia, familia, amistad, vejez, muerte y las cosas intrascendentes de la vida. Con una métrica y estrofas alternantes, Diego rememora ambientes y gentes de una calle pobre de los arrabales de La Habana. El lema calderoniano de *La vida es sueño* es, a la vez, alusión a lo efímero en el sentido barroco y a la influencia de Lezama Lima.

En el tercer poema de este ciclo aparece ya el pensamiento que acompañaría toda la vida y obra de Eliseo Diego: «Voy a nombrar las cosas.» Con estas palabras, Diego sintetizaba en 1973 el sentido de la mayor parte de su creación poética: *Por los extraños pueblos* (1958), *El oscuro esplendor* (1966), *Versiones* (1970) y parte del *Muestrario del mundo o Libro de las maravillas de Boloña* (1968).

El recuerdo preserva las cosas del olvido, la expulsión del paraíso de la niñez reaparece en los sueños y la luz vuelve a hacer visibles las cosas:

Y nombraré las cosas, tan despacio
que cuando pierda el Paraíso de mi calle
y mis olvidos me la vuelvan sueño,
pueda llamarlas de pronto con el alba.[21]

Las gentes, los interiores y los edificios están unidos entre sí por medio del tiempo que transcurre lentamente, y el cielo y la tierra se funden en el cosmos de Diego para constituir una unidad:

Esta mujer que reclinada
junto a la borda inmóvil de su casa
soporta con las manos arrugadas
el peso dócil de su tedio,
sólo escuchando el tiempo que le pasa
sin gracia ni remedio.
Esta mujer, desde la borda
blanca de su balcón, que el patio encierra,

---

[21] Diego (1983: 36).

mira correr, ansiosa y sorda, la estela irrestañable de la
tierra.[22]

Este poema permite, además, reconocer los dos postulados de la obra
poética de Diego, a los que se ha referido Hernández Novás en su «Acercamiento a la poesía de Eliseo Diego»:

> Este postulado señala una doble dirección en sus intereses: hacia las realidades más cotidianas
> que rodearon su curiosidad [...] y hacia el mismo lenguaje, que adquiere conciencia de su
> fijación del devenir y se convierte en refugio, en primordial esperanza de permanencia contra
> el cambio, que es condición esencial de toda realidad.[23]

Los motivos del espejo y la muerte están íntimamente enlazados, pero
exhortan también a preservar el recuerdo:

> Ella siempre
> lo dijo: tápenme
> bien los espejos,
> que la muerte presume.[24]

El lento transcurso del tiempo, las imágenes sencillas y la métrica perfecta
conforman «la extraña maestría de este libro, el reino perfectamente conquistado que nos entrega» y hacen de él «uno de los libros capitales de nuestra
poesía», como reconoció Fernández Retamar, algunos años después de su
aparición, en su obra fundamental *La poesía contemporánea en Cuba* (1927-
1953).[25]

Después de 1959, la lírica de Diego conserva su reinvidicación universalista,
sin tolerar la más mínima concesión a las tendencias de la época. En *El oscuro
esplandor* (1966), el lema de la expulsión del Edén podría hacer alusión a los
cubanos que huyen hacia el norte, pero el mundo sencillo de las cosas sobrevi-
ve al éxodo:

> Tesoros
>
> Un alúd, un bastón,
> unas monedas,
> un ánfora, un abrigo,
>
> Una espada, un baúl,
> unas hebillas,

---

[22]   Diego (1983: 54-55).

[23]   Saínz (1991: 105).

[24]   Diego (1983: 61).

[25]   Publicada en 1954.

un caracol, un lienzo,
una pelota.[26]

Muestrario del mundo o Libro de las maravillas de Boloña (1968) es una competición poética entre las viñetas del famoso editor José Severino Boloña, del siglo XIX, y las palabras ilustrativas de Eliseo Diego:

> A partir de las imágenes, rudas y simples a un tiempo, va creando el poeta los diversos poemas que integran el libro, en un juego entre la imagen visual y la imagen verbal, entre las sugerencias de un pequeño cuadro y el lenguaje de las palabras.[27]

En las obras, *Versiones* (1970), *Nombrar las cosas* (1973) y *La casa del pan* (1978) están recopilados poemas, en su mayor parte, de épocas anteriores. Hasta en el libro *Los días de tu vida* (1977) no aparecen nuevas tonalidades y motivos en su producción poética. En este punto, Diego se orienta por los episodios de Dulcinea, de Don Quijote, y va entretejiendo un poemario literario e histórico, de gran originalidad, por ejemplo, *Pequeña historia de Cuba, Cristóbal Colón inventa el Nuevo Mundo*.

En la lírica tardía de Diego se intensifican las tonalidades nostálgicas: *Inventario de asombros* (1982), *Libro de quizás y de quién sabe* (1989), *Cuatro de oros* (1992). Las imágenes son más sencillas, los símbolos más intensos, pero el hombre sigue estando en el centro. El poeta se prepara para la muerte. La eternidad no empieza el domingo sino el lunes, «y con la punta del cigarro escribo / en plena oscuridad: aquí he vivido» (Diego 1992: 49). En «Súplica desde Nicaragua, que aparece al final, hay tonos religiosos: que conjuran como en la lírica de Cardenal, el reino de este mundo.

Prosa

La narrativa de Diego está íntimamente relacionada con su poesía, pero no es tan conocida. Su amplia obra abarca desde los títulos *En las oscuras manos del olvido* (1942), *Divertimentos* (1946) y *Noticias de la quimera* (1975) hasta los cuentos y ensayos dispersos en varias revistas.

Reveladores son los prólogos del autor, escritos para cada uno de sus libros, en los que Diego expone algunos elementos de su propia poética. Así, por ejemplo, en la introducción a *Noticias de la quimera* (1975), Diego se expresa sinceramente sobre los motivos que le inducen a redactar sus cuentos, considerándolos como escalón previo para la creación de una extensa novela. El comentario que acompaña al cuento «La otra parte» permite echar una hojeada al taller de creación del autor.

A Diego le preocupa el misterio de la creación estética:

---

[26] Diego (1983: 201).

[27] Saínz (1991: 14).

Hasta qué extremos puede llevar el inevitable egocentrismo que extraña; hasta qué punto, si el hacedor de arte no halla un asidero ético exterior, no corre el riesgo de perderse en uno de sus continuos viajes adentro de sí mismo?[28]

Este cuento fue escrito algunos años antes de la Revolución y describe los temores cotidianos y el síndrome de la soledad de un hombre en la metrópoli, que, de profesion representante, regresa una noche a su casa: «Sintió por fin terror de abrir la puerta. Miedo de entrar y de la otra parte».[29] La alienación humana aparece aquí expuesta de forma conmovedora y encuentra, en el motivo del espejo, tanto en la poesía como en la prosa, su equivalencia plástica.

Con su posición no conformista, el haber ignorado las tendencias de moda de su época y su universalismo, Eliseo Diego fue, como Lezama Lima, un ejemplo para muchos jóvenes. Alberto Lauro, poeta y escritor de libros infantiles, que desde 1993 vive exiliado en España, ha explicado la atracción que ejerció Diego sobre la joven generación:

Los recitales de Eliseo están siempre llenos de jóvenes, los mismos que agotan, inmediatamente que se editan, sus libros. Le debemos también la posibilidad de aprehender los misterios de la poesía hasta en los más sutiles detalles de su apacible conversación, cuando nos recibe en su casa del Vedado, junto a su familia y algunos de sus fieles amigos.[30]

Ángel Augier, compañero de ruta de Diego, le dedicó en su 60 cumpleaños, en 1980, una décima en endecasílabos, con estrambote, que termina con los versos:

En el pecho del tiempo se asegura
la fiel eternidad de tu poesía;
más allá de tu edad llega su altura
para envolver en claridad tu día.[31]

Textos

Poesía, La Habana 1983 (introducción de Enrique Saínz).
Prosas escogidas, selección y prólogo de Aramís Quintero, La Habana 1983.
Entre la dicha y la tiniebla: antología poética 1945-1985, edición de Diego García Elío, México 1986.
Poesía y prosa selectas, selección, prólogo, cronología y bibliografía de Aramís Quintero, Caracas 1991 (Biblioteca Ayacucho; 161).
La sed de lo perdido, edición de Antonio Fernández Ferrer (Antología); México 1993; Madrid 1993.

---

[28]   Diego (1983: 198).

[29]   Diego (1983: 206).

[30]   Saínz (1991: 315-316).

[31]   Augier, en: *Revista de Literatura Cubana* 22-23 (1994), pág. 48.

En otro reino frágil, La Habana 1999 (antología póstuma).
Obra poética, La Habana 2005.

Estudios

Bella Abellán, Salvador: *L'univers poétique d'Eliseo Diego (Cuba),* Paris 1999.

Escobar Casas, Reynaldo: «Entrevista: nuevas noticias de quimera», en: *Cuba Internacional* 10 (1987), págs. 34-37.

Fuentes de la Paz, Ivette: *A través de su espejo (sobre la poética de Eliseo Diego),* La Habana 2006.

García-Carranza, Araceli: *Bibliografía de Eliseo Diego,* La Habana 1970.

«Homenaje a Eliseo Diego», en: *Encuentro de la Cultura Cubana* 3 (1996/1997), págs. 3-30.

Márquez-Rodríguez, Alexis: «La poesía de Eliseo Diego», en: *Casa de las Américas* 194 (1994), págs. 19-23.

Price, Gareth: «Cosas, nombres y la dimensión espiritual en la poesía de Eliseo Diego: tres aproximaciones», en: *Revista Iberoamericana* 186 (1999), págs. 89-102.

Redonet, Salvador: «Entre las pequeñas grandes piezas (narrativas) de Eliseo Diego», en: *Revista de Literatura Cubana* 22-23 (1994), págs. 29-46.

Sáinz, Enrique (ed.): *Acerca de Eliseo Diego,* La Habana 1991 (antología de estudios importantes).

Roberto Fernández Retamar

Introducción

El director de Casa de las Américas (institución y revista) es una de las personalidades más prestigiosas de la cultura cubana y, como poeta, ensayista y crítico literario, su proyección en América Latina es importante. Gran combatiente en el frente de la pluma y de la polémica literaria, se combinan en él el idealismo de un Quijote caribeño y el espíritu de lucha de José Martí, su guía espiritual.

El poeta-profesor nació en La Habana el 9 de junio de 1930. Aunque de origen pequeño-burgués, participó en actividades políticas como militante de la Juventud Socialista y del Comité 30 de Septiembre. A partir de 1957 se incorporó a la lucha antibatistiana en el Movimiento de Resistencia Cívica.

En una entrevista con Roberto González Echevarría, Fernández Retamar afirmó, refiriéndose a sus orígenes:

No existe contradicción ninguna entre tener orígenes pequeño-burgueses y ser marxista-leninista: lo primero es un azar; lo segundo, por el contrario, nace del ejercicio de la libertad

intelectual. Uno tiene orígenes pequeño-burgueses y luego asume la ideología, no necesaria-
mente de la clase de origen, sino de la clase de destino.[32]

En 1954, Fernández Retamar se graduó con un famoso trabajo sobre *La
poesía contemporánea en Cuba* (1927-1953) y al año siguiente obtuvo por
oposición una cátedra de lingüística en la Universidad de La Habana. En 1962
fue nombrado profesor titular. Ya antes, desde 1950, había trabajado como
profesor auxiliar en el Instituto Edison, cursando en 1955 estudios en la
Sorbona de París, entre otros con Martinet, y en 1956 en la Universidad de
Londres. En los años 1957-1958, durante la clausura de la Universidad, e
invitado por la Universidad de Yale para ofrecer un curso sobre literatura
hispanoamericana, asiste a las clases de René Wellek.

Inmediatamente después del triunfo de la Revolución, se trasladó a París, en
calidad de agregado cultural de la embajada de su país, donde Neruda le calificó,
a consecuencia de un ulterior conflicto, de «arribista político y literario de
nuestra época» en sus *Memorias* (1974) e, incluso en el poema «Cuba siempre»,[33]
el poeta chileno llegó a hablar de «retamares y gusanos». En este punto, hay
que mencionar que el propio Fernández Retamar es un polémico ingenioso y
sagaz que hasta hoy suele decir las cosas como le parecen y va al grano.
«Sabemos que, en general, la polémica es saludable para el desarrollo del
pensamiento marxista».[34]

---

[32]   González Echevarría (1979: 20).

[33]   En: *Incitación al Nixonicidio y alabanza de la revolución chilena*, 1973.

[34]   Fernández Retamar (1979: 96).

Imagen 49:
Roberto Fernández Retamar

Después de 1959, Fernández Retamar se convirtió en una institución dentro
de las instituciones. Haber hecho de Casa de las Américas una institución
internacionalmente reputada es, sin duda, la obra de Haydée Santamaría y suya.
Durante decenios, Fernández Retamar ha imprimido a la revista del mismo
nombre su carácter y no siempre se ha hecho eco de las valoraciones com-
partidas unánimemente por otros. «Me considero martiano y marxista-leninista,
lo que significa ser seguidor de las ideas de Fidel y del Che».[35]
En calidad de profesor académico en la Universidad de La Habana ha
orientado toda una generación de intelectuales prestigiosos. Como escritor y
alto funcionario del Ministerio de Cultura ha tomado parte en numerosos
congresos, aportado a delegaciones su competencia y autoridad y se ha destacado por su empeño en comprometer, casi siempre indisolublemente con la
Revolución Cubana a los miembros de los jurados y galardonados con los
premios literarios de Casa de las Américas, incluso cuando se trataba de
decisiones colectivas.

---

[35]   En: *Bohemia,* 9 de mayo de 1986, pág. 63.

Como director, desde hace años, del Centro de Estudios Martianos ha impulsado de forma decisiva los estudios de investigación sobre Martí. Sus numerosos premios literarios, distinciones y galardones políticos son signos patentes del reconocimiento de sus méritos.

Un signo de su enorme disciplina es el hecho de que, junto a sus numerosas obligaciones institucionales y sociales, haya encontrado tiempo para crear una extensa obra que refleja su compromiso. En el campo de la ensayística figura en primera fila entre los escritores latinoamericanos. En su juventud había ya intentado ser periodista — entre otros con una entrevista con Hemingway — y autor de cuentos, pero sólo logró realizarse plenamente en los géneros clásicos de la búsqueda de la identidad, enriqueciéndolos con nuevas orientaciones temática y formalmente.

Un punto de partida adecuado para comprender la intención de su obra y sus convicciones políticas es el libro de entrevistas *Entrevisto* (1982). En 1990 obtuvo el Premio Nacional de Literatura.

La lírica

En los años de juventud publicó ya en la revista *Orígenes,* pero mayor influencia para su obra futura la tuvo seguramente su discrepancia con la antipoesía de Nicanor Parra y su profesión de fe por la poesía conversacional, como la cultivaban Mario Benedetti y Ernesto Cardenal en los años 50 y 60. Las influencias de Martí, Julián del Casal, Vallejo, los autores del 98 español y los de la generación del 27 y los simbolistas franceses son manifiestas. La poesía circunstancial permitió a Fernández Retamar enfrentarse con la realidad presente, la poesía comprometida, y tratar las desilusiones y frustraciones personales y políticas en su lírica, de tendencia ligeramente elegíaca, de los años 90.

Sus primeros libros de poesía estaban saturados de un patriotismo profundo, en el sentido de la tradición de Martí: *Elegía como un himno* (1950), un retrato admirable de Rubén Martínez Villena (1899-1934), autor del Manifiesto del vanguardista Grupo Minorista y activo luchador contra la dictadura de Machado; *Patrias* (lírica de los años 1949 a 1951) y *Alabanzas, conversaciones* (1955, poemas de los años 1951 a 1955).

El triunfo de la Revolución proporcionó a la vida de Fernández Retamar una nueva dimensión. En el centro de su lírica de reflexión — en verso libre o en forma métrica — aparece ahora la relación entre individuo e historia. El poeta parte, la mayoría de las veces, de un hecho concreto, enraizado con frecuencia en la vida cotidiana (familia, lectura, amigos, relatos de viaje).

En libros como *En su lugar, la poesía* (1959), *Vuelta de la antigua esperanza* (1959), *Con las mismas manos* (1962, poesía de los años 1949-1962), *Historia antigua* (1963), *Poesía reunida* (1966, poemas de los años 1948 a 1965), *Buena suerte viviendo* (1967), *Que veremos arder* (también bajo el título *Algo semejante a los monstruos antediluvianos,* 1970) y en *A quien pueda interesar* (1970, poesía de los años 1958-1970), antología que cierra este ciclo, aparecen ya algunos poemas famosos, que hoy están incluidos en todas las antologías y traducidos a varios idiomas y que figuran entre los clásicos de la lírica latinoamericana del siglo XX.

El destino individual se amplía hasta el agradecimiento a los muertos, como en el poema «El otro» (1 de enero de 1959), que puede considerarse como legado de toda una generación:

> Nosotros, los sobrevivientes,
> ¿A quiénes debemos la sobrevida?
> ¿Quién se murió por mí en la ergástula,
> Quién recibió la bala mía,
> La para mí, en su corazón?
> ¿Sobre qué muerto estoy yo vivo,
> Sus huesos quedando en los míos,
> Los ojos que le arrancaron, viendo
> Por la mirada de mi cara,
> Y la mano que no es su mano,
> Que no es ya tampoco la mía,
> Escribiendo palabras rotas
> Donde él no está, en la sobrevida?[36]

El ímpetu y el vigor de los primeros años se refleja en el poema «Con las mismas manos», en el que la abolición de la división entre el trabajo manual e intelectual proporciona una nueva dimensión al papel del intelectual y a las relaciones humanas:

> Con las mismas manos de acariciarte estoy construyendo
>   una escuela.
> Llegué casi al amanecer, con las que pensé que serían
>   ropas de trabajo,
> Pero los hombres y los muchachos que en sus harapos
>   esperaban
> Todavía me dijeron señor.[37]

El amor vive fuera de las contradicciones de clase porque está orientado hacia el futuro y es augurio de plenitud, como en el sutil «Madrigal»:

> Había la pequeña burguesía,
> La burguesía compradora,
> Los latifundistas,
> El proletariado,
> El campesinado,
> Otras clases,
>   Y tú,
> Toda temblor, toda ilusión.[38]

---

[36] Fernández Retamar (1989: 109).

[37] Fernández Retamar (1989: 43).

[38] Fernández Retamar (1989: 50).

Ya en el libro *Que veremos arder* (1970) se intensifica la temática internacionalista. Un viaje a Vietnam, en febrero / marzo de 1970, para colaborar en el rodaje de la cinta cubana *Viet-nam, tercer mundo, tercera guerra mundial*, dirigido por Julio García Espinosa, dio origen al tomo de poesía *Cuaderno paralelo* (1973), en el que, por medio de una serie de encuentros poéticos individuales y en alusión constante a la solidaridad del pueblo cubano, se acusa a los EE.UU. de agresión.

Los libros *Revolución nuestra, amor nuestro* (1976), *Palabra de mi pueblo* (1980), *Poeta en La Habana* (1982, selección e introducción de José María Valverde) y *Hacia la nueva* (1989) contienen poemas ya publicados. *Circunstancia de poesía* (1977) abarca 28 poemas de los años 1971 a 1974. También aquí el punto de partida sigue siendo un hecho concreto como por ejemplo, en el poema sobre la Comuna de París, donde la dedicatoria de una antología de Adamov es motivo para reflexionar por qué el autor nunca concluyó su poema sobre ese acontecimiento histórico. Según Fernández Retamar, la Comuna se realiza parcialmente en la Revolución Cubana, de manera que ese hecho histórico aparece bajo otra perspectiva, que todavía deberá elaborarse.

Con la Revolución empieza una nueva era. También la vida familiar, como el nacimiento de sus dos hijas, es vinculada con acontecimientos revolucionarios. Sólo la Revolución ofrece una nueva perspectiva de vida a la generación de los jóvenes:

Tiempo de las hijas

Nuestra hija mayor tiene la edad
De la Revolución;
Nuestra hija más pequeña,
La edad de la victoria de Girón,
Hay otras formas de medir el tiempo:
Esa es la que prefiere el corazón.[39]

Las ideas internacionalistas y los poemas de amor aparecen bajo el lema de Li Tai Po («No tienen fin las cosas del corazón») en el libro premiado en Nicaragua *Juana y otros poemas personales* (1981; Premio Latinoamericano Rubén Darío) y en *Las cosas del corazón* (1994, con dibujos de Roberto Fabelo):

Filin

Si me dicen que te has marchado
O que no vendrás,
No voy a creerlo: voy
A esperarte y esperarte:

Si te dicen que me he ido
O que no vuelvo,
No lo creas:

---

[39]   Fernández Retamar (1977: 33).

Espérame
Siempre.[40]

La dimensión infinita del tiempo refrenda definitivamente la permanencia
de la relación por medio de paralelismos entre la despedida y la espera. El
círculo íntimo de las hijas y los nietos da sentido a la lírica de los años 90 (*Mi
hija mayor va a Buenos Aires,* 1993, plaquette). De esta forma, se cierra el ciclo
al enlazar con un poema anterior de Fernández Retamar, que terminaba con
una referencia a José Zacarías Tallet (1893-1989):

Y porque después de todo, compañeros, quién sabe
Si sólo los muertos no son hombres de transición.[41]

En 2000, Fernández Retamar publicó *Concierto para la mano izquierda.*

Ensayo y crítica literaria

Los ensayos de Fernández Retamar están recopilados cronológicamente en el
libro *Para el perfil definitivo del hombre* (1981, prólogo de Abel Enrique
Prieto, págs. 7-29, segunda edición corregida 1995). En el centro de la obra
figura el ensayo «Calibán» (1971) que, posteriormente, fue objeto varias veces
de una reflexión crítica por parte del autor. La nueva valoración de mitos
sirve aquí de arma crítica contra el imperialismo.

Otra constante de estos ensayos es la lucha rigurosa contra el eurocen-
trismo para llevar a cabo la propia descolonización histórica. Otro punto
central del libro son los numerosos trabajos sobre José Martí (*Lectura de Martí,*
1972, *Introducción a José Martí,* 1978, y muchos otros), que contribuyeron de
forma decisiva a la institucionalización de las investigaciones sobre Martí y que
culminaron con la creación del Centro de Estudios Martianos, el Anuario
Martiano y numerosos simposios, seminarios y conferencias nacionales e
internacionales. En el libro *Cuba defendida* (1996) están recogidas viejas ideas
con una nueva orientación, en parte en forma de entrevistas.

Los trabajos sobre crítica literaria de Fernández Retamar son fundamentales. Por su originalidad, su amplia fundamentación teórica y por la erudición
del autor, figuran entre lo más importante que se ha publicado en este campo
en América Latina. Ya en *Idea de la estilística* (1958), Fernández Retamar trató
de dar a la estilística un carácter independiente con respecto a las otras discipli-
nas académicas.

El libro *Ensayo de otro mundo* (1967) contiene trabajos fundamentales sobre
Martí, Martínez Villena, Vallejo, Martínez Estrada, Fanon, Che Guevara, entre
otros, que guardan estrecha relación con la poesía del autor. Sin embargo, tales
interconexiones necesitan de una investigación más detallada.

---

[40]   Fernández Retamar 1994: 48.

[41]   Fernández Retamar (1989: 117).

Toda la riqueza del pensamiento teórico de Fernández Retamar queda expuesta en el libro *Para una teoría de la literatura hispanoamericana y otras aproximaciones* (1975, primera edición completa, Santafé de Bogotá, 1995). Los estudios en él recopilados, como el titulado «Modernismo, noventiocho, subdesarrollo», «Sobre la vanguardia en la literatura latinoamericana», «Antipoesía y poesía conversacional en Hispanoamérica» o «Apuntes sobre revolución y literatura en Cuba» han impulsado de forma decisiva los planteamientos y la discusión en este campo.

Goethe dijo en cierta ocasión: «Vivir mucho tiempo es sobrevivir a muchos.» En ese sentido, Fernández Retamar ha reunido en el libro *Recuerdo a* (1998) sus artículos sobre encuentros con amigos vivos y otros ya fallecidos, que son fragmentos biográficos del recuerdo, una especie de preludio de sus futuras memorias. En algunos casos (Neruda, Padilla, Borges) sirven también para revisar la propia conducta en situaciones conflictivas, ofreciendo una interesante tentativa para explicar las decisiones de un hombre que ha configurado la política cultural cubana durante medio siglo.

La dialectica de la crítica

Para Fernández Retamar la aparición tardía de la teoría literaria en América Latina se explica por el colonialismo cultural impuesto por la clase dominante de los centros hegemónicos. Una de las tareas urgentes sería llevar a cabo la propia descolonización histórica. Partiendo de un inventario de la teoría literaria elaborada por latinoamericanos, Fernández Retamar llega al triste resultado que

> [...] la única teoría literaria completa escrita en Hispanoamérica es el libro del chileno Félix Martínez Bonati *La estructura de la obra literaria (Una investigación de filosofía del lenguaje y estética)*, Santiago de Chile 1960.[42]

A pesar del intento de hacer una teoría de la literatura escrita en Hispanoamérica, pero no teoría de la literatura hispanoamericana, Martínez Bonati se integra en la línea de teóricos e historiadores de la literatura como Reyes, Henríquez Ureña, Martínez Estrada, Mariátegui, Marinello y otros latinoamericanos poco conocidos en Europa en este campo por la ignorancia de intelectuales europeos. Dice Fernández Retamar:

> Indudablemente, pues, la expansión capitalista europea había sentado las premisas para una literatura universal, porque había sentado las premisas para la verdadera mundialización del mundo.[43]

---

[42]   Fernández Retamar (1975: 42).

[43]   Fernández Retamar (1975: 45).

Según Fernández Retamar, las teorías de la literatura hispanoamericana no pueden

> [...] forjarse trasladándole e imponiéndole en bloque criterios que fueron forjados en relación con otras literaturas, las literaturas metropolitanas [...][44]

«Hispanoamérica» es un término histórico. ¿Se puede hablar de una literatura hispanoamericana? Si la existencia de Hispanoamérica es algo real, parece justificada entonces esta denominación a pesar de las dependencias internas. Si los autores de la literatura latinoamericana se leen y citan en todo el mundo, tiene que haber una teoría literaria adecuada a la interpretación de sus obras sin recurrir a la terminología teórica basada en escritores europeos o norteamericanos. El aparato conceptual para valorar una literatura tiene que coincidir con los productos literarios genuinos.

En un artículo importante, escrito en 1974 bajo el título «Algunos problemas teóricos de la literatura hispanoamericana», Fernández Retamar precisó algunos de los problemas antes expuestos. Partiendo de trabajos como *Literatura y subdesarrollo* de António Cândido, recurre a los criterios del materialismo histórico para desarrollar aspectos de una teoría literaria que combine la realidad latinoamericana con la nomenclatura teórica marxista. En trabajos anteriores como «Modernismo, noventiocho, subdesarrollo» (1968), Fernández Retamar ya había tratado de impulsar algunas cuestiones espinosas de la teoría literaria hispanoamericana por medio de enfoques interdisciplinarios entre literatura, historia, economía y teoría social.

En el ejemplo citado, Fernández Retamar vincula el pensamiento de la decadencia en España con la idea de la independencia en Hispanoamérica a fines del siglo XIX poniendo de relieve, como raíz común, el subdesarrollo de la metrópoli y de la periferia. El estudio de las teorías de la dependencia facilita en este caso un enfoque más amplio de la definición de conceptos como «Modernismo y generación de 98». Rompiendo de esta manera el esquema generacional de las letras hispanoamericanas, Fernández Retamar derriba a la vez el muro del provincialismo de las denominaciones geográficas.

Pero volvamos al trabajo sobre algunos problemas teóricos de la literatura hispanoamericana. Siguiendo ideas preliminares de Alfonso Reyes en su libro *El deslinde: prolegómenos a la teoría literaria* (1944), Fernández Retamar combina el enfoque fenomenológico de Reyes con las teorías de los formalistas rusos y del Círculo de Praga para desembocar en la tesis sobre la dominante de la función instrumental de la literatura hispanoamericana.

Discutible resulta en este contexto para la literatura hispanoamericana el deslinde propuesto por Reyes,

---

[44]   Fernández Retamar (1975: 48).

[...] según el cual hay una manifestación esencialmente literaria [...] en ciertas obras literarias que ocuparían [...] el centro de la literatura; y obras híbridas, que no pueden ser sino la manifestación marginal de la literatura.[45]

Géneros considerados híbridos serían por ejemplo las *Crónicas* del Inca Garcilaso, los discursos de Bolívar o artículos como los de Mariátegui, aunque una crítica norteamericano-eurocentrista se niegue a incorporarlos en historias de la literatura latinoamericana.

Por último, Fernández Retamar trata el tema de la crítica literaria, rechazando el concepto de una crítica no valorativa y defendiendo los ideales de una crítica autóctona de compromiso y vigor irrefutables. En tanto que las literaturas metropolitanas tienen tras de sí un proceso de decantación, los críticos literarios en América Latina carecen muchas veces de una justa jerarquización de las letras y de una propia tabla de valores «nacida de la aprehensión de las especificidades de nuestra literatura».[46]

En la trayectoria de la precisión de los verdaderos aspectos de la literatura hispanoamericana desde la polémica entre Bello y Sarmiento hasta los trabajos de José Martí, Henríquez Ureña y Alfonso Reyes, el estudio de Fernández Retamar — por muy fragmentario que sea — bosqueja el catálogo de urgencia de las tareas futuras en el campo de la teoría literaria, al hacer hincapié en el valor del método marxista para los estudios literarios. La relación íntima entre la realidad social vivida cada día y los productos literarios estudiados por nosotros requiere, según Fernández Retamar, como método, el materialismo histórico siempre de nuevo revisado.

Queda por demostrar si se necesitan categorías literarias para cada literatura en particular, si los conceptos literarios son universales y nacionales a la vez. En este punto débil de las teorías literarias de Fernández Retamar, Carlos Rincón pone el dedo en la llaga, cuando dice:

> Sin embargo, la calificación que le da Fernández Retamar al concepto de teoría de la literatura, al hablar no de teoría materialista o idealista, estructural o marxista, etc., sino de 'hispanoamericana', ha resultado un primer escollo para la consideración de sus propuestas.[47]

Con posterioridad, en una entrevista con Fernández Retamar, Roberto González Echevarría ha observado una indecisión en su planteamiento teórico:

> Por un lado pareces abogar porque la literatura hispanoamericana genere una teoría crítica que le sea propia, pero a la vez tus vastos conocimientos de la crítica contemporánea [...] parecen indicar lo contrario.[48]

---

[45]   Fernández Retamar (1975: 72).

[46]   Fernández Retamar (1975: 88).

[47]   Rincón (1978: 200).

[48]   González Echevarría (1979: 23).

En la respuesta, Fernández Retamar trató de combinar el patrimonio universal en teoría literaria con las categorías de la literatura hispanoamericana:

> De manera que la única forma de poder elaborar la teoría propia de la literatura hispano-
> americana, es saber cuanto se pueda de teoría de la literatura, de todas las literaturas habidas
> y por haber [...], seguramente ello nos ayudaría también a la mejor comprensión de las
> categorías propias de la literatura hispanoamericana [...] extrapolar, trasladar las categorías que
> se elaboraron en relación con cierta zona de la realidad, y aplicárselas mecánicamente a otra
> zona de la realidad [...] de ninguna manera se trata de una actitud nacionalista.[49]

Cuando Fernández Retamar, al principio de su fundamental trabajo «Para una teoría de la literatura hispanoamericana», reflexionaba sobre la tardía aparición de una teoría literaria en América Latina, no incluía la situación en Cuba después del triunfo de la Revolución. A pesar de contar con instituciones como Casa de las Américas y su revista Casa, cuyo director es Fernández Retamar, a pesar de publicar la revista de crítica literaria *Criterios,* de prestigio internacional, editada por Desiderio Navarro, y de haber creado el Centro de Estudios Martianos, fundado por el mismo Fernández Retamar, y de los cursos de teoría literaria impartidos por él mismo desde 1961 en la Universidad de La Habana, a pesar de todo ello, el subdesarrollo de la crítica cubana continúa siendo una realidad.

Abel Enrique Prieto alega en un artículo sobre la crítica literaria, ejercida desde la Revolución, las razones siguientes para explicar estos fenómenos:

> [...] el reajuste de las conciencias [...] se hacía mucho más lento y complejo en el terreno del
> pensamiento estético y — en particular — cuando ese pensamiento se inclinaba sobre la obra
> para el juicio [...] Otro riesgo era el de la mixtificación, explicable por el afán de adscribirse
> al marxismo en tiempo récord con el lastre de una formación bien lejana de él. [50]

Si bien la miseria epistemológica y la crisis metodológica se repiten también constantemente como lamento en Europa, son tema y pesar de ello de muchos debates sobre la crítica literaria latinoamericana. Aunque en muchos de los trabajos de Fernández Retamar se respira el «aire del eufemismo» de los años 70, estos trabajos transmiten en su pervivencia el mensaje

> [...] que la tarea y el objetivo del crítico literario latinoamericano no pueden ser otros que
> comprender y conocer Latinoamérica, o sea la realidad inmediata, como una forma de
> participar en el esfuerzo por transformar esta realidad y la visión que de ella se han dado.[51]

Uno de los aciertos más discutidos de Fernández Retamar es la transformación de mitos. El ensayo *Calibán* (1971), con su epílogo posterior «Otra salida de Calibán», se basa en la tesis de la dependencia cultural que tiene su ex-

---

[49]   González Echevarría (1979: 23-24).

[50]   Prieto (1985: 114-115).

[51]   Achúgar (1978: 18).

plicación en la dependencia económica y política. La antítesis política entre civilización y barbarie sostenía que América Latina requería de la civilización europea para llegar al progreso tecnológico. La antítesis histórica oscilaba siglos enteros entre las imágenes del «bon sauvage» y del «caníbal». Fernández Retamar defiende la síntesis del mito del Calibán shakespeariano, con su relación entre libertad política, económica y cultural.

El escritor tendría que ser como el Che, que en su carta de despedida a sus hijos escribe que había sido un hombre que actúa como piensa y piensa como actúa y siempre ha sido leal a sus convicciones. Sólo la alianza entre Ariel — símbolo del intelectual vacilante entre capitalismo y socialismo — y Calibán como representante del pueblo, podrían contribuir a la liberación de América Latina.

En las tres versiones famosas de Rodó (1900), Aimé Césaire (1969) y Fernández Retamar (1971), Próspero siempre era el patrón colonial en antagonismo con Ariel y Calibán. En tanto que Rodó establecía el contraste entre Ariel — la inteligencia, élite y juventud de América Latina — y Calibán — la masa, la materia, el *American way of life* —, en cambio Aimé Césaire unió a Ariel y a Calibán en su lucha por la libertad contra el Próspero colonizador.

Valorando en su conjunto la obra de Fernández Retamar, sintetiza Carlos Rincón:

> Los planteamientos teórico-literarios que hace Fernández Retamar, o presuponen y elaboran brillantemente búsquedas como las de Alejandro Losada y Françoise Perus, [o] significan una superación de los gastados ideologemas del americanismo y su búsqueda de una especificidad abstracta que raya en la ontología.[52]

Textos

A quien pueda interesar (Poesía 1958-1970), México 1974.
Circunstancia de poesía, La Habana 1977.
Calibán y otros ensayos, La Habana 1979.
Hemos construido una alegría olvidada: poesías escogidas (1949-1988), selección de
    Jesús Benítez, Madrid 1989.
Las cosas del corazón, La Habana 1994.
Para una teoría de la literatura hispanoamericana y otras aproximaciones, La
    Habana 1975; primera edición completa: Santafé de Bogotá 1995.
Recuerdo a, La Habana 1998.
La poesía, reino autónomo, La Habana 2000 (ensayos).

Estudios

Achúgar, Hugo: «Notas para un debate sobre la crítica literaria latinoamericana», en: *Casa de las Américas* 110 (1978), págs. 3-18.

---

[52]   Rincón (1978: 204).

Bornstein, Mirian: «Roberto Fernández Retamar en la nueva poesía socio-política hispanoamericana», en: *Revista de Literatura Cubana* 4 (1985), págs. 106-131.

«Calibán en Sassari: por una redefinición de la imagen de América Latina en vísperas de 1992 — Homenaje a Roberto Fernández Retamar», en: *Nuevo Texto Crítico* 9-10 (1992).

Castells, Ricardo: «Fernández Retamars's *The Tempest in a Cafetera:* From Ariel to Mariel», en: *Cuban Studies* 25 (1995), págs. 165-182.

Ellis, Keith: «Roberto Fernández Retamar: poeta y teórico literario», en: *Revista Iberoamericana* 152-153 (1990), págs. 1217-1228.

Fornet, Ambrosio (ed.): *Acerca de Roberto Fernández Retamar,* La Habana 2001.

Franzbach, Martin: «La dialéctica de la crítica: Fernández Retamar y Grossmann», en: *Nuevo Texto Crítico* 14-15 (1994/1995), págs. 339-344.

Gewecke, Frauke: «Ariel versus Calibán? Lateinamerikanische Identitätssuche zwischen regressiver Utopie und emanzipatorischer Rebellion», en: *Iberoamericana* 19-20 (1983), págs. 43-68.

González Echevarría, Roberto: «Entrevista con Roberto Fernández Retamar», en: *Sin Nombre* 10/2 (1979; San Juan), págs. 14-28.

Gotthelf, René: «Calibán como símbolo de la cultura latinoamericana», en: *Revista de Filosofía Latinoamericana* 2 (1976), págs. 93-107.

Jameson, Fredric: «Prefacio a Calibán», en: *Nuevo Texto Crítico* 3/5 (1990), págs. 3-8.

Jáuregui, Carlos: *Canibalia, canibalismo, calibanismo: antropofagia cultural y consumo en América Latina,* La Habana; Córdoba 2006 (Premio de Ensayos, 2005).

Medina-Valin, Niurka: «La poesía circunstancial de Roberto Fernández Retamar en sù contexto histórico-cultural 1948-1980», diss. Colorado: University of Southern California 1987.

Navarro, Desiderio: «Un ejemplo de lucha contra el esquematismo eurocentrista en la ciencia literaria de la América Latina y Europa», en: *Casa de las Américas* 122 (1980), págs. 77-91.

Órbita de Roberto Fernández Retamar, edición al cuidado de Alex Pausides con selección y prólogo de Jorge Luis Arcos, La Habana 2001.

Prieto, Abel Enrique: «La crítica literaria en la Revolución», en: *Revista de Literatura Cubana* 5 (1985), págs. 112-131.

Prieto, Abel E.: «Calibán frente al discurso de la posmodernidad», en: *Casa de las Américas* 186 (1992), págs. 133-135.

Rincón, Carlos: *El cambio actual de la noción de literatura y otros estudios de teoría y crítica latinoamericana,* Bogotá 1978.

Sklodowska, Elzbieta / Heller, Ben A. (eds.): *Roberto Fernández Retamar y los estudios latinoamericanos,* Pittsburgh 2000.

Valdés Gutiérrez, Gilberto: «Notas sobre el lugar de la teoría y la metodología de Roberto Fernández Retamar dentro del pensamiento latinoamericano contemporáneo», en: Prats Sariol, José (ed.): *Nuevos críticos cubanos,* La Habana 1983, págs. 503-528.

Eugenio Florit

Este autor (15 de octubre de 1903, Madrid — 22 de junio de 1999, Miami) pertenece al grupo de los grandes poetas latinoamericanos, que, antes de abandonar Cuba, había ya escrito la mayor parte de su obra. Hijo de una cubana y un español, llegó a La Habana en 1918, figurando, junto con Mariano Brull, Emilio Ballagas y Manuel Navarro Luna, entre los representantes más destacados de la vanguardia literaria cubana, que se había agrupado en torno a la *Revista de Avance* (1927-1930).

Con el libro *Trópico* se presentó como intérprete de la poesía pura. El náufrago de las *Soledades* de Góngora aparece aquí junto con metáforas culteranas y marítimas. Juan Ramón Jiménez, que en aquellos años figuraba como su acompañante permanente y escribió, además, el prólogo a su tercer libro de poemas *Doble acento* (1937), le caracterizó como «esbelo tallo universal de español en Cuba».

En efecto, Florit pertenece a la literatura universal y carece de sentido tratar de encasillarlo dentro de una literatura nacional. Sus raíces españolas están muy arraigadas en él, lo que se refleja en sus ensayos científico-literarios.

Como su obra completa empieza a publicarse a partir de 1982, resulta posible formarse una idea de su evolución poética. En la breve *Antología personal* (Huelva 1992) destacan ya, entre los poemas de última hora, las afinidades con el Siglo de Oro español, con el barroco y la mística: *De tiempo y agonía (Versos del hombre solo)* (1974), *A pesar de todo (Versos 1970-1986)* (1987), *Castillo interior y otros versos* (1987) e *Tercero sueño y otros versos* (1989).

Las contradicciones del barroco y el *taedium vītae* se reflejan en un soneto, escrito en un Viernes Santo (18 de marzo de 1986):

> Tanto soñar y no matar el sueño
> y tanto andar sin encontrar camino;
> tanto sufrir el paso del destino,
> oscuro azar que amaneció risueño.
>
> Tanto ahuyentar en lo que puso empeño,
> tanto voltear sus aspas de molino
> y no saber de nada, nada sino
> el tanto amor que se quedó sin dueño.
>
> Tanto pesar fijado en el quebranto,
> tanto olvidar eso que no se olvida,
> tanto acertar con el sentido incierto.
>
> Tanto llorar sin apagar el llanto,
> tanto perder y no perder la vida,
> tanto morir y no quedar ya muerto.[53]

---

[53] Florit (1992: 113).

Textos

Obras completas, edición de Luis González del Valle y Roberto Esquenazi-Mayo, Lincoln (Boulder / Colorado) 1982-1991 (hasta aquella fecha 5 tomos).

Antología personal, Huelva 1992 (con un retrato lírico del poeta por Juan Ramón Jiménez).

Lo que queda (Antología), Cáceres 1995.

Estudios

Castellanos Collins, María: *Brull, Florit, Ballagas, y el vanguardismo en Cuba,* Lexington (Kansas) 1976.

Cuba Soria, Pablo de: «El poeta solo: Eugenio Florit entre Órbita y Jiribilla», en: *Encuentro de la Cultura Cubana* 34-35 (2004/2005), págs. 131-136.

Núñez, Ana Rosa / Martín, Rita / Orta Varona, Lesbia (eds.): *Homenaje a Eugenio Florit: de lo eterno, lo mejor,* Miami 2000.

Olivio Jiménez, José: «Eugenio Florit y la significación histórica de su itinerario poético», en: *Revista Iberoamericana* 152-153 (1990), págs. 1235-1245.

Parajón (Díaz), Mario: *Eugenio Florit y su poesía,* Madrid 1977.

Rexach, Rosario: «Eugenio Florit dentro de su generación», en: *Revista Hispánica Moderna* 44/1 (1991), págs. 73-81.

Vega de Febles, María Victoria: *La obra poética de Eugenio Florit,* Miami (Florida) 1987.

Fina García Marruz

Algunos críticos literarios consideran a Fina García Marruz (18 de abril de 1923, La Habana) la poetisa cubana más importante del presente. Junto con su marido, Cintio Vitier, ha influido decisivamente en la lírica cubana durante medio siglo, con su obra de creación de «una poética de lo cubano».[54] García Marruz tiene fama internacional también como especialista en literatura. Sus ensayos representan una contribución esencial para entender a muchos autores. Además es una de las mejores especialistas, junto con Vitier, de la obra de Martí ya que ha colaborado durante largos años en el Centro de Estudios Martianos.

---

[54]   Jorge Luis Arcos La Rosa, en: *Revolución y Cultura* 3 (1989), pág. 4.

Imagen 50:
Fina García Marruz

Su inclinación por la poesía se despertó en ella en edad temprana, estimulada por la visita de Juan Ramón Jiménez a La Habana en 1936, por su participación en el grupo *Orígenes* (1944-1956, véase su tomo de ensayos *La familia de Orígenes*, 1997) y por su actividad como investigadora en unión de su marido. Gran parte de su obra fue escrita antes de la Revolución, sobre todo *Poemas* (1942), *Transfiguración de Jesús en el Monte* (1947), *Las miradas perdidas, 1944-1950* (1951).

Su poesía posterior está recogida en los libros *Poesías escogidas* (1984) y *Habana del centro* (1997). Hay que destacar además *Visitaciones* (1970), *Viaje a Nicaragua* (1987, en colaboración con Cintio Vitier) y *Créditos de Charlot* (1990). Por la temática de su lírica — la búsqueda del pasado y de un sentimiento de seguridad en la fe y la religión -, está cerca de Eliseo Diego.

Cintio Vitier señala, en su antología fundamental *Cincuenta años de poesía cubana 1902-1952*,[55] como característica esencial de la poesía de García Marruz «la intimidad de los recuerdos, el sabor de lo cubano, los misterios católicos». La riqueza de sus géneros abarca desde la poesía pura, la religiosa (muy elogiada por Cardenal) hasta la política (poemas a Ho Chi Minh, Camilo Cienfuegos, Che Guevara, Nicaragua, etc.), aunque su poética no admite «ni arte puro ni arte para».

En *Créditos de Charlot* (1990, originariamente en Ediciones Vigía, Matanzas, en una edición de 200 ejemplares), poesía tardía, García Marruz se inclina por una relación con la realidad, basada en el ejemplo del circo-mitos y figuras. La

---

[55]   Vitier (1952: 376).

personalidad creadora de Chaplin le inspira «Lecciones de Charlot»[56] que, en sus contradicciones, representan sin duda la síntesis de su experiencia en la vida:

Un hombre no debe
ser tan audaz equilibrista

No debe fascinar
de improviso a la doncella,
ni al público que aplaude,
ciego.

Se es equilibrista
porque no queda más remedio,
por amor a la joven
de la malla blanca
que será, por siempre, de otro
[...]
Un hombre debe hacer mal
el acto de ir por una cuerda floja
[...]
un hombre no debe perder el equilibrio.

La *Antología poética* (1997, con prólogo de Jorge Luis Arcos, págs. 5-15) recoge por vez primera muchos de los poemas escritos por la autora en los últimos decenios.

Estudios

Arcos, Jorge Luis: *En torno a la obra poética de Fina García Marruz*, La Habana 1990.
Bobes, Marilyn: «Fina García Marruz: Elogio de la serena perfección», en: *Casa de las Américas* 149 (1985), págs. 155-156.
«Homenaje a Fina García Marruz», en: *Encuentro de la Cultura Cubana* 11 (1998), págs. 4-22.
López, Zuzel: «Los límites necesarios: el tema de la mujer en la ensayística de Fina García Marruz», en: *La Gaceta de Cuba* 4 (1998), págs. 25-28.

Nicolás Guillén

Biografía

Nicolás Guillén, el poeta nacional de Cuba, hijo de un periodista fusilado por las tropas del gobierno durante la sublevación de 1917, nació el 10 de julio de 1902 en Camagüey y murió en La Habana el 17 de julio de 1989. Sus memorias (*Páginas vueltas*, 1982), cargadas de poemas, reflejan amor a su patria y a

---

[56]   García Marruz (1990: 18-19).

la casa familiar. Entre esos poemas, figura una décima conmovedora dedicada a su madre:

> Mi madre está en la ventana
> de mi casa cuando llego;
> ella que fue llanto y ruego,
> cuando partí una mañana.
> De su cabellera cana
> toma ejemplo el algodón,
> y de sus ojos que son
> ojos de suave paloma,
> latiendo de nuevo, toma
> nueva luz mi corazón.[57]

Al contrario de las memorias de Neruda (*Confieso que he vivido*, 1974), no se dan cita en ellas ni el mundo internacional ni representantes de las esferas diplomáticas, sino encuentros con gentes sencillas, el barbero, el chófer, bailarinas, entre otros. El lema que preside el libro está tomado de Juan Gualberto Gómez (1854-1933), cuyos padres habían sido todavía esclavos: «Aquí no está toda la verdad, pero todo que está aquí es verdad.»

A la edad de 14 años escribió ya sus primeros poemas. En 1920 marchó a La Habana para empezar la tradicional carrera de Derecho, a la que pronto hubo de renunciar por motivos económicos, regresando de nuevo a Camagüey. Aquí fundó, junto con su hermano Francisco, las revistas de literatura *Lis* y *El Camagüeyano*, de corta vida ambas. En 1926 volvió a la capital, donde se ganó la vida hasta 1953, trabajando casi siempre como periodista.

---

[57]   Guillén (1982: 62).

Imagen 51:
Nicolás Guillén

Con *Motivos de son* (1930, libro al que Amadeo Roldán puso música entre otros, y que apareció primero en el anexo dominical del Diario de la Marina), Guillén se convirtió en el principal repesentante de la poesía negra.

Pero González Echevarría (1994) ha señalado con razón en un brillante estudio que Guillén fue injustamente considerado en los años 30, sobre todo autor afroantillano. Por lo menos tan importante fue ya entonces, según González Echevarría, su orientación hacia el barroco español, hacia Góngora, Quevedo, Calderón de la Barca y la estética de Gracián a continuación del influjo de la generación española del 27. Al igual que para Carpentier, Lezama Lima y después para Severo Sarduy, esta orientación hacia el barroco español significó un enriquecimiento de su lírica satírica afrocubana que contribuyó a definir su propia identidad.

Después de la caída del gobierno de Machado en 1933, Guillén se vinculó intensamente con el movimiento comunista. En 1937, viajó a España vía México para tomar parte en el Congreso de Escritores Antifascistas, en el que pronunció un notable discurso. En *Mono Azul* (Madrid, 15 de julio de 1937, pág. 1), se menciona el paralelismo establecido por Guillén entre racismo y fascismo:

Vengo, camaradas, como hombre negro [...] Yo vengo de un país, Cuba, donde el negro representa una porción muy importante del pueblo [...] y puedo deciros que allá el negro siente la tragedia española [...] porque sabe que [...] las clases conservadoras [...] lo esclavizaron una vez y que han de seguir esclavizándolo siempre.[58]

Desde el asalto al Cuartel Moncada en Santiago en julio de 1953 hasta la caída del gobierno de Batista, Guillén vivió en el exilio, entre otras ciudades, en París y Buenos Aires. En 1954, fue galardonado con el Premio Lenin de la Paz. A partir de 1961, se encargó hasta su muerte de la dirección de la Unión de Escritores y Artistas de Cuba (UNEAC), superando contra viento y marea todas las dificultades. Por su enorme popularidad, la difusión internacional de su obra y los numerosos galardones literarios fue propuesto varias veces como el candidato más adecuado para el Premio Nobel de Literatura, que no logró obtener como su rival Pablo Neruda (1971).

Desde el afrocubanismo hasta la creación de una cultura socialista

Tres grandes temas predominan en la vida y obra de Nicolás Guillén: la lucha por la igualdad de derechos de negros y mulatos, la lucha contra colonialismo, fascismo e imperialismo y el compromiso con la revolución socialista en el marco nacional e internacional. Por esta razón parece justificado valorar la evolución poética de Guillén como evolución política.

La obra de Guillén posterior a 1959 no se puede entender ni explicar sin echar una ojeada retrospectiva al afrocubanismo, su componente literario y político. Ya a comienzos del siglo XX — cronológicamente algo más tarde por relación a la expansión del renacimiento de Harlem Negro Renaissance en los EE.UU. (spirituals, jazz, blues, etc.), la poesía negra de Langston Hughes etc., y en parte con influencias de todo ello — los temas africanos y negrófilos, que aparecen unidos a los nombres de Apollinaire, Lévy-Bruhl, Cendrars, Milhaud, Modigliani, entre otros, había despertado gran interés en la vieja y cansada civilización europea.

Mientras estos autores se dirigían a un público en su gran mayoría blanco, surgió en los años 20, sobre todo en las antiguas colonias de habla española, una literatura de orientación intensamente nacionalista en parte que, en el período siguiente, consideró al negro no objeto sino, a veces, incluso sujeto de la historia.

Las fases de esta evolución se pueden seguir y observar claramente en Cuba, de modo que no es casual que con la huelga de masas contra Gerardo Machado, el «Mussolini del Trópico» (J. A. Mella), surgiera en 1930 en la isla el movimiento negrista, ya que habían sido precisamente los negros quienes habían tenido una participación activa en las sublevaciones y movimientos de resistencia.

---

[58]   Aznar Soler / Schneider (1979: 64-65).

La lírica afrocubana de la primera época de Guirao y Tallet (1928) estuvo siempre acompañada, en todas sus formas de expresión, por una investigación etnológica seria de la cultura de los negros: Fernando Ortiz y Lydia Cabrera. Todas estas corrientes confluyeron en la obra de Nicolás Guillén, quién en *Motivos de son* (1930) ya había abandonado el campo de la poesía pura. En *Sóngoro Cosongo* (1931), Guillén presenta, de forma distinta a Tallet, la rumba como expresión del «work song» de las plantaciones, asignándole una doble función portadora de ilusiones para el negro esclavizado y válvula de escape para las agresiones acumuladas:

No ha de ser larga la espera,
rumbera
buena;
ni será eterna la bacha,
rumbera
mala;
te dolerá la cadera,
rumbera
buena;
cadera dura y sudada,
rumbera
mala [...].[59]

Guillén, el poeta mulato, no devolvió al negro un lenguaje estilizado, sino el suyo propio para que pudiera defenderse conscientemente contra las tentativas racistas de discriminarlo. Así, por ejemplo, de un negro de labios muy abultados («bembón»), se dice en *Motivos de son:*

¿Por qué te pone tan brabo,
cuando te disen negro bembón,
si tiene la boca santa,
negro bembón?[60]

Durante siglos, la burguesía de las plantaciones había expresado burlescamente su hegemonía sensorial y la «superioridad de su raza» frente al negro en refranes, cuentos, poemas satíricos, canciones y dibujos. Nicolás Guillén luchó contra esa ideología, renunciando para ello a la pura descripción de esa actitud y haciendo suya la protesta social. El problema de los negros no era para él una cuestión de raza sino una cuestión social de clase.

La burguesía compradora nacional como agente que era del capital norteamericano y de sus companies, absorbió, al igual que un gigantesco vampiro multidimensional, la sangre de las venas del negro y la savia del suelo cubano:

---

59   Guillén (1974: I, 124).

60   Guillén (1974: I, 103).

Caña

El negro
junto al cañaveral.

El yanqui sobre el cañaveral.

La tierra
bajo el cañaveral.

¡Sangre
que se nos va![61]

Con la transformación del son afrocubano en una canción político-revolucionaria, Guillén perfiló la figura del negro con un contorno social más intenso, con lo que el negro pasó a formar parte de la masa de los oprimidos. La histórica concepción, según la cual la solución del problema de los negros es un problema de los blancos y sólo es posible superarlo en el marco de un profundo proceso de transformación revolucionaria social, económica y política, indujo a Guillén a poner al servicio de esa visión, orientada al futuro, toda su fuerza y potencia artística y revolucionaria.

El tomo de poesía *West Indies Ltd.* (1934) fue el espejo cóncavo en el que se refleja concentrada esa convicción. La dicotomía entre negro y blanco cedió ante la interpretación programática de la historia como historia de lucha de clases. El pueblo se transformó en el sujeto protagonista de su poesía. En las décadas siguientes, Guillén es el más consecuente de todos los poetas negristas al profundizar esa dirección y no aislar la temática de la poesía negra de otros fenómenos sociales o caer en una variante folklórica. El negro, al ser parte esencial del pueblo, aparece integrado en la lucha contra la clase explotadora.

En *Cantos para soldados y sones para turistas* (1937), Guillén ahonda más en esta orientación socio-revolucionaria. El mismo año apareció su lírica de la Guerra Civil española: *Poema en cuatro angustias y una esperanza* (1937). Sus elegías a Jacques Roumain (1948) y a Jesús Menéndez (1951), máximo exponente de los sindicatos cubanos, que murió asesinado, nos llevan ya a las amargas experiencias del exilio en *La paloma de vuelo popular* (1958).

Después del triunfo de la Revolución, Guillén volvió a insistir en el tema del negro con *Tengo* (1964), ahora bajo una constelación histórica de signo contrario. En el poema «Tengo» (primero apareció el 18 de junio de 1963 en *La Gaceta de Cuba*), el negro está a la misma altura social que los campesinos, trabajadores y gentes sencillas quienes, después de la lucha revolucionaria, se transforman de «Juan sin Nada» en «Juan con Todo»:

Tengo, vamos a ver,
que siendo un negro
nadie me puede detener

---

[61] Guillén 1974: I, 129.

a la puerta de un dancing o de un bar.
O bien en la carpeta de un hotel
gritarme que no hay pieza,
una mínima pieza y no una pieza colosal,
una pequeña pieza donde yo pueda descansar.[62]

Sobre la amplia popularidad de este poema se hacen eco, incluso, las muchas parodias de actualidad, entre ellas la siguiente del período especial:

Búscate un temba que te mantenga,
que pase de los treinta y no llegue a
los cincuenta [...]
P'a que tú tengas lo que tenías que tener.

Eliseo Alberto relata en su *Informe contra mí mismo* (1997), un testimonio brillante, que en el invierno de 1991 un «cuadro ideológico» de la Juventud Comunista (UJC) recomendó al jefe de redacción de un tabloide estudiantil que no publicara en la portada de la revista el poema «Tengo» de Nicolás Guillén, porque podía prestarse a malentendidos. En 1991, a los cubanos se prohibían el acceso a hoteles de varias estrellas, reservados íntegramente para los turistas con dólares. El poema no se publicó. «¿Teníamos los funcionarios que teníamos que tener?».[63]

El bestiario de Guillén, *El gran zoo* (1967), anclado en la tradición de Apollinaire, Borges y Neruda, se compone de una serie de poemas muy sutiles que, en su mayoría, finalizan con un aforismo político coherente, como el poema «El Caribe», que se publicó primeramente en Lunes de Revolución, el 29 de junio de 1959:

En el acuario del Gran Zoo,
nada el Caribe.
Este animal
marítimo y enigmático
tiene una blanca cresta de cristal,
el lomo azul, la cola verde
vientre de compacto coral,
grises aletas de ciclón.
En el acuario, esta inscripción:
«Cuidado: muerde».[64]

En 1972, Guillén sorprendió a sus lectores con la publicación de dos obras a la vez: *La rueda dentada* y *El diario que a diario*. En una entrevista con Roberto Branly, previa a la aparición,[65] Guillén comentó el primer libro en los

---

62 Guillén (1974: II, 79).

63 Alberto (1997: 129).

64 Guillén (1974: II, 225-226).

65 *Juventud Rebelde*, 24 de marzo de 1969.

términos siguientes: «Todo el libro es un libro irónico. Lo cual, en el fondo, no es más que una continuación del tono que preside mi obra anterior.»

Poemas famosos como «Digo que yo no soy un hombre puro» alternan con otros de actualidad política: «El cosmonauta», «Pequeña oda a Vietnam», «Angela Davis», entre otros. El primer poema mencionado fue publicado con el título «La pureza» y con el subtítulo que en definitiva se ha convertido en título, en la revista mexicana *El Corno Emplumado* 28 (octubre de 1968), págs. 19-20:

> Yo no voy a decirte que soy un hombre puro.
> Entre otras cosas
> falta saber si es que lo puro existe
> [...]
> Yo no te digo pues que soy un hombre puro,
> yo no te digo eso, sino todo lo contrario.
> Que amo (a las mujeres, naturalmente,
> pues mi amor puede decir su nombre),
> y me gusta comer carne de puerco con papas,
> y garbanzos y chorizos, y
> huevos, pollos, carneros, pavos,
> pescados y mariscos,
> y bebo ron y cerveza y aguardiente y vino
> y fornico (incluso con el estómago lleno)
> [...]
> La pureza del que se da golpes en el pecho, y
> dice santo, santo, santo,
> cuando es un diablo, diablo, diablo.
> En fin, la pureza
> de quien no llegó a ser lo suficientemente impuro
> para saber qué cosa es la pureza.
>
> Punto, fecha y firma.
> Así lo dejo escrito.[66]

De gran originalidad es el libro *El diario que a diario* que, en principio, iba a ser incorporado a *La rueda dentada* como un solo poema. Guillén se sirve de anuncios de prensa, publicidad comercial, etc. para reflejar las diferentes fases de la historia cubana. Se trata de documentos histórico-culturales sobre la infiltración del colonialismo y el *American way of life* en la isla que, hoy en día, vuelven a mencionarse ante la reaparición de la antigua situación en algunos aspectos parciales de la vida cubana, como deja entrever esta pequeña nota sobre la actualidad de las jineteras:

> Las muchachas de La Habana
> no tienen temor de Dios

---

[66]   Guillén (1974: II, 297-298).

y se van con los ingleses
en los bocoyes de arroz.[67]

Por el mar de las Antillas anda un barco de papel (1978), libro infantil deliciosamente ilustrado, es también un libro para adultos, con algunos aforismos que invitan a la reflexión (en una edición española aparecida en Salamanca en 1984 se han suprimido algunas dentelladas políticas). Las *Coplas de Juan Descalzo* (1979) son una colección de sátiras sobre el régimen de Batista, publicadas ya en 1952 por separado y anónimamente.

Nancy Morejón ha celebrado con grandes elogios la lírica de Guillén en la obra premiada *Nación y mestizaje en Nicolás Guillén* (1982), con las siguientes palabras:

> La poesía de Guillén es proteica en formas, metros y es, por antonomasia, insurrecta, en el modo mismo con que se lanza a aventuras formales — nunca formalistas —, que garantizan la pervivencia y juventud de su mensaje.[68]

La riqueza y variedad temáticas, la ligereza y agilidad del verso, su compromiso y sensibilidad, la correlación entre preocupaciones autóctonas y supranacionales hacen de Nicolás Guillén uno de los poetas líricos más significativos de América Latina.

Textos

Obra poética, tomo I: *1920-1972;* tomo II: *1958-1972,* La Habana 1974 (con ilustraciones del autor).
Prosa de prisa (1929-1972), 3 vols., La Habana 1975-1976.
Páginas vueltas (Memorias), La Habana 1982.
Summa poética, edición de Luis Íñigo Madrigal, Madrid ⁶1986.

Estudios

Actas del Coloquio Internacional sobre la obra de Nicolás Guillén (Burdeos 1987), La Habana 1988 (= *Revista de Literatura Cubana* 11).
Aguirre, Mirta: *Un poeta y un continente*, La Habana 1982.
Alberto, Eliseo: *Informe contra mí mismo*, Madrid 1997.
Antuña, María Luisa / García-Carranza, Josefina: *Bibliografía de Nicolás Guillén*, La Habana 1975.
Augier, Ángel: *Nicolás Guillén: estudio biográfico-crítico*, La Habana 1984.
Aznar Soler, Manuel / Schneider, Luis Mario (eds.): *II Congreso Internacional de Escritores Antifascistas (1937)*, vol. III: *Ponencias, documentos, testimonios*, Barcelona 1979 (Guillén: págs. 63-65 y 217-226).

---

[67] Guillén (1974: II, 385).

[68] Morejón (1982: 14).

Barchino Pérez, Matías / Rubio Martín, María (eds.): *Nicolás Guillén: hispanidad, vanguardia y compromiso social,* Cuenca 2004 (Colección Humanidades; 79).

Benítez Rojo, Antonio: «Nicolás Guillén: ingenio y poesía», en: Benítez Rojo, Antonio: *La isla que se repite,* Barcelona 1998, págs. 141-179.

Branche, Jerome (ed.): *Lo que teníamos que tener: raza y revolución en Nicolás Guillén,* Pittsburgh 2003.

«Controversia: Nicolás Guillén aquí y ahora; mesa redonda», en: *Temas* 30 (2002), págs. 65-81.

Depestre, René: «Palabra de noche sobre Nicolás Guillén», en: *Encuentro de la Cultura Cubana* 3 (1996/1997), págs. 66-76.

Dill, Hans-Otto: «Identidad caribeña y universalidad de Nicolás Guillén», en: Armbruster, Claudius / Hopfe, Karin (eds.): *Horizont-Verschiebungen: interkulturelles Verstehen und Heterogenität in der Romania; Festschrift für Karsten Garscha zum 60. Geburtstag,* Tübingen 1998, págs. 363-372.

Dill, Hans-Otto: «Avantgarde und Folklore: die afrokubanische Lyrik Nicolás Gulléns», en: Dill, Hans-Otto: *Zwischen Humboldt und Carpentier: Essays zur kubanischen Literatur,* Berlin 2003, págs. 170-184.

Ellis, Keith: *Nicolás Guillén: poesía e ideología,* La Habana 1987 (original inglés: Toronto; Buffalo; London 1983).

Fernández Retamar, Roberto: *El son de vuelo popular,* La Habana 1979.

Franzbach, Martin: «Afrocubanismo und Négritude», en: *Iberoamericana* 15 (1982), págs. 49-57.

González Echevarría, Roberto: «Nicolás Guillén barroco: el significado en Motivos de son», en: *La Gaceta de Cuba* 6 (1994), págs. 21-28.

Hernández Guillén, Nicolás (ed.): *Nicolás Guillén: Iconografía,* México 2002.

Martínez Estrada, Ezequiel: *La poesía afrocubana de Nicolás Guillén,* Montevideo 1966.

Morejón, Nancy (ed.): *Recopilación de textos sobre Nicolás Guillén,* La Habana 1974.

Morejón, Nancy: *Nación y mestizaje en Nicolás Guillén,* La Habana 1982.

Ruffinelli, Jorge: *Poesía y descolonización: viaje por la poesía de Nicolás Guillén,* México 1985.

Smart, Ian Isidore: *Nicolás Guillén, Popular Poet of the Caribbean,* Columbia; London 1990.

«Sobre Nicolás Guillén: para Nicolás Guillén», en: *Casa de las Américas* 132 (1982), págs. 36-131.

José Kozer

Este escritor (28 de marzo de 1940 La Habana) es hijo de emigrantes judíos, que en los años 30 salieron de Checoslovaquia y Polonia para establecerse en Cuba. A partir de 1960, Kozer residió en Nueva York donde impartió clases de literatura en el Queens College de la City University desde 1965. Kozer es uno de los poetas cubanos más conocidos internacionalmente, que se ha creado un nombre además como traductor.

A pesar de la temática universal de su poesía, sus libros reflejan problemas de identidad y la historia agitada de la diáspora judía en Cuba,[69] sobre todo en la antología *Este judío de números y letras* (1975).

Sus más de 3000 poemas están dispersos en más de 15 libros, numerosas antologías y revistas. Entre los títulos más conocidos figuran *De Chepén a La Habana* (1973, en colaboración con Isaac Goldenberg), *Así tomaron posesión en las ciudades* (1978), *La rueca de los semblantes* (1980), *Jarrón de las abreviaturas* (1980), *La garza sin sombras* (1985), *El carillón de los muertos* (1987), *Carece de causa* (1988), *De donde oscilan los seres en sus proporciones* (1990), *Trazas del lirondo* (1993), *Et mutabile* (1997), *Dípticos* (1998), *Al traste* (1999), *Mezcla para los tiempos* (1999, prosa y poesía), *Farándula* (1999), *No buscan reflejarse (Antología poética)* (2001).

La poesía escrita entre 1983 y 2004 está reunida en la antología *Y del esparto la invariabilidad* (2005).

Desde el comienzo de su obra, Kozer expresó claramente su poética iconoclasta, con el fin incluso de protegerse de posibles falsas interpretaciones:

> Yo escribo en todos los estilos, me robo a todos los
> poetas,
> yo ahorro monedas de veinticinco, colecciono sellos,
> guardo la infancia en las ranuras de una alcancía,
> y luego despilfarro todo lo que tengo, me exalto, me
> paro sobre la punta de los pies,
> luego me zafo, me voy por los aleros, dinamito los
> pestillos, quiebro los marcos
> y rompo rompo rompo rompo.[70]

Si se analiza esta profesión de fe, de un acusado eclecticismo, se puede constatar una serie de influencias, que van desde el neobarroquismo de Lezama Lima y la herencia modernista de Rubén Darío hasta el budismo ZEN. Al comienzo de «Parabolilla de la rosa y la doncella» hay una síntesis, por ejemplo, de elementos fantásticos y una búsqueda de la luz, el color y la musicalidad, como exigencia poética de *l'art pour l'art,* con la tenue melancolía de un *fin de siècle* que se repite en cada siglo:

> La
> alta rama del rosal se inclina hacia la tierra
> una
> última
> rosa de invierno recarga su vívido punzó
> cual
> si una esfera de corolas buscara su ascenso

---

[69]   Robert M. Levine: *Tropical Diaspora: The Jewish Experience in Cuba,* Gainesville (Florida) 1993.

[70]   Kozer (1975: 24).

hacia
unas nubes desmadejadas, recomponen un fondo de
madrépora
y coral
en los cielos [...]⁷¹

La influencia del budismo ZEN se percibe sobre todo en la etapa oriental del poeta. Meditación y concentración en sí mismo conducen a una revelación intuitiva del espíritu y a una contemplación relajada, de las que surge la propia estética literaria. En la figura del arquero aparecen encarnados antiquísimos rituales y símbolos japoneses:

El personaje que encarna el fracaso de la meditación zen es un arquero, listo para disparar una flecha al alba, acto simbólico del intento de atisbar el origen de la luz.⁷²

El arquero, un paso al frente, imitación de la grulla
en la quietud anterior al graznido.
Abre su posición, la mano imita el arco.
Los ojos buscan la diana en sus pupilas.
Rocío
(el arquero a punto de captar una imagen al alba). Surca la flecha, pasa.
El arquero, inmóvil la mirada fija en la arrogancia de su esterilidad.⁷³

Aída Heredia destaca, en su excelente monografía sobre la lírica de José Kozer, tres fases de creación del poeta, que giran en torno a los temas: familia, muerte, amor, escritura y acto de gracias. El tema de la familia de la primera fase está claramente unido a la tradición hebraica y aparece enmarcado en la discrepancia «entre casa firme y perenne destierro».⁷⁴

La fase oriental está caracterizada por la influencia de la filosofía ZEN y «la dispersión del yo poético en busca de la unidad».⁷⁵ La última fase provisional se inicia con el libro de poemas *Carece de causa* (1988), «en el que convergen las tradición hebrea con su enfoque en el lenguaje, y la austeridad zen».⁷⁶

Basándose en esta obra, Jorge Guitart ha extraído determinados elementos de la poética Kozeriana, válidos también para la totalidad de su obra:

1. la increíble riqueza léxica, que se manifiesta principalmente en la descripción del mundo natural que suele circundar sus visiones [...]
2. la alternancia dialectal, también en el plano léxico, donde un vocabulario culto se salpica de cubanismos

---

71   Kozer (1985: 99).

72   Heredia (1994: 70).

73   Kozer (1980: 70).

74   Heredia (1994: 24).

75   Heredia (1994: 67).

76   Heredia (1994: 27).

3. las frecuentes violaciones de la sintaxis ordinaria
4. El uso absolutamente idiosincrásico del paréntesis
5. La constante destrucción de lo narrativo.[77]

Aunque esta enumeración de características está sujeta, como en todo hecho literario, a modificaciones permanentes, refleja claramente las muchas formas de exilio del autor, que ha encontrado su paz interior no en la fe cristiana, sino en la reflexión sobre la religión y la filosofía orientales milenarias. El distanciamiento frente al catolicismo se manifiesta en la crítica irónica y llena de humor de los ademanes, rituales y atuendo de una monja, como en el poema «Pesadilla de una hermanita de la Caridad»:

> Un viento de cuaresma la despeina.
> El bulevar
> agranda de farol en farol su azoro.
> Avanza.
> Una alevilla traza el triángulo
> de su cofia.
> La alianza de oro, una hendija.
> En
> su ajuar se posó una polilla de alcanfor.
> Polvo, sus arras.
> Y el polvo un rezumar imprevisto de aguas
> lustrosas. Olor
> a naftalinas: la monja se levanta con el cabello
> alborotado, zumba
> la mano
> que la desgrañara entre las sábanas.[78]

La variación de formas de exilio se expresa también en el idioma, representado por las dos lenguas de la casa paterna: el *yiddish*, lengua nativa del padre, y el castellano de la madre. «Esta diferencia lingüística signa dos estados anímicos: uno resignado a la muerte y otro que ansía la vida».[79] En el retrato del padre («Gramática de papá»), Kozer describe la situación del náufrago entre lenguas, países, culturas e identidades:

> Había que ver a este emigrante balbucir verbos de
> Yiddish a español,
> había que verlo entre esquelas y planas y bolcheviques
> historias naufragar frente a sus hijos,
> su bochorno en la calle se parapetaba tras el dialecto
> de los gallegos, la mercancía de los catalanes,

---

[77]   Guitart (1990: 1379).

[78]   Kozer (1985: 103).

[79]   Heredia (1994: 12).

se desplomaba contundente entre los andrajos de sus
dislocadas conjugaciones [...][80]

Incluir esta lírica en el «mainstream» de la poesía latinoamericana y cubana
resulta difícil, pero es precisamente de su multiculturalismo de donde surge su
originalidad. Por eso Pérez Firmat declara, y con razón, apátrida, sin pertenencia a ningún país específico, a esta poesía:

> La poesía de Kozer, en la cual confluyen su herencia hebrea, su nacimiento y crianza en Cuba
> y su larga estancia en Nueva York, se escribe desde un no-lugar. Creada al margen, en una
> especie de no-man's language, se resiste a encasillamientos fáciles, y filiaciones ortodoxas [...]
> Se trata de un poeta 'cubano' de difícil ubicación dentro de la poesía cubana, tanto la escrita
> en la Isla como la producida en el exterior.[81]

Es curioso, por otra parte, que la Cuba insular considere a Kozer como
uno de los autores preferidos para servir de puente con la literatura cubana del
exilio (Arcos 1995, entre otros). Aunque Kozer se ha abstenido en general de
hacer cualquier declaración política, no se incluye su obra en el apartado
formalista de *l'art pour l'art*. Nadie como él ha reflexionado sobre el problema
de la identidad e, incluso, establecido paralelos entre la permanente expulsión
del judío que se ve obligado a emigrar y muchos cubanos exiliados y de la isla
en la actualidad.

En una profesión de fe, Kozer afirmó en 1988:

> Si mi poesía está dentro del ámbito de la poesía cubana, y, por supuesto, dentro del ámbito de
> la poesía que es lo que todo poeta preferiría, rompiendo barreras nacionales y efímeras, es cosa
> que no sé ni sabré: ni es cosa que me corresponda saber o decir. Ahora bien, creo que
> respecto a la trayectoria cubana hay algo en mi trabajo que no encaja del todo con lo cubano.
> Ese algo, supongo, tiene que ver con mis numerosos exilios: el de la personalidad, el de ser un
> cubano (primera y última generación de padres judíos, el de ser un judío de origen ashkenazi
> en la ciudad de La Habana [...] esos exilios que implican desde el comienzo una voz doble,
> una voz en el árdido terreno de la zarza ardiente y en el tropical terreno de la humedad [...]
> voz donde se reúnen a perpetuidad, la ancestral voz de mis antepasados y la actual y ancestral
> voz de mi patria de nacimiento [...] Y luego el desarraigo [...].
>
> Todo eso se junta para hacer de mi trabajo algo aparentemente menos cubano y que tal
> vez tenga mucho que ver con el cubano actual [...] que es una especie de cubano judío, de
> mulato judío, de híbrido múltiple y desarraigado, que deambula y 'derelecta' por toda la
> tierra, conociendo finalmente la diáspora, madre nutritiva y verdadera de toda creación.[82]

Textos

Este judío de números y letras, Tenerife 1975.
Jarrón de las abreviaturas, México 1980.

---

[80]   Heredia (1994: 49).

[81]   Pérez-Firmat (1990: 1248).

[82]   Kozer (1988: 20).

La garza sin sombras, Barcelona 1985.

Antología, selección y nota introductoria de Jacobo Sefamí, México 1997.

Estudios

Arcos, Jorge Luis: «José Kozer: ¿un ser hipotético?», en: *Unión* 19 (1995), págs. 33-34.

Guitart, Jorge: «Kozer, Carece de causa, 1988» (reseña), en: *Revista Iberoamericana* 152-153 (1990), págs. 1378-1380.

Heredia, Aída: *La poesía de José Kozer: de la recta a las cajas chinas,* Madrid 1994.

«Homenaje a José Kozer», en: *Encuentro de la Cultura Cubana* 37-38 (2005), págs. 3-49.

Homero, José: «Soy Ulises y soy nadie: entrevista a José Kozer», en: *La Gaceta de Cuba* 2 (1996), págs. 18-20.

López-Adorno, Pedro: «Teoría y práctica de la arquitectura poética kozeriana: apuntes para Bajo este cien y La garza sin sombras», en: *Revista Iberoamericana* 135-136 (1986), págs. 605-611.

Martín, Sabas: «José Kozer: Pasión y transfiguración de la palabra», en: *Cuadernos Americanos* 258 (1985), págs. 141-147.

Minc, Rosa: «Convergencias judeo-cubanas en la poesía de José Kozer», en: *Cuadernos Americanos* 39/5 (1980), págs. 111-117.

Pérez-Firmat, Gustavo: «Noción de José Kozer», en: *Revista Iberoamericana* 152-153 (1990), págs. 1247-1256.

Rodríguez Padrón, Jorge: *Del ocio sagrado: algunos poetas hispanoamericanos,* Madrid 1991.

César López

César López (25 de diciembre de 1933, Santiago de Cuba) es un excelente y sutil poeta, cuentista, crítico literario, editor (entre otros de Lezama Lima) y traductor. En 1959 acabó la carrera de medicina en Madrid y Salamanca interrumpiendo los estudios de Filosofía y Letras en 1960 para regresar a la isla.

La colaboración en revistas tan famosas como *Ciclón* (1957) y *Lunes de Revolución* despertó en él la vocación literaria. López debutó como poeta con una elegía a su amigo Frank País («Silencio en voz de muerte», 1963, terminada antes de 1958).

Por *Primer libro de la ciudad* (1967), obtuvo una mención de la Casa de las Américas (1966), por su *Segundo libro de la ciudad* (1971) el Premio Ocnos, de Barcelona. La censura franquista suprimió de este volumen más de 50 páginas, rechazando el poema final «Salmo y comentarios». En Cuba, el libro no pudo aparecer hasta 1989, por el que se le concedió después el Premio de la Crítica en reconocimiento de su valor.

A esta publicación siguieron *Apuntes para un pequeño viaje* (1966), *Quiebra de la perfección* (1983), *Ceremonias y ceremoniales* (1988, antología de los años

1968 hasta 1974), *La búsqueda de un signo* (1989), *Consideraciones: algunas elegías* (1993, antología) y *Tercer libro de la ciudad* (1997).

Imagen 52:
César López

Gran viajero, cuya obra se tradujo a varios idiomas, López representó a Cuba como cónsul en Glasgow (1960-1962). Después ocupó puestos en el Ministerio de Asuntos Exteriores, en la Academia de Ciencias y en otras instituciones culturales de su país. La rectitud de César López, como norma de vida, le originó varias desventajas e inconvenientes.

Después del «Caso Padilla» y durante el «Quinquenio Gris», pero a veces también con posterioridad, fue declarado largos años «persona non grata», no pudiendo volver a publicar en Cuba hasta 1983 ni aceptar invitaciones del extranjero. En conjunto, fue un período de tiempo superior al difícil «Quinquenio Gris». Su oposición crítica frente al dogmatismo cultural de cualquier tendencia se refleja en su obra por medio de la parodia, la ironía e ingenio, hasta llegar a plasmarse en elegías moderadas.

Por eso, sus profesiones de fe hacen referencia a su amor a su tierra natal y a la idea de la justicia social:

Yo tengo un compromiso absoluto con mi patria dentro de la historia y de la asunción de la historia por la Revolución al que me es imposible renunciar.[83]

Su aguda mirada le llevó a anticipar muchos acontecimientos y realidades posteriores, como en los versos sobre el mito de Ítaca, escritos entre 1968 y 1974 pero publicados sólo en 1988 (en *Ceremonias y ceremoniales*):

Una vez decidió
dejarlo todo, aquello
que había amado y que constituía
su ilusión o carrera, acaso su destino;
ahora, como un extraño
Ulises, desengañado, más trágico
o bufón que el héroe griego,
se retuerce en la duda,
se consume de hastío y desespero
en la tierra elegida,
la esperanzada Ítaca del regreso.
No es tiempo ya de lamentarse,
ni siquiera
de arrepentirse o de gritar.
Cualquier error o decisión se paga.[84]

En la lírica de los años 80 predominan los recuerdos de los amigos desaparecidos (Lezama Lima, Piñera, entre otros) y los muertos por la patria, como en la necrología del 26 de octubre de 1983 por los fallecidos en Granada:

Sus ropas cambian y sus manchas tratan
de limpiar displicentes con inútiles
gestos. Los asesinos luego se entretendrán
tratando de burlar el rigor de la historia
[...]
Aunque la sangre ahora no impidió la metralla,
más bien fue la metralla quien provocó la sangre.
Sí se fundieron juntas
para afirmar lejanas el unívoco nombre de la patria.[85]

El punto culminante en la madurez literaria de César López lo representa el libro *Tercer libro de la ciudad* (1997), que recoge su poesía escrita entre 1990 y 1995. Se trata de poemas de reconciliación sobre el recuerdo y el perdón. La certeza de que el tiempo se evade velozmente hace que esta poesía esté impregnada de una leve melancolía, enraizada tanto en el pasado barroco de la lírica española del Siglo de Oro, y en la dorada Generación del 27 como en Lezama Lima y la tradición cubana. Este ciclo poético se cierra con el lema esperanzador de Vicente Aleixandre:

---

[83]   Bianchi Ross (1990: 49).

[84]   López (1988: 73).

[85]   López (1993: 51).

No grites. Mis cristales ligeros acerco hasta mis ojos
y veo al poniente rosa. ¡Una bella ruina!
Aún hay patria. ¡Soñemos! Con mis plumas doradas
yo embellezco este viento [...][86].

En los volúmenes de narraciones cortas (*Circulando el cuadrado,* 1963, segunda edición 1968, y *Ámbito de los espejos,* 1986) aparecen brillantes parodias, en las que se mezclan, en su riqueza imaginativa, tanto formal como temática, elementos absurdos, grotescos y fantásticos, como al final de la narración «En la prisión» poco antes de la liberación de los prisioneros:

Todos estamos de acuerdo
Todos estamos de acuerdo menos uno.
Todos menos uno que habla estamos de acuerdo. Todos
menos uno que habla y no entendemos
estamos de acuerdo.
Pero todos comenzamos los preparativos para salir de la
prisión.[87]

En 1999 obtuvo el Premio Nacional de Literatura.

Textos

Circulando el cuadrado, Madrid 1986.
Ceremonias y ceremoniales, La Habana 1988.
Consideraciones: algunas elegías, La Habana 1993.
Tercer libro de la ciudad (1990-1995), Sevilla 1997.

Estudios

Bianchi Ross, Ciro: «Entrevista con César López: 'Mi compromiso es absoluto'», en: *Cuba Internacional* 4 (1990), págs. 48-53.
Castellanos, Orlando: «Defender todo lo defendible, que es mucho: entrevista al poeta César López», en: *La Gaceta de Cuba* 2 (1998), págs. 29-31.
«Homenaje a César López», en: *Encuentro de la Cultura Cubana* 16-17 (2000), págs. 3-43.
Rodríguez Santana, Efraín: «César López: Entrevisto: Palabra enunciada y palabra callada», en: *Encuentro de la Cultura Cubana* 16-17 (2006), págs. 13-25.
Saínz, Enrique: «Apuntes inconclusos para la poesía de César López», en: *Unión* 3/9 (1990), págs. 7-15.

---

[86]   López (1997: 103).

[87]   López (1986: 57).

Dulce María Loynaz

Un homenaje tardío

Cuando la escritora Dulce María Loynaz (su nombre completo es María Mercedes Loynaz de Alvarez de Cañas) (10 de diciembre de 1902 La Habana — 27 de abril de 1997 La Habana) recibió el 23 de abril de 1993 de manos del rey de España, Juan Carlos I, el Premio Cervantes en el Aula Magna de la Universidad de Alcalá de Henares, parecía que un mito se hubiera hecho realidad, porque la concesión de tan preciado galardón había hecho que los cubanos de la isla se sintieran unidos con el exilio en la recíproca ilusión de haber premiado uno de los suyos.

La vida de Loynaz transcurrió hasta 1959 en el marco de la alta burguesía. Desde 1946, la escritora vivió en un chalé en ruinas, en el barrio de El Vedado de La Habana, en la calle 19 y E, nº 502, cuyo suntuoso interior permitía hacerse una idea del esplendor de épocas pasadas. Su padre, Enrique Loynaz del Castillo (fallecido en 1963), un conocido general de las guerras de liberación, fue primer embajador de la República de Cuba en Madrid. De él, heredó Loynaz la férrea disciplina y la capacidad de renunciar a la deserción ya que, al contrario de la gran mayoría de los de su clase, la escritora continuó viviendo en la isla después del triunfo de la Revolución. Incluso su segundo marido, el periodista Pablo Álvarez de Cañas, de origen canario, prefirió vivir en los EE.UU. desde 1961 hasta 1972 y no regresó a La Habana hasta poco antes de su muerte, en 1974.

Después de haber concluido sus estudios de derecho en La Habana (1927), trabajó algún tiempo como abogada para asuntos familiares, pero pronto se sintió más atraída por la literatura, los viajes y el periodismo. También sus hermanos, Enrique (1904-1966), Carlos Manuel (1906-1977) y Flor (1908-1985), se dedicaron a la creación literaria. En sus viajes para dar lectura de sus obras y ampliar su formación por el Cercano Oriente, EE.UU., América Latina y Europa, sobre todo España, a partir de los años 20, fue muy homenajeada. Gabriela Mistral incluso la llegó a proponer en 1952 para el Premio Nobel de Literatura.

En La Habana, Dulce María Loynaz perteneció al mundo aristocrático y acogedor de la cultura. En el álbum de familia, se puede ver a Federico García Lorca amablemente acogido por toda la familia el año 1930 en la casa habanera. El escritor español dedicó el manuscrito de *Yerma* (1937), obra de teatro, a su hermana Flor y el fragmento del drama, *El público,* a su hermano Carlos Manuel.

Durante la Guerra Civil española, Juan Ramón Jiménez y su esposa, Zenobia Camprubí, visitaron frecuentemente a la escritora en su villa. Camprubí la consideró «una mujer algo excéntrica», pero su marido expresó en imágenes de la naturaleza las contradicciones de la autora cubana: «Como ella, ardiente y nieve, carne y espectro, volcancito en flor; no pesadilla de otro ni, en sí, sonámbula».[88]

Después del triunfo de los revolucionarios cubanos, la Academia Cubana de la Lengua celebró sus sesiones en su domicilio, eligiendo a Loynaz como presidente. Desde 1968 fue además miembro correspondiente de la Real Academia Española de la Lengua. Con la publicación de *Poesías escogidas* (1984) y *Poesía completa* (1993) se dio a conocer a la generación joven de Cuba, otorgándosele entre otros muchos homenajes, el Premio Nacional de Literatura 1988.

Las malas lenguas interpretaron la concesión del Premio Cervantes 1993 (en el jurado tomó parte como miembro el escritor cubano Pablo Armando Fernández) como un compromiso tras nueve votaciones, para eliminar al mordaz exilado cubano Guillermo Cabrera Infante, olvidando que, entre los finalistas, figuraban también Vargas Llosa, Cela, Chacel, Donoso y Delibes. Tal concesión fue, sin duda, realizada en un momento oportunamente elegido, con el fin de alentar la búsqueda de un diálogo político, económico y cultural entre la Cuba (auto)bloqueada y los empresarios españoles dispuestos a invertir en la isla. «La lengua siempre fue compañera del imperio», dijo ya Nebrija en 1492.

La extensa obra de Loynaz, sólo en parte editada hasta hoy (sus *Memorias a título póstumo* prometen deparar algunas sorpresas), abarca desde lírica, prosa y periodismo hasta ensayos, conferencias y artículos. Como crítico literario, Loynaz es autora de acertadas y sensibles viñetas sobre Gómez de Avellaneda, Bello, Ballagas, García Lorca, Casal, Agustini, Varela, Marquina, entre otros. La escritora considera *Un verano en Tenerife* (1958), extenso libro de viajes como su obra más lograda. En ella trabajó durante cinco años, inspirada en *Un hiver à Majorque* (1842) de George Sand.

Poesía

El centro de su producción lírica lo ocupan los poemas y la «novela lírica» *Jardín* (1951). Algunos críticos de literatura caracterizan su obra poética como «intimismo postmodernista», y ello tiene sin duda su explicación en el hermetismo de la sociedad de la alta burguesía habanera. El intimismo ha sido en todas las épocas una forma legítima de protegerse, entendido como defensa del patrimonio intelectual.

En una época, donde la alienación fue cada vez mayor y las consignas, hueras y rimbombantes, el monólogo consigo mismo fue a menudo el único refugio seguro de la intimidad. Por otra parte, la vida recluida en la torre geográfica y estética de marfil significaba protección frente a la decadencia de los valores considerados eternos a la vez que preservaba los ideales de un pasado, desaparecido hace mucho tiempo, en el feudo aparentemente autónomo del espíritu.

---

[88]   Loynaz: *Jardín* (²1993: 7).

Su obra poética aparece al comienzo enmarcada en la tradición modernista de Rubén Darío y la *poésie pure* de Juan Ramón Jiménez — cuya influencia la escritora niega sin embargo —, pero sus raíces se prolongan incluso hasta el Siglo de Oro español (Quevedo, entre otros) y, en los años 20, hay que añadir la melancolía postromántica de un Bécquer. Los poemas giran en torno a movimientos afectivos sutiles, lo indecible y las pequeñas vibraciones del alma. Soledad, narcisismo, compenetración con la naturaleza, lo efímero, tiempo y muerte son algunos de los temas permanentes de su reflexión poética.

Para la interpretación de su lírica habría que partir de lo expuesto por la escritora sobre teoría política[89] ante los estudiantes de la Universidad de Verano de La Habana en 1950. En esa ocasión, Loynaz definió las relaciones de su lírica con la realidad: la poesía es transición, movimiento, dinámica. La poesía debe estar sensibilizada para lo elevado y crecer, a ser posible, directa y sencillamente, como el árbol. El poema tiene que liberar al hombre de lo que le es cotidiano y hacer transparente lo que ve el escritor.

Las obras hasta ahora editadas presentan una gran variedad de versos ricos de forma y motivos, desde *Versos* (1920-1938, publicados en 1938), *Juegos de agua* (1947), *Carta de amor al Rey Tut-Ank-Amen* (1953), *Poemas sin nombre* (1953) hasta *Últimos días de una casa* (1958), *Poesías escogidas* (1984) y *Bestiario* (1985).

El famoso poema de las rosas, titulado «Eternidad», en cuyas coplas se refleja la nostalgia de la inmortalidad entre el deseo y la realidad, está enmarcado en la tradición de Emily Dickinson (1830-1886), la gran poetisa norteamericana y su poesía melancólica, como señala Pablo Armando Fernández:[90]

Eternidad

No quiero , si es posible, que mi beneficio
desaparezca, sino que viva y dure toda la
vida de mi amigo. Séneca

En mi jardín hay rosas:
Yo no te quiero dar
las rosas que mañana [...]
Mañana no tendrás.

En mi jardín hay pájaros
con cantos de cristal:
No te los doy, que tienen
alas para volar [...]

En mi jardín abejas
labran fino panal:
¡Dulzura de un minuto [...]
no te la quiero dar!

---

89   Simón (1991: 79-97).

90   Simón (1991: 400-407).

Para ti lo infinito
o nada; lo inmortal
o esta muda tristeza
que no comprenderás [...]

La tristeza sin nombre
de no tener que dar
a quien lleva en la frente
algo de eternidad [...]

Deja, deja el jardín [...]
no toques el rosal:
Las cosas que se mueren
no se deben tocar.[91]

La «lejanía» y sin embargo «proximidad» de sus versos, que ya elogió Azorín[92] se manifiesta claramente, sobre todo en este poema. Aunque la autora relacionó en *Últimos días de una casa* (1958) el estado ruinoso de la villa con el de su propia vida y terminaba con los versos:

Y si no valgo en ella, nada valgo [...]
Y es hora de morir.[93]

Los muchos homenajes posteriores la devolvieron a la vida. De esta forma, el balance de su vida no fue peor que los últimos días de la casa:

Nadie puede decir
que he sido yo una casa silenciosa;
por el contrario, a muchos muchas veces
rasgué la seda pálida del sueño
— el nocturno capullo en que se envuelven —
con mi piano crecido en la alta noche,
las risas y los cantos de los jóvenes
y aquella efervescencia de la vida
que ha barbotado siempre en mis ventanas
como en los ojos de
las mujeres enamoradas.[94]

En *Bestiario* (1985), su última recopilación de poemas, que abarca hasta los años 20, la autora disfrazó su entorno tras la máscara de un animal, entretejiendo su filosofía de la vida con la naturaleza:

---

[91]   Loynaz: *Antología* (1993: 45-46).

[92]   Simón (1991: 717).

[93]   Loynaz: *Antología* (1993: 218).

[94]   Loynaz: *Antología* (1993: 203).

Lección primera
Tegernaria domestica
Araña común

La Araña gris de tiempo y de distancia
tiende su red al mar quieto del aire,
pescadora de moscas y tristezas
cotidianas [...]

Sabe que el amor tiene
un solo precio que se paga
pronto o tarde: La Muerte,
Y Amor y Muerte con sus hilos ata [...].[95]

La tendencia aparentemente didáctica conduce a un orden cósmico pre-establecido, en el que todas las cosas tienen asignado un puesto y en el que Dios es la naturaleza. La tradición medieval de los bestiarios no aparece aquí relacionada con una doctrina cristiano-alegórica sino que está, como en el caso de Orwell (*Animal Farm*, 1945), Apollinaire, Valle-Inclán, Borges o Nicolás Guillén, al servicio de lo más puro y profundo de las inclinaciones intimistas y filosóficas de la escritora.

La contradicción entre belleza y brutalidad de la naturaleza refleja, según la autora, «una defensa de la libertad, a través de la imaginación»,[96] como escribió Nara Araújo en su excelente interpretación, a la que debemos los comentarios antes mencionados.

Dulce María Loynaz valora sensiblemente los problemas de la mujer en la sociedad, pero nunca ha sido una feminista militante. Si su hermana, Flor Loynaz Muñoz, luchó activamente ya en los años 30 contra la dictadura de Machado, Dulce María, en cambio, retrató con su pluma algunas mujeres del pasado. Impresionada por *Yerma* (1937), la tragedia de García Lorca, Loynaz publicó en la Revista Bimestre Cubana (julio / octubre 1937) su «Canto a la mujer estéril». Vida y muerte forman aquí una unidad, pero la conciencia femenina surge sobre la base de los elementos fundamentales de la Creación:

Y reinarás
en tu Reino. Y serás
la Unidad
perfecta que no necesita
reproducirse, como no
se reproduce el cielo,
ni el viento,
ni el mar [...].[97]

---

[95]   Loynaz: *Antología* (1993: 235).

[96]   Araújo (1993: 66).

[97]   Loynaz: *Antología* (1993: 104).

Este «intimismo neutral» ha sido valorado muy críticamente por Marilyn Bobes,[98] una poetisa cubana y crítica literaria muy conocida.

Max Henríquez Ureña ha sido el primero en reconocer la importancia de Dulce María Loynaz en la literatura femenina latinoamericana,[99] enmarcándola en la tradición cubana del siglo XIX de Gertrudis Gómez de Avellaneda, Luisa Pérez Zambrana y Juana Borrero. Carmen Conde[100] agregó otros nombres — Gabriela Mistral (1889-1957), Juana de Ibarbourou (1895-1979), Alfonsina Storni (1892-1938) y Delmira Agustini (1886-1914) — que consideró precursoras y acompañantes de la creación poética femenina.

En su ensayo *Poetisas de América* (1951), escrito para su ingreso como miembro de la Academia Nacional de Artes y Letras, en La Habana, Loynaz muestra su conformidad con esos antepasados literarios. Interrogada por las diferencias entre la lírica femenina y masculina, Loynaz contestó negativamente en la entrevista:

> Una verdadera poesía no está monopolizada. La da Dios. La poesía es angélica, y usted sabe que los ángeles no tienen sexo.[101]

Prosa

La prosa de Dulce María Loynaz se formó en el magisterio del Quevedo barroco, con sus conceptismos, agudezas y laconismos, y de Azorín, el maestro de los pequeños detalles, el *maximus in minimīs,* como lo definió Ortega y Gasset. Lo mismo que Azorín, Loynaz vio en el paisaje y sus gentes la solución del problema del cronos. La vida significó para ella retorno. El tiempo perdido lo reencontró en lo habitual, lo familiar, no en la propia alma o en el recuerdo como Proust.

Su único texto en prosa importante, *Jardín,* escrito y madurado entre 1928 y 1935, pero no publicado hasta 1951 en Madrid, es una novela sobre la evolución de una adolescente, Bárbara, una joven al borde de los sueños, los deseos y la realidad de la vida. Las metáforas del Jardín de Edén y la inocencia perdida del hombre se entrecruzan con una autocontemplación de los sentimientos y gestos, descritos microscópicamente:

> Se quitó las ropas, destrenzó su pelo color de río, abrió una gaveta, cerró otra [...] Su cuerpo delgado y fino parecía en la sombra un abanico de nácar cerrado.[102]

---

[98]   Simón (1991: 213-221).

[99]   Henríquez Ureña (1954-1958: 127-135).

[100]   Conde (1967: 387-459).

[101]   Simón (1991: 49).

[102]   Loynaz: *Jardín* (²1993: 237).

Emilio Ballagas valoró el libro como «biografía simbólica»,[103] indicando con ello el difícil problema genérico. Pero el libro presenta menos rasgos autobiográficos que los poemas de la autora. Gabriela Mistral insistió más en el contenido simbólico del texto, cuyo escenario es el Olimpo inaccesible de la fantasía.

En una carta, enviada desde Nápoles a la autora el 14 de abril de 1951, Mistral escribió:

> Estoy gozando el jardín. Rara vez en mis años de vagabundaje yo puedo gozar de un jardín, siempre ajeno [...] Esto le dice cómo he disfrutado de su jardín, casi tocándolo [...] Son palabras-pintura y escultura, palabras que la dan a usted viva, vivísima.[104]

Con posterioridad, Loynaz reconoció abiertamente la influencia de las nuevas técnicas cinematográficas sobre su estilo. Incluso en los años 50, Buñuel tuvo la intención de llevar Jardín al cine. Y en 1988, el Ballet Nacional de Cuba realizó una adaptación, en la que Alicia Alonso bailó el papel de Bárbara y Hilda Rivero estudió la coreografía.

La novela Jardín fue el último libro que leyó Lezama Lima antes de su muerte el 9 de agosto de 1976. En marzo de 1976, escribió a la autora:

> Usted ha creado lo que pudiéramos llamar el tiempo del jardín, allí donde toda la vida acude como un cristal que envuelve las cosas y las presiona y sacraliza.[105]

Por otra parte, Lezama Lima hizo notar, según un testimonio de José Rodríguez Feo (*La Gaceta de Cuba* 1 (1994), pág. 7) que «el lirismo de la Loynaz se le antojaba un tanto démodé». Una leyenda se había caducado.

Textos

Alas en la sombra, Hermanos Loynaz, La Habana 1992.
Antología lírica, edición de María Asunción Mateo, Madrid 1993 (Colección Austral; 316).
Poesía completa, La Habana 1993.
Ensayos literarios, Salamanca 1993.
Dulce María Loynaz: Premio de literatura en lengua castellana Miguel de Cervantes 1992, Madrid 1993 (antología con entrevista y fotos).
Jardín: novela lírica precedida de «Dulce María Loynaz», por Juan Ramón Jiménez, Barcelona ²1993.

---

[103] Simón (1991: 429).

[104] Simón (1991: 719).

[105] Simón (1991: 724).

Estudios

Anthropos: revista de documentación científica de la cultura 151 (diciembre de 1993; Madrid; número dedicado a vida y obra de Dulce María Loynaz).

Araújo, Nara: «Naturaleza e imaginación: el Bestiarium de Dulce María Loynaz», en: *Anthropos* 151 (1993), págs. 65-67; primero en: *El Diario de Caracas,* 29 de julio de 1993, pág. 42.

Caballero, Rufo: *Hongo fino: La modernidad en Jardín de Dulce María Loynaz: Imantación y delirio,* Santiago de Cuba 2005.

Camprubí, Zenobia: *Diario, 1: Cuba (1937-1939),* Madrid 1991.

Campuzano, Luisa: «Últimos textos de una dama: crónicas y memorias de Dulce María Loynaz», en: *Casa de las Américas* 201 (1995), págs. 46-53.

Conde, Carmen: «Dulce María Loynaz», en: *Once poetisas americo-hispanas,* Madrid 1967, págs. 385-459.

Henríquez Ureña, Max: «Dulce María Loynaz y la poesía femenina en Cuba», en: *Anales de la Academia Nacional de Artes y Letras* 38 (1954-1958), págs. 127-135.

Jongh, Elena M. de: «Intertextuality and the Quest for Identity in Dulce María Loynaz's Jardín», en: *Hispania* 77/3 (1994), págs. 416-426.

López Cruz, Humberto / Jiménez, Luisa A. (eds.): *Dulce María Loynaz: cien años después,* Madrid 2004.

López Lemus, Virgilio: *Dulce María Loynaz: estudios de la obra de una cubana universal,* Tenerife 2000.

Montero, Susana A.: «La poética de la novela Jardín de Dulce María Loynaz», en: Montero, Susana A.: *La narrativa femenina cubana 1923-1958,* La Habana 1989, págs. 58-79.

Núñez, Ana Rosa (ed.): *Homenaje a Dulce María Loynaz, Premio Cervantes 1992,* Miami 1993 (obra literaria: poesía y prosa; estudios y comentarios).

Saínz, Enrique: «Reflexiones en torno a la poesía de Dulce María Loynaz», en: *Anuario L / L* 16 (1985), págs. 136-149.

Simón, Pedro (ed.): *Dulce María Loynaz,* La Habana 1991 (valoración múltiple) (antología de crítica literaria sobre su obra).

Nancy Morejón

Entre las escritoras más significativas de Cuba figura la poetisa, ensayista, especialista de literatura y traductora Nancy Morejón (7 de agosto de 1944 La Habana) considerada además como la máxima representante de la poesía negra. A Nancy Morejón no le seduce figurar en primera fila, aunque ha desempeñado siempre cargos importantes en las instituciones culturales cuba-nas. Por ejemplo, ha dirigido el Centro de Estudios del Caribe en la Casa de las Américas y fue directora en 1994/95 de la Fundación Pablo Milanés hasta su clausura decretada oficialmente. Después se vinculó con el Teatro Nacio-nal de Cuba y otra vez con la Casa de las Américas. En 2001 recibió el Premio Nacional de Literatura.

Imagen 53:
Nancy Morejón

Desde su licenciatura en filología francesa, Morejón está especialmente familiarizada con la cultura caribeña de habla francesa y la metrópolis de París. Con sus traducciones geniales de Aimé Césaire, Jacques Roumain, René Depestre, Paul Eluard, entre otros, ha contribuido decisivamente a su amplia difusión en España y América Latina. Su profesora Mirta Aguirre, la alentó en la universidad a la lectura continua de la literatura mundial, la creación lírica propia y la redacción de diarios.

Poesía

A la edad de 18 años, un mes antes de la crisis de los misiles de octubre de 1962, ya había publicado su primer libro, *Mutismos* (1962). Desde entonces, la trayectoria lírica de Morejón se puede seguir con intervalos de dos a tres años. Sus poemas maduran lentamente, son cuidadosamente seleccionados, incluso cuando nos dan la impresión de ser producto de una improvisación espontánea. Como ninguna otra poetisa de su generación, Morejón vincula la conciencia afrocubana con el contexto revolucionario, la poesía comprometida con la lírica intimista.

Su temática es múltiple y, sin embargo, unitaria. La historia de su pueblo, el papel de la identidad individual y colectiva y la búsqueda de lo cálido y lo armónico constituyen sus aspectos centrales. Su famoso poema «Mujer negra» (1979, en *Parajes de una época,* publicación anterior en Casa de las Américas 88, 1975, págs. 119-120) es un canto lírico a la historia, la rebeldía, los sufrimientos y la liberación de los negros hasta el triunfo de la Revolución.

El breve resumen al final de cada estrofa hace referencia a las diferentes fases históricas y actitudes de los negros: «Me rebelé / Anduve / Me sublevé / Trabajé mucho más / Me fui al monte.» El poema termina de forma parecida a «Une saison au Congo», de Césaire («Nôtre, ce ciel ce fleuve, ces terres / nôtre le lac et la forêt»), con un himno a la alegría:

> Nada nos es ajeno.
> Nuestra la tierra.
> Nuestros el mar y el cielo.
> Nuestras la magia y la quimera.
> Iguales míos, aquí los veo bailar
> alrededor del árbol que plantamos para el comunismo.
> Su pródiga madera ya resuena.[106]

El vínculo que sirvió de eslabón fue el poema de Nicolás Guillén «Tengo», que asimismo relaciona con fruición la naturaleza con el «hombre nuevo» y la «mujer nueva» como negro / negra.

Después del pequeño tomo de poesía *Amor, ciudad atribuida* (1964), con el lema de Aimé Césaire («Al morir el alba esta ciudad chata expuesta [...]») aparecieron *Richard trajo su flauta y otros argumentos* (1967), homenaje al gran músico Richard Egues, el flautista de la Orquesta Aragón en La Habana, *Lengua de paja* (1971), *Parajes de una época* (1979), *Poemas* (1980, antología publicada en México), *Elogio de la danza* (1982), *Octubre imprescindible* (1982).

La lírica de Nancy Morejón, consciente de estar anclada en la historia, de ningún modo recae en la moda del triunfalismo fácil. Su punto de partida son siempre hechos históricos concretos, enseguida enriquecidos con símbolos. En el siguiente poema «Una rosa» (en *Parajes de una época*), la rosa y el fusil forman una unidad simbólica. La historia abnegada del país representa para los vivientes el compromiso de defender las conquistas de la Revolución:

> Los ojos de Abel Santamaría
> están en el jardín.
> Mi hermano duerme bajo las semillas.
> Santiago alumbra
> la frescura del tiempo
> que nos tocó vivir.
> Un niño baila
> el dulce aire de julio
> en la montaña.
> Alguien escucha su canción
> bajo el estruendo puro
> de una rosa.[107]

El poema hace alusión a un suceso terrible: después del fracasado asalto al Cuartel Moncada en julio de 1953, le fueron agujereados los ojos a Abel Santamaría. Sin embargo, Morejón no sigue insistiendo en esta acción estremecedora, sino que el idilio del niño danzante se convierte en eslabón que conduce al pasado entre los muertos y los vivos, entre pasado y presente.

---

[106]   Morejón (1979: 20).

[107]   Morejón (1979: 6).

La lírica política de Morejón puede reflejar también matices de indignación de ira, que al unirse sin embargo con el cosmos y la naturaleza se vierten en armonía esperanzadora. Un momento crucial en la lírica de Morejón lo representa, sin duda, *El cuaderno de Granada* (1984). La escritora, sensibilizada por el impacto inmediato de los acontecimientos que desató la invasión norteamericana de la isla caribeña de Granada, escribió el poema en dos días y dos noches, el 4 y 11 de noviembre de 1983 (compárese el artículo de Pérez Valdés 1986):

A los caídos en Granada
Granada, patria de las Antillas,
navegando entre musgos,
tus hijos múltiples
(hijos de Louverture
como hijos de Maceo)
ponen sus altas sienes
sobre tu pecho.
Y el polvo de sus huesos
(desde el océano)
se desliza en la tierra
(a la sombra de las banderas)
y alimenta sus jugos
(con el aliento de las nubes)
y un árbol nuevo crece.[108]

La antología bilingüe, traducida por Kathleen Weaver *Donde duerme la isla como un ala / Where the island sleeps like a wing* (San Francisco 1985) representa un resumen provisional: Sus cuatro temas son «Un patio de La Habana», «Donde duerme la isla como un ala», «El sueño de la razón produce monstruos», «Mujer negra». En el prólogo, Barnet rinde homenaje a la personalidad y la lírica de la escritora en el siguiente madrigal:

Ahora escapa por esta puerta
Apenas se deja ver
Iluminada como va de topacio
No habla casi, pero de su carne lisa,
nocturna, emerge una canción
con cientos de miles de años
Madre de Agua la conduce en su barco de espumas
a un hueco invisible del mar
Inusitada, fija,
ella regresa siempre
como una jabalina.[109]

La poesía posterior oscila entre el sueño y la realidad, el amor y la renuncia, el miedo y el valor y refleja matices ligeramente melancólicos: *Piedra pulida*

---

[108]   Morejón (1984: sin página).

[109]   Barnet (1990: 55).

(1986), *Baladas para un sueño, Paisaje célebre* (1993), *Poemas de amor y de muerte* (extractos en *Caravelle,* 1993), *Botella al mar* (1997). El tomo *Elogio y paisaje* (1996) reúne dos poemarios. En 2000 publicó *La quinta nave de los molinos.*

Ensayos y crítica literaria

Los ensayos de Nancy Morejón giran en torno a la personalidad rectora de Nicolás Guillén y problemas transculturales (*Fundación de la imagen,* 1988). El concepto de transculturación lo definió del modo siguiente:

> Transculturación significa interacción constante; trasmutación entre dos o más componentes culturales cuya finalidad inconciente [sic] crea un tercer conjunto cultural nuevo e independiente, aunque sus raíces, descansen sobre los elementos precedentes. La influencia recíproca de cada componente es determinante. Nuestra cultura no es otra cosa que eso: una nueva cultura creada en función de un irreversible mestizaje racial y cultural.[110]

El punto de partida de toda investigación sobre Nicolás Guillén es su *Recopilación de textos sobre Nicolás Guillén* (1974), a la que siguió en 1982 la importante monografía *Nación y mestizaje en Nicolás Guillén* (Premio UNEAC 1980 «Enrique José Varona» Ensayo). El concepto central de cultura de mestizaje estuvo siempre estrechamente relacionado, para Nancy Morejón, con su propia identidad e historia.

En una entrevista con los periodistas de Bremen, Willi Huismann y Jörg Senkpeil, dijo en 1986 en Radio Bremen:

> Nicolás Guillén definia el concepto de negro como algo exhaustivo y totalizante. En cambio, en algunas zonas de América, la palabra tiene un tono racista, y ello por partida doble: allí donde hay racismo blanco, se produce también un racismo negro.
>
> El racismo negro acentúa lo positivo en el negro pero, a la vez, lo aisla de las otras culturas, sobrevalorando la propia. No hay que olvidar de que independientemente de que seamos negros, somos cubanos y, culturalmente vistos, somos mestizos. La cultura sólo se puede entender en su evolución. La Revolución fue importante para nuestra identidad nacional. En estos años han desaparecido muchos mitos y falsos ideales sobre lo específicamente español. latino y también africano. Y ello ha sido positivo para el proceso de mestizaje.
>
> Algunos consideran el mestizaje como una afrenta algo deshonroso. Pero el concepto de cultura de mestizaje define exactamente la cultura de nuestro continente. El mestizaje define exactamente la cultura de nuestro continente. El mestizaje es algo muy vital. En Cuba tenemos una gran influencia africana, desde luego. Pero esta influencia ya no proviene directamente de Africa. La cubanía no es una emanación ni de lo africano ni de lo español. Si así fuera, estaríamos todavía tocando las castañuelas.
>
> No, somos algo distinto, algo mucho más complejo. Los negros no han intentado recrear en Cuba una pequeña Africa. Pero hemos contribuido a dar una personalidad a nuestra sociedad. Fidel Castro ha dicho por ejemplo que los cimarrones nos han enseñado el espíritu de la libertad y el amor a Cuba. Su libertad personal se identificó con la liberación nacional en la Guerra de Independencia con España. Los cimarrones dieron una lección importante a todos los pueblos del Tercer Mundo (manuscrito de radio, pág. 6).

---

[110]   Maloof (1966: 56).

En este sentido, el ensayo sobre Nicolás Guillén es una contribución importante para fijar los conceptos de nación y mestizaje, analizados a partir de la lírica y prosa periodística de Nicolás Guillén.

Textos

Parajes de una época, La Habana 1979.
Cuaderno de Granada, La Habana 1983.
Antología poética, selección y prólogo de Gerardo Fulleda León, Caracas 2006.

Estudios

Afro-Hispanic Review 15/1 (1996) (número dedicado a Nancy Morejón).

Barnet, Miguel: «La poesía de Nancy Morejón», en: Barnet, Miguel: *Autógrafos cubanos,* La Habana 1990, págs. 53-55.

Behar, Ruth / Suárez, Lucía: «Two Conversations with Nancy Morejón», en: Behar, Ruth (ed.): *Bridges to Cuba: Puentes a Cuba,* Ann Arbor (Michigan) 1995, págs. 129-139.

Costa-Willis, Miriam de: «The Caribbean as Idea and Image in the Poetry of Nancy Morejón», en: *Journal of Caribbean Studies* 7 (1990), págs. 233-243.

Costa-Willis, Miriam de (ed.): *Singular Like a bird: The Art of Nancy Morejón,* Washington 1999.

Feracho, Lesley: «Arrivals and Farewells: The Dynamics of Cuban Homespace through African Mythology in two Elegguas Poemas by Nancy Morejón», en: *Hispania* 83/1 (2000), págs. 51-58.

Green-Williams, Claudette Rose: «Re-writing the History of the Afro-Cuban Woman: Nancy Morejón's *Mujer negra*», en: *Afro-Hispanic Review* 8/3 (1983), págs. 7-13.

Howe, Linda Sue: «Afro-Cuban Cultural Politics and Aesthetics in the Works of Miguel Barnet and Nancy Morejón», Diss. University of Wisconsin-Madison 1995.

Luis, William: «The Politics of Aestetics in the Poetry of Nancy Morejón», en: *Afro-Hispanic Review* 15/1 (1996), págs. 35-43.

Maloof, Judy: «Entrevista con Nancy Morejón», en: *Hispamérica* 73 (abril de 1996), págs. 47-58.

Pérez Valdés, Trinidad: «A propósito de un cuaderno para no olvidar», en: *Casa de las Américas* 158 (1986), págs. 62-74 (Cuaderno de Granada; 1984).

Phaf-Rheinberger, Ineke: «El cuaderno antillano de Nancy Morejón: La Habana 1967-1993», en: Große, Sibylle / Schönberger, Axel (eds.): *Dulce et decorum est philologiam colere: Festschrift für Dietrich Briesemeister zu seinem 65. Geburtstag,* vol. 1, Berlin 1999, págs. 515-534.

Phaf-Rheinberger, Ineke: «Universos múltiples dentro de una tradición cubana única: entrevista a Nancy Morejón», en: *Iberoamericana* 112 (2003), págs. 189-192.

Luis Rogelio Nogueras

Este importante autor (17 de noviembre de 1945 La Habana — 6 de julio de 1985 La Habana) de novelas policíacas, periodista, director de cine y guionista ha sido ya tratado en el capítulo correspondiente a la literatura policíaca. Pero además es un brillante poeta, cuyo primer libro de poemas, *Cabeza de zanahoria* (1967), dio origen a su sobrenombre «Wichy», por su coleta de color rojizo.

Como Desiderio Navarro dijo acertadamente en un análisis: «Podríamos afirmar que en la obra poética intertextual de Nogueras todo es literatura y toda la literatura es vida humana [...] Si para los postestructuralistas la vida es sólo texto, para Nogueras el texto es sobre todo vida» (Navarro 1986: 151).

El punto de partida para entender su obra lírica podrían ser las muchas manifestaciones hechas por él mismo sobre su poética. Carmen Suárez León inicia su estudio sobre Nogueras mencionando los versos siguientes, tomados de *Cabeza de zanahoria*:[111]

> Esta mirada al mar,
> y la que él me echa, profunda, inacabable,
> irán a parar a algún poema,
> a estas pobres líneas donde no caben todas las olas.

De ellos deduce la filóloga cubana la actitud fundamental del poeta frente a la realidad. Por otra parte constata «que las olas de esa realidad no caben en el poema, porque la experiencia vivida desborda cualquier código artístico».[112]

Con *Cabeza de zanahoria*, Nogueras compartió el Premio David de la UNEAC con Lina de Feria (*Casa que no existía*). Ya en el siguiente libro, *Las quince mil vidas del caminante* (1977), con textos casi exclusivamente de los años 1967 a 1973, Nogueras despliega toda la riqueza de su temática. El extenso poema que da título al libro, fue concluido en 1971 y describe contrastivamente con una virulenta intensidad la lucha entre la maquinaria inhumana de guerra de EE.UU. y el valor guerrero y el sacrificio supremo del pueblo vietnamita.

El ciclo de las imitaciones que manifiesta el talento y el goce de Nogueras por el disfraz y el pastiche, constituye una auténtica sorpresa. Las parodias sobre Drummond de Andrade, Baudelaire, d'Annunzio, Brecht, entre otros, y las imitaciones estilísticas de Casal, Martí y Guillén son creaciones poéticas de gran agilidad, brío, originalidad y elegancia, que no tienen parangón en la lírica cubana, como puede verse en estos versos según el poema de Martí «Los dos príncipes» de *La edad de oro* (1888):

> En los álamos del monte
> Tiene su casa el pastor,
> Junto al río el ruiseñor,

---

[111]   Nogueras (1967: 29).

[112]   Suárez León (1986: 150).

En los pinos el sinsonte,
En la llanura el bisonte,
Y la vicuña en la sierra;
Como el soldado en la guerra,
Como el viajero sin coche
Yo duermo bajo la noche:
Mi cama es toda la tierra.[113]

La tendencia a la parodia y el gozo desbordante en experimentar se intensifican en las biografías y poesías ficticias de supuestos poetas de la Antigüedad hasta el presente, como en el pequeño libro *El último caso del inspector* (1983), un ejemplo perfectamente logrado de la lírica apócrifa cabalística (con anterioridad aparecido en *Imitación de la vida,* 1981). Cronológicamente publicó en el intermedio el libro de poemas *Imitación de la vida.*

En las palabras pronunciadas por el jurado que le concedió el Premio Literario de Poesía de la Casa de las Américas se dice:

> Libro admirable en su variedad y en su unidad, que representa la madurez de la joven poesía cubana, la ruptura de las últimas fronteras entre lo social y lo personal, lo íntimo y lo colectivo. Escrito con destreza, inteligencia y dominio del oficio, el libro de Luis Rogelio Nogueras es una contribución de primer orden a la lírica en nuestro idioma (Rogelio Nogueras 1981: C4).

La pasión de Nogueras parte de su creencia idealista en el triunfo de las fuerzas progresistas del mundo. El escritor no habla de la revolución mundial o de la lucha de clases o del comunismo, sino que su mensaje universal se dirige a todos los hombres amantes de la justicia, como en el poema «Época», que termina con los versos siguientes famosos:

Época
tú ganaste todas las batallas
aunque muchos de tus hijos no volvieron
y aún otros no volverán
época
de los combates que nos aguardan a tu lado
hasta que podamos escribir con nuestros dedos partidos
sobre el último pedazo de tierra esclava
hombres
sois libres
vuestros lobos han muerto.[114]

Sus poemas amorosos reflejan una cierta melancolía, atenuada por el ritmo y la ligereza del verso:

---

[113] Nogueras (1977: 102-103).

[114] Nogueras (1981: 25-26).

Que

Fueron tus ojos alegres los
que
encendieron la llama
que
movió la mano
que
escribió este poema
que
tus ojos han leído entristecidos.[115]

El poema más famoso de Nogueras, publicado también como separata, es «Café de noche» (escrito en 1967), en el que Rimbaud y Carlos Marx se reencuentran en un café de Londres, en el que ya se habían dado una cita una noche de 1873. El reloj de la historia parece haberse detenido, pero el poema termina con la silenciosa despedida entre el revolucionario y el poeta:

Cuando se despiden,
un perro solitario le ladra y su propia sombra
en una esquina,
y por el fondo del poema
pasa cojeando el fantasma de Verlaine.

Comienza a dormirse la ciudad.[116]

---

[115]   Nogueras (1981: 42).

[116]   Nogueras (1981: 94).

CAFÉ DE NOCHE —poesía—

Luis Rogelio Nogueras

Colección Plegables   No. 69
Sectorial de Cultura del Poder Popular
Dirección de Literatura y Publicaciones
Municipio Santiago de Cuba, 1980
AÑO DEL II CONGRESO

Imagen 54

Nada del otro mundo (1988) y *La forma de las cosas que vendrán* (1989, editado por Guillermo Rodríguez Rivera), libros publicados después de su muerte, son una recopilación antológica de la obra hasta entonces creada. Algunos poemas inéditos — que sin duda Nogueras hubiera pulido todavía — y otros dispersos en revistas aparecieron en el libro *Las palabras vuelven* (1994), en el que, al reflexionar sobre su lírica, vuelve a retomar los temas de su poesía: el amor a los hombres y a su isla:

Qué es poesía

Qué es poesía, te pregunto
y tú me dices que todo,

sólo depende del modo
como se mire el asunto.
Yo quiero saber al punto
dónde crece la poesía
y me dices, alma mía,
mirándome con candor:
«si es de noche, en el amor
y en la patria si es de día.»[117]

En el epitafio «Nosotros, los sobrevivientes», Fernández Retamar, entre
cuyos alumnos académicos figuraba Nogueras, le dedica los siguientes versos al
día siguiente de la muerte del amigo, el 7 de julio de 1985:

¿Verdad que vas a regresar? No deben servir para eso
las quince mil vidas del caminante?
Sólo te pedimos una más, y que la uses hasta el final,
Y pueda volver a decir: «Nogueras, Luis Rogelio», y en
el fondo del aula
Se oiga otra vez una delicada sonrisa, y luego un
silencio punzó, y luego «Presente».[118]

En el mismo poema figura también el epitafio de Nogueras a Fernández
Retamar:

Caminante: aquí yace Roberto
(Por supuesto: Fernández Retamar).
Caminante: ¿por qué temes pasar?
¡Te juro por mi madre que está muerto!

Textos

Cabeza de zanahoria, La Habana 1967.
Las quince mil vidas del caminante, La Habana 1977.
Imitación de la vida, La Habana 1981.
Las palabras vuelven, La Habana 1994.
Encicloferia: antología poética, prólogo de Guillermo Rodríguez Rivera, La
     Habana 2000.
Hay muchos modos de jugar (antología), La Habana 2005.

Estudios y necrologías

Fernández Retamar, Roberto: «Nosotros, los sobrevivientes», en: Fernández
     Retamar, Roberto: *Hemos construido una alegría olvidada: poesías escogidas
     (1949-1988)*, Madrid 1989, págs. 100-102 (epitafio lírico).

---

[117]   Nogueras (1994: 49).

[118]   Fernández Retamar (1989: 100-101).

Gewecke, Frauke: «Luis Rogelio Nogueras (1945-1985): un poeta apasionado por la novela policíaca», en: *Iberoamericana* 25/26 (1985), págs. 135-139 (última entrevista con el autor).

«Homenaje a Luis Rogelio Nogueras, El cisne salvaje», La Habana 1995 (reseña en: *Encuentro de la Cultura Cubana* 2 (1996), págs. 161-162 (Joaquín Ordoqui).

Navarro, Desiderio: «Intertextualidad, canon, juego y realidad histórica en la poesía de Luis Rogelio Nogueras», en: *Casa de las Américas* 154 (1986), págs. 145-151.

Suárez León, Carmen: «Sorpresa y mediación irónica en la poesía de Luis Rogelio Nogueras», en: *Revista de Literatura Cubana* 7 (1986), págs. 150-157.

Carilda Oliver Labra

Este mito de cabellos rubios de la literatura femenina cubana, objeto de admiración por muchos hombres, nació el 6 de julio de 1922 en Matanzas en el seno de una familia acomodada y terminó sus estudios de derecho en la Universidad de La Habana, como correspondía a su status social, con el doctorado en derecho civil. Ya en 1950, Oliver Labra obtuvo tres premios de literatura, entre ellos el Premio Nacional de Poesía por el libro de poemas *Al sur de mi garganta* (1949, segunda edición 1990, tercera edición 1995), que ella ha considerado siempre su libro preferido.

Uno de sus admiradores, el poeta Rafael Alcides, escribió posteriormente:

> Ya no dormirán los muchachos con tus fotos debajo del colchón, pero dormirán con tus poemas, y ésa será la prueba suprema de tu autenticidad y de tu designio de permanecer, la prueba del misterio vivo que recorre tu Poesía, al parecer tan simple.[119]

Se trata de poemas neorrománticos que hablan de dolor, soledad, tristeza y ausencia. A este libro siguieron *Canto a la bandera* (1950), *Canto a Martí* (1953), *Memoria de la fiebre* (1958) y *Versos de amor* (1963). Tras un tiempo de silencio y de haber silenciado su obra — hasta la aparición de *Tú eres mañana* (1979) — que, sin duda, hay que atribuirlo al hecho de que su padre y otros miembros de la familia se exiliaron en EE.UU. en 1968, la escritora perdió, como consecuencia de ello, la audición en uno de los oídos.

Además, sus poemas nostálgicos y eróticos no podían interesar mucho en la fase inicial del triunfalismo, a pesar de haber sido uno de los primeros poetas que había escrito a finales de 1957 un «Canto a Fidel», canto que fue enviado a la Sierra Maestra para ser leído por Violeta Casals al inaugurarse la radio emisora del III Frente Oriental Mario Muñoz el 3 de setiembre de 1958. El poema termina con una décima de agradecimiento:

---

[119] Oliver Labra (1987: 6).

Gracias por ser de verdad,
gracias por hacernos hombres,
gracias por cuidar los nombres
que tiene la libertad [...]
gracias por tu dignidad,
gracias por tu rifle fiel,
por tu pluma y tu papel,
por tu ingle de varón.
Gracias por tu corazón:
¡gracias por todo, Fidel![120]

El largo período de silencio no influyó negativamente en su fama internacional. En España, Carmen Sevilla presentó su obra e incluso se le concedió en 1980 un premio que llevaba su nombre. La cantante inglesa Glenda Jackson puso música a sus poemas. Neruda elogió su obra. Y Gabriela Mistral dijo de ella que era una de las voces más relevantes de la lírica femenina cubana y que era imprescindible que se le hiciera justicia literaria.

---

[120]   Oliver Labra (1987: 84).

Imagen 55:
Carilda Oliver

Pero hasta 1986 la televisión no emitió un documental sobre su vida, realizado por Ángel Ferrer, con música de Ildefonso Acosta, de una duración de 35 minutos. Con ocasión de su sexagésimo aniversario en 1984, una delegación de personalidades importantes se trasladó por fin a Matanzas para festejar a la homenajeada. Inesperadamente se le rindió un homenaje tras otro — incluso en la isla — y los medios de información celebraron «una poetisa que confiesa haber vivido más de lo que ha leído y para quien lo más logrado de su obra radica en los poemas donde al amor de la pareja se trueca en amor por todos, en amor universal» (*Bohemia*, 12 de junio de 1987, pág. 39).

Los poemas de Carilda Oliver son fácilmente asequibles para cualquiera y se caracterizan por su carácter popular y musicalidad. Representativos de su filosofía de la vida son los consejos a la generación de los jóvenes, como puede verse en una décima del libro *Tú eres mañana* (1979). Ante la pérdida de la juventud y del amor, la idea de una generación revolucionaria, que crece con alegría y libertad, representa un elemento reconfortante:

> Juventud: salta a la calle,
> destruye sogas y mitos.
> Tú eres mañana [...] Infinitos
> soles verás en el valle.
> ¡Que nunca un miedo te calle,
> que no te encuentre el reptil,
> que — militar o civil —
> no comas los corazones,
> que sostengas relaciones
> con la rosa y el fusil![121]

La lírica de los años 1958 a 1978, con poemas a los padres, hermanos, amigos y marido, está recogida en el volumen *Las sílabas y el tiempo* (1983). En *Desaparece el polvo* (1984) destacan los temas e imágenes eróticos:

> (Creer es desear tu sexo y darle de comer
> a una paloma)[122]

La lírica de los años 1946 hasta la actualidad figura en un libro que lleva por título el nombre de su calle, *Calzada de Tirry 81* (1987). En él aparece un famoso autorretrato, «Carilda», en forma de soneto, del año 1949, que recuerda el postromanticismo de las *Rimas* de Bécquer con su sutileza nostálgica «novio triste, lejano como el mar»:

> En esta casa hay flores, y pájaros y huevos,
> y hasta una enciclopedia y dos vestidos nuevos;
> y sin embargo, a veces [...] ¡Qué ganas de llorar![123]

Con ocasión de la crisis de los misiles de octubre de 1962, Oliver Labra no escribió ningún poema antiimperialista vehemente sino una «Declaración de amor» bajo el lema «Make love, no war», que acaba con una profesión de fe en la vida y el amor:

> No tengo miedo,
> no soy cobarde,
> haría todo por mi patria;
> pero no habléis tanto de cohetes atómicos,
> que sucede una cosa terrible:
> yo he besado poco.[124]

---

[121] Oliver Labra (1979: 70).

[122] Oliver (1984: 33).

[123] Oliver Labra (1987: 36).

[124] Oliver Labra (1987: 121).

A los libros *Los huesos alumbrados* (1988) y un volumen de *Sonetos* (1990),
siguió el conmovedor legado lírico con motivo de la muerte de su marido
(1981), «Se me ha perdido un hombre» (escrito en 1982-1986, publicado en
1991). El yo poético enmudece hasta la afasia en su dolor:

Sola
canto:
ola,
llanto.

Muevo
pena,
lluevo
plena.

Calma
verde
modo

Alma
pierde
todo.[125]

La *Antología poética* (1992) termina con una alabanza a su patria:

La tierra

Cuando vino mi abuela
trajo un poco de tierra española,
cuando se fue mi madre
llevó un poco de tierra cubana.
Yo no guardaré conmigo ningún poco de patria:
la quiero toda
sobre mi tumba.[126]

En el prólogo, Marilyn Bobes lamenta que se haya tratado hasta ahora a
Carilda Oliver más como personaje que como escritora, lo que sin duda
representa una crítica de la sociedad masculina pero también de la «sacerdotisa
venerada de un culto erótico».[127] Entre el elogio poético y carismático de Rafael
Alcides en «Elogio de Carilda» (*Letras Cubanas* 1 (1986), págs. 119-127) y el
intento de Marilyn Bobes de incluir a esta obstinada poetisa emancipada dentro
de la literatura cubana oscila el péndulo de la discusión sobre este fenómeno
literario y sociológico.

---

[125] Oliver Labra (1991: 9).

[126] Oliver Labra (1992: 111).

[127] Oliver Labra (1992: 5).

Textos

Estrada Fernández, Benito / Oliver Labra, Carilda: *Del Turquino hasta el Cunene y Tú eres mañana,* La Habana 1979.

Desaparece el polvo, La Habana 1984.

Calzada de Tirry 81, La Habana 1987 (con prólogo de Rafael Alcides Pérez).

Se me ha perdido un hombre, La Habana 1991.

Antología poética, La Habana 1992 (con prólogo de Marilyn Bobes); Madrid 1997.

Discurso de Eva: antología general (1949-1991), Madrid 1997 (con prólogo de Jenaro Talens).

Sombra seré que no dama: antología poética, selección de Marilyn Bobes, prólogo de Miguel Barnet, ilustraciones de Roberto Fabelo, La Habana 2000.

Estudio

Alcides, Rafael: «Elogio de Carilda», en: *Letras Cubanas* 1 (julio / setiembre de 1986), págs. 119-127.

Raúl Rivero

Biografía

Dos manifiestos marcan el camino de las ilusiones perdidas de este importante poeta y periodista comprometido (23. de noviembre de 1945 Morón, Camagüey). Como uno de los firmantes del «Manifiesto de los jóvenes poetas» (1966) de *El Caimán Barbudo,* salió en defensa, a la edad de 21 años, de una poesía vanguardista joven. Y a comienzos de los años 80, cayó en desgracia por un asunto de carácter personal, habiendo desempeñado antes puestos de confianza, como corresponsal de Prensa Latina en la Unión Soviética (*La nieve vencida,* 1980), con las tropas cubanas en Angola, como responsable del departamento de prensa de la UNEAC y asistente personal de Nicolás Guillén.

También respaldó con su firma la «Carta de los Diez» (1991), manifiesto que apostaba por la apertura democrática de su país, poniendo, así, su vida en grave riesgo. Fue el único de los miembros de la oposición que decidió permanecer en la isla.

Además fue silenciado por ser representante de una agencia ilegal de prensa («Cuba Press») con corresponsales en todas las provincias y desde 1997 varias veces detenido por actividades contrarrevolucionarias. Como nadie, y por su propia y dolorosa experiencia, ha denunciado la hipocresía del doble discurso y la venalidad de muchos intelectuales. Sobreviviendo actos de repudio, represiones y chantajes de toda índole, aguantó mucho tiempo en su casa en La Habana. Pero en 2003, aplicada la «Ley de mordaza», fue condenado a veinte años de prisión lo que provocó muchas protestas internacionales. Puesto en libertad, reside desde 2005 con su familia en España.

Imagen 56:
Raúl Rivero

La fe en los objetivos de la Revolución, en sus defensores y en el *Papel de hombre* (1970, Premio David UNEAC, 1969) impregna su lírica temprana:

Guardafrontera

Nosotros, los sobrevivientes,
A quiénes debemos la sobrevida?
Roberto Fernández Retamar

Para que ahora duerma
y haga el amor
como un desesperado

y fume mientras dejo
escapar por la ventana
humo azul
y un comentario sobre el clima.

Para que haya café
y un ómnibus radiante
campanas, niños, girasoles.
Quién se desvela
en mi profundo sueño.

Quién ronda el arrecife
como un desesperado.
Quién fuma oculto
y acaricia su perro
y su fusil

solo en la costa
toda la madrugada.[128]

El idilio aparente no puede engañar sobre la amenaza exterior de la Revolución. El guardafrontera y el yo lírico se interrelacionan. El uno condiciona al otro. A ambos les une la defensa de la Revolución.

A *Poesía sobre la tierra* (1973, Premio Poesía UNEAC, 1972) siguieron *Corazón que ofrecer* (1980), *Poesía pública* (1981) y *Cierta poesía* (1982, Premio Concurso 26 de Julio MINFAR), con viejos y nuevos poemas, *Escribo de memoria* (1985). La poesía conversacional figura junto a la poesía comprometida, como la epopeya lírica «La canción del ejército rebelde» del libro últimamente mencionado. Después siguieron largos años de ostracismo, en los que Rivero publicó sólo ocasionalmente en revistas.

La producción lírica de los años 90, publicada en el extranjero, refleja tristeza e ira por la evolución de Cuba. Los análisis de la propia situación se mezclan, en vertiginosa rapidez, con sus rupturas y heridas, fantasías lúgubres y sátiras burlescas. Así, en «La canción de los perdedores» y bajo la divisa «Socialismo o Muerte», se enumeran las situaciones del vejado pueblo cubano:

Y en los portales
de las tiendas de la burguesía
se ha socializado la pobreza
[...]
Es un mercado abierto
moneda nacional o la noble divisa convertible
en el sueño y la pesadilla
del hombre nuevo
Aquí estamos los perdedores
vestidos por el enemigo
zapatillas Cad de cuatro dólares
un blue jean de dos mil pesos
en una casta de comisiones
y un pullover criollo
con su consigna
Socialismo o Muerte.[129]

La contradicción entre lemas, moral y realidad se hace aquí patente en toda su absurda banalidad. En los 29 poemas de *Firmado en La Habana* (Florida 1996), prosigue la desesperación del individuo, abocado al abismo entre el ideal soñado y la realidad, en un catálogo de preguntas:

---

[128] Rivero (1970: 59-60).

[129] Rivero (1996: 89).

Preguntas

Por qué, Adelaida, me tengo que morir
en esta selva
donde yo mismo alimenté
las fieras donde puedo escuchar hasta mi voz
en el horrendo concierto de la calle.

Por qué aquí donde quisimos árboles
y crecieron enredaderas
donde soñamos ríos y despertamos enfermos
en medio de pantanos.

En este lugar al que llegamos
niños, inocentes, tontos
y había instalada ya una trampa, una ciénaga
con un cartel de celofán
que hemos roto aplaudiendo
a los tramposos.

Por qué me tengo que morir
no en mi patria
sino en las ruinas de este país
que casi no conozco.[130]

Su poesía hasta 1997 está reunida en la antología poética *Herejías elegidas* (1998, Premio Internacional «Reporteros sin Fronteras», Francia 1997), uno de los mejores poemarios de la literatura mundial. En el prólogo, José Prats Sariol, un conocedor excelente de su obra, destaca cuatro modalidades que puedan caracterizar la poesía de Raúl Rivero:

— poemas donde predomina lo narrativo-descriptivo, tercera persona, los plurales incorporados;
— poemas donde el eje discursivo es de carácter irónico-satírico-humorístico, en los que el extrañamiento permanente marca el tono;
— poemas donde las tensiones entre tradición y actualidad se resuelven distanciadamente en cauces métrico-versológicos, casi siempre como subzona de los irónicos;
— poemas del «yo», donde predomina lo lírico-íntimo, lo autobiográfico en su vertiente más volitiva, afectiva, personal.[131]

Textos

Papel de hombre, La Habana 1970.
«La canción de los perdedores», en: *Encuentro de la Cultura Cubana* 2 (1996), págs. 89-90.

---

[130]   Rivero (1998: 74).

[131]   Rivero (1998: 15-16).

Firmado en La Habana, Florida 1998 (reseña por José Prats Sariol, en: *Encuentro de la Cultura Cubana* 2 (1996), págs. 92-94.

Herejías elegidas (antología poética), prefacio y prólogo de José Prats Sariol, selección del autor y del prologuista, Madrid 1998.

Recuerdos olvidados, Madrid 2003.

Orden de registro, Madrid 2004 (antología prefaciada por Guillermo Cabrera Infante).

Corazón sin furia, prólogo de Manuel Díaz Martínez, Madrid 2005.

Lesiones de historia, Madrid 2005 (crónicas periodísticas, 2001-2003).

Vidas y oficios: los poemas de la cárcel, Madrid 2006.

Estudios

Franzbach, Martin: «"Ich schreibe, also bin ich": Poet und Patriot — Der kubanische Lyriker Raúl Rivero sitzt im Knast», en: *Freitag,* 16. Januar 2004, pág. 14.

Henkel, Knut (entrevista): «"Kuba kann von Europa lernen: Warum bleiben Sie auf Kuba, Señor Rivero?», en: *Die Tageszeitung,* 12. Januar 2005, pág. 5.

Reina María Rodríguez

Nació el 4 de julio de 1952 en La Habana. Esta poetisa precoz le dictaba ya poemas a su padre antes de aprender a leer y escribir, si hay que creer en leyendas (*El Caimán Barbudo,* abril de 1984, pág. 16). Su azotea en la Habana Vieja (calle Animas, 455) se convirtió en un centro de reunión para toda una generación de talentos jóvenes, que discutían sobre todo lo habido y por haber y se leían mutuamente sus obras. Todos sus libros fueron premiados porque su carácter innovativo formal y temáticamente anunciaba nuevos cambios paradigmáticos en la literatura cubana.

Imagen 57:
Marilyn Bobes, Reina María Rodriguez y Joaquín Baquero

Ya en su primer libro de poemas, *La gente de mi barrio* (1976, Premio 13 de Marzo, 1973), Rodríguez presentaba una visión muy particular de la realidad, ya que el mundo de las cosas pequeñas y sencillas no era tratado según un conversacionalismo fácil, sino que era expresión de una comunión lírica y emocional con las gentes y las cosas. Esta poesía intimista se prolongó en el libro siguiente, *Cuando una mujer no duerme* (1982, Premio Julián del Casal, UNEAC, 1980) a lo que hay que añadir la componente erótica y en la que se entremezclan, además, ciertos tonos melancólicos:

Despedida
todo comienza y termina
bajo los mismos árboles
como si algún tiempo anterior
nos devolviera intactos
pero nos vamos siempre
y al final
sólo unas cuantas hojas se amontonan
florecidas y secas
por el aire.[132]

Sus poemas políticos son una expresión sobrecogedora de su miedo ante una guerra nuclear, la violencia y la pérdida de cosas queridas. Su creencia

---

[132] Rodríguez (1982: 30).

idealista en un mundo mejor se encarna en la infancia, por la que vale la pena luchar en nombre de un futuro mejor. A estos temas hay que añadir una componente feminista, como en el texto *Para un cordero blanco* (1984, Premio Poesía Casa de las Américas):

> ahora que te encontré
> con mis manos ásperas
> puedo tocarte
> y hacerte igual
> diferente
> a todos los demás.[133]

Aquí la mujer es el sujeto activo, que se crea el hombre de acuerdo con su propia imagen. Por otra parte, la Revolución se había transformado en algo cotidiano, lo que se expresa en una orientación más intensa hacia temas intimistas.

Tomás Gutiérrez Alea escribió en su momento:

> La vida en la calle transcurre ahora de otra manera. La imagen de la Revolución se ha hecho cotidiana, familiar. Las transformaciones que se llevan a cabo pueden ser en algún sentido más profundas que las de los primeros años, pero no son tan 'aparentes', no se dan al observador de una manera inmediata; el aspecto sorprendente de ellas se ha reducido y no se responde a ellas solamente con el aplauso o la expresión de apoyo.[134]

En este sentido, el tema central del libro es «la contradicción contenida en el autoconocimiento entre la búsqueda de nuestra identidad y la tendencia y inventarnos otras vidas, a construirnos una imagen ideal, a negar la esencia de nuestros conflictos, de nuestros errores».[135]

La protección de la propia identidad es consecuencia del enfrentamiento con el mundo ensoñado fuera de Cuba. En el poema «La punta del deseo», la poetisa hace profesión de fe de su vida en la isla sin mitos, aburrimiento, emborrachamiento ni fantasmas:

> del otro lado del puente
> están los deseos.
> la gente se emborracha de
> todas las sustancias posibles.
> se entretienen piensan
> divertirse con sus murciélagos
> y cada pose es una defensa contra el aburrimiento.
> descorchan las botellas más botellas.
> yo de este lado los miro
> concentrada en el mínimo espacio de mi pie

---

[133]   Rodríguez (1984: 15).

[134]   Gutiérrez Alea (1982: 8).

[135]   Arango (1985: 185).

los miro
absurdos fantasmas contra el suelo.[136]

El imperialismo «made in USA» aletea en imágenes vía satélite sobre el
mundo inocente de los jóvenes cubanos,[137] pero, junto a estos poemas de crítica
social, aparecen lamentos conmovedores sobre amores perdidos y elegías sobre
la juventud perdida, tan generalizadas casi como tópicos de la literatura cubana:

ya no voy a tener 28 años
no voy a ser bella y distante
no tendré nunca los pies derechos
la cara sin manchas
ni las lenguas que dejé de aprender
[...]

ya nadie me va a quitar las equivocaciones
ni las cosas que amé
ya no
pero.[138]

En los libros publicados con posterioridad, *En la arena de Padua* (1992,
Premio de la Crítica) y *Páramos* (Premio Poesía UNEAC, 1993), *Al menos, así
lo veía a contraluz* (1998), la autora regresa otra vez a su lírica intimista. A ello
hay que añadir poemas de viaje y textos breves de prosa lírica que interrumpen
el flujo métrico. El recuerdo del paraíso perdido de la juventud y del jardín del
Edén, con frutos y juegos no prohibidos, aparece en la «Fábula de cuando
éramos jóvenes»:

cuando éramos jóvenes en la diócesis
y creíamos en los árboles
conocimos el juego de las frutas
cómo se caen en la tierra y se hunden
sin dar sus campanas.[139]

Desde entonces empezó a trabajar en el proyecto «Casa de la Poesía», una
institución cultural independiente. En un coloquio en Estocolmo entre autores
insulares y del exilio, Rodríguez reafirmó su fe en los pequeños pasos y en la
vida en la Isla dentro de la Isla:

---

[136]   Rodríguez (1984: 30).

[137]   Rodríguez (1984: 43-44).

[138]   Rodríguez (1984: 41).

[139]   Rodríguez (1992: 95).

Yo soy de la generación de la utopía, de la promesa, de los que íbamos a ser diferentes. ¿Íbamos a ser diferentes? Cuando viajaba, sentía que en el exterior no tenía piso, que necesitaba enseguida regresar.[140]

En 1998, obtuvo el Premio Casa de las Américas con el libro *La foto del invernadero* como única escritora cubana por segunda vez (1984 y 1998). En la obra narrativa se destacan los siguientes textos: *Travelling* (1995) y *Te daré a comer como a los pájaros* (1988).

Textos

Cuando una mujer no duerme, La Habana 1982.
Para un cordero blanco, La Habana 1984.
En la arena de Padua, La Habana 1992.
Otras cartas a Milena, La Habana 2003.
Catch and release, La Habana 2006 (poesía).

Estudios

Arango, Arturo: «El cordero imperfecto está en peligro», en: *Casa de las Américas* 150 (1985), págs. 184-188.
Gutiérrez Alea, Tomás: *Dialéctica del espectador,* La Habana 1982.
«Homenaje a Reina María Rodríguez», en: *Encuentro de la Cultura Cubana* 30-31 (2003-2004), págs. 3-44.
Vázquez Díaz, René (ed.): *Bipolaridad de la cultura cubana,* Estocolmo 1994.

Cintio Vitier

Biografía y obra

Cintio Vitier (25 de setiembre de 1921 Cayo Hueso / Key West, Florida — 1 de octubre de 2009 La Habana) y su esposa Fina García Marruz (1923 La Habana) son la pareja de poetas más famosa de Cuba. Cintio Vitier procede de una familia burguesa acomodada. Su padre, Medardo Vitier (1886-1960), era un conocido y comprometido pedagogo, filósofo, crítico y estudioso de la literatura. Su madre, María Cristina Bolaños, era hija de un general de las Guerras de Independencia. Partidario de la pedagogía del alemán Fröbel, Vitier recibió en Matanzas una educación progresista, que concluyó en 1947 con el título de doctor después de haber estudiado derecho en La Habana.

---

[140]   Vázquez Díaz (1994: 69).

Imagen 58:
Cintio Vitier

A los 17 años publicó su primer libro de poesía (*Poemas*, 1938), con una
carta de José María Chacón y Calvo y una evaluación de Juan Ramón Jiménez
(véase también *Juan Ramón Jiménez en Cuba*, compilación, prólogo y notas de
Cintio Vitier, La Habana 1981).

En una entrevista, concedida a *El País* (10 de mayo de 1997), en Barcelona,
Vitier evocaba aquella época:

> Realmente todo empezó con la llegada de Juan Ramón Jiménez a La Habana en diciembre de
> 1936. Era el momento de la eclosión de una nueva poesía en Cuba. Tuvo la iniciativa de
> organizar un festival de poesía cubana en un gran teatro de La Habana. El día de los enamora-
> dos, en el viejo teatro Campoamor, reunió a todos los poetas importantes y algunos descono-
> cidos. Empezaba a destacar José Lezama Lima.

Sus primeras publicaciones líricas (*Sedienta cita*, 1943, *De mi provincia*,
1945, *Extrañeza de estar*, 1944) le permitieron incorporarse rápidamente al
grupo vanguardista de la revista *Orígenes* (1944-1956). Además de la poesía, se
ocupó, en el curso de las décadas, de la crítica literaria, del ensayo y de la

prosa. En la poesía, escrita con posterioridad a la Revolución, ocupa un lugar destacado el estudio del pasado.

Como profesor de idiomas, de literatura y traductor (Valéry, Mallarmé, Claudel, Rimbaud, etc.), Vitier se fue abriendo camino hacia la crítica literaria, a la que dio notables impulsos hasta más allá de Cuba. Aparte de sus numerosos trabajos sobre José Martí (*Temas martianos*, 1981, editor de una edición crítica de Martí, en publicación, etc.) — a quien revaloró como poeta -, Vitier se hizo famoso sobre todo con su serie de conferencias, *Lo cubano en la poesía* (1958, 1970, edición definitiva 1998), que tuvieron lugar en el Liceo de La Habana.

Se trata de interpretaciones de una gran sensibilidad, fundamentadas filológicamente, que, junto con las antologías comentadas *Diez poetas cubanos, 1937-1947* (1948), *Cincuenta años de poesía cubana, 1902-1952* (1952) y *Los poetas románticos cubanos* (1962), constituyen un panorama completo de la poesía cubana. El estudio de estos textos resulta imprescindible para el entendimiento de la literatura cubana del Siglo XX.

Una sorpresa la representó la publicación de su primera novela *De peña pobre* (1980, primera parte México 1978), que comprende la época desde 1895 a 1970, y que con *Los papeles de Jacinto Finalé* (1984) y *Rajando la leña está* (1986) forma una unidad temática. Cintio Vitier es director del Centro de Estudios José Martí, de la Biblioteca Nacional de Cuba. En 1988 obtuvo el Premio Nacional de Literatura.

Poesía

Las influencias de Jiménez, Lezama Lima y Vallejo fueron con seguridad decisivas para la creación poética de Vitier, más allá de la ruptura del año 1959. Pero las influencias del Grupo Orígenes, que Vitier reflejaría después en diferentes publicaciones (por ejemplo Vitier 1994), se limitaron más bien a la orientación y estímulo, ejercidos por Lezama Lima quien, después de leer el primer libro de poesía (*Poemas*, 1938), escribió a Vitier:

> Cuando recibí su libro inicial, comprendí las ricas posibilidades que en Ud. se encuentran agazapadas. Continúese [...] y llegue a acostumbrarse a su misma sorpresa. A esto creo que Juan Ramón llama: seguro instinto consciente. Yo le llamaría nueva habitalidad del paraíso por el conocimiento poético. Sabido es que el otro conocimiento fue el que lo hizo inhabitable.[141]

Los cambios profundos operados a partir de 1959, fueron el inicio de una evolución, que Edmundo Desnoes, en su magnífica antología, ha caracterizado con un verso de Vitier: «Los dispositivos en la flor» (*Cuba: literatura desde la Revolución*, 1981). Con ello, Desnoes quería designar dos direcciones en la lírica cubana de los años 60: una que, encarnada en la figura de Padilla, con el criterio de la libertad del hombre creador, abocaba a un conflicto con el estado;

---

[141]   Vitier (1994: 20).

la otra, representada por Vitier, el católico creyente, que trataba de unir los ideales cristiano-religiosos con la tan esperada justicia social de la Revolución marxista-leninista.

En la nota necrológica, redactada con motivo del accidente mortal de Camilo Cienfuegos del 2 de noviembre de 1959, aparece ya reflejada en Vitier esta nueva actitud frente a la realidad, pero también la estrecha identificación entre los hombres, la naturaleza y la Revolución:

> ¡Oh joven héroe arrebatado por los dioses,
> palmo a palmo ha crecido tu hondo rapto
> y ya tiene el tamaño de la isla,
> el sabor de nuestro aire y nuestro mar!
> Iremos por las playas caminando entre tus dedos.
> escalaremos las montañas recordando tu rostro.
> No surcaremos las olas, sino tu ardiente pecho.[142]

Algunos poemas de estos primeros años de la Revolución (por ejemplo, en *Testimonios,* 1968) anticipan algunos pensamientos de la teología de la liberación. En el diario de Ernesto Cardenal, *En Cuba* (1972), encontramos reflejada la actitud contradictoria del gobierno frente a la iglesia oficial institucionalizada y la discusión sobre la compatibilidad del cristianismo y el socialismo. Cardenal dedicó, «en acción de gracias» a Vitier, su libro de poemas *La fecha al pie* (1981), una llamada a la reflexión sobre los valores nacionales, después del éxodo doloroso de 130.000 cubanos y cubanas en 1980 por el puerto de Mariel.

La cristianización de los héroes revolucionarios cubanos y latinoamericanos, aparece en este libro también, cuando, por ejemplo, se dice del sacerdote guerrillero colombiano, Camilo Torres: «El cáliz de tu sangre fue vertido».[143] Aunque aquí se trata de la lírica de los años 60 y 70, se produjo a continuación una segunda fase en la poética de Vitier que dio paso después a una tercera, documentada en el libro *Nupcias* (1993).

El libro empieza con unos apuntes en prosa sobre un viaje a una nueva Nicaragua, llena de ilusiones y refleja cómo la experiencia y las víctimas de la Revolución cubana incidieron en beneficio de los sandinistas. En los siguientes poemas predomina la evocación de los amigos muertos y los aún vivos, las contingencias de la vida, como en el poema «Nupcias», que da título al libro:

> Por el amor nací
> en un arenal.
>
> Pobres pinos, y lugares desolados,
> me esperaban, con amor,
> en un arenal.

---

[142]   Vitier (1993: 92).

[143]   Vitier (1981: 11).

La aridez y el amor
tuvieron nupcias en mí.[144]

El poeta se retira a la «nueva casa», y ello adquiere un significado casi simbólico cuando es conjurada una libertad imaginaria:

En la nueva casa cumplimos la promesa,
cerramos los cerrojos,
reforzamos el balcón de la esperanza,
seremos libres hasta el mar
- y quien sabe qué risa y qué nonada.
12. 8. 91[145]

Los avatares de la realidad social de la vida cotidiana como en los poemas «Dama Pobreza» y «Cola»:

Detrás de él va un niño
que lleva un suéter rojo,
que va detrás de un viejo
que tiene un sombrerito,
detrás de una señora
con una saya azul,
que va detrás de un perro
que va detrás de un coro
de marineros rusos,
detrás de una muchacha
públicamente hermosa,
que va detrás de un ciego
detrás de su bastón,
que va detrás de un día
color de cornetín,
que va detrás de un ciervo
que se perdió en el bosque,
detrás de las Cabrillas
y de la Cruz del Sur,
que va detrás de un beso
detrás de una postal,
que va detrás de un manco,
de un cojo y de un ciempiés,
detrás de un apagón,
detrás de dos paraguas
que van detrás de Arthur
detrás de sus camellos
que van detrás de todo
con todas las banderas,
las herramientas todas
y con soldados mil.

---

[144]   Vitier (1993: 42).

[145]   Vitier (1993: 153).

Yo voy detrás de usted.[146]

El sujeto lírico se une a esta caravana, pero se orienta sólo por el precedente inmediato, una orientación casi filosófica, si no fuera porque surge, del ritmo cada vez más acelerado de las escenas anteriores y de su heterogeneidad, un cuadro grotesco del abigarrado desorden.

En un agudo elogio de la lírica de Vitier, Raúl Hernández Novás, su compañero, caracterizó, pocos años antes de su suicidio el 13 de junio de 1993, su profundo legado poético en los términos siguientes:

> ¿Qué nos ha dejado Cintio Vitier? [...] Una fundamental eticidad, tanto en la mirada crítica como en la labor poética. Una lucidez implacable para con aquello que mira y para consigo mismo [...] Un sentido de la función testimonial de la poesía, atenta a los hermosos acordes tanto como a los ruidos ásperos de la realidad. Una forma hondamente martiana del plasmar su ser con auténtica e implacable sinceridad. Un sentido de la poesía como examen del mundo y de sí mismo: hondo examen de conciencia de que brota una visión del propio sujeto lírico en su devenir agónico, dialéctico.[147]

Novela y cuento

Con la trilogía *De peña pobre* (1980, primera parte 1978), *Los papeles de Jacinto Finalé* (1984) y *Rajando la leña está* (1986), Vitier nos ha dejado una herencia narrativa muy personal, en la que aparecen estrechamente unidas memoria y novela.

A pesar de lo amplio de la época abarcada — desde la muerte de José Martí en la Primera Guerra de Independencia (1895) hasta cerca de 1970 — y las numerosas alusiones a personalidades históricas, la novela *De peña pobre* puede leerse, sin embargo, como una «novela de aprendizaje e iniciación» (*Bildungsroman*), en la que los personajes como Kuntius, Jacinto Violeta, Sandino Palma, Fela y Rosa Altunaga siguen su propio camino y descubren su identidad por encima del carácter didáctico de la historia.

La novela se disocia en dos partes, «Peña Pobre» y «Violeta Palma» (historia de amor con Jacinto Finalé), que abarcan tres generaciones de una historia familiar. La primera parte cuenta la historia de dos ramas de una misma familia, en la que una de esas ramas está estrechamente relacionada con el Grupo Orígenes.

La genealogía empieza con Luis Alberto Palma, un capitán de los mambises, caído en el campo de batalla. A él le sigue su hijo, el general Máximo Palma, que acaba siendo un político corrupto. Es su nieta Violeta la que, en lucha con la dictadura de Batista en los años 50, rescata los ideales revolucionarios de sus antepasados. Sólo la Revolución es capaz de reconciliar las dos familias, de manera que Kuntius (= Cintio), el otro yo del autor, puede decir

---

[146] Vitier (1993: 173-174).

[147] Hernández Novás (1990: 1193-1194).

en conclusión hacia finales de la primera parte: «lo imposible al actuar sobre lo posible engendra un potens, que es lo posible en la infinidad [...]».[148]

El texto, que cronológicamente presenta numerosos saltos, retrospectivas y paralelismos y, por ello, no es fácil de seguirlo en su estructura, contiene varios retratos de personajes históricos (Lezama Lima, Castro, Camilo Torres etc.), himnos a la Revolución, pero también una crítica llena de humor de los falsos caminos formales, como en el «Tratado del oportunista», dividido en cuatro partes: «Deslizamientos y conversiones», «Lenguaje», «Tipos y matices», «Teoría».[149]

Los papeles de Jacinto Finalé (1984) profundizan, por medio de múltiples documentos, testimonios, notas de un diario, poemas y anotaciones, el mundo interior de Jacinto Finalé y su hijo. Sin embargo, el texto no es, temáticamente, una continuación de la obra anterior sino que ahonda psicológicamente en una serie de aspectos, entre los que no faltan tampoco digresiones filológicas.

La novela *Rajando la leña está* (1986, en lenguaje coloquial del macho «leña» = «pene», «raja» = órgano sexual femenino) contiene viñetas y esbozos de pensamiento de Quintín Palma Altunaga nacido el 31 de octubre de 1961 (Día de San Quintín), y finalizan, con un acento fuertemente autobiográfico, con el árbol genealógico de la familia Palma. Como apéndice se publicaron *Cuentos soñados* (1962, plaquette), en los que Kuntius, Fina García Marruz y su hermana mayor, Eliseo Diego, Octavio Smith y otros personajes de la trilogía reaparecen en forma de narraciones breves.

Ensayo y crítica literaria

Como conocedor extraordinario de la literatura cubana y universal, Vitier ha destacado, sobre todo, en el campo de la crítica literaria, edición de textos (José Martí) y métodos de interpretación. Es autor de importantes y sólidos estudios fundamentados históricamente, en el campo de la lírica y las ideas estéticas y filosóficas. Si es *Crítica cubana* (1988) o *Prosas leves* (1993) — para mencionar sólo dos obras recientes entre sus numerosos estudios — siempre será muy útil leer sus trabajos.

Sus obras fundamentales son *Lo cubano en la poesía* (1958, segunda edición 1970, edición definitiva con prólogo de Abel E. Prieto, 1998) y *Ese sol del mundo moral: para una historia de la eticidad cubana* (1975, segunda edición 1995). El primer título recoge 17 conferencias pronunciadas por Vitier, entre el 9 de octubre y el 13 de diciembre de 1957, en el Liceo de La Habana. La época estudiada es de una gran amplitud, desde los comienzos de la literatura cubana, con Silvestre de Balboa, hasta los umbrales de la Revolución, con el grupo Orígenes. El crítico literario Hernández Nóvas ha valorado el significado de la obra en los términos siguientes:

---

[148]   Vitier (1980: 155).

[149]   Vitier (1980: 272).

Es la obra más relevante que se ha escrito sobre nuestra poesía y su presencia ha devenido imprescindible. Nuestra tradición poética no puede ser estudiada, asimilada, como si este libro no existiera. No se trata sólo de una obra de hondo rigor, sin sombra de escolasticismo académico, sino, sobre todo, de un acto de amor hacia nuestra poesía y nuestras esencias nacionales. Puede concordarse o no con sus criterios acerca de lo cubano, que son como la armazón o esqueleto conceptual del libro [...] Vitier analiza el espíritu de lo cubano poético en su devenir histórico, y algo hay de hegeliano en el planteamiento de una esencia que va desenvolviéndose a través del tiempo para conformar los caracteres que nos definen como nacionalidad.[150]

Como «estudio lírico acerca de las relaciones de la poesía y la patria» (C. Vitier), el libro termina lógicamente con una profesión de fe a la libertad que fue, en un principio, sólo libertad de espíritu. Las esencias de lo cubano en la poesía las define Vitier en forma de diez principales especies: Arcadismo, ingravidez, intrascendencia, lejanía, cariño, despego, frío, vacío, memoria, ornamento.

Desde luego, estas categorías, analizadas a continuación en cuanto a su contenido temático, precisan de la liberación de sus limitaciones nacional-literarias, ya que la lírica de Martí tiene que ser estudiada bajo «la triple perspectiva de lo hispánico, lo americano y lo cubano»,[151] al igual que la lírica de Guillén ser considerada desde sus raíces africanas. Pero Vitier es uno de los pocos intelectuales cubanos que, en un momento de humillación nacional, alza su voz y devuelve a la literatura su autonomía.

En *Ese sol del mundo moral* (1975) — el título procede de Luz y Caballero -, un estudio previo para una historia de la eticidad cubana, Vitier defiende la tesis de que el pensamiento ético de los predecesores liberales, como Luz y Caballero, José Agustín Caballero, Félix Varela, José Martí y otros, contribuyó en gran medida al triunfo de las revoluciones de 1895 y 1959. Esta tesis, ciertamente atrevida, sobre la continuidad, que en el caso de Martí «como autor intelectual del 26 de Julio» coincidió con la propaganda oficial, precisa aún de una amplia discusión, ya que la Revolución cubana, como medida de todas las cosas, aparece rodeada de la aureola de la eternidad:

¡Que fecundación borrando las innumerables frustraciones, las humillaciones indecibles, las minuciosas pesadillas! Comenzaban entonces otros combates; pero desde entonces el devenir tiene raíz, coherencia, identidad. La sangre ha sido aceptada, el sol de los vivos y los muertos brilla exigente en el centro de todo. 'Y todo lo que parecía imposible, fue posible'.[152]

Textos

De peña pobre, La Habana 1980.
La fecha al pie, La Habana 1981.

---

[150] Hernández Novás (1990: 1191).

[151] Hernández Novás (1990: 1191).

[152] Vitier (1990: 178).

Antología poética, La Habana 1993.

Nupcias, La Habana 1993.

Para llegar a Orígenes: Revista de arte y literatura, La Habana 1994.

Ese sol del mundo moral: para una historia de la eticidad cubana, La Habana 1995.

Estudios

Bru, José (ed.): *Acercamientos a Cintio Vitier (Premio Juan Rulfo)*, Guadalajara 2002 (con ensayos de Raúl Bañuelos, Silvia Quezada, Irene Vargas García y otros).

Díaz Quiñones, Arcadio: *Cintio Vitier: la memoria integradora*, San Juan (Puerto Rico) 1987.

García-Carranza, Araceli: «Más de 40 años con la poesía: bibliografía de Cintio Vitier», en: *Revista de la Biblioteca Nacional José Martí* 25/2 (1983), págs. 69-129.

González, Manuel Pedro: «A próposito de 'Lo cubano en la poesía'», en: *Revista Hispánica Moderna* 27/2 (1961), págs. 143-149.

Hernández Novás, Raúl: «Cintio Vitier: la mirada poética», en: *Revista Ibero-americana* 152-153 (1990), págs. 1187-1194.

Prada Oropeza, Renato: «De peña pobre: parámetros de lectura», en: *Unión* 2 (1984), págs. 49-65.

Prieto, Abel E.: «Lo cubano en la poesía: relectura en los 90», en: *Temas* 6 (1996), págs. 114-121.

Repilado, Ricardo: «De Peña pobre: historia, novela y poesía», en: *Casa de las Américas* 125 (1981), págs. 115-126.

Rojas, Rafael: «Cintio Vitier: poesía e historia», en: *Encuentro de la Cultura Cubana* 26-27 (2002-2003), págs. 197-208.

Saínz, Enrique: *La obra poética de Cintio Vitier*, La Habana 1998.

Santí, Enrico Mario: «Lezama, Vitier y la Crítica de la Razón Reminiscente», en: Santí, Enrico Mario: *Escritura y tradición: texto, crítica y poética en la literatura hispanoamericana*, Barcelona 1988, págs. 73-88.

Zemskov, Valerij Borisovic: «Una novela cubana: *De peña pobre*», en: *Revista de Literatura Cubana* 5 (1985), págs. 98-111.

7.3 Panorama de la poesía escrita en la Isla

7.3.1 Poesía circunstancial

Debido al elevado número de autores aquí mencionados, nos ha parecido más aconsejable tratarlos por orden alfabético. El espectro temporal abarca desde la segunda década del siglo XX (fecha de nacimiento de la poetisa M. S. Núñez) hasta el presente. Mientras la poesía comprometida presenta todavía una cierta unidad — dejando aparte naturalmente sus repercusiones políticas y la intención de los poemas -, en cambio, la característica más significativa de la poesía circunstancial o poesía conversacional es la riqueza de sus temas. Por supuesto, los géneros también aquí aparecen mezclados en cada una de las monografías. De aquí que hayamos diferenciado entonces según la importancia de los temas centrales.

Alberto Acosta Pérez (1960 La Habana). Este poeta y crítico literario que ya recibió varios premios literarios ha publicado los libros siguientes de poemas: *Como el cristal quemado* (1988), *El ángel y la memoria* (1990), *La noche de Paolo* (1990), *Todos los días de este mundo* (1990), *¡Eramos tan puros!* (1991), *Alabanzas del sueño* (1994), *Monedas al aire* (1990-1993) (1996), *Nietzsche dibuja a Cósima Wagner* (1996) y otros.

Poema por Virgilio Piñera

IV

Al final,
desperté cansado con las piernas extendidas en cruz
como si sólo fuese una planta herborizada,
pero no me asusté demasiado:
todo puede suceder en la dulce venganza del poema.

Créeme, puedes morir de nuevo o puedes vivir
por un rato más,
yo siempre pensaré en ti y si alguien me pregunta
callaré el santo y seña que abre la blanca
escotilla del paraíso.[153]

La poesía de **Rafael Alcides Pérez** (9 de junio de 1933 Barrancas, Granma), conocido también como novelista, está enmarcada en la tradición clásica de Whitman y Martí y reunida para los años 60 hasta 80, en la antología Agradecido como un perro (1983, Premio de la Crítica). El poema que da título al libro fue escrito entre 1977 y 1980 y refleja, en una retrospectiva muy personal, el significado del proceso de transformación social para la vida del autor y su entorno:

Con la Revolución, tus hijos,
el mundo y tus amigos,
tuyos sean perpetuamente Teresa y la paz.[154]

La obra posterior *Noche en el recuerdo* (1989) y *Nadie* (1997) está dedicada también a las cosas sencillas de la vida y a la evocación. Amor, nostalgia, alegría y tristeza constituyen el contenido de la vida.[155]

---

[153] *Anuario* (1994: 16).

[154] Alcides (1983: 168).

[155] Véase «Homenaje a Rafael Alcides», en: *Encuentro de la Cultura Cubana* 36 (2005), págs. 3-44.

Domingo Alfonso (10 de setiembre de 1935 La Habana) realizó estudios de arquitectura en la Universidad de La Habana. Su primer libro *Sueños en el papel* fue publicado en 1959. A éste siguieron: *Poemas del hombre común* (1964), *Historia de una persona* (1968), *Libro de buen humor* (1979), *Esta aventura de vivir* (1988) y *Vida que es angustia* (1998).

Su poesía se caracteriza por tratar temas de la vida común, en ella lo cotidiano cobra dimensión de arte. De él dirá Roberto Fernández Retamar:

> [...] logró dar con un idioma que se pliega a las cosas como la piel a un cuerpo, y nos lleva a creer una vez más, como toda genuina poesía, en que la realidad es caótica, es tan aprehensible como él nos la presenta, irónico y crítico, sin dejar de ser cariñoso y esperanzado.[156]

Del libro *Historia de una persona*, el siguiente poema «Escrito contra el Rey»:

> En mi deber hablar acerca del Rey
> prevenir en contra de su presencia
> de su corona amarilla;
> porque ese hombre pudiera empujar un carretón de estiércol,
> y no pisar entonces esta alfombra
> ni ordenar a generales y ministros,
> ni ser reverenciado como un dios.[157]

Los poemas de **Sigifredo Alvarez Conesa** (27 de mayo de 1938 Regla), conocido también como cuentista (*Sobre el techo llueven naranjas,* 1988) se publicaron en parte como plaquettes: *Árbol incendiado es la noche* (1991), *Las puertas* (1992). Con anterioridad habían aparecido los libros de poesía *Matar el tiempo* (1969), *Como a una batalla* (1974), *Será bandera, fuego en la cumbre* (1978), *Casa de madera azul* (1987, Premio UNEAC de Poesía «Julián del Casal» 1985) y más tarde *El piano náufrago* (2000).

Sus poemas parecen a veces excesivamente construidos, insisten en las pequeñas cosas de la vida y viven de una observación exacta de las gentes, animales y plantas, pero introduciendo sentimientos, estados de ánimo y sueños.

Sigfredo Ariel (1962 Santa Clara) trabaja en los medios de difusión y en la música y fue premiado ya por sus primeras obras poéticas. Su poesía de la vida cotidiana (*Algunos pocos conocidos,* 1987, *Los peces y la vida tropical, El cielo imaginario,* etc.) amplió su temática en el libro *El enorme verano* (1996), con poemas sobre viajes y homenajes, parodias y pastiches. En 1998 ganó el Premio «Julián del Casal» de la UNEAC con el libro Hotel Central.

En el poema «La hora violeta» se sirvió de la imagen del vidente ciego Tiresias, del libro de T. S. Eliot *The Waste Land* (1922), que, sólo en esa hora entre el día y la noche, puede descifrar el futuro:

---

[156]   Alfonso 1968: 156.

[157]   Alfonso (1968: 17).

No tengo demasiado claro
lo que quiero, a veces
sábado o lunes mercenario
en la hora violeta puedo descifrar
una escritura, una mirada, un signo, mas no veo
demasiado claro nunca.
A veces hay un tronco para uno, un islote
un frasco para embotellarse
como el diablo convertido
en leche brumosa, pesada.

Un montón de pájaros, una hoja sin dibujo
creo ver. Pero no tengo
demasiado cerca lo que veo, encuentro
un agujero frontal, una empalizada rota.
A veces creo ver, a veces puedo
asegurar que he visto.
Pero no es cierto, nunca es
Claro
ningún lugar preciso.[158]

Emilio de Armas (11 de noviembre de 1946 Camaguey), poeta, crítico (Julián del Casal, biografía, 1981, trabajos sobre José Martí, colaborador en la edición crítica de las *Obras completas,* etc.), ensayista (*Un deslinde necesario,* 1978) y autor de literatura infantil (*Junto al álamo de los sinsontes,* 1988, Premio Casa de las Américas) es un autor premiado por su poesía en el Concurso «13 de Marzo» 1979 por el librito *La extraña fiesta* (1981).

Eliseo Diego, uno de los jurados, alabó en su prólogo la diversidad y universalidad de los temas:

Si un joven cubano es capaz de un libro como éste, marcado por la delicadeza y la sabiduría, será porque la Revolución ha creado para él un medio donde le es posible cultivarse al máximo y crear, y vivir, sin angustias.

Cierta melancolía, recuerdos y añoranzas se reflejan en unos versos que bien merecen el epíteto de «poesía lírica» (Eliseo Diego) como en el poema fábula:

Frente a la puerta de la casa
crecieron dos almendros.

Dos almendros en pie contra el azar,
contra la ronda de los duendes,
contra las alas de los cuervos.

Dos troncos diestros en certezas.
Dos tercas gratitudes.[159]

---

[158]   Lázaro / Zamora (1995: 314).

[159]   Armas (1981: 10).

La poesía de Armas, por sus temas y formas, siempre se orienta hacia la poesía clásica de Goethe, Casal, Martí, Vallejo y Lezama Lima, visible sobre todo en el poemario *La frente bajo el sol* (1988, mención en el Concurso «Rubén Darío» de Nicaragua, 1983) con sus ciclos «El oro de los árboles», «Una verdad en que fío», «Poeta de las islas», «Presencias, homenajes», «Del camino», «Hechiceros inocentes». A la «fiesta extraña» en su poesía anterior se une aquí el amor, como en la décima:

> Me voy a la fiesta extraña
> de la luz y del sonido,
> y del color presentido
> en que la vida se baña
> desde la piel a la entraña
> Cuando la roza el dolor.
> Hay música en cada flor
> y luz secreta en el canto
> que sabe callarse el llanto
> para decir el amor.[160]

Su obra posterior se extiende a través de los poemarios: *Reclamos y presencias* (1983), *El oro de los árboles* (1984), *Con la abrupta esperanza del amor* (1991) y *Blanco sobre blanco* (1986-1993) (1997).

El poeta y novelista **Joaquín Baquero** (14 de mayo de 1951 Santiago de Cuba) es un caso especial de la literatura cubana. Desde los años 70, Baquero era sobre todo conocido en Cuba como poeta y autor de un ensayo biográfico-poético sobre la célebre bailarina Alicia Alonso (1984), hasta que tuvo la suerte de conocer en 1991 en Alemania una editora, que publicó dos novelas en alemán (*Cuba: Cha-Cha-Cha der Götter,* 1992; *Malecón,* 1994) y una antología poética bilingüe suyas (*Soy de una isla,* 1996). Desde entonces, Baquero, que no pertenece a ninguna institución, se desplaza entre los dos continentes, y se ha creado un pequeño círculo de lectores, a pesar de las barreras idiomáticas, por medio de giras y lecturas públicas.

---

[160] Armas (1988: 30).

Imagen 59:
Joaquín Baquero

La lírica de Baquero refleja sin duda tonos originales. Sus poemas de los años 80 y 90 están impregnados de matices melancólicos elegíacos y de resignación. La descripción de sentimientos, desilusiones, soledad, deseos y sueños ocupa en ellos un amplio espacio. A Baquero le angustia el sentimiento de una cierta resignación, el de alguien que ha perdido los mejores años de su vida esperando ser reconocido artísticamente.

El valor del siguiente poema breve reside en su ritmo, su efecto final y en la indecisión entre permanencia y abandono:

Abandonar La Habana
abandonarla
dejarla húmeda
intacta
bajo la suave llovizna

Abandonar La Habana
abandonarte
sin querer abandonarla.[161]

---

[161] Baquero (1996: 34).

Los dos textos en prosa de cierta extensión de Baquero se caracterizan por una forma directa y sencilla de narrar, con una pequeña dosis de erotismo, santería, clichés intencionados sobre la mamá, sentimentalidad y fantasías sexuales. En el centro figura el hombre, no la política. Los textos están escritos con la mirada dirigida hacia un público europeo, del que algunos valoran como típicamente cubano al parecer la mezcla, desprovista de cualquier consideración crítica, de religión afrocubana en la vida cotidiana y vivencias de viaje.

Por un lado, Baquero nos habla en *Cuba: Cha-Cha-Cha der Götter* (1992) del choque vivido en su primer viaje a Madrid, París, Bélgica y Alemania, donde descubrió la sociedad europea industrializada de la opulencia, pero, según él, pobre en valores; por otro, hace resaltar, en evocaciones siempre nuevas, la importancia de la santería como forma de ayuda para la vida de la gente sencilla. En el centro del texto, aparece la figura de su madre, Celeste (en realidad Niovis), que vive sus sueños y deseos también en el mundo titilante de los mitos de Hollywood.

El texto en prosa *Malecón* (1994) aprovecha la coyuntura favorable del tema de la «jinetera», y está descrito en el capítulo correspondiente.

Estudios

Cámara, Madeline: «La mulata cubana de la plaza al Malecón», en: *Cuba: la isla posible,* Barcelona 1995, págs. 60-66.

Franzbach, Martin: «Joaquín Baquero: Porträt eines jungen Lyrikers aus Havanna», en: *Cuba Sí* (enero de 1987), págs. 29-30.

Roberto Branly (8 de febrero de 1930 La Habana — 22 de abril de 1980 La Habana) fue ya antes de 1959 un poeta conocido, cuya segunda pasión fue la película. Con posterioridad, se dedicó exclusivamente a la literatura, y ocupó puestos importantes en redacciones e instituciones culturales. En los libros de poesía de los años postreros, *Escrituras* (1975), *Siempre la vida* (1978) y *Vitral de sueños* (1982, obra póstuma, autoantología) figura la triada temática de su obra:

> [...] la muerte como el fin del mundo para el hombre, no del hombre para el mundo, y cómo trascenderla; el compromiso del hombre, en especial del revolucionario y el poeta, con el tiempo histórico y con el porvenir de la humanidad; y el contrapunto de su espíritu con sus circunstancias individuales y colectivas.[162]

Admirador de la obra de Manuel Navarro Luna, apasionado lector de la literatura universal y de sus compatriotas, entre ellos Severo Sarduy, un fiel amigo, Branly trató de salvarse con humor e ironía de la terrible realidad de lo transitorio de todo lo terrenal, como en el «Epitafio para ciertos poetas» (12 de junio de 1970) del libro *Escrituras* (1975):

---

[162] Díaz Martínez (1986: 32).

De la torre a la urna
de marfil.

TIEMPO: tú ganaste
perdí contra mí mismo.
Aposté a la eternidad,
pero las palabras
que sembré en el viento
fueron letra muerta.
Sólo me resta la ceniza.
En paz descanso,
si es posible.[163]

Los poemas póstumos de Branly revelan paz interior, reconciliación y armonía con el mundo, como en una de las últimas composiciones al final del «Preludio a la vigilia» (10 de mayo de 1979) del libro *Vitral de sueños* (1982):

Clama, ruiseñor: testigo;
nunca tu canción se pierda
en la pálida tonada de tus sueños.[164]

Su amigo Díaz Martínez caracterizó en un entrañable retrato del escritor el camino seguido por Branly desde el surrealismo hasta el coloquialismo y la antipoesía («Recuerdos y poesía de Roberto Branly»).[165] Merece ser estudiada la influencia de la lírica de Branly sobre la generación joven.

Damaris Calderón Pérez (1967 Jagüey Grande) escribió sus primeros versos en la Brigada Hermanos Saíz. Después aparecieron los títulos *Con el terror del equilibrista* (1987), *Duras aguas del trópico* (1992), *Guijarros* (1994).

El narcisismo de Quevedo le sirve a la poetisa como lema para la figura simbólica del equilibrista, que se balancea con temor y lleno de miedo en la cuerda floja del circo:

Con el terror del equilibrista

[...] las aguas del abismo
donde me enamoraba de mí mismo.
Quevedo

Sobre el espanto del pozo
siempre pensé tocar el agua.
Nunca lavar las manos
no mancharlas.

Sólo el pozo y mi sed.
Nunca las viejas bocas

---

163   Branly (1975: 64).

164   Branly (1982: 67).

165   En: *Revista de Literatura Cubana* 7 (julio / diciembre de 1986), págs. 23-33.

ni los baldes usados en balde.
No el agua que titila
su confortable techo
y toda la pasión de sus ahogados.
Nunca
el ojo contemplativo.
Todo esto lo digo
con el terror del equilibrista.[166]

Víctor Casaus (10 de marzo de 1944 La Habana) trabajó, después de haber estudiado filología, en los *mass media* y en el cine como periodista y guionista (*El hombre de Maisinicú*, 1973, etc.). Sus primeros testimonios (*Girón en la memoria*, 1970, *Pablo: con el filo de la hoja*, 1982) fueron distinguidos con premios oficiales (Premio Casa de las Américas, 1970 y Premio «Pablo de la Torriente Brau» de la UNEAC, 1982), pero también triunfó como traductor (poesía de Bertolt Brecht, 1976 y autores norteamericanos) y poeta (*Entre nosotros*, 1977, *Los ojos sobre el pañuelo*, 1984, Premio Latinoamericano de Poesía «Rubén Darío», 1982, otorgado en Nicaragua).

Su lírica internacionalista (Angola, Nicaragua) de los años 80 y los primeros 90 es expresión de un firme optimismo en el triunfo de las revoluciones. La poesía amorosa es más diferenciada y no está desprovista de matices personales, enmarcados siempre en la visión colectiva de la historia del autor. El libro *Amar sin papeles* (1998) presenta una selección de sus poemas, con una increpación de Juan Gelman e ilustraciones de Zayda del Río.

La ensayista (trabajos sobre historia del arte, estudios sobre la Cuba precolombina y culturas antiguas) y poetisa **Rafaela Chacón Nardi** (24 de febrero de 1926 La Habana — 2001 La Habana) ha desempeñado, como pedagoga, funciones importantes en las instituciones educativas del país y en la UNESCO. Aunque ya era una conocida poetisa con anterioridad a la Revolución — también por sus contactos con Gabriela Mistral (*Viaje al sueño*, 1948, *Viaje al sueño: 36 nuevos poemas y una carta de Gabriela Mistral*, 1957) -, su fase productiva no empezó sino después de 1959.

En su lírica (*De rocío y de humo*, 1965, *Del silencio y las voces*, 1978, *Coral del aire*, 1982, *Una mujer desde su isla canta*, 1994, *Vuelta de hoja*, 1995) muestra su fidelidad a los ideales de la Revolución, pero a la vez se defiende contra los falsos profetas, como en el siguiente poema:

Un ángel con tres alas

Un ángel con tres alas
me está siguiendo
y me tiende una cuerda
de plata y hielo

y me tapa los ojos
con dos luceros,

---

[166]   Lázaro / Zamora (1995: 364).

con sus banderas negras
que yo no quiero.

Ángel, vuelve a la sombra,
vuelve a tu cielo,
que no quiero tres alas
ni dos luceros,

que no quiero tus ojos
de cal y hielo,
que no quiero tus manos,
que no las quiero.[167]

Mercedes Santos Moray dedicó a la autora un cálido homenaje en la revista *Bohemia* 78/8 (1986), págs. 16-19, con motivo de sus 60 años.

La periodista **Elsa Claro** (1943 Matanzas), gran viajera, empezó a escribir desde muy pronto, además de novelas y cuentos, sobre todo poesía (*Para crecer y darme cuenta*, 1966, *Agua y fuego*, 1981, *Los caminos y el silencio*, 1990), de la que lo más interesante son sus poemas posteriores de viaje. La división de Alemania, por ejemplo, es objeto de su atención en el poema «Puerta de Brandeburgo» (1979) en el tomo *Los caminos y el silencio*, sin que por ello tome partido:

Bajo los tilos
junto a la arcada de caballos
amparados por un extraño ángel
guerrero
estamos.

El aire gélido de noviembre
cruza la barrera.
Se piensa, sin preguntas,
mirando Unter Den Linden cortada
en dos:
del otro lado de la calle
el mismo idioma
es [...] ¿tan extraño? [...][168]

Norberto Codina (1951 Caracas, Venezuela) reside en Cuba desde 1959, dirige la *Gaceta de Cuba*, publicación de la UNEAC, y es autor de una antología de la poesía cubana de los años 80: *Los ríos de la mañana* (1995). Entre sus títulos más conocidos figuran: *A este tiempo llamarán antiguo* (Premio David 1975), *Un poema de amor según datos demográficos* (1976, plaquette), *Una piedra al centro del agua* (1976), *El lucero del alba es un planeta vivo* (1977), *Arbol de la vida* (1985), *Los ruidos humanos* (1986), *Lugares comunes* (1987, mención Premio «Julián del Casal»).

---

[167] Mirta Yáñez (ed.): *Album de poetisas cubanas*, La Habana 1997, pág. 87.

[168] Claro (1990: 17).

En el *Anuario Poesía* (1994: 103) figura la siguiente cuarteta, llena de humor grotesco:

El fantasma de Rimbaud recorre Africa,
cubierto de pieles y café,
con un proyecto de constitución comunista en el bolsillo,
y su amor por Verlaine en la mirada.

El poeta **Félix Contreras** (10 de diciembre de 1939 Pinar del Río), que se incorporó al «Movimiento del 26 de Julio» en la lucha contra Batista, escribió después — lejos de todo compromiso oficial — sus libros de poesía: *El fulano tiempo* (1969), *Debía venir alguien* (1971 prólogo de Eliseo Diego), *Cuaderno para el que va a nacer* (1978), *Corazón semejante al tuyo* (1984). Los poemas breves de su primera época se publicaron coincidiendo con el asunto Padilla (1969) y reflejan un humor subversivo, sentido de la agudeza e ironía:

En toda ocasión
Por esta mujer,
yo haría un poema
de amor donde apareciera
un verso social

No
Mujer
tú no eres el comunismo,
pero te le pareces.[169]

Carlos Crespo (1947 La Habana) es autor de una obra no muy extensa, pero sí muy personal. Siguiendo la huella de Kavafis, le preocupan problemas del tiempo, la caducidad y la muerte, que reviste de un exotismo nostálgico. Como uno de los cofundadores de los Talleres Literarios le interesa, en especial, elevar el nivel artístico de amplios sectores del público.

En su primera obra, de publicación tardía, *El tiempo, Guiomar* (1988) aparecen temas orientales, antiguos y modernos, poemas de homenaje, prosa de viaje y poesía circunstancial. En otro libro todavía inédito, *Corteza y hoja*, del que ya se han publicado algunos poemas como plaquettes (La Habana 1991) figura el lema de Rilke:

Pues somos tan solo corteza y hoja.
La gran muerte, que cada uno en sí lleva
es fruto en torno a lo que todo gira.

La reactualización del mito de Orfeo en los infiernos se mezcla con el motivo de Ofelia ahogándose y se fusionan formando un ciclo sobre la muerte y lo transitorio:

---

[169] Contreras (1969: 34-35).

Otra vez Orfeo
Fue inútil el descenso.
Has vuelto la cabeza.
El rostro, los cabellos,
se disuelven como círculos en el agua
y eso es todo.[170]

Rolando Escardó (7 de marzo de 1925 Camagüey — 16 de octubre de 1960 Matanzas) poeta, de formación autodidacta. En 1958 fundó en su provincia el grupo Yarabey. Participó en la lucha clandestina que lo llevó a prisión. Debió exiliarse en México. Regresó con el triunfo de la Revolución, donde alcanzó los grados de teniente. Al morir en un accidente automovilístico organizaba el Primer Encuentro de Poetas Revolucionarios.

Sus libros publicados son: *Libro de Rolando* (1961), *Las ráfagas* (1961) y *Órbita de Rolando Escardó* (1981). Su poesía es la expresión de un profundo humanismo, no exenta de cierto aliento vallejiano.[171]

Velada

a joaquín texidor

Yo paso así la noche:
los ojos fijos, la tristeza,
el murmullo del alma en la hora que estoy;
y abro y cierro la puerta,
y oigo ruidos y voces y sonidos de fichas;
dineros, teclas de máquinas, motores,
gatos sordos que crecen por la calle,
gritos que vienen por el aire.
Y abro y cierro la puerta
pero no llega la mañana,
no llega el sol,
siempre es de madrugada [...][172]

El poeta, cuentista y ensayista **Ángel Escobar** (1957 Guantánamo — 14 de febrero de 1997 La Habana) no se dio realmente a conocer hasta los años 80 y 90. Aunque en 1977 había obtenido el Premio David con el libro de poemas *Viejas palabras de uso* (1978), Escobar no triunfó hasta la publicación de *Epílogo famoso* (1985, Premio «Roberto Branly» de la UNEAC) y *La vía pública* (1987, finalista del Premio de la Crítica, 1988). Al mismo tiempo que *Malos pasos* (1991) apareció la plaquette *Todavía* (1991), que revela en el prólogo su fe en el futuro y en la utopía: «No todo en sí y en lo otro ocurre en el pasado; hay recuerdos que vienen del porvenir. Todavía».[173]

---

[170] Crespo (1991: 24).

[171] Compárese «Homenaje a Rolando Escardó», en: *Islas* 3/2 (1961), págs. 164-218.

[172] Arcos (1999: 219-220).

[173] 16 de mayo de 1990.

Firme creyente de los ideales de la Revolución, Escobar formula su respuesta al paraíso perdido en un poema, fechado en enero de 1981, del libro *Epílogo famoso* (1985):

> y desde hoy le anunciamos al paraíso,
> sus propios amorosos incendiarios,
> su madrugada de carnaval, su oriente,
> y su primer enero de piel definitiva.[174]

Su obra de teatro *Ya nadie saluda al rey* fue estrenada en 1989 en el marco del Teatro Extramuros. El poema que da título al libro *Abuso de confianza* (1994) es una apasionada parodia de los mitos perdidos:

> No soy yo. No eres tú. No son cuatro ni tres.
> Ni dos mil. Ni los posibles datos del Obispo,
> nuestra computadora. También tú buscas enemigos,
> y hay quien te usurpa el nombre.[175]

Después, Escobar trabajó en los libros aún inéditos *El examen no ha terminado* (1995) y *La sombra del decir* (1996). En Zaragoza se publicó su libro *Cuando salí de la Habana* (1996, terminado en 1994).

Estudios

Rodríguez Santana, Efraín (ed.): *Ángel Escobar: el escogido — textos del coloquio homenaje al poeta Ángel Escobar (1957-1997)*, La Habana 2001.
Rodríguez Santana, Efraín: «Ángel Escobar y los otros náufragos», en: *Encuentro de la Cultura Cubana* 28-29 (2003), págs. 227-230.

Norge Espinosa Mendoza (1971 Santa Clara) representa una voz nueva en el paisaje lírico cubano. Su pequeño libro de poemas *Las breves tribulaciones* (1992, Premio «El Caimán Barbudo», 1989) aporta temas originales, como el poema «LSD» dedicado a Lucy según Lennon / Mc Cartney «Lucy in sky with diamonds»:

> Lucy está en el cielo con los diamantes
> y hay que ir a buscarla del otro lado del puente
> hay que hacer una caravana de ángeles romeos
> enjaulados híbridos azules
> para hacerla bajar para hacerla volver con
> una serenata bajo las sombrillas.[176]

---

[174]   Escobar (1985: 36).

[175]   Escobar (1994: 76-77).

[176]   Espinosa Mendoza (1992: 15).

El joven poeta juega con lemas y mitos, creando un lenguaje ágil y lleno de fantasía, en el que los sufrimientos aparecen enmarcados en la luz de la esperanza, como en el poema «La pasión según Rita Hayworth»:

A qué traidores
pobres de mí
que soy loco
borracho
anormal
etcétera
etcétera.[177]

En el «Poema de la situación» se destruyen los mitos, y la generación joven, libre ahora, cuestiona el viejo tema del compromiso de los supervivientes:

Yo no necesito la muerte de los mártires.
No necesito de sus rostros en la ira de la muchedumbre,
no preciso de sus voces que golpean en la pancarta,
en los muros, en las redes, en las piezas del domingo.
No me hacen falta sus nombres
[...]
Yo no necesito la gloria de estos mártires.[178]

En el futuro se seguirá hablando todavía de este poeta, que además es autor teatral y de libros infantiles.

La poesía de **Otto Fernández** (12 de mayo de 1934 Regla, La Habana) muy elogiada por Eliseo Diego, está recogida, entre otros, en los libros *Los días repartidos* (1964), *Canción* (1971), *De otro árbol* (1974), *Sin querer* (1981) y dispersa en numerosas revistas. En su obra poética posterior le preocupan los temas de la caducidad y la muerte, como en el poema «Me aterra morirme de mí mismo», reproducido en el *Anuario Poesía* (1994) de la UNEAC:

En la cal de las paredes
quedarán mis sentimientos
sin telarañas de olvidos
atrapados por el tiempo,
llamarada de los puros
eternamente despiertos.[179]

Ramón Fernández Larrea (1958 Bayamo). Entre los principales libros de este poeta se encuentran: *El pasado del cielo* (Premio de Poesía «Julián del Casal», UNEAC, 1987), *Poemas para ponerse en la cabeza* (1989), *El libro de las instrucciones* (1991), *El libro de los salmos feroces* (1994), *Terneros que nunca mueren de rodillas* (1998).

---

[177]   Espinosa Mendoza (1992: 49).

[178]   Lázaro / Zamora (1995: 381-382).

[179]   Anuario Poesía (1994: 170).

Su poesía siempre está cargada de cuestionamiento y denuncia. La vehemencia de sus versos coloquiales y duros constituye una de las características esenciales de sus mejores textos:

Poema transitorio

Es difícil vivir sobre los puentes

Atrás quedó la negra boca del odio
y no aparece el esplendor
esto es también el esplendor
pero tampoco

La cegadora luz siempre estará más adelante
La cegadora luz siempre estára
su nido está en la punta
hacia allí van tus pasos
No te detengas
no te detengas no
o el vértigo hundirá su temblor en tus ojos
la cegadora luz siempre estará ante ti
hacia allí va tu sangre pero no la verás

Es difícil vivir sobre los puentes.[180]

Alex Fleites (1954 Caracas, Venezuela) se instala, a pesar del eclecticismo de sus maestros literarios, en una posición intermedia entre poesía de pensamiento y poesía circunstancial. A la edad de 20 años publicó ya su primer libro de poemas, *Primeros argumentos* (1974); a él siguieron *Dictador por la lluvia* (1974), *A dos espacios* (1981, Premio «Julián del Casal» de la UNEAC), *De vital importancia* (1984), *El arca de la serena alegría* (1985, Premio «13 de Marzo»), *Memorias del sueño* (1989, también como plaquette, 1991), *El asesino de la mujer que pasa* (1993) y *Omnibus de noche* (1995). De este último proceden los dos poemas breves epigramáticos, expresión del talento del autor y su agudeza en la poesía:

Sí, Voltaire
De la estética y del tiempo
Sólo
Hay
nos
cierta
queda
belleza
buscar
en la espera
el mejor
Una

---

[180] Rodríguez Núñez (1994: 118).

de
belleza
los mundos
triste
imposibles
Porque
(una alusión al mejor de los
mundos de Leibniz en)
la espera
pasará.[181]

Víctor Fowler Calzada (24 de febrero de 1960 La Habana) sorprendió en 1991 con sus poemas eróticos *Estudios de cerámica griega* (plaquette); después aparecieron *Confesionario* (1993), *Decensional* (1994) y *Visitas* (1996). Se trata de una breve historia de la cultura erótica, en la que se mezclan fantasías eróticas propias. Si «detrás de cada erotismo / respira el peso de la tradición», entonces se puede tender un puente entre el pasado y el presente al contemplar los vasos de cerámica griega:

son frescas cual la lluvia
las muchachas.
Senos jóvenes, aún no sobados
ni mordidos.
Puntos ignorantes de sus
posibilidades de sentir.

Pubis limpios, ansiosos
igual que bocas humedecidas
en el deseo.
La sabiduría de la edad qué es sino la dominación
[...][182]

Como ensayista publicó el tomo *La maldición: una historia del placer como conquista* (1998).

Roberto Friol (3 de abril de 1928 La Habana), poeta, investigador, ensayista y traductor (*Alción al fuego*, 1968, *Turbión*, 1988, *Kid Chocolate*, 1991, *Gorgoneion*, 1991, plaquette, *Tres*, 1993, *Tramontana*, 1997) pasa revista al pasado en su ciclo «Retratos».[183] Su «Autorretrato» está enmarcado por el concepto de identidad:

Llego ahora a mi rostro
con esta voz de nunca.

A trazos fieros arde,
la imagen que buscaba.

---

181 *Candide ou L'optimisme*, 1759 de Voltaire.

182 Fowler Calzada (1991: 14).

183 En: *Turbión*.

Donada identidad
que por siempre interroga.[184]

En 1998 obtuvo el Premio Nacional de Literatura.

Zoelia Frómeta Machado (1960 Bayamo), poetisa y narradora, pertenece con Lucia Muñoz y Luis Carlos Suárez al círculo de los escritores más conocidos de Bayamo. Su obra ha obtenido varios premios en concursos nacionales e internacionales. Después de Pasos de ciego consiguió el Premio Fidelia de Poesía Granma (1996) por el libro de poemas *Ave de tránsito* (1998). Sus «aves» son el albatros de Baudelaire, el viajero y los «pájaros de la tarde».

El miedo a un futuro incierto fluye en su lírica, que oscila — como en el libro *El esplendor y el caos* de Delfín Prats — entre esos dos polos. Así, en el poema «Albedrío» se dice al final:

> Mi corazón en el anillo de la noche
> será como el ave fénix
>
> Pero cuidado con esas voces que vienen de las
> entrañas de los abismos
>
> ADVIERTO: La verdad es un amanecer que siempre
> asusta
> ADVIERTO: Nadie vista de blanco esta noche
> ni salga a la puerta de la casa
> usted madre no mire
> el rostro del durmiente
> rece un padre nuestro
> y piense en sus hijos que estamos afuera
> desnudos en medio del Esplendor
> y el Caos.[185]

Carlos Galindo Lena (1928 Caibarién), poeta casi olvidado, volvió a ser objeto de atención recientemente por parte de la generación joven sólo después de haberse publicado sus poemas *Mortal como una paloma en pleno vuelo* (1988). A principios de la Revolución aparecieron sus libros *Ser en el tiempo* (1961) y *Hablo de tierra conocida* (1962). Después luchó con las milicias en la Sierra del Escambray y permaneció cinco años en esta zona como maestro voluntario.

En Villaclara dio comienzo a una trilogía, terminada casi con *Rosas blancas para el apocalipsis* (1991) y *Últimos pasajeros en la nave de Dios* (1996). Como constantes de su obra, Carmen Sotolongo señala[186] la creencia religiosa y las figuras del sacrificio (Martí, Che Guevara, Jesucristo). Después publicó *Viento de cuaresma sobre la piel del mundo* (2001) y *Aún nos queda la noche* (2001).

---

[184]   Friol (1988: 29).

[185]   Frómeta Machado (1998: 15-16).

[186]   En: *La Gaceta de Cuba* 5 (1997), págs. 56-57.

Omar González Jiménez (1950 Villaclara), poeta y narrador, ex-Presidente del Instituto Cubano del Libro, trabaja actualmente en una novela histórica sobre Georg Weerth. Su poesía está publicada en antologías y en el tomo *Secreto a voces: Intimidad del ciervo está por publicar*. Sus cuentos (*Al encuentro*, 1975, *Nieve roja*, 1980) y la novela *El propietario* (1978) salieron en los años 70. En 1978 obtuvo el Premio Casa de las Américas por sus relatos para niños (*Nosotros, los felices*), una alusión a la Edad de Oro de José Martí.

Félix Guerra (1938 Camagüey), poeta, narrador, periodista. Es autor de *El sueño del yaguar* (1985), *El fuego que enciende los fusiles* (1988), *El amor de los pupitres* (1992), *Para leer debajo de un sicomoro* (1998). Este último libro reúne 16 entrevistas a José Lezama Lima realizadas en el curso de encuentros que se prolongaron por más de una década. De «El fuego de las criaturas» este fragmento:

> Por esos caminos de lodos y piedras y grietas,
> avanzan criaturas resecas con sus toses, criaturas
> resfriadas y húmedas, criaturas malolientes
> y ríspidas, criaturas triscando o sin alas o muy
> por encima del ras, criaturas devoradoras de légamo
> o que flotan en las rutas del humo o soportan
> ruidosas el paso de la ventisca.[187]

Cuando **Raúl Hernández Novás** (1948 La Habana) se suicidó el 13 de junio de 1993 en La Habana, muchos sintieron la pérdida de una de sus figuras maestras. Con libros como *Da capo* (1983), *Enigma de aguas* (1983) y *Embajador de horizonte* (1984), en parte todavía concebidos en los años 70, Hernández Novás liberó la poesía cubana, tras el sombrío *Quinquenio Gris* (1971-1975), de las trabas de los próceres oficiosos, recuperó las tradiciones modernistas de Julián del Casal y del Grupo Orígenes y las articuló con la película, superando así los géneros, como en el ciclo de poemas «Sobre el nido del cuco» en alusión al *One flew over the Cuckoo's nest*, de Milos Forman.

Estos poemas que, a veces, injustamente se les considera perteneciente a la lírica hermética figuran en el libro premiado *Animal civil* (1987, Premio UNEAC de Poesía 1985 «Julián del Casal») y permiten presentar *post festum* el trágico final del autor. En los *Sonetos a Gelsomina* (1991), Hernández Novás se reintegra a la tradición: Rilke, Juan Ramón Jiménez, Lezama Lima son aquí sus antepasados. La forma clásica difícil del soneto expresa las contradicciones, el dolor y la melancolía, como en el poema necrológico dedicado a su madre Berta Novás García (1917-1985):

> Adiós, mi madre. Voy con los juglares.
> Voy a tocar la luz, como los magos
> vieron soñar al Niño, y no volvieron.[188]

---

[187] *Anuario* (1994: 263).

[188] Hernández Novás (1991: 16).

Hernández Novás había previsto ya su muerte mucho antes. En la figura clásica del equilibrista, en el circo de la vida, vio su propia caída desde la cúpula circense:

Riesgos del equilibrista
Yo pronto moriré, yo me iré pronto.
Es una idea que he tenido siempre.
Este junio tal vez será diciembre.
sobre la cuerda no haré más el Tonto.

No andaré mucho más sobre este hilo
que me levanta de la tierra hambrienta,
lejos, tan lejos de su lid sangrienta,
como sobre un alado y canto filo.

¿Cómo podrá el funámbulo un asilo
cavarse en aire, eterno, de manera
que sobre el hilo nazca, viva y muera?

Mas aquellos que van entre la guerra
de abajo, también marchan sobre un hilo,
y con igual traspié caerán a tierra.[189]

El destino individual se convierte en el último terceto en una predicción profética del futuro de una humanidad, sea cubana o de otra parte. También el poema necrológico de Lourdes Rensoli Laliga, exiliada en Madrid, dedicado a Hernández Novás, adopta la forma del soneto:

Este dolor de siglos, del que huyen
cuantos sólo han sabido de tristezas
construidas con caprichos y flaquezas
que en un soplo, sin rastro, se diluyen,

este tedio vital que se alimenta
con las últimas fuerzas, y el instante
devora sin piedad, y al caminante
hace la marcha fatigosa y lenta,

es el único don de la pobreza,
el más íntimo rasgo, el más cercano
enigma de esa cruel naturaleza

cubierta con el manto del Arcano,
que engendra en el absurdo la belleza
oculta en el misterio de lo humano.[190]

---

[189]   Hernández Novás (1991: 98).

[190]   Lourdes Rensoli Laliga: «Libro de los ritos», Madrid 1994, pág. 47, sin publicación.

Otros libros que recogen la poesía de Hernández Novás son: *Atlas salta* (1995) y *Amnios* (1998).

Georgina Herrera (23 de abril de 1936 Jovellanos, Matanzas) se formó autodidácticamente en el periodismo, trabajando, en un proceso de lenta maduración, sus libros de poemas: *GT* (1963), *Gentes y cosas* (1974), *Granos de sol y luna* (1977), *Grande es el tiempo* (1989), *Gustadas sensaciones* (1996). En su lírica posterior preponderan las evocaciones. Su poesía está impregnada de humor, amor y solidaridad con su gente. El siguiente autorretrato es expresión de su modestia:

Mínimo elogio para mí misma

A los que la conocen, digo:
Permítanme
este elogio por Georgina,
por su oficio de lámpara pequeña
porque, dócil
a tu capricho, vuelve
al primer día de amor, sobre la tierra.[191]

Fayad Jamís (27 de octubre de 1930 Zacatecas, México — 12 de noviembre de 1988 La Habana) pasó su niñez y juventud en el pueblo, en pequeñas ciudades y en el interior de Cuba. En 1949 comenzó sus estudios de pintura en la Escuela Nacional de Bellas Artes San Alejandro en La Habana. Como pintor y poeta, se dedicó durante su vida por igual a la pintura y poesía hasta su muerte en La Habana. Los textos y necrologías, publicadas en *Casa de las Américas* 172-173 (1988), págs. 3-54, son expresión de la gran admiración que despertaron su personalidad y su obra.

Por oposición al predominio absoluto del Grupo Orígenes, Jamís siguió un camino consecuente con su talento, uniendo profundamente pintura, música, imagen y palabra, desde el simbolismo, impresionismo y surrealismo hasta una creación poética existencialista muy cuidada, que tiene su punto de partida en hechos históricos y cotidianos. Producto de sus años en París — también excelente traductor de Eluard y Mallarmé — son los títulos *Las párpados y el polvo* (1954), *Vagabundo del alba* (1959), *Los puentes* (1962), «una nueva fabulación de la realidad» (Cintio Vitier). Los títulos siguientes los caracteriza Víctor Rodríguez Núñez en una nota a pie de página del prólogo a una nueva edición de *Los puentes*[192] de esta forma:

Por esta libertad (1962, Premio Casa de las Américas), como negación del conversacionalismo, cuando éste se convirtió en periodismo sentimental, por la vía del regreso a la tierra: *La Pedrada* (escrito 1954, publicado 1962, edición ampliada 1973, cuentos cortos): como negación también del estereotipo de la poesía en la Revolución cuando el desarrollo así lo exigió, por

---

191   Véase Ronel González Sánchez: «Raúl Hernández Novás: la busca cruel», en: *Casa de las Américas* 240 (2005), págs. 106-113. Mirta Yáñez (ed.): *Álbum de poetisas cubanas*, La Habana 1977, pág. 101.

192   1989: 9.

la vía del regreso a Orígenes: *Los párpados y el polvo:* como síntesis y posibilidad de una poesía desde la Revolución, de una lírica de 'la épica cotidana' de que hablaba el Che.

En el libro *Por esta libertad* (1962), obra premiada, alienta el entusiasmo de la fase eufórica de la Revolución. En el poema que da título a la obra, el concepto de libertad se transforma en un absoluto:

No hay alternativa sino la libertad
No hay más camino que la libertad
No hay otra patria que la libertad
No habrá más poema sin la violenta música de la libertad.[193]

Sentimientos colectivos y la vivencia colectiva de la solidaridad internacional se articulan en estrofas de un himno, en el que la libertad, la paz, el amor y la alegría se funden con figuras luminarias como Martí, Mella, Rubén (Martínez Villena), Jesús (Menéndez), Camilo (Cienfuegos). Los traidores, como los «mercenarios de Playa Girón», y los defensores del honor patriótico son el tema de un ciclo especial.

En las publicaciones posteriores, como *Abrí la verja de hierro* (1973, título tomado de «La casada infiel» del *Romancero gitano,* 1928, de Federico García Lorca), Jamís insiste en la misión del poeta comprometido: «Levántate y ayuda al mundo a despertar».[194] De las obras póstumas se publicaron poemas de su época parisina (1956) y de los últimos años de la vida de Jamís (1985-1988), con una introducción de Enrique Saínz: *Entre la muerte y el alba* (1994). Eros y Thanatos impregnan estos últimos poemas, como el dedicado a su compañera Margarita García Alonso «Y pensar [...]» con los versos finales:

es que te llevo en mí a través de mi muerte y mis
espejos,
es que te llevo en mi magma,
es que.[195]

De la poesía comprometida colectiva, Jamís pasó a la creación de una poesía amorosa individual y de paz con el mundo como expone claramente en su última entrevista con Rudel Zaldívar publicada en *La Gaceta* de Cuba (febrero de 1989, pág. 18).

Textos

Historia de un hombre, compilación y prólogo de Enrique Saínz, La Habana 1995.

---

[193]   Jamís (1962: 7).

[194]   Jamís (1973: 13).

[195]   Jamís (1994: 58).

Estudios

Augier, Ángel: «La poesía de Fayad Jamís», en: *Revista de la Biblioteca Nacional José Martí* 12/3 (1970), págs. 139-146.

Jesús Fernández, Teresa de: «Las grandes puertas de Fayad Jamís», en: *Revista Iberoamericana* 152-153 (1990), págs. 1229-1234.

Lamadrid, Enrique R.: «La poesía de Fayad Jamís y la Revolución cubana: un estudio de cambio estético», en: *Symposium* 33 (1979), págs. 230-247.

Wilson Jay, Marino: «Sólo Fayad», en: *Plural* 274 (1994), págs. 30-37.

Waldo Leyva Portal (16 de mayo de 1943 Remates de Ariosa, Remedios, Las Villas) ocupó cargos relevantes en la jerarquía cultural después de 1959 hasta ser nombrado Director del Centro de Estudios Juan Marinello y desempeñar puestos de dirección en la UNEAC. Su producción poética no es tan amplia pero presenta una temática y expresividad propias. Su poesía, enmarcada en contextos históricos, está impregnada de patriotismo y fe en la vía cubana hacia el socialismo.

Ya su pequeño primer libro de poemas *De la ciudad y sus héroes* (1976) obtuvo el premio poesía 1974 Concurso 28 de mayo «Combate del Uvero», Universidad de Oriente. La abnegada historia de Santiago de Cuba es presentada, por medio de figuras individuales (hasta Frank País), como el compromiso para los que viven de defender las conquistas de la Revolución, conseguidas con tanto sacrificio.

La siguiente obra *Con mucha piel de gente* (1982), véase la crítica de José Prats Sariol en la revista *Bohemia,* 8 de julio de 1983, que desató una polémica con Guillermo Rodríguez Rivera, abarca cronológicamente desde 1964 hasta la incorporación del autor a la lucha en Angola, en 1979, a la que dedica un ciclo completo de poemas. La «cotidianeidad», elogiada por Eliseo Diego, se expresa en pequeñas viñetas líricas, con una reflexión sobre la vida diaria como en el poema «Retrato»:

> Está ahí
> sentado en el parque
> como pudo haber estado en cualquier sitio.
> No le importan la noche
> ni los niños jugando en la tarima.
> Nunca he visto un rostro tan negro,
> nunca he visto unos ojos tan tristes,
> una mirada tan de piedra
> desconsolada.[196]

La poesía internacionalista y de viajes de Leyva hablan de soledad, solidaridad y cumplimiento del deber, de acuerdo con el lema de Fidel Castro «Somos un pueblo latinoafricano». En Angola, vida y muerte están profun-

---

[196] Leyva Portal (1982: 13).

damente unidos. La crónica, sobriamente detallada, de los acontecimientos estremecedores ayuda a superar, al estar en primer término, lo emocional, como en la necrología dedicada a Agostinho Lamba:

> Agostinho Lamba,
> guerrillero,
> natural de Quibala,
> murió el 15 de marzo
> al medio día.
> Perdió el pie en una mina
> y en la sangre
> se le fue el movimiento de los ojos.
>
> Agostinho Lamba
> veinte años,
> natural de Quibala,
> está enterrado
> en la margen izquierda
> del Lutembo.
> Su corazón ya es parte de la tierra.[197]

El pequeño libro *El polvo de los caminos* (1984) incluye poemas de amor y a la patria y recupera antiguos poemas, con una mirada retrospectiva a los años de estudio y aprendizaje en Santiago. En *Diálogo de uno* y en *El rasguño en la piedra* (1995), Leyva busca en los poemas en prosa y verso la proximidad de Lezama Lima. Los temas que sirven de fundamento son ahora la tristeza sobre los amigos perdidos, el sentimiento de lo irrecuperable del tiempo, la nostalgia y la incertidumbre sobre el futuro. La forma preferida de los últimos años es el poema breve, que revela el desgarro interior y el mutismo del poeta.

Nuevos textos suyos son: *Memoria del porvenir* (1999), *El dardo y la manzana* (antología) (2000), *La distancia y el tiempo* (1967-2001) (2003).

Virgilio López Lemus (1946 Fomento) se ha dado a conocer como poeta y ensayista con ensayos pedagógicos y un estudio sobre García Márquez. Como poeta ha publicado los pequeños libros *Hacia la luz y hacia la vida* (1981), *El pan de Aser* (1987), *La sola edad* (1990) y los poemas yugoeslavos de viaje (*Cuaderno de Macedonia*, 1992, plaquette). Su crónica lírica de la Revolución está centrada sobre la figura bíblica de Aser, un hijo de Jacob (Génesis XLIX, 20), en la que se mezclan elementos religiosos y épicos. Es en sus poemas personales donde López Lemus consigue expresar con mayor intensidad sus sentimientos, por medio de imágenes sobrias:

> Rimas de dolor
>
> Rimas de dolor, ¿a quién me quejo?
> ¿Qué lecho se abre para lamentaciones?
> Feliz de Job que tuvo todo un libro

---

[197]   Leyva Portal (1982: 87).

para decir por siglos su desdicha.
Pero yo, tan humilde como la yerba,
escribo mi dolor en una lágrima
al sol y al viento lanzada, triste,
sola, muda, quieta, sin respuesta.[198]

Eduardo («Eddy») López Morales (19 de octubre de 1939 La Habana — 22 de abril de 1990 La Habana) fue siempre una personalidad modesta a pesar de sus muchos cargos y méritos. Aunque desempeñó puestos importantes en la jerarquía de las instituciones oficiales hasta ser nombrado Director General de literatura y publicaciones del Consejo Nacional de Cultura y responsable del CENDA (Centro de derechos del autor), se reservó siempre tiempo para escribir ensayos y poesía: *Ensayo sobre el entendimiento humano* (1969, poesía), *Camino a hombre* (1974), una crónica de América Latina en forma de verso abierto en la tradición del *Canto General* (1950) de Pablo Neruda, *Cuaderno de un escolar sencillo* (1980), *Elogio de la razón poética* (1982), *Acerca del estado y del sueño* (1987). Esta última obra es expresión de su fe en la Revolución cubana («Oda a la Revolución», 1967), pero incluye también poemas amorosos e internacionalistas.

La estrofa final del libro en el poema «Medusa» (1985) suena casi como un presentimiento de su muerte por accidente ocurrida más tarde:

Semejante a un pájaro herido,
canto en la flora inaccesible
un nombre de dulces sílabas:
las guirnaldas de tus senos
reposan ateridas en mis manos.[199]

La obra poética de **Luis Lorente** (1948 Cárdenas) maduró pacientemente, y el escritor no se dio a conocer hasta los años 70 con el Premio David (1975) por su libro de poemas *Las puertas y los pasos*. A él siguieron *Café nocturno* (1985), *Ella canta en La Habana* (1985, plaquette), *Como la noche incierta* (1992) y *Aquí fue siempre ayer* (1997). En el último libro figuran los versos siguientes, que reflejan vivencias traumáticas, enumeradas en apariencia desapasionadamente:

Volante

Porque en la esquina vendían rosas mustias
Porque los hijos mientras iban creciendo emigraban.
(Una balsa flotaba en la corriente.)
Porque mi hermano era mi enemigo
y yo era el enemigo de mi hermano.
Porque fue una carrera interminable
de obstáculos y obstáculos y obstáculos.

---

[198]   López Lemus (1987: 113).

[199]   López Morales (1987: 132).

Porque me convertí en un ser reticente
y tuve pesadillas cotidianas.
Porque pasé el invierno en un estanque
donde todos no éramos afines.[200]

Los primeros poemas de **Raúl Luis** (30 de junio de 1934 Tamarindo, provincia de Camagüey) aparecieron dispersos en revistas a partir de 1956. Luis se formó con sus amigos Rolando Escardó, Noel Navarro y Samuel Feijóo. El escritor perteneció al «Movimiento 26 de Julio» en la lucha insurreccional contra Batista, y ocupó, después de 1959, el puesto de Consejero Cultural de la Embajada de Cuba en la Unión Soviética y el de Jefe de Redacción de Poesía de la editorial Letras Cubanas del Ministerio de Cultura.

Su lírica de los años 60 se publicó en las obras *Los días nombrados* (1966) y *Las pequeñas historias* (1968). En la colección plegable aparecieron los *Versos del buen querer* (1980) y en plaquette *El reino de la invención* (1991), dedicado a Lezama Lima. Se trata de poesía conversacional y viajes que presenta simbólicamente el transcurso de la vida del poeta-caminante.

Roberto Manzano (1949 Ciego de Ávila), poeta, investigador y crítico literario, ha publicado *Puerta al camino* (1992), *Tablillas de barro* (1996), *Canto a la sabana* (1996), *Pasado por un trillo* (1999), *Tablilla de barro II* (Premio Adelaida del Mármol, 1996) (2000), *El racimo y la estrella* (2002).

[...]
Esta es la larga hilera avanzando en la noche
con la aurora en los ojos, penetrando en la niebla ensordecida.
Así pasan las voces, como frutos, de mano en mano;
así cruzan los himnos silenciosos, como agujas, cosiendo
los costillares móviles; así pisan los pies, como piedras,
las fluyentes raíces de la noche.

Esta es la euforia lenta, la lenta travesía,
La andadura remota, la remota impulsión![201]

Luis Marré (22 de agosto de 1929 La Habana), escritor de la «Generación de los años 50», se abrió camino a duras penas en su vida antes de 1959 ejerciendo en varias profesiones, y defendió el triunfo de la Revolución en la Sierra del Escambray y en Playa Girón. Marré es conocido como poeta y narrador, pero es también autor de guiones de cine para cortometrajes.

Su primera obra lírica y prosa breve (*Los ojos en el fresco*, 1963) está fechada en los años 1949 a 1951. Le siguieron una plaquette (*Canciones*, 1965), *Habaneras y otras letras* (1970), *Para mirar la tierra por tus ojos* (1977) y la antología *Voy a hablar de la dicha* (1977, con un prólogo de Eliseo Diego). En ella figura el siguiente poema, que revela la agudeza del talento del autor:

---

[200]   Lorente (1997: 35).

[201]   Manzano (2000: 11).

Yo soy amigo tuyo.
Tú no eres amigo
de nadie
sino de ti mismo:
eso es lo único que nos une.[202]

En los fragmentos *Notas para una autobiografía* figuran pequeños cuadros humorísticos sobre su evolución para acercarse a la poesía, a través de la difícil escuela autodidacta. Las seis narraciones *Crónica de tres días* (1980) pertenecen a tres ciclos *Memorias para quemar, Crónica familiar* y *Memoria futura*. En 1990, siguió *Nadie me vio partir* (poesía y prosa), cuyo título alude a uno de los versos de la habanera «La Paloma», del compositor Sebastián Iradier, vasco que vivió en México y pasó a La Habana durante el siglo pasado.

Otros títulos suyos: *Techo a cuatro aguas* (1996) y *A quien conmigo va* (antología) (2001).

Partiendo de sus propias vivencias, **Carlos Martí Brenes** (1950 La Habana) se dio a conocer con el tomo de poesía *El hombre que somos* (1976, Premio UNEAC de Poesía, 1975); siguieron *En las manos nuestras* (1979) y otros títulos. Las pequeñas vivencias cotidianas están a veces revestidas de agudeza filosófica como en el poema «Dialéctica»:

Sin pan
no hay vida.
Sin hombre que haga el pan
no hay pan.
Y sin trabajo para hacer el pan
no hay hombre.[203]

El ciclo que describe el hombre, el trabajo y la naturaleza es uno de los temas de su poesía, el otro la transfiguración, en forma de himno patético, de la historia de la Revolución y sus guerrilleros heroicos, que reaparece también en los poemas de viaje a Vietnam. Desde 1997 dirigió la UNEAC como sucesor de Abel E. Prieto.

José Martínez Matos (7 de julio de 1930 Baracoa) se dio a conocer en la escena poética con el libro *Días de futuro* (1964, mención poesía, Concurso Casa de las Américas, 1963). En 1969 obtuvo con *Los oficios* (1970) el Premio «Julián del Casal» de poesía de la UNEAC. En el elogio del jurado, formado por Marinello, Augier y Marré se dice:

Con alta calidad poética se muestra una vinculación profunda a la naturaleza de su tierra y a la circunstancia histórica y cotidiana que le ha tocado compartir al poeta.

---

[202]   Marré (1977: 101).

[203]   Martí Brenes (1976: 31).

Con humor e ironía, pero también con la firmeza de su fe en la pureza de la Revolución, Martínez Matos renuncia a los rituales, como en el poema de un «antipoeta»:

Los antólogos, profesores, críticos,
directores de revistas, funcionarios
de cultura, buena gente toda.

Yo, en verdad, soy un ciudadano
que desde los catorce años escribo pacientemente
y quemo. Después de viejo me ha dado
por publicar esos libros imperfectos
de follaje inglés que me han permitido,
segun la opinión de algunos (no todos)
colocarme en la generación del treinta
aunque en la segunda fila.

Cuanto no envidio a esos buenos señores,
qué grande me quedaría el traje.
Cómo tallar a un jurado, cómo elogiar
a una poetisa vieja, fea y mala
venida de no se sabe dónde.
Cuántos estrechones de manos,
cuántas palmaditas me ahorro cada día.

¿Comprendes?[204]

Otros libros suyos son: *Juracán* (1974), *Los conquistadores* (1980), *Más allá del tiempo* (1983), *La luna sobre el rocío* (1987) y la novela *La casa del tiempo* (1984).

Mario Martínez Sobrino (24 de febrero de 1931 La Habana) se doctoró ya en 1954 en derecho en la Universidad de La Habana, incorporándose al movimiento insurreccional contra Batista. Después de 1959 ocupó varios puestos en las nuevas instituciones hasta desempeñar cargos diplomáticos en el extranjero, entre otros, el de primer secretario de la Embajada de Cuba en París.

Los poemas de Martínez Sobrino están dispersos en su mayor parte en revistas y pequeños libros: *Poesía de un año treinta y cinco* (1968), *Cuatro leguas a La Habana* (1978), *Tarde, noche, otro día* (1983), *Mientras* (1992, plaquette), *Cabellera de un relámpago* (1998). En su lírica fluye su gran amor a la tierra natal, expresando lo esencial en forma cada vez más breve. Se trata de poesía mínima que termina en breves fragmentos de amor:

---

[204]   Martínez Matos (1970; 12).

Cambio

Tengo de ti
tanto
Que no es mío

ni apenas
ya
tuyo
Será de la noche[205]

Roberto Méndez (1958 Camagüey), poeta, ensayista y narrador que ha publicado: *Carta de relación* (1988), *Manera de estar solo* (1989), *Desayuno sobre la hierba con máscaras* (1993), *La casa del pintor* (1994), *Soledad en la Plaza de la Vigía* (ensayo 1995), *Música de cámara para los delfines* (1995), *Variaciones de Jeremías Sullivan* (novela 1999), *Cuaderno de Aliosha* (2000), *La dama y el escorpión* (ensayo 2000) y *Viendo acabado tanto reino fuerte* (Premio de Poesía Nicolás Guillén 2000) (2001).

La poesía de este autor avanza y descubre de forma constante la emoción y el intelecto:

Carta de China

En la ciudad ha habido sublevaciones,
el Emperador, almidonado,
desde su trono mandó a aplastarlas.
Es primavera, pero — digo yo — nadie ha visto los cerezos.
Las señoras vinieron esta tarde a visitarme,
con ellas el sacerdote me mandó una máscara,
así jamás — piensan — ahuyentaré el tedio.
En mi jardín la muerte se sonríe.[206]

El biólogo **Raúl Mesa** (1943 Cárdenas), conocido internacionalmente, pertenece por su escritura a los «insiliados» en la isla, como se infiere de su antología bilingüe *Poems from Cuba: Alone against the Sea / Poesía desde Cuba: solo contra el mar* (Toronto 1998). La primera parte del libro, «El verano de Archimboldo», está dedicada al famoso pintor italiano del siglo XVI, cuyas obras grotescas alegóricas y presurrealistas le ayudan a soportar mejor «el mundo como laberinto» (G. R. Hocke). La referencia al milanés Giuseppe Arcimboldo (1527-1593) proporciona a los poemas un significado más profundo, como en esta estrofa de «Presagios»:

Es preferible gritar
que andar como un duende
por el castillo vacío
entre muebles sagrados.

---

[205]   Martínez Sobrino (1983: 48; 1992: 21).

[206]   Arcos (1999: 551).

En el bosque de eucaliptos
orina una paloma
y el cielo se oscurece.[207]

La segunda parte «Surtidor» contiene verdades de la vida poetizadas, en las que no se renuncia al sueño de un mundo más justo.

Yoel Mesa Falcón (1945 Manzanillo), poeta y ensayista, es autor de las compilaciones *Antonio Maceo* (1978) y *La casa de Abel Santamaría* (1981). Fue merecedor del Premio UNEAC de Poesía «Julián del Casal» en 1987 por su libro *El día pródigo* (1990). También publicó *Árbol de ceniza* (1992). Es un poeta de variados registros y tonalidades que sabe entremezclar muy bien los elementos de la prosa y la poesía:

Puentes
Exordio

Te has trasladado una vez más de sol a sol.
Como río atravesando ciudades
estás en todos los puentes, contemplando
las aguas turbulentas y la desembocadura incierta
con un rostro distinto en cada uno
(algunos le sonríen a las aguas de ayer).
Con las visiones de este día
se escribirán los nombres del rostro futuro.
Este sol que se muere
está inventando los ojos
del amanecer que ya nace.
Todo lo vivido es sagrado.[208]

Lucía Muñoz (1953 Bayamo), poetisa, ensayista y periodista dirige la UNEAC en Bayamo. Muñoz ha publicado los libros siguientes, también premiados en Panamá y Nicaragua: *Amarte sin saber el día* (1982), *Hacia otra dimensión* (1985), *Pongo de este lado los sueños* (1989), *Sobre hojas que nadie ve* (1994), *Únicos paraísos* (1996, título según el famoso lema de J. L. Borges: «Sé que los únicos paraísos / vedados / al hombre son los paraísos perdidos»).

Su poesía amorosa pertenece a la lírica más original y llena de ternura, escrita en la isla después del triunfo de la Revolución, y resulta más conmovedora allí donde confluyen amor, nostalgia y evocación como en el poema «En la memoria» del libro *Únicos paraísos*:

Irremediablemente
va a caer la tarde
sobre los cielos del mundo
nunca como aquella
en que te di mi humana
desnudez,

---

[207] Mesa (1998: 11).

[208] Mesa Falcón (1990: 133).

las manos en el agua
la ternura:
flor abierta a la luz de tu orilla.
Nos separan
incontables atardeceres,
y sólo somos dos jóvenes
haciendo el amor en la
memoria[209]

Lucía Muñoz ha reunido, debido a sus propios estudios de los archivos, material abundante para una historia de la literatura sobre mujeres famosas en su región a partir del siglo XVII, ya que Bayamo fue la cuna de la literatura cubana.

Manuel Navarro Luna (29 de agosto de 1894 Jovellanos, Matanzas — 15 de junio de 1966 La Habana) figura entre los principales representantes de la vanguardia en Cuba. Aunque la mayor parte de su obra se publicó ya antes de 1959, Navarro Luna vio en la Revolución Cubana la realización de sus ideas políticas, de acuerdo con la trayectoria socialista y comunista de su pasado. Ya en 1915, antes del final de la Revolución de Octubre, escribió un poema con el título «Octubre», con los siguientes tercetos finales:

Mientras la humanidad no se renueve,
mientras al hambre por demás aleve
el hombre tema como a un negro abismo,

no alzará su bandera victoriosa,
su bermeja bandera esplendorosa
el Supremo Ideal del Socialismo[210]

Su época más fecunda fueron sin duda los años 20 y 30, cuando Regino Pedroso, Rafael Alberti, Jorge Mañach, Jorge Icaza y Henri Barbusse ensalzaron su obra. En sus últimos poemas de comienzos de los años 60 volvió a los orígenes de su temática, cantando al miliciano, el triunfo de Playa Girón, La Pasionaria y el «26 de Julio», temas centrales de la gesta revolucionaria.

Basándose en los versos de García Lorca «Están los viejos cuchillos / tiritando bajo el polvo», dirigió un apasionado llamamiento a la «Madre España», recordando los hechos heroicos de Pablo de la Torriente Brau (11 de diciembre de 1901 San Juan, Puerto Rico — 19 de diciembre de 1936 Maja-dahonda, Madrid) y sacudiendo el yugo de la dictadura franquista. El poema, escrito en 1962, acaba con los versos:

España mía,
España nuestra:
¡ya es demasiado tiempo el que lleva nuestro hermano Pablo dormido
en tu regazo!

---

[209] Muñoz (1996: 35).

[210] Navarro Luna (1980: 223).

Dinos:
¿por qué no se despierta si está oyendo
tu grito?
¿Por qué sigue durmiendo
cuando van a entrar, cuando ya están entrando los cuchillos?[211]

Texto

Poesía y prosa, La Habana 1980.

Estudios

Rocasolano, Alberto: *Apuntes para un estudio acerca de Manuel Navarro Luna,* La Habana 1979.
Santana, Joaquín G.: *Furia y fuego en Manuel Navarro Luna,* La Habana 1975.

Mercedes Serafina Núñez (14 de agosto de 1913 La Habana — 15 de junio de 2006 La Habana) fue incluida ya como poetisa en la famosa antología *La poesía cubana* (1936), con prólogo de Juan Ramón Jiménez. Poco después aparecieron sus primeros libros de poemas *Mar cautiva* (1937) e *Isla en el sueño* (1938). Juan Ramón Jiménez es también autor del prólogo a su tercer libro, *Vigilia y secreto* (1941). Gabriela Mistral y Cintio Vitier la elogiaron por igual. En total publicó diez poemarios.

Como pedagoga defendió los derechos de la mujer, y fue una de las fundadoras de la «Unión Nacional de Mujeres». Con posterioridad aparecieron *Paisaje y elegía* (1956), *Los reinos sucesivos* (1992), *Vitral del tiempo* (1994) y *Moradas para la vida* (1995). Su poesía intemporal refleja armonía y equilibrio y expresa estados de ánimo por medio de imágenes sencillas:

Poema de domingo

En la antigua pereza del domingo
la casa lentamente se recuesta.
Cada esquina su luz en oro acrece,
va la vida tejiendo sus moradas
y abanicos de frío agazapado
esparcen el breve polvo de mis días.
Mis máscaras deshago, voy por sueños
al pozo oculto que descifra el alma.[212]

Francisco de Oraá (4 de julio de 1929 — 27 de febrero de 2009 La Habana) empezó a escribir poesía desde su temprana juventud, pero no publicó hasta después de 1959. Francisco de Oraá ha trabajado duramente en instituciones culturales y en redacciones de revistas. Después de una serie de textos iniciales

---

[211]   Navarro Luna (1980: 214).

[212]   Mirta Yáñez (ed.): *Álbum de poetisas cubanas,* La Habana 1997, pág. 61.

— *Es necesario* (1964), *Celebraciones con un aire antiguo* (1965), *Por Nefas* (1966)
— triunfó con los poemarios *Con figura de gente y en uso de razón* (1968),
Bodegón de las llamas (1979) y *Ciudad ciudad* (1979, Premio UNEAC de Poesía
«Julián del Casal», 1978).

El libro premiado es una historia poetizada de Cuba, que hace énfasis en la
recuperación de la dignidad humana tras una época dolorosa de enajenación. Su
poesía es una constante búsqueda de las mejores y más intrincadas verdades y
aspiraciones del individuo:

En uso de razón

Pues aspiro a habitar
la mirada geométrica que nunca se corrompe
y hay quienes querrán ser desenterrados
como un par de ojos fósiles la próxima semana;

Procuro en tanto convencerme de haber tenido una infancia
y he deseado sucederme por el amor fallido
de cada día;

Ya que no alcanzo
el amor nuestro de cada día
ni la alegría semestral,
ni sé qué hacer con mi ofensivo rostro;

Quiero hacer
con material un objeto más
en el mundo
y para ahogar esta miseria
de cada día, busco
tocar como a una piedra el oscuro propósito
de las imágenes;
desde el ahogo de cada día sube
el oscuro calor del poema,
descubro la demente mirada de las cosas,
y los llameantes animales
¡ya estaban allí![213]

A los libros *Desde la última estación* (1983), *Haz una casa para todos* (1986,
Premio de la Crítica) y *Bodas* (1989) siguió la extensa antología de su obra *La
rosa en la ceniza* (poemas de los años 1947 hasta 1986) (1990). En el prólogo,
Enrique Saínz describe el camino seguido por el escritor. Como representante
típico de la generación de poetas de los años 50, su escritura pasó de los temas
existencialistas (miedo, muerte, sentido de la vida) a una visión más amplia de
la realidad.

---

[213] Arcos (1999: 242-243).

Imagen 60:
Francisco de Oraá

De 1999 es su libro de ensayos *De crítica invención* y del 2000 su poemario *A la nada que actúa*.

Oraá publicó también un libro de ensayos sobre la lírica de Martí: *La espada en el sol* (1989). Con posterioridad sorprendió al público lector con la novela *La parte oscura* (1987), escrita entre 1989-1991, difícil de encasillar en ningún patrón de la literatura insular. Es un texto de evocaciones y sueños, monólogos interiores, dudas y miedos, que presiente catástrofes colectivas a partir de vivencias individuales.

En 1993 obtuvo el Premio Nacional de Literatura.

El poeta, ensayista y traductor **Pedro de Oraá** (23 de octubre de 1931 La Habana), conocido también como pintor, ha sido activo viajero del mundo. Ya antes de 1959 se publicaron sus poemas: *El instante cernido* (1952-1953 escrito, publicado 1953) que, en parte, habían aparecido en la revista *Orígenes*. El libro *Estación de la hierba* (1957) se publicó en Caracas. Pero Oraá fue realmente conocido con la obra *Las destrucciones por el horizonte* (1968) y sus poemas de ciudad *Apuntes para una mitología de La Habana* (1971), un caleidoscopio de la vida y las gentes antes de 1959, la «década estoica», de los años 50.

Siguieron los pequeños libros *Sitio y sucesiones* (1981), *Suma de ecos* (1989), *Acertijos de los indeseables* (1991, plaquette) y *Umbral* (1997), poemas cuidado-samente seleccionados, que serían incluidos en una antología amplia de su obra poética, en gran parte inédita, con prólogo de Emilio de Armas.

En la plaquette de 1991 están recogidos los acertijos del antihéroe, del minúsculo huésped insolente, escondido, destructor, inculto, intruso, callado, furtivo, ruidoso y del maldito visitante. Es la imagen del *poète maudit*, que se basta a sí mismo en su insilio y su soledad:

Desacertijo del huésped intruso

Teme a la luz y a los espacios
abiertos: presa del horror vacui,
cobarde hasta la médula.

Pernocta en los sótanos
en espera de la hora
propicia del saqueo.
Pero sólo está en sus anchas,
fiel a la inmundicia,
en los muladares.

Nunca soñó Eldorado. Desconoce
los mixtificadores de su traza.
Ya es bastante con hurtar las sobras y
refocilarse en la orgía prolífica
para llenar la soledad de los desvanes.

En un entrañable epílogo al libro de poemas *Umbral* (1997), Cintio Vitier, uno de los mejores conocedores de su obra, caracteriza acertadamente la personalidad y el quehacer poético de Pedro de Oraá:

Con una sonrisa medio china, medio pícara, que le dibuja el hoyuelo pálido y la mirada imberbe aunque velada, un poco en glauca duda, Pedró de Oraá nos dice irónico sin saña, convencido: usted verá que le va a gustar ya sea de un diseño o de un libreto suyo que también es un diseño civil y acumulado por mil sueños bajo su mano gordezuela con anillo y habano ejecutantes, aplacadora sabia, sin explícita palmada que ni nosotros ni él necesitamos.[214]

En 2007 publicó una recopilación de artículos y ensayos bajo el título *Visible e invisible*.

Helio Orovio (4 de febrero 1938 Santiago de las Vegas, La Habana) se ha dado a conocer con su *Diccionario de la música cubana biográfico y técnico* (segunda edición corregida y aumentada 1992) y por su obra poética: *Este amor* (1964), *Contra la luna* (1970), *El huracán y la palma* (1980), *La cuerda entre los dedos* (1991) y *300 boleros de oro* (1991, antología).

Ha escrito también libretos radiofónicos y guiones (en colaboración) para el ICAIC. Su poesía refleja el goce de las cosas pequeñas de la vida, incluso cuando su expresión parece trivial, como en el reconocimiento de haber envejecido expuesto en el poema «Ya pasó el tiempo» (de *La cuerda entre los dedos*, 1991, pág. 39) que enlaza con la famosa canción de Pablo Milanés «El tiempo, el implacable, el que pasó»:

Ya pasó el tiempo
de los grandes éxitos,
de las miradas respondidas con pasión

---

[214] Oraá (1997: 110).

en medio de un ómnibus,
de ojos que intentaban comerme
por las calles.
Sin embargo,
mientras observo a esta dama
paradisíaca
siento que mi corazón está aquí.

Alex Pausides (1950 Pilón), poeta y editor, ha publicado *Crónicas y rumores* (1978), *Ah mundo amor mío* (1978), *Aquí campeo a lo idílico* (1978), *Malo de magia* (1990), *Palabras a lo innombrable* (1992), *Cuaderno del artista adolescente* (1993), *La casa del hombre* (1995), *Habitante del viento* (1995 y 2001), *Elogio de la utopía* (1997), *Llaman desde algún sitio feliz* (1998), *Pequeña gloria* (2000). De forma gradual y cada vez con más intensidad y resolución el poeta descubre sus obsesiones y silencios, inquietudes y desvelos a través de la validez universal de sus palabras e imágenes:

Fiesta para dos

Por alguna razón que ignoro estamos en medio de la noche
la ventana nos encima un viento seco
que nosotros intentamos evitar con la desnudez
y los astros mudos que en el espejo
son sólo figuras que repiten el temblor de nuestros cuerpos
alojados ya en un espacio único
hecho a la medida para enmudecer tras el escándalo
de esa íntima fiesta de dos.[215]

Omar Pérez (1964 La Habana), poeta y ensayista, ha publicado: *Algo de lo sagrado* (1995), *¿Oíste hablar del gato de pelea?* (1998) y *La perseverancia del hombre oscuro* (ensayo, 2000).

Sujeto puro, sujeto desmenuzado

«que escribía con la esperanza
de corromper los tiempos»

Escribía con la intención de perjudicar, sobornándolas,
a las generaciones del futuro,
lectores de sólida reputación, emancipados
en la sacra modorra de las bibliotecas y las conversaciones
y, una vez más, las bibliotecas;
escribía con la ilusión de enemistarse.
Escribía con el propósito de extorsionar a la posteridad,
lectores, pálidos o atezados, alzados (obscenamente)
sobre los estatus de la cultura y del aburrimiento;

---

[215] Pausides (1999: 67).

Puertas

hoy pregunté
en qué puerta hay una puerta para tocar
un timbre
unos brazos
alguna tristeza o recado para ceder
un fin
una existencia con sus cuatro oráculos

hoy pregunté
cuántas puertas hay para tocar
¿habrá primero que aprender a montar el mundo
o habrá que ganarle a la suerte?

hoy pregunté
en qué lugares están las puertas para tocar
— en todos los sitios — gritaron ustedes
e incluso donde nunca han existido.[216]

Pedro Pérez Sarduy (13 de mayo de 1943 Santa Clara) empezó a escribir
prosa y poesía a los 19 años después de una niñez y juventud difíciles. Se dio a
conocer con el libro Surrealidad (1967, mención Casa de las Américas), poemas
de los años 1964 y 1965 y con *Como una piedra que rueda* (1967, inédito,
mención UNEAC). Su poesía épica se expresa pausadamente en versos largos y
lentos, pero también incluye poemas breves, como el siguiente:

Vinieron las aves
Las miniaturas aves de mañana
Las miniaturas aves de tristezas
Consumidas vinieron
Ay amor de aves
De un lejano vuelo
Sin suicidio
Sin humanidad
Sin cielo
Construyendo presagios
Vinieron a morir.[217]

Antonio José Ponte (1964 Matanzas) trata en su lírica de los años 80 y 90
(Poesía 1982-1989) (1991 plaquette, Premio Nacional de la Crítica) cuestiones de
la identidad y el lento transcurso del tiempo a la búsqueda del paraíso perdido.
De profesión ingeniero hidráulico, poeta y ensayista (estudios sobre Julián del
Casal, Lezama Lima y Marcel Proust), en el poema «Discurso del Día del
Juicio» acaba el tiempo en el mundo y «peces que nunca conocimos vuelven»,
pero la tensión entre la vida diaria y el mañana no permite en última instancia
pensar en el Juicio Final.

---

[216] Codina (1995: 255).

[217] Pérez Sarduy (1967: 83).

El pequeño libro *Un seguidor de Montaigne mira La Habana* (Matanzas: Ed. Vigía, 1995) es un breviario de la nostalgia, con los subtítulos «Ciudades del origen», «Un poco de desasosiego» y «Lugares perdidos». En «Éditions Deleatur» en Vauchrétien (Francia), Ponte publicó un librito filosófico-culinario *Las comidas profundas* (1997) con ilustraciones de Ramón Alejandro.

Los poemas escritos desde el año 1982 están reunidos en el libro *Asiento en las ruinas* (1997). Si se observa con atención las cosas — nubes, hierbas, aguas, silla — se ponen en movimiento y transmiten un diálogo, más allá del lento transcurso del tiempo, entre el yo poético y la naturaleza, como en el poema «Paisaje» del libro citado *Asiento en las ruinas* (1997):

Mira las nubes
pasan
huestes de nubes sobre la casa.

Mira las hierbas
cómo
doblan sus lomos.

Mira las aguas
tiemblan
bajo la niebla.

Mira una silla
junto a la orilla.[218]

Otros textos suyos están recogidos en los títulos *Corazón de Skitalietz* (1998), *Ramón Alejandro* (1999), *Cuentos de todas las partes del imperio* (2000), *Contrabando de sombras* (2002), *La fiesta vigilada* (2007). Desde algunos años reside en España.

Entrevistas

Rodríguez, Néstor E.: «Un arte de hacer ruinas: entrevista con el escritor cubano Antonio José Ponte», en: *Revista Iberoamericana* 198 (2002), págs. 179-186.
Solana, Anna / Serna, Mercedes: «Entrevista a Antonio José Ponte», en: *Cuadernos Hispanoamericanos* 665 (2005), págs. 127-134.

Ricardo Riverón Rojas (1949 Zulueta, Villa Clara) es conocido desde los años 70 por su obra lírica: *Oficio de cantar* (1978), *Y dulce era la luz como un venado* (1989, Premio 26 de Julio, 1986), *La luna en un cartel* (1991), *La próxima persona* (1993), *Fantasma silvestre* (1997, inédito). Su poesía hace referencia a la naturaleza, los amigos y la familia y se mueve entre la evocación y la búsqueda de la identidad. El punto de partida de sus poemas es con

---

[218]   Ponte (1997: 13).

frecuencia una situación de la vida cotidiana, como la renovación de una fotografía para el carnet de identidad en la décima siguiente:

> ¿Este soy yo? ¿Acaso tengo miedo
> de la sombra en mi rostro, de la prisa
> que comienza a blanquear como ceniza
> al final de esta voz donde me quedo?
> Si soy así, ¿porqué no le concedo
> mi lugar a la noche? ¿qué manera
> de insistir con la luz sobre la acera
> puedo testar? — Soy el que acude y barre
> las llamas de un colérico aquelarre
> y se esconde en la paz de su cartera.[219]

Víctor Rodríguez Núñez (3 de julio de 1955 La Habana) perteneció desde 1980 a la redacción de *El Caimán Barbudo,* del que llegó a ser transitoriamente jefe de redacción. Desde entonces aparecen también sus libros de poemas, algunos de ellos premiados: *Cayama* (1979), *Con raro olor a mundo* (1981, Premio David Poesía 1980, compartido). También es conocido como ensayista (*Cien años de solidaridad; introducción a la obra* (1984), a periodística de Gabriel García Márquez), periodista y autor de antologías.

Su antología *Usted es la culpable* (1985) dio a conocer la joven vanguardia cubana a un público internacional. Su lírica, casi siempre intimista, gira en torno a hechos cotidianos, con una tendencia a la agudeza y destrucción de mitos, como en el poema «Epigrama II»:

> Después de tantos años
> Raquel
> he comprendido:
> tú no eras la mujer de mis sueños.
>
> Eras
> en cambio
> la mujer de mi realidad.[220]

Guillermo Rodríguez Rivera (21 de agosto de 1943 Santiago de Cuba), primer jefe de redacción de El Caimán Barbudo, es poeta, periodista y profesor universitario. Su obra poética más importante está recogida en los libros *Cambio de impresiones* (1966), *El libro rojo* (1970) y *En carne propia* (1983). En Venezuela pareció la selección de poemas *Para salir del siglo XX* (1998). Sus libros de ensayo reflejan la originalidad de Rodríguez Rivera como intérprete literario: *Ensayos voluntarios* (1984), *Sobre la historia del tropo poético* (1985), *Por el camino de la mar: los cubanos* (2005, muy discutido).

---

[219] Riverón Rojas (1993: 83).

[220] Rodríguez Núñez (1981: 86).

Con el fallecido Luis Rogelio Nogueras colaboró en la redacción de la novela policíaca *El cuarto círculo* (1976). El catálogo de virtudes éticas del escritor y los principios de su poética están formulados en el poema «Código laboral», en el que la dialéctica entre una visión positiva y negativa permite reconocer una cierta resignación:

No seas deshonesto, poeta,
ensayista, novelista.
La deshonestidad traza un breve camino
centelleante
que no va a ningún sitio.

No jures por la luna, hombre de letras.
asume tu destino
que, digan lo que digan,
estás hablando para siempre
y tus palabras
van a quedar escritas sobre piedra.

Si no vives con la verdad,
guarda la pluma;
si tienes que mentir,
busca otro oficio.[221]

Estudio

Díaz Infante, Duanel: «Guillermo Rodríguez Rivera por el camino del oficialismo», en: *Encuentro de la Cultura Cubana* 39 (2005-2006), págs. 225-229.

Efraín Rodríguez Santana (5 de octubre de 1953 Palma Soriano) es autor de *El hacha de miel* (1980) que transcribe el itinerario poético de la historia de su isla basado en el *Diario* de Colón. Otro intento en esta línea de poesía sobre la historia cubana es su texto *Vindicación de los mancebos* (1983). A estos siguieron *El zigzag y la flecha* (1987, Premio David de Poesía, 1982) y *Conversación sombría* (1991).

Efraín Rodríguez Santana se hizo también un nombre como especialista de las obras de Virgilio Piñera y Gastón Baquero. Tras su trabajo como secretario de redacción de la revista Unión de la UNEAC, obtuvo el Premio de Poesía Gastón Baquero (1999), convocado por la Editorial Verbum en Madrid, con su poemario *Otro día va a comenzar* (2000). Ese mismo año publicó *Arqueros* y en el 2001 ganó el Premio Centenario del Natalicio de Rafael Alberti con su libro *Un país de agua*. Después publicó la novela *La mujer sentada* (2005).

Sus últimos libros expresan la angustiosa relación del individuo con su medio:

---

[221]   Lázaro / Zamora (1995: 69).

Sueño de Lesbia
V

Ya es de noche, es el tránsito de mi silencio,
paseo por los jardines del sanatorio como uno más.
Desde cualquier otero el rizado del mar parece una tela gruesa.
Tejí duro en aquellos años tormentosos.
Sufrí tanto que creo haberme ganado esta cúspide.
Mi amada Lesbia se perdió como un pájaro domesticado.
¿Me van a decir ahora lo que fue mejor?
¿Cuál el camino, en qué cama acostarse y con quién?
Por ti cambié demasiado, Lesbia querida, mi amor.
Lo que está más allá de mis ojos no existe.[222]

Producto de la actividad de **Romualdo Santos** (1944 La Habana) como profesor del Destacamento Pedagógico «Manuel Ascunce Domenech» en la Isla de la Juventud fue el tomo de poemas *Hijo de estas islas* (1977, Premio Poesía Concurso «13 de Marzo»), que expresa el reconocimiento de la historia de su país y su fe en la formación de una nueva sociedad. La íntima unión con el paisaje, naturaleza y familia se expresa con mayor intensidad en la plaquette *El gusto de la sinceridad* (1991) publicada 14 años después. En ella aparecen tonos nuevos, como, por ejemplo, la conciencia ecológica en el poema dedicado al río Almendares, «Panorama desde el puente»:

Nadie parece reparar en la cotidiana y torpe realidad
de este río
nuestro, cansado y puede que sordo. Nadie parece
sospechar
que a lo mejor se nos está muriendo el río,
y tal vez todos nosotros, aquí, ignorantes y ciegos,
como si nada.[223]

De profesión jurista, **Octavio Smith** (31 de marzo de 1921 Caibarién, Las Villas) perteneció al amplio círculo del Grupo Orígenes (*Del furtivo destierro*, 1946) y, bajo la influencia de Lezama Lima, creó una obra no muy extensa, pero de gran solidez: *Estos barrios* (1966), *Crónicas* (1974). Sus obras de teatro están todavía inéditas. Sus poemas se remontan hasta lejanas evocaciones o buscan en la confianza hacia Dios paz y armonía con la naturaleza. La intemporalidad de su verso se expresa en notas sencillas sobre estados de ánimo, en las que el yo poético pasa a segundo plano tras la descripción del entorno:

Estío

La tarde es un teatro extenso.
El dios tendido mordisquea
una ramilla y hace el censo

---

222 Rodríguez Santana (2000: 40).

223 Santos (1991: 15).

de los placeres que pasea
con pensamiento perezoso
sin que intentarlos se le vea.

Maduro el sol, aún fogoso,
dice que es tiempo todavía
con voz de menestral juicioso.

Pero detrás de la bahía
las rojihurañas colgaduras
asfixian la melancolía

gentil y la pirueta pura
de los donceles siempre en vilo,
sal del alivio y la frescura
[...]²²⁴

Cleva Solís (14 de agosto de 1926 Cienfuegos — 1997 La Habana) terminó su formación como periodista y bibliotecaria poco después de la Revolución. Como poetisa pertenece todavía al círculo de Orígenes; sin embargo, sus últimos poemas y prosa breve se orientan hacia escenas de la vida diaria, finamente observadas, no sin reflejos moralistas, como en el poema «Ser» del libro *Los sabios días* (1984):

¡Sólo la soledad es sabia!
No arrogancia.
No estilo.

¡El vacío golpea
y crea al huésped,
la miseria golpea
y crea al mártir!
El inocente va seguro
a la salvación.²²⁵

Su poesía anterior está recogida en los volúmenes siguientes: *Vigilias* (1956), *Las mágicas distancias* (1961), *A nadie espera el tiempo* (1961). Fina García-Marruz y Cintio Vitier compilaron su *Obra poética* (1998). Carlos Barbáchano escribió una entrañable necrología de la autora, publicada en *Encuentro de la Cultura Cubana* 6-7 (1997), págs. 271-272.

Luis Carlos Suárez Reyes (1955 Manzanillo) ha obtenido premios y menciones en concursos nacionales por su poesía y literatura para niños. Procede del círculo de los Talleres Literarios y sus poemas reflejan siempre un tono crítico-social, como en los libros *Las cigüeñas no vienen de París* (1989),

---

²²⁴ Smith (1974: 73). Véase Enrique Saínz: «Octavio Smith: un esplendor desconocido», en: *Encuentro de la Cultura Cubana* 19 (2000-2001), págs. 137-143.

²²⁵ Solís (1984: 22).

Todo el mar era mío (1991, plaquette) y *El regreso del guerrero* (1996). Suárez Reyes compara con humor sobrio los tiempos antiguos y modernos, como en el poema que da título al libro sobre el mito de la cigüeña:

> Mis sobrinos dicen
> las cigüeñas no vienen de París
> leen libros donde se cuenta
> cómo se forman los niños
> para susto de los mayores
> conocen métodos anticonceptivos
> nosotros buscábamos las cigüeñas
> mientras mi madre paría su tercer hijo
> la comadrona se persignaba
> las cigüeñas eran inteligentes
> entraban por la puerta de la cocina
> ponían en silencio al nuevo hermano
> no dejaban ni una pluma
> ni un rastro en la noche.[226]

Luis Toledo Sande (1950 Velasco, Holguín), ex-jefe de redacción de la Casa de las Américas, después agregado cultural de su país en Madrid, es conocido también como cuentista (*Precisa recordar*, 1976), poeta (*Flora cubana*, 1980), crítico literario (*Tres narradores agonizantes*, 1980) y ensayista (diversos trabajos sobre José Martí). Se puede obtener una impresión aproximada de la conciencia de este revolucionario observando el artículo autobiográfico del 6 de noviembre de 1986 que termina, en la plaquette *De raíz y memoria* (1993), con el poema «Siempreviva del poeta» del libro *Flora cubana*:

> La tristeza, la enemiga,
> conmigo podrá luchar,
> pero sólo ha de ganar
> si con la muerte se liga.
> Y no importa que se diga
> «luis toledo sande ha muerto»:
> seré una fruta de injerto
> y pudriendo bajo suelo
> alimentaré con celo
> las raíces de algún huerto[227]

Alfredo Zaldívar (1956 Moa, Holguín) era no sólo editor de Ediciones Vigía de la Casa del Escritor en Matanzas, sino también un poeta original, como se puede ver en su libro de poemas *Concilio de las aguas* (1989). Su ciclo sobre el agua, de una gran riqueza de símbolos, evoca lugares, gentes y el rápido transcurso del tiempo y hace alusión a la contracorriente que necesita cada río:

---

[226] Suárez Reyes (1989: 32).

[227] Toledo Sande (1993: 22).

Creo en los ríos, creo en sus lealtades.
Se amoldarán las aguas a otros cauces
para la luz del trigo o la calma del fuego,
para animar la fiesta del sediento.

Pero hay los que van de orilla a orilla
pregonando los límites,
la estrechez de los márgenes, el tedio.

Los ríos necesitan una contracorriente,
las crecidas,
nadadores que burlen el silencio
con que aceptamos la defunción común.[228]

Bladimir Zamora (1952 Cauto el Paso, provincia Granma) colabora en los medios de difusión como periodista y coordinador de numerosos proyectos culturales. Sus poemas han aparecido en Cuba y en el extranjero en antologías y en los dos libros *Sin puntos cardinales* (1987) y *Ejercicio del corazón* (1995). Por medio de la imagen del «pez» y el «tambor», Zamora describe en un poema del 17 de enero de 1994 un fatal encuentro:

[...]
puede ser que donde yo sentí un pez subiendo sobre el pecho
sopló sólo el terral como un tambor en tu presencia
pero creí que saludas que no eras el transeúnte de la duda
y que venías por mí.[229]

7.3.2 Poesía comprometida

A pesar de unas fronteras no muy claramente definidas entre poesía circunstancial / poesía conversacional y poesía comprometida hemos dado acogida aquí a un grupo de autores, cuyo compromiso, la mayoría de las veces político, se refleja en la poesía. Representantes de la «Generación de los héroes», que lucharon ya desde los años 30, y en la década de los 50, contra la dictadura de Batista, ocuparon después de 1959 cargos importantes en las instituciones culturales de la Revolución.

Los poemas de los autores más jóvenes cantan los mitos y figuras de la Revolución según la tradición de la historia heroica de Cuba. Al agotarse esta temática en el transcurso del tiempo, muchos desertaron hacia la poesía circunstancial y cultivaron el triunfalismo en pequeñas dosis. Patriotismo y amor a la tierra natal sobrevivirán como temas a todas las corrientes de la época.

---

[228] Zaldívar (1989: 50).

[229] Lázaro / Zamora (1995: 228).

José Zacarías Tallet (18 de octubre de 1893 Matanzas — diciembre 1989 La Habana), pionero de la poesía negra afrocubana («La rumba», 1928), periodista, redactor-jefe, profesor de Universidad, crítico de literatura y luchador comprometido contra las dictaduras de Zayas, Machado y Batista, había acabado prácticamente su obra de creación cuando triunfó la Revolución, sirviendo de orientador a muchos escritores, como miembro del legendario Grupo Minorista, como renovador de la lírica cubana y pionero de la poesía conversacional. A muchos de sus poemas se les puso música y alcanzaron una gran difusión.

Después de 1959, Tallet puso su experiencia periodística al servicio de la Revolución, siguió escribiendo con regularidad sus columnas en la prensa y fue profesor de historia en la Escuela de Periodismo de La Habana de la que fue director desde 1959 a 1960. Se le rindieron muchos honores — Órden Félix Varela, título de doctor «honoris causa» en letras de la Universidad de La Habana y el Premio Nacional de Literatura en 1984 — hasta alcanzar la edad de 96 años, en paz consigo y con el mundo.

Su testamento tendrán que realizarse algún día los hombres:

Quisiera que el hombre aprendiera a vivir en armonía con el hombre, que se borraran las barreras artificiales, que el pan, la dignidad, la salud, la educación [...] fuera para todos. Quiero soñar que el amor, la poesía, el arte [...] desplacen para siempre el odio, la injusticia y la guerra.[230]

Si, según Portuondo, Tallet «elevó el choteo a categoría poética», en ese caso el famoso arranque del siguiente poema, incluido en el libro *La semilla estéril* (1951) es una demostración clara de esa afirmación:

El equilibrista

¡Siempre en la cuerda floja,
mi pequeño burgués!
Oscilas a la diestra,
oscilas a la izquierda:
«¡Me tiro, no me tiro [...]!
¡A la una, a las dos, a las tres!»
[...] ¡Y sigues en la cuerda floja,
ex barón — descontento y satisfecho -
del ochenta y tres, treinta y tres!
[...]
¡Cómo te esfuerzas y filosofas
para justificar la cuerda floja,
mi pequeño sofista-burgués!
[...]
Alma de cuello duro,
escalera de manos,
ponte en los sesos tus lentes de carey,
y mira a la derecha,
y otea bien hacia la izquierda,

---

[230] *La Gaceta de Cuba,* marzo de 1990, pág. 4.

para ver si por fin te arrojas
de la peligrosa cuerda floja,
pobrecito pequeño burgués.[231]

Textos

Órbita de José Z. Tallet, selección y notas de Helio Orovio, La Habana 1969.
Poesía y prosa, La Habana 1979.

La obra de **Regino Pedroso** (5 de abril de 1896 Unión de Reyes /
Matanzas — 23 de diciembre de 1983 La Habana) es en gran parte anterior al
triunfo de la Revolución. Después de 1959, el autor ocupó los cargos de
agregado cultural en México y China. Como poeta comprometido (*Nosotros,*
1933) y luchador antiimperialista encarcelado, la Revolución significó para él la
realización de sus mejores sueños políticos.

Por otra parte, su vida y su obra fueron un modelo para las generaciones
de los jóvenes, como lo manifiestan las numerosas ediciones (*Obra poética,*
1975, etc.) y homenajes (por ejemplo en *Revista de la Biblioteca Nacional,* 14 de
marzo de 1972, págs. 33-53). Su poema «Hermano negro» de los años 30 (del
libro *Los días tumultuosos,* 1934-1936) fue escrito en la época de la poesía
afrocubana de Nicolás Guillén, pero es anterior a la *négritude* de Aimé Césaire
y representa un ardiente llamamiento a la insurrección:

Negro hermano negro;
más hermano en el ansia que en la raza.
Negro en Haití, negro en Jamaica, negro en New York,
negro en La Habana
— dolor que en vitrinas negras vende la explotación —,
escucha allá en Scottsboro, en Scottsboro, en Scottsboro [...]
Da al mundo con tu angustia rebelde
tu humana voz [...]
¡y apaga un poco tus maracas![232]

En una necrología de Nicolás Guillén, su compañero y correligionario, se
hace referencia a las tres fases de creación en la vida de Pedroso, el poeta
posmodernista, el poeta social e antiimperialista, el filósofo chino (*Granma,* 25
de diciembre de 1983, pág. 7).

Adolfo Menéndez Alberdi (15 de agost de 1906 Sagua la Grande — 1987
La Habana) se incorporó desde muy joven a la lucha contra las dictaduras de
Machado y Batista y, por eso, se vio obligado a vivir en parte en el exilio. Su
lírica, que se remonta hasta los años 30, obtuvo varios premios a comienzos de
la Revolución. Los libros más conocidos son *Poemas del pueblo* (1960) y *El alba*

---

[231]   Tallet (1979: 88-90).

[232]   Pedroso (1975: 118).

compartida (1964). Junto a poemas patrióticos cursis figura también poesía social, como en el poema de viaje a *Nicaragua* (firmado en San José, Costa Rica 1959):

Por Nicaragua
pasé una noche,
por Nicaragua
de miel salobre.

— Niños desnudos,
indios que tosen,
manos desiertas,
lenguas sin voces. —

Por Nicaragua
pasé de noche,
— Mi pena en alto
sobre altos montes. —

Sombras y luces
entre montañas,
Sombra en las sombras,
y adentro llamas
de los luceros
de la esperanza.

— Mi pena arriba,
cuando pasaba
miró a lo oscuro,
¡Pensó en el alba![233]

La poesía de **Mirta Aguirre** (18 de octubre de 1912 La Habana — 8 de agosto de 1980 La Habana) está recogida sobre todo en el ensayo-antología lírica *Ayer de hoy* (1980), editada por Nancy Morejón. Aunque la importancia de la autora — también en cuanto creadora de una escuela — resida en especial en los campos de la filología y crítica literaria, Aguirre ha dejado, desde *Presencia interior* (1938) y con anterioridad, durante cuatro décadas hasta su muerte, una amplia obra poética, que trató de unir, tanto por su métrica como por su contenido, las tradiciones españolas y latinoamericanas.

---

[233] Menéndez Alberdi (1960: 11-12).

Imagen 61:
Mirta Aguirre

Ya en sus primeros poemas — paralelamente a su ingreso en el Partido Comunista (1932) — aparece su compromiso con la poesía social:

¡Oh, Wall Street de los yanquis,
pulpo de carne latina!
Nuestras tierras te han dado
próvida y fácil comida;
trozos de tierra Colombia:
¡Oh, cual vergüenza viva!
Cuba el carbón y el azúcar;
Sus aduanas otra isla.[234]

Si esta lírica recuerda por su verbo antiimperialista a la primera época de Nicolás Guillén, el tono panegírico se intensifica después hasta transformarse en un cántico al socialismo. Por el contrario, la poesía intimista recurre a las

---

[234]   Montero Sánchez (1987: 14).

pequeñas cosas de la vida («Soneto de mañana», romancillos, etc.), se explaya en la expresión de sentimientos y estados de ánimo, y aparece con frecuencia, igual que en los poemas para niños, en una asombrosa contradicción con la lírica de agitación.

Quien lea los *Estudios literarios* (1981) de la autora reconocerá enseguida sus modelos poéticos que, en cuanto a la literatura española, residen sobre todo en la poesía medieval y en la lírica del Siglo de Oro (Lope de Vega, Garcilaso de la Vega, Góngora, etc.). Con la «Generación del 27» y García Lorca reaparece la temática popular. Como tercer componente figura la poesía amorosa, que continúa la tradición de los cantares de amigo y las formas provenzales y medievales. El tono melancólico se mantiene permanente hasta su muerte, pero en general se trata de pastiches.

La poesía de Mirta Aguirre merece un estudio crítico en el contexto de los trabajos filológicos de la autora, que tenga en cuenta estas correlaciones y filtre los temas intemporales, separándolos de la poesía cotidiana.

Estudios

Castillo Vega, Marcia: *Bibliografía de Mirta Aguirre,* La Habana 1988.
Montero Sánchez, Susana A.: *Obra poética de Mirta Aguirre: dinámica de una tradición lírica,* La Habana 1987.

La mitología y el mundo de las imágenes afrocubanas y la poesía negra tuvieron en la lírica sus representantes más conocidos en Nicolás Guillén, Miguel Barnet, Nancy Morejón, Pablo Armando Fernández y Marcelino Arozarena. Barnet reelabora literariamente en sus poemas de Oriki la forma tradicional del canto de alabanza a los dioses y reyes de los Yoruba africanos. Nancy Morejón reviste la lucha de liberación de Castro y de los guerrilleros con el mito del bosque, la residencia de los dioses. Pablo Armando Fernández transporta en *El libro de los héroes* (1964) los acontecimientos históricos de la Revolución al mundo afrocubano de los mitos, que presagian la destrucción y el renacer.

A la antigua generación pertenece **Marcelino Arozarena** (13 de diciembre de 1912 La Habana — 1996 La Habana) que en los años 30 se incorporó al movimiento sindicalista y socialista de izquierdas. Es el representante de la poesía negra que, como mulato, se convirtió en portavoz lírico de los oprimidos, en la tradición de Nicolás Guillén y Regino Pedroso. Fue miembro de la Sociedad de Estudios Afrocubanos (1937) que presidió Fernando Ortiz.

Sus poemas más conocidos (1933-1960), aparecidos antes en muchas revistas y antologías, fueron publicados después del triunfo de la Revolución en la antología *Canción negra sin color* (1966), entre ellos los poemas legendarios «Caridá» (26 de marzo de 1933), «Canción negra sin color» (3 de marzo de 1935) y «Amalia» (incluido en 1957 por Janheinz Jahn en la antología *Rumba Macumba,* Munich).

Después del triunfo de la Revolución se publicaron sus poemas combativos, como «Pero Cuba no se espanta» (29 de octubre de 1962) o «Los tocayos de Colón» (1972), reproducidos en la antología *Habrá que esperar* (1983).

Raúl Ferrer (1 de julio de 1915 Mayajigua, provincia Sancti Spíritus — 12 de enero de 1993 La Habana), dedicado a la enseñanza durante 30 años, vicecoordinador de la campaña de alfabetización 1961, poeta, obrero y campesino, galardonado con numerosas medallas, militante del Partido Comunista y Viceministro de Educación, expresó su arte poética en estos versos del libro *Viajero sin retorno* (1979), «Hacer poesía»:

> Mi mujer con sus lágrimas,
> la tierra con las rosas,
> la patria con su sangre,
> la noche con sus lámparas
> Yo, con todas las cosas.[235]

Los eternos valores de la trinidad familia, patria y naturaleza no pueden expresarse con más sobriedad. Por encima de todo se mueve la responsabilidad del hombre. Los que viajaron no volvieron sino que avanzaron hacia el futuro.

Adolfo Martí Fuentes (12 de junio de 1922 El Ferrol, La Coruña) llegó ya a Cuba en 1923, donde, como estudiante, ingresó en el Partido Comunista y el Partido Socialista Popular, comprometiéndose tan intensamente en la lucha contra la dictadura de Batista que se vio obligado en 1957 a exiliarse en México. Después del triunfo de la Revolución trabajó como periodista, diplomático y profesor de universidad, ocupando cargos importantes en las instituciones políticas y culturales del país.

Su obra poética y ensayística *(Puntos de vista)* no es muy extensa. Lo más destacado de su poesía son dos libros premiados *Alrededor del punto (Décimas y dicemas)* (Premio de Décima en el Concurso «26 de Julio» de la Dirección Política de las FAR, 1971, publicado 1982) y *Puntos cardinales* (1980, Premio «Julián del Casal» UNEAC, 1979); después siguieron *La hora en punto, El arbol del retorno* (1993) y cuadernos de poesía para niños (*Por el ancho camino*, 1981, «El libro de Gabriela», inédito).

Se trata de formas y contenidos sencillos, en los que se expresa un patriotismo y un amor profundo a Cuba, a sus gentes, héroes, su familia y su naturaleza. La noción del «hombre nuevo» del admirado Che Guevara, incide en sus poemas con una vibración lllena de idealismo. En una décima internacionalista del 17 de junio de 1979 se canta el triunfo de la revolución sandinista:

> El corazón de Sandino
> — copa de latidos rojos —
> está mostrando a los ojos

---

[235] Ferrer (1979: 132).

la claridad del camino.
Su sangre es cálido vino
ardiendo sobre Managua;
su corazón es la fragua
donde se forja y alienta
bajo la noche violenta
la aurora de Nicaragua.[236]

Su lírica tardía (*El árbol del retorno*, 1993) refleja la fe de niño en un futuro mejor, pero sueña con una cierta resignación, como por ejemplo, en la estrofa final del poema «Dejadme soñar»:

Porque un día ese mañana será hoy
tendremos fe para proseguir.
Dejadme, pues soñar con esos días
en los que vamos a ser tan felices.[237]

Jesús Orta Ruiz (30 de setiembre de 1922 Guanabacoa, La Habana — 30 de diciembre de 2005 La Habana), trovador y poeta, conocido también bajo el seudónimo de Indio Naborí, creció en el campo, convirtiéndose en «el indio laureado por decreto»,[238] a pesar de no ser ni poeta de talento ni indio, por su ejemplar currículo revolucionario. Durante mucho tiempo, el periódico Granma publicó a diario un poema suyo. En 1995 obtuvo el Premio Nacional de Literatura. Nada menos que Cintio Vitier expresó su «satisfacción ante la justiciera noticia, que toda Cuba ha recibido con cariño y alegría».[239]

Cuando el neopopularismo estuvo en boga en la España franquista, aparecieron las «Estampas campesinas» de Orta Ruiz en sus cuadernos *Guardarraya sonoro* (1939-1946), *Bandurria y violín* (1948) y *Guardarraya del sueño* (1950). La décima fue la forma preferida de esta poesía criollista.

Juan Marinello y después Mirta Aguirre, entre otros, alentaron a este joven de tan sólo 17 años. Orta Ruiz, el «poeta del pueblo» estuvo siempre presente en todas partes sea con su energía o con su pluma, en la lucha antibatistana, en el «Movimiento 26 de Julio», en la campaña de alfabetización, en Playa Girón, en la zafra. Sus «versos cubanísimos y de una simplicidad cristalina» (Marinello) tuvieron su público, siendo divulgados en numerosas ediciones populares.

En una edición de solidaridad para apoyar la reforma agraria editada por la Renovadora Cubana de Gomas, S. A. apareció el libro *Marcha Triunfal del ejército rebelde y poemas clandestinos y audaces* (1959). En él, Orta Ruiz incluyó el soneto «General del Pueblo» que las «Mujeres Oposicionistas Unidas» hicieron circular entre varios sectores obreros de La Habana. El llamamiento a la huelga general está patéticamente escenificado:

---

[236] Martí Fuentes (1982: 121).

[237] Martí Fuentes (1993: 15).

[238] Cabrera Infante (1992: 367).

[239] Leyva (1996: 32).

El padre que ha perdido su tesoro adorable,
el niño que ha quedado sin la luz paternal,
la madre con un hondo vacío irrellenable,

el joven enlutado de ausencia fraternal,
y hasta el mismo soldado, que ya sabe el culpable,
todos gritan contigo: «La Huelga General».[240]

La familia, la patria y los héroes de la Revolución son los temas sacrosantos de sus poemas. En todos relucen la hermosa patria y la naturaleza, pensados para obreros, campesinos, estudiantes, cederistas, pioneros, mujeres federadas y soldados, como se afirma en una breve introducción a la antología poética *Al son de la historia* (1986: 7). El trovador vuelve a sus raíces en plazas públicas, centros de trabajo, campamentos militares, trincheras, escuelas, declama y canta sus décimas acompañado por la guitarra. Los mitos de la Revolución y sus luminarias eternas constituyen el tema inagotable de su poesía.

El 6 de agosto de 1960, fecha de la nacionalización de las empresas extranjeras, Orta Ruiz acaba su soneto «Fidel y su palabra eterna» con los versos:

Volved al llanto, burguesía histérica,
que de aquí a veinte siglos en América
¡Fidel estará hablando todavía![241]

Si había que cantar las glorias de un coro infantil contra la guerra nuclear o a Fidel Castro en Samarkanda o a Blas Roca, o a un atleta destacado, o a un cosmonauta machetero o cualquier otro suceso del día, Orta Ruiz encontraba siempre el tono adecuado a la ocasión. En el tomo de poemas *Con tus ojos míos* (1995), Martín el Ciego, poeta ciego trovador de cantares, canta en tono elegíaco las pequeñas cosas de la vida, lejos de toda grandilocuencia:

Gratitud

A María Kodama.
A Eloína Pérez.

Estoy leyendo con tus ojos míos
los poemas que Borges
escribió con la mano de otra mujer.

A ella y a ti doy gracias
por este sol de la noche en mis tinieblas.[242]

---

[240]   Orta Ruiz (1959: 37-38).

[241]   Orta Ruiz (1986: 72).

[242]   Orta Ruiz (1995: 12).

Textos

El son de la historia, La Habana 1986.
Con tus ojos míos, La Habana 1995.

Estudios

Beiro, Luis: «Cantar y escribir la décima: habla el Indio Naborí», en: *Revolución y Cultura* 5 (1990), págs. 4-10.

Cabrera Infante, Guillermo: *Mea Cuba,* Barcelona 1992.

Díaz Gómez, Yamil: «Escudo y estrella: Jesús Orta Ruiz y El Indio Naborí», en: *La Gaceta de Cuba* 1 (2006), págs. 10-13 (entrevista).

Forné Farreres, José: «La poesía campesina de Jesús Orta Ruiz (Naborí): análisis estilístico», en: *Revista de Literatura Cubana* 10 (1988), págs. 130-143.

Leyva, Waldo: «Las fuentes y los ríos (conversación con el otro Naborí)», en: *La Gaceta de Cuba* 1 (1996), págs. 32-36.

López Lemus, Virgilio: «El indio Naborí y la renovación de la décima popular cubana», en: *Revista de Literatura Cubana* 24-26 (1995-1996), págs. 124-129.

Jorge Pomar (25 de julio de 1948 Cárdenas), el valiente cofundador del grupo de oposición «Criterio Alternativo», excelente traductor literario de cinco idiomas, gemanista e historiador de la literatura erudito, escribió en una introducción personal para el texto «Apertura económica y literatura en Cuba» lo siguiente:

> A mediados de setiembre de 1993, recién salido de la prisión, quiso el azar que me tropezase en La Habana con un hombrecillo blanco en canas cuyo rostro avinagrado reconocí al instante: Luis Pavón, verdugo mayor del llamado 'quinquenio gris' (1971-1975), el período más represivo de la cultura cubana. ¿Se acordaba de mí? Cómo no. Lo que se había hecho con la gente de Criterio Alternativo era un atropello [...] Aquel anciano, que había dejado cesante a medio mundo en la cultura cubana, despachado a decenas de escritores y artistas (Reynaldo Arenas, Pablo Milanés, etc.) a los campos de concentración para homosexuales y forzado al exilio — o al suicidio — a otros tantos, acaba de enviarle una airada carta de protesta a Fidel Castro.[243]

En efecto, se trataba del antiguo guerrillero clandestino, jurista, director de la revista *Verde Olivo,* presidente del Consejo Nacional de Cultura y rector de la Escuela Superior del Partido Comunista Ñico López, **Luis Pavón Tamayo** (31 de marzo de 1930 Holguín), que escribió crítica literaria y poesía: *Descubrimientos* (1967, Premio de Ediciones Granma), *El tiempo y sus banderas desplegadas* (1984), ambos redactados en versos triunfalistas y desmañados, que se deleitan en lo melodramático, incluso, cuando trata el tema de la emigración:

---

[243] *Iberoamericana* 61 (1996), pág. 40.

Yara

Desde Miami, Yara nos escribe.
La pobre Yara, tan trabajadora.
Se la llevaron como a un loro viejo,
a ella tan fina.
Dice que la canción decía que ausencia
quiere decir olvido,
con la letra apagada y desigual.
Que ya no estaba el día en que a la hermana
la llevamos, callada, a desleírse
en su tierra caliente.
Lleven flores por mí, algunas veces.
La pobre Yara, con su nombre a cuestas.
¿Qué hará esta tarde, que llovió en Boyeros?
¿Qué hará esta tarde, Yara, allá, en Miami?[244]

Otros títulos suyos: *Selección de poesía* (1960), *Aquiles y la pólvora* (1990), *Umbral* (1997), *La dama del Capitolio* (1999, novela), *La belleza del físico mundo* (2000).

Entre el 17 de diciembre 2006 y el 8 de enero 2007 aparicieron en televisión Luis Pavón Tamayo, Jorge Serguera, ex-presidente del Instituto Cubano de Radio y Televisión (ICRT), y Armando Quesada, responsable del área teatral, bautizado «Torquesada» en referencia a Tomás de Torquemada, primer Gran Inquisidor de España.

Entonces, intelectuales residentes dentro y fuera de la Isla — incluso algunas de las víctimas de aquella etapa represiva — mostraron su indignación en mensajes que hicieron circular por email («guerrita de emailes», «glasnosita», «rebelión de intelectuales»). La UNEAC subrayó que la política cultural «antidogmática, creadora y participativa de Fidel y Raúl [...] es irreversible».

José A. Baragaño (28 de octubre de 1932 Pinar del Río — 31 de agosto de 1962 La Habana), poeta y ensayista, radicó en la década del 50 en Francia donde publicó su primer libro: *Cambiar la vida* (1952). A su permanencia en París debe cierta influencia del surrealismo que también estára presente en *El amor original* (1955). Su ensayo Wifredo Lam lo publicó en 1958. Con posterioridad a 1959 su poesía estará estrechamente vinculada a todo proceso de transformaciones sociales de la Revolución.

Otros libros suyos son: *Poesía, revolución del ser* (1960), *Himno a las milicias y sus poemas* (1961), *Poesía escogida* (1964) y *Poesía color de libertad* (1977). Su obra también es el reflejo de su personalidad intensa y exaltada:

Yo oscuro

[...]
Bajo lámparas fuego cenizas rosas

---

[244] Pavón (1984: 61).

Las manos escriben
Lo que no pueden decir
Levitando como la niebla sobre el río
¿Por qué no desciendo los números colores
Azul negra azul
Con el impacto del acto del amor
Sobre un enjambre de linternas?
Por último
Bajo mis lámparas alucinadas
Morirán mis años como mariposas
Fuego agua viento labios
Digo lo que digo
Mis años arden al sol de mis palabras.[245]

Alberto Rocasolano (17 de enero de 1935 Bijarú, Antilla, Oriente) o Rogelio López Gómez, como se llama en realidad, luchó ya a la edad de 23 años en el Ejército Rebelde y 1961 en la Sierra del Escambray. Por su libro de poemas *Diestro en soledades y esperanzas* (1967, mención poesía Concurso UNEAC, 1966) recibió sus primeros elogios. También se ha hecho un nombre como filólogo (entre otros, sobre José Manuel Poveda) y autor de cuentos infantiles.

Sus poemas reflejan su absoluta fidelidad a la Revolución y sus conquistas, pero ha escrito también poesía personal que busca la agudeza: *A cara y cruz* (1970), *Es de humanos* (1976, poesía 1969-1974), *En buenas manos* (1978), *Porque tenemos héroes* (1982), *Managua y otros poemas* (1982, plaquette), *Viene a pie mi corazón* (1982, plaquette), *En años del reposo turbulento* (1984, periodismo histórico), *Fundar la gloria* (1988), *Ese sueño que fuimos* (1991, plaquette), *Permiso para el alto navegar* (1992, plaquette), *Ella dibujada por la lluvia y el recuerdo* (1996).

Sus poemas amorosos se toleran mejor que la poesía patriótica. Sin embargo, en su verso, por excesivamente construido, no afluye ningún calor humano.

Luis Suardíaz (5. 2. 1936 Camagüey — 7. 3. 2005 La Habana) perteneció al grupo de poetas en torno a Rolando Escardó en Camagüey, que ya antes de 1959 formaron una asociación conspirativa dentro del «Movimiento 26 de Julio» en lucha contra Batista. Después de su traslado a La Habana, ascendió en la jerarquía de las instituciones culturales y medios de difusión hasta ocupar el cargo de director de la Biblioteca Nacional y de sub-director de Prensa Latina.

A su primera obra *Haber vivido* (mención poesía Casa de las Américas) siguieron el libro *Como quien vuelve de un largo viaje* (1975), poesía y textos breves en prosa, introducidos por un arte poética, en el que el autor expone su adhesión a la poesía comprometida. Poemas de viaje alternan con profesiones de fe a la Revolución, patria y familia. El poema que da título al libro refleja anhelo de protección y seguridad, cuya primera estrofa es:

---

[245]   Arcos (1999: 308).

Como quien vuelve de un largo viaje
me aprieto contra mi mujer.
Quiero extenderme junto a esa llamita que es mi mujer.
Porque regreso cada vez de un viaje más lejano.
Ella duerme.
[...][246]

A su primera obra *Leyenda de la justa belleza* (1978), poemas de los años 1953 a 1977, reaparece el tema de la solidaridad internacional. *Siempre habrá poesía* (1983) reúne testimonios, ensayos y críticas sobre poetas, desde Quevedo a Roque Dalton. *Voy a hablar de la esperanza* (Premio 26 de Julio, 1973) refleja eufóricamente los lemas de resistencia del período especial. Suardíaz es también editor de la antología *No me dan pena los burgueses vencidos* (1991), obra escrita en honor del IV Congreso del Partido Comunista.

Estudios

López, César: «Notas sobre la poesía de Luis Suardíaz», en: *Unión* 6/2 (1967), págs. 159-167.
López Morales, Eduardo: «Luis Suardíaz y su arte poética», en: *Revista Ibero-americana* 152-153 (1990), págs. 1285-1287.

Los poemas de **Roberto Díaz Muñoz** (29 de julio de 1942 La Habana), que, bajo el título Limpio fuego el que yace (1971) fueron galardonados con el Premio Poesía en el Concurso «26 de Julio» del MINFAR pueden considerarse una respuesta a la lírica destructiva de mitos de Padilla. Su vida heroica: simpatizante del «Movimiento 26 de Julio», con las milicias en «la limpia» del Escambray y en Playa Girón, trabajo como obrero metalúrgico del Ministerio de Industrias y militante del Partido Comunista.

En el prólogo al libro premiado Eliseo Diego expresó lo siguiente:

Creemos que este primer libro de un joven poeta es una muy decorosa muestra de la literatura como una forma más de ir construyendo la patria.[247]

Mientras Padilla en Fuera del juego (1968) polemiza sobre el concepto de héroe, Díaz Muñoz dedica un ciclo completo a figuras heroicas: De los héroes y su presencia explicable. Martí, José Antonio Echeverría, pero también el matrimonio Rosenberg de espías, ejecutado en EE.UU., el heroico miliciano, lucha, muerte y abnegación constituyen su temática. Si en Padilla «los poetas ya no sueñan» y el poeta aparece como «aguafiestas», Díaz Muñoz titula en cambio un poema «Crítica al sueño». En su estrofa final se dice en versos ampulosos, como respuesta a todos los «flojos» y «diversionistas ideológicos»:

---

[246]   Suardíaz (1975: 222).

[247]   Díaz Muñoz (1971: 9).

La luz satura el nervio dulcemente
y al dar en el color más expresivo
encuentra al aguafiestas, que le dice:
debes vivir estos días también;
no hay modo de saltarlos.[248]

Otros textos suyos: *Bajo el canto del río* (1979), *Intemperie* (1994).

Rafael Hernández (21 de enero 1948 La Habana) figura entre los héroes que, con 13 años, hicieron la campaña de alfabetización ya antes de iniciar sus estudios; después sirvieron en las instituciones culturales y, paralelamente, conquistaron la escena literaria. Su libro de poemas *Versos del soldado* (1974) obtuvo, junto con José Martínez Matos, el Premio de Poesía de las FAR, y refleja el compromiso social del autor. Frente al soldado cubano, en la tradición de Carlos Manuel de Céspedes de 1868, Martí, Castro y Che Guevara aparece el soldado mercenario.

El libro termina con unos versos traducidos de los soldados norteamericanos en la guerra de Vietnam, para exponer con mayor claridad la contradicción frente a la ética del soldado cubano, entre ellos esta profesión de fe de un Capitán Frank H. Stewart:

si usted mata por placer
es un sádico [...]
si mata por dinero
es un mercenario [...]
si mata por ambas cosas
es un RANGER[249]

Rafael Hernández es también autor de una obra de teatro sobre la leyenda del bandolero Polo Vélez en los años 1920-1930, en la zona del Escambray, *Vida y muerte del bandolero Polo Vélez* (1979) y del poemario *En carne vivo* (1985).

Nelson Herrera Ysla (1947 Morón) tomó parte con 14 años en la campaña de alfabetización y empezó a escribir poesía desde los 20 años, que fue objeto de elogios ya con el libro *La tierra que hoy florece* (1978, Premio Poesía Concurso «13 de Marzo», 1975). Con el entusiasmo de los primeros años Herrera Ysla canta los símbolos nacionales, los hechos de la Revolución, la protección en el amor y la familia.

Después siguieron los títulos *Escrito con amor* (1979), *El amor es una cosa esplendorosa* (1983), *Poeta en La Habana* (1987), *A lo mejor soy otro* (1993, plaquette), *A través de mis días* (1997) y *Pájaros de pólvora* (1998). Los cantos a los mitos de la Revolución ceden aquí para dar paso a una toma de posición sobria y desilusionada, como en el poema «País»:

---

[248] Díaz Muñoz (1971: 32).

[249] Hernández (1974: 73).

Me estás doliendo, país,
como una maldita úlcera.
Y si lloro por ti
es para no soñar con un paraíso
que nunca estuvo perdido
porque jamás existió
[...][250]

7.4 El panteón poético de Santiago de Cuba

7.4.1 Figuras señeras de la «vieja guardia»

Efraín Nadereau Maceo (17 de octubre de 1940 Santiago), poeta, cuentista y pintor, ha sido fiel a su tierra natal de Oriente durante toda su vida, desempeñando puestos relevantes en instituciones culturales y en redacciones de revistas y ocupándose, además, de la juventud y la educación popular como paciente promotor de talleres literarios. Entre los premios literarios que le han sido otorgados, el Premio de Poesía concedido en el Concurso «26 de Julio» de las FAR (bajo el jurado de Nicolás Guillén, Luis Pavón y Luis Suardíaz), por el libro *La isla que habitamos,* fue el más importante.

Cuando Suardíaz menciona en el prólogo al libro la Revolución como el personaje principal, ello es signo de que Nadereau ha descrito sin duda de forma veraz la crónica poética de la Revolución y sus precedentes históricos. El triunfalismo de los lemas — es la época del «Quinquenio Gris» — impregna la mayor parte de los poemas: «Hasta la vista y Feliz Navidad Socialista. Patria o Muerte Venceremos».[251] La pequeña cantata, musicalizada por Electo Silva, director del Orfeón de Santiago, sobre el genocidio yanqui en Vietnam, Laos y Cambodia, atempera el patriotismo de los textos.

Con anterioridad habían aparecido los libros *Tránsito por la naturaleza* (1969) y *Al final de la palabra* (1971). A ellos siguieron *Pequeña cantata por Lázaro Peña* (1976), *Y fue el pasado ardiendo* (1978), *Canto contemporáneo y otros poemas* (1978, en saludo al XX Aniversario del triunfo de la Revolución), *Mientras el sol arriba trota que trota* (1979) y *La otra mitad del mundo* (1981).

La poesía de Nadereau de los años 80 y 90 está ante todo centrada sobre el recuerdo de los amigos y personalidades históricas del pasado, en la que prepondera el pensamiento de la muerte y la inmortalidad y el consuelo que proporciona el ritmo cíclico de la naturaleza: *Dulce es la canción de los talleres* (1983), *Collage para el Cabildo Teatral Santiago* (1984), *Esto de hacer cantos* (1987), *La soledad del Generalísimo* (1997, plaquette, monólogo dramático histórico), *Trofeos imaginados* (1997, 103 sonetos).

---

[250]   Herrera Ysla (1993: 21).

[251]   Nadereau (1973: 29).

Como representante de la generación que cree en el valor de la renuncia y el sacrificio, Nadereau ha expresado poéticamente esta actitud de abnegación frente a la vida:

Para ellos

Dos piernas no necesitan
sesenta pantalones.
A un solo pecho
le sobran cien camisas;
cuando menos, eso piensan
los que llevan cosidos los fondillos
hasta en las sacrosantas
colmenas de consumo.[252]

Ariel James (1944 La Habana), poeta, cuentista, ensayista, crítico de literatura y Presidente de la UNEAC durante de años en Santiago, es originariamente historiador. Su poesía, parcialmente traducida a otros idiomas, es reflejo de la riqueza de sus intereses creativos: *Poesía de amor* (1974, antología), *Canción de la victoria cierta* (1987). En un pequeño libro de narraciones cortas (*Junto al eco y de pie en el bohío,* 1987), predominan los recuerdos de su época como alfabetizador en la Sierra. Otro libro suyo: *Territorio nombrado por el aire* (1989).

Jesús Cos Causse (15 de octubre de 1945 Santiago — 23 de agosto de 2007 Santiago) debutó con el pequeño libro de poemas *Con el mismo violín* (1970, Premio 26 de Julio), al que siguieron sucesivamente *Las canciones de los héroes* (1973), *El último trovador* (1975), *De antaño* (1979), *Las islas y las luciérnagas* (1981), *Leyenda del amor* (1986), *Balada de un tambor y otros poemas* (1987, Premio UNEAC poesía «Julián del Casal», 1983), y una canción a Maurice Bishop *La rebelión de la alborada* (1987), *Concierto de Jazz* (1994).

Su lírica está recogida en la antología *Como una serenata* 1988). Oscar Ruiz Miyares (*Cos Causse: tiempo y poesía,* 1988) ha expuesto la evolución del poeta y recopilado todas las opiniones sobre su poesía. Su lírica, anclada en la historia, habla de un profundo amor a su tierra natal. En el poema «Tertulia literaria», evoca la galería de sus antepasados poéticos: José María Heredia, Gabriela Mistral, Rubén Darío, Amado Nervo, Luis Palés Matos, César Vallejo, García Lorca, Jacques Roumain, Greiff, González Tuñón, León Felipe, Roque Dalton, Langston Hughes, entre otros. La convicción de que la poesía puede modificar el mundo y que los poetas muertos están cercanos entre sí se expresa al final del poema:

Al amanecer encontré mis libros desordenados,
la lira de Heredia,
una mariposa revoloteando en la pared, un cisne

---

[252] Nadereau (1987: 32).

en un lago azul
[...]
y huellas de caballos cansados que cruzaron los
Andes y Machu Pichu.

Salí a la calle con el cielo limpio como nunca
y el mundo más hermoso.[253]

En 2000 publicó *El poeta también estaba en la fiesta.*

Estudios

Barrero Morell, Amparo: «La poesía de Jesús Cos Causse: notas aproximativas»,
    en: *Santiago* 86 (1999), págs. 165-179.
Ruiz Miyares, Óscar: *Cos Causse: tiempo y poesía,* Santiago de Cuba 1988.

Marino Wilson Jay (1946 Guantánamo) pertenece, desde el comienzo de
sus estudios de lengua y literatura hispánicas realizados en la Universidad de
Oriente, al grupo de los poetas de Santiago, donde trabaja en el sector de los
medios comunicativos. Su obra poética, varias veces premiada, se inicia con *El
país más hermoso de la tierra* (1981), *Así comenzó la alborada* (1981), *Seis a la
mesa* (1984), *Yo doy testimonio* (1987). Esta última obra, que se abre con un
homenaje a Che Guevara, fechado en 1978, es expresión de la conciencia del
«hombre nuevo», en el sentido de Guevara, como se manifiesta en el poema
«Los hechos»:[254]

> Yo no soy poeta .. soy algo más grande:
> un hombre
> que vive una época de emprendidas y
> quehaceres.

La invasión norteamericana en Granada (1983) fue el origen del largo
poema fúnebre «Granada la Bella» (1987), publicado en forma de separata.
Junto con «Cuaderno de Granada» (1984), de Nancy Morejón, constituye la
expresión poética más conmovedora de aquellos acontecimientos históricos que
vivió la isla.
    En *Ecos para la memoria* (1989) figura una selección de sus mejores poemas.
El camino doloroso del lento desencanto se refleja serenamente en *El libro
terrible* (1994) y en *Tres poemas* (1994). La desilusión y la soledad hacen mella
en el poeta como en el poema «La esperanza y el hombre»:[255]

> El corazón cayó en la trampa
> al confundir su sangre con un tablero de ajedrez.

---

[253]   Ruiz Miyares (1988: 149).

[254]   Wilson Jay (1987: 23).

[255]   Wilson Jay (1994: 7).

Se mueren los culpables pero queda la culpa.
Y el amor pasa largo
y se presenta un día mudo
y aunque la Cosa encontrará otros acantilados
tú eres el único animal que ahora estás solitario
en los muros,
extranjero de ti mismo en las calles fantasmas.

El poema que más llamó la atención fue «Las dueñas de la noche»,[256] en el que aparece tratado con gran sensibilidad el tema de la prostitución desde la perspectiva de la audaz jinetera. En el poema final «La canción del diablo»,[257] el autor se pronuncia por visión diferenciada entre buenos y malos y define al poeta como «artista del deseo»:

Lo único que no soporto es el escándalo.
Yo también soy un ser social.
Me creen malo y soy simplemente un artista del deseo.
El sol no acaba de salir para todos
y la tierra tiembla al entrar en celo.
Es tiempo de cebollas sembradas
y de unos labios en miel
como cuando maldigo a los imbéciles
para que no sean los dueños del lucero del alba [...]

aquí está mi sangre
estas son mis sagradas mordidas.

En 2000 publicó *Peligro: Aquí se habla de poesía.*

Estudio

Cué Fernández, Daisy: «Aproximaciones a la poesía de Marino Wilson Jay», en: *Santiago* 87 (1999), págs. 169-183.

7.4.2 Abanico de talentos

El poeta y traductor **Antonio Desquirón** (1946 Santiago) figura entre los poetas de talento de Oriente, que en su libro *El jugador* (1991) y en la plaquette «31 de diciembre en casa del poeta» (1992), poema final del libro, sigue la tradición de la poesía coloquial con observaciones originales. El amor a la tierra natal y al regazo familiar se manifiestan en los últimos versos del poema sobre la última noche del año:

Mi madre duerme, mi casa está tranquila.
Regadas por Santiago las orquestas populares tocan

---

[256] Wilson Jay (1994: 27-29).

[257] Wilson Jay (1994: 54).

y en las fiestas las parejas bailan.
Encima de la ciudad hay una nube
que brama y muge y bambolea
pero el aire no la llega arrastrar
está brillante, quieta,
sin frío,
ni calor,
ni viento alguno.

Alberto Serret (1947 Santiago de Cuba), poeta y narrador con abundancia de libros publicados: *Figuras cantadas y soñadas* (1981), *Espacio abierto* (novela en colaboración con Chely Lima) (1983), *Cordeles de humo* (1987), *En plena desnudez* (1988), *Consultorio terrícola* (1988, cuento), *Los asesinos las prefieren rubias* (novela en colaboración con Chely Lima) (1990), *Jardín de amor: cuentos africanos* (1991), *Balada de Diudi* (1991), *El árbol que cantaba* (1991), *En las olas del pájaro de Okín* (1991), *Sortilegio para caminantes* (1992), *Cuentos para un ojo perdido* (1993).

En el *Anuario de Poesía* (1994: 542) de la UNEAC se encuentra el poema siguiente:

Sortilegio para caminantes

Pusieron una piedra sobre la esperanza.
Da miedo a tropezar, a quedarse de hinojos
sobre esa piedra en medio del camino.
Da miedo a ser el que cayó de bruces
y llenarse de polvo la nariz y la boca.
Da un indescriptible miedo
a que ninguna mano la quite ya de ahí,
a que desaparezca
de pronto y que ya nadie recuerde dónde estuvo,
en qué secreto unánime, en qué tibia angostura.
Da miedo amanecer con las aristas llenas
de coágulos de sangre.
Y el pie del mundo, aterrado [...]

José Pérez Olivares (1949 Santiago), poeta y pintor, es conocido desde 1982 por una serie de textos en prosa y de lírica, algunos de ellos premiados: *Papeles personales* (1982, Premio David de Poesía), *A imagen y semejanza* (1985, Premio de Poesía del Concurso «13 de Marzo», Universidad de La Habana), *Caja de Pandora* (1987, Poesía Letras Cubanas). En 1991, se le concedió en España el Primer Premio «Jaime Gil de Biedma» de la Diputación Provincial de Segovia por su libro *Examen del guerrero* (1992 Madrid, 1994 La Habana).

El juego con las muchas realidades, desde la perspectiva de los marginados de la sociedad (putas, enanos, eunucos, payasos, bufones) es el tema de sus textos, como en el autorretrato «Me llamo Antoine Doinel»:

Soy un ladronzuelo un pequeño y astuto canalla que roba monedas, sucios y miserables objetos abandonados aparentemente por el mundo. Mi técnica es impecable. Robo por placer. Robo por complicidad conmigo mismo. Robo por autocompasión y demoníaca fatalidad. Pero también soy capaz de incendiar cualquier cosa. No establezco diferencias entre una silla, una prenda íntima y un edificio. El fuego es mi elemento y en él me realizo.[258]

Imagen 62:
Me llamo Antoine Doinel

Soleida Ríos (1950 Santiago) ha editado una *Antología de poetisas cubanas* (1989) y es, además, autora de libros como *De la sierra* (1977), *De pronto, abril* (1979), *Entre mundo y juguete* (1987), *El libro roto* (1994, poesía incompleta y de unida, setiembre de 1987 / julio de 1989) que representan una contribución lírica de su tierra natal. Sus poemas bíblicos y poemas en prosa, en los que incorpora a veces metáforas religiosas, hablan de la utopía de un mundo pacífico y la búsqueda del paraíso perdido. Este credo está anclado en el presente y en el futuro:

---

[258]   Pérez Olivares (1992: 7).

Creo en mis manos. Ellas delinean los futuros
espacios, las ramificaciones del no-olvido.

A veces, cuando mi sombra sale temprano al des-
campado o entra en las oficinas forradas de papeles,
me pregunto si viviré la fantasía que escribo.[259]

Ignacio Vázquez Espinosa (1951 Santiago) se ha dado a conocer entre los
poetas de Oriente, sobre todo, por los libros *La flor* que prenderá en tu pecho
(1989, Premio Poesía «José María Heredia», 1987) y *Un tanto incidental* (1994,
con poemas ya publicados). Junto a sus instantáneas históricas figuran poemas
amorosos que expresan la caducidad de los sentimientos:

Áncora

Así pasa.
Hallándome a tu lado
voy perdiéndome en la poesía
donde sólo tú estás.
Pero no te exasperes,
no,
espérate,
siéntate.

Esta tristeza es como un áncora.[260]

Imagen 63:
Rafael Quevedo en la calle Heredia,
Santiago de Cuba, noviembre de 1980

---

[259]   Ríos (1994: 53).

[260]   Vázquez Espinosa (1994: 22).

José Orpí Galí (1953 Santiago) es poeta y narrador. Sus mejores poemas esperan todavía ser publicados. Muchos de ellos han aparecido en la prensa y en antologías. El siguiente poema del libro *Acto de amor frente al espejo* (1994) surgió en la forma actual y concentrada después de pasar por varias fases previas. Como autorretrato entre la ilusión y la realidad refleja las posibilidades y los límites del autor:

Contra todo deseo

Para que no le doliese
la gota de agua en la rodilla
se inventó el paraíso y la necesidad de amar
un trampolín en el fuego de las noches
y la seguridad de un tiempo
más feroz que los deseos.
Para que nadie abriese
la puerta fugitiva de los sueños
se hizo construir un castillo
con rocas de impaciencia
y colocó en la puerta una guadaña
para espantar la luz.
Quiso imitar el cauce de los ríos
pero ahogó su voluntad en cada orilla.
Quiso arrancarle el corazón
la música del mundo,
pero sólo halló un desierto en la imaginación.
Quiso ser Dios
y se quedó anhelante como un suicida.
Finalmente me amó
y no regresó más nunca de la muerte.[261]

Juanita Pochet Cala (1954 Santiago), periodista y poetisa, se ha dado a conocer, sobre todo, por sus poemas en *Estaciones* (1992, plaquette) y *Franqueza* (1994, Premio J. M. Heredia). Su lírica intimista es una reflexión sobre pensamientos y sentimientos, pero también hay en ella una poética *in nuce:*

Todavía me pregunto
de qué forma beberte,
si me pierdo como un ensueño
entre tus latitudes,
simplemente en silencio
y no sé qué haces
para que de día y de noche
me tengas descifrándote, poesía,
y sienta oleaje en mis entrañas.
Todavía me pregunto

---

[261] Orpí Galí (1994: 34).

si tendré que poner el pensamiento
y cabalgar por las montañas.[262]

León de la Hoz (1957 Santiago) se dio a conocer con dos obras premiadas, en las que despliega su poesía coloquial: *La cara en la moneda* (1987, Premio David de Poesía, 1984) y *Los pies del invisible* (1988, Premio UNEAC, 1987). Después apareció su libro de poemas *El libro oscuro del deseo* (1994). En el poema en prosa «Radio Reloj», el autor trata de reproducir en *stream of consciousness* el ritmo entrecortado de noticias de esta singular emisora de radio y combinarlo con su propia vida:

a esta hora de la mañana el hombre en
ciende la radio como todos los días [...]
(e)n el próximo minuto a esta hora el ho
mbre apaga la radio y sale al mundo r
adio reloj seis veintinueve minutos[263]

Una recopilación de su poesía contiene *Cuerpo divinamente humano* (1999, prólogo de César López).

León Estrada (1962 Santiago) es un poeta de tonos leves, cuyos poemas tratan de captar, más allá del marco de la poesía circunstancial, sentimientos fugaces o permanentes. Una ligera melancolía incita a reflexionar sobre la historia y el presente. Los versos que siguen proceden del libro *Circo de barro*:[264]

Retrato (poema que no tiene horas)

Este espejo intacto nubecitas en los pies
los ojos semicerrados casi inventando la mirada
las manos en el regazo antiguo así te vas
imagen sueño melancolía así te vemos
cada día en tu marco centenario.
1985

La caducidad del tiempo y la huella de los hombres atraen también la atención de Estrada, como en el dístico siguiente con el título «Días»:

Hay días de esos en que el tiempo
pisotea las sombras que dejamos.
1984[265]

---

[262]   Pochet Cala (1994: 8).

[263]   Hoz (1987: 20-21).

[264]   Estrada (1989: 11).

[265]   Estrada (1989: 17).

Una edición bella, publicada en España, es *Los ignorados duelos* (1996). En 2002 salió el *Libro de la duda y el deseo* (Premio «José Manuel Poveda», 2001). El autor hoy vive en Miami.

Los más jóvenes citan versos de José Lezama Lima (*Pensamientos en La Habana*) como el talento **Reynaldo García Blanco** (1962 Venegas), director de la casa-museo del poeta José María Heredia, en Santiago de Cuba, en el poemario *Perros blancos de la aurora* (1994).

Pensamientos en Santiago de Cuba

Porque habito un susurro como un velamen
una tierra donde el hielo es una reminiscencia
y se pone tan al lado la patria
que necesito una casa
adoquines para verdear los ánimos

fueron los hiladores
calle del trueque y sotavento
arremolinados en la plaza inician la prisa
alamedas y barcazas precisan de héroes

agosto del noventa y uno
y la esposa va del agua
a un silencio donde el velamen llama a las filas.
Agosto 1991 — abril 1992. Santiago de Cuba[266]

Imagen 64:
Santiago de Cuba en el Orfeón, 15 de noviembre de 1980
(en medio Nicolás Guillén)

Alberto Garrido (24 de setiembre de 1966 Santiago), de la joven generación de poetas, cuentistas y novelistas de Oriente, fue finalista ya en 1987 del

---

[266] García Blanco (1994: 25).

Premio Casa de las Américas en el género de cuento. En 1988 obtuvo el Premio «José María Heredia» de cuento y, en 1989, el Premio «J. M. Heredia» de Poesía por el libro de poemas *Siglos después de la fragua de Vulcano* (1992). A ello hay que añadir su poesía circunstancial, de una escritura consciente. Lo que transita por su mundo no es el fantasma del marxismo sino la «sed de existencia», como en el poema «Radiografía»:

> Lo que soy me busco dentro
> y descubro la sed de la existencia
> de la simple existencia
> el fantasma que recorre
> la vena espantosamente rebelde
> del Poeta.[267]

Las palabras hueras y los lemas de la vida política cotidiana son objeto de interrogación, de análisis, adquiriendo así una dimensión y un significado humanos. El poeta recurre a símbolos bíblicos y mitológicos para tender puentes intemporales. El «proceso de rectificación» parte del mito de Orfeo en el poema «Rectificar»:

> [...] pero baja con los pies de Orfeo
> con sus velas replegadas
> y el nombre de la amada entre los ojos.[268]

La crítica de Garrido a la reglamentación de la vida privada por obra y gracia de los funcionarios de la Revolución aparece, en forma de argumentación dialéctica, más como una observación ingeniosa que como poema:

> fin de año
>
> Puedo quererte.
>
> Al menos no está entre las leyes
> del país.[269]

En sus narraciones (*El otro viento del cristal*, 1993, *Nostalgia de setiembre*, 1994), Garrido trata los conflictos de la familia y de los grupos de jóvenes, las utopías y deseos de su generación con las limitaciones que le impone la situación. En una especie de breve apunte, un soldado se lamenta de la muerte de su amigo en la guerra. La valoración del texto debe extraerla el lector. ¿Un llamamiento en favor del pacifismo? ¿Una crítica de lo absurdo de la guerra?

---

[267]   Garrido (1992: 30).

[268]   Garrido (1992: 35).

[269]   Garrido (1992: 23).

En 1998 Garrido obtuvo el Premio Nacional de Novela Erótica con *La llama doble.*[270]

7.4.3 El precio de la rebelión

Las poetisas y poetas que se trata a continuación han protestado de las formas más diversas contra las perversiones y las injusticias cometidas por el sistema que rige la sociedad cubana, bien contra actos de repudio, como en el caso de Lina de Feria, o contra la detención de una colega, como Sambra. A su vez, también las instancias políticas han reaccionado de las formas más diversas contra esas protestas. La escala de las medidas disciplinarias adoptadas como represalia abarca desde la detención, la prohibición de escribir y ejercer una profesión hasta el «ninguneo».

En los poemas de estos escritores se reflejan, como es lógico, las esperanzas fallidas, la lenta pérdida de las utopías, en una palabra, todo el proceso del desencanto. Cuando a Santiago de Cuba se la llama la «Ciudad heroica y rebelde», en ese caso estos autores encarnan esa tradición, a veces incluso con un alto riesgo personal que llega hasta la emigración.

Lina de Feria (8 de agosto de 1945 Santiago) figura entre aquellos escritores cuyos poemas se dieron a conocer en el extranjero, sobre todo en España y Francia, ya que en Cuba durante mucho tiempo se le prohibió publicar su obra en forma de libro. En 1967, Feria compartió con Luis Rogelio Nogueras el Premio David por su libro de poemas *Casa que no existía*. A continuación fue nombrada redactora jefe del suplemento literario del *Caimán Barbudo* (1968-1971), pero fue destituida del cargo, acusada de no seguir fielmente las directrices políticas del sistema, siendo depurada durante dos años, sin trabajo, y ganándose anónimamente su vida después como colaboradora de Radio Enciclopedia Popular.

Luego de protestar públicamente contra el terror los atropellos y actos de repudio a los que se vieron sometidos en 1980 los refugiados del Mariel, Feria pasó tres años en la cárcel y se le prohibió publicar durante largo tiempo. Tendría que llegar el año 1990 para que se le concediera el Premio Nacional de la Crítica por su libro de poesía *A mansalva de los años* (1990), siendo incluida en 1994 en el representativo *Anuario de Poesía* de la UNEAC.

De estas vivencias surgió el poema «Los rituales del inocente» (también título del libro publicado en 1996), cuya ambigüedad resulta patente en este fragmento:

los rituales son
de un inocente hombre
que no quiso golpear y fue golpeado

---

[270] Véase Amir Valle: «Entrevista a Alberto Garrido: escribir como el mejor de los libros posibles», en: *La Gaceta de Cuba* (marzo / abril de 1999), págs. 38-41.

que no quiso arder
y fue abrasado con pérdidas de madre.[271]

Su obra de creación fue varias veces interrumpida objeto de persecuciones, censura y prohibición: *Casa que no existía* (1967), *A mansalva de los años* (1990), *Espiral en tierra* (1991), *El ojo milenario* (1995), *Los rituales del inocente* (1996). En el último libro mencionado, la autora da acogida a 38 poemas y un largo poema-crónica, impregnados de amargura, pesimismo y melancolía en torno a sus miedos y soledades: «todo está tan oscuro como cuando esperamos ver el amanecer».[272]

Publicaciones posteriores: *A la llegada del delfín* (1998), *El mar de las invenciones* (1999), *País sin abedules* (2003).

La soledad de los que atrás quedaron, después de que los miembros familiares más queridos emigraran, la describe la autora con gran sensibilidad en el poema «Ha vendido sus cartas»:

ha vendido sus cartas. ha quemado
sus naves menores.
la familia se largó de cuba
dejándolo con su cinto viejo
y los libros más políticos.
el techo se mira y es un puntal tan alto
la casa está tan justamente sola
el desayuno tan contrario a toda maternidad.
la firmeza no se explica en una cuartilla
y el arte poética
quede en su mirada de búfalo.[273]

Antología

L'œil millénaire / El ojo milenario, poèmes traduits du cubain et présentés par Maria Poumier, Paris 2000 (edición bilingüe).

José Mariano Torralbas Caurel (15 de marzo de 1962 Santiago de Cuba), licenciado en matemáticas, estudió música en el famoso Conservatorio Esteban Salas. Como poeta (Premio Nacional de Talleres, 1987) y cuentista (Premio Caimán Barbudo, 1987, Premio José María Heredia, 1987, Premio Regino Boti, 1988, Premio Nacional de Narradores, 1989) fue varias veces premiado. Su actitud crítica le ha creado siempre dificultades. Algunos de sus cuentos tardaron en ser publicados por su crítica al sistema de enseñanza, como «En busca del eslabón perdido» (1989), «La otra cara» (1991, selección de narraciones cortas).

---

[271]   Anuario (1994: 165-166).

[272]   Véase reseña José Prats Sariol, en: *Encuentro de la Cultura Cubana* 3 (1996-1997), págs. 149-151.

[273]   Felipe Lázaro / Bladimir Zamora (eds.): *Poesía cubana: la isla entera,* Madrid 1995, pág. 103.

Los cuentos escritos entre 1984 y 1990 están recogidos en el tomo *Señor de esperas* (1995), cuyo título resulta simbólico para el destino de su generación. Su temática es muy variada, la acción es de una gran tensión con diálogos expresivos. Sus esbozos de retratos están bien conseguidos, como en el caso, por ejemplo, del «Último tren a Londres», el primer cuento del libro: fantasías de un hombre en ocasión de un encuentro entre una Laura ficticia y el yo del narrador. En 1988, la obra fue adaptada para la radio en forma de novela radiofónica («último turno»).

Sin publicar todavía hay que mencionar las novelas *El reinado de la gracia, Bilongo*, el libro de poesía *Background* y la obra de teatro *Demasiado tarde para serte fiel*. Desde 1997, escribió radio-novelas en la tradición de Félix B. Cainet y Soler Puig. Como poeta despliega todo su talento formal y temáticamente en *Para no ser leído en recital* (1991) o en *Estaciones de luz* (1991, escrita entre 1983-1987).

Su poesía está polarizada entre la resignación, la tristeza, la amargura y la protesta. Por medio de imágenes sencillas y penetrantes, a la vez, el autor hace balance de su generación que se siente traicionada como epígonos en sus primeros 30 años. El siguiente poema pertenece a *Estaciones de luz*:

Yesterday

Éramos tan jóvenes
vivimos tanto de los grandes momentos
sin pensar que un día
también llegaríamos a ser otros
turbios desesperados sordos
que andaríamos estas calles
como desconocidos
contando a los que faltan con los ojos
los que no estarán para odiarnos
a darnos el último saludo
o el olvido.
Éramos tan tiernos
tan injustos con nuestras propias mañas
que no miramos después
sino antes
y unos quedaron odiando nuestra tierra
y unos quedaron midiéndose en la sombra
y unos quedamos.
Éramos tan buenos
que no tuvimos en cuenta la misericordia
y ahora ya no queda
no queda más de lo que fuimos
y es que el tiempo no perdona tanta mancha
eso es
el tiempo no perdona.[274]

---

274   Torralbas Caurel (1991: 6).

«Año que llega a su fin» es un poema que respira la fuerza de las Odas y una canción desesperada de Neruda y no asombra que la idea de libertad aparezca como un objetivo inalcanzable. En un final de año (1994, sin publicar), el autor hace balance de su vida y sólo la proximidad de su hija le confiere un sentido a su existencia:

Año que llega a su fin

No tengo ciudad ni puentes
me han robado los secretos.
La libertad es una orilla
que se aleja lentamente
el miedo anida en los parques sin gorriones
en la verdad oculta tras la máscara del tiempo.
Alguien vendió mi país
por hambre o por tristeza
y es deuda amarga que pagan los vencidos
los que heredamos la muerte quinientos años antes
[...]
Guardo mis lágrimas y mi alegría para cuando amanezca
y mi hija despierte en un día que no llueva
en ese instante sagrado en el que Dios
ya estará de nuestra parte.
Ella es toda la ternura que me queda.
Toda esperanza a mi silencio.

El nicho familiar no es el único refugio. En «Parábola del labrador» (1990, sin publicar), poema contestatorio, Torralbas Caurel hace suyo el lema de Voltaire «Il faut cultiver notre jardin» y, como obertura del «período especial», cierra a cal y canto los discursos de Marx:

[...]
Siembra y siembra la tierra
para que tengan el maíz tus hijos
no esperes por la ayuda del cielo
ni la compasión del latifundio
ni los discursos de Marx.
Dios no necesita de tu pan escaso y duro
y el viejo filósofo está muerto.

Esta es tu tierra y tu yerba y tu hambre.
Que tus hijos tengan pan cada mañana
es lo que importa, labrador
que los hijos tengan pan cada mañana.

La naturaleza con su ritmo cíclico es para el labrador (y no el campesino) su *raison d'être* y no la teología ni el comunismo, dos extremos ortodoxos. El poema termina, según la sugerencia voltairiana (Candide, 1759). Tanto el libro de Voltaire como el poema de Torralbas Caurel tuvieron que permanecer en el anonimato por su carácter subversivo frente a los representantes del poder.

En 1999, el «Señor de esperas» emigró a EE.UU. con toda su familia y expropiaron su casa con la mirada panorámica sobre la bahía de Santiago de Cuba.

Ismael Sambra (1947 Santiago) ha publicado poesía, cuento (también cuento infantil), crítica y ensayo (*El único Martí: principal opositor a Castro*, México 1998). En 1984 resultó finalista en el Premio Poesía Casa de las Américas con el libro *Hombre familiar o Monólogo de las Confesiones* (edición Madrid 1999 con un prólogo de Guillermo Rodríguez Rivera). En la revista literaria clandestina *El Grupo* (Santiago 1991, págs. 10-11) aparecen sus «Estrofas perdidas», expresión de su actitud crítica frente al fariseísmo y oportunismo:

Intelectuales
cariacontecidos
sujetos al va y ven de la sonada.
Desde su fondo la piedra
no se dejará atrapar
para caer en mi cabeza:
su parábola quema la mano homicida,
el dictamen.
Estamos reunidos
anestesiados y despiertos
en la madurez del tiempo,
chamuscadas las pestañas de tanto ver
en la inútil colina
en los tontos precipicios
la gravedad de la espera.

El poema refleja la impotencia social y la parálisis política de muchos intelectuales que como «idiotas útiles» están condenados a una espera desesperada, sin horizontes.

Dos años después, el 14 de febrero de 1993, el autor fue llevado a la cárcel y condenado a diez años de prisión por el delito de Rebelión y Propaganda Enemiga, por sólo haber enviado cartas al Buró Político del Partido Comunista de Cuba por el maltrato físico y el encarcelamiento de la poetisa María Elena Cruz Varela y por haber escrito y distribuido unos panfletos y octavillas anticastristas, durante las llamadas elecciones de 1992 en Cuba («No por Castro / Vote por la libertad»).

En 1994 sufrió un paro cardíaco como consecuencia de una larga huelga de hambre. Gracias a las campañas y a las gestiones del PEN-Club de Canadá, de Amnistía Internacional, de Periodismo sin fronteras y del gobierno canadiense, obtuvo Sambra el 11 de mayo de 1997 la libertad y pudo viajar con su familia a Canadá donde trabaja hoy como 'Escritor en Residencia' en York University en la ciudad de Toronto. Sus cuentos breves *Vivir lo soñado* salieron en 2002 en Madrid.

El poema siguiente pertenece al libro *Los ángulos del silencio: trilogía poética* (2001):

Orgía del miedo

Todos tenemos miedo
bajo esta lluvia que ha comenzado a caer.
Se nos hizo un nudo en la garganta
la flor que un día inventamos como niños
y no deja pasar la primavera.

Alguien está tocando a la puerta de mi casa.
Viene a provocarme los auxilios rezagados
a citarme para el gran festín de los pensantes.
Y yo no abro.
Me quedo suspirando todavía enmudecido
todavía con los huesos dislocados
con los huesos que se han negado a sostener
mi voluntad.

Alguien me llama también desde adentro
y me atormenta con el derrumbe
de las cosas
que soñé.

Alguien me persigue por la casa
a la hora del baño, a la hora de las comidas,
a la hora de los hijos, a la hora
de dormir con mi mujer
que también me persigue con su miedo.[275]

Carlos Valerino (4 de octubre de 1953 Santiago), ingeniero en control automático y profesor de electrónica, es una figura original dentro del numeroso grupo de poetas santiagueros. Sus poemas, dispersos en revistas y en el pequeño libro *El músculo del alma* (1991), son producto de una actitud muy crítica frente a la propia obra. Esta poesía melancólica y pesimista, anticipa con lucidez sentimientos existenciales que después se manifiestan como triste realidad en la isla. Su poema más conocido es «El tigre» (1991) que, tomando como ejemplo a este animal de rapiña enjaulado, simboliza el tema de la libertad, libertad que el tigre sólo recupera en la muerte:

Desesperado te mueves en tu celda, te paras, miras,
fieramente miras,
pero no te temen:
saben que te encuentras impotente
de atacar a los que reprimen
tus vastas visiones intestinas,
Te comprendo:
¡cuán duro es el dolor de la impotencia!
Por eso te excitas con el deseo constante de devorar
las rejas
que te obligan a seguirte destruyendo

---

[275] Sambra (2001: 19).

lentamente [...]
Tu libertad está bajo la Tierra.[276]

Este poema, escrito en 1975, no apareció hasta 1988. En 1979, se había proyectado la publicación de 15 poemas de Valerino en la colección *Uvero* de la UNEAC pero diez, entre ellos »El tigre«, fueron indirectamente víctima de la censura.

El final del poema sugiere la muerte como redención, pero no con un significado cristiano, sino más bien existencialista en el sentido de Sartre y Camus, cuyo *Le mythe de Sisyphe* (1942) le proporcionó a Valerino el símbolo para el siguiente poema, en el que el balsero, en el marco de la crisis de los balseros (1994), es caracterizado como peregrino de la esperanza en un futuro, mientras que el yo lírico, que no huyó de la isla, es un ser sin futuro. Las interpolaciones cínicas son expresión de la desesperación y del desaliento que se ha apoderado de los habitantes de la isla:

Sísifo, los peregrinos y el desierto

Luego de caminar en el desierto
hemos vuelto al desierto para desandar
lo que supuestamente habíamos transitado
(Sísifo nos acompaña agradecido).

La piedra, la enorme piedra nos protege del sol.
¡Bienvenida la sombra!

El mar es la esperanza de muchos peregrinos
que alucinados sueñan.

Para mí, la esperanza,
es la arena y el polvo del desierto.[277]

[276]   Valerino (1991: 7).

[277]   Valerino (2002: 92).

Imagen 65:
Carlos Valerino

Textos

La piedra de Sísifo / Der Stein des Sisyphus, Frankfurt am Main 2002 (edición
bilingüe español-alemán) (editado y traducido por Martin Franzbach).
De Santiago a Hannover, Hannover 2004 (edición bilingüe español-alemán, con
CD) (editado y traducido por Martin Franzbach).

Antología

13 poetas en la Casa Heredia, Santiago de Cuba 2000

Estudios

Cué Fernández, Daysi / Prego Ducás, Serafina: «La promoción de los 80 en la
poesía santiaguera: tanteos y valoraciones», en: *Santiago* 83 (1998), págs.
164-183.
Duharte, Rafael: «¿Identidad cultural [...] Santiaguera?», en: Kulturhaus Lateinamerika e. V. (ed.): *Santiago de Cuba entre la tradición y el turismo,* Colonia
1997, págs. 20-29.
Lisocka-Jaegermann, Bogumila: «Identidad cultural de las sociedades regionales:
el caso del oriente cubano», en: *Actas latinoamericanas de Varsovia* 18
(1995), págs. 41-64.

7.5 Los poetas de Holguín

Cuando uno preguntaba en los años 80 y 90 quiénes eran los creadores jóvenes y prometedores, siempre se mencionaba a un grupo de poetas de Holguín, retoños de figuras protectoras como Alejandro Querejeta (1947 Holguín), Delfín Prats (1945 Holguín) y otros. En 1992, Verity Smith, publicó
un artículo «Obedezco pero no cumplo: An Introduction to the Work of the

Holguín Poets»,[278] producto de una investigación *in situ* en abril de 1990, quien sostenía la tesis que aquel grupo

> [...] ha podido sacar ventaja de este ambiente más tolerante, en parte porque algunos de ellos ocupan cargos administrativos dentro del Partido. Por tanto les ha sido posible emplear los recursos que el estado reserva para la cultura en la promoción de la literatura y las otras artes en su provincia.[279]

Esta argumentación se parece más a la famosa concesión «a la libertad de los locos» y muy poco a un *glasnost* gorbatschoviano, ya que, por lo menos, debería tener validez también para otras provincias.

¿Cuál es entonces el secreto de aquellos poetas del Oriente cubano que publicaron sus textos en aquellos años en revistas propias como *Ámbito* y *Diéresis*? Hojeando revistas, se advierte un apoyo manifiesto a la línea política oficial y hasta a veces una temática nueva, casi vanguardista, con una cierta crítica prudente «dentro de lo que cabe». En *Diéresis*, publicación semestral del Centro Provincial del Libro y la literatura de Holguín, n.º 1 (1990), se condena en la presentación la ofensiva norteamericana que espera

> [...] ver desmoronarse cual castillo de naipes, la Revolución que desde hace más de treinta años se yergue triunfante y socialista a sólo noventa millas de sus costas. En este frente, como en muchos otros, los escritores estamos junto al pueblo, en la primera fila, suscribiendo sus consignas haciéndolas entrañablemente nuestras.[280]

Aquí se recurre a todos los mitos de la Revolución, el síndrome de David y Goliat, la supuesta unión entre escritores y pueblo y a las metáforas triunfalistas.

Entre las poesías hay una de Ela Tenreiro («Quieren dictar las leyes de tu piel») que se inicia así:

> No hacemos otra cosa que repetir las mismas oraciones obstinadamente
> para salvar nuestras conciencias.
> No supimos enfrentar la nada y nos advierte
> lo poco que nos queda
> escaso abrigo para un invierno voraz desconocido[281]

Este poema está dedicado a **Delfín Prats** (1945 Cueba, Holguín), figura protectora de este grupo quien, como nadie, supo aprovechar el poco espacio libre entre triunfalismo y libertad creadora documentado en el ejemplo arriba mencionado. Después de realizar estudios de literatura en la Universidad de

---

[278] En: *Cuban Studies* 22 (1992), págs. 173-193.

[279] Smith (1992: 173).

[280] *Diéresis* (1990: 1).

[281] *Diéresis* (1990: 78).

Lomosonov de Moscú, Delfín Prats obtuvo en 1968 el Premio David por su libro de poemas *Lenguaje de mudos* (1969, Madrid 1970).

Inmediatamente después de publicado, el libro fue retirado de circulación por la Seguridad de Estado por «inmoralidad» y destruido, temiendo otro «Caso Padilla», salvándose sólo algunos ejemplares. En efecto, la poesía sensual de Delfín Prats abrió las puertas al mundo a aquella provincia oriental tan lejana de la capital.

Prats fue confinado en un campo de trabajos forzados en Oriente, trabajando, una vez puesto en libertad, como ayudante de cocinero en un comedor obrero de Santa María del Mar, Guanabo (La Habana) y viviendo en el olvido. Hasta comienzos de los años 80 no se le volvió a nombrar y publicó *Para festejar el ascenso de Ícaro* (1987, Premio Nacional de la Crítica), *El esplendor y el caos* (1994, reedición 1999), *Cinco envíos a Arboleda* (1991, Premio de la Ciudad, cuentos), *Abrirse las constelaciones* (1994), *Lírica amatoria* (2001).

Resulta hoy poco menos que incomprensible donde pueda residir la capacidad subversiva de las 25 páginas de *Lenguaje de mudos*. Lo que sí es cierto que se trata de un texto del exilio interior, en el que se critica palabras harto conocidas y se aferra a un mutismo y una insumisión absolutos:

> un animal extraño me visita
> sin anunciar su inesperado arribo
> [...]
> este animal conoce mis secretos ha visto
> bajo mi piel segregaciones semejantes a su orina
> ha sentido mi aliento abominable y en mis masturbaciones
> se ha estremecido un tanto también poseso del deseo[282]

El libro *Abrirse las constelaciones* (1994) contiene nuevos poemas, además de algunos ya conocidos. Su expresivo título resulta programático para exponer nuevos temas y experimentos formales, como el ciclo de rock: rock del flautista, rock del deseo y del descenso, rock de las altas sombras, rock de caballos. Se desliza una cierta melancolía en los poemas de amor y despedida, como en la siguiente décima, la forma de estrofa apropiada para el lamento desde la poética de Lope de Vega:

> Di adiós a los paisajes donde fuiste feliz
> vivo la plenitud de la soledad
> en el primer instante
> en que asumes la separación
> como si ya su estatua
> en ti elevada por el amor
> para la eternidad fuera esculpida
> contra el cielo de aquella isla

---

[282]   Prats (1994: 12).

contra sus ojos más grandes
y más pavorosos que el silencio.[283]

En el poema «Abrirse las constelaciones» dedicado a Cintio Vitier y a Fina García Marruz, con un lema de Rilke, Delfín Prats dice:

no los reduzcas
al espacio
demasiado estrecho de tu verso
[...]
no los encierres en tu casa
[...]
no los reduzcas tampoco a la ciudad
[...]
la isla es el compendio en fin
de tu verso y tu ciudad
pero no los restrinjas a la isla

ellos se asomaron mucho más allá
ellos vieron
del otro lado del horizonte
abrirse las constalaciones.[284]

Renael González Batista (1944 Holguín) procede de los talleres literarios de las instituciones culturales. Algunos de sus poemas, musicalizados, forman parte del repertorio de los grupos Moncada, Convergencia, Mayohuacán y Grandes Alamedas. Entre sus libros de poesía destacan: *Sobre la tela del viento* (1973, Premio «José María Heredia»), *Guitarras para dos islas* (1981), *Bajo la casa de su sombrero* (1985), *Donde el amor está multiplicado* (1989, sonetos).

Su poesía circunstancial gira en torno a la belleza del paisaje, los pequeños signos del amor en el entorno familiar de los símbolos del tiempo que se evade velozmente como figuran en el siguiente soneto:

Murciélago y almendro
Del viejo almendro, por turno
están cayendo las hojas
como muertas aves rojas.
Murciélago taciturno

es un volátil engendro,
mínima sombra chinesca,
brujita en la noche fresca
alrededor del almendro

---

[283] Prats (1994: 44).

[284] Prats (1994: 77). Véase la entrevista de Leandro Estupiñán Zaldívar: «Yo tengo un mal karma», en: *La Gaceta de Cuba* 3 (2006), págs. 22-26, y el artículo excelente de Ronel González Sánchez: «Nostalgia y búsqueda de lo trascendente en la poética de Delfín Prats», en: R. González Sánchez: *La busca cruel*, La Habana 1999, pág. 8.

que alza vegetales brazos
para detener los trazos
invisibles de sus huellas,

pero es muy rápido el vuelo
y sólo toma del cielo
un ramillete de estrellas.[285]

Su amor a la tierra natal lo expresa el autor en una décima, en la que lo histórico abarca desde la época precolombina hasta el presente:

Isla de Cuba

Isla pequeña y estrecha
- canoa, piragua, barco -
a veces te creo arco
de los indios, o su flecha.
En ti recojo cosecha
de música, luz, color
- palmas, arcoiris, flor -
olas, cañas, sol, arena
y siembro en tu tierra buena
mis décimas y mi amor.[286]

Bajo los principios y lemas del grupo «Poetas de Holguín» se comprometieron autores tan diferentes como Lolita Curbelo Barberán, Francisco García Benítez (ya conocidos antes de 1959), Luis Caissés, Belkis Méndez, Gilberto Seik y **Alejandro Querejeta Barceló** (1947 Holguín), antes Presidente de la UNEAC local, hoy viviendo en Ecuador. Como periodista, poeta y novelista debutó con la novela Los términos de la tierra (1985), recuerdos autobiográficos de un hombre antes y después de la Revolución.

A ella siguieron los libros de poesía *Arena negra* (1989, Premio «El Caimán Barbudo», 1987), *Cuadernos griego* (1991) y *Album para Cuba* (1998). En el tomo de ensayos *Crónicas infieles* (1992) están recogidos artículos históricos y literarios, de difícil acceso antes en la prensa local.

Esta lucha estética contra la mediocridad y la chabacanería representó la intención principal de muchos poetas holguineros. En el número de mayo 1990 de la revista *Ámbito* (publicada desde 1987) leemos:

Ambito como orientación fundamental, desde sus inicios, reflejar en sus páginas la cultura en su sentido más amplio [...] sin el chauvinismo tarado del localismo o el nacionalismo.

Jorge González Aguilera (12 de agosto de 1950 Holguín), licenciado en literatura española, investigador, ensayista y poeta ha publicado *El fondo cultural holguinero: introducción a sus rasgos* (1989), ensayo laureado en el

---

[285]   González Batista (1989: 21).

[286]   González Díaz / Menassa (1995: 60).

concurso «Premio de la Ciudad de Holguín», un libro muy bien documentado sobre *Fiestas tradicionales* (1995), poesías reunidas en una *Antología Mínima: la simple tranquilidad de ser* (1994) y una selección de poetas cubanos *Poetas de la isla* (1995) con textos de los participantes en el Primer Encuentro de poetas del interior del país. Hoy vive en las Islas Canarias.

La temática religiosa es una constante en su obra, pero se encuentra también un poema de consejo prudente (inédito en la Isla):

Si eres lluvia
corre por los torrentes del destino.
No rehuses ninguno.
Si eres relámpago,
ilumina la mediocre oscuridad.
No rehuses los rincones.
Si eres viento,
barre la hojarasca con violencia.
No rehuses color alguno.
Eso sí, como Whitman,
apártate de sectas y escuelas.
Todas son iguales.

A esta generación pertenece también **Carlos García Rojas** (1950 Holguín), que se ha creado un nombre como dramaturgo (*Jugando a sí mismo*, 1990) y poeta (*Los duendes que me habitan*, 1988, Premio de la Ciudad).

Lourdes González Herrera (1952 Holguín) se dio a conocer con el libro *Tenaces como el fuego* (1986, mención Premio Ciudad de Holguín). A él siguieron otros libros de poemas: *La semejante costumbre que nos une* (1988), *Una libertad real* (1991, primera mención), *La desmemoria* (1993, Premio de Poesía, 1992), *Papeles de un naufragio* (1999), *En la orilla derecha del Nilo* (2000, Premio de Poesía «Julián del Casal», UNEAC). Tiene un libro de crónicas: *Acercamiento a la poesía de habla hispana escrita por mujeres* (1992).

Temáticamente le preocupa el problema del tiempo que transcurre lentamente *Lo transitorio*, el recuerdo y la muerte se unen constituyendo una unidad poéticamente expresada en ritmos libres, como en el poema «Juegos» (1988):

Cuál de nosotros quedará para saber qué fuimos,
cuál entre todos incluirá en la memoria
las noches de largas soledades,
el vino contemplador,
la ambigüedad del miedo,
la tibieza inconstante de los días.
[...]
Una casa, un árbol, una ciudad,
los designios rodean estas letras,
y en el tiempo nostálgico,
entre el polvo de los grandes placeres me pregunto:
cuál de nosotros reunirá nuestras deudas

para cerrar con ellas los lugares
donde jugamos juntos el juego de la muerte.[287]

Quintín Ochoa Romero (1952 Holguín) ha sido varias veces premiado
(UNEAC, Premio de la Ciudad) por sus libros de poemas *Sobre un giro de
espejos* (1987), *Voces de tu imagen: cofre de estrellas* (1992). Lo característico de
sus breves poemas son las imágenes sencillas de la naturaleza, planta y animales
que inducen casi siempre a una observación filosófica:

Caracol

Caracol negro
¡linda es tu espera!
Que una mañana
de bulla y fiesta
vendrán los niños
de las escuelas,
para que sueñes
la vida entera
bajo cristales
y luces nuevas,
en una sala
caracolera.[288]

Manuel García Verdecia (1953 Marcané, Holguín), poeta, ensayista y
narrador, ha publicado: *La consagración de los contextos* (1986, ensayo), *La
mágica palabra* (1991, ensayo), *Incertidumbre de la lluvia* (1993), *Hebras* (2000),
Meditación de Odiseo a su regreso (2002) (Premio «Adelaida del Mármol», 2000).

Meditación de Odiseo a su regreso

[...]
atisbo un resplandor que se parece a la dicha,
es un instante tan breve que no sé
si lo he vivido o lo he imaginado,
pronto se difumina con el ácido de los recuerdos,
cada victoria rememora mil angustias,
cada victoria se diluye en cien derrotas,
¡ay, corazón, mi hambriento roedor de ensueños!
¿por qué no escapas a las trampas del recuerdo?
¿por qué no evades el veneno de amar tanto?[289]

Alejandro Fonseca (1954 Holguín), cuya poesía fue varias veces premiada
(*Bajo un cielo tan amplio*, 1986, *Testigo de los días*, 1988) obtuvo además el
Premio de la Ciudad de Holguín por el ciclo *Juegos preferidos* (1992). En él, la

---

[287]   *Letras Cubanas* 10 (1988), págs. 239-240.

[288]   Ochoa Romero (1992: 53).

[289]   García Verdecia (2002: 61-62).

crítica social se transparenta de forma indirecta, tratando de buscar ciertos paralelismos equivalentes pero es manifiesto el deseo de dialogar y hallar un compromiso, como se ve claramente en el poema «Un puente»:

> Luego de las consabidas glorificaciones
> fuera y dentro un sistema coloquial de sordos
> un día más derrumbándose en bastiones de silencios
> un puente que se va abriendo en el espacio.[290]

Después publicó *Anotaciones para un archivo* (1999).

El sensible poeta y ensayista **Alberto Lauro** (18 de abril de 1959 Holguín) vive exiliado en Madrid desde 1993, después de haber sido perseguido en Cuba por los Servicios de Seguridad del Estado por sus manifestaciones críticas y haber exigido a la burocracia estatal cubana que se retractara del contenido de algunos de sus poemas.

Procedente de la Brigada Hermanos Saíz y del taller literario «Pablo de la Torriente» (1981-1986), la fragua de talentos de poetas jóvenes de Oriente, cuyo director fue él parcialmente, Lauro trabajó antes de exiliarse como guionista de radio y televisión y bibliotecario en La Habana. En la actualidad vive en Madrid donde codirige Ediciones San Roque.

Su obra, varias veces premiada, comprende los libros de poesía *Parábola y otros poemas* (1987, plaquette), *Con la misma furia de la primavera* (1987, premiado en Holguín), la breve prosa lírica *Cuaderno de Antinoo* (1994), con mitos griegos y temas bíblicos del devoto católico, libros para niños premiados en Cuba, *Los tesoros del duende* (1987), *Aquarelas* (1990) y el ensayo *Eliseo entre la penumbra y la luz* (1990). Últimamente salió *En brazos de Caín* (2005, Prólogo Zoé Valdés).

La imagen del «poète maudit», en la figura de Cristo del espantapájaros crucificado, aparece en el poema «Espantapájaros» (1987):

> En medio del campo
> estoy. Olvidado por los niños.
> Mi casa es la intemperie.
> El maíz recién sembrado
> me llega a las rodillas.
> No aguardo la lluvia
> ni la seca.
>
> Mi roto pantalón
> y la camisa vieja
> visten una cruz
> coronada por un sombrero
> de paja dorada
> — sin boca, sin sueño, sin orejas —

---

290 Fonseca (1992: 19).

que es mi rostro.
Ignorado por los hombres.

No tengo ambiciones.
Soy fantasma. Soy real.
Ni certeza ni dudas.
Ni canción ni eco.
Espero la luna
como al sol.[291]

Agustín Labrada (1964 Holguín), poeta de gran talento, autor del libro de poesía femenina *Cuatro muchachas violadas por los ángeles* (1989) y de *Jugando a juegos prohibidos* (1992), obtuvo, después de la publicación de su primer libro *La soledad hizo relámpago* (1987), la primera mención del Concurso Premio de la Ciudad en el género de la décima por su segunda obra *Viajero del asombro* (1991). En él se mezclan poesía amorosa y poemas nostálgicos, en los que se entrecruza el tiempo que se evade velozmente con el recuerdo:

Vivir es un duro oficio

Vivir esperando el juicio
de una voz en la confianza
es la terrible balanza:
el bosque o el precipicio.

Vivir es un duro oficio
que atraviesa un mapa viejo,
es un extraño reflejo
de oscuridad y grandeza,
que no ha partido, y regresa
su equilibrio hacia el espejo.[292]

Entre los «novísimos» es muy elogiado **Félix Antonio Rojas** (1965 Holguín) con su libro de poemas *La isla maldita* (1997). A través del taller literario «Pablo de la Torriente Brau» algunos de estos escritores entraron también en contacto con escritores «asesores» como Manuel Díaz Martínez (que en los años 90 abandonó el país), César López, Pablo Armando Fernández y otros, que, durante su vida, habían actuado «contra viento y marea». El ambiente cultural de Holguín más distante de la cerrada política cultural de la capital, permitió también organizar un audaz homenaje, dedicado a Lezama Lima en junio de 1987, con asistencia de miembros del grupo Orígenes, como Eliseo Diego, Cintio Vitier y Fina García Marruz.

Entre los poetas jóvenes de la fragua poética de Holguín, **Ronel González Sánchez** (1971 Cacocum, al sur de Holguín) es uno de los talentos más prometedores. Muy pronto obtuvo varios premios e ingresó en 1993, desde la

---

[291]   Lázaro / Zamora (1995: 300).

[292]   Labrada (1991: 33).

Brigada Hermanos Saíz, en la UNEAC, siendo incluido en el índice de Poetas de Lengua Española de la Asociación «Prometeo» de poesía en Madrid. Después de realizar estudios de Historia del Arte en la Universidad de Oriente en Santiago destacó en libros infantiles de una originalidad asombrosa (*Si los gorriones olvidaran el cielo*, 1989; *Un país increíble*, 1992; etc.).

Sus maestros fueron Lezama Lima y Eliseo Diego, los guías de toda una generación. González Sánchez escribió décimas brillantes (*Algunas instrucciones para salir del sueño*, 1991, *Todos los signos del hombre*, 1992, *Dictado del corazón*, 1993, *Rehén del polvo*, 1994) de tonalidades sensibles entre el sueño y la realidad (aquí se hace patente la huella neobarroca de Lezama Lima según la tradición de Calderón de la Barca), el amor y la muerte, la melancolía y la esperanza.

Más tarde publicó *Incendio y otras historias* (1994), *Desterrado de asombros* (1997), *Zona franca* (1998, poemas escogidos 1971-1997), *Consumación de la utopía* (1999) y *La furiosa eternidad* (2000).

En el pequeño libro *Sagrados testimonios* (1995), el escritor sondea críticamente y con cierta prudencia los mitos de la Revolución, sirviéndose de referencias bíblicas. El lema figura en el poema titulado «Aguas que nos rodean»:

> Vivimos tiempos de amor tiempos de traidores
> y tiempos de atrevidos
> donde uno solo es un ruido minúsculo
> que comienza a llenarse de ruidos necesarios
> en cualquier rincón del pequeño gran silencio en que
> vivimos
> enormes balanceándonos.[293]

Jinetes, traidores, ángeles, figuras de las Sagradas Escrituras aparecen también en la vida cotidiana cubana y pertenecen, según el embuste de la propaganda, a los «sagrados testimonios», propaganda que sólo conoce dioses, semidioses («Elogio del Semidiós») y demonios. Así resucitan, precedidos por un lema de Rimbaud (*Une saison en enfer*, 1873), en el poema «Variaciones alrededor de los jinetes», los cuatro jinetes del *Apocalipsis* de San Juan (6, 1 siguientes) que derramaron sobre el mundo guerra, hambre, peste y muerte. ¡Qué casualidad que los que practican la prostitución en Cuba sean llamados «jineteras» y «jineteros»!

Antologías

González Díaz, Juan / Menassa, Miguel Oscar (eds.): *Poesía cubana hoy (varios autores)*, Madrid 1995.

González Sánchez, Ronel (ed.): *Antología de la décima cósmica de Holguín, Cuba*; México (D. F.) 2003.

---

[293] González Sánchez (1995: 20).

Lázaro, Felipe / Zamora, Bladimir (eds.): *Poesía cubana: la isla entera*, Madrid 1995 (54 autores).

7.6 Poesía «samisdat»: estrategias de resistencia en la poesía cubana de hoy

Muchos historiadores de la literatura en general hablan de una literatura «samisdat», palabra rusa que significa «editado por el autor». Es el lenguaje de los que pueden expresar sus pensamientos sólo en la (semi)clandestinidad, debido a las medidas rigurosas de la censura. Quien en estos tiempos viaja por las provincias de Cuba, volverá con cierta cosecha, rica en este tipo de productos literarios.

El «proceso de rectificación» cubano que se inició a mediados de los años 80, dejó intactas las estructuras del poder. De acuerdo con el lema «Dentro de la Revolución todo, contra la Revolución nada», el gobierno obligó a comportarse según los canones oficiales a las voces disidentes. Algunos escritores, en vez de esperar a la reacción oficial se adelantaron al sistema, identificándose aún más con los símbolos políticos. Otros, en cambio, se refugiaron en sus nichos intimistas o trataron de vadear el «período especial» — gracias a sus amigos y a su talento — en el extranjero.

Antes de que llegara el «apagón cultural», algunos escritores *free lancer* ya habían renunciado a la nomenclatura. Querían disponer de más tiempo para sus propias actividades literarias y volvieron la espalda a las instituciones. Vivían sencilla y simplemente de traducciones, de trabajos de lectorado, de redactar informes literarios de periodismo o de la búsqueda de material para las investigaciones de especialistas extranjeros. El derrumbe de la infraestructura material tuvo consecuencias gravísimas también para este sector cultural. Algunas revistas literarias tuvieron que buscar mecenas en el extranjero.

La literatura cubana de la isla perdió las características de la «reproductibilidad técnica», según Walter Benjamin un elemento esencial de la época industrial. Debido al embargo impuesto por el gobierno de Estados Unidos, al colapso de los estados socialistas europeos y al «autobloqueo», faltan en muchos sectores los recursos materiales necesarios para mantener el proceso de producción y distribución de la literatura. Sus productos se leen en círculos pequeños, en «piñas», en el caso de que se consiga papel, pero muchos escritores carecen de la oportunidad de publicar sus obras. Son víctimas involuntarias de la reactualizada estrategia guerrillera de «cerrar filas» frente al ataque posible. El ataque llamado «guerra fría» dura ya 50 años.

Parte de los jóvenes incluso recurrió al parricidio. Ya no quieren dejarse engañar con promesas y palabras huecas y retóricas. José Luis Rodríguez Prieto, un poeta de Sancti Spíritus, escribió en un número del Caimán Barbudo, refiriéndose en este contexto a una ola — símbolo de un cambio posible — lo siguiente: «la ráfaga propone una alegría nerviosa — la alternativa de sí la oiremos venir.» El pensamiento utópico se esconde tras las imágenes sencillas extraídas de la naturaleza. La palabra clave «alternativa» deja mucho espacio libre a la fantasía.

El intimismo, las claves, las metáforas herméticas o la amplitud barroca se orientan hacia las figuras de los padres espirituales — y no de los padres políticos — como Lezama Lima, Pablo Armando Fernández o Eliseo Diego -, quienes se negaron en tiempos difíciles a seguir las órdenes de Sumos Pontífices culturales ortodoxos o rechazaron la militarización de la cultura. Un joven poeta formula:

> Sí, señor
> y no, señor
> son dos señores diferentes.

Es la semántica del lenguaje. Y el mismo joven escribe, en contra de la ideología oficial del «proceso de rectificación», los versos siguientes, que terminan con una pregunta:

> El huracán destructor,
> ¿rectifica sus errores con la brisa?

Según la opinión de muchos jóvenes, la propaganda oficial, el discurso triunfalista y el oportunismo han desgastado el idioma durante muchos decenios. En un folleto mecanográfico que se titula «Acrobacia roja: poemas contra el oportunismo», otro escritor formula:

> Los obreros,
> los campesinos,
> los intelectuales,
> acabaron en este país
> con la propiedad privada,
> que era fuente de privilegios,
> y ahora me exigen que yo,
> individualista cabal
> y ambicioso firme,
> no sea firme,
> no sea decidido
> oportunista.

Parece ser que este folleto de los alrededores del año 1987, de 31 páginas, y con una tirada de 200 ejemplares, fue la primera publicación «samisdat», prologada por Reynaldo Escobar Casas, periodista expulsado de la Unión de Periodistas como el autor de estos poemas, Julio Martínez (1951 La Habana). Cuando Julio Martínez presentó algunas de sus poesías, por cierto muy aplaudidas, ante un público de obreros en una fábrica de tabaco, inmediatamente fue citado a «Villa Marista». Desde entonces estaba confinado y consiguió llegar más tarde a EE.UU.

Sus textos — igual que la novela contestataria *La isla de la esperanza* de Escobar Casas -, como otras tantas obras más, siguen sin ser publicados. En un poema epílogo titulado «Credo», Martínez formuló su convicción:

Lucho,
porque sé
que algún día
el más grande crimen
será pisar una flor.

Otro cubano ironiza en versos experimentales sobre los intensos ejercicios de las milicias y arremete a la vez contra la ideología «Dulce y glorioso es morir por la patria» y contra la división del mundo entre buenos y malos, lo que impide cualquier diálogo serio:

Parada

1,
Cuadrados, hexágonos, filas,
Esperanzas y pentágonos
después de la cadencia:
¡Firmes!
en cementerios
Metales tienen miedo al hambre
el hambre al hambre
[...]
Los días perdieron el sol
los nombres los nombres
con el uniforme
, 2, 3 [...]

Ricardo Camilo López López, el autor de estos versos, un físico teórico graduado en la Universidad Técnica de Dresde, llegó a la literatura por medio de la semiótica, la teoría de la comunicación y teorías generales lingüísticas. Fue detenido y estuvo preso varias veces por intentar salir ilegalmente del país hasta que, tras una odisea kafkiana, consiguió escapar a Estados Unidos en 1995.

Otros escritores siguen sin ser publicados y por ello pueden prescindir de la propia autocensura, como se ve en el siguiente texto que circuló en copias:

Más tarde o más temprano
me habré de suicidar
y todos chistarán con rostros de
vecindad,
se disputarán haber sido el último
en haber no conversado conmigo
[...]
El forense vendrá a dictar su tiro de gracia
y como lápida final
un cartel de «Roto» cerrará mi historia.

En estos versos, el autor se rebela contra las consignas políticas y usa un lenguaje corriente. El suicidio es la respuesta a la polarización en la sociedad entre socialismo o muerte. La pelea de los vecinos entre ellos sobre quien habrá sido el último en haber visto al suicida se refiere a la norma que se vive a diario en cada cola: «¿El último? ¿Quién es el último?» En este contexto este principio tiene connotación negativa, porque nadie confiesa haber sido el último para ahorrarse molestias. La alusión a la lápida final de la historia es una parodia del famoso discurso de defensa de Fidel Castro después del fracasado ataque al cuartel Moncada en 1953: «La historia me absolverá».

Bajo el lema de «¡Tontos de todas las colinas uníos [...]!», Arturo Santana difundió un poemario mecanografiado y dedicó un poema a Eliseo Diego, parodiando el mito de los guerrilleros barbudos que descendieron de la loma en la Sierra Maestra, en 1958:

Un anciano con bastón
desanda el día loma abajo

«Ya es hora», le gritan
«La noche la noche»
se retira repitiendo.

Muchos de estos autores se sirven de moldes archiconocidos, como en el texto anónimo siguiente titulado «Bienaventuranzas de los impedidos» que imita las alabanzas del Sermón de la Montaña, en el *Testamento Nuevo* (San Mateo, 5, 3-11):

[...]
Bienaventurados los que me
escuchan, pues yo también tengo algo
que decir

Bienaventurados los que saben lo que
siente mi corazón, aunque no pueda
expresarlo

Bienaventurados los que me respetan
y me aman como soy, tan solo como
soy, y no como ellos quisieran que yo
fuera.

El individuo reclama en este texto su derecho a la libertad de expresión y se rebela contra el reino de un solo Dios omnipotente en la tierra y en el cielo.

El texto siguiente (1993) contiene frases intercambiables bien conocidas del lenguaje oficial. Es el lenguaje de los mudos, que pueden expresar tales pensamientos sólo en la clandestinidad ante el temor de las medidas rigurosas de la censura:

El Soneto del Plan Alimentario

La yuca que venía de Lituania
El mango, dulce fruto de Cracovia,
El ñame, que es oriundo de Varsovia
y el café que se siembra en Alemania.

La malanga amarilla de Rumania,
el boniato moldavo y su dulzura;
de Siberia el mamey, con su textura
y el verde plátano, que cultiva Ucrania.

Todo eso falta, y no por culpa nuestra.
Para cumplir el plan alimentario
se libra una batalla ruda, intensa,

y ya se advierte la primera muestra
de que se hace el esfuerzo necesario:
hay comida en la tele y en la prensa.

El fracaso del plan alimentario, que nunca fue reconocido abiertamente por el gobierno, está ironizado aquí en la forma clásica del soneto que, en general, se ocupa de temas más profundos y lúcidos.

Poesía contestataria la encontramos también en la revista *Albur* (que ya no aparece), del Instituto Superior de Arte (ISA), fundadas por Omar Baliño Cedré (1968 Santa Clara) o en los boletines mensuales de las parroquias eclesiásticas, como en *Hosanna*, boletín del sanatorio San Juan de Dios (La Habana). Todos estos textos reflejan en general formas y temas de la emigración interior, es decir del «insilio».

Este concepto, que surgió en los años 30, en la época del fascismo europeo, expresa la relación existente entre el exilio interior y exterior, y designa una oposición latente frente al sistema de gobierno en el propio país. Dicha oposición puede manifestarse de diferentes formas: como rechazo de los medios de publicación o como crítica camuflada, satírico-irónica, del sistema en cuestión o bien como actividad literaria conspirativa o abstinencia frente a las instituciones.

Las formas del no conformismo, que se enfrentan con las medidas ideológicas, disciplinarias o de organización del gobierno, van más allá del marco estrictamente literario y determinan el comportamiento político del intelectual. Por ello, el concepto de «insilio» implica una forma de actuar intelectual y social. En cualquier caso es un indicador significativo de la legitimidad de un sistema de gobierno. A veces, sólo la distancia temporal permite determinar hasta qué límites ha llegado el «insilio» de un escritor. Decisivas en fin, para valorar cada caso, son las condiciones políticas, económicas y culturales, sujetas siempre a un cambio permanente.

Antología y estudios

Franzbach, Martin: «Entre la Escila y la Caribdis: formas y contenido de la resistencia interior en la literatura cubana de hoy», en: Marco, Joaquín (ed.): *Actas del XXIX Congreso del Instituto Internacional de Literatura Iberoamericana,* tercer tomo, Barcelona 1994, págs. 239-244.

Ilie, Paul: *Literature and Inner Exile,* Baltimore 1980.

López Montenegro, Omar (ed.): *El desierto que canta: poesía «Underground» cubana,* Washington (D. C.) 1993.

7.7 La canción política como arma poética

El libro clásico de Alejo Carpentier *La música en Cuba* (1946) que no abarca la época de la Revolución Cubana, documenta los orígenes multiculturales de la música en Cuba. Cantautores revolucionarios como **Carlos Puebla** (11 de setiembre de 1917 Manzanillo — 12 de setiembre de 1989 Guanabacoa, La Habana) conservaron inicialmente las formas tradicionales del son, de la guaracha, la rumba, bolero etc., completándolas más tarde con textos didácticos al servicio de la educación política del pueblo.

En los años 50, Puebla acompañó con su guitarra el mojito y el daiquirí de los turistas norteamericanos y del gringo Hemingway en la Bodeguita del Medio, de la Habana Vieja. A partir del año 1959 Puebla fue, con más de 2000 composiciones, el cantante más popular y el compositor más creativo de la «Nueva Canción Latinoamericana», junto con Violeta Parra (1917-1967), que se suicidó, de Chile, y con Atahualpa Yupanqui (1908-1992), de la Argentina.

En sus canciones Puebla recoge la historia revolucionaria cubana y latinoamericana en sus momentos gloriosos y tristes. Al contrario de muchos de sus imitadores, Puebla alcanzó de manera magistral el difícil equilibrio entre el entretenimiento y la didáctica. La reforma agraria, la campaña de alfabetización, las milicias, los Comités de Defensa de la Revolución, el imperialismo norteamericano y otros hechos memorables fueron difundidos mundialmente por medio de sus canciones irónicas, llenas de gracia, humor e imágenes sencillas.

Sus elegías a la muerte de Camilo Torres, Salvador Allende, Camilo Cienfuegos o Che Guevara conmovieron a mucha gente. Sirva de ejemplo un extracto del réquiem al Che, de 1967:

Hasta siempre, Comandante

Aprendimos a quererte
desde tu histórica altura
donde el sol de tu bravura
le puso cerco a la muerte.

[Estribillo:]
Aquí se queda la clara,
la entrañable transparencia

de tu querida presencia,
Comandante Che Guevara.

Estas canciones y textos — utilizados hoy para entretener a los turistas — harán perdurar la música internacionalista de Puebla, aunque a veces nos resulte demasiado melodramática.

Pablo Milanés (24 de febrero de 1943 Bayamo), **Sílvio Rodríguez** (29 de noviembre de 1946 San Antonio de los Baños) y muchos otros cantautores de la Nueva Trova, como Sara González y Amaury Pérez, le deben a Carlos Puebla sugerencias decisivas, aunque hayan mezclado más tarde elementos del *beat,* del bossa nova y de ritmos caribeños hasta encontrar su estilo propio. Al contrario de la trova de Carlos Puebla, estos trovadores han partido en sus textos de situaciones y sentimientos personales y no de una temática política altisonante. Sus textos adquieren así un carácter intimista, lo que corresponde al cambio de paradigma dentro de las generaciones.

Imagen 66:
Nicolás Guillén con Pablo Milanés

Sílvio Rodríguez cita, como modelos literarios a Martí, Vallejo, Tallet y Diego. Sería una tarea atractiva buscar las fuentes líricas en los textos de los cantautores. En la primera fase de la Revolución, Sílvio Rodríguez compuso la famosa «Canción de la Trova» (1966):

Aunque las cosas cambien de color,
no importa pase el tiempo,
las cosas suelen transformarse
siempre al caminar
[...]
pues siempre que se cante con el corazón
habrá un sentido atento para la emoción de ver
que la guitarra es la guitarra
sin envejecer.[294]

---

[294]   Casaus / Nogueras (1993: 49).

Cuando, al final de los años 80 y en los años 90, surgió una nueva generación, destacaron los cantautores Carlos Varela y **Pedro Luis Ferrer** (1953 Yaguajay, Sancti Spíritus), artistas comprometidos y valientes que, con su música y sus textos, entusiasman y siguen entusiasmando a la juventud contestataria. Estos cantautores, como guías de todo un florecimiento de talentos jóvenes en las provincias, representaron un contrapeso frente a las estrellas de la política cultural oficial, representada por Pablo Milanés y por Sílvio Rodríguez, pero también frente a la música consumista ofrecida a los jóvenes dentro de la Unión de Jóvenes Comunistas.

Estos cantautores han cumplido y cumplen un papel importantísimo, lo mismo que en otras sociedades cultural y políticamente cerradas. Con gracia y astucia han sabido aprovechar el espacio libre reflejando en sus canciones utopías sociales, bastante alejadas, sin embargo, de una realización inmediata. Ferrer se atreve a cantar sobre temas que son considerados malvistos, como la discriminación de los homosexuales, los hijitos de papás caciques que viven como abeja en flor, la prostitución, los lemas gastados del partido y la inflexibilidad del patriarca Fidel Castro.

En su famosa canción Babulú Ayé (un santo de la santería sincretista, parecido a San Lázaro) dice:

Fidel tiene cosas buenas
que suenan en mi bongó,
Carlos Marx que va de un lado
y del otro lado Changó.

Si se tiene en cuenta que, en el libro *Fidel y la religión: conversaciones con Frei Betto* (1985), no se mencionan las religiones afrocubanas, se comprenderá mejor la intención de Ferrer en esta canción. A la cultura afrocubana, representada por Changó, le corresponde el mismo valor que el materialismo histórico simbolizado por Karl Marx.

Los éxitos más conocidos de Ferrer son las canciones «El abuelo Paco» y «Ciento por ciento cubano», que recuerdan las canciones de protesta catalanas de los años 60 y 70 por la estrategia y las imágenes sencillas, por el «choteo» típico cubano y por sus perífrasis sobre las prohibiciones de la censura. En la siguiente canción sobre el abuelo Paco, Ferrer describe la casa que el abuelo construyó con sus propias manos. Los niños crecieron, pero «para mover un alpiste / hay que pedirle permiso» al abuelo:

No olvides que abuelo tiene
un revólver y un cuchillo
y mientras no se los quiten
abuelo ofrece peligro.

[Coro:]
Aunque sepa que no
dile que sí.
Si lo contradices peor para ti.

Cuando Ferrer parodia la consigna oficial «Ciento por ciento cubano», en forma de guaracha, una canción burlesca con texto irónico, mezclando en su voz vigorosa burla, mofa, rabia y tristeza, se obliga a reflexionar hasta al oyente menos sensible:

Como que mi Cuba es
cubana ciento por ciento
mañana reservaré
pasaje en el aeropuerto.

Quiero viajar hasta el Sur
a conocer la pobreza
y volver como cubano
ciento por ciento a mi tierra.

La huida del país no significa ninguna solución de los problemas sociales. «No hay casa en tierra ajena», dijo José Martí. Este mensaje lo transmite Ferrer, sobre todo, en las canciones de los años 90, cuando aumentó la ola de los *boat people* («balseros»):

Hay mucha gente huyendo
del pasado reciente.
Unos porque gastaron
su ilusión en quimeras,
otros porque quisieran
perpetuar sus placeres.

La canción política parte de situaciones de la vida cotidiana del pueblo. Es más actual, ágil y coloquial que la poesía escrita. Sus textos y su música llegan a un público más amplio y a otro nivel de sentimientos que el poema. En la película «Estados del tiempo» un viejo canta una canción famosa compuesta por Ferrer:

En la luna cuando má'
se puede e'tar un me'
do' me'
tre' me'
cuatro me' quizá
pero cinco me'
no se puede e'tar.

El juego de palabras, entendido por el público, consiste en la pronunciación idéntica cubana entre «cinco me'» (= 'cinco meses') y «sin come'» ('sin comer'). Los textos de Ferrer juegan con todas las posibilidades de esta picaresca subversiva. El gobierno, por otra parte, tolera la famosa libertad de los locos, si ésta se limita sólo al radicalismo verbal.

Los textos de **Carlos Varela** se concentran más en figuras y extraen sus temas en general del ambiente urbano. Cuando Varela en 1980, con 17 años de edad, se acercó al mundo de la «Nueva Trova», muchos estaban comprometidos todavía con la construcción del socialismo.

Al componer sus famosas canciones «Guillermo Tell» y «Jalisco Park» (1989), se notaba ya la pérdida de los valores válidos entonces. Como portavoz de las utopías de muchos jóvenes, Varela reclama por ejemplo en su famosa canción sobre Guillermo Tell la codeterminación y emancipación política de toda una generación joven. El símbolo histórico de Tell no insinúa un llamamiento al tiranicidio, sino que expresa un cambio en las reglas del juego. En la viejísima metáfora de la manzana como cetro del poder, Varela refleja la impotencia y autocensura de muchos intelectuales:

> Guillermo Tell no comprendió a su hijo
> que un día se aburrió de la manzana en la cabeza.
> Echó a correr y el padre lo maldijo
> pues cómo entonces iba a probar su destreza
> [...]
> Guillermo Tell no comprendió el empeño,
> pues quien se iba a arriesgar al tiro de esa flecha,
> Y se asustó, cuando dijo el pequeño:
> Ahora le toca al padre la manzana en la cabeza.[295]

En agosto de 1997, el gobierno cubano prohibió actuar durante seis meses a «La Charanga Habanera», una de las orquestas más populares de la isla caribeña. En ese período no estuvo permitida su música y tampoco pudieron tocar dentro o fuera de Cuba. «La Charanga» con sus textos y gestos atrevidos se había enfrentado en el Festival de la Juventud con el escándalo, el «peloteo» (desafío) de las responsabilidades, desencadenando la consiguiente reacción oficial. «El propio David Calzado fue cuestionado por *El Temba*, donde retrataba el caso de una cubana que renuncia al amor por la comodidad de juntarse con un caballero de edad madura y solvencia económica» (*El País*, 23 de agosto de 1997, pág. 22).

Estudios y antologías

Casaus, Víctor / Nogueras, Luis Rogelio: *Sílvio: que levante la mano la guitarra*, La Habana 1993.

Díaz, Clara: *Sílvio Rodríguez*, La Habana 1993.

Díaz, Clara: *La nueva trova*, La Habana 1994.

Franzbach, Martin: «Das politische Lied als poetische Waffe in Kuba», en: *IKA: Zeitschrift für internationalen Kulturaustausch* 58 (1999), págs. 6-9.

González Portal, Elsida: «Pablo Milanés: un caso de integridad cultural y compromiso social», en: *Signos* 37 (1989), págs. 149-169.

Haschke, Guillermo: «Carlos Puebla: 'Cantar para vivir o vivir para cantar'», en: *Araucaria* 25 (1984), págs. 123-129.

---

[295] Díaz (1994: 75).

Rodríguez Rivera, Guillermo: «Poesía y canción en Cuba», en: *Casa de las Américas* 125 (1981), págs. 127-137.

Rodríguez Rivera, Guillermo: «La poesía en las canciones de Pablo Milanés», en: *La Gaceta de Cuba* 2 (1998), págs. 23-26.

Vizcaíno Serrat, Mario: «Carlos Varela: el gnomo y el guerrero», en: *La Gaceta de Cuba* 1 (1994), págs. 20-22.

7.8 Literatura de la ergástula (poesía, prosa, teatro)

El concepto de «literatura de la ergástula» ha encontrado su aceptación como género literario, sobre todo a partir de Silvio Pellico (*Le mie prigioni*, 1832, edición ampliada en 1843). Oscar Wilde (*The Ballad of Reading Goal*, 1898), Antonio Gramsci (*Lettere dal carcere*, 1947, *Quaderni dal carcere*, 1975) y Alexandr Issáievich Solzhenitsin (*Archipiélago Gulag*, 1973-1975).

En nuestro caso, se trata de una literatura, escrita cuando sus autores vivían en gran parte todavía en Cuba, pero editada con posterioridad fuera de la isla, en una fecha en que a veces dichos autores estaban todavía encarcelados (lo que constituye un delito según el Código Civil cubano). Este tipo de literatura representa una acusación de la deformación externa e interna de la sociedad; es, sin embargo, a la vez una profesión de fe en favor de lo humano y la dignidad humana, expresados individualmente en la brutalidad de la vida diaria en la cárcel, además de expresar también la responsabilidad literaria del testimonio.

Es natural que esta literatura está expuesta al fuego cruzado de las ideologías, teniendo en cuenta, además, que sus representantes se comprometieron, también en el exilio en misiones políticas importantes (compárese Montaner, Valladares). El modelo literario, no superado hasta hoy, lo proporcionó Reinaldo Arenas con su autobiografía *Antes que anochezca* (1992). En ella, lo más significativo no son los capítulos («El arresto», «La fuga», «La captura», «La prisión», «Villa Marista», «Otra vez El Morro», «Una prisión abierta») correspondientes a la cuestión del contenido real, sino la voluntad de liberación del autor, que, ante la inminencia de la muerte por el SIDA, evoca la estancia de muchos reclusos y su destino en las cárceles cubanas.

José Carreño, un antiguo (casi 16 años) «plantado» (recluso que se opone a cualquier intento de reeducación), procedente del presidio político La Cabaña (La Habana), describe en un estudio antológico de qué forma los textos escritos en los talleres literarios ayudan a sobrevivir a los reclusos de las prisiones cubanas.

A modo de ejemplo, sea mencionado sólo el texto de un autor, con el seudónimo de Jam (= Orlando Martínez Díaz), quien en «Siempre lo mismo: Muertos en combate», nos informa directamente de su lucha en la guerrilla, durante el proceso de liquidación en la Sierra del Escambray con las torturas sufridas a continuación en el entonces penal de Tope de Collantes. La heroicidad del guerrillero se mantiene aquí firme en su estoicismo militante, durante la permanencia en la prisión.

El primer autor que editó poesía escrita en las cárceles cubanas (*Desde las rejas*, segunda edición 1976) fue **Miguel Sales** (1951 La Habana), poeta, ensayista y periodista. En la actualidad, Sales trabaja como agregado en el gabinete del director general de la UNESCO en París. Siendo todavía muy joven, Sales conoció las cárceles del castrismo (1967-1972), consiguiendo en 1974, llegar a Miami desde la base norteamericana de Guantánamo, pero fue nuevamente encarcelado (1974-1978) al tratar de sacar ilegalmente de Cuba a su mujer e hijos.

Por último, fue indultado en 1978, junto con otros 3.500 reclusos, al mejorar las relaciones con la Comunidad Cubana en EE.UU. Después trabajó como columnista del periódico *The Miami Herald* (1978-1984) hasta que se trasladó a Europa, a España, donde ejerció el periodismo (1984-1993), y posteriormente a París, a la UNESCO, desde 1993. Allí publicó bajo el seudónimo Julián B. Sorel el ensayo Nacionalismo y revolución en Cuba 1823-1998 (1998) y otros artículos.

Caricatura de Miguel Sales, hecha por Julio Hernández Rojo, un compañero de prisión, con motivo del cumpleaños y cumplimiento de la condena en 1972.

Imagen 67:
Caricatura de Miguel Sales,
hecha por Julio Hernández Rojo,
un compañero de prisión

Su poesía refleja la soledad del recluso, pero también las pequeñas alegrías de la vida diaria en la prisión y la esperanza de obtener la libertad:

Invierno ha llegado
y por blancos senderos
de ensueños me pierdo

Lenta en la ventana
— tras de la mañana —
tu recuerdo[296]

Este ciclo se cierra con poemas necrológicos a amigos muertos o fusilados. En los siguientes poemas cortos a los compañeros de celda predomina la nostalgia de la libertad sobre el odio. La religión y la fe en reencontrar a la familia y los amigos son fuente de sostén para mantenerse firme a diario.

Los temas de los poemas posteriores (*Desencuentros*, 1995, Beca «Cintas», 1981) continúan siendo la reclusión y la nostalgia del suelo natal perdido, pero, entre ellos, figura también una sencilla canción de cuna:

Luna
Para Milena

Dormilona
plata redonda,
monda, lironda,
— ronda la nana —,
el sol travieso
de la mañana
te corona,
al primer beso,
de azul y grana,
te corona,
¡dormilona!
de la mañana[297]

El ensayo ya mencionado sobre *Nacionalismo y revolución en Cuba 1823-1998* (1998), con las tesis del autor sobre la continuidad del caudillismo, mentalidad e identidad, es un balance desde 1820 hasta el presente, en la tradición de Mañach entre otros.

Ramón José Sender, el autor español exiliado, de 76 años, publicó en 1978 un pequeño libro sobre cinco cubanos disidentes con el título de *Escrito en Cuba: cinco poetas disidentes* (Madrid 1978). En su introducción, Sender pinta con fuertes pinceladas un cuadro sombrío de la antesala de infierno caribeño, en el que existen todavía menos libertades que en la Europa medieval y en la España de la Inquisición. Los escritores y poetas honestos están en la cárcel y

---

[296]   Sales (1976: 33).

[297]   Sales (1995: 39).

todos no tienen un revólver para quitarse la vida. En la antología de Sender aparece también el nombre del poeta **Ángel Cuadra** (19 de agosto de 1931 La Habana).

> Por tu «Noche de pan»
>
> para que entre la noche hasta tu celda:
> amorosa llavera consagrando
>
> El rito alumbra todo el universo
>
> Acércate a la mesa
> y come de mi cuerpo por amor
> y bebe de mi sangre
> Juana Rosa
>
> [...]
> «Amorosa llavera»,
> me has traído la noche, en un gesto de unción,
> hasta la celda
> [...]
> con un cántico de amor en los labios
> oficias:
> alzas como cáliz tu seno:
> ofreces como un pan desnudo
> tu cuerpo de alimento,
> tu sangre como vino [...]
>
> El universo todo está en mi celda.[298]

Se puede o no estar de acuerdo con el valor poético de estos versos, pero, sin duda, son un testimonio auténtico de la poesía escrita en la cárcel, que contribuyó a salvaguardar la identidad y a sobrevivir a los condenados.

Si examinamos los temas esenciales de la poesía de Cuadra y su evolución, desde la etapa de lucha clandestina dentro de Cuba y los diez años de confinamiento político hasta el exilio definitivo en 1985, veremos que representan sin duda una crónica y un testimonio poéticos. Así, la mayoría de los poemas, ordenados cronológicamente en la antología *La voz inevitable* (1994), parten de acontecimientos concretos de la lucha contra el régimen de Castro. En el centro de ellos, están el enfrentamiento y la reelaboración del pasado, lo que sin duda reduce el radio de acción de esta lírica.

El caso del poeta y ensayista **Armando Valladares** (30 de mayo de 1937 Pinar del Río) atrajo en los años 1982 y 1983 el interés de la prensa internacional. Cuando por intervención de Mitterrand fue liberado el 21 de octubre de 1982, después de 22 años de encarcelamiento, y llegó a Europa, Fernando Savater escribió en *El País* el 17 de diciembre de 1982, pág. 11:

---

[298] Cuadra (1979: 9).

En primer lugar, se habló de un exhausto paralítico, y se nos presenta un mozo de aire muy saludable. En segundo lugar, se dijo que era poeta, dictamen que no resiste la confrontación con ninguno de sus textos, por muy generosos que seamos en la aplicación genérica de tal calificativo literario. En tercer lugar, sus proclamas religiosas, no demasiado sutiles [...] tampoco logran emocionar a quienes compartimos mediocremente tales fervores.

En 1959, Valladares, un joven por entonces de 22 años, había obtenido un puesto en el Ministerio de Comunicación y, a la vez, se había unido al grupo contrarrevolucionario de Oliver Obregón, antiguo sargento de Batista, grupo que se dedicaba a rellenar con gelatina como explosivo las cajetillas de cigarrillos de la marca «Edén», haciéndolas explotar en lugares muy concurridos. Entre las víctimas, que perdieron su vida, había mujeres y niños.

El 28 de diciembre de 1960, Valladares fue detenido en Marianao, un barrio elegante de La Habana, cuando, en unión de otras 16 personas, estaba rellenando cajetillas con explosivo en una lujosa villa, siendo condenado, según el Código Penal vigente, a 30 años de prisión, condena que fue luego reducida a 25 años a pesar de un intento de fuga en 1973. Muchas organizaciones internacionales y conocidas personalidades intercedieron en favor del escritor católico encarcelado para conseguir su puesta en libertad.

La obra fundamental de su calvario son sus memorias *Contra toda esperanza* (1985), traducidas a varios idiomas, que, junto con las memorias de Arenas, fueron la fuente principal de la imagen negativa de Cuba en el extranjero, ya que ambas se basan en testimonios directos de sus autores. En realidad, se trata de una creación literaria de autojustificación, que pretende rehabilitar al acusado a la vez que contraataca.

Después de su liberación, Valladares adquirió la nacionalidad norteamericana y, durante años, fue el principal testigo de cargo de las violaciones de los derechos humanos en Cuba en las sesiones anuales de la ONU en Nueva York y Ginebra, sesiones que acababan siempre con una condena política de Cuba sin trascendencia alguna y en las que la Unión Soviética, de acuerdo secretamente con EE.UU., hacía contrapesar la sentencia negativa de Cuba con la condena del Chile de Pinochet.

Todavía el 5 de febrero de 1987, el tribunal de Creteil, ciudad del sur de Francia, rechazó la acusación difamatoria de Valladares contra Georges Marchais, antiguo Secretario General del Partido Comunista Francés, quien había puesto en duda que Valladares hubiera sido torturado a la vez que mencionado «los cadáveres de un sinnúmero de jóvenes cubanos», que habían muerto a consecuencia de la política defendida por el propio Valladares.

Entretanto, hace tiempo que no se sabe nada de la figura del escritor cubano. Su obra literaria está al alcance de cualquier interesado en *Desde mi silla de ruedas* (1976, edición nueva 1979 bajo el título *Prisionero de Castro*, anotado y presentado por Pierre Golendorf), *El corazón con que vivo* (1980) y *Cavernas del silencio* (1983). Los versos son torpes, desmañados que acusan, que generalizan lo que no es sino destino personal, que resultan inverosímiles y abruman por la acumulación de imágenes patéticas y melodramáticas:

El final

Cuando se levanten del silencio
las voces de la sangre
y los jueces de plomo rutilante
pronuncien la consigna
un relámpago eviterno
te bañará de luz
a tus pies caerán deshechos
los agoreros de la Historia
emprenderán nuevamente
las águilas el vuelo
y allá en el horizonte
el sol devorará las alambradas.
Nadie te lo dirá entonces
pero tú sabrás
que la hora ha llegado.[299]

Nadie va a discutir a Valladares su calvario vivido a lo largo de décadas, pero la instrumentalización, literariamente adornada, al servicio de intereses políticos de la guerra fría es otro asunto muy distinto y sólo pertenece a la historia de la literatura por su carácter individual como caso sociológico.

Una de las novelas más famosas de la cárcel «avant la lettre» la escribió **Carlos Montenegro** (27 de febrero de 1900 Puebla de Caramiñal, Galicia — 5 de abril de 1981 Miami) y su título es *Hombres sin mujer* (1938). En ella aparece tratado, además, el tema de la homosexualidad (entre los protagonistas Pascasio y Andrés Pinel) mucho antes de que lo hiciera Manuel Puig. Si el problema acaba aquí con la muerte trágica de los dos hombres por asesinato y suicidio, la novela impresiona por otra parte, por su recio lenguaje y refinamiento psicológico. El tema de la cárcel había ya estado presente en el libro de narraciones *El renuevo y otros cuentos* (1929).

La trayectoria política de Montenegro se inició con su ingreso en el Partido Comunista Cubano en 1933. Después ocupó el puesto de redactor jefe de *Hoy* (1938-1941), fue periodista del rotativo *Mediodía* (1938) en la Guerra Civil Española (*Aviones sobre el pueblo*, 1937, *Tres meses con las fuerzas de choque: División Campesino*, 1938) hasta que se exilió en Costa Rica y Miami después de 1959, donde fue columnista del semanario *Libertad*.

Desterrado del *Diccionario de la literatura cubana* (II, 1984), publicado por el Instituto de Literatura y Lingüística de la Academia de Ciencias de Cuba, la obra principal de Montenegro, la novela *Hombres sin mujer* no apareció en La Habana hasta 1994 en el marco de la liberalización literaria del tema de la homosexualidad (Senel Paz y el film *Fresa y chocolate*), sin que Imeldo Alvarez hiciera mención en el prólogo al exilio del autor.

Teniendo presente los suicidios en las cárceles cubanas y las huelgas de hambre de los «plantados», resulta macabra la frase del prologuista:

---

[299] Valladares (1983: 88).

> La tesis montenegrina es que la prisión de la época contenía en sus ergástulas los ácidos capaces de doblegar a quienes no elegían la muerte como alternativa.[300]

Sus obras de teatro completan la creación literaria de Montenegro, cuyo periodismo enmudeció. Su cuentística fue objeto de elogio por parte del crítico Enrique J. Pujals (*La obra narrativa de Carlos Montenegro*, Barcelona 1980).

Una novela, que no está basada en la propia experiencia, pero que en su tiempo fue muy leída y que representa un duro ajuste de cuentas con el castrismo, es *Planted* (1981), de la escritora exiliada **Hilda Perera** (11 de noviembre de 1926 La Habana). Es la historia del revolucionario Armenteros, que en 1962 se reincorporó a la lucha clandestina — esta vez contra Castro — y fue detenido y condenado a doce años de prisión. La tragedia termina con el triunfo de la libertad interna del protagonista, quien se opone a cualquier medida de reeducación y, por eso, pertenece a la categoría peor de los «plantados».

La novela cubana más conocida sobre las cárceles, que además fue llevada al cine, es Perromundo (1972), de **Carlos Alberto Montaner** (3 de abril de 1943 La Habana). Este polifacético escritor, periodista y director de una editorial, vive exiliado en Madrid desde 1970, donde edita en la Editorial Playor, entre otros, literatura del exilio y textos de crítica del sistema.

Además ha intentado organizar con ayuda internacional un movimiento de oposición y pertenece a los fundadores de la Unión Liberal Cubana, que cuenta con sedes en Miami, Caracas, San Juan y Bogotá, partido integrado en la Plataforma Democrática Cubana. Como Presidente de la ULC desde 1989, Montaner define:

> El objetivo inmediato de la Unión Liberal Cubana es crear las condiciones para que en Cuba sea posible el tránsito pacífico hacia la democracia, mediante la convocatoria a unas elecciones libres y pluripartidistas, con garantías para todas las partes y bajo la supervisión internacional, dentro del mismo espíritu con que se puso fin al comunismo en países como Checoslovaquia, Hungría o Polonia.[301]

La novela *Perromundo* se basa en las propias experiencias del autor, ya que Montaner fue condenado, a la edad de 17 años de reclusión en un penal por haber intentado organizar una huelga en la Universidad de La Habana, consiguiendo en 1961, a través de la embajada venezolana en La Habana, llegar a Miami y con posterioridad a España vía Puerto Rico.

Como narrador, Montaner se inició a la literatura con los libros *Póker de brujas y otros cuentos* (1968, segunda edición 1978) e *Instantáneas al borde del abismo* (1970). Tras una breve incursión por la lírica (*Los combatientes*, 1969), aparecieron una serie de libros de ensayo sobre literatura española y latino-americana pero también sobre temas políticos.

---

[300]   Montenegro (1994: 7).

[301]   *Perfiles Liberales*, edición 36, 1994, pág. 56.

Montaner es un decidido anticastrista y no ha ocultado nunca su rechazo al socialismo cubano como puede verse en varias publicaciones: *Informe secreto sobre la revolución cubana* (1976), *Cuba: claves para una conciencia en crisis* (1978), *Fidel Castro y la revolución cubana* (1983), *Víspera del final: Fidel Castro y la revolución cubana* (1994), *Libertad: la clave de la prosperidad* (1995), etc.

Como columnista y periodista prosiguió su actividad informativa y de análisis del castrismo. Es autor también, junto con Alvaro Vargas Llosa y Plinio Apuleyo Mendoza, del *Manual del perfecto idiota latinoamericano* (1996), libro que ha sido muy discutido por su parcialidad.

De entre sus novelas, las más conocidas son *Trama* (1987, nueva edición 1997 con el título *1898: La trama*) y *Perromundo*. Esta última se desarrolla en el marco de un régimen totalitario no especificado, que, sin embargo, por sus alusiones bien podría identificarse con la Cuba actual aunque, por otro lado, se pongan de relieve retrospectivamente también paralelismos con el régimen brutal de Batista y sus 20.000 muertos.

En una atmósfera cargada de violencia, odio e intransigencia, la acción discurre hasta el asesinato de Ernesto Carrillo, un profesor de filosofía preso, en torno del cual se agrupa hasta el final el núcleo más duro de la resistencia de los 12.000 reclusos políticos. Su adversario es el nuevo alcaide Barniol, quien, por encargo del gobierno, escinde a los detenidos en dos frentes: los que se acogen a la rehabilitación y los «plantados» (que se oponen a cualquier forma de integración), a la vez que sanciona brutalmente cualquier intento de huida o resistencia.

El pequeño grupo de supervivientes se resquebraja al ser obligado a realizar trabajos forzados en una granja, siendo ajusticiado al final Ernesto Carrillo — inflexible hasta la muerte. El autor consigue hacer perceptible para el lector la atmósfera de miedo y violencia por medio de una enérgica técnica narrativa, basada en el «collage». A través de monólogos internos, «écriture automatique», *stream-of-consciousness* y el empleo de la técnica del film y la sobreimpresión, Montaner intensifica y retarda la tensión de la obra.

Carrillo es uno de los grandes héroes de la resistencia en la literatura cubana, que, al igual que los héroes de Hemingway, salva sus ideales incluso cuando ya está abocado a la muerte. Sin embargo, Carrillo está solo con su ética de la resistencia entre sus compañeros de la cárcel:

> Rebelarme. Lo único que sé hacer. Lo que siempre he hecho. Rebelarme cada vez que pueda. Gritar que no a las arbitrariedades. Negarme a las maniobras de enajenación. Proteger mi dignidad de ser humano contra todas las tentativas de ultrajarla. Sentirme vivo en el acto de la rebelión sistemática. Proclamar el luzbelismo como forma de vida, o de muerte si llegara el caso.[302]

Aquí se anticipa ya el final con una trágica ironía. Aunque el libro esté más cerca del existencialismo de Camus, se puede reconocer en el concepto de Carrillo sobre la libertad interna la influencia de Sartre:

---

[302] Montaner (1985: 49-50).

Cuando los adoctrinados 'salen' de la cárcel dejan el espíritu tras las rejas. Salen 'presos'. Yo me quedo 'libre', aunque la decisión me cueste vivir treinta años enjaulado. Cada minuto de esos treinta años sabré que vivo de la manera que yo elegí, sabré que el hambre que paso o el palo que recibo es una consecuencia del ejercicio de mi condición de hombre.[303]

El final de la novela es una obra maestra artística, en el que, por medio de frases fragmentadas, se confronta la acusación contra Carrillo con su «stream-of-consciousness» y las ideas intrigantes de los asesinos en esos momentos dramáticos. El recuerdo de un amor que se ha extinguido de la resistencia de sus camaradas y de la belleza de la naturaleza nocturna le proporcionan a Carrillo la superioridad moral sobre los torturadores.

La novela termina con una reflexión sobre la utopía de la libertad:

La vida. Mañana. Quiero vivir. Como un hombre libre, como un triste y miserable hombre libre. Como un miserable y triste hombre. ¿Hombre? ¿Libre? ¿Vida? La vida [...] yo [...][304]

La novela histórica *Trama*, que el autor considera su mejor novela, se desarrolla entre Alemania (Hamburgo, Frankfurt), EE.UU. (Chicago, Paterson, Pittsburgh, Nueva York, Jacksonville), Cuba (La Habana, Santiago), Jamaica (Kingston), Francia (París) y México (Tampa), entre los años 1878 y 1898 en la fase decisiva de las Guerras de Liberación cubanas.

En el centro de una trama muy movida aparecen un anarquista alemán emigrante, Marcus Stein, su mujer Paola, una cubana exiliada muy apasionada, un conde cubano, Víctor Rey («Trama»), que apoya a los rebeldes poniendo en peligro su vida y rapta a Paola, la mujer del alemán y su amante en su juventud, un anarquista italiano de la alta burguesía, Cerrutti, y muchas otras personalidades históricas, como Ramón E. Betances en París. La novela narrada tradicionalmente, por orden cronológico, posee también un componente actual, que reside en la cuestión de la identidad metahistórica, política, social, cultural y personal.

La obra en dos actos Prometeo (1969, escrita en la prisión de Guanajay, estrenada en 1976 en Miami y allí publicada en 1991), del escritor **Tomás Fernández-Travieso** (1942 La Habana) es un experimento dramático fallido, surgido en condiciones conmovedoras. Es la obra de un autodidacta que, exceptuando el teatro de Piñera y *La noche de los asesinos,* de Triana, vivió sólo de sus conocimientos dramáticos en el Colegio La Salle. El autor, miembro del Directorio Revolucionario Estudiantil, fue detenido el 27 de marzo de 1961 por estar en posesión de armas y condenado a 19 años de prisión.

Prometeo fue sacado clandestinamente de Cuba, envuelta en dos hojas de papel cebolla y enrolladas hasta hacerlas del tamaño de medio cigarrillo. Después del estreno en Miami el 20 de marzo de 1976, el autor fue nuevamente detenido, condenado a cinco años más de cárcel e indultado en noviembre de

---

[303]   Montaner (1985: 176).

[304]   Montaner (1985: 251).

1979, gracias a un programa de amnistía y a la presión del gobierno de Venezuela.

La obra trata el problema de la libertad, basándose en el mito prometeico. El antiguo mito de Prometeo, que robó el fuego del Olimpo para llevarlo a la tierra, siendo por ello castigado por Zeus que lo condenó a ser encadenado a una roca del Cáucaso hasta que lo liberó Heracles, es un viejo tema del teatro.[305] Como tal atrajo siempre la atención de los dramaturgos, desde Calderón, con *La estatua de Prometeo* (1679) y *Pandore* (1741) de Voltaire, hasta Claudel, Kazantzakis y Heiner Müller.

Pero mientras que en el teatro barroco español Prometeo representó el símbolo de la humanidad irredenta y quedó para siempre encadenado a la roca, en el ensayo dramático de Fernández-Travieso, en cambio, aunque anclado en la fe católica, Prometeo, Meteo y Teo viven, con una distancia de 20 años en sus generaciones, profundamente convencidos de su misión y de recuperar la libertad.

En el lado opuesto están la Arpía y la Represión mientras el coro encarna, como en la antigua tragedia, el mensaje de la verdad y nos alecciona con la máxima llena de vida:

Estar desencadenados no es libertad.
Libertad es querer algo.
Tener posibilidades de actuar
es la libertad.[306]

Textos

Carreño, José: *Cuba: literatura clandestina,* Miami (Florida) 1987 (estudio-antología).

Escrito en Cuba: cinco poetas disidentes, Madrid 1978 (prólogo por Ramón J. Sender).

Fernández-Travieso, Tomás: *Prometeo,* Miami (Florida) 1991 (prólogo por Armando Alvarez Bravo).

Montaner, Carlos Alberto: *Perromundo,* Barcelona 1985.

Montaner, Carlos Alberto: *Trama,* Barcelona 1987.

Rodríguez Aguilera, Ana / Garvin, Glenn: *Diary of a Survivor: Nineteen Years in a Cuban Women's Prison,* New York 1995.

Sales, Miguel: *Desde las rejas,* segunda edición, Miami (Florida) 1976.

Estudios

Fernandez de la Torriente, Gastón (ed.): *La narrativa de Carlos-Alberto Montaner,* Madrid 1978.

---

[305]   Raymond Trousson: *La thème de Prométhée dans la littérature européenne,* 2 tomos, Ginebra 1964-1965.

[306]   Fernández-Travieso (1991: 40).

Fernández-Vázquez, Antonio Adolfo: «Perromundo: novela de la paradoja de
la revolución cubana», en: *Kentucky Romance Quarterly* 28/3 (1981), págs.
267-278.

Suárez Galbán, Eugenio: «Literatura, ideología e historia: el caso de Perromundo», en: *Sin Nombre* 7/4 (1977), págs. 47-58.

Suárez Rivero, Eliana: «El estilo literario de Perromundo: análisis de una novela
de Carlos Alberto Montaner», en: *Anales de literatura hispanoamericana* 2-3
(1973-1974), págs. 593-615.

7.9 Poetas en la diáspora

7.9.1 Introducción

Hay que señalar previamente que la poesía de los autores que siguen a continuación ha sido ya tratada en los capítulos centrales, correspondientes a la
novela o al teatro, ya que en los novelistas importantes, como Severo Sarduy
y Reinaldo Arenas, la poesía figura en un segundo plano. La lírica experimental de Sarduy abarca desde el surrealismo hasta el experimentalismo estructural geométrico de la vanguardia europea.

Reinaldo Arenas tiende a veces hacia el género híbrido de los poemas en
prosa.[307] Zoé Valdés es originariamente poetisa pero hoy es más conocida como
novelista. La lírica de Vázquez Díaz aparece semioculta en el capítulo sobre la
novela, la de Triana en el capítulo sobre el teatro. Albertico Lauro, que vive
desde 1993 exiliado en España, reaparece en el capítulo sobre los poetas de
Holguín.

Los límites entre poesía pura, poesía circunstancial y poesía comprometida
son a veces desde luego muy fluidos y sólo muy pocos poetas pueden ser
incorporados exclusivamente a una de estas corrientes. Por eso, su inclusión en
uno u otro grupo depende la mayoría de las veces de la orientación dominante
en la totalidad de su obra.[308]

7.9.2 Poesía pura y poesía circunstancial

Agustín Acosta y José Ángel Buesa murieron en el exilio sin poder regresar a
la isla donde habían nacido. **Agustín Acosta** (12 de noviembre de 1886
Matanzas — 12 de marzo de 1979 Miami, Florida), «Poeta nacional de Cuba»,
pertenece a la vieja generación que, al igual que José Manuel Poveda (1888-
1926), Regino E. Boti (1878-1958) y Dulce María Borrero (1883-1945) — todos
ellos en la línea del modernismo de Darío — contribuyó a la renovación de la
lírica a comienzos de siglo. Acosta, un abogado comprometido con la defensa
de los derechos de los campesinos frente a los latifundistas, perteneció tam-

---

[307]   Leprosorio (1990).

[308]   Véase Felipe Lázaro (ed.): *Al pie de la memoria: antología de poetas cubanos muertos en el exilio*, Madrid
2003. William Navarrete (ed.): *Ínsulas al pairo: poesía cubana contemporánea en París*, Cádiz 2004.

bién a la oposición contra la dictadura de Machado. Después ocupó altos cargos políticos, y en 1934 fue uno de los fundadores de la Asociación de Artistas y Escritores Americanos.

A comienzos de la Revolución apareció su pequeño libro de poemas *Caminos de hierro* (1963), una lírica entrañable sobre el ferrocarril, un himno al progreso, que todavía el 20 de diciembre de 1961 fue objeto de un recital en el Ateneo de La Habana ante la burguesía culta que había permanecido en la isla. Sin embargo, sólo sería una cuestión de tiempo hasta que Acosta, por oposición a Castro, abandonaría la isla en 1973 y se trasladaría a Miami. Allí se publicaron los libros *El apóstol y su isla* (1975) y *Trigo de luna* (1978). Sus *Poemas escogidos* (1988) fueron sorprendentemente la primera obra de un autor exiliado que se publicó en Cuba después de su muerte. Confiemos en que sus temas, no circunscritos al tiempo, sean puentes tendidos sobre el mar.

Estudios

Capote, María: *Agustín Acosta: el modernista y su isla*, Miami (Florida) 1990.
Flores, Aldo R.: *La poesía de Agustín Acosta, poeta nacional de Cuba*, Miami (Florida) 1977.

José Ángel Buesa (2 de setiembre de 1910 Cruces, Las Villas — 4 de agosto de 1982 Santo Domingo) salió de Cuba en 1963, trasladándose a México (1963-1968) y después a la República Dominicana, donde trabajó en los medios de difusión y en la universidad. Su lírica, romántica y postromántica, fue escrita en contra de todas las corrientes de la época. La fama de su obra más conocida, *Oasis* (1943), no volvió a superarla después. Sus poemas de amor, escritos antes y después de la Revolución, figuran en antologías (*Pasarás por mi vida: antología poética*, selección y prólogo por Juan Nicolás Padrón, La Habana 1997).

Su poesía circunstancial, a veces cursi, aparece todavía hoy en álbumes de poesía y es recitada en fiestas. Como ejemplo, sirva el famoso «Poema del renunciamiento» que recuerda la lírica postromántica de Gustavo Adolfo Bécquer:

Pasarás por mi vida sin saber que pasaste
Pasarás en silencio por mi amor, y, al pasar,
fingiré una sonrisa, como un dulce contraste
del dolor de quererte [...] y jamás lo sabrás.

Quizás pases con otro que te diga al oído
esas frases que nadie como yo te dirá;
y ahogando para siempre mi amor inadvertido,
te amaré más que nunca [...] y jamás lo sabrás.

Yo te amaré en silencio, como algo inaccesible,
como un sueño que nunca lograré realizar;
y el lejano perfume de mi amor imposible
rozará tus cabellos [...] y jamás lo sabrás.

Y si un día una lágrima denuncia mi tormento,
— el tormento infinito que te debo ocultar —,
te diré sonriente: «No es nada [...] Ha sido el viento».
¡Me enjugaré la lágrima [...] y jamás lo sabrás![309]

Antología

Nada llega tarde, introducción y selección de Pablo Valladolid y Victoria Pereira «Lía», prólogo de Carilda Oliver Labra, prefacio de Pepe Domingo Castaño, Madrid 2001.

Una gran parte de la lírica del exilio gira en torno al problema de la identidad, la evocación y la tristeza por la pérdida de la tierra natal. Es una feliz casualidad que los dos autores que siguen son, como directores de editoriales, representantes significativos de la literatura cubana en el extranjero. De sus ideas editorialistas, pero también de su creación lírica, la literatura cubana ha recibido impulsos importantes.

Pío E. Serrano (27 de octubre de 1941 San Luis, Oriente), poeta, editor y ex-profesor de historia de la literatura en la Escuela Nacional de Arte (ENA) de La Habana, vive desde 1974 en Madrid, donde dirige hoy las Ediciones Verbum. En el marco de esta actividad, y temporalmente como codirector y hoy en el Consejo de Redacción de la revista *Encuentro de la Cultura Cubana* (desde 1996) ha sido eficazmente activo como representante discreto del diálogo. Ha organizado coloquios, tendido puentes y contribuido de una forma eficiente a una visión diferenciada de la cultura cubana en el extranjero.

Sus primeras obras poéticas (*A propia sombra,* 1978, *Cuaderno de viaje,* 1981, *Segundo cuaderno de viaje,* 1987) han aparecido, ampliadas con algunos poemas nuevos, en el libro *Poesía reunida* (1987, con prólogo por Antonio Domínguez Rey). Partiendo de una valoración de la identidad en el marco de la más estricta identidad (*La sagrada familia*) se contraponen el amor y la muerte como los dos polos del cosmos, pasando a segundo plano las referencias históricas por relación a las vicencias personales.

Buen conocedor de la literatura universal y de muchos autores, en sus poemas se descubren sobre todo las huellas de Lezama Lima, Gastón Baquero y Martí. En contra de todo lo que sea poesía triunfalista, una parte de su obra gira, sin embargo, partiendo de la utopía del retorno de Odiseo a su país natal, sobre viajes, nostalgia y exilio. El tiempo que transcurre permanentemente, perceptible en los vuelos, cementerios y las aduanas, es para el emigrante fiel acompañante. En el homenaje al maestro Lezama Lima se reflejan evocación y compromiso frente a la vida:

Y solos quedamos
en este salón universal de Trocadero

---

[309]   Buesa (1997: 24).

con el caprichoso fuelle de su voz,
con su peculiar respiración del verbo.[310]

En los Haikus del silencio, filosofía y poesía se contraen en una brevedad epigramática que, como en el terceto japonés, parte con un gran rigor formal de lo lúdico para desembocar en la profundidad metafísica. Las descripciones de Serrano sobre el exilio resultan conmovedoras precisamente porque representan una confesión de las heridas abiertas que sólo la historia y el tiempo, en sentido filosófico, pueden curar:

Nota marginal

aspro è l'esilio
S. Quasimodo

La historia es la ceniza del tiempo
y nada tiene que ver con la noble sangre convidada,
con la ilusión que tercamente apuesta
al mentido gesto abierto, a la palabra
oscuramente en consigna consumida.
Es el gozo del reino un entusiasmo incierto,
una ambigua fraternal frontera,
y la palabra más que conservar, traiciona.

El exilio, olvido cerrado,
fresca abierta herida,
lenta fragmentación de certidumbres,
levanta un muro de polvo y humo,
restos de la inútil sangre hirviente derramada,
gastadas gestas de la historia.[311]

Texto

Poesía reunida, prólogo por Antonio Domínguez Rey, Madrid 1987.

Estudio

Suárez Radillo, Carlos Miguel: «Vivencia de lo fugaz y lo permanente en la poesía de Pío E. Serrano», en: *Anales de literatura hispanoamericana 8/9* (1980), págs. 273-281.

En Madrid vive y trabaja también **Felipe Lázaro** (1948 Güines), el activo editor y director de la Editorial Betania. Graduado en ciencias políticas, se ha dado a conocer además como poeta, editor de antologías y entrevistador (de Gastón Baquero y otros). Sus poemarios más importantes: *Despedida del*

---

[310] Serrano (1987: 117-118).

[311] Serrano (1987: 207).

asombro (1974), *Las aguas* (1979), *Los muertos están cada día más indóciles* (1986; 1987), *Ditirambos amorosos* (1991). En sus poemas predomina la tristeza sobre la pérdida de la tierra natal, que conjura una y otra vez a través de nuevas evocaciones:

> Detrás de cada estancia evaporada
> encuentro recuerdos
> yaciendo quedamente acurrucados
> al compás del olvido de los adioses
> mientras llegan las distancias
> agolpadas de tristeza
> falleciendo de languidez
> sin laureles pasados
> ni protocolarios asuntos
>
> así se presentan cual son:
> nostalgias arrebatadas del naufragio [...][312]

Sólo el tiempo que transcurre lentamente, que nos educa en el silencio y la paciencia, marca el ritmo de la vida en el exilio:

> Tiempo de exilio
>
> Haber heredado el silencio por costumbre.
> La nada acumulándose a pasos agigantados
> estériles segundos que apenas se suceden
> cuando el calendario pesa más que la vida
> y es incierto el respirar constante.
>
> Ya nada asombra a no ser la bondad.
> Y el equilibrio necesario de los días
> aturdido
> experimenta con la lejanía.[313]

Jorge Luis Arcos (1956 La Habana), poeta y ensayista importante. Ha publicado: *En torno a la obra poética de Fina García Marruz* (Premio de Ensayo UNEAC, 1990), *La solución unitiva: sobre el pensamiento poético de José Lezama Lima* (1990), *Conversación con un rostro nevado* (1993), *Orígenes: la pobreza irradiante* (1994), *De los inferos* (1999).

Es ganador del Premio Centenario de Rafael Alberti 2001, con su libro *La avidez del halcón*. Jorge Luis Arcos es uno de los estudiosos más competentes de la generación de *Orígenes*, especialmente José Lezama Lima y Fina García Marruz. Su poesía traza un recorrido de intensa indagación ética:

---

[312]   Lázaro / Zamora (1995: 140).

[313]   Lázaro / Zamora (1995: 141).

Náufrago

Náufrago, ahora lo sabes todo:
el horizonte no existe
pero tampoco el consuelo de la isla solitaria
esa hermosa utopía

Porque ahora comprendes que la isla eres tú
o el Universo todo
que el horizonte está en ti
y en ningún Universo

pues tu patria es la espera
el deseo y la espera
y tu sueño incesante.[314]

La mayor parte de los poetas de la diáspora vive en EE.UU. y América Latina. **Belkis Cuza Malé** (15 de junio de 1942 Guantánamo) es una poetisa varias veces premiada, cuya vida se orientó hacia otras sendas después de casarse con el poeta Heberto Padilla (entretanto fallecido) en 1966, hasta que en 1979 emigró. En el exilio se publicaron sus poemas, en parte en ediciones bilingües o traducidos al inglés (*El clavel y la rosa*, 1984, una biografía poética de Juana Borrero; *Poems*, 1985; *Women on the front lines*, 1987). La revista *Linden Lane Magazine* (Princeton [New Jersey]), fue después el centro de su actividad publicista.

El puente tendido entre la cultura insular y el exilio, entre la cultura norteamericana y latinoamericana, ocupó el quehacer de su vida. La lírica insular cubana de Cuza Malé, que intentó escribir también teatro (*E viento en la pared*, 1962, *Tiempos de sol*, 1963, *Los alucinados*, 1964, *Cartas a Ana Frank*, 1966), está impregnada de una profunda nostalgia por la paz y la armonía en un mundo agitado.

Como si hubiera presentido futuros conflictos, Cuza Malé expresó sus miedos en la breve primavera de la revolución cubana en el marco del grupo de Ediciones El Puente, formulando una acusación contra la guerra. Este poema apareció, con el número 64, en el libro *Tiempos de sol* (1963, terminado a finales de 1961, un año decisivo de la historia cubana:

La luz se expande
sin color.
¡Socorro!
¿Quién tiene la muerte acorralada
entre sus dientes?
Ante todos, nos juzgan
y condenan,
ante todos.
¿Vienen de parte de la guerra?

---

[314] Arcos (1999: 142).

Nada tiene nada que decir:
¡Expúlsenlos!

Elena Tamargo Cordero (1957 Cabañas), que vive hoy en México, es una de las poetisas de más talento de la isla entera. Su poesía mereció la atención en el Concurso David 1981. En 1984 obtuvo el Premio Poesía en el Concurso «13 de Marzo» por el libro *Lluvia de rocío* (1985). En el prólogo, David Chericián, miembro del jurado, caracterizó con estas palabras sus poemas:

> El tono íntimo, lento, cadencioso, va del verso libre a la estrofa tradicional — en este caso el soneto — y mantiene, en una y otra forma [...] la expresión de imágenes eminentemente vivenciales.[315]

Poesía de evocación y de delicados estados de ánimo; la vida cotidiana la espera, la música, la ciudad, la naturaleza, el pasado, presente y futuro confluyen en un momento, como en «Notas sobre la tarde»:

> En las ventanas
> la tarde, la esperanza.
> Hundiéndose en la sombra, los relucientes postes
> parecen evocar la lejanía.
> Por la acera de enfrente
> pasan vidas y muertes.
> Preparo la comida, coso un poco de ropa
> mientras Serrat como humo me borra.
> En las ventanas
> la tarde, la esperanza.
> Una canción que me conmueve.
> Amarillo limón el sol se va sobre La Habana
> y el mundo para mí es como una fruta
> con cáscara de acero madura de candor.[316]

Con el libro *Sobre un papel mis trenos* (1989), Tamargo ganó en 1987 el Premio UNEAC de Poesía «Julián del Casal». Una ligera melancolía, como en la poetisa Luisa Pérez de Zambrana (1835-1922), su modelo, impregna los versos, alternando con elementos eróticos, como en el provocativo soneto «Libidine»:

> En este amor la desnudez de un grito
> y un afán de locura el sexo abierto
> que se entrega al sublime desconcierto.
> Dulces palpitaciones de infinito.

---

[315]   Tamargo (1985: 5).

[316]   Tamargo (1985: 18).

Ah varón, desnudo yo te invito
a este asombro, tan mudo, que despierto.
Soy la llama que hallaste en el concierto
de este ardor en acordes ya descrito.

Es impulso vital el que desciende
de ti en torbellino y se desprende
y entre sábanas guardas sin testigo.

Ah varón, si te sorprendo sin prisa
con esa luz intensa que te avisa
cómo no irás a palpitar conmigo.[317]

Un libro nostálgico es *Habana tú* (2000).

María Elena Blanco y Beltrán (1947 La Habana) es una poetisa cosmopolitana que vivió en Buenos Aires, Nueva York, París (donde se licenció con Roland Barthes y Lucien Goldmann), Valparaíso, Viena [...] Su poesía (*Posesión por pérdida*, Sevilla 1990) está influenciada por el poeta y profesor español Jaime Siles, poesía que trata de articular temas y formas de la «Generación del 27» con la antigüedad y la tradición barroca española en un sentido neobarroco. Sus poemas anclados entre poesía pura y poesía circunstancial, giran en torno al tiempo, la desmemoria, el recuerdo y el sueño, como en el poema dedicado a Jaime Siles:

Devuélveme, memoria poderosa [...]

Sumérgeme, arena del olvido
al manantial del sentimiento ileso.
Aflore el entusiasmo amordazado
desde su densidad de transparencia.

Vuelve, Leteo, extenso de vacío
perfilado en memoria inmaculada:
una tangencia de hoja y nervadura,
un solo filo al aire, un sólo aire.

Báñame en tu luz auroral, recuerdo.
Quimera alzada de la noche: sueña.[318]

Alina Galliano (1950 Manzanillo) libera de cualquier atadura el «stream of consciousness» de su nostalgia de la isla en el poemario *La orilla del asombro*:[319]

De una isla su verde
jamás nos retiene abiertamente

---

[317] Tamargo (1989: 61).

[318] Blanco y Beltrán (1990: 49).

[319] Lázaro (1988: 116-117).

nadie se escapa fuera de todo amor
es como una mujer logra existirnos
de la cual nunca ser algo de la calle
podemos deshacernos y de las gentes
por completo; [...]

En sus libros, frecuentemente premiados (*Entre el párpado y la mejilla,* 1977-
1978, 1980, *Hasta el presente: poesía casi completa,* 1989 y *En el vientre del
trópico,* 1994) se expresa con intensidad el pequeño mundo de las contradicciones y sentimientos humanos.

Al grupo de las poetisas anglocubanas pertenece **Carlota Caulfield** (1953
La Habana), que se doctoró en la Tulan University con una tesis sobre la
poética erótica y mística en la obra de José Ángel Valente. Su lírica experimental está impregnada de recuerdos del pasado, como en la primera parte de un
Tríptico escalonado:

Los sueños andan a la deriva
por las huellas de una arena hambrienta.
Jirones de mi adolescencia
ascienden por sombras y juegos:
para atravesar ciertos rituales
voy de incógnita, con un vaso de voces.[320]

Los títulos de sus libros de poesía publicados hasta 1992 reflejan su
plurilingüismo: *Fanaim* (1984), *A veces me llamo infancia / Sometimes I Call
Myself Childhood* (1985), *El tiempo es una mujer que espera* (1986), *Oscuridad
divina* (1987), *34th Street and Other Poems* (1987), *Angel Dust / Polvo de
Ángel / Polvere D'Angelo* (1990), *Visual Games for Words and Sounds: Hyper-
Poems* (1992).

Laura Ymago Tartakoff nacida en Santiago de Cuba, pasó su niñez en
Puerto Rico, estudió derecho en EE.UU., relaciones internacionales en Suiza y,
tras una breve estancia en París regresó a EE.UU., donde enseña derecho
constitucional. Aunque sus poesías (*Mujer martes,* 1977, *Entero lugar,* 1994)
reflejan la vida cosmopolita, siempre hay una referencia al «home sweet home»:

Ni mar ni montaña
pero tierra y cielo
y espacio interminable
y una casa
- patria única -
donde refugiarme.

Ni catedrales
ni piedras viejas
pero flores antiquísimas

---

[320]   Lázaro / Zamora (1995: 238).

que ya saben
los pétalos
y el tiempo
de memoria.

Aquí pues la lección
es simple,
y la secuencia, otra.[321]

Lilliam Moro (1946 La Habana) reside hoy en Puerto Rico. Su poema
«Recordando a la Isla» en *La cara de la guerra* (1972) apareció, al igual que el
libro de poesía *Poemas del 42* (1989) en Madrid:

Recordar a la Isla
es flotar en Madrid, en Londres, en Miami,
es un mantel manchado en una esquina,
son las pobres comidas inventadas por tu difícil madre.

La poetisa y periodista **Minerva Salado** (1944 Regla) vive hoy en México.
Comunista convencida, debutó en la lírica con el Premio Poesía David de la
UNEAC 1971. Su libro *Al cierre* (1972) es típico de la temática de la poesía
triunfalista de entonces, con que se inició el «Quinquenio Gris» (1971-1975):
Internacionalismo, lucha antiimperialista, antiamericanismo, crónica de los
héroes de la Revolución.

Las siguientes publicaciones tratan temas de la vida cotidiana o se orientan
hacia la poesía intimista y la poesía circunstancial. El mundo de los dioses
afrocubanos o impresiones de viajes enriquecen su producción: *Tema sobre un
paseo* (1978), *Encuentro y otros poemas* (1982), *Palabra en el espejo* (1987), *País de
noviembre* (1987). En el libro *El juguetero prodigioso* (1986) están recogidos sus
crónicas, reportajes y entrevistas.

Minerva Salado ha seguido un recorrido que ha ido desde un coloquialismo
duro hasta una poesía de imágenes, cargada de intimismo, donde el yo poético
prevalece por encima de otras circunstancias:

Finitud

Cualquier vía puede ser definitoria.
Este es el mismo perro que ladró hace cien años
en tu balcón la medianoche y sus insultos
sobresaltó esa calle sobre tu rostro en medio de la luna.
No es el amor es algo más oscuro el tiempo
discurre y nos aparta de la envoltura mansa en que yacíamos.
Una lluvia que no amaga dos veces pero duele
azota las esquinas los próximos resquicios
palpa con su navaja la piel y la madura.
No es el amor es algo más tremendo. El tiempo nos acusa
y ampara nuestros rasgos más íntimos vuelve su rostro

---

[321] Tartakoff (1994: 35).

a la pared y es ceniza y es hálito y es un papel
vacío en nuestras manos.[322]

En los poemas de los siguientes autores del exilio, identidad y evocación
representan el punto central de su obra, aunque en sus tradiciones literarias
partan de modelos diferentes. **Orlando Rodríguez-Sardinas** (5 de setiembre de
1938 La Habana) es poeta y crítico literario, que publica también bajo el
seudónimo de Orlando Rossardi. Desde 1960 vive en el exilio, al principio en
España, después en EE.UU. Rossardi escribe poesía desde los 17 años, orientada
según los modelos clásicos de la lírica española del Siglo de Oro y del siglo
veinte en España y América Latina: *El diámetro y el estero* (1964), *Que voy de
vuelo* (1970), *Los espacios llenos* (1991), etc.

En el poema «Exilio»[323] parte de una cita literal de Antonio Machado («Se
va haciendo camino al andar») para, después de muchas inquisiciones, desembocar en el convencimiento:

> ¡Es eso! No saber y haber armado la estructura, piedra a
> piedra,
> en las ideas, con sus puertas siempre abiertas, sus escalas
> enfiladas,
> sus patios floreciendo, y mucho de por dentro en lo de
> afuera!

Como crítico literario, Rossardi es sobre todo conocido por sus extensas
síntesis y diccionarios de consulta sobre literatura latinoamericana: *Teatro selecto
contemporáneo hispanoamericano* (1971, 3 vols. en colaboración con Carlos M.
Suárez Radillo), *La última poesía cubana, 1960-1972* (1973), *León de Greiff: una
poética de vanguardia* (1974), *Historia de la literatura hispanoamericana*, 6 vols.
(1976).

Osvaldo Sánchez (1958 La Habana), poeta, narrador, crítico de arte y
guionista de cine *(Papeles secundarios, Mujer transparente)*, vive hoy, como
subdirector del Festival Cervantino en México, retirado en su rincón del exilio.
Largo fue su caminar, desde la militancia en la Unión de Jóvenes Comunistas,
pasando por un período en la UNEAC hasta su situación de espera en el exilio.

Con su primer libro de poemas *Matar al último venado* (1982) obtuvo el
Premio David de Poesía UNEAC, 1981. Su poesía conversacional se desarrolla
en verso libre, en la que no podía faltar tampoco el gran trauma político del
éxodo por el puerto de Mariel (1980):

> Declaración político familiar
>
> matamos a mi hermana
> con un golpe de patria — ahí en la puerta
> cómo iba a romper nuestro corazón de cinco puntas

---

[322] Merino (1987: 98).

[323] Rodríguez-Sardinas (1991: 81-82).

cruzando el agua
[...]
hoy hemos puesto la bandera y el televisor
matarla fue difícil
pero sabemos sonreír
claro
diferente que los niños.[324]

Cuando **Ramón Fernández-Larrea** (1958 Bayamo) salió de Cuba y se exilió en España, apareció para su despedida todavía *El libro de los salmos feroces* (1994), en el que el poeta, en siete viñetas de viaje, describe su propia biografía interior según el modelo del *Cid*, que al final desemboca en una vaga utopía:

Cuando el horizonte dicte un amanecer
escuchen el redoble del tambor llamando urgido
el galope perpetuo de los hombres
que serán sombra y labio y un pesado fulgor
frente a frente a la frontera del sueño
que no se olvida.[325]

Con anterioridad, el escritor se había dado a conocer con el poema «Generación» (del libro *El pasado del cielo*, 1987), una respuesta al poema de Fernández Retamar «Nosotros los sobrevivientes», a través de los *Poemas para ponerse en la cabeza* (1989) y a través de *El libro de las instrucciones* (1991).

Habría que analizar todavía por qué un grupo de poetisas del exilio retoma en sus poemas los modelos de los mitos antiguos. También la articulación del mito con lo erótico indica que lo que se persigue es crear una poesía fuera del tiempo y superar lo transitorio. ¿Existe realmente una poesía propiamente femenina o feminista? No todos estarán de acuerdo con **Lourdes Casal** (1938-1981), que en el libro *Cuadernos de agosto* (New York 1968) expresa la opinión:

La poesía
es la política por otros medios.
Poder de la palabra.
La palabra al poder
[...]
¿Poesía femenina?
¡Mierda!
Poesía.
O nada.

También las primeras obras líricas de **Magali Alabau** (1945 Cienfuegos), que, desde 1967, reside en Nueva York, están vinculadas con la antigüedad. A partir de 1982, Alabau abandonó el teatro para dedicarse a su obra poética (*Electra, Clitemnestra*, 1986, *La extremaunción diaria*, 1986). Los mitos platóni-

---

[324]   Sánchez (1982: 46).

[325]   Fernández-Larrea (1994: 18).

cos del principio masculino y femenino están en la base de sus poemas y pueden valorarse como una «reiinterpretación feminista del mito griego» (Ana María Hernández).

La autora se sirve de la oposición entre caos y orden en su libro *Ras* (1987, escrito 1982-1985), reseñado por Librada Hernández.[326] Después publicó el tomo *Hermana* (1989). Entre vida y muerte, y en respuesta al lema polarizado de la resistencia, propagado por el régimen de Castro, la autora defiende la vida:

> Lista para morir no.
> Es que tengo un espíritu cristiano
> o comunista. Los discos servirán de platos
> y a mis amigos los poetas y filósofos
> los encontraré un día en la biblioteca.
> Allí estaremos juntos, como las cosas fijas,
> sin uso y con desilusiones, sucios y petrificados,
> sin interrelaciones.[327]

Sobre el título *Ras* la autora anotó:

> Ras es un ángel de la mitología judía. Ciego. Ras también quiere decir secreto. Qué importa si nadie lo entendería. Porque la negación a veces es ceguera y ese fue mi intento. Libro de imágenes que no usaría ya y por eso lo quemó.

En el ciclo de poemas *Hermana* (1989), la poetisa hace un paralelo entre el destino de su hermana en el manicomio de Mazorra, en La Habana, con su propio destino como emigrante en la isla de Manhattan. También aquí la autora trasciende la realidad, recurriendo al mito de Odiseo y Eurídice y recupera así en la poesía la niñez perdida. La nostalgia del paraíso perdido y la lamentación sobre la soledad en el exilio, que aparecen con frecuencia en la lírica de la emigración, reaparecen también aquí y proporcionan un tono elegíaco a los poemas.[328]

En el ciclo *Hemos llegado a Ilión* (1992), Alabau recupera el mito de Troya (=Ilión) con el motivo de la despedida:

> Ya es hora de marcharme.
> (La hora ha sido siempre.)
> Se me queda algo detrás
> que yo no miro.
> Se quedan mis zapatos plantados en la puerta.
> Se queda la mirada de mi madre,
> las caras diluidas en el barrio
> diciéndome también que ya me marcho [...]
> Repaso los objetos sin destino,
> las ropas que he dejado de regalo,

---

326   En: *Revista Iberoamericana* 152-153 (1990), págs. 1381-1382.

327   *Revista Iberoamericana* 152-153 (1990), pág. 1382.

328   Véase la reseña de Librada Hernández, en: *Revista Iberoamericana* 152-153 (1990), págs. 1384-1386.

retiro de mi cuerpo lo aún pertenecido
hace unas horas.[329]

El empleo permanente de arquetipos feministas y emblemas mitológicos en la poesía femenina cubana del exilio exigiría un análisis más detallado y, además habría que interpretarlo en el contexto de la literatura femenina universal, donde tendencias parecidas — como por ejemplo en la obra de Christa Wolf — encuadran la mujer de hoy en una tradición multisecular.

Así, Alabau reactualiza el mito, fecundo desde el barroco (L. Culmann, J. Lyly, Calderón de la Barca), de la caja de Pandora. Según la mitología griega, Pandora (probablemente la diosa de la tierra) fue una mujer agraciada por los dioses con una belleza seductora, que Zeus envió a Epimeteo para desgracia de los hombres cuando Prometeo robó el fuego a los dioses. Cuando Pandora abrió en casa de Epimeteo una vasija (que después se convertiría en caja), escaparon todos los males y se esparcieron por la tierra. Sólo la esperanza quedó dentro. Alabau relaciona este mito con la pérdida de la tierra natal:

Cuba es un baúl amarrado
lleno de prohibiciones,
una caja que no abro
porque salen todas, una a una,
maldiciones.[330]

Estudio

Martínez, Elena M.: «Erotismo en la poesía de Magaly Alabau», en: *Revista Iberoamericana* 187 (1999), págs. 395-404.

Juana Rosa Pita (8 de diciembre de 1939 La Habana), poetisa conocida internacionalmente, se exilió en 1961 en EE.UU. después de pasar por España y Venezuela. De 1976 a 1986 dirigió las Ediciones de Poesía Solar, en las que aparecieron casi todos sus libros: *Pan de sol* (1976), *Las cartas y las horas* (1977), *Mar entre rejas* (1977), *El arca de los sueños* (1978), *Eurídice en la fuente* (1979), *Manual de magia* (1979), *Viajes de Penélope* (1980), *Crónicas del Caribe* (1983), *Grumo d'alba* (1985), *Plaza sitiada* (1987), *Sorbos de luz / Sips of Light* (1990), *Florencia nuestra* (1992), *Transfiguración de la armonía* (1993), *Una estación en el tren: vivace legatissimo* (1994), *Infancia del plan nuestro* (1995).

Su lírica se caracteriza por actualizar los mitos antiguos (Orfeo y Eurídice, Ulises y Penélope) para demostrar la intemporalidad de los temas actuales. Penélope reaparece aquí, a modo de ejemplo, como atalaya para el retorno a la tierra perdida, sea Ítaca o Cuba, pero también el hilo para tejer la poesía aporta esperanza y solidaridad con la isla:

---

[329]   Alabau (1992: 22).

[330]   Lázaro (1991: 26).

No te llamen ingenua
Penélope
sólo porque le das tu pleno día
a tejer y olvidar la absurda tela:
bien sabes el destino de esos hilos
que rehúsas perder.[331]

El odiseo errante se convierte en el símbolo del pueblo expulsado de la patria, al que, sin embargo, la tierra natal recuerda cálidamente:

Podrá extraviarse Ulises
todo lo lejos lejos
de la que urde los viajes
[...]
pero Ítaca le guarda
acento viejo y piel
sobre las playas jóvenes
que no vieron crecer hacia el destierro[332]

Pero también Penélope, al igual que la autora, ya no vive en la isla, y encarna por así decirlo el sueño de un paraíso insular.

Texto

Viajes de Penélope, Miami 1980.

Estudio

Barquet, Jesús J.: «Función del mito en *Los viajes de Penélope* de Juana Rosa Pita», en: *Revista Iberoamericana* 152-153 (1990), págs. 1269-1283.

Lourdes Gil (1951 La Habana), una de las poetisas exiliadas más conocidas, vive desde 1961 en EE.UU. (New Jersey). Como filóloga, fue desde 1975 a 1982 co-editora de la revista literaria *Romanica.* Después fue traductora y lectora en el Hearst Publications de Nueva York. Desde 1987 dirige con Iraida Iturralde la Editorial Giralt y co-edita la revista literaria *Lyra* en Nueva York.

Sus poemas están publicados en numerosas revistas literarias nacionales y extranjeras. También aparecieron los siguientes libros: *Neumas* (1977), *Manuscrito de la niña ausente* (1979), *Vencido el fuego de la especie* (1983), *Blanca aldaba preludia* (1989), *Empieza la ciudad* (1993), *El cerco de las transfiguraciones* (1995).

Su lírica erótica se orienta hacia los mitos antiguos, como el de Narciso en la «Balada de la mujer con espejo» o describe, con imágenes sensuales apasionadas, el amor homosexual entre mujeres, como en el poema «Kalos»:

---

[331]   Pita (1980: 69).

[332]   Pita (1980: 72).

Bella
desafiante turista de tus hebras
sin percatarte tú
ni nadie.
Me besarás los senos
y hallarás una epidermis gélida
forma de fierro negro.

Yo estaré saturada
en tu pasión que me hace estéril
y agradeceré tu palabra invitante
a morar en el país de la dureza.
Y querrás siempre palparme
como a estatua
e hincarme con tu carne.[333]

Iraida Iturralde (1954 La Habana) vive desde 1962 en EE.UU., donde estudió Ciencias Políticas. Su lírica está caracterizada por la actualización de mitos antiguos y la nostalgia por la tierra natal perdida: *Hubo la viola* (1979), *El libro de Josafat* (1981, bilingüe), *Tropel de espejos* (1989). El comienzo de su poema «Santiago» expresa la tristeza sobre el tiempo que ya no se puede recuperar:

Por qué no sube el tiempo
como el niño, de maromas a las ramas
si la Isla, como frágil colibrí
flotante se golpea y el azafrán destiñe
las glorietas eliseas de las calles.[334]

Maya Islas (12 de abril de 1947 Cabaiguán, Las Villas) reside desde 1965 en EE.UU. y su lírica es una búsqueda de la identidad específicamente femenina. Sus poemas, algunos de ellos premiados, están recogidos en los libros *Sola [...] Desnuda [...] Sin nombre* (1974), *Sombras-papel* (1978), *La mujer completa* (1985), *Altazora acompañando a Vicente* (1986) y en numerosas antologías. Entre sus poemas eróticos figura el siguiente «Homenaje a las vírgenes», cuya originalidad reside en la unión entre Eros y divinidad femenina:

Yo no soy yo;
pertenezco al universo
con mi útero blanco
que contiene una puerta
cuidada por un ángel y su mirada.
Nadie entra,
nadie puede entender el secreto
desde donde bendigo
los ojos divinos de los hombres:
La diosa, al despertarse,

---

333   Lázaro (1988: 138).

334   Lázaro (1991: 112).

brotó a su hijo como una flor
y éste,
desde su lengua de pétalos,
le explicó a los vecinos
que no comprendían
el milagro de la galaxia.[335]

Isel Rivero (1941 La Habana) perteneció al grupo creado en torno a Ediciones «El Puente». En la actualidad vive en Madrid como Directora de Información de la ONU. Después de la publicación de los libros *Fantasías de la noche* (1959), *La marcha de los hurones* (1960) y *Tundra* (1963) empezó en parte a escribir en inglés: *Songs* (1970), *Night Rained Her* (1976), *El banquete* (1981), etc.

En su lírica sensual homoerótica abundan las comparaciones con la naturaleza, como en las siguientes estrofas, en las que los cuatro elementos están al servicio de la pasión de los amantes. El poema se titula «Nacimiento de Venus» y fue escrito en Viena en febrero de 1977:

Para amarte aquella noche
tuve que romper los vínculos del padre
tuve que desencajar las alas del ángel
y derribar su preciosa cabeza
sobre la calle desierta.

Para acercarme a ti
tuve que palpar tu mano abierta
inefable
abrir mis piernas al mar
y destrozar mi sangre
sobre la roca de la orilla.

Para entregarme a ti
tuve que prender fuego a las tumbas
a los huesos de mis ancestros
y vagar
antorcha en mano
buscando tu nombre
bajo los musgos del bosque.[336]

Una corriente considerable de la lírica cubana del exilio tiene un acento religioso, que sirve de orientación y estrella polar en épocas caóticas. Con la visita del Papa a Cuba en enero de 1998 fue readmitida en la corte la lírica religiosa del **Padre Ángel Gaztelu** (19 de abril de 1914 Puente la Reina, Navarra, España — 2002 Miami [Florida]), quien residió en Cuba desde 1927 y después en Miami. Fue uno de los colaboradores más íntimos de Lezama Lima y una de las figuras más importantes del Grupo Orígenes. Su libro de poemas

---

[335]   Lázaro (1991: 84).

[336]   Lázaro / Zamora (1995: 43).

Gradual de laudes (1955) volvió a reimprimirse con el famoso prólogo de Lezama Lima. En él alternan con una gran variedad décimas, canciones, romances, sonetos, versos libres, poemas sacros y versiones latinas.

Muy estimado por Cintio Vitier y otros, sus versos reflejan la serenidad de una época desaparecida hace tiempo, cuando la fe significaba todavía reencuentro consigo mismo y no la repetición de dogmas prefabricadas.

Estudio

Méndez Martínez, Roberto: «Ángel Gaztelu edificar para la alabanza», en: *Opus Habana* 8/3 (2003), págs. 29-41.

El poeta y crítico literario **Israel Rodríguez** (4 de diciembre de 1924 Encrucijada, Las Villas) vivió y trabajó hasta 1961 como abogado en Cuba hasta que se exilió en EE.UU., donde estudió filosofía hasta doctorarse. Ya en su primer libro de poemas *Patria nueva* (1952) defendió la libertad y los derechos humanos atacando a la vez el régimen injusto de Batista, sin sospechar que, por las mismas razones, se vería obligado a emigrar nueve años después.

En los libros posteriores, su lírica se orientó hacia la mística y lo religioso, relacionándolos sin embargo siempre con la historia del pueblo cubano: *Poemas de Israel* (1965), *Materia Virgen* (1974), *Palabralfa* (1977), *La charada* (1982) y *La estatua de sal* (1988). En esta última obra, Rodríguez expresa su nostalgia de Cuba en una trilogía «Retorno al oeste». Su deseo de un futuro en paz y reconciliación presenta rasgos cristianos:

¿Dónde está mi Isla perdida
en archipiélagos de letras?
En Montana
las montañas son transparentes
y los ríos oscuros.
En Nueva York
las calles son altas
y las torres profundas.
[...]
Más espera la esperanza
que toda la historia
y vale más un beso
que el odio del mundo.[337]

Entre los trabajos filológicos del autor hay que destacar sus estudios sobre la metafórica en Jorge Guillén y Lezama Lima: *La metáfora en las estructuras estéticas de Jorge Guillén* (1977) y *La estructura metafórica de Paradiso* (1983).

Norman Rodríguez (1 de agosto de 1926 Belondrón, Provincia Matanzas — 1988 Miami [Florida]) trabajó hasta 1966 como maestro de enseñanza primaria en Cuba. En 1970 emigró a EE.UU. adquiriendo la ciudadanía

---

[337] Rodríguez (1988: 45).

norteamericana en 1976. Se ha dado a conocer como periodista y autor de seis libros de poemas. La obra *Crayolas* (1979, 17 poemas), escrita todavía en Cuba en 1955, irradia su gran amor por su isla natal. En *Canto a Martí* (1980) y *El fulgor infinito* (1981), Rodríguez transfigura poéticamente la vida de Martí y Jesús.

Los títulos siguientes presentan nuevos experimentos formales, pero temáticamente giran siempre en torno a la evocación y el amor a su antigua patria: *La luz distante* (1985), *Regreso a la llama* (1985) y *Demorada niebla* (1985).

Lourdes Rensoli Laliga (1952 La Habana), filóloga (Premio Nacional de la Crítica por sus trabajos sobre Goethe y Lezama Lima), filósofa (doctorado en la Universidad de Leipzig sobre Leibniz) y poetisa, renunció en 1991 a su colaboración, tras numerosas dificultades, en el Departamento de Filosofía de la Universidad de La Habana y se trasladó a Madrid. Allí se dedica ahora a actividades de integración cultural de extranjeros, en el marco de la Comunidad Evangélica Alemana.

Sus raíces son españolas, pero su lírica es universal como se manifiesta enseguida en los libros *Calenda del mes frío* (1989) y *Júpiter ante el pararrayos* (1990). En las obras posteriores, todavía inéditas, *Terrores del milenio* (escritas en La Habana y Leipzig, 1989 y 1990 después de la caída del Muro) y *Libro de los ritos* (escrita en Madrid en 1994), Rensoli se orienta más intensamente hacia la filosofía, la mística, la fe y la religión hindú. Su punto de partida para reflexionar sobre el presente hay que buscarlo en el barroco de Lezama Lima, el teatro del mundo de Calderón y en el pensamiento de Pascal. Autobiográficamente sus poemas hacen referencia hasta su niñez.

En un diálogo en forma de soneto, el Segismundo de Calderón de *La vida es sueño* (1636) y Kaspar Hauser (1812-1833), un niño de la inclusa de origen misterioso, al que se identificó generalmente con el hijo abandonado del Gran Duque Carlos de Baden, Rensoli Laliga expresa en una secuencia sus *Terrores del milenio* (sin publicar 1989/1990, pág. 16) y sus pesadillas. El punto de partida son los versos de Segismundo, de Calderón en *La vida es sueño*, II, versos 1191-1194:

> Yo sueño que estoy aquí
> destas prisiones cargado,
> y soñé que en otro estado
> más lisonjero me vi.

En el Segismundo de Rensoli Laliga se mezclan elementos barrocos y cristianos:

> No me abandones hoy, que me amenazan
> demonios interiores, mis ensueños,
> y no sé combatir, cuando traspasan
> las rejas de mis míseros empeños.

Tengo necesidad de tu ternura,
de tu inmensa bondad, de tus reproches,
con los que pones coto a la amargura
que llena de agonía estas mis noches.

Dame un poco de paz con tu misterio,
de temor al poder incomprensible
con el que otorgas vida y la cercenas

aplica en mi cabeza aquel cauterio
con el que halló Francisco el imposible
remedio a los afanes y las penas.

7.9.3 Poesía comprometida

Sería exigir demasiado esperar de los poetas cubanos comprometidos en el exilio que se orientaran, después de haber roto violentamente con el pasado y el presente, hacia una visión lírica del futuro con carácter modélico. Si tal no es el caso, si en cambio sus poemas reflejan, con distintos variantes, el sueño de un mundo más justo. Algunos de estos autores han pagado muy caro su compromiso personal en este mundo, por ejemplo **Jorge Valls** (1933 La Habana), dirigente estudiantil durante la lucha contra Batista, detenido en 1964 y condenado a 20 años de prisión.

Desde 1984 vive exiliado en Miami. Es autor del *Cantar del recuento*, publicado en francés bajo el título *Mon ennemi, mon frère* (1989).[338]

El poeta, traductor, actor y periodista **David (Fernández) Chericián** (18 de octubre de 1940 La Habana — 2002 Bogotá, Colombia) pasó por el teatro, la radio y la televisión a la literatura. Fue jefe de redacción de Conjunto (1964) y publicó poemarios desde 1959. Sobre todo, sus poemas de los años 80 fueron objeto de grandes elogios: *Hacia la humana primavera* (1987, Premio UNEAC Poesía «Julián del Casal», 1983), *Junto aquí poemas de amor* (1984, Premio de la Crítica), *De donde crece la palma* (*Décimas sencillas,* 1975-1983) (1986, Premio Décima y Premio Especial Generación del Centenario, Concurso 26 de Julio MINFAR), *Coplas de mundo revuelto* (1988, con dibujos de José Luis Posada).

Su visión serena e idealista del socialismo se mezcla con poesía de viajes. En su antología posterior *Potro sin freno* (1994), lema inspirado en Rubén Darío, figuran poemas de familia y de recuerdos. El poema siguiente compara el trabajo intelectual con el trabajo intelectual bajo el lema oficialista de la «Rendición de cuentas»:

Obreros

Al fin de la jornada el hombre saca cuentas
y dice:
El trabajo ha rendido

---

[338] Véase Louis Bourne: «Huellas de asombro y sufrimiento: la poesía de Jorge Valls», en: *Encuentro de la Cultura Cubana* 21-22 (2001), págs. 99-108.

altos porcentajes por encima
de los estipulados en la norma,
la calidad es considerable, puede
decirse que la producción
ha sido buena
y los productos
amontonados contra la pared, lo testimonian.

Al fin de la jornada el hombre saca cuentas
y nada dice:
cientos de versos,
miles de palabras, horas
y horas de meditación, de sueños, de preguntas:
las hojas de papel
emborronadas
sobre el escritorio; entonces
ordena las cuartillas
y comienza a buscar entre el montón de versos
y la poesía.[339]

A finales de la década de los noventa, Chericián marchó al exilio colombiano donde murió.

Con la muerte inesperada de **Julio E. Miranda** (1945 La Habana — 1998 Mérida, Venezuela), la literatura cubana perdió uno de sus representantes más honestos y polifacéticos. Exiliado desde 1961, Miranda fijó su residencia en Venezuela, después de haber vivido largo tiempo en EE.UU. y en Europa. Además de sus muchos artículos aparecidos en revistas, había publicado cuatro libros de crítica literaria, entre ellos *Nueva literatura cubana* (1971), uno de los primeros ensayos críticos para el estudio de la literatura cubana, siete libros sobre cine, cinco antologías, doce poemarios, tres libros de cuentos y una novela corta (*Casa de Cuba,* 1990). Dejó diez textos inéditos, entre ellos dos novelas.[340]

Los poemas más importantes de Miranda de los años 60 y 70 aparecieron en los libros *Mi voz de veinte años* (1966), *El libro tonto* (1968), *Jaén la nuit* (1970), *No se hagan ilusiones* (1970), *Maquillando el cadáver de la Revolución* (1977), *El poeta invisible* (1981), *Anotaciones de otoño* (1987), *Rock urbano* (1989), *Así cualquiera puede ser poeta* (1991) y *La máquina del tiempo* (1997).

Su poesía refleja el desencanto por las ilusiones perdidas, pero tristeza, ira y humor se mezclan entre sí, como en este poema sobre la lluvia que es a la vez una brillante parodia sobre los preceptores maniqueos del socialismo:

a usted como le entristece la lluvia
usted como que no quiere hablar de la lluvia
porque dice que la lluvia no es socialista
que no esté humanizada
que cuando tenga un techo de plástico en la cabeza

---

[339]   Lázaro (2003: 158-159).

[340]   «Homenaje a Julio Miranda» (1999: 11).

algo así como un sombrero colectivo de plástico
entonces va y habla de la lluvia
dice: la lluvia socialista no moja a nadie
cae sobre el plástico y no moja
corre por sus canalitos y la hacemos energía
la hacemos muebles la hacemos libros
pero a usted le entristece la lluvia
a usted se lo come la lluvia
la tiene dentro
le cae dentro la lluvia y no hay plástico que valga
entonces no me joda y hable de la lluvia
la lluvia y su tristeza es lo que tiene ahora.[341]

Estudio

«Homenaje a Julio Miranda», en: *Encuentro de la Cultura Cubana* 12-13 (1999), págs. 3-24.

El poeta y novelista **Osvaldo Navarro** (14 de agosto de 1946 Santo Domingo, Las Villas — 7 de febrero de 2008 México, D. F.), que reside en México desde los años 90, es conocido por su novela sobre el Escambray, *El hombre de Mayaguara* (1984; 1990) y sus numerosos libros de poemas. Ya en 1973 obtuvo el Premio David de la UNEAC por su libro de poemas *De regreso a la tierra* (1974) y el Premio de la Primera Bienal de Poesía Novel de La Habana. Sus décimas fueron distinguidas en 1974 con una primera mención: *Los días y los hombres* (1975). Se trata de poemas patrióticos, pero también de homenajes a sus maestros (Milanés, Martí, Navarro Luna, Martínez Villena, Regino Pedroso, Guillén, Ferrer), amigos y parientes.

Al libro para niños *El sueño de ser grande* (1976, Premio «Edad de Oro») siguió el *Espejo de conciencia* (1980), título que hace referencia a Silvestre de Balboa, una reconstrucción poética de la historia cubana. Después aparecieron *Las manos en el fuego* (1981) y *Nosotros dos* (1984). En el difícil género del soneto, Navarro se ocupa del tema del amor:

Nosotros dos

Cerrábamos los ojos para amarnos
en un intento último para vernos.
Nos besábamos casi para olernos
y nos olíamos para besarnos.

Nos callábamos y era para hablarnos.
Nos alejábamos para sentirnos.
Nos uníamos para esparcirnos
y nos hablábamos para olvidarnos.

---

[341] Lázaro / Zamora (1995: 110).

Morirse era tal vez como vivirnos
y olvidarse de todo era sabernos.
No estar era la súplica de estarnos.

Hemos venido aquí para morirnos
y nos vamos de aquí para tenernos.
Vamos con esa música a cantarnos.[342]

La antología *Combustión eterna* (1985) recoge la producción lírica anterior de Navarro con sus últimos poemas. En un prólogo-estudio, Roberto Díaz analiza la lírica de Navarro. En él se traza el camino seguido por el poeta, ensayista y periodista para quien, hijo de una familia de trabajadores, la Revolución significó todo. Como muchos de su generación, la comparación con otros sistemas sociales está en el origen del proceso de su desencanto.

El soneto «Puerta de Brandenburgo» aparece en el tomo anterior de poesía, pero también figura en la antología *Clarividencia* (1980-1986, publicada 1988, con dibujos de José Luis Posada). Partiendo del infierno dantesco, el yo lírico interroga a un trabajador ante la Puerta de Brandenburgo, quien eleva la explicación a un tono filosófico-religioso:

Puerta de Brandenburgo

Yo que no tengo a nadie que me advierta
como hacía Virgilio con el Dante,
qué debo hacer en este mismo instante
parado como estoy ante esa puerta.

Está cerrada y permanece abierta
como un enorme signo interrogante:
atrás está Berlín y hacia adelante
Berlín está también palpable y cierta.

Qué tiempo el que nos toca, compañero,
le digo en español a un viejo obrero
sin llegar a pensar que me entendiera.

Me dio la mano y pronunció su nombre,
y en un claro español me dijo el hombre:
«El mundo tiene sólo una frontera.»[343]

Un año después, el 9 de noviembre de 1989, cayó el Muro de Berlín.

Bernardo Marqués Ravelo (1947 La Habana) se vio obligado a emigrar a Miami en 1994, después de haber sido uno de los últimos firmantes de la «Carta de los Diez», porque su actividad como escritor y periodista ya no tenía

---

[342] Navarro (1984: 18).

[343] Navarro (1988: 91).

perspectiva alguna en la isla. Fue jefe de redacción del *Caimán Barbudo* (1966-1991), y había vivido hasta entonces un largo proceso de desencanto.

Mientras Marqués Ravelo describe en su testimonio *Balada del barrio* (1984) los años difíciles anteriores a 1959 y la euforia de la primera época de la Revolución, desde la perspectiva de su juventud en el barrio, el poema «Alarma» (publicado en *Plural* 238 (1991), págs. 39-40) es un grito desesperado contra el «proceso de rectificación» decretado por el gobierno. En un intenso *stream of consciousness*, el poeta se libera de los fantasmas del pasado, destruye los mitos y aparta de su alma sus pesadillas. A la escritura oficialista de la historia, el escritor opone su sinceridad:

¿Por dónde iba?
ya decia que Stalin armó todo este lío con
lo de la burocracia y la nomenklatura no me vengan
con historias si ya sé la batalla del arco de kurst
la carretera de volokolansk leningrado sitiado
por mil días y noches mientras esperaban al viejo godot
soprano calva en la mirilla algún día lo arreglamos
estoy patas arriba es la locura rectificamos
la rectificación de lo rectificado.

Gustavo Pérez-Firmat (1949 La Habana), poeta, cuentista, ensayista y crítico literario, un escritor polifacético y creativo, salió de Cuba a la edad de once años. En sus memorias *Next year in Cuba: A Cubano's Coming-of-Age in America* (1995) se puede seguir el curso de su vida. Doctorado en literatura comparada en la Universidad de Michigan, ha trabajado desde entonces como profesor de literatura en Colleges de EE.UU.

Sus polémicos ensayos están centrados sobre cuestiones relativas a la identidad de la cultura cubana, dentro y fuera de la isla, y al diálogo y el entendimiento entre las varias Cubas: *Idle fictions: The Hispanic Vanguard Novel* (1982, edición ampliada 1993), *Literature and Liminality: Festive Readings in the Hispanic Tradition* (1986), *The Cuban Condition: Translation and Identity in Modern Cuban Literature* (1989), *Do the Americas Have a Common Literature* (1990), *Life on the Hyphen: The Cuban American Way* (1994).

En su creación poética, Pérez-Firmat profundiza en los problemas con sinceridad y pertenece al grupo de autores anglocubanos, que reconoce abiertamente sus contradicciones en «code-switching»: *Carolina Cuban* (1987), *Equivocaciones* (1989), *Bilingual Blues* (1994). Su poema más famoso es «Bilingual Blues», que expresa el sentimiento de la vida de toda una generación de emigrantes. «Pototo» es una alusión al personaje cómico del desaparecido actor Leopoldo Fernández:

Soy un ajiaco de contradicciones.

I have mixed feelings about everything.
Name your tema, I'll hedge:
name your cerca, I'll straddle it
like a cubano.

I have mixed feelings about everything.
Soy un ajiaco de contradicciones.

Vexed, hexed, complexed,
hyphenated, osygenated, illegally alienated,
psycho soy, cantando voy:
You say tomato,
I say tu madre;
you say potato,
I say Pototo.
Let's call the hole
un huevo, the thing
a cosa, and if the cosa goes into the hueco,
consider yourself at home,
consider yourself part of the family:
Soy un ajicaco de contradicciones,
un potaje de paradojas,
a little square from Rubik's Cuba
que nadie nunca acoplará.
(Cha-cha-cha.).[344]

María Elena Cruz Varela, poetisa comprometida y valiente (17 de agosto de 1953 Laberinto, Provincia Matanzas) ha vivido exiliada desde finales de 1994 en Puerto Rico, y en Madrid desde 1996, donde reside actualmente. Ella fue conocida internacionalmente por la brutal detención en Cuba en octubre de 1991, acusada de ser cofundadora del grupo de oposición «Criterio Alternativo» y haber firmado la «Carta de los Diez», un manifiesto de intelectuales sobre el sistema. Fue encarcelada año y medio hasta 1993 y condenada por asociación ilícita y haber difamado a los héroes y mártires de la Revolución.

Manuel Díaz Martínez denunció estos hechos en dos artículos publicados en España, entre ellos «Crónica de un delito denunciado» (*El País,* 8 de enero de 1992, pág. 12). En una entrevista concedida a Peter B. Schumann en la «Deutschlandradio» de Berlín el 13 de mayo de 1995, Cruz Varela ha contado detalladamente esos sucesos terribles:

A ruego de tres personas que yo conocía, abrí la puerta de mi casa porque querían hablar conmigo. Entonces una avalancha de 'gente' (la Seguridad de Estado vestida de civil) invadió la casa y empezaron a golpear a los que estaban de visita. No se trataba de ninguna reunión política, como se dijo después, sino sólo de una reunión de amigos. Me arrastraron por los pelos escaleras abajo y, delante de la casa, empezaron a meterme papeles en la boca. Eran octavillas en las que llamábamos a los cubanos a unirse a nosotros y que llevaban mi nombre y dirección. Lo que más les había irritado fue que alguien se hubiera atrevido a distribuir octavillas públicamente en la calle, algo que no pueden hacer más que los revolucionarios. No estaban acostumbrados a eso. Después me llevaron a una estación de policía, donde primeramente me examinó un médico. El doctor extendió un certificado y lo entregó a la policía, sobre los hematomas producidos por los golpes.

---

[344] Fuente: Carolina Hospital (ed.): *Cuban American Writers: los atrevidos,* Princeton (New Jersey) 1989, pág. 157.

Luego un oficial — coronel de la Seguridad de Estado — habló conmigo y me amenazó que no podrían seguir garantizando mi vida si yo continuaba mis actividades. Según él, yo estaba jugando con fuego y eso era muy peligroso.

Dos años antes, Cruz Varela había obtenido el Premio Nacional de Poesía «Julián del Casal» de la UNEAC por el libro *Hija de Eva* (1989), nunca publicado en Cuba. En la *Gaceta de Cuba* (marzo de 1990), el órgano de la UNEAC, se decía a propósito de la obra:

De principio a fin, este libro es la sostenida voluntad de una mujer dispuesta a entablar un diálogo franco con su época. Un diálogo polémico, sin complacencias.

En el exilio aparecieron en una edición bilingüe los libros de poemas *El ángel agotado* (1991) y *Balada de la sangre* (1995), este último una recopilación de sus libros anteriores: *Mientras la espera el agua* (1986), *Afuera está lloviendo* (1987), *La voz de Adán y yo* (1998) y *Dios en las cárceles cubanas* (2001).

La ensayista, crítica y profesora Madeline Cámara ha sido la primera que en 1992 destacó el valor subversivo de la poesía de Cruz Varela. El ángel terrible de Rilke sobrevuela los poemas, pero también los arcángeles Miguel, Gabriel, Rafael y Uriel, además de Lucifer, el ángel caído, figuran en la antología poética de la escritora. La actualización de mitos antiguos y bíblicos permite incorporar los poemas a las tradiciones intemporales y, a la vez, lanzar una ojeada al *diēs īrae*, el regreso de Ulises a Ítaca.

No es fácil captar a primera vista el sentido metafórico de los poemas, pero resultan fascinantes por su intensidad, expresividad y originalidad. En un poema en prosa titulado «El muro» y dedicado a Virginia Woolf, Cruz Varela expresa el deseo de muchas mujeres de tener «a room of one's own». Al final dice:

La mujer debatiéndose. La mujer
y su espada. La mujer y su muro. La mujer.
Su barranco y sus zapatos rotos. Y su casa crispada.
Decidiendo el vacío. Un salto. Un punto. El muro.
La mudez. Y la nada.[345]

No es difícil reconocer en estas imágenes la opresión y la resistencia de la autora frente a la consigna «Socialismo o Muerte». El carácter subversivo de la poesía de Cruz Varela se hace patente en las frases sincopadas, eruptivas, en ritmo de staccato, que nos liberan de pesadillas como en una erupción volcánica del alma y, por medio de sus interrogantes, se pone en duda el valor de las consignas y los lemas. Así, por ejemplo, se dice en «Despedida del ángel»:

Enfermo de traición [...]
¿Y dónde está el traidor? ¿Y quién es el culpable? [...]
Me robaron las notas del Canto a la Alegría [...]

---

[345] Cruz Varela (1995: 36).

Me acuchillan la carne [...]
Enfermo de traición el ángel se despide.[346]

El carácter utópico de estos poemas se eleva desde el mar de la resignación, orientándolos hacia un futuro. La función de la poetisa como profeta, como vate y como Casandra (en lo que se revela una cierta afinidad con Christa Wolf) es manifiesta. El ángel de la ira aparta de su lado al ángel exhausto y aquel, según Cefania 1.15 (textualmente en la *Vulgata*) convoca el *diēs īrae, diēs illa*, el día del Juicio Final.

En un poema conmovedor, con el título «Legado», la escritora da a su hija Mariela el siguiente consejo:

Si alguna herencia puedo
es el amor y el odio necesario
[...]
No puedo regalarte camafeos
ni muñecas con lazos
ni una abuela blanquísima en una mecedora;
sólo puedo legarte la ira,
la búsqueda incesante de los detonadores
un precario equilibrio para andar cuesta arriba,
la vocación del faro
y una pasión de vidrio intransferible.[347]

Texto

Balada de la sangre / Ballad of the Blood, Hopewell (New Jersey) 1995.

Estudios

Cámara, Madeline: «Locura, poesía y subversión: una mujer que espera por la lluvia», en: *Plural* 250 (1992), págs. 6-12.

Cámara, Madeline: «Hacia una utopía de la resistencia», en: *Encuentro de la Cultura Cubana* 4-5 (1997), págs. 145-154.

Cámara, Madeline: *Vocación de Casandra: feminismo y disidencia en la poesía de María Elena Cruz Varela,* Frankfurt am Main; New York 1999.

Cámara, Madeline: «Vocación de Casandra: la poética de convocación en *El ángel agotado* de María Elena Cruz Varela», en: *Cuban Studies* 29 (1999), págs. 83-104.

Cámara, Madeline: *Vocación de Casandra: poesía femenina cubana subversiva en María Elena Cruz Varela,* New York; Washington; Baltimore 2001 (Caribbean Studies).

---

[346]   Cruz Varela (1995: 102).

[347]   Cruz Varela (1995: 94).

Limore Leeder, Ellen: «El mundo poético de María Elena Cruz Varela», en: Dadson, Trevor J. (ed.) (1998): *Actas del XII Congreso de la Asociación Internacional de Hispanistas (1995)*, tomo 6: *Estudios Hispanoamericanos*, Edgbaston; Birmingham 1998, págs. 326-331.

Armando Valdés (1 de abril de 1964 La Habana), poeta, licenciado en letras, ex-asesor literario de la Brigada Artística de la central nuclear Juraguá (Cienfuegos), llegó en mayo de 1991 a París, ayudado por una iniciativa de solidaridad de un grupo de amigos, tras cuatro intentos fallidos de abandonar la isla en una balsa.

Sus libros de poesía *Han cortado los laureles* (1990) y *En presencia de nadie* (1991) no fueron autorizados en adelante a publicarse en Cuba, porque Valdés no ocultaba su oposición al régimen de Castro. El libro de poemas *Libertad del silencio* (1996) refleja su insilio en la isla y enlaza, además, con una pintada del mayo del 68 en París: la libertad es el respeto al silencio. El siguiente poema, que aquí se transcribe en parte, fue escrito en Cienfuegos el 23 de febrero de 1992:

> [...]
> Ellos te dieron un espacio de donde tú te fuiste.
> Ellos supieron por otros oidos que estabas lejos,
> muy lejos y diferente de sus límites.
> Desde entonces cada palabra tuya la descifran.
> Cada sonrisa dudan, cada respuesta aprenden.
> Desde entonces colman de preguntas tu mirada,
> el espacio cerrado entre tú y el mundo.
>
> (Tu voz la buscan con sus pasos en todos los espejos).
> Esta hoja de papel bajo la almohada.
> Este silencio disimil y escondido
> es la manera de irnos sin la luz,
> de levantar la mano y mirar hacia otro sitio,
> de abandonar la mesa donde todos comen.
> [...][348]

Según las palabras del poeta «es un viaje entre paredes, una autoconfesión salvando (o intentando salvar) la literatura, el derecho a disentir en la búsqueda de una libertad que sólo a nosotros pertenece. La escritura como venganza lírica de una existencia, contra el tiempo» (comunicación personal, octubre 1997).

En el fondo, el silencio como forma de resistencia, se refleja mejor en la poesía, porque «la poesía es lo que no se dice. (Entonces la poesía es el silencio)».[349]

Valdés es también autor de textos de prosa, entre ellos, la novela corta *Las vacaciones de Hegel* (1999).

---

[348] Valdés (1996: 13).

[349] Valdés (1996: 25).

8 El teatro

8.1 Los cambios institucionales

El teatro, en su riqueza y variedad de formas de expresión, ha ocupado siempre un puesto destacado en la vida cultural cubana hasta en el último rincón de la isla, sea como teatro profesional o teatro de aficionados. Grupos como el Teatro Político de Bertolt Brecht, el Teatro Escambray, la pantomima de Olga Flora y Ramón o el Cabildo Teatral de Santiago, han tenido grandes éxitos y triunfando incluso en el extranjero, éxitos que no hubieran sido posibles, sin embargo, sin la ayuda prestada por muchas instituciones dentro y fuera de la isla.

En la fase inicial del cambio radical que representa la revolución cultural, el teatro desarrolló, por vez primera en la historia cubana, la totalidad de sus posibilidades de creatividad. En un breve elogio, Virgilio Piñera, se hace eco de los cambios positivos que se produjeron para los autores, el público y las campañas teatrales:

> De las exiguas salitas-teatro se pasó a ocupar grandes teatros; de las puestas en escena de una sola noche se fue a una profusión de puestas y a su permanencia en los teatros durante semanas; de precarios montajes se pasó a los grandes montajes; del autor que nunca antes pudo editar una sola de sus piezas se fue a las ediciones costeadas por el Estado y al pago de los derechos de autor sobre dichas ediciones; se hizo lo que jamás se había hecho; dar una cantidad de dinero al autor que estrenará una obra.

> Al mismo tiempo se crearon los grupos de teatro, formados por actores profesionales: nacieron las Brigadas Teatrales, la Escuela de Instructores de Arte y el Movimiento de Aficionados.[350]

Sólo en 1959 se representaron 48 obras de autores cubanos más de las que se había estrenado en los seis años anteriores. En una estadística reveladora, Raquel Carrió Ibietatorremendía (1988: 18) ha constatado numéricamente, para los años 1959 hasta 1967, la existencia de un equilibrio aproximado entre las obras cubanas y el teatro universal representados: Teatro cubano: 281 estrenos, 93 reposiciones, 374 puestas en escena. Teatro universal: 342 estrenos, 137 reposiciones, 479 puestas en escena.

El 16 de marzo de 1960 fue inaugurado en La Habana el Teatro Nacional con *La putain respectueuse* (*La ramera respetuosa,* 1946) de Sartre, con asistencia de su autor. Grupos como Guernica, Milanés, Conjunto Dramático Nacional, Rita Montaner, Teatro Experimental de La Habana, Covarrubias, Guiñol Nacional, Taller Dramático, La Rueda, Los Doce, Joven Teatro, Teatro Cubano, Teatro Latinoamericano, Ocuje, Jorge Anckermann, Teatro Musical,

---

[350] Miranda (1971: 106).

Teatro del Tercer Mundo, Teatro Estudio, Teatro Político Bertolt Brecht subieron en una abundancia increíble durante la fase inicial de la Revolución.

En 1961 se constituyó el Consejo de Cultura Nacional, cuya Sección de Teatro y Danza se encargó de dirigir la labor práctica de este sector. A ella pertenecía el teatro en sentido tradicional, pero también el teatro infantil y para jóvenes, el teatro de marionetas, pantomima, conjuntos de danza y folklore así como un amplio movimiento de aficionados. Por vez primera en la historia de Cuba se creó una red de universidades y centros profesionales para actores, directores, técnicos e instructores teatrales, en contraposición a la época anterior a 1959, cuando antes existía un solo centro privado de formación profesional.

Después de la creación del Teatro Nacional, se fundaron teatros en todas las provincias o se renovaron valiosos teatros del siglo XIX, de gran prestigio histórico-cultural. A la fundación del Seminario del Teatro Nacional, bajo la dirección del autor argentino Osvaldo Dragún, le sigue la de la Escuela Nacional de Arte, que a su vez es sustituida en 1976 por el Instituto Superior de Arte (ISA). De forma, la formación teatral adquirió una mayor profesionalidad. El teatro se dio a conocer internacionalmente por medio de los festivales de La Habana, el primero de ellos en 1980, después en 1982, 1984, 1987, 1991 [...] entre otros.

Cuba era en aquel entonces un centro del teatro colectivo e individual, del teatro experimental y tradicional en toda América Latina. Las revistas teatrales *Conjunto* (desde 1964), de la Casa de las Américas y *Tablas* (desde 1982) reflejan este interés. Tras algunos años de polémicas, en parte violentas y con la creación en 1989 del Consejo Nacional de las Artes Escénicas, se abrió camino en la década de los 90 una cierta liberalización y un cambio de opinión en favor de obras que reflejaban la identidad cubana (Leonard 1997). Por otro lado se intensificó la orientación internacional del teatro cubano por medio de la fundación, en las proximidades de La Habana, de la Escuela Internacional de Teatro de América Latina y el Caribe.

La amplia discusión en torno a las ideas sobre teoría dramática se orientó, sobre todo, según los principios de Brecht (Lavarde 1963, Toro 1989), Stanislavski, Grotowski, Boal, Eugenio Barba entre otros. A comienzos de los 80, se discutió, con resultados no siempre fecundos, el significado y contenido de los términos «popular» y «populismo».

Generalizando se puede decir que, en Cuba, el teatro es el escenario *par excellence,* en el que, sobre todo en la primera fase de la Revolución, se trató de liquidar el pasado burgués pero, además, también en que se criticó constructivamente las propias deficiencias. En la escena hacen su aparición obras del teatro extranjero, desde Eurípides hasta los autores modernos. No es fácil delimitar, por ella, claramente el impacto europeo y norteamericano, pero, para la década de los 60, se puede consignar, bajo la influencia del Théâtre de la Cruauté, de Artaud, y de las obras de Ionesco y Beckett, un predominio intenso del teatro absurdo. La protesta de los autores burgueses contra la creciente enajenación, contra el determinismo político y social del hombre en la Europa del post-

guerra, adquirió en Cuba un significado concreto en el entusiasmo revolucionario optimista de los años 60 porque la forma y el contenido del estado burgués
parecía haber dejado de existir.

Si, a pesar de ello, algunos burócratas cortos de miras que se tenían a sí
mismos por los representantes genuinos de la política cultural, prohibieron en
Cuba el teatro absurdo, por considerarlo burgués y decadente, obligando por
ejemplo a José Triana (nacido en 1931), su principal símbolo, a exiliarse en 1980
en París, ello se debió a que, detrás de este montaje, se ocultaba sin duda el
miedo a que la crítica del Ancien Régime y de la familia burguesa como
institución también podría afectar pronto al nuevo régimen llamado socialista
y a una de sus vacas sagradas, la familia misma.

Magaly Muguercia, historiadora del teatro, ha señalado en un balance de 30
años de teatro cubano, cinco tipos de problemas: el problema económico-
organizativo, la cuestión de público teatral, el desarrollo de la dramaturgia
nacional, la formación de profesionales de teatro, y la cuestión de los intercam-
bios del teatro cubano con el resto del mundo.[351]

Si la situación financiera de los profesionales del teatro, con sueldo fijo
acompañado de ciertas medidas de estimulación económica, no se estabilizó
hasta 1976, con la creación del Ministerio de Cultura, ello no representó, sin
embargo — salvo en algunos pocos casos —, la tan temida pérdida de la
motivación. Por otra parte, Muguercia critica el hecho de que muchas compañías carecían de repertorio fijo y elegían, con un exceso de parcialidad, determinadas obras de éxito.

La apertura del teatro para un público más amplio, con temas que tratan
sus problemas reales, figura sin duda entre las grandes conquistas de la revolución cultural cubana. De acuerdo con la distribución numérica de teatros por
provincias, La Habana sigue revelando su superioridad. Sin embargo, nadie
puede negar la intensidad de la actividad teatral en las otras provincias. El
«teatro nuevo» (Boudet 1983), que, en los años 70, se acercó al público con sus
colectivos, y no al contrario, condujo a una significativa reanimación de la
actividad teatral, librándola, además, de los rituales harto conocidos del teatro
subvencionado europeo.

Por primera vez en la historia de Cuba, las obras de los dramaturgos
cubanos encontraron su eco merecido, volviendo ser atractivo escribir para un
público isleño. Gracias a la formación profesional se elevó también el nivel
artístico de las puestas en escena. Será necesario un día analizar por separado y
valorar cómo se vinculan las influencias nacional e internacional sobre los
temas, estilo y dramaturgia de las obras a la vez que descubrir líneas de
orientación y explicar las causas de determinadas evoluciones. También es
válido para el teatro cubano, en la época mediática actual y de lucha por la
supervivencia artística, la necesidad de reflexionar con el fin de actualizar sus
objetivos y sus temas.

---

[351] Muguercia (1988: 225).

Imagen 68:
Festival de Teatro

Distribución de teatros y lunetas en Cuba 1991

Provincia	Teatros	Salas-teatro	Lunetas
Pinar del Río	1	13	3.085
Ciudad Habana	12	31	32.644
La Habana	2	2	1.448
Matanzas	1	4	1.955
Villa Clara	1	12	3.214
Cienfuegos	1	7	2.017
Sancti Spíritus	—	6	991
Ciego de Ávila	1	5	1.618
Camagüey	1	16	3.862
Las Tunas	—	1	180
Holguín	1	1	1.357
Granma	—	2	376
Santiago de Cuba	1	2	2.571
Guantánamo	—	2	473
Isla de la Juventud	1	—	2.575
Totales	23	104	56.364[352]

Todos los datos y otros contenidos en el trabajo fueron suministrados por el Centro de Investigaciones de las Artes Escénicas.[353]

---

[352]   Nota: Se consideran teatros aquellos con 500 o más lunetas.

[353]   Fuente: *Enfoques: Inter-Press Service*, 31 de enero de 1992, pág. 9.

Imagen 69:
Festival de Teatro

Bibliografía general

Antologías

Boudet, Rosa Ileana (ed.): *Morir del texto: diez obras teatrales*, La Habana 1995.
Espinosa, Carlos (ed.): *Teatrova*, La Habana 1981.
Espinosa Domínguez, Carlos (ed.): *Teatro cubano contemporáneo*, Madrid 1992 (con introducción excelente y documentación de las dos Cubas).
González-Cruz, Luis F. / Colecchia, Francesca M. (eds.): *Cuban Theater in the United States: A Critical Anthology*, Tempe: Arizona 1992.
Leal, Rine (ed.): *Teatro cubano en un acto*, La Habana 1963.
Leal, Rine (ed.): *6 obras de teatro cubano*, La Habana 1989.
Leal, Rine (ed.): *Teatro: 5 autores cubanos*, New York 1995 (María Irene Fornés, Eduardo Manet, Pedro R. Monge Rafuls, Héctor Santiago, José Triana).
Orihuela, Roberto (ed.): *Lucha contra bandidos*, La Habana 1983.
Pogolotti, Graziella (ed.): *Teatro y Revolución*, La Habana 1980.
Triana, José (ed.): *El tiempo en un acto: 13 obras de teatro cubano*, Jackson; Heights (N. Y.) 1999.

Revistas de teatro (selección)

Anales literarios: dramaturgos (Honolulu, Hawai, desde 1995) (eds. Matías Montes-Huidobro y Yara González-Montes).
Conjunto (La Habana desde 1964, reaparición 1967, más de 150 números).
Latin American Theatre Review (Lawrence, Kansas, USA).
Ollantay Theater Magazine (New York, desde 1993).
Tablas (La Habana, desde 1982).

Imagen 70:
Festival de Teatro

Estudios

Adler, Heidrun / Herr, Adrián (eds.): *De las dos orillas: teatro cubano,* Frankfurt am Main; Madrid 1999 (Teatro en Latinoamérica; 5).

Barquet, Jesús J.: «El teatro cubano en la encrucijada sociopolítica (1959-1990)»,
en: *La palabra y el hombre (Xalapa, Veracruz)* 108 (1998), págs. 63-80.

Boudet, Rosa Ileana: *Teatro nuevo: una respuesta,* La Habana 1983.

Carrió Ibietatorremendía, Raquel: *Dramaturgia cubana contemporánea: estudios
críticos,* La Habana 1988.

Carrió, Raquel: «Teatro y modernidad: siete ensayos de ficción», La Habana
(inédito).

Controversia (mesa redonda): «El teatro cubano actual: intertextualidad,
posmodernidad y creación», en: *Temas* 14 (1998), págs. 80-97.

González Freire, Natividad: *Teatro cubano (1927-1961),* La Habana 1961.

Grotowski, Jerzy: *Hacia un teatro pobre,* México 1987.

Lavarde, Cecilia: «Anotaciones sobre Brecht en Cuba», en: *Casa de las Américas* 15-16 (1963), págs. 77-90; 17-18 (1963), págs. 92-98.

Leal, Rine: *Breve historia del teatro cubano,* La Habana 1980.

Leonard, Candyce: «La cubanía: The Soul of Cuban Theatre in the Mid-1990s», en: *Latin American Theatre Review* 30/2 (1997), págs. 139-152.

Lobato Mordón, Ricardo: *El teatro del absurdo en Cuba,* Madrid 2002.

Martin, Randy: *Socialist Ensembles: Theater and State in Cuba and Nicaragua,* Minneapolis (Minn.) 1994.

Miranda, Julio E.: *Nueva literatura cubana,* Madrid 1971.

Montes-Huidobro, Matías: *El teatro cubano en el vórtice del compromiso: 1959-1961,* Miami 2002.

Muguercia, Magaly: *El teatro cubano en vísperas de la Revolución,* La Habana 1988 (con un capítulo final sobre el teatro cubano actual, págs. 224-252).

Muguercia, Magaly: *Teatro y utopía,* La Habana 1997.

Pérez, Teresa: «La escena cubana contemporánea y la vuelta a la palabra poética», en: *Conjunto* 109 (1998), págs. 24-31.

Pianca, Marina: «El teatro cubano en la década de los ochenta: nuevas propuestas, nuevas promociones», en: *Latin American Theatre Review* 24/1 (1990), págs. 121-133; reimpresión en: *Conjunto* 85-86 (1991), págs. 34-43.

Rodríguez Alemán, Mario: *Mural del teatro en Cuba,* La Habana 1990.

Sánchez-Grey, Alba: *Teatro cubano moderno: dramaturgos,* Miami 2000.

Toro, Fernando de: *Brecht en el teatro hispanoamericano contemporáneo,* Buenos Aires 1987.

Valiño, Omar: «Trazados en el agua: para una geografía ideológica del teatro cubano de los años 90», en: *Temas* 15 (1998), págs. 110-121.

Vasserot, Christilla: *Les avatars de la tragédie dans le théâtre cubain contemporain (1941-1968),* Paris 1999 (tesis de doctorado).

8.2 Virgilio Piñera

Virgilio Piñera (4 de agosto de 1912 Cárdenas — 18 de octubre de 1979 La Habana), patriarca y modelo no superado de la creación dramática cubana marcó el contenido y sentido de este teatro iconoclasta. Ya en los años 40 fundó con Lezama Lima la revista literaria *Espuela de Plata;* con posterioridad, y en oposición a Lezama Lima, junto con Rodríguez Feo, la revista de vanguardia *Ciclón* (1955). Después dirigió la editorial Ediciones R (1960-1964) y fue colaborador importante de Lunes, el anexo literario del rotativo *Revolución* (1959), logrando aumentar su tirada semanal hasta más de 250.000 ejemplares. El 11 de octubre de 1961 fue detenido, acusado de pederastia y recluido en la prisión de El Morro en la entrada al puerto de La Habana.

Ello ocurrió la tristemente célebre «Noche de las tres P» (proxenetas, pederastas, prostitutas). Sólo gracias a la intervención de amigos influyentes, entre otros de Carlos Franqui, fue puesto en libertad. También después continuó siendo vigilado con desconfianza, por lo cual vivió cada vez más aislado en su domicilio, una «etapa que él mismo llamó de muerte civil».[354] Como homosexual, ateo y anticomunista se vio siempre obligado a vivir a contracorriente y a exilarse externa e interiormente.

Desde 1946 hasta 1959 se ganó la vida trabajando como un empleado consular secundario en Buenos Aires. Reinaldo Arenas lo llamó «Kafka del subdesarrollo» en su autobiografía *Antes que anochezca*.[355] Cuando a Che Guevara se le mostró en la embajada cubana de Argel el *Teatro Completo* (1960) de Piñera, tuvo, al parecer, un acceso de cólera, cuenta Cabrera Infante según el testimonio directo de Juan Goytisolo.[356] Después de haberse comprometido en la defensa de Heberto Padilla, los teatros y las editoriales cubanas le cerraron definitivamente las puertas. Su muerte dejó un vacío doloroso.

> Si muero en la carretera me entierran en el jardín
> que está por la carretera, pero no me pongan flores
> cuando uno tiene su fin yendo por la carretera
> a uno no le ponen flores de ese ni de otro jardín.[357]

Tres de sus 20 obras (en parte inacabadas) figuran entre los clásicos del teatro cubano: *Electra Garrigó* (escrita 1941, estrenada 1948), *Aire frío* (1959), *Dos viejos pánicos* (1968, Premio de la Casa de las Américas). *Electra Garrigó* contiene elementos del teatro existencialista y absurdo «avant la lettre» y, durante diez años después de su estreno, fue prohibida por la todopoderosa censura de la Agrupación de redactores teatrales y cinematográficos.

En una brillante autoconfesión, que sirve de prólogo a su teatro (1960), Piñera ha comentado irónicamente el aislamiento del dramaturgo en Cuba en los años 40 y 50. Si Piñera escribió *Electra Garrigó* cuando tenía 29 años, antes de la publicación de *Les mouches* (1943) de Sartre, y *La cantatrice chauve* (estrenada 1950) de Ionesco, ello se debe, según la opinión del autor, a la situación y al ambiente existentes en la época:

> Yo vivía en una Cuba existencialista por defecto y absurda por exceso. Por ahí corre un chiste que dice: 'Ionesco se acercaba a las costas cubanas y sólo de verlas, dijo: Aquí no tengo nada que hacer, esta gente es más absurda que mi teatro [...]' Entonces si así es, yo soy absurdo y existencialista, pero a la cubana [...] Porque más que todo, mi teatro es cubano, y esto se verá algún día.[358]

Esta cubanía la basó Piñera en la combinación de lo tragi-cómico, la supresión de todo patetismo y solemnidad por medio del choteo, ese humor y burla que liberan y que Jorge Mañach (*Indagación del choteo*, 1928) ha analizado

---

[354]   Arrufat (1994: 35).

[355]   Arenas (1992: 106).

[356]   Cabrera Infante (1992: 343).

[357]   Piñera (1988: 32).

[358]   Piñera (1960: 15).

tan magistralmente. Al igual que el esperpentismo de Valle-Inclán, el choteo es la coraza protectora del dramaturgo contra los traumas de la vida pero, a su vez, tiene también la función de despertar al público de su letargo y sus rituales.

Pero Piñera tendió, además el puente entre el socrático «conócete a ti mismo» y el choteo. A él no le interesaba en absoluto nada más que cubanizar un tema clásico de la tragedia griega. Del ciclo de tragedias de los Atridas, seleccionó la muerte de Agamenón y Electra, y trasladó la acción a la «Ciudad de las columnas», a La Habana. Sin embargo, Piñera se liberó de la rica tradición dramática desde Esquilo, Séneca, O'Neill (*Mourning becomes Electra*, 1931), creando una versión muy personal en la que la tragedia misma es declamada pícaramente en las décimas del coro en forma de copla o romance de ciegos (acto primero):

> En la ciudad de la Habana,
> la perla más refulgente
> de Cuba patria fulgente
> la desgracia se cebó
> en Electra Garrigó,
> mujer hermosa y bravia
> que en su casa día a día
> con un problema profundo
> tan grande como este mundo
> la suerte le deparó.[359]

Electra Garrigó fue estrenada en el Teatro Valdés de La Habana, dirigida por Francisco Marin, bajo los auspicios de la Agrupación Prometeo, el 23 de octubre de 1948. Por su impecable enlace entre el teatro clásico europeo y la tradición popular cubana, esta obra es considerada con razón como el punto de transición en el teatro cubano moderno. Piñera liberó la escena cubana de su provincialismo y abrió a la vez las puertas hacia un teatro universal, que en Europa todavía debemos descubrir.

Si en esta obra se augura ya la disolución de la familia — como reflejo de la crisis de la sociedad burguesa —, este presagio es aún más radical en las dos siguientes piezas dramáticas maestras de Piñera. El autor intensifica esta tendencia paradigmática y característica y presenta en *Aire frío* (1959) en un proceso de aceleración que abarca varias épocas (la acción se desarrolla en 1940, 1950 y 1958), la decadencia de una familia cubana de la clase media burguesa:

> En Aire Frío me ha bastado presentar la historia de una familia cubana, por si misma una historia tan absurda que de haber recurrido al absurdo habría convertido a mis personajes en gente razonable.[360]

---

[359] Piñera (1960: 35).

[360] Piñera (1960: 30).

Aquí se concentra el parricidio, cometido por los cuatro hijos, en la figura del patriarca Ángel Romaguera, alcohólico, brutal, egocéntrico y, al final de su vida, ciego, que incluso trata de ocultar sus relaciones con su sobrina Bela. En la alternancia permanente de los sentimientos, entre esperanza y desilusión, el mundo de la hipocresía y la mentira se derriba una y otra vez en escenas estremecedoras.

Los cambios de la sociedad se presagian no sólo en el conflicto entre las generaciones sino, además, en el progresivo desmontaje de las estructuras jerárquicas autoritarias. Durante las tres horas de duración de esta obra sobrecogedora, el autor lleva a cabo implacablemente la disección de una situación carente de sentido y de los ataques agresivos a que se someten recíprocamente los personajes a diario. En la obra, el ventilador adquiere una importancia simbólica porque es el único accesorio que puede aportar «aire frío» al aire viciado putrefacto de la sociedad.

Dos viejos pánicos (estreno 1968 y no autorizada en Cuba hasta 1990) es una pieza dramática de dos personajes, en dos actos, con muy pocos elementos, como en *En attendant Godot* (1952), de Samuel Beckett, en la que Piñera presenta el enfrentamiento en el matrimonio entre Tota y Tabo, una pareja de 60 años. Aquí, los conflictos se desatan en el seno de esta pequeña familia unicelular. Un viejo matrimonio ensaya a diario el juego con la muerte a fin de perder el miedo a morir. El matrimonio se quita la vida uno al otro de las más diversas formas hasta que el ritual de la muerte se convierte en algo cotidiano. Los recuerdos y las imputaciones recíprocas les mortifican y conducen sólo a una liberación aparente en sus agresiones contra el otro.

Por un lado, la fantasía se tortura para destruir al otro por otro lado, la muerte como negación de la vida, despoja de su razón de ser al superviviente. En la escritura de la obra, Piñera juega con numerosos pastiches, que sitúan el amor contradictorio de Tota y Tabo en una filiación literaria clásica. Así, el monólogo de Tabo, dirigido al público, está anclado en la tradición misógina de la Edad Media y en la tradición del machismo latinoamericano de «Le vin de l'Assassin», de Baudelaire en *Les fleurs du Mal* (1857):

> ¡Mi mujer ha muerto y soy libre!
> Puedo pues, beber mucho o poco
> [...]
> ¡Heme aquí solitario y libre!
> Borracho perdido estaré
> a la noche, y sin miedo alguno
> en el suelo me echaré.[361]

La variación permanente del motivo del doble como contrafigura preserva la acción de toda monotonía y proporciona una mayor intensidad a la carencia de sentido de una situación desesperada que sólo la muerte puede resolver. Lo que la burocracia cultural cubana de la época toleraba como crítica a la sociedad

---

[361]   Piñera (1968: 32-33).

burguesa, fue en realidad el abandono definitivo de Piñera de cualquier futuro esperanzador.

Del legado literario de Piñera, Ernesto Hernández Busto publicó la obra en cinco actos *El No* (1994), donde se presenta una pareja de novios que deciden no casarse jamás. Emilia, la protagonista, una Penélope tropical, siempre ocupada en sus faenas de tejer, y su fiel novio, Vicente, siempre sentado en su sillón leyendo libros, rechazan, desde que cumplieron 25 años, todas las intimaciones y amenazas de los padres de Emilia para que lleven a cabo la unión matrimonial burguesa.

Finalmente Pedro, el padre, muere de un infarto, víctima de un ataque de cólera, y Laura, la madre, levanta un altar para la boda, siendo recluida después en un manicomio y no recupera nunca más la razón. Los «compromisos sociales» aparecen siempre porque los vecinos insisten en que se realice la boda.

La pieza termina en un tribunal y con un veredicto pronunciado por los vecinos. Los objetos y la gente simbolizan el tiempo estático, pero, a pesar de todas las coacciones, los novios defienden su derecho a su propia autodeterminación:

> No es de extrañar que para escapar de las 'presiones', los personajes de Virgilio jueguen al 'juego' de la espera y apuesten así por el aislamiento y / o el congelamiento.[362]

Con razón, Reinaldo Arenas, escritor de gran afinidad con Piñera, manifestó, desde su exilio en Nueva York, en julio de 1983: «Toda la obra de Piñera es la obra de un expulsado. Tocado por la maldición de la expulsión, entrar en su mundo es entrar en el infierno, o, cuando menos, sentirnos absolutamente remotos del paraíso».[363]

Otro documento de admiración — incluso por la generación joven — es el poema «una feroz alegría» (del libro *Las breves tribulaciones*, 1992) de Norge Espinosa (1971 Santa Clara), dedicado in memoriam a Piñera:

> Cuando vengan a buscarme
> para ir al baile de cojos
> iré entregando mis ojos
> a quien quisiera llorarme
> iré sin desesperarme
> (es un baile conocido)
> y jugaré lo vivido
> contra lo que moriré
> No hay salidas Yo me iré
> me salva lo presentido[364]

---

[362] Anhalt (1995: 48).

[363] Arenas (1986: 116).

[364] Espinosa (1992: 32).

Textos

Teatro completo, La Habana 1960.
Dos viejos pánicos, La Habana 1968.
Una caja de zapatos vacía, edición crítica de Luis F. González Cruz, Miami 1986.
Una broma colosal, La Habana 1988.
Teatro inconcluso, La Habana 1990.
El no, Coyoacán (Mexico) 1994 (prólogo de Ernesto Hernández Busto).
Cuentos completos, Madrid 1999.

Estudios (teatro)

Aguilú de Murphy, *Raquel: Los textos dramáticos de Virgilio Piñera y el teatro del absurdo,* Madrid 1989.
Anderson, Thomas F.: *Everything in its Place: the Life and Works of Virgilio Piñera,* Los Ángeles: Bucknell University Press, 2006.
Anhalt, Nedda G.: [reseña de la edición de] *El no* (1994), en: *Vuelta* 224 (1995), págs. 48-50.
Arenas, Reinaldo: «La isla en peso con todas sus cucarachas», en: Arenas, Reinaldo: *Necesidad de libertad,* México 1986, págs. 115-131 (sobre Virgilio Piñera).
Arrufat, Antón: *Virgilio Piñera: entre él y yo,* La Habana 1994.
Carrió Mendia, Raquel: «Estudio en blanco y negro: teatro de Virgilio Piñera», en: *Revista Iberoamericana* 152-153 (1990), págs. 871-880.
Cervera Salinas, Vicente: «Electra Garrigó, de Virgilio Piñera: años y leguas de un mito teatral», en: *Cuadernos Hispanoamericanos* 545 (1995), págs. 149-156.
Depretis, Giancarlo: «Del Mediterráneo al Caribe: La *Electra Garrigó* de Virgilio Piñera», en: Marco, Joaquín (ed.): *Actas del XXIX Congreso del Instituto Internacional de Literatura Iberoamericana,* vol. 3, Barcelona 1994, págs. 179-184.
Detjens-Montero, Wilma: «La negación de la ética cubana: *El no* de Virgilio Piñera», en: *Latin American Theatre Review* 32/2 (1999), págs. 105-115.
Garrandés, Alberto: *La poética del límite,* La Habana 1993 (sobre Virgilio Piñera).
«Homenaje a Virgilio Piñera», en: *Encuentro de la Cultura Cubana* 14 (1999), págs. 3-44.
McLees, Ainslee Armstrong: «Elements of Sartrian Philosophy in *Electra Garrigó* (by Virgilio Piñera)», en: *Latin American Theatre Review* 7/1 (1973), págs. 5-11.
Millares, Selena: «La subversión del logos en el teatro de Virgilio Piñera», en: *Teatro* 11 (1997; Madrid), págs. 235-245.
Santí, Enrico Mario: «Carne y papel: el fantasma de Virgilio», en: *Vuelta* 208 (1994), págs. 58-63.

8.3 El impacto de Piñera

Desde 1959, la influencia temática y dramatúrgica de Piñera sobre el teatro cubano se mantiene viva hasta hoy. Cualquier autor dramático que trataba de llevar a escena su creación se veía obligado a enfrentarse con Piñera y su obra. Sólo algunos pocos consiguieron librarse de su sombra. Entre ellos figura Humberto Arenal, cuya obra dramática se ha analizado en el capítulo sobre la novela. Hacia el exilio emigraron Manuel Reguera Saumell y Ramón Ferreira. De esta forma, de entre los autores más conocidos sólo Antón Arrufat, Rolando Ferrer y José Milián continúan siendo acompañantes fieles de Piñera.

Antón Arrufat

Arrufat (14 de agosto de 1935 Santiago de Cuba), dramaturgo, poeta, autor de narraciones breves y de una novela, pertenece al grupo de escritores que regresaron desde EE.UU. (1957-1959) a la isla, después del triunfo de la Revolución, desempeñando allí cargos importantes, entre otros, el de jefe de redacción de la revista *Casa de las Américas*. Aunque Arrufat, a más tardar desde el «Caso Padilla», se distanció cada vez más del dogmatismo cultural oficial, representó a Cuba en numerosas misiones en el extranjero, y hasta hoy ha publicado en la isla su obra, lírica, narrativa y dramática. En 2001 recibió el Premio Nacional de Literatura.

Imagen 71:
Antón Arrufat

Teatro

Su mundo es el teatro, en el que debutó muy joven (*El caso se investiga*, 1957), pero sin éxito, debido a la falta de educación de los espectadores y críticos. Si, según una idea de Arrufat, la vida se alumbra desde la obra, sus textos entonces, que empezaron como farsas, reflejan una evolución caracterizada por un desencanto cada vez mayor. Su gran maestro, al que ha permanecido fiel toda su vida, fue Piñera, del que ha dejado un testimonio conmovedor.[365]

Calvert Casey, uno de los mejores conocedores del teatro de Arrufat, ha señalado la tradición cubana del teatro absurdo:

---

[365] *Virgilio Piñera: entre él y yo*, 1994.

Arrufat tiene buen oido para el 'relajo' cubano, summum del absurdo, expresado tantas veces en nuestra música, y al utilizarlo tiende un puente entre este rasgo, pueril y sabio de la sincracia [sic!] criolla [...] y las tendencias más modernas del teatro.[366]

Tampoco *El vivo al pollo* (1961, mención en *Casa de las Américas*), comedia en tres actos, entre el teatro bufo cubano, el teatro europeo (Valle-Inclán, Giraudoux) y el de vanguardia (Ionesco) tuvo al comienzo una acogida unánime por parte del público.

Juan José Arreola lo resumió así:

El vivo al pollo ha provocado controversias y reyertas. Pros y contras tajantes, o tenues medias tintas de crítica escrita y hablada. Al escribir esta página, yo mismo estoy desconcertado. ¿Arrufat nos ha tomado el pelo a todos?[367]

Si literatura es apropiación estética de la realidad y no reflejo directo o indirecto de la vida, entonces resulta poco menos que incomprensible la siguiente valoración del excelente crítico de teatro, Rine Leal, que, por otra parte, se suele aplicar al teatro de Arrufat:

El teatro de Arrufat me da la impresión de estar construido más que vivido, porque en definitiva lo que el autor nos propone no es una imagen directa de la vida, sino una abstracción que se muestra por medio de un silogismo escénico, de una confrontación mental.[368]

Arrufat no consiguió triunfar hasta haber escrito *Los siete contra Tebas* (1968) que, junto con *La noche de los asesinos*, de Triana, figura entre las obras más conocidas del teatro cubano. El 24 de noviembre de 1968, la obra fue atacada violentamente en *Verde Olivo*, el órgano de las Fuerzas Armadas Cubanas («Antón se va a la guerra»). Tras el seudónimo Leopoldo Ávila se ocultaba José Antonio Portuondo. La obra de Arrufat, terminada el crucial y simbólico mes de mayo de 1968, acababa de recibir el prestigioso premio «José Antonio Ramos», de la UNEAC. De los cinco miembros del jurado dos votaron en contra, entre ellos Raquel Revuelta, la influyente pontífice de la censura.

Como en el caso de la discutida concesión del premio al libro de poesía de Padilla *Fuera del juego* (1968), salieron a relucir en la crítica de la obra de Arrufat argumentos que nada tenían que ver con la literatura. Según ella, Arrufat representaba «posiciones ambiguas frente a problemas fundamentales que atañen a la Revolución Cubana»,[369] lo cual iba a significar la prohibición de publicar la obra durante los sombríos años 70.

---

[366] Arrufat (1994: 348).

[367] *Casa de las Américas* 9 (1961), pág. 157.

[368] Arrufat (1994: 370).

[369] Arrufat (1992: 867).

Sólo en 1980 Arrufat consiguió rehabilitarse por medio de una declaración contra el Pen Club internacional, que según interpretación oficial cubana trataba de instrumentalizarlo como disidente:

> En esta tierra vivo, escribo y trabajo. ¿Es clara mi posición? Entonces, por favor, con todo respeto, sírvanse borrarme de sus listas.[370]

La obra de Arrufat, *Los siete contra Tebas,* que no fue estrenada hasta noviembre de 1970 en México por la compañía de Marta Mardusco y en 2007 en Cuba, era su sexta obra teatral desde 1957. Al igual que Piñera y Triana, Arrufat se basó en un tema de la Antigüedad por su carácter didáctico intemporal. La historia de la lucha de los siete contra Tebas significaba, en la saga tebana, el intermedio bélico entre la tragedia de Edipo y la Antígona. Etéocles, el hijo mayor de Edipo, desterró a Polinices, quien, junto con otros seis jefes militares, luchó contra su hermano ante una de las puertas de Tebas. Los dos hermanos se dieron muerte mutuamente, con lo que así se cumplió la maldición de su padre, Edipo. El tema de los hermanos, enemigos encarnizados entre sí, ha conservado su actualidad hasta nuestros días, a través de las versiones dramáticas de Esquilo, Séneca, Racine y Alfieri.

¿Qué puede haber escandalizado a los puristas entre los miembros del jurado de la UNEAC y sus mandatarios? La obra es un llamamiento apasionado a la reconciliación y el diálogo entre fracciones enemigas y una invocación para superar pacíficamente sus conflictos. La lucha fratricida puede hacer alusión, sin duda, a la situación cubana, pero, a lo sumo, se pueden encontrar algunas referencias indirectas en los cantos de los coros. Al vocabulario palurdo de aquellos años pertenecía la antinomia entre «puros» e «impuros» (homosexuales, heterodoxos).

> Cuando el coro exclama:
> ¡Perezca quien divide a los hombres
> en puros e impuros![371]

Se ve claramente la intención del autor lo mismo que en el lamento de una madre, recitado alternativamente por ella y por el coro, que se opone a que su hijo sea llamado a filas para ir a la guerra:

> Ay, me sentí culpable, amigas.
> Yo lo dejé partir
> [...]
> Amigas, yo sé lo que se pierde en la guerra.[372]

---

[370] *Granma,* resumen semanal, 29 de junio de 1980: Las «Confesiones» de dos «Disidentes» cubanos.

[371] Arrufat (1992: 894).

[372] Arrufat (1992: 921).

La obra de Arrufat acaba, según el modelo clásico, con la muerte de los hermanos, y la cuestión no resuelta es saber si es un sacrificio carente de sentido o, por el contrario, si es precisamente este sacrificio la condición previa para un entendimiento entre las partes enemigas.

A esta obra siguieron *La tierra permanente* (1987) y *La divina Fanny* (1995), un teatro total que integra «música, cuerpo y palabra». Temáticamente esta última se basa en un hecho histórico, el recital de Fanny Elssler, bailarina austríaca de ballet clásico, en La Habana a mediados del siglo pasado. En la obra figuran además la famosa bailarina italiana María Taglioni, el poeta José Jacinto Milanes y el Capitán General de la isla, Conde de Peñalver, y otras famosas personalidades de la época, además de camareras, caleseros y un coro.

Obra narrativa

En 1984, Arrufat sorprendió a los círculos literarios con la publicación de una voluminosa novela, titulada *La caja está cerrada* (Premio de la Crítica). La aparición del libro significó, a la vez, el final de nueve años de destierro y silencio en su propio país, al que el autor había sido obligado. En un coloquio celebrado en Estocolmo en mayo de 1994, Arrufat expuso la historia conmovedora de la presentación de la novela:

> Pedí que la primera presentación pública de la obra se hiciera en la Biblioteca Municipal de Marianao, en la que pasé el ostracismo trabajando en su almacén de libros, sobre una mesa de madera rústica. Pedí que se colocara sobre esa mesa la flamante edición, y la mesa fue trasladada del almacén a una sala de lectura. Me presenté vestido de blanco de la cabeza a los pies. Como ustedes conocen, el blanco, entre otras cosas, simboliza la pureza. Me sentía esa tarde tan inocente como un cordero.[373]

Como en todas las grandes novelas, la cuestión del género no se puede delimitar con claridad. Verity A. Smith ha constatado lo siguiente:

> [...] no es una novela autobiográfica, pero sus vínculos con los escritos autorreflexivos de Antón Arrufat, así anteriores como posteriores a esta novela son patentes» (Smith 1990: 1099). En cuanto al análisis de su contenido, Josefa Hernández Azaret ha fijado tres elementos clave: «El individuo (su desarrollo y comportamiento), la sociedad que lo sustenta (con sus pequeñas y triviales cotidianidades) y los factores negativos, directos o indirectos, que inciden en su desarrollo: el estatismo, la politiquería y la guerra.[374]

En una primera aproximación, la novela se desarrolla en los años 40, frente al trasfonfo de la Segunda Guerra Mundial y los cambios operados en el seno de una familia pequeño-burguesa, desde la perspectiva del niño-adolescente Gregorio. Pero la obra no es en ningún caso una novela de aprendizaje o

---

[373] René Vázquez Díaz (ed.): *Bipolaridad de la cultura cubana*, Estocolmo 1994, pág. 58.

[374] Hernandez Azaret (1986: 174).

formación sino, más bien, la radiografía íntima de los conflictos, recuerdos, impresiones y anhelos de sus personajes.

La historia real — la historia (neo-)colonial — está orientada hacia un «telos», la muerte en un sentido casi determinista. Los rituales familiares e históricos fluyen paralelamente hasta que confluyen. Los diálogos entre el Hermano Hernández, profesor de Gregorio en el colegio de Dolores, y el Rector son motivo para una serie de digresiones filosóficas sobre la vida, la muerte, Dios ... Si se buscan paralelos literarios para el valor de este libro pacientemente madurado durante décadas y en tiempos difíciles, se nos imponen entonces los nombres de Proust y Joyce.

Proust creó en su ciclo novelístico *A la recherche du temps perdu* (1913-1927), compuesto de siete partes, un «édifice immense du souvenir», en el que la fuerza del recuerdo hace posible la supervivencia en el presente como es el caso también en Arrufat. Como en Proust, la acción en la obra del cubano pasa por las fases de «illumination», «analyse» y «expression». El análisis meditativo de la sociedad deja espacio libre para aproximarse y matizar vivencias y sentimientos humanos.

La fuerza que proporciona el recuerdo hace posible rescatar el tiempo perdido en el pasado. La recuperación del tiempo salva al autor de hundirse en un profundo pesimismo. El paralelismo con James Joyce (*Ulises,* 1922) reside, sin duda, en la multiplicidad estructural, la riqueza de alusiones, la forma de estructurar los motivos y los símbolos y la elaboración interna de la historia.

Los cuentos de Arrufat son esbozos cuidadosamente observados sobre estados de ánimo y caracteres. Su conexión con la lírica es evidente. Las mejores narraciones — entre ellas «Mi antagonista y otras observaciones» — aparecieron en el volumen *¿Qué harías después de mí?* no faltan en ninguna antología y son testimonio de la responsabilidad de un autor que sabe madurar su obra.[375]

Por último hay que mencionar el conmovedor retrato de su amistad con Virgilio Piñera (*Virgilio Piñera: entre él y yo,* 1994), que a la vez es un documento estremecedor de la caza de brujas de intelectuales, caídos en descrédito en los años 60 y 70. En el tomo *De las pequeñas cosas* (1997), publicado en España, figura una colección de artículos, reflexiones, historias y comentarios de Arrufat.

Por el libro *La noche del aguafiestas* (2001), Arrufat recibió el año anterior el Premio «Alejo Carpentier».

Poesía

La lírica de Arrufat refleja hechos de la vida cotidiana que, sin embargo, adquieren enseguida un carácter simbólico como en el primer libro de poemas *En claro* (1962), donde aparecen algunas estrofas sobre el choque de la invasión de Playa Girón, en 1961. Después publicó *Repaso final* (1964),

---

[375] Compárese *Mi antagonista (Narrativa breve),* Madrid 2007.

Escrito en las puertas (1968), *La huella en la arena* (1986) y *Lirios sobre un fondo de espadas* (1995). *El viejo carpentiero* (1999) reúne sus poemas posteriores. La poesía más interesante es la de los años 60 por estar relacionada con su teatro.

El primer poema escrito en Cuba sobre una prostituta se debe a la pluma de Arrufat y figura en el libro *Escrito en las puertas* (1968):

De la puta

Soy hermosa, te gusto, soy un ángel
Todos dicen lo mismo. Se les escapa
un «mi vida» sin poder evitarlo.
Vuelvo el rostro pintado y miro
el cuarto y la lumbre en el altar.
Soy una santa que recibe ofrendas
en la cama varias veces al día.
Jóvenes, hombres maduros, viejos
cumplen en mí una larga tradición.
Algunos me muestran retratos de un hijo,
de la novia perdida o la madre muerta.
Al terminar parece que no me reconocen.
Me dejan en las sabanas como un guinapo.
He cumplido mi misión oficial. Que pase otro.[376]

Este tipo de lírica era posible en Cuba antes del «Caso Padilla». El poema, del año 1966, muestra la fuerza creadora de Arrufat: la descripción gráfica y rica en contrastes de las personas y su entorno, la identificación emocional con los marginados y la sutil crítica de la sociedad al final, que invierte el sentido del lema oficial «misión social».

La lírica de Arrufat está lejos de haber sido estudiada en detalle. En el marco de una hojeada retrospectiva de las décadas pasadas, su poesía adquiere una dimensión intemporal porque le permitió sobrevivir a su autor. En la «Oración diaria», el poeta expone el credo de su vida:

Creo en la verdad objetiva,
creo en lo que conoceré,
creo en la materia,
creo en las fuerzas contrarias.
Amén.[377]

Textos

«Los siete contra Tebas», en: Espinosa Domínguez, Carlos (ed.): *Teatro cubano contemporáneo*, Madrid 1992, págs. 859-931 (prólogo de Abilio Estévez, págs. 861-867).

---

[376] Arrufat (1968: 11).

[377] Arrufat (1968: 51).

Cámara de amor, La Habana 1994 (contiene: *El caso se investiga,* estreno 28 de junio de 1957, *El último tren,* estreno 1963, *El vivo al pollo,* estreno 1 de abril de 1961, *La repetición,* estreno 1963, *La zona cero* y *Todos los domingos,* estreno 1966).
Antología personal, Barcelona 2001.

Estudios

Barquet, Jesús J.: «Subversión desde el discurso no-verbal y verbal de *Los siete contra Tebas* de Antón Arrufat», en: *Latin American Theatre Review* 32/2 (1999), págs. 19-33.

Barquet, Jesús J.: «Antón Arrufat habla claro sobre *Los siete contra Tebas:* entrevista realizada por Jesús J. Barquet», en: *Encuentro de la Cultura Cubana* 14 (1999), págs. 91-100.

Christoph, Nancy: «'El teatro me ha dejado a mí': una entrevista con Antón Arrufat», en: *Latin American Theatre Review* 32/2 (1999), págs. 143-149.

Dauster, Frank N.: «The Theater of Antón Arrufat (Cuba)», en: Lyday, León F. / Woodyard, George W. (eds.): *Dramatists in Revolt: The New Latin American Theater,* Austin; London 1976, págs. 3-18.

Escarpanter, José Antonio: «Tres dramaturgos del inicio revolucionario: Abelardo Estorino, Antón Arrufat y José Triana», en: *Revista Iberoamericana* 152-153 (1990), págs. 881-896.

Hernández Azaret, Josefa: «¿Está la caja cerrada?», en: *Casa de las Américas* 158 (1986), págs. 174-179.

«Homenaje a Antón Arrufat», en: *Encuentro de la Cultura Cubana* 20 (2001), págs. 5-47.

Smith, Verity A.: «Memorias del país de los muertos: una lectura de *La caja está cerrada,* de Antón Arrufat», en: *Revista Iberoamericana* 152-153 (1990), págs. 1091-1102.

Rolando Ferrer

La producción teatral de Rolando Ferrer (13 de julio de 1925 Santiago de Cuba — 19 de enero de 1976 La Habana) que empezó a escribir en los tardíos años 40 (*Soledad,* 1947; *La hija de Nacho,* 1951; *Lila, la mariposa,* 1954) fue interrumpida por la represión de Batista, obligando al autor a exiliarse en Canadá. Después de 1959, Ferrer desarrolló su gran talento de dramaturgo, con el triunfo de obras como *La taza de café* (1959), *Función homenaje* (1960), *Fiquito* (1961), *El corte* (1961), *El que mató al responsable* (1962), *Los próceres* (1963), *Las de enfrente* (1963), en el teatro infantil (*Busca, buscando,* 1975), en puestas en escena (Shakespeare, Cervantes), adaptaciones dramáticas de textos en prosa (J. R. Jiménez: *Platero y yo*) y en su actividad docente.

Los problemas de los cambios sociales en la familia y en el papel desempeñado por la mujer son los temas tratados por su teatro, bajo la influencia de Piñera, pero con aspectos originales, como destaca Nancy Morejón en el prólogo a la edición de su *Teatro* (1983). En otra alabanza de su teatro, Raquel Carrió Ibietatorremendia (1988: 19) escribió lo siguiente:

> Ferrer [...] es importante en el estudio de nuestra dramaturgia por varias razones. En primera, porque tipifica una trayectoria: del entusiasmo por los modelos europeos de vanguardia a la sucesiva y cada vez más lograda integración de los modelos a la expresión de un entorno natural, social y cultural nuestro. En segunda, por los aciertos de orden estilístico que se registren en su obra [...]

Estudio

Morejón, Nancy: «El teatro de Rolando Ferrer», en: Prats Sariol, José (ed.): *Nuevos críticos cubanos,* La Habana 1983, págs. 490-502.

José Milián

Nacido 1946 en Matanzas, dramaturgo y director del Pequeño Teatro de La Habana, autor, entre otras obras, de *Vade retro* (1967), *Otra vez Jehová con el cuento de Sodoma* (1969, mención en UNEAC), *La toma de La Habana por los ingleses* (1970), *¿Y quién va a tomar café?* (1987, Premio UNEAC de Teatro, 1985) tuvo en los años 90 mucho éxito con la obra *Si vas a comer, espera por Virgilia.*

Tres personajes — Virgilio (Piñera), Pepe y Ella — se reúnen en circunstancias siempre nuevas y discuten sobre prioridades en la cantina, el papel del escritor y hablan irónicamente sobre la escasez material del «período especial». Las diez escenas de este teatro absurdo representan un homenaje a Virgilio Piñera que, si viera, valoraría la situación actual con seguridad como un gabinete de curiosidades delirantes (texto en: *Conjunto* 109 (1998), págs. 49-62).

8.4 José Triana

Un hombre honesto

Desde las Navidades de 1980, José Triana (4 de enero de 1931 Hatuey, Camagüey), el dramaturgo cubano internacionalmente más conocido, vive en París. Al igual que Arenal, aprendió, ya antes de la Revolución, el oficio teatral como joven actor y asistente de dirección en el extranjero, sobre todo en España.

Después de 1959, regresó a la isla poniéndose al servicio de las instituciones culturales cubanas. Desde 1971, Triana fue condenado al silencio porque sus temas, el estilo de sus obras y su opinión crítica no correspondían al triunfalismo que se exigía del teatro. Un dramaturgo, sin la posibilidad de que sus obras sean representadas, vive doblemente aislado, en particular cuando son funcionarios los que deciden el grado de su penitencia.

Sus muchas facetas salvaron a Triana en el exilio de ser marginado, ganándose la vida como dramaturgo, cuentista, poeta, traductor y profesor. Sus maestros literarios fueron Cervantes, Dostojewski, la generación del 98, Valle-Inclán, Genet, Beckett, Ionesco, el cine de Fritz Lang, Brecht y su teoría del distanciamiento.

Si Triana escribió para los sectores más desfavorecidos de la sociedad, ello coincidía por completo con los objetivos de la política cultural de la Revolución, pero su actitud humanista en el sentido de Sartre («commencer à penser, c'est commencer d'être miné») señalaba claramente su alejamiento de cualquier dogmatismo partidista. En una entrevista con Christilla Vasserot el 11 de abril de 1991 en París, Triana se declaraba partidario de «un teatro de subversión, que haga reflexionar, un teatro que haga pensar, que sirva como de conductor para un mejoramiento humano».[378]

Triana ha conservado en el exilio la conducta integra; a pesar de sus experiencias traumáticas se ha expresado de manera muy matizada sobre el desarrollo político y cultural en la isla. Es un escritor que quiere mirar honestamente su país. Su teatro tiene que ser descubierto todavía en Cuba. En el exilio Pedro Monge, Carmen Duarte, Joel Cano y José Corrales y en Cuba Salvador Lemis y Carlos Alberto son sus alumnos más dóciles.

Teatro

Estéticamente Triana se liberó de la opresión literaria de Piñera, proporcionando al teatro cubano una nueva amplitud formal y temática. De Piñera aprendió según sus propias palabras la lectura ética y que no se puede traicionar las palabras. Siempre hay algo hermoso en el hombre. Piñera, en cambio, aprendió de él no trazar los personajes en claro y oscuro y que no hay ni malos ni buenos.

Su obra de mayor éxito *La noche de los asesinos* (1965, Premio Casa de las Américas), a la que se le concedieron muchos premios, fue traducida a 21 idiomas (incluso al sánscrito) y representada en más de 30 países; es la obra más conocida de todos los tiempos del teatro cubano.

Si se la compara con las huellas del teatro absurdo y del *théâtre de la cruauté* en Artaud (Barranco 1997) y en los dramas de familia de Piñera *Aire frío* y *Dos viejos pánicos*, el teatro de Piñera resulta ser de una mayor riqueza de acción y menos pesimista y desesperanzador. Esta evolución está, sin duda, relacionada con la intención de Triana no sólo de destruir los mitos para arrojar luz sobre el ser humano, sino para hacerlo, además, capaz de dialogar con sus semejantes. Lo que en Piñera acaba en un silencio total, aparece en Triana con un rayo de esperanza que se filtra por un intersticio.

En *La noche de los asesinos,* dos hijas (Cuba y Beba) y un hijo (Lalo) apuñalan a sus padres para poner fin a la hipocresía, la mentira, la cobardía y

---

[378] Vasserot (1995: 123).

las convenciones de un determinado tipo de concepción burguesa de la familia y poder vivir y respirar honesta y sinceramente:

> Lalo. [...] Yo quiero mi vida: estos días, estas horas, estos minutos [...] Quiero andar y hacer cosas que deseo o siento. Sin embargo, tengo las manos atadas. Tengo los pies atados. Tengo los ojos vendados. Esta casa es mi mundo. Y esta casa se pone vieja, sucia y huele mal. Mamá y papá son los culpables. Me da pena, pero es así. Y lo más terrible es que ellos no se detienen un minuto a pensar si las cosas no debieran ser de otro modo. Ni tú tampoco. Y Beba mucho menos [...][379]

Por medio de diálogos breves, cargados de tensión, el autor narra lo sucedido en retrospectiva. Los tres hijos vuelven a representar en la escena lo vivido en la realidad («teatro en el teatro»): la llegada de la policía, los interrogatorios y el proceso hasta desenmascarar la aparente armonía del mundo de los padres. Lo que directamente motiva los sucesos dramáticos es el robo fingido de 90 pesos, con los cuales la madre se quería comprar en secreto un vestido.

La madre culpa al hijo de la desaparición del dinero, quién a su vez es brutalmente maltratado por el padre, un hombre permanentemente encolerizado y alcohólico. Al final, los niños vaticinan: «Veo a mi madre muerta. Veo a mi padre degollado [...] ¡Hay que tumbar esta casa!»[380]

La obra, parcialmente simbólica — por ejemplo el tecleo constante de una máquina de escribir subraya la monotonía de la vida cotidiana — se convierte en una crítica cáustica del vacío de la familia burguesa, el falso patetismo, el ritual hipócrita del aparato de la justicia burguesa y de la burocracia.

Una cuestión que hay que tratar con cierta cautela, en cuanto atañe a esta obra y a la siguiente, es la de su referencia a la actualidad. Llama la atención el hecho de que sea precisamente el paradigma de la familia, en Piñera y Triana, entre otros autores, el tema elegido para criticar el autoritarismo y sus representantes y exponentes; uno y otros pueden referirse a la época anterior y posterior a 1959.

Ya desde fecha muy temprana se perfilaba la creación en los años 60 de un nuevo aparato estatal que, por sus privilegios y su corrupta endeblez, se iba a transformar en un estado propio dentro del Estado en el marco de una nueva sociedad de clases. Sin embargo, adicionalmente se está inclinado, a menudo de forma precipitada, a rastrear en busca de alusiones y figuras clave que, en el fondo, no corresponden en absoluto a la intención del autor. Precisamente en el teatro, los numerosos casos conflictivos, que son del dominio público, sugieren este tipo de lectura de una obra dramática.

Si la obra de Triana Medea en el espejo (estreno 1960, publicada en 1961) termina con la muerte de un tirano, es porque este final hace referencia, sin duda, al destierro de Batista. También aquí compite Triana con Piñera. Este

---

[379] Triana (1991: 76).

[380] Triana (1991: 115).

último había conseguido con *Electra Garrigó* crear un ejemplo clásico de «cubanización» de un tema de la Antigüedad.

El texto de Triana hace de la Medea clásica, experta en el arte de la hechicería, la mulata María, de acuerdo con el sistema de coordenadas de las creencias afrocubanas. La antigua Medea asesina por amor a Jasón, jefe de los argonautas, con el que ha huido, a su propio hermano, a su rival, la princesa Creusa, a Creón, padre de ésta y a los dos hijos que había tenido con su amante Jasón, fugándose finalmente en un carro tirado por dragones alados, enviado por Helios, su abuelo.

La María de Triana, sedienta de venganza, sólo se decide a matar cuando Julián, su amado chulo blanco, del que tiene dos hijos, se casa con Esperancita, hija de Perico Piedra Fina, un político influyente. Triana escenificó el tema clásico de la mulata abandonada por su amante blanco (modelo Cecilia Valdés, Cirilo Villaverde), sirviéndose de elementos del teatro bufo y de la zarzuela cubana de los años 30. El coro criollo, compuesto por figuras populares como el billetero, el barbero, el bongosero, entre otros, presagia la tragedia sin poder impedirla. Al final María mata a Julián y a sus dos hijos, lo más querido que se había quedado en vida a su marido: «un amor que lo destruye todo para siempre empezar de nuevo».[381]

En el libro clásico de Fernando Ortiz *Los negros brujos* (1906) se puede leer la escala completa de las brujerías, hasta inclusive el envenenamiento que empleaban los santeros en caso de celos, traición o privación de amor. El espejo fetiche sirve para dar con la persona buscada. Después de encontrar a su amado Julián, María se encuentra a sí misma pero sucumbe a su soberbia («Soy Dios»), la hibris griega.

Este tema ha sido tratado por el teatro y la ópera europeos desde Eurípides y Séneca, pero mientras Piñera se atenía más a la versión clásica de la Antigüedad, Triana en cambio recrea del todo la figura de Medea en el ámbito del Caribe libérandola de la antigua moira (el destino) y aportando a la vez, la dimensión afrocubana por medio de la santería.

Durante la época de su aislamiento en La Habana, Triana había comenzado ya a trabajar en el drama Palabras comunes, obra de gran amplitud que fue estrenada el 4 de noviembre de 1986 en Stratford-upon-Avon por la Royal Shakespeare Company como primera obra de un autor latinoamericano. Se trata de la adaptación de una novela popular de Miguel Carrión, *Las honradas* (1917). En en centro de la acción está el papel de la mujer en la fase de transición de la sociedad esclavista a la República, después de la independencia formal del país.

Victoria, el personaje protagonista, intenta liberarse de las trabas de la educación farisaica y machista de la sociedad hermética de los latifundistas y seguir su propio camino. Un coro femenino de adolescentes entona líricamente:

---

[381] Monólogo de María, escena III, 5.

Me casó mi madre,
me casó mi madre,
chiquita y bonita,
ay ay ay,
chiquita y bonita,
con un muchachito,
con un muchachito,
que yo no quería,
ayayay
que yo no quería[382]

La obra, de una gran fastuosidad, vive del ansia incontenible de libertad y de la defensa de las utopías de la vida, sin duda, dos constantes que aparecen conjuntamente en José Triana y en Miguel Carrión (1875-1929), también emigrante por algún tiempo.

Interesante es la historia de la obra *La muerte de Ñeque*, que apareció en 1964 en La Habana y que es imprescindible para entender mejor Medea en el espejo. En una re-escritura Triana la revisó, reforzó el carácter demoníaco y lo estableció — de manera menos psicológica — en el mundo de la delincuencia.

En la obra de un acto, *Ahí están los tarahumaras* (1993), publicada en la revista *Encuentro de la Cultura Cubana* 4-5 (1997), págs. 21-31, Triana sigue la línea de la tensión dramática parca y llena de símbolos.

El teatro de Triana es fruto de una lenta maduración. Todavía algunas otras obras suyas esperan ser representadas. Con posterioridad se publicó *Cruzando el puente*.[383] Cruzando el puente, dedicado a Lino Novás Calvo, es una obra en un acto, empezada a finales de los ochenta, y terminada en marzo / abril de 1991 en París. Se trata del monólogo de un cincuentón, Heriberto Fonseca, sobre su vida, escrita en episodios y lenguaje coloquial («Le zumba el merequeté. ¡Qué vaina, madre mía! [...] ¡Me tengo ganado el cielo [...]!».).[384] El tema de la libertad pone el broche final a esta confesión de fe: «que así nací y así moriré, libre, libre [...]».[385]

Poesía y cuentística

Una sorpresa significó Triana como poeta y cuentista. En La Habana nació la colección *Cuaderno de familia* (1975, publicada en 1990), una versión poética-cristiana de su teatro, una *ars poética* importante y muy personal que termina con el verso: «Prepárate a morir con tus palabras.»

En Miami apareció el tomo *Oscuro el enigma* (1993). Triana cultivó también el género difícil del soneto de forma virtuosa en *Aproximaciones* (1989) y en la

---

382 Triana (1991: 256).

383 En: *Latin American Theatre Review* 26/2 (1993), págs. 58-87, «Revolico en el Campo de Marte», en: *Gestos* 19 (abril de 1995) y *Fiesta* (1994).

384 Pág. 78.

385 Pág. 87.

colección bilingüe *Vueltas al espejo: sonetos y poemas en Saint-Nazaire* (1996). Sus poesías independientes de la época se orientan hacia Góngora y Quevedo, Hölderlin y Gastón Baquero. Sus poemas reflejan el carácter efímero de la vida y la identidad, inquietudes y sueños como en el poema «Vueltas al espejo»:

> Vueltas le doy al espejo, y arbitario
> comprendo que es un juego inexcusable.
> Es el espejo el cuerpo deseado
> que me lanza hacia imágenes veloces.
>
> Estoy y no estoy, me agito y me pierdo,
> voy y no voy y me atrevo a decir
> que me vuelvo translúcido en su centro
> o una materia de eco inaccesible.
>
> Por eso vueltas le doy al espejo,
> por eso me fijo en su estancia lúdica,
> en sus interminables galerías,
> y no soy ni la sombra ni el espejo
> sino el trayecto, el viaje sucesivo,
> el claro hallazgo de ser y no ser.[386]

Los cuentos son el producto literario más joven de Triana. Como punto de partida toman el monólogo casi épico del protagonista en *Cruzando el puente* (escrito en 1991); van a ser publicados en la colección *Fragmentos y humo*.

> Los relatos [...] están todos situados en el lugar donde yo nací. Todos los personajes y los lugares pertenecen al mundo de esos años. Los he retomado y he inventado toda una serie de historias a partir de lo que oía, lo que se contaba cuando era un niño. Ese fantasmear lo he incorporado al relato.[387]

Del distanciamiento fantástico hay un solo paso a la mitomanía vinculada estrechamente a la búsqueda de identidad como en el cuento «Candelaria Ortiz», un capítulo de su novela aún no publicada *Un aire de imposible*.

Textos

Teatro, Madrid 1991.
Miroir aller retour / Vueltas al espejo: sonetos y poemas en Saint-Nazaire, Saint-Nazaire 1996 (edición bilingüe).
Les cinq femmes, récits traduits de l'espagnol (Cuba) par Alexandra Carrasco, Arles 1999.
La noche de los asesinos, editado por Daniel Meyran, Madrid 2001 (Letras Hispánicas; 517) (versión revisada por el autor).

---

[386]   Triana (1996: 76).

[387]   Vasserot (1997: 34).

Estudios

Álvarez Borland, Isabel / George, David: «La noche de los asesinos: Text, Staging and Audience», en: *Latin American Theatre Review* 20/1 (1986), págs. 37-48.

Barranco, Jesús: «Artaud y *La noche de los asesinos*», en: *Encuentro de la Cultura Cubana* 4-5 (1997), págs. 46-52.

Campa, Román V. de la: *José Triana: Ritualización de la sociedad cubana*, Minneapolis 1979.

Escarpanter, José Antonio: «Tres dramaturgos del inicio revolucionario: Abelardo Estorino, Antón Arrufat y José Triana», en: *Revista Iberoamericana* 152-153 (1990), págs. 881-896.

«Homenaje a José Triana», en: *Encuentro de la Cultura Cubana* 4-5 (1997), págs. 19-52.

Nigro, Kirsten F. (ed.): *Palabras más que comunes: ensayos sobre el teatro de José Triana*, introducción de Ángela Dellepiane, Boulder (Colorado) 1994.

Obregón, Osvaldo: «Representaciones del poder en el teatro de José Triana», en: *IV Colloque international «Théâtre et pouvoir», domaines: hispanique, hispanoaméricain et mexicain*, Perpignan 1998.

Shoaf, Kristin E.: *La evolución ideológica del teatro de José Triana: una contextualización de la identidad nacional cubana*, Lanham (Md.); New York; Oxford 2002.

Vasserot, Christilla: «Entrevista con José Triana», en: *Latin American Theatre Review* 29/1 (1995), págs. 119-130.

Vasserot, Christilla: «José Triana entrevisto», en: *Encuentro de la Cultura Cubana* 4-5 (1997), págs. 33-45.

8.5 En busca del teatro absurdo

René Ariza

Un prominente representante del teatro absurdo en la tradición de Ionesco, Beckett y Mrozek lo fue René Ariza (1940 La Habana — 1994 San Francisco). En *La vuelta a la manzana* (1969), obra en tres actos premiada en 1967 por la UNEAC, trató uno de los temas preferidos por el teatro absurdo: la crítica a las estructuras petrificadas de la familia, tomando como ejemplo el cuarteto de personajes de la madre, el padre, Mima y Pipa.

Hijos y padres están mutuamente sometidos a un potencial permanente de violencia y conflictos que no es atenuado, sino fomentado por los rituales cotidianos de la vida burguesa: el problema de la culpabilidad, la responsabilidad, el problema generacional, la violencia de la guerra interna y externa, la violencia estructural y escenas absurdas sobre la vida y la muerte se suceden unas a otras sin interrupción.

Tampoco el simbólico paseo en torno a la manzana de casas aporta desahogo alguno:

> Si damos una vuelta, nada más que una vueltecita a la manzana vamos a ver que en cualquier casa como ésta hay gente que sufre, que se preocupa y tiene problemas.[388]

No es casual que los representantes más significativos del teatro absurdo — Triana, Manet, Ariza — se exilaran. En la prisión de El Morro, Ariza escribió en abril de 1976 el siguiente soneto, reflejo de lo absurdo de una vida entre la espada y la pared:

> Qué trampa tan bien hecha nos han hecho
> que somos el ratón y la carnada,
> la pared y la punta de la espada,
> el embudo y su cono más estrecho.
>
> Qué modo de torcernos tan derecho:
> a un mismo tiempo crimen y coartada
> (Se escucha por la atmósfera enlutada
> un ronronear de gato satisfecho.
>
> Y un grito que penetra por el pecho
> y un dolor de pared ensangrentada:
> y un veneno que a gota destilada
>
> baja a la ancha miel, de otros provecho.)
> Qué trampa tan bien hecha y adornada
> con nuestro propio estilo contrahecho.[389]

Ariza estuvo encarcelado por intentar sacar un manuscrito del país, siendo condenado a ocho años de prisión, de los cuales cumplió cinco. Desde 1980 residió en los EE.UU. La realidad absurda en muchos sectores de la línea seguida por la dirección de la Revolución cubana había superado hacia tiempo la ficción de la realidad teatral de este dramaturgo, ya que, tras la rebelión contra los padres en los escenarios teatrales y la crítica al mito de la muerte — la muerte como consigna patriótica — algunos burócratas de la cultura, cortos de mira, suponían una sublevación secreta contra los laureados héroes de la Revolución.

En contraposición a la Europa destruida de la postguerra, el teatro absurdo en Cuba tenía una fuerza explosiva iconoclasta que se conserva hasta la actualidad.

---

[388] Ariza 1968: 33.

[389] *Noticias de Arte* (noviembre de 1981; Nueva York), pág. 7.

Nicolás Dorr

Nicolás Dorr (en realidad Dorremocea) (3 de febrero de 1946 La Habana), aprendió el oficio del teatro empezando desde abajo y tuvo una participación en la creación de los grupos «Rita Montaner» y «Teatro del Tercer Mundo» (1964-1972). Sus primeras piezas de teatro se publicaron en 1963 con un prólogo de Oswaldo Dragún, en una edición de su obra. En 1972 obtuvo el premio teatral «José Antonio Ramos», de la UNEAC por su obra más conocida *El agitado pleito entre un autor y un ángel* (1963).

Su pieza en un acto *Las pericas* (estreno 3 de abril de 1961) es característica del teatro de la primera etapa de la Revolución, en la que Dorr, a la edad de 15 años, experimenta con el surrealismo, el humor negro y el teatro absurdo. Como sátira de la familia, la obra está enmarcada en la tendencia tradicional a destruir las instituciones sacrosantas, como lo habían iniciado Piñera y Triana. Cuatro viejas viudas (Rosita, Panchita, Serafina, Felina) pasan el tiempo, aburridas y sin ganas de hacer nada. Como acompañamiento musical cantan:

Con mi pericón,
Con mi pericón me paseo yo,
por el malecón
[...]
Cuando un joven me mira
con mi abanico me cubro yo
y cuando un viejo me mira
formo un alboroto yo.[390]

Incluso al final, cuando es asesinado Armando, hijo de Rosita, no es interrumpida la rutina diaria, con el desayuno y el café con leche.

Texto

«Las pericas», en: Rine Leal (ed.), Teatro cubano en un acto, La Habana 1963, págs. 127-161.

Estudio

Montes Huidobro, Matías: «El caso Dorr: el autor en el vórtice del compromiso», en: *Latin American Theatre Review* 11/1 (1977), págs. 35-43.

Eduardo Manet

La tradición cubana (Piñera, Triana) y europea (Genet, Arrabal) del teatro absurdo la prosiguió con éxito Eduardo Manet (1927 La Habana). Después de haber estudiado en su tierra natal, se desplazó, por vez primera en 1951, a

---

[390] Dorr (1963: 155).

Francia e Italia, regresando a Cuba en 1960. Allí creó el Centro Dramático Cubano y empezó a dirigir filmes, pero, tras el fracaso de la Primavera de Praga (agosto 1968), se distanció de la Revolución, exilándose en París, donde adquirió la ciudadanía francesa en 1979.

Su fama se debe a sus obras de teatro (*Les bonnes / Las monjas*, estreno en 1969 bajo la dirección de Roger Blin, publicada en 1970, traducida a 21 idiomas, representada en gran parte del mundo; *Lady Strass*, 1977, también puesta en escena por Roger Blin, representada en el New Yorker Ubu Repertory Theatre bajo la dirección de André Ernotte) y a las novelas publicadas en las conocidas editoriales francesas Juillard y Gallimard: *Les étrangers dans la ville* (1960), *Un cri sur le rivage* (1963), *La Mauresque* (1982), *Zone interdite* (1984), *L'île du lézard vert* (1992, Prix Goncourt des Lycéens), *Habanera* (1994), *Rhapsodie cubaine* (1996). *La Mauresque* y *L'île du lézard vert* fueron, además, finalistas del conocido premio francés de literatura, el Prix Goncourt. Las novelas están publicadas en el original, en francés, y representan un fenómeno especial dentro de la literatura cubana del exilio.

El éxito internacional prematura de *Les bonnes* (1971) desencadenó en su época violentas polémicas, sobre todo en Europa, América Latina y EE.UU. Se trata de una parábola de la revolución, que tiene lugar durante los acontecimientos históricos de Haití (1791-1804), pero que puede referirse también al antiguo Haití de Duvalier y a la Revolución cubana.

El autor trata de mostrar de qué forma el alma humana puede extraer y hacer visible lo más recóndito de su interioridad bajo la presión de una revolución exterior. Tres monjas, que resultan ser hombres musculosos y fumadores de puros, tienden una emboscada a una dama rica, que huye ante la sublevación de los esclavos negros en Haití, y se ha refugiado en un convento.

Después de asesinarla, la revolución de los negros apresa a las monjas y las entierra vivas en una cueva. Rien ne va plus. A pesar de los modelos literarios y la alianza evidente entre la iglesia y el capital, la obra puede ser considerada desde diferentes puntos de vista que, en el contexto de la crisis de entonces de la Revolución cubana, producen una impresión muy pesimista.

Como narrador, Manet demuestra ser un crítico brillante del ambiente y de la sociedad. La novela *Les étrangers dans la ville* (1960) se desarrolla en el ambiente de la bohemia latinoamericana en París. La obra coincide con el regreso de Manet a Cuba y describe de forma realista las discusiones violentas en la Cité Universitaire entre estudiantes cubanos y latinoamericanos sobre problemas del retorno a la isla o problemas de la identidad, cuando un escritor, como es el caso de Sarduy, ya había abandonado La Habana y se había instalado en París.

Un cri sur le rivage (1963) es un texto rico en diálogos, en el que se pone de manifiesto el talento dramático del autor. La gran historia universal, representada por la invasión de la Bahía de Cochinos (abril 1961), y una pequeña historia de amor melodramática, constituyen el marco de la novela. *La Mauresque* (1982) se desarrolla en Santiago y en La Habana y empieza en los años 20. *Zone interdite* (1984), influida por los acontecimientos de Rumanía en torno al dictador Ceaucescu, no directamente referidos a Cuba, presenta el poder supremo de un dictador.

La novela semiautobiográfica *Rhapsodie cubaine* (1996, Prix Interallié) se desarrolla, entre los años 1960 y 1995, principalmente en el ambiente del exilio cubano en los EE.UU. En el centro de la obra aparecen Julián Sargats (nacido en 1947), un profesor de literatura, personaje de gran sensibilidad, quien a la edad de trece años abandonó Cuba en compañía de sus acomodados padres y sus hermanos, y su mujer, Alvarez Sierra, abogada comprometida en la lucha anticastrista, hija de un adversario detenido en Cuba.

En las anotaciones, escritas por Julián en su diario y en las varias historias de familia se refleja la crítica de un accionismo lejos de la realidad y de una nostalgia sentimentaloide de la isla que se manifiestan en determinados círculos del exilio.

Después publicó las novelas *D'amour et d'exile* (1999), *La sagesse du singe* (2001), *Maestro* (2003, Premio Telegramme, París), una novela histórica basada en la vida del violinista cubano Claudio José Brindis de Salas (1852-1911), conocido como el «Paganini negro» y últimamente *La conquistadora* (2006).

Estudios

Zatlin, Phyllis: «Nuns in Drag? Eduardo Manet's Cross-Gender Casting of Les Nonnes», en: *The Drama Review* 4/36 (1992), págs. 106-120.

Zatlin, Phyllis: «The Cuban-French Novels of Eduardo Manet», en: *Revista / Review interamericana* 23/3-4 (1993), págs. 75-91.

Zatlin, Phyllis: *The Novels and Plays of Eduardo Manet: An Adventure in Multiculturalism*, Pennsylvania 2000.

8.6 Abelardo Estorino y su teatro épico

Con anterioridad a 1959, Abelardo Estorino (20 de enero de 1925 Unión de Reyes, provincia de Matanzas) había ejercido la profesión de cirujano dentista, profesión que no le interesaba. Sólo después de esa fecha, tuvo ocasión de desarrollar su talento dramático y sus muchas cualidades creadoras como director teatral, crítico, guionista y profesor en la Academia Estatal de Teatro. Estorino fue el promotor de toda una generación de jóvenes dramaturgos cubanos, contribuyendo en gran medida a la creación de un teatro cubano propio, internacionalmente reconocido.

Su obra más divulgada es *El robo del cochino* (estrenada en 1961, publicada en 1964 y adaptada también al cine). Se trata de un reelaboración de una versión anterior en un acto, titulada *El peine y el espejo* (1956). Durante el final de la lucha contra el régimen de Batista en el verano de 1958, un joven de un pueblo de la provincia de Matanzas es detenido, torturado y fusilado porque ha escondido a un estudiante herido de los rebeldes.

La vieja generación, encarnada en el personaje del alcalde, es cómplice por su indiferencia del asesinato del joven revolucionario. En la obra abundan los conflictos que se plantean en el seno familiar, en las relaciones entre padre e hijo, las caracterizaciones del machismo y otras formas de la socialización burguesa. En la disputa entre padre e hijo se hace patente la resignación de la vieja generación, el compromiso incondicional de la generación joven, politizada en las escuelas, universidades y en la calle:

> Cristóbal. ¿Y por qué tienes que ser tú el que se encargue de eso? ¿Qué te importa [...]?
> Juanelo. Porque no quiero que me maten como un perro. Esto parece un juego. Tienes que estarte quieto para seguir vivo. A mí no me gusta estarme quieto. Ya me lo dijo el teniente. Voy a hablar con tu padre, que te estás poniendo zoquetico.[391]

En la obra se ve claramente la influencia del teatro de Brecht. En la mayoría de los casos, se trata de los problemas en torno al compromiso y a la culpabilidad que cargan sobre sí los «neutralistas indiferentes». La historia de la influencia de Brecht sobre el teatro moderno cubano tiene aún que escribirse (Lavarde 1963; Toro 1987). Su impacto es visible en el Teatro Popular de Rómulo Laredo así como en Estorino, González de Cascorro, Nicolás Dorr, Gerardo Fernández u Orlando Vigil Escalera, para citar sólo algunos brechtianos, muy diferentes entre sí.

No es casual que la «sagrada familia», uno de los pilares de cualquier sociedad, sea el tema central de muchas obras de Estorino, entre las cuales, *La casa vieja* (1964) y *Ni un sí ni un no* (1980), son muy conocidas. Como contrapartida frente a los dogmáticos, que atribuyen a las transformaciones económicas la máxima importancia en la creación de la nueva sociedad, Estorino insiste en su teatro en la lentitud del proceso de transformación de la conciencia.

La casa vieja, con sus paredes de tablas encaladas en un pueblo, representa la inmovilidad de una sociedad que progresa muy lentamente. Una adolescente que, por estar embarazada, no le permiten estudiar, una desigual pareja de hermanos — el uno, un egoísta machista, y el otro, un hombre emancipado y el mundo de los campesinos pobres — tal es la situación inicial de arranque de esta obra que refleja los problemas típicos del campo inmediatamente después de la Revolución.

De lo que se trata no es todavía del peligro de un posterior aburguesamiento, a escala reducida, de la familia, sino de la exposición realmente concreta de los problemas que hay que resolver a diario. Su ruptura con el pasado la reafirma Esteban, el hermano de 35 años, al final con la profesión de fe: «Yo creo en lo que está vivo y cambia.» Telón.

En *Ni un sí ni un no* (1980), Estorino ha tratado la problemática de las relaciones en el matrimonio, tomando como ejemplo una pareja burguesa, convencional, en la que el trabajo está dividido, anterior a la Revolución, y una pareja de jóvenes revolucionarios de la nueva generación. El matrimonio de los padres fracasa por el silencio y la mentalidad de señor / esclava, el de los hijos por la imitación parcialmente inconsciente del modelo tradicional.

---

[391] Estorino (1980: 105).

Entre estas dos obras hay una abundante creación teatral desde comedias musicales, como *Las vacas gordas* (1962), una parodia sobre el paraíso, como *Los mangos de Caín* (1964) hasta una sátira sobre Don Juan, *Que el diablo te acompañe* (1987) y teatro infantil, entre otros. Con *La dolorosa historia del amor secreto de Don José Jacinto Milanés* (1994), un amplio fresco histórico, Estorino creó para la escena un género, varias veces imitado.

Al servirse de figuras históricas, como José Jacinto Milanés (1814-1863), famoso romántico matancero, Juan Clemente Zenea (1832-1871), audaz poeta de la libertad de la época colonial[392] o Plácido (seudónimo de Gabriel de la Concepción Valdés),[393] la intención del dramaturgo era menos actualizar la historia, que historiar la actualidad (en el sentido de la propia identidad).

La afinidad entre Estorino y su compatriota Milanés reside precisamente en la inestabilidad conjunta de sus vidas en una fase de transición histórica y en el afán de inmortalidad espiritual. A través de siete escenas o cuadros desfila, como en el calvario de Jesucristo, la vida de Milanés ante los ojos del espectador: Prólogo, La Familia, El viaje, Matanzas, Tertulia (de Domingo del Monte), El amor y delirio, El mendigo introduce y termina la obra, símbolo de lo efímero de la vida.

Aquí, el teatro de Estorino ha logrado una maestría que unió a los hombres de toda una época y toda la época con el presente, en el espejo de una vida humana.

Textos

Teatro, La Habana 1984.
Vagos rumores y otras obras, La Habana 1998.
Teatro completo, La Habana 2006.

Estudios

Escarpanter, José Antonio: «Tres dramaturgos del inicio revolucionario: Abelardo Estorino, Antón Arrufat y José Triana», en: *Revista Iberoamericana* 152-153 (1990), págs. 881-896.
«Homenaje a Abelardo Estorino», en: *Encuentro de la Cultura Cubana* 26-27 (2002-2003), págs. 3-52.
Montero, Reinaldo: *Manera de ser Sófocles: un ensayo sobre Abelardo Estorino*, La Habana 2005.
Woodyard, George: «Estorino's Theatre: Customs and Conscience in Cuba», en: *Latin American Literary Review* 11/22 (1983), págs. 57-63.

---

392 Véase Abilio Estévez: *La verdadera culpa de Juan Clemente Zenea*, Premio UNEAC de teatro 1984, estrenada en 1986, impresa en 1987.

393 Véase Gerardo Fulleda León: *Plácido*, 1984.

8.7 El Teatro Escambray y otros grupos del teatro colectivo

Siguiendo el modelo del teatro de Brecht, todas las formas del teatro colectivo y ambulante han conseguido abrirse paso en Cuba: el Teatro de los oprimidos, de Augusto Boal, que éste había ya creado en los años 50 en Brasil como antiteatro subversivo, el Living Theatre, el Teatro Campesino de los chicanos, entre otros.

Pionero del teatro colectivo cubano fue el Teatro Escambray, que hoy está instalado en La Macagua, en la provincia de Villa Clara. Allí se ha creado, además, un vasto archivo de textos, muchos de ellos todavía no publicados, y de valioso material, que espera su estudio. Este teatro fue creado en 1968 por razones político-culturales, al final de la guerrilla contrarrevolucionaria en la Sierra del Escambray.

Bajo la dirección de Sergio Corrieri (después director del Instituto Cubano de Amistad con los Pueblos), los actores debían adaptarse al ritmo de trabajo de los campesinos, conocer poco a poco sus problemas, discutir y ensayar con aficionados su material, tratando de crear, así, en zonas campesinas subdesarrolladas un teatro colectivo como instrumento para educar al «hombre nuevo».

Sus temas se inspiraban en las conversaciones diarias con la población: machismo, mercado negro, superstición, consumo exagerado de alcohol, desconfianza frente a la medicina moderna, problemas familiares, etc. Los textos dejaban suficiente espacio libre para la improvisación de los actores, pero se basaban en parte en un detallado estudio sociológico de los temas.

Gilda Hernández, autora de la obra programática *El juicio* (1973), ha resumido en el ensayo publicado el mismo año, *Participación, comunicación y estructura dramática en el Teatro el Escambray,* en seis puntos la dramaturgia de este teatro:

a) El contacto con la realidad a través de la investigación y el debate. Correcta relación entre artista y pueblo.

b) Utilización de los valores culturales de la zona: décimas, tradición oral, reivindicación de la palabra hablada. Búsqueda de un lenguaje artístico apropiado para tratar sus problemas.

c) Aprovechamiento de las características del terreno y los recursos naturales en la representación. Utilización de elementos (símbolos) relacionados con su realidad e historia. Colaboración del público, como por ejemplo, en el arreglo de locaciones.

h) Existencia de un público virgen, sin reglas prestablecidas, que acepta, modifica y enriquece el espectáculo. Adecuación de la formación profesional de los actores a las exigencias de la comunicación y participación.

d) La participación, condicionada por la propia estructura de las obras, hace que el público busque soluciones a fin da aceptar y corregir su imagen escénica. Las modificaciones incorporan los nuevos elementos de la problemática tratada.

e) La actualidad e importancia de los problemas, la ayuda militante que el grupo presta para solucionarlos, proporciona la fuerza moral para discutirlos en público. El mensaje apela a una asimilación inmediata.[394]

---

[394]   Leal (1984: 44-45).

El Teatro Escambray es hijo de aquellos años 60 y primeros 70, cuando muchos revolucionarios creían poder resolver todos los problemas por la educación y la reeducación. Las posibilidades y límites de un teatro didáctico se manifiestan claramente en el intento de interesar por los símbolos nacionales y, más tarde por el servicio militar obligatorio, también a los hijos de los Testigos de Jehová en la Sierra del Escambray.

Roberto Orihuela (nacido 1950) ha descrito esta lucha difícil en el «frente infantil del grupo Teatro Escambray» contra el «mundo rígido» y la «inercia»[395] de estos jóvenes y los «prejuicios» de sus padres. Aquí se enfrentaba un dogma contra otro dogma e incluso psicólogos y psiquiatras nada pudieron hacer para romper este frente.

Veamos ahora con más detalle algunas de las obras de éxito del Teatro Escambray, fundado en 1968. **Albio Paz Hernández** (8 de mayo de 1937 Finca El Naranjito, Zulueta, provincia Villa Clara) ha pasado a la historia del teatro como cofundador del Teatro Escambray con obras como *La vitrina* (1971), *El paraíso recobrado* (1972, tercera versión 1976), *El rentista* (1984), *Autolimitación* (1978) y *Huelga* (1981).

En 1972, se formó el subgrupo *La Yaya*, un conjunto campesino que inauguró su programa con *La vitrina*. La obra es el resultado literario de 170 entrevistas y gira en torno a los prejuicios contra la colectivización de la propiedad campesina, contra formas de vida más sana y la cuestión de los derechos del estado revolucionario y el individuo. Laurette Séjourné ha transcrito, después de haber sido testigo directo, el proceso de evolución y las diferentes versiones de esta obra que, por ser un *work in progress,* nunca tendrá un final definitivo.

Punto central de ella es el conjunto campesino con pantalón oscuro, guayabera blanca, sombrero de yarey, pañuelo rojo, anudado al cuello y zapatos negros. El conjunto campesino canta en tonadas, en décimas, las ventajas de la reforma agraria para Ana y Paco:

> Una mañana temprano
> llegó un rumor de otra sierra:
> algo pasa con la tierra,
> ahora va a cambiar de mano;
> ya no será un don Fulano
> el dueño de otro sudor.
> Todo toma otro color;
> viene una ley necesaria,
> viene la Reforma Agraria,
> viene a arrancar el dolor.[396]

Quien compare el optimismo de entonces con los vaivenes de la política agraria estatal, la autorización, anulación y nueva autorización del mercado

---

[395]   Orihuela (1978: 171).

[396]   Pogolotti (1980: 346-347).

libre campesino, los altibajos entre colectivización y reprivatización parcial, regulación de precios y un liberalismo controlado para los productos agrarios en las décadas siguientes, descubrirá en la agitación campesina, provocada por los mismos funcionarios campesinos, una serie de faltas desastrosas.

La economía planificada, paternalista, decretada desde arriba a abajo y orientada hacia los países socialistas hermanos, despertó ya entonces no sólo entusiasmo, sino, a menudo, pasividad, falta de iniciativa propia, corrupción, mercado negro y una doble conciencia, como se deploró posteriormente en el «proceso de rectificación».

Habla Ñingo, un campesino de 55 años:

¿Usté sabe lo que es el socialismo pa que sea lo que tiene que ser? Que si al Gobierno le interesa que usté salga de aquí y vaya pá llá, lo cambia; si ve que un muchacho tiene cabeza y le conviene que estudie, pues lo pone a estudiar, lo saca a esos países de afuera. Y too a según le convenga por la felicidá de toos.[397]

El conjunto campesino fue el portavoz de la mentalidad de sacrificio de los guerrilleros de Sierra Maestra como se proclama hasta hoy; a la manera de ripio, en los lemas oficiales:

Por qué [...]
no nos vamos a adaptar
al mundo del socialismo,
que es un mundo que en sí mismo
necesita que por otros
renunciemos al nosotros
y a nuestro individualismo.[398]

En marzo de 1984, el Teatro Escambray hizo una gira por Europa, la República Federal Alemana y Suiza con la obra Ramona (1977), de **Roberto Orihuela**, dirigida por Sergio Corrieri. Su tema central trataba la igualdad de derechos de la mujer en la sociedad cubana de transición. Por medio de escenas paradigmáticas (la reunión, la violación, el triunfo de la Revolución, la distribución de la tierra, el machismo, el amor, entre otros) se analiza la época anterior y posterior a la Revolución en sus raíces históricas. El septeto del Teatro Escambray, creado en 1978, servía de acompañamiento musical con sus parrandas, boleros, guarachas, sones y canciones de la nueva trova.

En el estreno en La Lima, Manicaragua, el 6 de diciembre de 1977, cientos de espectadores, sentados en semicírculo, presenciaron, como en un espejo, una visión que reflejaba su propia conciencia. En la gira por el extranjero, la pantomima y la música contribuían a superar las dificultades de comprensión de la obra. El problema de la vinculación temporal, didáctica y local de este

---

[397] Pogolotti (1980: 368-369).

[398] Pogolotti (1980: 389).

tipo de teatro será siempre objeto de controversia, así como determinará los límites de la difusión de sus obras.

Uno de los autores más conocidos del Teatro Escambray es **Rafael González Rodríguez** (1950 Ranchuelo, Villa Clara). En 1971, pasó a formar parte del equipo de investigación y acción cultural que dirigía Graziella Pogolotti en la región de Escambray y, a partir de 1977, fue asesor del colectivo del Teatro Escambray.

González Rodríguez se dio a conocer con sus obras *Molinos de viento* (1984), *Calle Cuba 80 bajo la lluvia* (1988), *Fabriles* (1991, según cuentos de Reynaldo Montero) y *La paloma negra* (1993). *Molinos de viento* destaca por su originalidad temática y la obra ganó el primer premio en el Festival de Teatro de La Habana 1984, el de la Brigada Hermanos Saíz, el de la revista *Revolución y Cultura*, y la distinción «Rubén Martínez Villena», de la Unión de Jóvenes Comunistas.

El tema se basa en un fraude estudiantil sin problematizar el fenómeno mismo del fraude, que puede tener diferentes causas. Se apela a la actitud honesta del estudiante, a un quijotismo necesario siempre que defienda la verdad y su responsabilidad. El lema de todos debe ser: «Nosotros, agua cristalina del comunismo, mataremos la sed de la ignorancia».[399]

En un dancing con música rock se canta la siguiente canción introducida por un monólogo:

> Andrés, ¿qué haces con tu saber?
> Si no conoces el placer [...]
> [...]
> ¿Dónde hay cosa mejor
> que en un dancing bailar?
> ¿Dónde hay cosa mejor
> que en gozar y en amar?
> A las chicas vencer
> a un buen chico atrapar
> sin tener que pensar
> aquí es todo olvidar.[400]

A este mundo casi «decadente» se le martillea incesantemente «de manera casi militar» y con el lema de salutación:

> Compañeros de la Nación
> con esfuerzo y dedicación
> elevamos la producción
> para de esa manera
> ganar la emulación.

---

[399] González (1989: 126).

[400] González (1989: 148-149).

> Conscientes de que estudiamos
> en bien de la Revolución.[401]

En el interrogatorio de los supuestos culpables el Director insiste: «¿Repudia usted este acto?» La respuesta del alumno Julián: «Yo [...] Repudio [...] Yo no puedo [...]». Algunos años más tarde las Brigadas de Respuesta Rápida organizarán «actos de repudio»[402] para intimidar a los posibles contrarrevolucionarios. Estas pruebas las pone en duda únicamente la profesora de literatura, un mal ejemplo de persona «diversionista político-ideológica»:

> Compañero director, ¿no se da cuenta que con palabras y acciones impuestas los jóvenes no pueden adquirir esas normas morales?[403]

Bajo la dirección de Elio Martin, del Grupo de Teatro Escambray, esta producción fue un gran éxito. Desde la época de Schiller, el teatro es una institución moralizante, pero el espectador tiene que disponer de la libertad de poder elegir entre varias alternativas.

En los diálogos ordenados simétricamente de la obra *Calle Cuba 80* bajo la lluvia alternan dos parejas en la conversación entre ellas: Pablito y Gisela, una amistad pasajera recién hecha en la calle, y Miguel y Ana, un matrimonio envejecido. El autor muestra, por medio de diálogos al borde del absurdo, la imposibilidad de la relación de pareja, con una crítica mordaz del matrimonio como institución y del machismo.

La relación de los jóvenes se resiente de las experiencias negativas anteriores y de las precauciones de cada uno de sus miembros, el matrimonio repite todos los rituales, los gestos de poder y el reparto de papeles que han ido deslizándose a lo largo de los años. El tema y la forma de su tratamiento permiten adivinar la influencia del teatro absurdo de Piñera, pero, debido a la acción paralela de las dos parejas, los jóvenes y los viejos, las perspectivas para el futuro son aún más desesperanzadoras.

Las experiencias del Teatro Escambray se prosiguieron de forma parecida en numerosos conjuntos filiales, que actuaron en fábricas, empresas, colectivos agrícolas y en otras comunidades, con gran éxito de público. Dos miembros del Teatro Escambray fundaron en 1971 el Teatro de Participación Popular (Garzón Céspedes 1977). A partir del Conjunto Dramático de Oriente, de Santiago (creado en 1961 con su obra triunfal De como Santiago Apóstol puso los pies en la tierra (1974), de Raúl Pomares, surgió en 1973 el Cabildo Teatral Santiago, del que, a su vez, se formó en 1974 una Teatrova, integrada por una actriz, un trobador y un director.

En enero de 1975, Flora Lauten, miembro del conjunto del Teatro Escambray, se separó del grupo, se fue a vivir a La Yaya, un pueblo cercano del

---

[401]   González (1989: 183).

[402]   González (1989: 188).

[403]   González (1989: 189).

municipio de Mataguá, creando allí, en medio de familias campesinas, el Teatro La Yaya. Este y otros grupos se unificaron bajo el nombre de Teatro Nuevo (Boudet 1983).

Sería interesante estudiar y analizar los protocolos de la creación de nuevos grupos y la crítica a las formas anquilosadas de los colectivos en la fase temprana de la Revolución. Al parecer, una parte del público estaba saturada por el exceso frecuente de didáctica y exigía otros temas y otros rostros. Aunque muchos temas populistas habían despertado un enorme interés — sobre todo en la generación de los mayores — se vislumbraba ya un cambio paradigmático y generacional.

Textos

Leal, Rine (ed.): *Teatro Escambray*, La Habana 1978.

Pogolotti, Graziella (ed.): *Teatro y revolución*, La Habana 1980.

González, Rafael: «Molinos de viento», en: Leal, Rine (ed.): *6 obras de teatro cubano*, La Habana 1989, págs. 123-195.

Estudios

Boudet, Rosa Ileana: *Teatro nuevo: una respuesta*, La Habana 1983.

Boudet, Rosa Ileana: «Teatro de Albio Paz», en: Prats Sariol, José (ed.): *Nuevos críticos cubanos*, La Habana 1983, págs. 538-555.

Boudet, Rosa Ileana: «Teatro Escambray: interrogantes en sus treinta años — preguntas, ¿sin respuestas?», en: *La Gaceta de Cuba* 1 (1999), págs. 2-3.

Garzón Céspedes, Francisco: *El teatro de participación popular y el teatro de la Comunidad: un teatro de sus protagonistas*, La Habana 1977.

Leal, Rine: *La dramaturgia del Escambray*, La Habana 1984.

Orihuela, Roberto: *Historia del frente infantil del grupo Teatro Escambray*, La Habana 1978.

Petit, Anne: «Teatro y sociedad en Cuba: el Grupo Teatro Escambray», en: *Latin American Theatre Review* 12/1 (1978), págs. 71-76.

Séjourné, Laurette: *Teatro Escambray: una experiencia*, La Habana 1977 (obra clave que tendría que ser actualizada).

Valiño Cedré, Omar: *La aventura del Escambray: notas sobre teatro y sociedad*, La Habana 1994.

8.8 La crítica social en el punto de mira de la censura

Muy pronto se pondría de manifiesto que la institucionalización de la literatura y la seguridad financiera exigirían a los intelectuales cubanos pagar un tributo de lealtad. El Mayo de 68, parisino y la Primavera de Praga proyectarían también su sombra sobre Cuba. Mientras en Europa occidental un capitalismo sacudido por la crisis hacía frente a una oposición de jóvenes antiparlamentarios y trataba, por medio de una oferta de diálogo y un pacto social, de ganarse a las masas para que abandonaran la calle y se sentaran a negociar, mientras tanto, un brutal comunismo blindado en Europa oriental ponía fin a todos los intentos para reformar desde dentro un totalitarismo esclerótico.

En ambos movimientos, los intelectuales, en su calidad de innovadores ideológicos y protagonistas, desempeñaron un papel importante. Con la entrada de las tropas del Pacto de Varsovia en Praga el 21 de agosto de 1968, se inicia un nuevo período glacial en la historia universal que fue testigo, además del sangriento genocidio cometido por la soldadesca de EE.UU. al pueblo vietnamita.

La pieza teatral *Réquiem por Yarini* (1960, estrenada en 1965), de **Carlos Felipe** (en realidad Carlos Fernández Santana, 4 de noviembre de 1914 La Habana — 14 de octubre de 1975 La Habana), también sufrió las consecuencias de la censura. Con anterioridad, su autor se ganó su vida ejerciendo las más diversas profesiones, pero muy pronto descubrió el mundo del teatro como autodidacta. Su obra de teatro en tres actos fue una de las primeras que se publicó después del triunfo de la Revolución en La Habana, en noviembre de 1959.

Junto con Virgilio Piñera y Rolando Ferrer (13 de juli de 1925 Santiago — 19 de enero de 1976 La Habana), Felipe abrió las puertas, en una época difícil para el teatro cubano, al teatro de vanguardia de la postguerra (O'Neill, Tennessee Williams, Pirandello, Casona, entre otros), pero muy pronto en aquellos años fue víctima de la censura. Su pieza *Réquiem por Yarini*, estrenada por el Conjunto Dramático Nacional en 1965, e incluida en la antología del *Teatro Cubano* (Las Villas 1960), figuró pronto en la «lista negra» del Consejo Nacional de Cultura por sus rituales de sexualidad y sangre.

Felipe describe las últimas horas de Alejandro Yarini, una figura histórica de los comienzos de la República, personaje influyente en el mundo de los proxenetas y la prostitución, que ascendió de chulo a candidato del Partido Conservador y tenía relaciones con la secta Abacuá, siendo asesinado a los 22 años. Felipe aprovechó todos los elementos dramáticos para madurar su obra durante más de 13 años. De acuerdo con el ejemplo de la tragedia griega y conservando las tres unidades aristotélicas, Yarini termina fatalmente siendo víctima de su destino, el moira.

La Jabá se entera por el sacerdote yoruba Bebo la Raposa que Yarini tiene que morir. Su rival, Luis Lotot, le mata. Felipe describe en torno a la figura idealizada de Yarini, la vida de las capas sociales marginalizadas (las prostitutas, los chulos y santeros) del barrio de San Isidro. A algunos apóstoles del purismo no les gustaron las escenas de libertinaje sexual, la sacralización del antiguo culto del eros en la santería y la sublimación de los seres humanos.

En una época, en que el régimen socialista había empezado ya con las «purgas» en este mundo del «subproletariado decadente», tratando de reeducar a prostitutas y proxenetas en un sentido marxista-leninista, la visión retrospectiva en el teatro era considerada contraproductiva en el marco de la política cultural oficial.

Cualquier escritor que piense críticamente (no «dentro de la Revolución») tiene que vivir hasta hoy en Cuba con tales infortunios. El teatro, por su repercusión en la opinión pública, de las sociedades cerradas, siempre ha estado en el punto de mira de los pontífices de la censura. Las estrategias para eludir la censura recuerdan, en muchos aspectos, a las proezas malabaristas de los escritores españoles durante el franquismo.[404]

El teatro cubano de vanguardia conoce de sobra esta situación por propia experiencia. Los conflictos muestran claramente de qué forma autores, directores y el público aprovechan el más mínimo resquicio en la opinión pública restringida para formular, sirviéndose en parte de palabras veladas, gestos, giros en clave y un vocabulario enmascarado, una crítica de las dificultades y deficiencia y su correlación con el presente.

Así, por ejemplo, Carlos Díaz puso en escena con el teatro El Público algunas obras de la era del franquismo con las que, algunas décadas antes, habían inteligentemente desafiado a la censura del régimen franquista, dramaturgos españoles como Alfonso Sastre y Buero Vallejo. En la obra de Alfonso Sastre *Escuadra hacia la muerte* (1953), que fue prohibida después de tres representaciones en Madrid, la ira de los soldados de una escuadra hacia la muerte se desata finalmente contra el opresor Golán y provoca su asesinato, una alusión más que evidente.

Por último, también resultó problemático para los conjuntos teatrales el hecho de que, a pesar del adiestramiento ideológico, muchos actores no regresaban a veces a la isla, después de las tan codiciadas giras por el extranjero, lo que fue motivo para imponer una serie de sanciones.

Texto

Felipe, Carlos: *Teatro*, La Habana 1979.

Estudios

Linares-Ocanto, Luis: «Los dioses en sí mismos: lo afrocubano en *Réquiem por Yarini* de Carlos Felipe», en: *Latin American Theatre Review* 33/2 (2000), págs. 43-52.
López Nussa, Leonel: «Releyendo a Yarini», en: *Unión* 1/3-4 (1962), págs. 86-96.

8.9 El teatro de tendencia realista socialista

En sus «Anotaciones sobre la ópera Ascensión y caída de la ciudad de Mahagonny» (1931), Bertolt Brecht expone sus ideas sobre una dramaturgia épica no aristotélica, comparando la forma dramática y épica del teatro. Como características de la forma épica definió las siguientes: La escena narra un

---

hecho, haciendo del espectador un observador a la vez que despierta en él su actividad, le obliga a tomar decisiones y le proporciona conocimientos. El espectador se enfrenta con la acción. Se trabaja con argumentos racionales. Lo que siente y percibe el espectador es estimulado hasta transformarse en conocimiento. El ser humano, en cuanto modificable y modificante, es el objeto del análisis. La acción contiene tensión en el desarrollo de la acción. Las escenas transcurren por sí mismas según curvas. «Nātūra facit saltūs.» Lo que se representa es el mundo en transformación, lo que el ser humano tiene que hacer, sus móviles. El ser social determina el pensamiento.

La aplicación acelerada, abreviada, de carácter popular y enteca de esta poética condujo a una primacía dogmática de la didáctica y lo moral en una determinada dirección del teatro cubano. Frente a un realismo burgués, supuestamente reaccionario, se exigió del escritor la entrega incondicional a la realidad de la Revolución con la creación de héroes positivos de carácter ejemplar, en un lenguaje intencionadamente sencillo y un estilo lineal, aceptando y tolerando, a la vez, la inclinación a la sentimentalidad ideológica, una representación esquemática, no matizada, de los extremos — o blanco o negro — y el localismo de los textos.

Por el contrario, Lukács, en su estudio sobre el realismo, había llamado la atención precisamente sobre estos peligros y, en el «tipo», la categoría de lo específico, había entrevisto, orgánicamente unidos, lo general y lo individual en caracteres llenos de vida e individuos plenamente desarrollados.

Con razón, Carlos Espinosa Domínguez no ha incluido en su antología del *Teatro Cubano Contemporáneo* (1992) este teatro del realismo socialista. Es un teatro concebido de una forma demasiado provinciana, estéticamente pobre y efímero, pero que cumplió su misión histórica hasta comienzos de los años 80.

Veamos ahora algunos ejemplos. Característico de las obras del teatro de tendencia socialista realista es su referencia a conflictos limitados histórica y políticamente, como la *Lucha contra los bandidos* en la Sierra del Escambray o los problemas de la vida revolucionaria diaria.

Por encargo del Partido Comunista de su provincia, **González de Cascorro** (1922-1985) se ocupó de los acontecimientos en la Sierra durante los años 60. Para ello, consultó ampliamente las fuentes en los archivos del Ministerio del Interior, las actas de los procesos, entrevistas de antiguos contrarrevolucionarios y combatientes, lo que le suministró material para su obra, de carácter didáctico, *El hijo de Arturo Estévez* (1975, Premio UNEAC de Teatro 1974 «José Antonio Ramos»).

El mundo de los buenos y los malos aparece enfrentado implacablemente. La tragedia consiste en que, durante el cerco de los contrarrevolucionarios, el viejo Arturo Estévez y su hijo Isidro — que después será fusilado — se enfrentan uno al otro en campos enemigos. De forma parecida, sus obras en un acto, *El fusil* (redactado en 1960) y *Un maestro voluntario* (terminada en enero de 1960), están también estructuradas de una forma escueta.

La segunda de ellas fue escrita para apoyar la campaña de alfabetización. La primera está pensada temática y formalmente según la obra de Brecht *Los fusiles de la señora Carrar* (1937). Su acción, como la imagen de un espejo, transcurre en la Sierra Maestra, en diciembre de 1958 y comienzos de enero de 1959, durante la fase final de la lucha de liberación.

Aunque el hijo más joven exhorta en vano a sus padres a que le entreguen el fusil, condición previa para poder unirse a los rebeldes — el hijo mayor ha muerto ya en las montañas -, la muerte heroica del prometido de su hermana lo mueve a la promesa de que lo que tiene que hacer ahora es aprender a leer y escribir para defender, con el fusil en la mano, la libertad conquistada que ha costado tantas víctimas.

La obra, escrita para un grupo de aficionados, sirve de puente a la pieza en un acto, *Un maestro voluntario,* en la que el autor incorpora lo sucedido durante la campaña de alfabetización al tema de los contrarrevolucionarios de la Sierra del Escambray. Sólo cuando el joven alfabetizador de 18 años es torturado y ahorcado por los bandidos, un hombre mayor comprende la necesidad de aprender a leer y escribir para unirse a la lucha contra la brutalidad y la superstición: «Si yo hubiera aprendido a leer y escribir, ahora mismo me hubiera presentao a la milicia y le habría dicho: aquí me tienen, vengo a ocupar ese puesto vacante de maestro voluntario».[405] Para intensificar el carácter didáctico de la obra, el autor tipifica las figuras: mujer, maestro, hombre, miliciano, muchacha, bandidos.

El punto de partida de estos sucesos trágicos son, para González de Cascorro, hechos reales, como el dramático final de una serie de brigadistas, muertos a traición. Así, por ejemplo, el caso de Manuel Ascunce Domenech, de 16 años, que fue asesinado con su alumno, el campesino Pedro Lantigua, el 26 de noviembre de 1961, o el de Conrado Benítez, de 19 años. Por otra parte, la literatura y el cine (compárese *El Brigadista*) se han servido de esta combinación cronológica también como elemento para realzar la intensidad dramática.

En la comedia musical, en tres actos, del género chico, *A nivel de cuadra* (1979, Premio UNEAC de Teatro «José Antonio Ramos» 1979) de **Gerardo Fernández** (1941 Matanzas), es sometido a una decisión democrática un caso conflictivo auténtico de la vida cotidiana: si hay que talar o no árboles de una calle. Un decreto del Comité de Defensa de la Revolución parece hacerlo posible, pero en contra está el artículo 27 de la Constitución cubana que dice:

> Para asegurar el bienestar de los ciudadanos, el Estado y la sociedad protegen la naturaleza. Incumbe a los órganos competentes y además a cada ciudadano velar porque sean mantenidas limpias las aguas y la atmósfera, y que se proteja el suelo, la flora y la fauna.

Más importante que la solución del caso son las discusiones y el proceso de aprendizaje a que se ven sometidos todos los participantes del bloque de viviendas en este ejemplo. La función educadora se manifiesta, sobre todo, en las intervenciones del coro, torpes y esquemáticas:

---

[405]   González de Cascorro (1979: 56).

Arriba compañero,
que vamos a empezar,
opina y discute,
para un acuerdo hallar
[...]
Todos unidos la paz encontraremos.
Tu voz es importante,
con ella nos orientaremos
[...]
Si tienes una idea
no la dejes de expresar
en forma constructiva
para esto mejorar.[406]

Esta línea la prosiguió Fernández con obras de gran éxito como *Ha muerto una mujer* (estreno 1976), *Ernesto* (1976), *La familia de Benjamin García* (1985). Frente a los elogios de José Antonio Portuondo, quien consideraba estas obras como paradigmas del realismo socialista, el autor expuso diferenciadamente en una entrevista las influencias que habían incidido en su teatro:

El teatro norteamericano de Miller, O'Neill, Albee, de grandes personajes, conflictos subya-centes hasta su final erupción y textos cargados de subtextos: ése fue el primero. El segundo, descubrir la cubanía esencial de Onelio Jorge Cardoso. Y el tercero, el realismo socialista desde Gorki hasta Alexandr Guerman.[407]

Orlando Vigil-Escalera (1938 La Habana), director artístico del grupo Teatro Bertolt Brecht, reunió en su obra La cuerda floja (1980, escrito 1974-1975), toda una serie de supuestos problemas de conciencia de la juventud académica poco después del triunfo de la Revolución: el problema de los «gusanos» emigrados, problemas de la transición del capitalismo al socialismo y comunismo, las inseguridades en el comportamiento entre el hombre y la mujer, una vez modificado su papel social, etc.

Ernesto, que trata de conciliar las diferentes clases sociales, se deja arrastrar por los círculos contrarrevolucionarios, que le auguran una tercera vía para el desarrollo de la sociedad, una vía entre el capitalismo y el socialismo, que conduce al «hombre nuevo». El joven Joseíto, de 19 años, le muestra la verdad:

¡La verdad! ¿¡Y dónde la buscaste!? La Revolución es la determinación de todo un pueblo, Ernesto, y todo un pueblo no se equivoca. Se equivocan los hombres, pero no todo un pueblo: la Revolución. ¡La verdad, a la larga, surge y da su luz, su respuesta![408]

La Revolución, la instancia que está por encima de todo, es la norma ética para valorar el comportamiento individual. Este tipo de teatro tiende hacia la lección moral, el *fábula docet*. Por eso, nunca ha superado el marco local. Su

---

[406] Fernández (1979: 74-75).

[407] *Granma*, 10 de marzo de 1985, pág. 8.

[408] Vigil-Escalera (1980: 151).

enseñanza revolucionaria la pagó a costa del olvido. La esquematización de los conflictos, el didactismo social en fin el «sociolismo» en general marcan la pauta de este teatro.

La obra *Estamos en pesca* (1980, redactada en 1976), de Vigil-Escalera, se desarrolla en la última fase de la resistencia contra Batista. Un grupo de estudiantes esconde por una noche a un camarada herido en la vivienda de unos íntimos compañeros de estudios, cuyo padre es un coronel retirado de la Marina de Guerra. En el transcurso de la obra se inicia un proceso de concienciación del padre y sus hijos, que culmina en la tesis que la neutralidad beneficia sólo al enemigo.

El momento más dramático de la obra es cuando el ex-coronel trata de acosar en la calle al grupo de guerrilleros con el camarada herido, para que caigan en manos de los esbirros de Batista y la hija se pasa a las filas de los camaradas.

Otro ejemplo ilustrativo lo proporciona **Mauricio Coll Correa** (1951 La Habana) con la pieza *Aprendiendo a mirar las grúas,* estrenada y premiada en el Festival de Teatro de La Habana 1980 como la obra que mejor expresa las transformaciones revolucionarias. El autor formó parte del colectivo de Cubana de Acero hasta 1982, y al año siguiente pasó al Teatro Estudio, por lo que conoce el ambiente tratado en la pieza: el nombramiento de una mujer como jefa de sector de una fábrica metalúrgica, provoca un conflicto y la resistencia abierta y velada a la vez del jefe de taller, de los obreros y del marido.

Cuando, al final, la mujer se ve obligada a renunciar, entran en juego la dirección de la Empresa y el Partido (Verónica: «Yo tengo plena confianza en el Partido y en la dirección») como «una especie de deus ex machina» (Rine Leal) para resolver el caso.

Esta tendencia didáctica con sus héroes y antihéroes, buenos y malos, propia del realismo socialista, la observamos más aún en el teatro juvenil y en el repertorio teatral del movimiento de aficionados. Es obvio el fracaso didáctico de este teatro. El mismo año que se estrenó la pieza anterior emigraron unos 130.000 cubanos por el puerto de Mariel, entre ellos el 80 % jóvenes que se habían beneficiado del sistema escolar y la vida cultural. Cualquier tipo de formación excesivamente didáctica, despierta a la larga un espíritu de porfía, de oposición, lo contrario de una «juventud rebelde», tantas veces proclamada por la Unión de Jóvenes Comunistas y otros organismos.

Desde los años 80, el tema de la Comunidad fue incorporado también a las obras de teatro. **Luis Agüero** (1937 Consolación del Sur, Pinar del Río), periodista, autor de cuentos y novelista trató el tema en su obra en dos actos, *Desengaño cruel* (1989). El título irónico está tomado de un bolero de Beny Moré. Después de transcurridos más de 40 años, Ismael Estrada regresa a su tierra natal, Bailén del Sur (Pinar del Río). La acción se desarrolla en 1978, cuando los primeros cubanos visitan, como si fueran el tío rico de América, a sus familiares cubanos. La obra examina, además, retrospectivamente los años 40 y 50.

Al retornado Ismael Estrada se la presenta la Cuba revolucionaria como si fuera el país del progreso: «Aquí ahora no hacen falta serenos. Los del Comité son los que vigilan».[409] Frases simplificadas de este tipo acompañan los logros de la Revolución: edificios prefabricados, policlínicos, supermercados, centros de enseñanza, pizzerías, televisores, campesinos satisfechos ... Incluso la prostitución es reducida a una mentira piadosa. El viejo sepulturero Sandalio proclama lleno de orgullo:

> Mire, aquí la putería se acabó de verdad. (Pausa.) La putería oficial, quiero decir. Algunas mujeres, si quieren, pueden putear por la libre y sin cobrar nada. Pero la putería oficial, la putería-putería esa sí se acabó para siempre.[410]

El biólogo **Freddy Artiles** (13 de enero de 1946 Santa Clara) llegó, desde el teatro de estudiantes aficionados, al teatro. En sus obras excesivamente didácticas, trata de secundar con su aportación la imagen del «hombre nuevo» en el socialismo, contrastando el ayer y hoy. La más conocida de ellas es *Adriana en dos tiempos* (1979, estreno 1973, Premio de Teatro UNEAC 1971) que presenta la forma cómo incide la Revolución en la vida de una familia pequeñoburguesa. En primer plano, aparecen los problemas del matrimonio, y la búsqueda de la felicidad en el socialismo impregna todo el sentido de la obra.

Artiles es también autor de piezas infantiles. En sus restantes obras, *De dos en dos* (1978, estreno 1975), *El ejército de los ratones* (República Democrática Alemana 1976), *En la estación* (1977), *Vivimos en la ciudad* (1978), *La explosión* (1995) permanece fiel a esta trayectoria temática.

Rodolfo Pérez Valero (3 de mayo de 1947 Guanabacoa, La Habana), cuya literatura policíaca (*No es tiempo de ceremonias*, 1974 Premio Novela Concurso Aniversario de la Revolución, *Para vivir más de una vida*, 1976, Premio Cuento Aniversario de la Revolución) fue difundida, incluso, por la radio y la televisión, ha escrito, además de literatura infantil (*Las aventuras de Pepito*, 1975, mención Concurso 26 de Julio en teatro infantil, *El tesoro de las cuevas del pirata*, 1975, mención UNEAC, novela policíaca infantil) también obras de teatro, ya que Pérez Valero se sintió atraído por la escena desde la época en que fue actor y asistente de dirección del Grupo Teatral Rita Montaner: *Leopardos, máscaras y ratones* (1976, mención Concurso «13 de Marzo»), *Las siete puntas de la corona de Tragamás* (1978, en colaboración con Antonio Veloso, Premio «La Edad de Oro»).

Una obra modélica para el teatro de aficionados es la pieza, de carácter didáctico, en dos actos, *Leopardos, máscaras y ratones*. El marco escénico es muy sencillo: un pequeño biombo, tres mesitas, cuatro sillas, en torno de las cuales se agrupan dos periodistas y dos mercenarios. Los leopardos (el disfraz de los mercenarios) y las ratas simbolizan el bestiario inhumano del imperialismo norteamericano y sus marionetas, los cubanos exiliados.

---

[409]   Agüero (1989: 121).

[410]   Agüero (1989: 58).

Los mercenarios, presentados por medio de entrevistas, describen su vida, en la que han vendido por dinero su alma al diablo. Frente a ellos, aparece el pueblo cubano, personificado en figuras como el miliciano viejo, el miliciano joven o el campesino, que, incluso en plena lucha, muestran sentimientos humanos. Sobre todo, en la segunda parte, son desenmascaradas las mentiras de los contrarrevolucionarios en la confrontación con la realidad de la sociedad que ofrece hasta escenas de tortura de la dictadura de Batista:

> Mercenario 1: [...] y realmente mi propósito al venir a Cuba fue el de ver a mi señora madre que es lo que tengo aquí y lo que más me interesa.
> Periodista 1: Y usted cree que para venir a ver a su señora madre tenía que tirarse en paracaídas?
> Mercenario 1: Bueno, para eso no tenía que tirarme en paracaídas.
> Periodista 1: Porque ese es un salto un poco peligroso, ¿no cree?
> Mercenario 1: Sí, señor, bastante [...][411]

Aunque los contrarrevolucionarios pasen por un proceso de aprendizaje en el transcurso de la conversación, el autor ha expuesto, en un epílogo aparte para actualizar la obra, el carácter brutal de esta especie de aventureros. En él dialogan el periodista y un mercenario norteamericano en Vietnam y otro en la República Dominicana, un mercenario francés en Argelia, uno alemán en el Congo (el así llamado Kongo-Müller) y uno portugués en Guinea y Angola, para mostrar las conexiones internacionales del imperialismo.

Al final cabe mencionar a **Maité Vera** (1930 La Habana), muy unida al mundo del teatro, desde su primera obra *Nuevas Raíces* y el éxito de la comedia *Las Yaguas* (1962), con música de Piloto y la autora. Después estrenó su obra *El caracol* y, en 1975, ganó el Premio UNEAC de Teatro con la pieza *Memorias de un proyecto* (1976), que se desarrolla en una fábrica textil y trata el tema de la discriminación de la mujer en el puesto de trabajo como reliquia de tiempos pasados. Después publicó *La mujer de otra galaxia* (1982) y *Eleguá y las tres reinas* (1995).

Textos

Coll, Mauricio: «Aprendiendo a mirar las grúas», en: Leal, Rine (ed.): *6 obras de teatro cubano*, La Habana 1989, págs. 275-326.
Fernández, Gerardo: *A nivel de cuadra (comedia musical en tres actos)*, La Habana 1979.
González de Cascorro, Raúl: *El fusil*, La Habana 1979.
Vigil-Escalera, Orlando: *Dos obras de teatro y conversación sostenida*, La Habana 1980.

---

[411]   Pérez Valero (1976: 48-49).

8.10 El teatro folklórico populista

Héctor Quintero

Ya a la edad de once años, Héctor Quintero (1 de octubre de 1942 La Habana) empezó la preparación de una serie de aventuras para el programa infantil de Radio Mambí; a los 13 años, escribió *La Habladora*, obra en un acto no representada; a los 18 años, se puso en escena, en la Sala Ciro Redondo de La Habana su pieza *Ojos azules*. En 1961 volvió a triunfar en la Sala Tespis con *Habitación 406*, formándose y madurando, desde muy temprano, como actor, director, guionista, libretista y dramaturgo, tanto en la radio como en la televisión y en los escenarios de todos los teatros de La Habana y sus alrededores.

Quintero describe preferentemente situaciones y problemas de la vida cotidiana del hombre insignificante de la calle ya que nunca ha renegado de sus raíces pequeñoburguesas. También sus adaptaciones teatrales de las mejores narraciones de la literatura universal (Wilde, Boccaccio, Gógol, Pushkin, Chéjov) (*Diez cuentos teatralizados*, 1985) alcanzaron grandes éxitos.

Imagen 72:
Héctor Quintero

Quintero es un dramaturgo cubano que muy bien ha sabido combinar con gran habilidad las influencias cubanas y extranjeras, las normas no escritas de la burocracia teatral y las propias aspiraciones de entretener al público. La cuestión fundamental de cómo un teatro puede orientarse según las necesidades de las masas sin renunciar por ello a su nivel artístico, la respondieron las oleadas de espectadores que acudían a presenciar sus obras de éxito cuando figuraban en los programas.

Con una indirecta dirigida al teatro absurdo de Piñera y Triana, Quintero invoca los cambios que se han operado en las condiciones de producción como base de la argumentación en favor de un teatro independiente y nacional:

> No creo que logremos jamás una literatura dramática nacional si estamos tan pendientes de cómo hace Ionesco su teatro o de cómo lo hace Beckett. Por otra parte, nuestros mundos son bien distintos [...] Nos separan enormes distancias no sólo geográficas, sino también culturales y de todo tipo [...] en este momento contamos en Cuba con las condiciones para crear un

teatro nuestro, con nuestra problemática, con objetivos dirigidos a nosotros mismos, lo cual no significa que éstos no puedan trascender los límites nacionales [...][412]

En «Recomendaciones generales para el trabajo práctico de la puesta en escena»,[413] Quintero ha expuesto *in nuce* su teoría dramática, orientada de acuerdo con las necesidades del público. Sus reflexiones se basan en los cambios sociales y la transformación de las exigencias del espectador:

> Detesto el esnobismo, el afán de estar a la moda. Nunca me ha interesado parecer europeo, puesto que no me acompleja el sello de 'hombre del Caribe'. En el Caribe surgió una revolución única en su clase. Pienso que también puede, debe, tiene que surgir un teatro a la altura de esa circunstancia. Hay que trabajar para esto.[414]

Las obras

El Premio flaco (acabada en diciembre de 1964, estrenada el 15 de noviembre de 1966 en el Teatro Martí, de La Habana) es considerada su pieza maestra. La obra, premiada incluso en el extranjero, trata un tema de escasa dimensión: una ilusión quimérica, típica de la época anterior a 1959. Una pobre pareja de un circo ambulante gana una casa en un cupón de una pastilla de jabón, y cede su pequeño cobertizo a sus familiares. La aviación de Batista destruye la casa ganada en uno de los bombardeos de los años 1957/1958, con lo que la pareja, debido a la insensibilidad de los familiares y del medio social, se ve obligada a volver a su vida de artistas ambulantes.

El autor defiende, en una caracterización de la obra, su estructura simétrica, con las dos fases de ascenso y caída, para hacer frente a falsas interpretaciones simplistas:

> Estamos ante una comedia grotesca con elementos de humor negro, que pretende reflejar una época y unos personajes que conformaron parte de la realidad cubana en los años anteriores al triunfo de la Revolución; no nos hallamos ante un sentimental cuadro de miserias humanas y sociales sin remedio, al estilo de los más amelcochados dramones del peor cine comercial latinoamericano.[415]

Estas indicaciones escénicas fueron añadidas con posterioridad por el autor para la versión preparada para la imprenta, como consecuencia de la experiencia negativa que la obra había tenido en los escenarios europeos. En efecto, Quintero se ve obligado a recurrir a las ideas de Brecht, sobre distanciamiento, catarsis e identificación, para proteger su obra contra errores de interpretación:

---

[412]   Quintero (1978: 12), cita con fecha de mayo de 1970.

[413]   Quintero (1978: 25-28).

[414]   Quintero (1978: 13).

[415]   Quintero (1978: 174).

Ninguna escena de esta obra deberá producir lástima en el espectador, sino rechazo ante la situación dada. El autor no busca lágrimas, sino reflexiones. Esta pieza no es un melodrama ni en sus escenas más cercanas a éste. En todo caso, posee personajes y situaciones melodramáticas, pero esto con un sentido criticista. O sea, no es para realzarlo, sino para burlarlo.[416]

El tratamiento melodramático de la mentalidad fatalista de la pequeña burguesía puede provocar, de acuerdo con el sentido de Brecht, la actividad del espectador y aportar argumentos para tomar decisiones y, de esta forma, reconocer al ser humano como el motor de la historia. Al exponer los problemas del matrimonio, el idilio pequeñoburgués se configura en las palabras consoladoras de una vecina de la forma siguiente:

Vamos, vieja, vamos. Hay que tener resignación. Cada cual con su destino. Mira, mejor entramos y descansas un rato mientras yo te preparo un poco de tilo, ¿eh? Date cuenta de que estamos en bata las dos. Vamos, anda.[417]

En una nueva versión de la obra, fechada en 1977, la generación más joven tiene un contrapeso mayor frente a algunas figuras mumificadas, representantes de la vieja burguesía. Los espectadores se reconocían en las figuras y diálogos de sabor popular.

En *Mambrú se fue a la guerra* (1970, nueva versión 1975), Quintero hacía referencia a la vieja canción, considerada como instructiva sobre la necesidad del servicio militar. Con frecuencia, las obras de Quintero están concebidas de forma contrapuntística. También en esta pieza de 1970 aparecen, del lado de la burguesía tradicional, la madre, la tía, la vecina, entre otros, cuyo mundo está todavía fuertemente influido por la superstición, la santurronería y la beatería. Del otro lado, está el sector dinámico de la sociedad: el tío, la novia Luisa, joven comunista, y el novio Panchito que, finalmente, acaba por decidirse e imponer su propia opinión frente a la familia.

La obra contiene — en parte, de forma retrospectiva, intercalada y en sobreimpresión — numerosos diálogos de la vida cotidiana sobre problemas que parecen banales: las colas, los tabús sexuales y cuestiones familiares en el marco contradictorio de las generaciones, clichés idiomáticos y de conversación con un determinado nivel del habla a fin de poner de manifiesto la necesidad del programa de educación «para todos».

El polifacético talento de Quintero se siente en su elemento (Quintero es también compositor de música escénica) cuando se trata de ganarse al público con comedias musicales ligeramente crítico-sociales que contienen elementos de revista: *Los siete pecados capitales, Los muñecones* (1971), *Algo muy serio* (1976, 52.000 espectadores en 112 representaciones), *Aquello está buenísimo* (1981), *El caballero de Pogolotti* (1983, adaptación de *La última carta de la baraja*, 1977).

Uno de sus mayores éxitos en este género fue *Lo musical* (1971), que se repuso en una nueva versión en 1978 con motivo de los actos festivos para

---

[416] Quintero (1978: 174).

[417] Quintero (1978: 125).

conmemorar los 20 años de la Revolución. De acuerdo con el desarrollo de la sociedad se modificaron una serie de alusiones, escenas y números musicales. El aspecto central de la obra continuó siendo la música, combinada parodísticamente con numerosos elementos de la Opera buffa cubana del siglo XIX, del musical norteamericano y europeo y el tango argentino. La obra trataba de representar en su totalidad una parodia de las fórmulas huecas el el tralalá del musical norteamericano y de la ampulosidad de las operetas cubanas y europeas de la Belle Epoque y los años 20.

En escenas turbulentas, con apasionados cuplés, se hacía una sátira de la publicidad de las empresas norteamericanas de detergentes («Con el jabón-bon») o del mito del vampiro de la mujer. En un número de ballet, añadido con posterioridad, Quintero presentaba en retrospectiva una revalorización moral del oficio de la cantante de cabaret que se veía obligada a prostituirse si quería subsistir.

Los momentos más aplaudidos de este conjunto de cuadros musicales eran una presentación irónica del propio autor ante la máquina de escribir, el retrato de una lady inglesa con su secretaria, que le ayuda a redactar sus memorias, y la parodia de un dúo femenino de la High Society cubana, anterior a la Revolución, que el torbellino de las escenas finales hace desaparecer del escenario.

El personaje cómico tenía su gran momento escénico en una parodia sobre la mezquindad europea de la educación. Provisto de un enorme diccionario por autores, forrado en cuero rojo, bajo el brazo, el filisteo se desplazaba en la escena arriba y abajo, dando grandes zancadas, salmodiando la vida y la obra de Goethe y desmistificando el Fausto que, a continuación, era trasvestido musicalmente.

Su preferencia por el musical como pasatiempo con un matiz parodístico y de ligera crítica social la había justificado Quintero ya en mayo de 1970 en un coloquio celebrado en la Universidad de La Habana:

> Considero que en un país tan musical como el nuestro pueden lograrse muchos propósitos teatrales a través de la música.[418]

Sin duda alguna, *La ópera de cuatro cuartos* de Brecht le sirvió a Quintero de modelo formal así como sus ideas sobre lo popular y el realismo y su aplicación práctica. La historia de la influencia teórica y dramatúrgica de Brecht en el teatro cubano está todavía por escribir. Por otra parte, el teatro de Quintero logra su encanto melodramático a partir de un regionalismo popular (por ejemplo, en la obra *Sábado corto*, 1986) que difícilmente puede representarse en la escena internacional de otros continentes. En 1996, Quintero estrenó con gran éxito la comedia dramática, en dos actos, *Te sigo esperando,* en la que

---

[418]   Quintero (1978: 15).

se presenta la vida cotidiana cubana de los flacos años 90 con humor e ironía, en el marco de lo políticamente decente.[419]

Imagen 73:
Escena del teatro de Quintero

Texto

Quintero, Héctor: *Teatro*, La Habana 1978 (epílogo de Adolfo Cruz Luis).

8.11 El mundo de la santería

Desde el siglo XIX, y enmarcado en la tradición del teatro criollo, ha proliferado en Cuba un teatro lleno de colorido, que goza hasta hoy de una popularidad ininterrumpida. Autores como Federico Villoch (1868-1954), los hermanos Robreño y Mario Sorondo llenaron las salas con sus zarzuelas, sainetes y otras obras costumbristas en un acto. Su carácter de pasatiempo y una rutina bien conseguida aseguraron siempre sus éxitos de taquilla.

José Manuel Brene (1 de mayo de 1927 Cárdenas — 1990 La Habana) fue el primero en modificar la escena y el mundo de este teatro para acercarlos a las nuevas realidades. Hasta el triunfo de la Revolución, Brene se había ganado su vida, durante quince años, ejerciendo, por mar y tierra, diferentes profesiones en varios continentes. Después de un breve aprendizaje como dramaturgo, consiguió enseguida un gran triunfo con la obra Santa Camila de La Habana Vieja, estrenada por el Grupo Milanés el 9 de agosto de 1962, en el Teatro Mella de La Habana.

Desde entonces, su repertorio fue enriqueciéndose con obras, muchas de las cuales están inéditas y todavía sin estrenar. El Premio de Teatro 1970, de la UNEAC, lo obtuvo con Fran Sabino.

También el teatro de Piñera cuestionó las estructuras sociales y de la familia, pero tratadas de forma pesimista. En cambio, Brene impregna la misma

---

[419]   Impresa en *Tablas* 3 (1996), libreto n° 39, 24 págs.

problemática con el servicio eufórico propio de los primeros años de la Revolución. En Santa Camila de La Habana Vieja, Brene enfrenta sirviéndose del ejemplo de Camila, una mujer de unos 30 años, hermosa, celosa y santera de profesión, y su marido, el mulato Ñico, el mundo tradicional de la cubanía, personificado además por otros tipos costumbristas (Pirey, Bocachula, la Madrina), característicos del ambiente picaresco de la santería, el raterismo, el proxenetismo y el juego, con las transformaciones sociales y sus consecuencias para la familia, el trabajo, el tiempo libre y el compromiso político.

Mientras Camila continúa aferrada a su mundo de los collares, ceremonias, caracoles y rogaciones de cabeza, etc., Ñico experimenta una evolución en la fábrica, en parte debida a la influencia de la miliciana Leonor, evolución que finalmente, tras muchas peripecias, conduce a Camila y su marido a abandonar el mundo de La Habana Vieja en busca de nuevas orillas.

El autor presenta diferenciados psicológicamente los dos mundos que, de ningún modo, quedan reducidos al simple antagonismo entre superstición y progreso. Para Brene, el hombre sólo es interesante allí donde él reconoce abiertamente sus contradicciones. En este sentido, Brene hizo la siguiente observación en una entrevista:

> Los temas que más me interesan son aquellos en que el hombre común, el pueblo, se encuentra en lucha o en contradicción con el medio que lo rodea, sus semejantes o la familia.[420]

Las transformaciones en la evolución de la conciencia son un proceso lento que ha desembocado en Cuba, aún después de varias décadas de cambios sociales, en una convivencia conflictiva de santería y Revolución. Incluso en las conversaciones de Frei Betto con Castro (*Fidel y la Religión,* 1985), la palabra santería no es mencionada ni una sola vez.

Esta obra de Brene se desarrolla en mayo de 1959, y en esta fase temprana de la Revolución aparecían enfrentados los dos mundos con una desconfianza recíproca:

> CAMILA. Sería una hipócrita. No estoy de acuerdo con esas boberías de ahora como tú. No me interesa eso de «pan para todos», ni otras guanajadas por el estilo. Mi vida es vivir con mis santos y querer al hombre que me gusta.[421]

El crítico de teatro Rine Leal caracterizó acertadamente las ventajas e inconvenientes de la obra:

> Es la primera obra nuestra que reflejaba la temática posterior a 1959, recogía y superaba la tradición vernácula [...] apelaba a nuestras raíces socioculturales, mostraba un corte de ciertos sectores (¿marginales?) y su transformación por la acción revolucionaria, y colocaba, de golpe, la temática familiar e individualista en un marco más amplio y dinámico [...]

---

[420]   *Gaceta de Cuba,* 3 de junio de 1963, pág. 12.

[421]   Brene (1992: 491).

Una vez aceptado lo anterior, es fácil establecer sus defectos más visibles. La figura de Leonor, la miliciana desdibujada y débil como antagonista de Camila, el final conciliador y ambiguo, la transformación de Ñico, no presente escénicamente [...][422]

El teatro del mundo de la santería alcanza una dimensión trágica con el éxito triunfal de **Eugenio Hernández Espinosa** (15 de noviembre de 1936 La Habana), María Antonia (escrito 1964, estrenado 29 de setiembre de 1967 por el Grupo Taller Dramático y el Conjunto Folklórico Nacional). El autor que ganó el premio de teatro Casa de las Américas con la pieza *La Simona* (1977) dirigió durante muchos años el Grupo de Teatro de Arte Popular y conocía su ambiente desde su niñez. Huérfano de madre, pasó su infancia y juventud en las calles del barrio popular El Cerro.

En el sincretismo religioso de su temprana formación se mezclaban la escuela protestante de los Adventistas del Séptimo Día y la santería con sus ceremonias y rituales. Mientras que otros jóvenes de su generación se integraban en grupos como Danza Moderna (más tarde Danza Contemporánea) o en el famoso Conjunto Folklórico Nacional, otros se inclinaron por el propósito artístico de incorporar el mundo folklórico y religioso africano al teatro.

Así surgieron con un éxito desigual autores como Maité Vera, Tomás González, Jesús Gregorio, Nicolás Dorr, Héctor Quintero, Gerardo Fulleda León, Reynaldo Hernández Savio, José Milián, etc. A todos les unía el afán de restaurar el teatro cubano partiendo de una temática autóctona que llegara a las capas bajas del pueblo. En películas como *Lucía* (1967) y *Memorias del subdesarrollo* (1967), Humberto Solás y Tomás Gutiérrez Alea habían conseguido ya el mismo objetivo.

María Antonia (1967) ha sido una de las obras más atractivas del teatro cubano. En la puesta en escena de Roberto Blanco, con música de Leo Brouwer, las 18 primeras funciones las presenciaron 20.000 espectadores. Este éxito se debe a la creación de una de las grandes figuras del teatro cubano, la negra María Antonia, y al desenlace trágico de la obra. En la tradición europea de la *femme fatale*, María Antonia presenta rasgos de una «Carmen caribeña», pero fracasa por otras razones, dentro de un mundo limitado por las tradiciones seculares como la santería, el machismo y la pobreza, defendiendo sus utopías.

Perseguida por los hombres y los representantes de los dioses africanos, a los que apoya y rechaza a la vez, María Antonia, entre la defensa de su libertad, de su amor incondicional al boxeador Julián, un tipo machista, y de sus celos no ve otra salida al final que envenenar a Julián quien, por la fama de sus éxitos deportivos dejará el mundo de la miseria para irse al extranjero.

Cuando María Antonia, ya destruida y agotada fallece acuchillada por Carlos, un ex-amante, sigue permaneciendo fiel por lo menos a sus principios: «Yo no soy tuya. No soy de nadie»,[423] «la liberté toujours». Es una libertad defendida a zarpazos en un mundo despiadado, gobernado por la soledad y la

---

[422] Brene (1984: 10).

[423] Hernández Espinosa (1992: 1038).

búsqueda del calor humano. Eros y Tánatos simbolizan los dos polos opuestos, pero se unen en el final trágico como una pareja de gemelos.

El papel de la santería es importante, no sólo porque una parte del diálogo de los personajes se desarrolla en yoruba:

> Para entender la forma escogida por el autor y los elementos que la definen, debemos señalar la influencia del güemilere, fiesta ritual de la Santería con cantos y bailes que nos remonta a los orígenes del teatro. En el güemilere o wa-ni-ilé-ere se encuentra una teatralidad similar a las de los rituales de las antiguas culturas europeas, americanas o asiáticas.[424]

El autor anticipa los asesinatos, el ultraje, el sacrilegio y la blasfemia de María Antonia mucho antes. Cuando ella viola las leyes de los dioses y trata de manipular su destino, aquellos la castigan por su soberbia. En este contexto la tragedia alcanza una dimensión clásica que recuerda más al teatro griego que a la trayectoria afrocubana.

La Simona (1977), de Hernández Espinosa, obra premiada, concebida épicamente, se desarrolla en Chile. Se trata de una misa de resurrección (réquiem) para coro y orquesta, con textos de Violeta Parra. Por un lado está el mundo de los opresores, con Don Diego Almagro a la cabeza, contra el mundo de los explotados, agrupado en torno a La Simona y Taita. Aunque la obra se desarrolla en Chile, puede referirse, en general, a la resistencia de los pueblos oprimidos.

También aquí se alude a la diferencia positiva y negativa entre los varios niveles de la religión. Los coros, litanías y procesiones de los dignatarios religiosos son presentados como un ritual que funciona mecánicamente y, en última instancia, no son otra cosa que accesorios vacíos y una crítica del dogmatismo. La auténtica religión del pueblo — la Simona con el niño en brazos, como la Virgen María, el viejo negro Taita, símbolo del pueblo y semejante a Dios — se manifiesta en el ímpetu revolucionario que, finalmente, conduce al pueblo a la victoria.

El carácter acentuadamente simbólico e intenso de la obra puede explicarse por su contexto histórico. *La Simona* está escrita después del golpe de estado en Chile y después de la intervención cubana en Angola, después de la Revolución de los Claveles en Portugal, después de los cambios en España después de la muerte de Franco y después del enfrentamiento con el régimen de Somoza en Nicaragua — es decir, la obra es un llamamiento a la solidaridad internacional con la lucha de los pueblos oprimidos.

Su actualización histórica se apoya en su esquema contrastivo, su valor intemporal en su mensaje temático. El coro final entona un himno optimista:

> Ya no me clava la estrella;
> ya no me amarga la luna;
> la vida es una fortuna
> vistosa, próspera y bella;

---

[424]   Hernández Espinosa (1992: 939).

sus lluvias y sus centellas
nos engalanan los aires,
nos brinda como una madre
su aliento renovadero,
yo siento que el mundo entero
está de canto y de baile.[425]

En el marco de las obras históricas (*Algunos dramas de la colonia,* 1984), **Gerardo Fulleda León** (12 de febrero de 1942 Santiago de Cuba), durante varios años director del Grupo de Teatro Rita Montaner, ha intentado llevar a escena la tradición afrocubana de Oriente. Su obra premiada, Chago de Guisa (1989), se desarrolla entre 1865 y 1868, durante la Primera Guerra de Independencia, en el territorio de Guisa. El lema siguiente marca el tono de la obra:

¡Moforibale, Chago de Guisa!
¡Igui kan kin she gbo: Un solo
palo no hace monte!

Partiendo de los mitos y leyendas de los yorubas y bantús, el autor presenta la evolución del joven soñador Chago de Guisa (14 años), la de sus amigos, también jóvenes como él, y de los palenqueros, en lucha permanente por subsistir contra las amenazas del mundo de los rancheadores. Atocha, el niño de los caminos, resume al final:

¡Suerte, Chago de Guisa! Que el camino no te sea breve,
¡Al final o al regreso que es el comienzo, te encuentro!

Fulleda León es también autor de la obra santera *Betún* (1996).

De especial interés para el género del teatro afrocubano es la obra dramática *La navaja de Olofé* (1982), de Matías Montes Huidobro, que, con abundancia de detalles sobre los mitos religiosos de los esclavos yorubas o lucumís, documenta el predominio de la santería en la vida cultural cubana.

Textos

Brene, José Ramón: *Pisada a la criollo y otras obras,* prólogo de Rine Leal, La Habana 1984.

Brene, José Ramón: «Santa Camila de la Habana Vieja», en: Domínguez, Carlos Espinosa (ed.): *Teatro cubano contemporáneo,* Madrid 1992, págs. 465-554.

Hernández Espinosa, Eugenio: *La Simona,* La Habana 1977.

Hernández Espinosa, Eugenio: *Teatro,* prólogo de Inés María Martiatu, La Habana 1989.

Hernández Espinosa, Eugenio: «María Antonia», en: Espinosa Dominguez, Carlos (ed.): *Teatro cubano contemporáneo,* Madrid 1992, págs. 943-1039.

---

[425] Hernández Espinosa (1977: 168).

Estudios

Franzbach, Martin: «Die Welt der 'Santería' auf dem afrokubanischen Theater», en: *Palabre: Revue Culturelle Africaine* 2/1-2 (1998; Brema), págs. 117-122.
Vasserot, Christilla: «Mi cultura personal es un ajiaco: entrevista a Eugenio Hernández Espinosa», en: *Conjunto* 109 (1998), págs. 43-48.

8.12 El teatro de la vanguardia joven

Es muy difícil seguir la trayectoria en permanente transformación del teatro cubano en sus relaciones recíprocas con el público. Se puede obtener una visión general de la riqueza de la vida teatral cubana en el «Festival de Teatro de La Habana», que se celebra cada dos años, en el «Festival de Teatro de Camagüey» que se celebró en 1996 por sexta vez desde 1983, o en el «Festival Teatro Máscara de Caoba de Santiago», un festival regional, que todos los años presentó nuevas obras con elementos afrocubanos.

Sería ir demasiado lejos tratar de enumerar todos los grupos teatrales cubanos de las últimas décadas desde que se fundó el Teatro Estudio (1958), bajo la dirección de Raquel y Vicente Revuelta, por mucho tiempo los todopoderosos pontífices de la escena. En 1995, sobresalieron los siguientes conjuntos: El Público, dirigido por Carlos Días (nacido 1955), Luminar, 1988 y dirigido por Víctor Varela (nacido 1962), Teatro a Cuestas, dirigido por Ricardo Muñoz, La Ventana, dirigida por María Elena Ortega, Teatro del Caribe, grupo experimental, dirigido por Eugenio Hernández, Teatro Mío, que se había formado en la URSS, dirigido por Miriam Lezcano, Teatro Mirón Cubano de Matanzas, Cabildo Teatral Santiago bajo la dirección de Rogelio Menezes, Luz Negra de Las Tunas y el conocido Grupo Buendía (1987), bajo su directora Flora Lauten, ex-actriz del Teatro Estudio y el Grupo Escambray.

En sus giras internacionales por Europa y América estos conjuntos utilizaban en general un potpourri popular de canciones y guarachas cubanas, boleros, son rumba, salsa, etc. para corresponder así a los gustos caribeños de cierto público. El grupo La cuarta pared rompió por primera vez el tabú de los desnudos en la escena bajo la influencia del teatro polaco de Shyne. En 1988, Marianela Boán (1954) fundó la Danztabierta, después de haber actuado 15 años en el Conjunto de Danza Contemporánea.

A este teatro se le puede considerar vanguardista por sus experimentos escénicos, tanto en la forma como en la elección de los temas, por desafiar críticamente temas sacrosantos y romper con los límites establecidos de la institución teatro hasta enfrentarse con las normas de la política cultural. En una antología del teatro cubano (*Morir del texto*, editora Rosa Ileana Boudet, 1995) figuran algunos de los dramaturgos «jóvenes» más conocidos: Rafael González, Reinaldo Montero, Abilio Estévez, Alberto Pedro Torriente, Carmen Duarte, Amado del Pino, Víctor Varela, Carlos Celdrán, Antonia Fernández, Ricardo Muñoz Caravaca, Joel Cano.

Entre los autores más notorios hay que mencionar a **Reinaldo Montero** (1952 Ciego de Ávila) que aparte de ser un excelente cuentista (Donjuanes, 1986, Premio de la Casa de las Américas, Fabriles, 1988, mención cuento UNEAC, *6 mujeres 6,* 1994), poeta (*En el año del cometa,* 1986, *En este café de Ronda,* 1992, *Sin el permiso de Mussorgski,* 1992, *El suplicio de Tántalo,* 1992, *Otra vez,* 1994), guionista de cine y crítico, debutó en 1984 con la pieza *Con tus palabras* (1987, Premio David de Teatro, 1984), continuó su trayectoria con *Memoria de las lluvias* (*Diálogo en dos tiempos de un hombre y su memoria,* 1989), *Aquiles y la tortuga* (1989), *La noche del Pinto* (1991), *Concierto barroco* (1992), adaptación de la obra del mismo nombre de Alejo Carpentier en colaboración con Laura Fernández, *Los equívocos morales* (1995, Premio «Tirso de Molina» en Castilla-La Mancha).

Los cuentos reunidos en *Fabriles,* parte de un septeto habanero, fueron escenificados en 1993 en el Teatro Escambray, en una versión de Carlos Pérez Peña. Después publicó *Historias de caracol* (1994), *Medea* (1997, Premio «Italo Calvino», 1996), *La visita de la infanta* (2007), etc.

En *Con tus palabras* (1987), Reinaldo Montero presenta en cinco escenas un *work in progress,* diálogos entre individuos y tipos (El Hombre de la Guayabera, El Responsable, El trabajador, La Vecina, El inspector, La Muchacha) sobre problemas cotidianos: las dificultades de una «permuta», la identificación con el puesto de trabajo, la fábrica, etc. La tendencia a resumir la historia en escenas emblemáticas se repite en *Memoria de las lluvias* (1989). Entre El Ángel, la Memoria, los Jóvenes I, II y III, el Moro, Kiqui etc. se desarrolla la conflictiva historia cubana del Siglo Veinte «durante y después de la lluvia».

En el «Festival de Teatro de Camagüey», de 1996, Montero desató violentas polémicas con su obra *Los equívocos morales* (1995) que con anterioridad había sido premiada en España, polémicas que, incluso, se prolongaron hasta *La Gaceta de Cuba* 1 (1997), págs. 40-49, y que provocaron al crítico Jorge Rivas, del rotativo *Trabajadores* (25 de noviembre de 1996) a hacer el siguiente veredicto:

> No sólo aprecié un irrespetuoso uso de la bandera cubana, mediante la cual se pretenden expresar códigos que no se insertan coherentemente, ni aportan valores éticos, al contexto en que se desarrolla esta obra, la cual considero, además, como una compleja y poco didáctica exposición de la guerra hispano-cubano-norteamericana, en concordancia con los intereses (presupuestos de trabajo) que [...] adjudica a la pieza.

En *Donjuanes* (1986), el autor describe, en tres partes principales, según la tradición del cronista colonial Bernal Díaz del Castillo (empleando para ello extractos de algunas citas) escenas de la vida cotidiana. El protagonista Ángel y otros Donjuanes son más bien parodias, con efecto de extrañamiento, entre el sueño y la realidad. Con su lenguaje y su estructura formal, Montero aportó un tono nuevo a la literatura cubana actual.

Por ello, el escritor peruano Alfredo Bryce Echenique, miembro del jurado de la Casa de las Américas que premió la obra en 1986, valoró positivamente después el texto en sus *Antimemorias* (1993: 393): «un libro realmente novedoso, nada convencional y hasta 'antitradicional' por llamarlo de alguna manera, que luego de interminables discusiones [...] obtuvo el Premio.» Las conexiones entre la obra narrativa de Montero y su teatro merecerían un análisis aparte.

Entrevista

Buch, Hans-Christoph: «Escribir debajo de una piedra: una conversación con Reinaldo Montero», en: *La Gaceta de Cuba* 6 (2002), págs. 42-45.

Uno de los grandes talentos del teatro cubano es **Abilio Estévez** (1954 La Habana), que, además, ha destacado como autor de cuentos (*Juegos con Gloria*, 1987, etc.), novelista (*Tuyo es el reino*, 1997) y poeta (*Manual de tentaciones*, 1989, Premio de la Crítica, Premio Internacional de Poesía «Luis Cernuda»).

Estévez también aprovechó los escasos espacios libres para dialogar críticamente con el público. Sirviéndose del ejemplo del gran poeta romántico Juan Clemente Zenea (1832-1871, fusilado), Estévez emprendió la tarea de rehabilitar, por medio de su obra *La verdadera culpa de Juan Clemente Zenea* (Premio UNEAC de teatro 1984 «José Antonio Ramos», publicado en 1987) la figura de Zenea, acusado de traición a la causa revolucionaria cubana.

Lo que, poco después, trató de llevar a cabo Cintio Vitier (*Rescate de Zenea*, La Habana 1987), basándose en nuevas fuentes históricas, lo logró Estévez con ayuda de elementos dramáticos: la historia como construcción con valor didáctico para el presente. El intelectual puede preservar su libertad sólo cuando rechaza la colaboración con el aparato estatal. Esta frase se puede aplicar tanto al siglo XIX y al poder colonial español como al período posterior a 1959.

A pesar de la referencia histórica de la obra, Estévez trata, con el ejemplo de Zenea, algunos paralelismos con el presente, abogando por una diferenciación del término traidor, por la defensa de la libertad interior y exterior del hombre y el repudio a la emigración. Los últimos versos de Zenea antes de su ejecución suenan así:

> Quisiera a mi hogar volver
> y allí, según mi costumbre,
> sin desdichas que temer,
> verme al amor de la lumbre,
> con mi niña y mi mujer.[426]

Grandes poetas (Heredia, Milanés, Gómez de Avellaneda, Plácido, entre otros) salen a la luz del presente desde el caballo de Troya del pasado, y con ellos se identifican dramaturgos como Estévez o Estorino (*La dolorosa historia del amor secreto de don José Jacinto Milanés*, 1974), proporcionándoles esta identificación, por encima de la referencia histórica, la posibilidad de hacer una crítica subrepticia de los problemas de otra sociedad cerrada: la política cultural socialista.

---

[426] Estévez (1987: 125).

Gran éxito tuvo también una obra estrenada en abril de 1991 en el Teatro Mella de La Habana: *Un sueño feliz*. Una primera versión de esta obra, con el título *Yo tuve un sueño feliz* fue publicada en la revista *Tablas* 2 (abril / junio de 1989). En esta obra, el mago Próspero coordina la actuación de un conjunto de personajes procedentes de todas las capas sociales. La varita mágica garantiza el cumplimiento de todos los deseos. Solos o en grupos los personajes se acercan al proscenio. La pieza se desarrolla en una isla. «Algo tendrá que suceder», dice Próspero. Después de confesar sus utopías — una crítica poco encubierta a la vida cotidiana -, los personajes se desploman muertos. ¿La muerte como solución? El mago los resucita.

El público celebró esta crítica del lema oficial «Socialismo o Muerte». Telón y aplausos. Al final, el director de escena y el autor invitaron a discutir la pieza en el foyer. Los actores y el público reunidos en círculo, entablaron un diálogo en torno a la cuestión si a un autor dramático le era posible actualmente ofrecer algo más que utopías sociales a nivel de sueño. ¿No podría recurrir a alternativas reales?

En sus próximas piezas, Santa Cecilia, *La noche* (1995), una defensa apasionada de la libertad de expresión, Estévez produjo aún más quebraderos de cabeza al Consejo de las Artes Escénicas, en La Habana. El estreno de *La noche*[427] por el Teatro Irrumpe, en septiembre de 1996, fue expresamente relegado a Camagüey, siendo acogida la obra por el público con *standing ovations*. Esta obra obtuvo, en 1994, el Premio «Tirso de Molina», el más importante galardón que se concede anualmente en España, en este género, para el ámbito iberoamericano.

Entrevista

Arango, Arturo: «No hay modo de ignorar la vida: de una conversación con Abilio Estévez», en: *La Gaceta de Cuba* 6 (2002), págs. 29-33.

Con las obras *Weekend en Bahía* (1985), *Manteca* (1993) y *Delirio habanero* (1994), de **Alberto Pedro Torriente** (1954 La Habana), representadas con gran éxito por el Teatro Mío en Cuba y en el extranjero, alcanza el teatro cubano una mordacidad e ironías profundas, uniendo la desesperanza de los esperpentos valle-inclanescos con el absurdo del teatro de Piñera.

Cuando en el escenario suena la música de Manteca, de Chano Pozo, como melodía dominante, y los tres protagonistas, el escritor Pucho (un descendiente del Max Estrella, de Valle-Inclán), Celestino y Dulce, intercambian en escena sus pensamientos grotescos, el espectador sabe que se trata de algo más que de un simple inventario de la situación desesperada del período especial. El trío es incapaz de matar, la noche de fin de año, el cerdo cuidadosamente criado en la vivienda y a todos ellos anima el deseo de conseguir una vida y una libertad humanamente dignas.

---

[427] En: *Tablas* 3 (1998), libreto n° 46.

Para analizar la situación actual se establecen una serie de comparaciones con el mundo animal de la era mesozoica:

> El mundo está dividido en países que tuvieron dinosaurios y países que no los tuvieron. Y aquellos que tuvieron dinosaurios siempre han hecho de los otros lo que les ha dado la gana, como esos siete que siempre se están volviendo a reunir por allá, por Europa.[428]

En *Delirio habanero*, publicado en *Tablas* 1 (1996), libreto nº 37, 20 págs., Pedro Torriente presenta tres estrellas de la música popular cubana: Varilla, cantinero estrella de la bohemia de la Bodeguita del Medio en La Habana, El Bárbaro (Beny Moré), La Reina (Celia Cruz). En el encuentro de los tres locos, el bar donde cantan se llena al final de humo (¿indicando un posible derrumbe del sistema?). la última escena termina con un homenaje de Beny Moré a rumberos famosos.

El teatro de vanguardia en el mejor sentido de la palabra lo presentó **Joel Cano** (1966 Santa Clara, actualmente reside en Francia), con Timeball o el juego de perder el tiempo por el grupo «La Ventana». El autor que antes había escrito algunas piezas inéditas y sin estrenar, redactó esta obra (estrenada en 1990) como diploma para terminar sus estudios de dramaturgia en el Instituto Superior de Arte.

En la forma de un *work in progress*, Cano construye 52 escenas cortas sin comienzo, clímax o desenlace, referida a tres épocas diferentes (1933, 1970, sin fecha), con cuatro personajes (Comodín = payaso de circo, Francisco Gómez I y II, alias Francis Gordon = afiliado político confundido, Charro Jiménez I y II = músico, Beata = polaca inmigrante, trapecista) y cuatro espacios (caballeriza, parque, circo, tribuna). Las reglas del «timeball» como deporte favorito de los cubanos, se basan en la pérdida de tiempo sin razón alguna. Al final, en la tribuna, los personajes, desnudos, exponen sus soledades, amparados en la oportunidad irreal de un tiempo sin fechas.

Esther María Hernández Arocha, en un brillante análisis, ha destacado el significado simbólico de cada personaje:

> En Charro Jiménez estáran nuestro orgullo personal, nuestro intento [...] de crear, nuestra ironía y nuestra bohemia. Comodín es el perfil lúdico, la ternura, el inevitable sedimento infantil [...] Beata es la tendencia al amor y la sensualidad [...][429]

El autor ironiza también sobre las realidades sociales, empleando, como camuflaje, la cosmogonía barroca de *La vida es sueño*:

> Ironía
> Un coro de niños interpreta correctamente el himno nacional.

---

[428]   Pedro Torriente (1995: 170).

[429]   Cano (1992: 1412).

La bandera es blanca.
Beata, la polaca, sabe hablar español.
Beata y Comodín se casan.
Beata y Charro Jiménez se casan.
Beata y Francis se casan.
Comodín infla su pez.
El mundo es hermoso.
La gente buena.
Los ríos claros.
La tribuna no existe.
El dinero no existe.
La realidad no existe porque todo esto es un sueño.[430]

En el «Festival de Teatro» de La Habana, en 1995, llamaron la atención dos obras que algo especial tienen en común: **Albio Paz**, *De la extraña y anacrónica aventura de Don Quijote en una ínsula del Caribe y otros sucesos dignos de saberse y de representarse* y **Víctor Varela**, *El arca*.

La cubanización de Don Quijote que Paz nos presenta se desarrolla en un parque de La Habana, frente a una iglesia en reconstrucción. De forma parecida a la auténtica aventura del dúo cervantino Don Quijote y Sancho Panza en la isla de Barataria, las utopías sociales chocan abruptamente con la dura realidad en la obra de Paz. Don Quijote, el idealista, es el que sufre las consecuencias, cuando se enfrenta a las contradicciones del colonialismo, del imperialismo o del socialismo.[431]

También Víctor Varela actualiza uno de los mitos antiguos: la bíblica Arca de Noé. A través del mundo imaginario de Joseph Beuys, el extraño vehículo deambula por toda la Cuba socialista. El hecho de estar encerrado en el Arca refleja la situación de la población cubana durante el período especial, pero a su vez simboliza la esperanza de salvarse después del diluvio. Las aspiraciones son modestas, concentrándose en la defensa de la libertad interna:

Nosotros hemos perdido la tierra desde que comenzó el diluvio.
Si albergo mis esperanzas en el polo
es porque el hielo es capaz de revitalizar
nuestras dotes y abrirnos hacia afuera
a una nueva historia
y con ella como portadores del amor
poblar la historia con corazones francos
que alcen la vista por encima de la devastación
que en nombre del amor tantas almas mediocres
han hecho.[432]

---

[430] Cano (1991: 1452).

[431] En contexto más amplio compárese la antología voluminosa *Del donoso y grande escrutinio del cervantismo en Cuba*, La Habana 2005.

[432] *Conjunto* 109 (1998), pág. 8.

Al igual que en otros sectores culturales, el lema principal de los años 90 — «comercialización de las artes escénicas» (Valiño / Morales 1994) — se aplica también al teatro. Por un lado, el estado estaba interesado en una cultura que se autofinanciara; por otro, los trabajadores de la cultura esperaban liberarse de la tutela estatal por medio de la independencia económica.

Muchas de estas esperanzas se vieron frustradas, reducidas a una pura utopía, pero la reflexión sobre las posibilidades artísticas y materiales llevó al mundo del teatro a ampliar aún más las conexiones internacionales y abrió algunos resquicios de «libertad». Como antes seguía habiendo contactos internacionales regulares en el «Festival de Teatro» en La Habana, importantes contactos nuevos con el «Instituto Nacional de las Artes Escénicas y la Música» del Ministerio de Cultura de España, con la Asociación de Directores de Escenas de España, con el «Festival Iberoamericano de Teatro» de Cádiz, con el «Odin Teatret», etc.

A pesar de ello, continuaron existiendo los grandes problemas internos, que en una mesa redonda, celebrada en 1995, bajo el título de «El teatro cubano frente al reto de los noventa» (Pino 1995), fueron resumidos de la forma siguiente: problemas del repertorio, crecimiento excesivo de proyectos teatrales, más afán por estrenar que por conservar las obras del repertorio, inestabilidad de los colectivos y consecuencias de la comercialización del teatro.

Textos

Cano, Joel: «Timeball o el juego de perder el tiempo», en: Espinosa Domínguez, Carlos (ed.): *Teatro cubano contemporáneo,* Madrid 1992, págs. 1405-
   1493.
Pedro Torriente, Alberto: «Manteca», en: Ileana Boudet, Rosa (ed.): *Morir del
   texto: diez obras teatrales,* La Habana 1975, págs. 165-198.

Estudios

Pino, Amado del: «Debate en cinco actos: el teatro cubano frente al reto de los
   noventa», en: *Revolución y Cultura* 2 (1995), págs. 41-45.
Seda, Laurietz: «Ruptura y caos en Timeball de Joel Cano», en: *Latin American
   Theatre Review* 30/1 (1996), págs. 5-19.
Valiño, Omar / Morales, Pedro: «Perfiles de un nuevo rostro en el teatro
   cubano: valoraciones de dos jóvenes críticos: una nueva generación de los
   ochenta», en: *Tablas* 3-4 (1994), págs. 2-10.

8.13 El teatro cubano en el exilio

8.13.1 El marco institucional

Con razón escribe Terry Palls en el excelente diccionario de literatura de Julio A. Martínez (1990: 464):

There has been too little attention paid to the work of exiled Cuban playwrights, and those studies which have been done deal almost with those living in the United States.

También el dramaturgo y crítico teatral Héctor Santiago (1944 La Habana) constata:

El teatro es la manifestación menos conocida, apreciada y difundida de nuestras letras en el exilio.[433]

La carga políticamente explosiva del teatro cubano se manifiesta sobre todo en el hecho de que muchos de sus autores más significativos como José Triana, Eduardo Manet, Matías Montes Huidobro, Manuel Martín Jr., René R. Alomá, Marcelo Salinas, Fermín Borges, Manuel Reguera Saumell, Ramón Ferreira, Julio Matas, Raúl de Cardenas, Leopoldo Hernández, René Ariza, José Cid Pérez, etc., abandonaron el país casi siempre por razones ideológicas. Los dramaturgos cubanos exiliados se dispersaron por los cuatro vientos: desde Triana y Manet en París, Raúl de Cárdenas en Los Ángeles, Montes Huidobro en Hawai hasta la gran mayoría de los autores que se afincó en la costa oriental de EE.UU. y en la Florida.

Si a ello se añade el autoexilio interior de autores tan importantes como Piñera, Arrufat, Estorino o Estévez, tendremos una imagen de la dolorosa sangría de talentos teatrales en Cuba. Pero también especialistas y críticos teatrales de renombre, como Carlos Espinoza Domínguez y Rine Leal, que abandonó la isla poco antes de su muerte, figuran en este balance.

Los dramaturgos cubanos que escriben en el extranjero tienen grandes dificultades para darse a valer. Lejos de su público y de las estructuras con las que estaban familiarizados tienen que abrirse su propio camino. Mucho depende de sus relaciones individuales. La censura del capital ha sustituido a la censura ideológica. El público teatral, en la mayoría de los casos de habla inglesa, exige nuevos temas que traten la homosexualidad, el SIDA o el amor lesbiano, problemas éstos que en Cuba son más o menos tabú. Se pueden señalar, sobre todo desde el éxodo de los «marielitos», dos tendencias temáticamente: «un teatro cómico y paródico de contenido político y un teatro más serio en torno el Teatro Avante dirigido por Eduardo Corbé y Mario Ernesto Sánchez».[434]

Títulos como *En los 90 Fidel revienta*, *A Pepe Salsa le llegó una novia en balsa* o *Ponte el vestido que llegó tu marido* reflejan una picaresca de carácter pseudopolítico. El punto de referencia son, la mayoría de las veces, acontecimientos políticos actuales, tratados como pasatiempo según la tradición lejana del teatro bufo, los vaudevilles o los sainetes, obras costumbristas en un acto. A pesar de la alta concentración de población de origen cubano en Miami, Nueva York es el centro indiscutible de este teatro.

---

[433] Monge Rafuls (1994: 97).

[434] Monge Rafuls (1994: 43).

Para Montes Huidobro (1991: 215) se trata simplemente de «una forma evidente del teatro bufo cubano en el exilio que busca, fuera de Cuba, la expresión más vigorosa de la irreverencia y el desprecio frente a la autoridad». A pesar de todas las dificultades, Miami y Nueva York se han convertido en centros del teatro cubano en el exilio, centros que, no obstante los cambios rápidos que se operan en sus grupos teatrales, constituyen una infraestructura segura.

Montes Huidobro (1991: 216-217), él mismo un conocido dramaturgo, historiador y crítico de teatro, menciona a comienzos de los años 90 para Miami el Conjunto Prometeo, bajo la dirección de María Teresa Rojas, y el Teatro Avante, de Mario Ernesto Sánchez. El director Francisco Morín continuó en Nueva York la tradición cubana del Conjunto Prometeo. En el repertorio de las compañías figuraban obras del teatro universal, desde los clásicos españoles del Siglo de Oro hasta el siglo XX (Arrabal, García Lorca), además de los franceses y norteamericanos modernos y autores de la isla y del exilio cubano, como Piñera, Arenas, Reguera Saumell, Alomá etc.

En mayo de 1986, tuvo lugar el primer Festival de Teatro Hispano en el sureste de EE.UU., donde compitieron el teatro cubano del exilio con el importante Chicano Theatre y el teatro portorriqueño. E los siguientes festivales se organizaron, además, simposios sobre la situación del teatro cubano en la isla y en el exilio.

También despertó gran interés el teatro cubano-americano de habla inglesa. Ya en los años 20 se fundaron en Nueva York teatros de habla española que presentaban, sobre todo, obras populares para los miles de inmigrantes. A comienzos de los años 90 existían en Nueva York y sus alrededores 34 compañías subvencionadas de habla española para un público de unos dos millones de latinoamericanos.[435]

Aunque más de la mitad son portorriqueños, hay también directores y conjuntos cubanos, como en el Duo Theatre, creado en 1969 por Manuel Martí y Magaly Alabau, que ponía en escena, sobre todo, obras en idioma inglés, con un taller para jóvenes autores y organizaba ciclos de conferencias, clases de interpretación, lecturas y semanas teatrales.

El teatro hispano de Nueva York está fuertemente influenciado por los cubanos; sin embargo, la mayoría de las obras, orientadas de acuerdo con la actualidad diaria de este teatro, no sobrevivirá a su época. El teatro del exilio cubano ha encontrado en el Ollantay Center for the Arts, de Nueva York, su centro de documentación. Allí se edita, además, desde 1993, la revista *Ollantay Theater Magazine.*

En Miami destaca el grupo La Má Teodora de prestigio internacional que «pretende conjugar en sus puestas en escena la formación y los orígenes cubanos con su condición de exiliados».[436]

---

[435]   Paz Domínguez (1991: 226).

[436]   Carlos Espinosa, en: *Encuentro de la Cultura Cubana* 8-9 (1998), pág. 230.

8.13.2 Identidad y exilio en el teatro

Cuando triunfó la Revolución, **Matías Montes Huidobro** (26 de abril de 1931 Sagua la Grande) había ya tenido sus primeros éxitos teatrales en los años 50. Seis meses después de que Castro hubiera proclamado el carácter socialista de la Revolución, Montes Huidobro emigró con su mujer en noviembre de 1961 a EE.UU. y, con posterioridad, a Hawai. En el intermedio, hay que anotar sus muchas experiencias de «desencanto». Pero Montes Huidobro pertenece al tipo de escritores exiliados que han conseguido imponerse, incluso en el extranjero, gracias a su polifacética capacidad, sea ya como profesor universitario, crítico teatral (*Persona, vida y máscara en el teatro cubano,* 1973) o como dramaturgo y novelista (*Desterrados al fuego,* 1975; *Segar a los muertos,* 1980; *Esa fuente de dolor,* 1998).

Su teatro parte de una constelación bien definida de personajes que crean, emparejados, una determinada tensión. Su crítica de las instituciones burguesas, como el matrimonio y la familia, está condicionada por Piñera, pero la experiencia amarga del exilio le permite comparar entre sí también diferentes fases históricas en torno a la ruptura del año 1959. Así, por ejemplo, en la obra Exilio (1986 manuscrito, 1988 estreno, texto), dos parejas de matrimonios y un amigo pasan revista a las varias formas del exilio cubano en Nueva York, antes de 1959, y después con la nueva situación en Cuba, desde la perspectiva de los años 80.

Cinco personajes reflejan en *Su cara mitad* (1992) el presente del *American way of life:* las parejas Bob y Sara, Sam y Judy y Raúl, el *latin lover* por antonomasia. El contraste entre la manera de vida norteamericana y las raíces cubanas conduce a situaciones grotescas. El teatro en el teatro, según la tradición de Pirandello — se trata de representar la obra *Su cara mitad* — desencadena numerosas coincidencias entre la realidad de la vida real y la teatral.

Cuando ambas realidades se aproximan excesivamente en algún momento, entran en juego tonalidades barrocas que recuerdan *La vida es sueño,* de Calderón, y a las comedias de capa y espada, con sus intrigas: «La vida, como el teatro, claro, no es más que una comedia de equivocaciones donde todo termina en su lugar».[437] El amor y la muerte están muy cerca uno de la otra y, al final, cuando en el escenario cae el telón, cae también el telón de la vida para Raúl, que se dispara un tiro en las sienes.

En diciembre de 1996, la obra Exilio se representó con gran éxito en Miami. En ella se describe el proceso de desilusión de un grupo de intelectuales cubanos que en 1959 regresaron del exilio a la isla pero que, en vista de las transformaciones totalitarias, volvieron a abandonar el país. El autor pretendía, con ello, generalizar la problemática del exilio, más allá del estricto horizonte cubano. Las dificultades de los emigrantes se reflejan, sobre todo, en el plano bilingüe.

---

[437] Montes Huidobro (1992: 683).

Matías Montes Huidobro ha cultivado con igual fortuna la narrativa. Su primera entrega, *La anunciación y otros cuentos cubanos* (1967), es seguida por *Desterrados al fuego* (México 1975), galardonada con el premio Primera Novela del Fondo de Cultura Económica, un relato irónico y amargo, a la vez que depositaria de un humor ácido, característico de su escritura. Entre la parodia y una exuberante imaginación fabuladora, la novela enfrenta el tema del exilio y sus desgarramientos.

En su segunda novela, *Segar a los muertos* (1980), reaparece la tragedia cubana en sus perfiles más dolorosos. Con *Esa fuente de dolor* (1998) habría de ganar el Premio Gijón, en España. Aquí el autor recupera su enorme capacidad para el cultivo de la ironía y del humor. Es la crónica de un infeliz estudiante universitario en La Habana de la década del 50 y principios de la Revolución que logra derrotar en las lides amatorias a su privilegiado compañero de estudios.

En Miami salieron recientemente *El hijo noveno y otros cuentos* (2007).

Dolores Prida se ha enfrentado al problema del exilio, en una forma muy diferenciada, en la obra *Coser y cantar* (1981). *Dos mujeres*, Ella y She, cuentan su vida, sin que exista la posibilidad de establecer un lazo de comunicación entre sí. De modo parecido al teatro absurdo — también el hecho de recurrir a lo anónimo habla en favor de ello estas dos mujeres personifican los dos aspectos de una emigrante latinoamericana.

Pero los idiomas español e inglés no representan en la obra, en su *code-switching*, un ingrediente exótico, sino constituyen el elemento principal de la trama, en la que «otra persona habla y reflexiona con el otro idioma».[438] En 1986, un grupo de extremistas cubanos de Miami impidieron la representación de la pieza porque, al parecer, la autora tenía contacto con el régimen de Castro. Lo que Prida se proponía con su obra era precisamente lo contrario de una reafirmación del dogmatismo.

Una variante interesante del problema de la identidad la ofrece **Pedro R. Monge Rafuls**. Nacido en el Central Zaza, provincia Las Villas, en 1961 huyó de Cuba en una embarcación. Vivió algún tiempo en Honduras y Colombia hasta que fue uno de los fundadores en 1968 del Círculo Teatral de Chicago, el primer grupo de teatro en español en el *mid-west* de los EE.UU. Después creó en Nueva York en 1977 el importante Ollantay Arts Heritage Center y *Ollantay Theater Magazine*. De sus muchas obras dramáticas, las más conocidas son *Cristóbal Colón y otros locos* (1986), *Limonada para el virrey* (1987), *Easy money* (1990).

En la obra en dos actos *Cristóbal Colón y otros locos* (estreno 13 de mayo de 1983 en Ollantay Center, Nueva York), el autor describe el regreso de Colón a España, su encuentro con los Reyes Católicos, y presenta a sus indios como un obsequio exótico. La incomprensión del viejo mundo frente al nuevo tiene, sin duda, su paralelo en el choque cultural de los cubanos insulares con los EE.UU., quienes con frecuencia se sienten tratados como objetos exóticos.

---

[438]   Paz Domínguez (1991: 233).

Julio Matas Graupera (12 de mayo de 1931 La Habana), autor de cuentos, autor teatral, historiador de la literatura, ensayista, periodista y guionista, ha creado la mayor parte de su amplia obra, sobre todo, en los EE.UU. Después de doctorarse en Derecho en la Universidad de La Habana en 1955, se trasladó a la Universidad de Harvard en 1957. Allí le introdujo Jorge Guillén en la lírica española con *Homenaje* (1958) y *Retrato de tiempo* (1959), poesía de carácter autobiográfico. Matas Graupera debutó en este género.

Como dramaturgo introdujo el teatro absurdo europeo (Ionesco) en La Habana y, en los años 60 hasta mayo del 65, fecha en que se exilió, contribuyó, en calidad de director de escena y actor, al desarrollo del teatro cubano. De 1962 a 1964 dirigió el Teatro Lírico en La Habana.

Su obra *La crónica y el suceso* (1964), obra en tres actos en la tradición de Pirandello, no llegó a presentarse en Cuba. Otras obras, como *Juego de Damas*, se estrenaron en EE.UU. Matas Graupera es conocido, como autor de cuentos, por el libro *Catálogo de imprevistos* (1963); a este tomo le siguió *Erinia* (1971). Entre sus trabajos filológicos, los más conocidos son las monografías sobre *Ramón Pérez de Ayala* (1974) y *Cabrera Infante* (1974) así como un libro sobre *La cuestión del género literario* (1979).

En el *Diccionario de literatura cubana*, de Julio A. Martínez (1990: 294), Luis F. González Cruz caracteriza los temas de Matas Graupera de la manera siguiente:

> The themes of Julio Matas's stories and plays can be summed up as the ironies resulting from the clash between opposite individual aspirations, or between the needs of the self and those of social body [...] His stories deal with the mysterious or supernatural, as well as with the concrete and immediate, although the same sense of strangeness appears in all of them.

Todavía está por descubrirse el valor del teatro lírico de **José Abreu Felipe** (1947 La Habana), quien, después de una estancia en España (1983-1987), se exilió en EE.UU. Aunque ha escrito también poesía (*Orestes en la noche*, 1985, *Cantos y elegías*, 1992) e, incluso, es autor de una novela (*Siempre la lluvia*, 1994), es el teatro él que ocupa el mayor espacio hasta ahora en la totalidad de su producción literaria.

Su obra *Amar así* (1988) trata del éxodo de unos 130.000 cubanos y cubanas que abandonaron el país por el puerto de Mariel en 1980. En 1998 se publicaron en Madrid cinco obras de este poeta-dramaturgo en un tomo: *Parapetardos, Un cuerpo que con el tiempo se va perfeccionando, Alguien quiere decir una oración, Si de verdad uno muera, Muerte por el aire*. Su teatro y la poesía giran siempre en torno al problema del lento transcurso del tiempo, con la vida y la muerte como los dos polos de la existencia humana.

8.13.3 El teatro de los «Cuban-Americans» en lengua inglesa

El teatro cubano del exilio en los EE.UU. tiene posibilidades de triunfar sólo si se muestra flexible en la cuestión de la bilingüedad, de acuerdo con el tipo de público. Por eso una serie de autores cubanos exiliados escriben sus obras, entretanto, directamente en ingles, con el fin de llegar a un público más numeroso.

Ya antes del triunfo de la Revolución, **María Irene Fornés** se trasladó en 1945 a los EE.UU. Fornés empezó como pintora en París, y sólo después se orientó hacia el teatro, llegando incluso — relativamente poco afectada por la guerra fría entre los cubanos de la isla y los del exilio — a ser finalista del Premio de Teatro de la Casa de las Américas, en La Habana. Sus obras más conocidas son: *The Successful Life of 3* (1965), *The Vietnamese Wedding* (1967), *Fefu and her Friends* (1977), *Mud* (1983), *The Conduct of Life* (1985) y *Abingdon Square* (1986).

El tema de la asimilación del emigrante es también objeto de atención por parte de los siguientes dramaturgos, tratado de muy diferentes formas. **Manuel Martín Jr.** (1934 Artemisa) llegó a EE.UU. en 1953. Después de haber estudiado en el Actors Studio con Lee Strasberg, co-fundó hace más de veinte años la compañía Duo Theatre, un teatro off-off de Broadway que ha alcanzado prestigio dentro del mundo teatral hispano».[439] Entre sus obras más conocidas figuran: *Rasputin* (1976), *Swallows* (1980), *Union City Thanksgiving* (1982), *Rita and Bessie* (1988) y *Platero y yo* (1989).

La temática de los emigrantes cubanos fue desarrollada con gran maestría en la obra *Sanguivin en Union City* (1983 original inglés, 1986 versión española). La hispanización del título, Sanguivin = 'Thanksgiving' (='Día de Acción de Gracias'), hace alusión a los problemas de identidad entre el *way of life* cubano y el americano.

El *Thanksgiving Day* se introdujo en los EE.UU., al contrario que en Inglaterra, en 1621, después de que los *Pilgrim Fathers* recogieron la primera cosecha. Se celebra siempre el último jueves de noviembre, como festividad de la paz y acción de gracias por la cosecha, en un marco familiar y con una comida donde no puede faltar el pavo.

En el caso que nos ocupa, la fecha de 1981, un año después del éxodo de 130.000 cubanos y cubanas que abandonaron la isla por el puerto de Mariel, es motivo para reflexionar sobre el desarraigo en el seno de una familia de exiliados cubanos a través de generaciones. Union City, un lugar en el estado de New Jersey, situado en la orilla derecha del Hudson y unido a Manhattan por el túnel Lincoln, es sólo una metáfora para el Nuevo Mundo que Manuel Martín Jr. conoce desde los años 50, cuando emigró a EE.UU. Junto con la actriz Magaly Alabau fundó en 1969 el Duo Theatre, de Nueva York, del cual fue su director artístico hasta 1989, punto importante de cristalización del teatro latinoamericano en EE.UU.

La obra, en dos actos, *Sanguivin en Union City,* ofrece unidad de tiempo y espacio y vive de la tensión psicológica interna. La generación joven tiene una visión del mundo mucho más realista que la vieja. Así, Nidia, la hija exhorta a

---

[439] Gabriela Roepke, en: Monge Rafuls (1994: 74).

la madre: «Tenemos que dejar de hablar de la revolución. Ya es hora de que empecemos a vivir en el presente».[440]

Pero Sara Mena, la amiga de Nidia, refleja también la conciencia contradictoria de los cubanos en EE.UU.:

> Cuando llegué aquí, sí quería pertenecer a este país, ser parte de él. Pero siempre me sentí como el invitado que llega al cumpleaños después que el cake se ha terminado y la fiesta está por acabarse [...] Y aquí voy de nuevo, quejándome amargamente en contra de este país, en contra de Cuba [...] en contra de la vida.[441]

Nadie se atreverá a tocar la comida y las bebidas del *Thanksgiving*, nadie dará las gracias. La forma del rechazo frente a las nuevas costumbres ha conducido, al menos, a hacer un balance del lugar que ocupan las culturas y los pueblos por sí mismos.

Al dramaturgo y periodista **Charles Gómez-Sanz** (1954 Miami) puede considerársele también como ejemplo típico de los «Cuban-Americans». El 17 de junio de 1989, Gómez-Sanz expuso sus propios problemas de identidad en una «Conference of Cuban Writers in the New York Area»:

> I was born in Miami of Cuban parents. I am a true Cuban-American; although I spoke Spanish at home, my plays are in English. As American as I sometimes feel, I could never escape my Cuban roots, not will I ever want to. As a reporter, as a playwright, they shape and enrich my perspective, my ideas and certainly my plays [...] I write in English because I hope to reach a greater number of people, a wider audience, and to give a positive image of what it means to be Cuban.[442]

Característicos del teatro de Gómez-Sanz son los números musicales, como en *Eye of the storm* o en *Adiós Tropicana* (estreno abril de 1989 en Nueva York). La última obra narra la historia de la corista Angelina que, en contra de la oposición de su madre Claudia, quiere abandonar Tropicana para irse a EE.UU. El conflicto generacional y los problemas de la emigración son los exponentes de la obra. La madre canta:

> Cuba es mi vida
> Cuba es mi tierra
> que se vayan los que van
> de aquí no me puedo ir
> es mi alma [...] es mi inspiración
> es todo para mí, hija, es mi corazón.[443]

---

[440] Martín Jr. (1992: 806).

[441] Martín Jr. (1992: 832-833).

[442] Monge Rafuls (1994: 3-4).

[443] Monge Rafuls (1994: 7).

El mito de Cuba como paraíso perdido y la expulsión de Adán y Eva impregnan, como una locura arcaica, la obra que culmina en los diálogos dramáticos entre madre e hija.

El tema de la nostalgia del emigrante por su tierra natal es objeto de atención también en el teatro de habla inglesa de **René R. Alomá** (1947 Santiago de Cuba — 1986 Toronto). Alomá había ya emigrado muy pronto a Canadá y no pertenece al grupo de escritores (Montes Huidobro, Julio Matas, Triana) que antes eran conocidos en Cuba sino al de autores noveles del exilio como Pedro R. Monge, Eduardo Machado, Dolores Prida, Sánchez-Boudy. Cuando en 1979, después de varias décadas de ausencia, Alomá regresó como turista a Cuba, con uno de los primeros grupos de la Comunidad llevaba en su equipaje la obra *A little something to ease the pain* (1980 estreno en el St. Lawrence Centre, Toronto, versión española estrenada por el Teatro Avante, de Miami, en 1986, bajo el título *Alguna cosita que alivie el sufrir*).

La obra describe, análogamente a la vida de su autor, la breve visita de Pay, un dramaturgo cubano emigrado, a su familia de Santiago de Cuba, las escenas conmovedoras del reencuentro, el juego de ilusiones y realidades recíprocas, la nostalgia del uno tras su regreso en busca de la identidad perdida, la nostalgia del otro por salir del país en busca de una nueva identidad.

La metáfora del título hace alusión a la época del carnaval, en Santiago, que sirve de unión entre el exilio y la isla. El autor no pudo ser testigo del éxito de su obra en 1986, presentada en Miami en versión española. Alomá era una de las máximas esperanzas del teatro cubano en el exilio y falleció antes de haber cumplido 40 años.

8.13.4 El silencio como consecuencia del trauma del exilio

Cuando en 1970, **Manuel Reguera Saumell** (1928 Camagüey) abandonó Cuba para residir en Barcelona, enmudeció una de las voces de mayor talento del teatro cubano. La mayor parte de su obra (*Propiedad particular*, 1962, *Otra historita de las revoluciones celestes según Copérnico; La calma chicha*, 1963, *La soga al cuello*, 1967, *La coyunda*) está inédita y no ha sido estrenada. En su obra temprana, El general Antonio estuvo aquí aparece todavía el impulso de primeros años de la Revolución que muy pronto se transformaría, en su caso, en desencanto.

Con Piñera le une la crítica de la hipocresía, la pobreza y la monotonía de la sociedad prerrevolucionaria. Así, en la obra en tres actos, *Recuerdos de Tulipa* (1962, también llevada al cine) se describe, sirviéndose de un reducido grupo de personajes (Tula, Beba, Tomasa, Ruperto, Cheo, Tarugo), la vida miserable, las utopías y la realidad de un circo ambulante. La pompa del Gran Circo en el mundo destellante aparece confrontada con la realidad implacable tras los bastidores, en la que, sobre todo a los artistas, en su lucha entre el comercio y la defensa de su dignidad, no les queda otra posibilidad que vender sus cuerpos como consecuencia de la falta de alternativas y de su situación miserable.

El circo, como metáfora de la existencia, que se refleja también en novelas como *Juan Quinquín en pueblo Mocho* (1964), de Samuel Feijóo, y en *La eternidad por fin comienza un lunes* o *El grande viaje del Cisne Negro sobre los lagos de hielo de Irlanda* (1992), de Eliseo Alberto, representa desde la acrobacia china con una tradición milenaria hasta los caballistas, payasos y acróbatas de nuestros días «el mundo al revés [...] aquello que en cierto modo nos desafía».[444]

Entre los dramaturgos que emigraron a Puerto Rico, después de 1959, y no superaron la pérdida de su público, figura también **Ramón Ferreira**. Aunque sus cuatro obras (*Donde está la luz, El hombre inmaculado, El mar de cada día, Un color para este miedo*) fueron muy representadas, incluso internacionalmente en México, Nueva York, Madrid y Puerto Rico en los años 50, los esfuerzos de Ferreira se orientaron en el exilio hacia la narrativa, ya que ésta no es objeto de una recepción tan problemática como el teatro.

Por ello, *El hombre inmaculado* (terminado en octubre de 1958 y estrenado en la Sala Arlequín, de La Habana, el 3 de mayo de 1959) fue su única obra representada en la Cuba revolucionaria. Siguiendo la tradición de Piñera, Ferreira presenta, en el marco de una familia, las contradicciones que se operan en la conciencia de las personas, en su lucha contra las dictaduras desde los años 30.

Entre los autores que enmudecieron en el exilio, figura también el dramaturgo, autor de cuentos y poeta **Marcelo Salinas** (30 de octubre de 1889 Batabanó — 5 de marzo de 1976 Miami). Salinas, anarquista por convicción, que en su juventud viajó como tabaquero de profesión por Europa, Norte-, Centro- y Sudamérica, y que por sus ideas libertarias había estado varias veces en prisión, perdió su entorno vital cubano, una vez liquidado el movimiento anarquista después de 1959.[445]

Salinas se dio a conocer por sus temas de crítica social, ocultos tras un cierto costumbrismo, sobre todo con su obra en tres actos *Alma guajira* (1928, Premio Nacional Concurso «Camila Quiroga»), también adaptada al cine, y con la novela *Un aprendiz de revolucionario* (1936, Premio Nacional de Novelas, 1935). Aunque siguió escribiendo en el exilio y permaneció fiel a sus ideales libertarios, la mayor parte de su obra está aún sin publicar.

Textos

Alomá, René R.: «Alguna cosita que alivie el sufrir», en: Espinosa Domínguez, Carlos (ed.): *Teatro cubano contemporáneo*, Madrid 1992, págs. 1267-1333.
Martín Jr., Manuel: «Sanguivin en Union City», en: Espinosa Domínguez, Carlos (ed.): *Teatro cubano contemporáneo*, Madrid 1992, págs. 781-857.
Montes Huidobro, Matías: «Su cara mitad», en: Espinosa Domínguez, Carlos (ed.): *Teatro cubano contemporáneo*, Madrid 1992, págs. 621-703.

---

[444] Manuel Pereira: «El mundo al revés», en: *El Correo de la UNESCO* (enero de 1988), pág. 36.

[445] Compárese Frank Fernández: *Cuban Anarchism: The History of a Movement*, Tuscon (Arizona) 2001.

Antologías

Cortina, Rodolfo J. (ed.): *Cuban-American Theater,* Houston 1991.

González-Cruz, Luis F. / Colecchia, Francesca M. (eds.): *Cuban Theater in the United States: a Critical Anthology,* Tempe (Arizona) 1992.

González-Pérez, Armando (ed.): *Presencia negra: teatro cubano de la diáspora (antología crítica),* Madrid 1999.

Kanellos, Nicolás (ed.): *Hispanic Theater in United States,* Houston 1984.

Leal, Rine (ed.): *Teatro: 5 autores cubanos,* New York 1995 (María Irene Fornés, Eduardo Manet, Pedro R. Monge Rafuls, Héctor Santiago, José Triana).

Estudios

Escarpanter, José A.: «Veinticinco años de teatro cubano en el exilio», en: *Latin American Theatre Review* 19/2 (1986), págs. 57-66.

Escarpanter, José A.: «El teatro cubano fuera de la isla», en: *Escenarios de dos mundos: inventario del teatro iberoamericano,* tomo 2, Madrid 1987, págs. 333-341.

Espadas, Elizabeth: «"El círculo ardiente": el destierro en *Desterrados al fuego* y *Exilio de Matías Montes Huidobro*», en: *Revista Iberoamericana* 152-153 (1990), págs. 1079-1090.

Gutiérrez, Mariela A.: «Dolores Prida: exilio, lengua e identidad», en: *Encuentro de la Cultura Cubana* 14 (1999), págs. 155-162.

Manzor-Coats, Lillian: «Who Are You, Anyways? Gender, Racial and Linguistic Politics in U.S. Cuban Theater», en: *Gestos* 6/11 (abril de 1991), págs. 163-174.

Monge Rafuls, Pedro R. (ed.): *Lo que no se ha dicho: Essays Commissioned by Ollantay Center of Arts,* Jackson Heights (N. Y.) 1994.

Montes Huidobro, Matías: *Persona, vida y máscara en el teatro cubano,* Miami 1973.

Montes Huidobro, Matías: «Entwicklung des spanischsprachigen Theaters in Miami, USA, 1959-1988», en: Adler, Heidrun (ed.): *Theater in Lateinamerika: ein Handbuch,* Berlin 1991, págs. 213-223.

Morín, Francisco: *Por amor al arte: memorias de un teatrista cubano — 1940-1970,* Miami (Florida) 1998.

Paz Domínguez, Víctor: «Hispano-Theater in New York», en: Adler, Heidrun (ed.): *Theater in Lateinamerika: ein Handbuch,* Berlin 1991, págs. 225-231.

Pottlitzer, Joanne: *Hispanic Theater in the United States and Puerto Rico,* New York 1988.

Prida, Dolores: «El teatro cubano en Estados Unidos: con postdata postmortem postmoderna», en: *Encuentro de la Cultura Cubana* 15 (1999-2000), págs. 137-141.

9 La crítica literaria y el ensayo literario

La crítica literaria cubana, en la isla y en el extranjero, no es tan pobre como su fama, pero es un hecho que hay pocos teóricos cubanos de la literatura, cuyas aportaciones hayan interesado internacionalmente o contribuido al desarrollo de una teoría crítica literaria (Carpentier, Lezama Lima, Fernández Retamar y algunas excepciones más). Ya en 1955, José Antonio Portuondo señaló el siguiente dilema en líneas generales:

— ausencia de una «Weltanschauung» estable, sobre la que se apoye un sistema de valores;
— ausencia, por consiguiente, de una teoría literaria;
— ausencia de una formación adecuada de críticos jóvenes y
— ausencia de una prensa realmente independiente[446]

A pesar de que después del triunfo de la Revolución se intentó orientar la crítica literaria en un sentido socialista, según los grandes modelos de los principios marxistas, filosóficos y metodológicos, la institucionalización de la literatura, las barreras entre enseñanza e investigación en la educación, el cambio de paradigma y el dogmatismo condujeron a los mismos rituales, o formalmente parecidos, que en la actividad literaria capitalista.

Aunque la crítica y el ensayo reflejan el estado de la evolución de la teoría y, a su vez, la teoría no es posible sin la crítica y el ensayo, el nexo temático y metódico con la tradición racionalista, como ya hicieron Marx y Engels, pertenece a toda crítica literaria, cultural e ideológica que se tenga por dialéctica y vital.

En toda revista literaria cristaliza con el tiempo un cuadro de colaboradores fijos, al que el editor o los editores siempre recurren. En torno a una revista se agrupan aquellos simpatizantes que están animados política y socialmente de las mismas ideas en un sentido amplio o restringido.

Por lo tanto, una o varias revistas pueden transformarse en puntos de cristalización del poder. Aunque es evidente que una polémica, siempre que sea objetiva, puede contribuir a delimitar con claridad los frentes, también es cierto que tales discusiones racionales son cada vez más raras. En este sentido no hay más que comparar las revistas *Casa de las Américas* con Encuentro de la Cultura Cubana, y enseguida se percibirán las diferencias, basadas en ambiciones tanto políticas como literarias.

Rogelio Riverón ha señalado en una entrevista, refiriéndose a la crítica literaria cubana, tal y como se manifiesta en la isla, que

[...] existen condiciones favorables para que se desarrolle un tipo muy especial de crítica: la publicable y la no publicable. La publicable se limita a reseñas complacientes casi siempre por parte de un amigo que también desea que cuando publique su libro hagas tu parte. La no

---

[446] Portuondo (1975: 56-60).

publicable (que es la que se debería publicar) habita en los corrillos y en pasillos institucionales.[447]

Sin duda, se practica también la crítica literaria oral, incluso dentro de las instituciones, pero en cuanto los críticos se acercan al estrecho ojo de la aguja de la escritura impresa reaparecen las presiones y el caciquismo. Naturalmente, la coyuntura política respectiva interviene aquí también como factor determinante. ¡Conformémonos diagnosticando que en ningún sistema del mundo existe una crítica literaria independiente!

En el campo de la teoría literaria **Roberto Fernández Retamar** marca un hito. Sus trabajos teóricos sobre literatura (*Para una teoría de la literatura hispanoamericana y otras aproximaciones*, 1975, edición completa 1995) pertenecen a los clásicos en este sector. Son «prolegomena» para una teoría literaria propia en América Latina que incorpora autónomamente los resultados de los investigadores europeos y norteamericanos, enriqueciendo un discurso emancipado y soberano.

Como ensayista, Fernández Retamar es un escritor riguroso que, sin embargo, no excluye con posterioridad la autocrítica. Su famoso ensayo *Calibán* (1971) es un ejemplo, no superado hasta hoy, de crítica de mitos existentes y creación de mitos nuevos con un contexto político actual.

Con él colabora en la Casa de las Américas **Desiderio Navarro** (13 de mayo de 1948 Camagüey), que desde 1968 edita en La Habana la revista *Criterios*. En ella se recogen las aportaciones teóricas más significativas del discurso internacional, traducidas (de más de 20 idiomas) en su mayoría por el propio autor. Es una pena que los resultados de este enorme esfuerzo no encuentren eco en los libros de texto ni en las historias de la literatura de la isla y sean, en general, más bien, sólo objeto de congresos y reuniones científicas. Cualquier teoría, que la práctica no confirme, carece de eficiencia en un espacio vacío.

---

[447] Riverón 1998: 21.

Imagen 74:
Desidero Navarro, Martin Franzbach,
Miguel Barnet, Lisandro Otero,
La Habana, octubre 1986

Imagen 75:
Jean Lamore, José Juan Arrom,
Roberto Fernández Retamar

El concepto de Desiderio Navarro de intertextualidad parte de la noción más amplia de lo que sea metatexto, que abarca todo segmento textual, el cual hace referencia a su vez a otro. Navarro distingue dos tipos de relaciones intertextuales: la metatextualidad propia y la intertextualidad en sentido restringido, que aparece, sobre todo, como literatura sobre literatura.

Sin embargo, la verificación práctica de estas definiciones resulta problemática, como señala Hans-Jürgen Ille:[448]

---

[448] «El concepto de intertextualidad según Desiderio Navarro», en: *Beiträge zur romanischen Philologie* 27 (1988), pág. 308.

Por un lado se prescinde de muchos aspectos del 'texto en el texto', por otro el concepto se desborda hacia más allá de la metaliteratura.

Ensayos recientes excelentes son: *Las causas de las cosas* (2006) y *A pe(n)sar de todo: para leer en contexto* (2008).

En otros capítulos, donde se trata cada uno de los respectivos géneros, se ha hecho ya alusión a los representantes más importantes de la crítica y el ensayo literarios por lo que sólo podemos mencionarlos aquí brevemente con sus temas centrales. Como ensayista, teórico y crítico literario, **Alejo Carpentier** demostró estar en posesión de conocimientos exhaustivos sobre la literatura mundial (*Tientos y diferencias,* 1964, 1971; *Razón de ser,* 1976). Aunque su concepto de lo «real maravilloso» no debe sobrevalorarse ni servir de clave exclusiva para interpretar su obra literaria, sí enriqueció, sin embargo, la discusión teórica sobre la apropiación de la literatura en América Latina.

José Lezama Lima es uno de los ensayistas más importantes de la literatura latinoamericana. Como portavoz del Grupo *Orígenes* y crítico de arte y literatura, Lezama Lima abrió nuevos caminos, sobre todo en la discusión en torno a los conceptos de identidad y barroco. Los ensayos recogidos en *La expresión americana* (1957) documentan sus ideas innovadoras.

Como ensayista, **Severo Sarduy** ha aportado, de acuerdo con la tradición de Lezama Lima, una nueva interpretación del concepto ambiguo de barroco, Al valorar con una mayor incidencia el carácter lúdico y erótico, nos facilita la comprensión de su lírica y novelística.

Manuel Pereira ha ido evolucionando hacia una interpretación personal, dentro del concierto de los críticos de literatura, cultura, arte y cine. Su colección de ensayos *La quinta nave de los locos* (1988), combina erudición y elegancia estilística.

Como crítico literario, editor de textos y ensayista, **Cintio Vitier** ha contribuido, en colaboración con su mujer **Fina García Marruz**, con aportaciones innovadoras a la historia de la identidad cubana, la cubanía, en sus obras fundamentales: *Lo cubano en la poesía* (1958, segunda edición 1970) y *Ese sol del mundo moral: para una historia de la eticidad cubana* (1975, segunda edición 1995). **Ángel Augier** es, como poeta, biógrafo e intérprete, sobre todo de la obra de su amigo, Nicolás Guillén, autor de estudios de gran sensibilidad.

César López, crítico literario, editor y, ante todo, especialista de la obra de Lezama Lima, es una figura destacada. En sus ensayos y crítica literaria (Fundación de la imagen, 1988) **Nancy Morejón** se ha dedicado, en especial, a la problemática transcultural. Su monografía Nación y mestizaje en Nicolás Guillén (1980) está considerada como un modelo admirable de estudios interculturales.

En el campo de la ensayística y crítica literaria, **Miguel Barnet** ha aportado importantes contribuciones al género de la novela testimonio (*La fuente viva,* 1983) y continúa ocupándose del legado afrocubano de su maestro Fernando Ortiz. **Guillermo Cabrera Infante** es un renombrado experto, reconocido internacionalmente, sobre todo como crítico de cine (*Un oficio del siglo XX,* 1963, ampliado 1993). Sus artículos periodísticos recopilados en el libro *Mea*

Cuba (1992), no están a la misma altura, debido a sus tiradas políticas, insoportablemente monótonas.

Como ensayista, **Lisandro Otero** tomó parte en las discusiones de los años 70 y 80 sobre política cultural, reflexionando, después de la caída del socialismo en Europa, sobre las diferencias casi irreconciliables entre las dos Cubas y la función de los intelectuales. Las presiones intelectuales e institucionales son el elemento determinante de las entrevistas sobre política cultural de **Abel Enrique Prieto**, actual Ministro de Cultura, cuyos trabajos de crítica literaria están dispersos en numerosas revistas.

Toda una pléyade de críticos literarios y ensayistas, mencionados ya en parte en otros contextos, se agrupan en torno a las revistas literarias, los medios de difusión y la actividad académica: Emilio de Armas, Teresa Fernández, Frank Padrón, Enrique Saínz, Salvador Arias, Sergio Chaple, Alga Marina Elizagaray, Aimée González Bolaños, Jesús Sabourín, Pedro Simón, Ricardo Repilado, Elena Jorge Viera, Virgilio López Lemus, Víctor Fowler Calzada, Eduardo López Morales o Salvador Redonet.

Francisco López Sacha es un ensayista, crítico literario y de cine, con ideas de gran originalidad. **Basilia Papastamatíu,** poetisa y crítica literaria, de origen greco-argentino, nacida en Buenos Aires, vive desde 1969 en la isla, y es conocida por sus recensiones literarias en los medios de difusión. **Antonio José Ponte**, poeta y ensayista matancero, pertenece a la generación de los críticos jóvenes literarios y se ha dado a conocer con trabajos sobre Casal, Lezama Lima y Proust. Asimismo, **Alberto Garrandés**, ensayista y narrador, experto en crítica y géneros literarios, premiado además por sus cuentos: *Artificios* (Premio de la Crítica, 1995) y *Salmos paganos* (1996).

Jorge Yglesias, representante de la poesía pura, redactor radiofónico y traductor de Dickinson, Trakl, Claudel y otros, es también un excelente crítico literario, al igual que **Arturo Arango**, de los círculos de la UNEAC. Joaquín G. Santana se ha dado a conocer como historiador de la literatura y biógrafo de Nicolás Guillén, Manuel Navarro Luna y Félix Varela.

En el sector de la crítica teatral e historia del teatro se destacan Rosa Ileana Boudet, Rine Leal, Matías Huidobro, Carlos Espinosa Domínguez, Magaly Muguercia, Raquel Carrió, Pedro R. Monge-Rafuls, Randy Martin, en parte en el extranjero y muchos otros. **Rine Leal** (15 de julio de 1930 La Habana — 12 de setiembre de 1996 Caracas), que emigró a Venezuela poco antes de su muerte, es el maestro de la crítica teatral cubana. Como crítico, director e historiador del teatro y ensayista marca un hito innovador, introduciendo en Cuba Brecht, Planchon, Vilar y Strehler. Hasta su muerte luchó por el diálogo y el entendimiento entre la isla y el exilio. **Eduardo Robreño** se ha destacado como historiador de la cultura teatral (*Historia del teatro popular cubano*, 1961, *Como lo pienso lo digo*, 1985).

Desiderio Navarro, Luis Rogelio Nogueras, Leonardo Padura Fuentes y Leonardo Acosta (*Novela policial y medios masivos,* 1987) resultan imprescindibles para estudiar género y teoría de la novela policíaca. **Jorge Luis Arcos,** ensayista y crítico, antes director de la revista Unión, ha trabajado en especial sobre la obra de Portuondo, José Martí y Fina García Marruz.

Legendaria es la multitud de martianos que, desde la época de Fernández Retamar, tiene su sede en el Centro de Estudios Martianos. Entre los más conocidos sean mencionados **Pedro Pablo Rodríguez** y **Luis Toledo Sande.** **Rogelio Rodríguez Coronel** ha formado en la Universidad de La Habana, durante varias décadas, generaciones completas de historiadores de la literatura. Sus trabajos sobre la novela cubana fueron importantes para la creación de un canon. Una parte de sus textos está recogida en los libros *Espacios críticos: sobre novelas y procesos literarios en Latinoamérica* (Panamá 1997) y *Crítica al paso* (1998).

Los trabajos de historia literaria de sus colegas académicos, Mirta Aguirre, Mirta Yáñez, Luisa Campuzano, Nara Araújo, Diony Durán, Ana Cairo Ballester y otras, son estudiados en el capítulo «Literatura y crítica feminista».

Junto a ellas figuran las narradoras y ensayistas **Aida Bahr** (1958 Holguín), en Santiago, que, entre otros, ha estudiado detenidamente la obra de Rafael y José Soler Puig, así como **Daysi Cué Fernández** con trabajos sobre Plácido (=Gabriel de la Concepción Valdés) e **Ivette Fuentes de la Paz** (1953 La Habana), con estudios sobre Lezama Lima, danza y poesía y sobre la poética de Eliseo Diego.

La periodista, ensayista, poetisa y crítica literaria **Mercedes Santos Moray** (24 de octubre de 1944 La Habana) pertenece a un grupo de activas recensionistas, en especial, con sus trabajos sobre literatura española, cubana y latinoamericana (*Perfiles críticos,* 1989). Su lírica parte de la poesía circunstancial para abordar la poesía comprometida. Dos títulos marcan esta evolución: *Poesía sobre la pólvora* (1974) y *Without Hope yet without Fear / Sin esperanza y sin miedo* (1995, edición bilingüe).

Entre los bibliógrafos infatigables mencionemos, sobre todo Tomás Fernández Robaina, Lázaro Rolo, Araceli y Josefina García-Carranza. José Antonio Portuondo, Salvador Bueno, José Rodríguez Feo, Ambrosio Fornet y Graziella Pogolotti han imprimido su sello inconfundible a la crítica literaria e historia de la literatura cubana durante medio siglo.

Antonio Portuondo (10 de noviembre de 1911 Santiago de Cuba — 20 de marzo de 1996 La Habana) realizó estudios e investigaciones de teoría literaria bajo la dirección de Alfonso Reyes, enseñando en universidades de México, Cuba y EE.UU., e, incluso, fue nombrado embajador en el Vaticano. Como director del Instituto de Literatura y Lingüística de la Academia de Ciencias, tuvo gran influencia en la política cultural del país. Entre sus trabajos y ensayos de historia de la literatura, los más relevantes son: *Bosquejo histórico de las letras cubanas* (1960), *Estética y revolución* (1963), *Astrolabio* (1973), *Ensayos de estética y de teoría literaria* (1986).

Imagen 76:
José Antonio Portuondo

Salvador Bueno (18 de agosto de 1917 La Habana) es uno de los historiadores de la literatura cubana más conocidos que la ha estudiado en todos sus aspectos. El resultado de sus trabajos, metodológicamente más bien tradicionales, es de una gran solidez.

José Rodríguez Feo (20 de diciembre de 1920 La Habana — 22 de diciembre de 1993 La Habana) desempeñó un papel importante en el campo de la crítica literaria. Nacido en el seno de una familia acomodada, se doctoró en literatura en las universidades de Harvard (1939-1943) y Princeton (1948-1949). Después fue fundador y coeditor junto con Lezama Lima, cuya relación no estuvo siempre exenta de conflictos, de la legendaria revista *Orígenes* (1944-1956) y promotor de *Ciclón* (1955-1957), ayudando a abrirse camino a escritores jóvenes como Antón Arrufat, César López, José Triana, Luis Suardíaz, Calvert Casey, Rolando Escardó, Luis Marré, entre otros.

Imagen 77:
José Rodríguez Feo

Después del triunfo de la Revolución, este grandseigneur y homme de lettres dejó la ciudad por el campo para incorporarse a la campaña de los jóvenes en favor de la alfabetización, renunció a su torre de marfil intelectual y adoptó los principios de la Revolución, a pesar de que toda su familia había abandonado ya el país.

Rodríguez Feo colaboró decididamente en todas las revistas literarias importantes, ampliando su horizonte en el sector de la literatura universal con sus antologías, traducciones y ensayos (*Notas críticas,* 1962). La publicación de su correspondencia epistolar con Lezama Lima (*Mi correspondencia con Lezama Lima,* 1989) puso fin a muchas leyendas y despertó gran asombro. En un número de *La Gaceta de Cuba,*[449] sus amigos honraron la memoria del fallecido.

---

[449]   Nº 1 (1994).

Leonardo Padura Fuentes (1955 La Habana) no es sólo un conocido autor de novelas policíacas, sino también un historiador de la literatura excelente. Sus trabajos sobre «lo real maravilloso» (*Lo real maravilloso, creación y realidad,* 1989) y Alejo Carpentier obtuvieron el Premio Especial «Alejo Carpentier». Sus comentarios en torno al Inca Garcilaso de la Vega representan una actualización del mito de las armas y las letras (*Con la espada y con la pluma,* 1984).

Ambrosio Fornet (6 de octubre de 1932 Veguitas, Bayamo), ensayista, crítico literario, cuentista, guionista de cine y traductor es un sociólogo importante de la literatura y analista de fenómenos culturales. Antes de la Revolución estudió en Nueva York y en Madrid (1957-1959). Después, ocupó cargos relevantes en editoriales y como editor de revistas científicas. En los años 90 trató de crear un ambiente propicio al diálogo entre la literatura insular y el exilio.

Entre sus muchas publicaciones, la antología Cine, literatura, sociedad (1982), los libros de ensayo *En blanco y negro* (1967) y *Las máscaras del tiempo* (1995) son expresión de sus muchos intereses. La obra *El libro en Cuba: siglos XVIII y XIX* (1994) es una historia original e ilustrativa de la imprenta en la época colonial. Por su conocimiento exhaustivo de las fuentes y sus profundas reflexiones sobre teoría literaria, sus publicaciones mantendrán por largo tiempo su valor indiscutible.

Por último mencionaremos a **Graziella Pogolotti** (24 de enero de 1932 París). La autora llegó a Cuba, acompañada por su padre el conocido novelista, cuentista y pintor, Marcelo Pogolotti. Concluidos sus estudios de Filología en La Habana, colaboró en numerosas revistas como crítica de arte, ensayista e historiadora de la literatura. En reconocimiento de su obra, se le ha otorgado el título de miembro emérito de la UNEAC.

Los críticos literarios que se mencionan a continuación pertenecen a la vieja generación y ocuparon altos cargos políticos en el gobierno de la Revolución.

La actividad cultural y política de **Juan Marinello Vidaurreta** (2 de noviembre de 1898 Jicoleta, Las Villas — 27 de marzo de 1977 La Habana), poeta, ensayista y crítico literario, tuvo una repercusión relevante en la historia cubana a lo largo de medio siglo. Por su postura antiimperialista y antifascista, Marinello fue perseguido, encarcelado y obligado a exiliarse durante los años 20 y 30. Pero después de la Revolución de 1959 ocupó altos cargos políticos, entre otros el de Presidente del Consejo Mundial de la Paz (1966).

Su vida política estuvo siempre estrechamente unida con sus actividades literarias. En 1923, tomó parte en la «Protesta de los Trece» en favor de una reforma democrática de la universidad y en la que tendría su origen el Grupo Minorista, entre cuyos miembros fundadores figura Marinello. Además, apadrinó la creación de la revista de vanguardia *Revista de Avance* (1927) en unión de Jorge Mañach, Francisco Ichaso y Alejo Carpentier, entre otros. Marinello participó también en el legendario Segundo Congreso Internacional de Escritores Antifascistas (1937), celebrado en España durante la Guerra Civil.

Entre sus famosas intervenciones en este Congreso hay que destacar la que finaliza con las palabras siguientes:

La derrota del pueblo español será nuestra derrota. Hagamos el más enérgico y decidido esfuerzo por su triunfo, que es nuestro triunfo.[450]

En la obra literaria de Marinello predominan las conferencias y ensayos políticos que documentan su compromiso con la historia y la vida, actitud que trata de vincular los conocimientos del materialismo histórico con las exigencias nacionales. Partiendo de una estética marxista, sus numerosos trabajos sobre José Martí, reunidos en el tomo *Once ensayos martianos* (1965), muestran cómo Marinello estaba interesado en encontrar una vía nacional para superar la dependencia y el subdesarrollo de Cuba.

En Madrid publicó el libro de poemas *Liberación* (1927), de tono intimista, influido por la lírica juanramoniana. En su creación poética posterior, Marinello trata en ocasiones satíricamente hechos de actualidad, por ejemplo, la invasión de Playa Girón, en las *Coplas de Pancho Alday* (6 de noviembre de 1962).

Entre los numerosos homenajes con motivo de su muerte, destaca la siguiente décima de Eliseo Diego:

> Rindo aquí a Juan Marinello
> bien merecido homenaje
> porque es hombre de coraje
> con sus dos pies en el suelo
> mas con mucha luz de cielo
> jugándole por la frente
> que no quita lo valiente
> la rima de cortesía
> con que acaba en armonía
> su ser en todo eminente.[451]

Textos

Obras: Cuba: cultura, edición de Ana Suárez Díaz, prólogo de José Antonio Portuondo, La Habana 1989.
Ensayos, La Habana 1977.
Poesía, La Habana 1977.

Estudios

Antuña, María Luisa: *Bibliografía de Juan Marinello,* La Habana 1975.
Aznar Soler, Manuel / Schneider, Luis Mario: *II Congreso Internacional de Escritores Antifascistas (1937),* vol. III: *Ponencias, documentos, testimonios,* Barcelona 1979.

---

[450]　Aznar Soler / Schneider (1979: 190).

[451]　Marinello (1977: 115).

García-Carranza, Josefina: «Bibliografía de Juan Marinello: Suplemento», en: *Revista de la Biblioteca Nacional José Martí* 29/1 (1987), págs. 113-179.

Pérez, Trinidad / Simón, Pedro (eds.): *Recopilación de textos sobre Juan Marinello*, La Habana 1979 (Serie Valoración Múltiple).

Raúl Roa (18 de abril de 1907 La Habana — 6 de julio de 1982 La Habana), Primer Ministro de Asuntos Exteriores del gobierno de la Revolución es conocido principalmente como periodista, ensayista (entre otros, textos sobre Rubén Martínez Villena, Torriente Brau, Pablo Lafargue, E. J. Varona), cronista (*Aventuras, venturas y desventuras de un mambí*, 1970, sobre su abuelo, Ramón Roa, en la gesta del 68) e historiador (*La revolución del 30 se fue a la bolina*, 1969).[452]

Imagen 78:
Raúl Roa

Política, economía y cultura son los principales componentes de la obra de **Carlos Rafael Rodríguez** (23 de mayo de 1913 Cienfuegos — 8 de diciembre de 1997 La Habana). Como arma literaria prefirió, desde los tiempos de la revista *Segur* (1934), el ensayo. Rodríguez se incorporó pronto al movimiento comunista, donde encontró su refugio político. Después del triunfo de la Revolución desempeñó múltiples cargos, como profesor de la Universidad de La Habana, miembro del Comité Central del Partido Comunista y Vicepresidente del Consejo de Estado y del Consejo de Ministros.

En el prólogo al tercer tomo de sus ensayos (*Letra con filo*, 1987), **Ángel Augier** presenta los trabajos filológicos y de política cultural del autor. Junto a los estudios sobre Luz y Caballero, Varona, Martí y encuentros personales (Renn, Rivera, Marinello, Roca, entre otros), sus textos sobre crítica de la ideología y teoría cultural ocupan un amplio espacio, caracterizados menos por su originalidad que por el compromiso político (*Problemas del arte en la*

---

[452] Compárese Orlando Oramas León, Raúl Roa: *Periodismo y revolución*, La Habana 1983.

Revolución, 1967, reimprimidos 1979), aunque en ellos se aprecien claramente matices y diferenciaciones.

Sin duda, el significado político de Rodríguez fue mayor como ideólogo. Sus ensayos, enmarcados en una visión marxista, abarcan un período de medio siglo.[453]

Por qué caminos podría haber discurrido una crítica literaria, libre de presiones institucionales y político culturales, nos lo muestra el ejemplo de **José Prats Sariol** (21 de julio de 1946 La Habana), uno de los ensayistas y críticos literarios más importantes del país, que triunfó también como cuentista y novelista.

Como *free lancer*, gracias a su extraordinaria formación filológica, su interés personal por la literatura universal y sus conocimientos de las últimas teorías y tendencias, Prats Sariol, gran viajero, ameno y lleno de vida, trata de contribuir al diálogo entre las dos Cubas para superar el propio aislamiento y bloqueo insulares.

Imagen 79:
Elena Tamargo Cordero, Martin Franzbach,
José Prats Sariol
(La Habana, enero 1987)

Prats Sariol perteneció al círculo más íntimo de los elegidos de Lezama Lima y terminó su licenciatura con un estudio sobre *Significación de la revista «Orígenes» en la cultura cubana contemporánea* (1970). Desde entonces, su voz y su pluma se alzaron decidida e incansablemente en favor de una crítica literaria crítica (valga la redundancia), orientada exclusivamente por criterios históricos, estéticos y teóricos. Su lucha heroica contra piñas y caciquismo, en el marco de una crítica literaria a menudo objeto de lamentación, mediocre y afirmativa, carente con frecuencia de todos los principios democráticos básicos y basada en

---

[453] Compárese García Carranza, Araceli / García Carranza, Josefina: *Biobibliografía de Carlos Rafael Rodríguez*, La Habana 1987.

el consenso *dō ut dēs*, no produjo ningún cambio sustancial, pero sí despertó una cierta alarma por su posible valor alternativo.

Sus trabajos y antologías sobre la literatura cubana, latinoamericana y universal son hoy día fundamentales: *Estudios sobre poesía cubana* (1980), *Águas de Carlos Pellicer* (1981), *Criticar al crítico* (1983), *Nuevos críticos cubanos* (1983, antología), *Por la poesía cubana* (1988), etc. Es autor además, del libro de cuentos *Erótica* (1988), temáticamente relacionado con una antología precedente sobre *Poesía de amor española* (1985).

Aquí se manifiesta el talento de Prats Sariol al captar y actualizar lo esencial de personajes históricos, transplantándolo a la luz del presente con gracia, sátira e ironía. Muchos de sus cuentos se apoyan en una ingeniosa función subversiva y en la creencia en la moral y lucha de los intelectuales frente a la corrupción de los mecanismos autoritarios del poder.

Así, por ejemplo, en «Erótica», la primera narración del libro mencionado, y sirviéndose de Quevedo como modelo, se tiende implícitamente un puente entre el siglo XVII y el siglo XX, sensibilizando al lector para hacer diferentes lecturas del texto. La narración «La broma» (1985) fue finalista en el Concurso Internacional «Juan Rulfo» en París. Por medio de retrospectivas y un monólogo interior se describe el experimento de un movimiento de resistencia.

En 1997, Prats Sariol sorprendió a sus lectores con la publicación de la novela *Mariel* (editada en México), en la que, como alumno inteligente del «Curso Délfico» de Lezama Lima, da vía libre a toda su riqueza de lecturas de la literatura universal, a sus propias vivencias picarescas, su brillante crítica de la sociedad, sus alusiones indirectas y frustraciones.

Su definición de lo que sea un revolucionario está en la línea de destrucción de mitos, pero a la vez está revestida con una visión histórica provocativa y llena de humor:

> Creo que el revolucionario es un espécimen exótico, nada más, ni antiguo ni moderno, ni capitalista ni socialista, ni occidental ni oriental; sencillamente un tipo que dice no, pregunta por qué, ama la disidencia. Después puede luchar, ser un anarquista o militar en algún partido de oposición, incluso olvidarse de la tradición revolucionaria y fundar una banda terrorista [...][454]

Raúl Rivero resume acertadamente en una reseña, bajo el título «Pesquisa de la frustración, los escombros y la fatiga», la intención de esta novela:

> A mi modo de ver, se trata de un retrato amargo y amoroso y una llamada urgente a fijar la atención en esa tabla de salvación nacional que es la cubanía.[455]

Después de muchos chantajes y actos criminales cometidos contra su amigo Raúl Rivero, Prats Sariol salió con su mujer Maruchi al exilio en México. Allí

---

[454] Prats Sariol (1997: 38).

[455] *Catálogo de Letras* 13 (1998), pág. 2, reimpresión en: *Encuentro de la Cultura Cubana* 8-9 (1998), pág. 252.

publicó *Guanabo gay,* la novela epistolar *Las penas de la joven Lila* (2004) y *No leas poesía* (2006).

La cantidad de historiadores literarios y ensayistas cubanos que ejercen su profesión en EE.UU., es inmensa. Sus trabajos desempeñarán un día un papel aún más importante, cuando tengan un mayor acceso al discurso científico en la isla. Sin duda existen ya ahora numerosos contactos científicos y personales entre profesionales, pero el bloqueo económico y político y el propio aislamiento afectan también a este sector literario. Siempre que los colegas cubanos ocupen una posición profesional en el campo de la ciencia y los medios de difusión, servirán a la vez de intermediarios de su cultura universal en los círculos culturales angloamericanos.

Entre los filólogos de la vieja generación, mencionados ya en parte en otros apartados, destacan Eugenio Florit, José Juan Arrom, que ya en 1937 hizo en la Universidad de Yale su Bachelor of Arts, Manuel Pedro González, Juan J. Remos (1896-1969), Carlos Ripoll, Jorge Mañach (1898-1961), José Sánchez Boudy, Rosario Rexach (con estudios sobre Gómez de Avellaneda, Martí, Varela, Mañach, entre otros) y muchos otros nombres. Edmundo Desnoes es un excelente ensayista (*Punto de Partida,* 1967) y crítico literario, cuyos conocimientos, incluso en historia de arte, fotografía y crítica de la cultura, son apreciados internacionalmente.

Valiosos son los trabajos de **Roberto Fernández Echevarría** (1943 Sagua la Grande) sobre Alejo Carpentier (*The Pilgrim at Home,* primera edición 1977), sobre la literatura cubana estudiada en todos sus aspectos (*Relecturas: estudios de literatura cubana,* 1976) y sobre cuestiones de teoría literaria. No menos sugestivas, y además refrescantes en la polémica, son las investigaciones de **Enrico Mario Santí**, por ejemplo en torno a la obra de Reinaldo Arenas y los estudios innovadores sobre los *gender studies* de **Madeline Cámara**.

Julio E. Hernández-Miyares y Portuondo (1931 Santiago), jurista de formación, vive desde 1966 en Nueva York. Se ha dado a conocer con sus trabajos sobre Julián del Casal, Reinaldo Arenas y sus antologías, entre ellas una muy amplia en dos tomos sobre la cuentística cubana en la diáspora.

Emilio Bejel, excelente crítico y poeta (*Escribir en Cuba,* en colaboración con Ramiro Fernández) vive en EE.UU. desde los años 60. También **Antonio Benítez Rojo** pertenece al grupo de profesores de literatura del exilio cubano en EE.UU., quien, sobre todo con su ensayo *La isla que se repite: el Caribe y la perspectiva* (1989, edición definitiva 1998) ha reanimado la discusión en torno al problema de la unidad cultural de la cuenca caribeña.

Los ensayos e investigaciones de **Gustavo Pérez-Firmat**, Marifeli Pérez Stable y Rafael Rojas giran en torno a la búsqueda de síntesis intelectuales y definición de identidades. Desde los años 80, Pérez-Firmat ha tratado en sus ensayos de definir conceptualmente los procesos interculturales y los problemas heteroculturales de la identidad, por medio del estudio de la situación cultural y social de los cubanos en EE.UU., sobre todo en sus obras *The Cuban Condition: Translation and Identity in Modern Cuban Literature* (1989) y *Life on the Hyphen: The Cuban-American Way* (1994).

Marifeli Pérez Stable es autora de un excelente libro de síntesis sobre el proceso revolucionario cubano (*La revolución cubana: orígenes, desarrollo y legado*, 1998), obra en la que se incluye también el desarrollo de la cultura. Como historiador, **Rafael Rojas** (1965 Santa Clara), que vive entre México y EE.UU., hace un llamamiento, en sus brillantes análisis de la situación cubana, a la necesidad de dialogar: *El arte de la espera: notas al margen de la política cubana* (1998), *Isla sin fin: contribución a la crítica del nacionalismo cubano* (1998).

El ensayo *Un banquete canónico* (2000) continúa la indagación sobre la historia intelectual del nacionalismo cubano.

Una serie de historiadores de la literatura y críticos colaboran en la excelente revista cubana de crítica cultural, social, política y de arte, *Apuntes posmodernos / Postmodern Notes* (Miami). Como editor figura José A. Solis Silva, como editores asociados Ramón J. Santos y Antonio Vera-León.

Eliseo Alberto es autor de un estudio extraordinario sobre la situación actual de los intelectuales cubanos en la isla y el exilio, sus causas y sus posibles consecuencias (*Informe contra mí mismo*, 1997). Hay que mencionar también el libro de **Iván de la Nuez** por su interpretación de la cultura cubana ante la globalización, la posmodernidad y la caída del Muro de Berlín (*La balsa perpetua: soledad y conexiones de la cultura cubana*, 1998). Una parte considerable de esta ensayística aparece en editoriales españolas como Verbum, Colibrí, Casiopea, Alfaguara, entre otras.

En torno a la revista *Encuentro de la Cultura Cubana*, fundada en Madrid por Jesús Díaz, se ha formado un grupo importante de cristalización de la crítica literaria cubana. El propio Jesús Díaz era un excelente y ameno crítico literario y conferenciante, que participó personalmente en la mayoría de los cambios y conflictos de la cultura cubana hasta comienzos de los años 90.

Jacobo Machover (8 de noviembre de 1954 La Habana), es, desde 1963, profesor agregado universitario de literatura e historia latinoamericana y española en París. Cuando en 1980/1981 volvió a la isla con los «maceítos», percibió claramente que la Revolución había sido traicionada en su carácter. Desde entonces, su actividad está orientada desde el exilio a buscar una vía, un horizonte para la futura Cuba democrática y contribuir a una visión diferenciada de la isla en el extranjero. Machover es un periodista y crítico literario bien informado y reconocido en los medios internacionales de difusión más prestigiosos (*Magazine Littéraire, Libération, Globe*, etc.).

Por su plurilingüismo es, además, un periodista muy conocido y solicitado por sus features, entrevistas y retratos en la radio y la televisión. Como crítico literario es autor también de un importante ensayo sobre Cabrera Infante (1996). En su novela autobiográfica *Memoria de siglos* (1991), escrita por fragmentos, que se desarrolla en París, Alemania y La Habana, Machover describe el terrible destino de su familia judía en su huida ante el fascismo y el holocausto en los campos de concentración. El autor ha tratado de elaborar esta trágica historia en forma de memoria colectiva para la posteridad.

En ella se expone en detalle el genocidio y el terror desde la perspectiva de los niños (según el modelo de Saint-Exupéry, Carrol y Salinger). Pero los recuerdos de Cuba y de la diáspora del pueblo judío errante están presentes constantemente como heridas abiertas en la vida en Franela, su nueva patria. La parábola de Ahasverus, el judío errante, aparece aquí relacionada con la maldición del exilio cubano desde los siglos pasados.

Machover es, además editor de una excelente antología literaria sobre *La Habana 1952-1961. El final de un mundo, el principio de una ilusión* (1995, original francés 1994, selección y pies de las ilustraciones de Pío E. Serrano). El retrato cultural y espiritual de una época de transición, dividido por temas, está perfectamente conseguido en su escritura e imágenes.

Nos llevaría demasiado lejos tratar otros críticos literarios y ensayistas cubanos que residen en otros países. Todos ellos documentan de forma impresionante la tarea apasionante de investigar seriamente la literatura cubana en el sentido más amplio. Como representante importante de este grupo sea sólo mencionado el fallecido **Julio E. Miranda** (1945 La Habana — 1998 Mérida, Venezuela), quien, desde hace varias décadas, estudió de forma competente y crítica la literatura cubana.

Estudios (crítica literaria)

Alba Buffill, Elio: *Cubanos de dos siglos: XIX y XX; ensayistas y críticos*, Miami 1999.

Beverley, John / Oviedo, José (eds.): *The Postmodernism Debate in Latin America: A Special Issue of Boundary 2*, translated by Michael Arona, Durham 1994.

Fernández Retamar, Roberto: *Para una teoría de la literatura hispanoamericana y otras aproximaciones*, La Habana 1975 (muchas ediciones cubanas y extranjeras; edición completa 1995).

Fernández Retamar, Roberto: «El compañero crítico José Antonio Portuondo», en: *Revista de crítica literaria latinoamericana* 16 (1982), págs. 103-115.

Franzbach, Martin: «La dialéctica de la crítica: Fernández Retamar y Grossmann», en: *Nuevo Texto Crítico* 14-15 (1994), págs. 339-344.

González-Echevarría, Roberto: «Criticism and Literature in Revolutionary Cuba», en: *Cuban Studies* 11/1 (1981), págs. 1-17.

Gutiérrez Girardot, Rafael: «El problema de una periodización de la historia literaria latinoamericana», en: Pizarro, Ana (ed.): *La literatura latinoamericana como proceso*, Buenos Aires 1989, págs. 119-131.

«¿Juzgar, interpretar o presentar? El papel de la crítica en la promoción de la lectura», en: *Lateral* (enero 1996) (con intervenciones de Juan Villoro, Jesús Díaz, Jorge Herralde).

La literatura cubana ante la crítica, La Habana 1990 (textos del Fórum de la crítica e investigación literarias, La Habana, enero de 1987).

López de Abiada, José Manuel: «Lecciones sobre el canon literario», en: *Notas* 14 (1998), págs. 15-26.

Marinello, Juan: «Sobre nuestra crítica literaria», en: Marinello, Juan: *Ensayos,* La Habana 1967, págs. 359-372.

Navarro, Desiderio: «Premisas y dificultades para una crítica literaria científica», en: Prats Sariol, José (ed.): *Nuevos críticos cubanos,* La Habana 1983, págs. 590-623.

Navarro, Desiderio: «La teoría y la crítica literarias: también una cuestión moral», en: *Casa de las Américas* 158 (1986), págs. 134-161.

Pereira, J. R.: «Towards a Theory of Literature in Revolutionary Cuba», en: *Caribbean Quarterly* 21 (1975), págs. 62-73.

Portuondo, José Antonio: «La crítica y los modos de interpretación de la obra literaria», en: *Anuario L/L* 3-4 (1972-1973), pág. 215.

Portuondo, José Antonio: «Crisis de la crítica literaria hispanoamericana», en: Portuondo, José Antonio: *La emancipación literaria de Hispanoamérica,* La Habana 1975, págs. 49-60.

Prats Sariol, José: «Detalles de la crítica literaria cubana», en: *Revista Ibero-americana* 56 (1990), págs. 1313-1321.

Prieto, Abel Enrique: «La crítica literaria en la Revolución», en: *Revista de Literatura Cubana* 5 (1985), págs. 112-131.

Reinstädler, Janett / Ette, Ottmar (eds.): *Todas las islas la isla: nuevas y novísimas tendencias en la literatura y cultura de Cuba,* Frankfurt am Main; Madrid 2000.

Rincón, Carlos: «Sobre crítica e historia de la literatura hoy en Latinoamérica», en: *Casa de las Américas* 80 (1973), págs. 135-142.

Rincón, Carlos: *El cambio actual de la noción de literatura y otros estudios de teoría y crítica latinoamericana,* Bogotá 1978.

Rincón, Carlos: *Teorías y poéticas de la novela: localizaciones latinoamericanas y globalización cultural,* Berlín 2004.

Riverón, Rogelio: «Intento ser un gran escritor», en: *El Caiman Barbudo* 287 (1998), págs. 20-22.

Zurbano Torres, Roberto: *Los estados nacientes: literatura cubana y postmodernidad,* La Habana 1996.

Zurbano Torres, Roberto: «La crítica literaria cubana: hacia una búsqueda de sí y de la(s) poética(s) del fin de siglo», en: *Casa de las Américas* 215 (1999), págs. 37-43.

10 Literatura y crítica feminista

10.1 La imagen de la mujer en la literatura y el contexto social

Sin duda la literatura refleja, hasta un cierto límite, el carácter que una sociedad en transición imprime a las relaciones entre ambos sexos. Si examináramos con detenimiento la imagen de la mujer y las fantasías eróticas del hombre, reflejadas en la literatura cubana actual, resultaría de ello una visión muy contradictoria, sobre todo entre los escritores más conocidos. Por lo menos también aquí es válido que la transformación de la conciencia masculina o femenina no es un hecho que dependa sólo de nuevas leyes e instituciones, sino que es, más bien, resultado de unos modelos, no sujetos a intereses. Es una realidad que los cambios sociales han aportado a las mujeres cubanas una serie considerable de beneficios.

—Está claro que no reconozcan la igualdad social en la mujer, porque mientras ustedes cumplen **una** norma diaria, nosotras cumplimos **tres**: ¡el trabajo, la casa y los hijos!

Imagen 80

—¡Te equivocas, yo soy la misma de siempre, lo que ocurre es que te cuesta trabajo reconocer la **igualdad** de la mujer!

Imagen 81

—Pipo, el mejor regalo que podemos hacernos el Día de los Enamorados,
es comprometernos a compartir los quehaceres del hogar.

Imagen 82

Pero, por otro lado, no cabe duda de que, en las circunstancias económicas actuales, muchas de estas conquistas carecen de la suficiente efectividad en la práctica, lo que ha sido el origen de que muchas mujeres se vean obligadas a reducir su vida a los límites del hogar y a seguir cumpliendo su papel tradicional de madres, con todo respeto para ambas funciones. La legislación laboral y social, cuyo carácter progresista ha sido reconocido internacionalmente, debería haber ido acompañada, sobre todo, de un cambio de conciencia por parte del hombre para poner fin, en la práctica, a los excesos de trabajo femenino y a las estructuras del patriarcado.

Una cuestión esencial en este contexto es, como sucede a menudo, la postura del Estado frente a la familia, valorada como célula germinal o embrión y depósito de virtudes, que las estructuras y rituales de la vida en común hace resplandecer. La vida conyugal, considerada como correa de transmisión de todos los nuevos valores revolucionarios, es sin duda una pretensión optimista de la política familiar.

Por lo menos, en el nuevo derecho familiar, las diferencias entre la familia burguesa en el capitalismo y la concepción de la familia en el socialismo son evidentes. La siguiente sinopsis pone de relieve algunas de estas diferencias entre el derecho civil de 1888, anterior a la Revolución, y el código de familia, definido por el gobierno revolucionario en 1975:

— **Código Civil (1888)**

— Defendía la familia burguesa basada en la propiedad privada y en relaciones burguesas de producción.
— Promovía la inferioridad humillante de la mujer, en el gobierno absoluto del padre o el esposo.
— Discriminaba a los hijos por razón de su nacimiento, estableciendo diversas clasificaciones para esto.
— El Código Civil consecuentemente con los intereses que defendía no contempla el último aspecto del Código de Familia.

— **Código de Familia (1975)**

— Defiende la familia socialista basada en la propiedad social y en relaciones socialistas de producción.
— Promueve la igualdad jurídica del hombre y la mujer en las relaciones económicas y de personajes entre ellos, con sus hijos y con la sociedad.
— Establece la igualdad jurídica de los hijos en cuanto a sus deberes y derechos entre sí y con sus padres, independientemente que éstos estuvieran unidos en matrimonio formalizado o no.
— Establece la necesidad de desarrollar jurídicamente la preocupación del gobierno para que los menores se eduquen y formen en un ambiente familiar adecuado.[456]

El elevado porcentaje de divorcios en Cuba, lo mismo que en los países industriales, representa un problema todavía no resuelto en el terreno de la convivencia. En el marco de esta problemática, la educación sexual, que, por haber sido desatendida, se ha convertido hoy en una de las causas del fracaso de tantos matrimonios prematuros, es una cuestión permanentemente debatida.

Los modelos, que ofrecen los *mass media* y que podrían servir de líneas de identificación, son con frecuencia cursis, simples, inocentes y pequeño-burgueses. No existen tampoco estadísticas oficiales sobre la criminalidad infantil y juvenil como respuesta a estos códigos de adaptación. Las razzias en las zonas conflictivas de las grandes ciudades son índice de la existencia de un problema serio.

Los conflictos de las relaciones conyugales, el machismo y el papel de la mujer en la Cuba revolucionaria son menos conocidos en el extranjero a través

---

[456] Pérez Rojas (1979: 57-58); Peral (1975: 32-33).

de textos literarios que por los filmes cubanos. Mencionemos aquí algunos ejemplos. Humberto Solás esbozó en la película *Lucía* (1968) las posibilidades y límites del compromiso social y político de tres mujeres diferentes, a través de tres episodios históricos: en la época colonial (1895), en la lucha de resistencia contra la dictadura de Machado (1932) y, por último, después del triunfo de la Revolución (1959).

La emancipación de la mujer cubana, que no alcanzó una cierta realidad hasta después de 1959, es un indicador de la emancipación total de una sociedad. El film *De cierta manera* (1974), de la directora cubana Sara Gómez, prematuramente fallecida, trató también la problemática de la emancipación, sobre todo en el puesto de trabajo.

La trama, que se desarrolla en un viejo barrio habanero, para cuyo saneamiento deberá ser aplanado, es un símbolo de la lucha por nuevas formas de conducta. La tercera película sobre estos temas — si se prescinde de los problemas homoeróticos de *Fresa y chocolate* — es *Retrato de Teresa* (1979), con la música brillante de Carlos Fariñas, del director Pastor Vega, completamente dedicada a tratar la cuestión de la igualdad social entre hombre y mujer en el marco de la familia.

De esta gradación cronológica en la producción cinematográfica puede deducirse que existe un interés cada vez mayor en la sociedad por discutir públicamente las contradicciones en las relaciones conyugales. No es pura casualidad que todos estos filmes tengan un final abierto. Con ello se pretende promover la reflexión en el espectador.

Si de la producción cinematográfica pasamos a la literatura llama la atención que la problemática del machismo sea tratada siempre de forma crítica, irónica, burlesca o humorística, pero que pocos textos vayan más allá de un estricto inventario de la realidad. En general, la literatura se limita a presentar la inseguridad en el comportamiento de ambos sexos. Los problemas giran, entre otros, sobre el equilibrio entre la vida privada y las obligaciones sociales.

Ejemplo de ello es el siguiente poema de **Elíana Cárdenas Sánchez** (1950 La Habana), escritora formada en los talleres literarios de Santiago, que en la actualidad trabaja como arquitecta en La Habana:

Declaración

Yo, mujer,
me declaro en plena igualdad a ti,
hombre: compañero,
porque juntos vamos por este ancho camino
verde nuestro
abriendo luces de futuro,

porque sabemos
que en el sitio en que vivimos
el sol sale y se oculta por su lugar exacto
y cada quien recibe su luz necesaria,

porque cada nuevo día nos encontramos
en el trabajo voluntario,
en la asamblea sindical,
en el aula, en la guardia
o en la actividad cultural,
porque tus hijos y los míos
son los mismos
por los que trabajamos
sin descanso,
porque nos encontramos en la Revolución
que es amor
y en el amor,
que ahora es también revolución,
por todo esto
y porque sabemos cómo se fabrica
la alegría con sudor,

es que te pido:

Une tus manos con mis manos
y te dejes llevar hacia donde yo vaya,
que yo uniré mis manos con las tuyas
y me dejaré llevar hacia donde tú vayas,
y juntos iremos abriendo el camino
de este nuestro nuevo amor.[457]

El poema respira el entusiasmo de los tardíos años 70. La convivencia conyugal entre hombre y mujer, patéticamente conjurada al final casi con carácter religioso, se basa en la mutua responsabilidad para crear la nueva sociedad. Así como la Declaración de los Derechos Humanos significó el reconocimiento de la Revolución Burguesa, esta declaración es un reconocimiento de la Revolución Proletaria, que es la que le proporciona su sentido profundo.

Escritoras e investigadoras como Dulce María Loynaz, Mirta Aguirre y Lydia Cabrera abrieron espacios nuevos a través de sus obras, reconocidas en el ámbito internacional. Cuando se admite la diferencia entre literatura femenina descriptiva y literatura feminista con carácter utópico, transformadora de la sociedad, resulta, en ese caso, válida la afirmación de Luisa Campuzano sobre la literatura escrita por mujeres después de 1959:

Apilados los frutos y sacadas las cuentas, se hace evidente que la cosecha es más bien pobre. El testimonio y la narrativa infantil, manifestaciones afines, muestran desde su arranque un buen caudal de textos femeninos, pero el cuento y la novela, que es lo que interesa, apenas tienen qué exhibir.[458]

---

[457]   E. Cárdenas Sánchez: *Esas leyendas que a veces imagino,* Santiago de Cuba 1979 (Colección Plegable).

[458]   Campuzano (1988: 91).

Entretanto, estas lagunas genéricas empiezan a llenarse de nombres, algunos de ellos — como él de Zoé Valdés — en parte reconocidos internacionalmente. Si, como ocurre, las descripciones eróticas, libres de cualquier traba, despiertan, desde la perspectiva de la mujer, un gran interés entre el público lector, ello es consecuencia lógica de la creatividad feminista subversiva de esta literatura. Desde los trabajos de Foucault sobre sexualidad y poder, sabemos que el discurso del cuerpo puede ser subversivo y no narcisista.

Cuando el Estado cubano, la Federación de Mujeres Cubanas y otros guardianes de las virtudes trataron de imprimir un carácter modélico a la imagen revolucionaria de la mujer, la reacción de la literatura feminista — escrita sobre todo en el exilio — representó hasta hoy un acto de liberación por su crítica a las instituciones.

Aunque, entre tanto, se convoquen también en Cuba concursos para premiar literatura erótica y existan excelentes antologías sobre este género — como las editadas por Prats Sariol y Garrandés — lo erótico, como arma literaria, ha conquistado su valor explosivo sólo a través del discurso feminista, adquiriendo un valor capital en al marco de la identidad de ambos sexos. Aplicada a Fidel Castro, hijo de terrateniente y discípulo de jesuitas, la siguiente cita del escritor alemán Klaus Theweleit nos proporciona una buena explicación sobre el purismo de los revolucionarios por decreto personal y propio:

Los movimientos revolucionarios, dirigidos por tales tránsfugas de dos frentes sociales opuestos, despliegan a menudo sus velas bajo el pabellón de una nueva moralidad. Sobre todo, las mujeres se convierten en objeto de este acoso; mientras que al hombre le basta ser luchador, de gran pureza e integridad que combate por el nuevo mundo, la mujer tiene que continuar siendo inmaculada sexualmente [...][459]

Para ilustrar literariamente esta ideología, mencionemos, entre otros muchos ejemplos, dos décimas de **Ana Núñez Machín** (7 de enero de 1933 San Antonio de los Baños), que además es autora de un texto testimonio sobre María Josefa Granados, precursora de la lucha por los derechos de la mujer (*La otra María;* o, *La niña de Artemisa,* 1975). Ana Núñez Machín resume en el poema «Para una madre futura», del libro *Desde el amor,*[460] el pensamiento oficial del Estado sobre el papel de la madre en el socialismo.

La cita de un lema de Fidel Castro («La mujer es el taller natural donde se forja la vida») introduce el comienzo de ambas décimas:

Muchacha, ya eres profunda
como la flor del rosal;
ya tu taller natural
es una pira fecunda.

---

[459]   Klaus Theweleit: *Männerphantasien*, vol. 1, München 1995, pág. 380.

[460]   Núñez Machín (1986: 71).

Ahora tu vientre se inunda
de ternura y porvenir,
y el hijo que ha de venir
como una estrella terrena
dará más luz a la buena
corriente de tu sentir.

Te sientes lumbre y espada
tibia como un corazón,
con sueños de biberón
y con estrellas de almohada.

Es una sed sofocada
que desde tu fruto crece,
porque el hijo que se mece
dentro de tu vientre puro
asegura en el futuro
lo que al presente estremece.

La comparación con la naturaleza mencionada por Castro, que en el poema se transforma en comparación entre la mujer embarazada y las flores del rosal, implica dialécticamente el contrapunto antinatural de la infecundidad socialmente inútil. Las metáforas, luminosas (luz, lumbre, estrella) y acuáticas (inunda, sed) intensifican la contradicción con la oscuridad y el lodo, como antípodas indeseados.

Aunque falte la componente cristiano-católica en las metáforas sobre la luz, en su mayoría relacionadas con la imagen luminosa de la Virgen María, reaparecen sin embargo la pureza y la castidad inmaculadas en el «vientre puro». En la sacralización de la mujer, típica de las sociedades totalitarias, el Estado sustituye a la iglesia.

Ángel y demonio, luz y oscuridad, agua y lodo, pureza e impureza aparecen aquí enfrentadas, sin reconciliación posible, con lo que se intensifica el carácter didáctico del producto lírico. Esta visión propagandística de la «mujer nueva» está en contradicción con poemas tan excelentes como «Mujer negra», de Nancy Morejón, que refleja la evolución de la mujer negra a través de la historia, o con el siguiente poema de **Ileana Fuentes** (1948 La Habana), que hoy vive en EE.UU.

En este largo poema, «En vísperas del treintaicuatro», que celebra el sexagésimo aniversario (1934-1994) del sufragio femenino en Cuba, la poetisa enumera el sinfín de mujeres que construyeron la sociedad cubana a lo largo del siglo:

Las cortadoras de caña
las alfabetizadoras
las trabajadoras de factoría
las que construimos casas
edificamos escuelas
ponemos vacunas
tomamos el censo
hacemos la guardia

las que enviamos hijas al exilio
las que perdimos hijos en la guerra
las que creemos en el socialismo
en la sociedad de consumo
en el budismo
en el perdón de los pecados
en el espiritismo
en el matrimonio
en el amor libre
[...]
las novelistas inéditas
las artistas tradicionales
las ancianas del barrio
las costureras malpagadas
las camareras varicosas
las maltratadas de los prostíbulos
las jineteras del Malecón
[...]
las feministas
las mayorías del mundo
las mujeres de Cuba
las voces del cambio
el espíritu del treintaicuatro.

Este poema pertenece al libro Cuba sin caudillos (Linden Lane Press 1994) y trata de rescatar la memoria perdida y la vida cotidiana de las cubanas.

10.2 El marco institucional y la crítica feminista

Después de un período letárgico en los años 80 se sumaron en los años 90

> [...] a la labor investigativa y académica [...] los talleres, encuentros y coloquios internacionales promocionados por instituciones como la Casa de las Américas y la Universidad de La Habana.[461]

En 1990 tuvo lugar en la Casa de las Américas un taller sobre el discurso femenino y, conjuntamente con El Colegio de México, un Encuentro de Escritoras Mexicanas y Cubanas.[462]

En el Centro de Investigaciones Literarias, se elaboró en 1994, gracias a la iniciativa de Luisa Campuzano y con el apoyo de varias científicas, como Jean Franco (EE.UU.), Catherine Vallejo (Canadá), Elena Urrutia (México), Márgara Russoto (Venezuela) y Valeria de Marco (Brasil), el Programa de Estudios de la Mujer. El mismo año, la Casa de las Américas convocó incluso un Premio Extraordinario de Estudios sobre la Mujer.

Desde 1995, el Centro organiza con regularidad coloquios sobre la cultura e historia de la mujer latinoamericana desde el siglo XVI hasta el presente. Es

---

[461]   Araújo (1995: 165).

[462]   *Casa de las Américas* 183 (1991), págs. 2-69.

típico de los temas tratados en estas reuniones su carácter integrador, coordinador e interdisciplinario, regionalmente centrados en el Caribe y América Latina. Así, por ejemplo, el seminario de febrero de 1998 llevaba por título «La mujer latinoamericana en los umbrales del próximo milenio: realidades y perspectivas».

Resultan admirables las iniciativas de las filólogas de la isla y del exilio cubano para romper con la rigidez literaria oficial. Sin duda, transcurrirá mucho tiempo todavía hasta que aparezca el pendant cubano de la *Breve historia feminista de la literatura española* (1993-1998, editada por Iris M. Zavala) en cinco tomos, publicada en España.

Sin embargo, ya se ha conseguido reunir algunas piezas sueltas, gracias al trabajo infatigable de Mirta Yáñez, Luisa Campuzano, Marilyn Bobes, Ana Cairo Ballester, Nara Araújo en Cuba, Diony Durán en Alemania, Madeline Cámara, Ruth Behar y muchas otras en EE.UU. Las relaciones mutuas de estas investigadoras representan una gran esperanza para el progreso de estos estudios.

Las teorías de los *Gender Studies* de las cubanas se nutren de la tradición francesa y angloamericana. Julia Kristeva, Luce Irigaray (*Speculum de l'autre femme*, 1974) y Hélène Cixous / Catherine Clément (*La jeune née*, 1975) son sus modelos franceses. Se trata de textos prestigiosos de la «écriture féminine», que sirvieron de modelo para las diferentes orientaciones del feminismo angloamericano.

Cuando Elaine Showalter (*Towards a Feminist Poetics*, 1979) definió «gender», en la colección de ensayos posteriormente editada por la autora, como un proyecto cultural que hay que valorar con independencia de la identidad biológica, amplió y enriqueció con ello las reflexiones, que habían sido ya antes objeto de atención por parte de Toril Moi (*Sexual Textual Politics: Feminist Literary Theory*, 1985) y Barbara Johnson (*A World of Difference*, 1987); compárese Elaine Showalter: *Speaking of gender* (1989).

Las historiadoras cubanas de la literatura parten de la interpretación de textos para formular después una teoría, con lo que obtienen resultados convincentes. La teoría no es nunca un fin para justificar los medios. Así, por ejemplo, Nara Araújo examina, entre otros, la literatura de viajeras al Caribe, la relación entre raza y género en Sab de Gómez de Avellaneda, la autobiografía femenina, la obra de Dulce María Loynaz, etc. (*El alfiler y la mariposa: género, voz y escritura en Cuba y el Caribe*, 1997); Luisa Campuzano analiza el papel de la mujer en la narrativa de la Revolución;[463] Mirta Yáñez es editora, en colaboración con Marilyn Bobes, de una excelente antología de escritoras cubanas contemporáneas (*Estatuas de sal*, 1996, y *Album de poetisas cubanas*, 1997) y también en colaboración, esta vez con Ruth Behar, de la antología *Cubana: Contemporary Fiction of Cuban Women* (1998). Ruth Behar, antropóloga, ensayista y narradora que emigró de Cuba en 1961 es autora de las

---

[463]   En: *Quirón o del ensayo y otros eventos*, La Habana 1988, págs. 66-104.

importantes antologías *Bridges to Cuba / Puentes a Cuba* (1995) y *Women Writing Culture* (1995).

Imagen 84:
Nancy Morejón, Mirta Yañez, Nara Araújo

Las antologías de escritoras representan un elemento previo importante para recopilar y seleccionar material. Madeline Cámara reunió muy pronto su material a través de entrevistas (*Diálogos al pie de la letra*, 1988) y, con posterioridad, profundizó con un alto nivel teórico en sus reflexiones literarias (por ejemplo, sobre las cuentistas jóvenes cubanas o sobre María Elena Cruz Varela), dedicándoles ensayos monográficos.

Los modelos para una parte de estas investigadoras fueron dos mujeres importantes de la vida académica y política cubana: Camila Henríquez Ureña y Mirta Aguirre. Ambas unieron la vita activa con la vita contemplativa. Camila Henríquez Ureña (9 de abril de 1894 Santo Domingo — 12 de setiembre de 1973 Santo Domingo) nació en el seno de una familia de intelectuales, estrechamente relacionada con la historia de Cuba. Max y Pedro Henríquez Ureña (1884-1946)[464] eran sus hermanos mayores.

Camila Henríquez Ureña se doctoró en 1917 en la Facultad de Filosofía y Letras de La Habana, con un trabajo sobre el autor renacentista español Francisco de Rioja (1583-1659), completando su excelente formación en EE.UU. y en la Sorbonne, de París. Sus *Estudios y conferencias* (1992) nos dan una idea de sus intereses polifacéticos. El 25 de julio de 1939 dio una conferencia en el Instituto Hispano-Cubano de Cultura sobre feminismo, que ha vuelto a merecer hoy su atención (Henning 1996).

Tras un análisis somero de la historia, la autora llega a la conclusión de que los problemas de la mujer oprimida por el hombre están íntimamente relacionados con la liberación de la clase obrera, porque las estructuras autoritarias del poder entre patronos y trabajadores son parecidas:

---

[464]   Véase la brillante monografía de Diony Durán: *La flecha de anhelo*, Santo Domingo 1992.

Cuando la mujer haya logrado su emancipación económica verdadera, cuando haya desaparecido por completo la situación que la obliga a prostituirse en el matrimonio de interés o en la
venta pública de sus favores, cuando los prejuicios que pesan sobre su conducta sexual hayan
sido destruidos por la decisión de cada mujer de manejar su vida; cuando las mujeres se hayan
acostumbrado al ejercicio de la libertad y los varones hayan mejorado su detestable educación
sexual [...] entonces se dirán palabras decisivas sobre esta compleja cuestión.[465]

En vísperas de la Segunda Guerra Mundial, Camila Henríquez Ureña apeló
decididamente en favor de las virtudes femeninas, como ecuanimidad, pacifismo
y generosidad, y en contra de las cualidades negativas del hombre, como
violencia brutal, egoísmo y sensualidad posesiva. Después, se incorporó a la
construcción del socialismo en Cuba, participando, entre 1960 y 1962, desde el
Ministerio de Educación, en la organización de la campaña de alfabetización.

Ella fue miembro de la Comisión Cubana de la UNESCO y vicepresidenta
del PEN-Club de Cuba. A partir de 1962, enseñó literatura en la Universidad
de La Habana, trabajando en las especialidades de propedéutica y didáctica
literarias. Con motivo de su jubilación en la Universidad de la Habana, Mirta
Aguirre, su alumna, expresó el 21 de diciembre de 1970:

Cuando se marchaban muchos, regresó ella; cuando muchos se iban a mendigarle al enemigo
un lugarcito, bajo sol [...] Camila Henríquez volvió las espaldas a su importante cargo
universitario.[466]

Mirta Aguirre (18 de diciembre de 1912 La Habana — 8 de setiembre de
1980 La Habana), también conocida escritora, traductora y periodista, ingresó
en 1932 en el Partido Comunista Cubano. Durante la dictadura militar de
Gerardo Machado vivió exiliada en México. En 1939 fue delegada en el Primer
Congreso Nacional de Mujeres, celebrado en La Habana. En 1947, fue premiada
por su ensayo *Influencia de la mujer en Iberoamérica,* en el que parte de hechos
históricos y vidas ejemplares de famosas escritoras y mujeres combativas de la
época colonial. Sus análisis históricos son más amplios y detallados que en el
caso de Camila Henríquez Ureña.

Con ayuda de la metafísica sobre la filosofía de la vida, de Georg Simmel
(1838-1918), y sus formas de socialización e interacciones entre individuo y
sociedad, Mirta Aguirre puso de relieve la armonía espiritual en la conciencia
de la mujer entre compromiso político y privado. La autora traza, por medio
de una selección de ejemplos, el perfil de una larga tradición de estas aspiraciones, desde la época precolombina hasta la actualidad.

Según Aguirre, los derechos de la mujer no se discutieron más seriamente
hasta el siglo XIX, cuando se proclamaron las reivindicaciones del movimiento
obrero, lo que se pone claramente de manifiesto en la serie de conferencias
sobre la mujer celebradas a partir de los años 20. La institucionalización de los
derechos de la mujer en el marco de la revolución mundial socialista fue para

---

[465]   Henríquez Ureña (1975: 41).

[466]   Aguirre (1981: 485-486).

Mirta Aguirre, una comunista convencida, la condición previa esencial para la liberación de la mujer, alienada por el hombre y por la deshumanización del sistema capitalista (Aguirre 1980).

Después del triunfo de la Revolución, Mirta Aguirre desempeñó una serie de actividades al más alto nivel en el Consejo Nacional de Cultura, y enseñó en la Facultad de Filosofía y Letras de la Universidad de La Habana, convirtiéndose en figura central y modelo para toda una generación de estudiantes. La amplitud de sus investigaciones se pone de relieve en sus monografías sobre Cervantes, sobre romanticismo de Rousseau a Hugo (1973), la lírica castellana hasta los Siglos de Oro (1977) y sobre los caminos poéticos del lenguaje (1979). En sus Estudios literarios se incluyeron a título póstumo trabajos sobre literatura cubana y española, mexicana e italiana, así como sobre problemas teóricos del realismo.

En el campo de la investigación sobre la mujer, Mirta Aguirre es autora de un estudio sobre Clara Zetkin (1941), del ya mencionado ensayo en torno a la influencia de la mujer en Iberoamérica (1947) y *Del encausto a la sangre: Sor Juana Inés de la Cruz* (1975). Con motivo de sus exequias en el Cementerio Colón de La Habana, Carlos Rafael Rodríguez, vicepresidente del Consejo de Estado y miembro del Buró Político del Partido Comunista, elogió la personalidad de esta mujer como «femme de lettres» y revolucionaria.

Bibliografías y estudios literarios (desde 1959)

Aguirre, Mirta: *Estudios literarios,* La Habana 1981.

Araújo, Nara: «La escritura femenina y la crítica feminista en el Caribe: otro espacio de la identidad», en: *Unión* 15 (1993), págs. 17-23.

Araújo, Nara: «Literatura femenina, feminismo y crítica literaria feminista en Cuba», en: *Letras Femeninas* 11/1/2 (1995), págs. 165-171.

Araújo, Nara: *El alfiler y la mariposa: género, voz y escritura en Cuba y el Caribe,* La Habana 1997.

Cámara, Madeline: «Cuba: narrativa feminista de los 80», en: *Plural* 245 (1992), págs. 77-79.

Cámara, Madeline: «Literatura femenina cubana: textos y contextos (1989-1996)», en: *Bordes* 2 (1995), págs. 54-65.

Cámara, Madeline: «La mulata cubana: de la plaza al Malecón», en: *Cuba: la isla posible,* Barcelona 1995, págs. 60-66.

Cámara, Madeline: *La letra rebelde: estudios de escritoras cubanas,* Miami 2002.

Campuzano, Luisa: «La mujer en la narrativa de la Revolución: ponencia sobre una carencia», en: Campuzano, Luisa: *Quirón o del ensayo y otros eventos,* La Habana 1988, págs. 66-104.

Campuzano, Luisa: «Literatura de mujeres y cambio social: narradoras cubanas de hoy», en: *Temas* 32 (2003), págs. 38-47.

Castillo, Debra A.: *Talking Back: Toward a Latin American Feminist Literary Criticism,* Ithaca 1992.

Davies, Catherine: «Women Writers in Cuba 1975-1994: A Bibliographical Note», en: *Bulletin of Latin American Research* 14/2 (1995), págs. 211-215.

Davies, Catherine: *A Place in the Sun? Women Writers in Twentieth-Century Cuba*, London; New Jersey 1997.

Davies, Catherine: «¿Cómo escribir una 'historia' de la literatura de mujeres en Cuba?», en: *Revolución y Cultura*, «suplemento literario» (abril de 2001), págs. 8-9.

Franco, Jean: «Apuntes sobre la crítica feminista y la literatura hispanoamericana», en: *Hispamérica* 45 (1986), págs. 33-45.

Marting, Diane E. (ed.): *Spanish American Women Writers: A Bio-Bibliographical Source Book*, New York 1990.

Montero Sánchez, Susana / Capote Cruz, Z. (eds.): *Con el lente oblicuo: aproximaciones cubanas a los estudios de género*, La Habana 1999.

Phaf, Ineke: «Habanera: eine literatursoziologische Studie zur Darstellung der Mulattin im kubanischen Roman», en: Lenz, Ilse / Rott, Renate (eds.): *Frauenarbeit im Entwicklungsprozeß*, Saarbrücken; Fort Lauderdale 1984, págs. 333-349 (*ssp Bulletin;* 53).

Raza y género en la literatura del Caribe, Ithaca (New York): Cornell University, 1994.

Regazzoni, Susanna (ed.): *Cuba: una literatura sin fronteras / Cuba: A Literature beyond Boundaries*, Madrid 2001.

Romeu, Th.: *Voces de mujeres en las letras cubanas*, Madrid 2000.

Stoner, K. Lynn / Serrano Pérez, Luis Hipólito (eds.): *Cuban and Cuban-American Women: An Annotated Bibliography*, Wilmington (Del.) 2000.

Yáñez, Mirta: «Y entonces la mujer de Lot miró [...]», en: Yáñez, Mirta / Bobes, Marilyn (eds.): *Estatuas de sal: Cuentistas cubanas contemporáneas — panorama crítico (1959-1995)*, La Habana 1996, págs. 9-43.

Yáñez, Mirta: *Cubanas a capítulo: selección de ensayos sobre mujeres cubanas y literatura*, Santiago de Cuba 2000.

Historia social de la mujer (desde 1959)

Aguirre, Mirta: «Influencia de la mujer en Iberoamérica (1947)», en: Aguirre, Mirta: *Ayer de hoy*, La Habana 1980, págs. 287-439.

Cámara, Madeline: «Una promesa incumplida: la emancipación de la mujer cubana», en: *Encuentro de la Cultura Cubana* 6-7 (1997), págs. 212-216.

Díaz Vallina, Elvira / Dotre Romey, Olga / Dacosta Pérez, Caridad: «La mujer revolucionaria en Cuba durante el período insurreccional, 1952-1958», en: *Revista de Ciencias Cubanas* 3 (1977; San Juan, Puerto Rico), págs. 24-32.

Fuentes, Ileana: «Sin mujeres ¡No hay país! Pensando la transición cubana en femenino», en: *Encuentro de la Cultura Cubana* 26-27 (2002-2003), págs. 69-85.

Henning, Doris: *Frauen in der kubanischen Geschichte: zur Rolle der Frau im gesellschaftlichen Entwicklungsprozess Kubas von der Kolonialzeit bis zur Revolution*, Frankfurt am Main 1996 (prólogo de Anabel Rodríguez Gómez).

Henríquez Ureña, Camila: «Feminismo (1939)», en: *Casa de las Américas* 88 (1975), págs. 29-42.[467]

Holgado Fernández, Isabel: «Estrategias laborales y domésticas de las mujeres cubanas en el período especial», en: *Encuentro de la Cultura Cubana* 8-9 (1998), págs. 221-227.

Holgado Fernández, Isabel: *¡No es fácil! Mujeres cubanas y la crisis revolucionaria*, Barcelona 2000.

Holt-Seeland, Inger: *Women of Cuba*, Los Ángeles 1982.

Krause-Fuchs, Monika: *Monika y la Revolución: una mirada singular sobre la historia reciente de Cuba*, Santa Cruz de Tenerife 2002.

Kummels, Ingrid: «Love in the Time of Diaspora: Global Markets and Local Meanings in Prostitution, Marriage and Womanhood in Cuba», en: *Ibero-americana* 20 (2005), págs. 7-26.

Lamore, Jean / Guzmán, Omar (eds.): *Mujeres de Cuba: Coloquio Internacional, Burdeos, abril de 1998*, Burdeos; Santiago de Cuba 2002.

Peral Collado, Daniel A.: «El proyecto del Código de la Familia», en: *Revista Cubana de Derecho* 3/8 (1974), págs. 32-33.

Pérez Rojas, Niurka: *Características sociodemográficas de la familia cubana 1953-1970*, La Habana 1979.

Randall, Margaret: *Women in Cuba: Twenty Years Later*, New York 1981.

Rodríguez, Ileana: *Hours / Garden / Nation: Space, Gender, and Etnicity in Postcolonial Latin American Literatures by Women*, Durham; London 1994.

Séjourné, Laurette: *La mujer cubana en el quehacer de la historia*, México 1980.

Smith, Lois M. / Padula, Alfred: *Sex and Revolution: Women in Socialist Cuba*, New York; Oxford 1996.

Stone, Elizabeth (ed.): *Women and the Cuban Revolution: Speeches & Documents by Fidel Castro, Vilma Espín & others*, New York 1981.

---

[467] Compárese *Ultra* 39 (setiembre de 1939) y *Revista Bimestre Cubana* 44/2 (1939), comentado por Vicentina Antuña, en: *Casa de las Américas* 84 (1974), págs. 100-101.

11 Afrocubanía y transculturación

11.1 Introducción

La atención dedicada a los temas afrocubanos es una de las constantes de la literatura cubana insular y del exilio. Si con frecuencia se habla de sincretismo y mestizaje en el marco de la discusión sobre la identidad, sería sin duda más exacto, según García Canclini, hablar de cultura híbrida para evitar cualquier incoherencia discriminatoria.

> Se encontrarán ocasionales menciones de los términos sincretismo, mestizaje y otros empleados para designar procesos de hibridación. Prefiero este último porque abarca diversas mezclas interculturales no sólo las raciales a las que suele limitarse 'mestizaje' — porque permite incluir las formas modernas de hibridación mejor que 'sincretismo', fórmula referida casi siempre a fusiones religiosas o de movimientos simbólicos tradicionales.[468]

Armando González Pérez (1994: 175-202) ha recogido en una valiosa bio-bibliografía una serie de autores que prestaron atención a todos los géneros de esta temática. Casi todos los narradores, poetas, ensayistas y dramaturgos más famosos han tratado los temas afrocubanos. Dicha temática ocupa un puesto relevante en la obra de Fernándo Ortiz, Lydia Cabrera, Miguel Barnet, Nancy Morejón, Pablo Armando Fernández, Alejo Carpentier, José Lezama Lima, Nicolás Guillén, Antonio Benitez Rojo y muchos otros.

11.2 Las bases científicas

La literatura afrocubana no sería posible sin los trabajos preliminares fundamentales de **Fernando Ortiz** (16 de julio de 1881 La Habana — 10 de abril de 1969 La Habana) y de **Lydia Cabrera** (20 de mayo de 1900 Nueva York — 1991 Miami). Con sus *Contes nègres de Cuba* (1936), traducidos al francés por Francis de Miomandre, Cabrera se incorporó al mundo de la literatura. Con anterioridad, Federico García Lorca le había dedicado su romance de «La casada infiel», incluido en el *Romancero gitano* (1928). También la influencia de Ortiz encuentra eco en la literatura porque sus sugerencias e investigaciones tuvieron una proyección decisiva en la *Biografía de un cimarrón* (1966), de su discípulo Miguel Barnet.

Aunque la mayor parte de la obra de Ortiz y Cabrera se publicó antes de 1959, sus trabajos siguen siendo hasta hoy una referencia obligatoria para el estudio de la cultura y religión afrocubanas. La obra clásica de Cabrera, *El Monte* (1954), fue reeditada en La Habana en 1989, con prólogo de Enrique Sosa, lo que constituyó un acontecimiento sensacional agotándose el libro en pocos días y pagandose después a precios de oro en el mercado negro.

---

[468] García Canclini (1992: 14-15).

Sería falso, sin embargo, considerar *El Monte* como una especie de «biblia del mundo esotérico afrocubana».[469] El libro encontró en Cuba un público de lectores impacientes, en un momento de desorientación generalizada, pero también de apertura religiosa y revalorización del culto afrocubano.

> Contribuiría así a dar más concentrada dimensión al conocimiento de nuestra nacionalidad a través del eficaz recurso de la transmisión oral.[470]

La publicación de *El Monte* en La Habana fue, por otra parte, una señal política, pues representaba un indicio importante del «deshielo» frente al exilio cubano. Nadie había olvidado que, después de haberse exiliado Cabrera en 1960,

> [...] el alcalde de Marianao ordenó arrasar la quinta y las palmeras que la rodeaban. Irónicamente Fidel Castro envió luego a comisarios como emisarios para decirle que el gobierno de Cuba le daría la bienvenida y hasta le ofrecieron otras mansiones, cuando Lydia vivía en un minúsculo apartamento en un suburbio de Miami. Lydia Cabrera se mantuvo firme, magnífica hasta el final en su destierro.[471]

Entre los indagadores de la cultura afrocubana, en su sentido más amplio, figura también **Rogelio Martínez Furé** (28 de agosto de 1937 Matanzas) quien, como investigador del Instituto de Etnología y Folklore de la Academia de Ciencias de Cuba (1962-1964), profesor de folklore en la Escuela de Danza Moderna y Folklórica de Cubanacán (1968) y fundador, asesor y libretista del Conjunto Folklórico Nacional, ha contribuido en gran medida a la difusión de la cultura afrocubana en Cuba y en el extranjero. Como traductor y editor de *Poesía Yoruba* (1963) y *Poesía anónima africana* (1968) ha dado nuevos impulsos a la lírica cubana.

---

[469] Padrón Nodarse (1993: 19).

[470] Enrique Sosa en el prólogo a Cabrera (1989: 9).

[471] Cabrera Infante (1992: 350).

Imagen 84:
Changó y Ochún en el Malecón (Lawrence Zúñiga)

11.3 Representantes de la literatura afrocubana

José Sánchez-Boudy (17 de octubre de 1928 La Habana), novelista, poeta, cuentista, crítico literario y lingüista fecundo y polifacético, trabajó como abogado en Cuba hasta 1961 antes de exiliarse en EE.UU. vía Puerto Rico. Buen conocedor del lenguaje coloquial cubano (*Diccionario de cubanismos más usuales: como habla el cubano*, 1986, *¡Guante sin grasa, no coge bola! Refranero*, etc.), ha dedicado, además, gran parte de su obra literaria, sobre todo a la lírica de temas afrocubanos y al mundo de los negros.

En el teatro: *la rebelión de los negros* (1980), en la novela: *El corredor Kresto coco* (1970), *Crocante de maní* (1973), *Ache Babalú Ayé* (1975), *Ekué, Abanakué, Ekué* (1977), entre otras obras. La poesía negra de Sánchez-Boudy es la más importante que se ha escrito fuera de Cuba. El talento filológico, folklórico y literario del autor se manifiesta, además en la descripción del panorama costumbrista en *El picuo, el fisto, el barrio y otras estampas cubanas* (1977).

Muchas de estas creaciones reflejan la nostalgia de la tierra natal perdida. Compárese también *Cuentos de la niñez* (1984) y *Cuentos de una vida vivida* (2007) que representan una especie de memoria colectiva.

En su novelística, las obras *Los cruzados de la aurora* (1972), *Orbis terrarum: la ciudad de humanitas* (1974) y *Los sarracenos del ocaso* (1977) inician la serie de las llamadas «novelas de las crisis», que tratan, desde una perspectiva cristiana, el conflicto entre Dios y el Diablo en la historia universal.

Miguel Servet, el héroe de la primera novela, cuyo nombre coincide intencionadamente con el del médico y teólogo heterodoxo español Miguel Servet (1511-1553), condenado a la hoguera en Ginebra, representa en la obra de Sánchez-Boudy el símbolo de la libertad del individuo en lucha contra las dictaduras. El tema de la libertad determina también la obra dramática de Sánchez-Boudy, en la que, como en *La soledad de la playa larga: mañana mariposa* (1975) parte de acontecimientos históricos, por ejemplo, la invasión de Bahía de Cochinos. *La historia de la literatura cubana (en el exilio)*, tomo 1 (1975) representa el intento de hacer un inventario de la literatura cubana escrita en el exilio en los EE.UU.

Excilia Saldaña (1946 La Habana — 7 de agosto de 1999 La Habana) ha sido frecuentemente galardonada como cuentista y poetisa. Su libro de poemas más conocido es *Kele Kele* (1987, Premio La Rosa Blanca), en el que, de forma comprometida, describe en verso y prosa el destino de los negros, desde la caza de esclavos en Africa hasta su transporte a Cuba, sus mitos, religión y sus ritos. Un extenso vocabulario (págs. 119-167) explica la terminología afrocubana, en la que 'Kele Kele' significa «suave, ternura, lentamente». La repetición indica superlatividad.

En *El refranero de la Víbora* (1989), la autora ha reunido, parodiado y glosado aforismos, refranes y proverbios: «Una golondrina no hace verano, pero avisa que el invierno terminó».[472] Saldaña ha escrito, además, libros infantiles de éxito (*Cantos para un mayito y una paloma*, 1984, *Compay Tito*, 1988) y poesía (*La noche*, 1989, etc.).

Agenor Martí (1943 La Habana — 1999 La Habana) ha trabajado los temas y géneros más variados como narrador, periodista, crítico literario y pintor. En colaboración con su mujer Olga Fernández se ha dedicado a la investigación y divulgación de la cultura híbrida afrocubana (*Impronta en Cuba, Mesa divina, Nganga de Leticia, Makuto de sueños*, etc.).

En el género testimonios y novela testimonio ha publicado *Sobre acusados y testigos* (1981), *Estos doce* (1981, con prólogo de Félix Pita Rodríguez), *Mis porfiados oráculos* (1992); ha fomentado a la vez, como editor de numerosas antologías, la ciencia ficción, el cuento policíaco y la narrativa en Cuba y en el extranjero. También es un ilustrador de libros conocido y muy solicitado.

Su libro de narraciones breves, *La guerra vino después*, fue finalista en 1984 del premio para cuentos de la Casa de las Américas. Su colección de artículos,

---

[472] Saldaña (1989: 98).

Los verdaderos derechos humanos (1980) fue lectura obligada para los estudiantes de periodismo de la Universidad de La Habana.

Imagen 85:
Basílica del Cobre (Provincia Santiago de Cuba)

Antologías

González-Pérez, Armando (ed.): *Antología clave de la poesía afroamericana,* Madrid 1975.

Pérez-Sarduy, Pedro (ed.): *Afro-Cuba,* San Juan (Puerto Rico) 1998.

Textos y estudios

Bansart, Andrés: *El negro en la literatura hispanoamericana (bibliografía y hemerografía),* Valle de Sartenejas (Venezuela) 1986.

Barnett, Curtis Lincoln Everard: *Fernando Ortiz and the Literary Process,* New York 1986.

Benítez-Rojo, Antonio: «Fernando Ortiz and Cubanness: A Postmodern Perspective», en: *Cuban Studies* 18 (1988), págs. 125-132.

Bettelheim, Judith: *Cuban Festivals: A Century of Afro Cuban Culture,* Princeton 2002.

Cabrera, Lydia: *El monte,* prólogo de Enrique Sosa, La Habana 1989.

Cabrera Infante, Guillermo: *Mea Cuba,* Barcelona 1992.

Castellanos, Isabel M. / Inclán, Josefina (eds.): *En torno a Lydia Cabrera (Cincuentenario de «Cuentos negros de Cuba»: 1936-1986),* Miami 1987.

Castellanos, Jorge / Castellanos, Isabel: *Cultura afrocubana,* 4 tomos, Miami 1988-1994.

Costa-Willis, Miriam de: *Daughters of the Diaspora: Afra-Hispanic Writers,* Kingston 2003.

Cuervo Hewitt, Julia: *Aché, Presencia Africana: Tradiciones Yoruba-Lucumí en la Narrativa Cubana,* New York 1988.

Davies, Catherine: «Cross-Cultural Homebodies in Cuba: the Poetry of Excilia Saldaña», en: Brooksbank Jones, Anny / Davies, Catherine (eds.): *Latin American Women's Writing: Feminist Readings in Theory and Crisis,* Oxford 1996, págs. 179-200.

Dianteill, Erwan: *Le savant et le santero: naissance de l'étude scientifique des religions afro-cubaines (1906-1954),* Paris 1995.

Díaz, Duanel: «Del Contrapunteo cubano, de su 'lectura literaria' y de otros contrapunteos», en: *Casa de las Américas* 240 (2005), págs. 3-14.

Duano Gottberg, Luis: *Solventando las diferencias: la ideología del mestizaje en Cuba,* Madrid; Frankfurt am Main 2003.

Feijóo, Samuel: *Mitología cubana,* La Habana 1986.

Fernández, Laurentino de: *La narrativa de José Sánchez Boudy (tragedia y folklore),* Miami 1983.

Fernández Robaina, Tomás: *Bibliografía de temas afrocubanos,* La Habana 1985.

Fernández Robaina, Tomás: «Los repertorios bibliográficos y los estudios de temas afrocubanos», en: *Temas* 7 (1996), págs. 119-128.

Menéndez, Lázara: *Estudios afrocubanos,* tomo 4, La Habana 1991.

Moreno Fraginals, Manuel: *El ingenio: complejo económico social cubano del azúcar,* 3 tomos, La Habana 1978.

Mullen, Edward J.: *Afro-Cuban Literature: Critical Junctures,* Westport (Conn.); London 1998.

Orozco, Román / Bolívar, Natalia: *Cubasanta: comunistas, santeros y cristianos en la isla de Fidel Castro,* Madrid 1998.

Ortiz, Fernando: *Contrapunteo cubano del tabaco y el azúcar,* Caracas 1978.

Padrón Nodarse, Frank: «Recuperando lo que nos pertenece: escritores exilados se publican en Cuba», en: *Areíto* 4/14 (octubre de 1993), págs. 18-22.

Perera, Hilda: *Idapo: el sincretismo en los cuentos negros de Lydia Cabrera,* Miami 1971.

Pérez Medina, Tomás: *La santería cubana: el camino de Osha; ceremonia, ritos y secretos,* Madrid 1998.

Pomar, Jorge A.: «El renacimiento religioso en Cuba: elementos formadores de la conciencia religiosa del cubano», en: *Encuentro de la Cultura Cubana* 12-13 (1999), págs. 56-67.

Rama, Ángel: *Transculturación narrativa en América Latina,* segunda edición, México (D. F.) 1985.

Rodríguez Coronel, Rogelio: «Colisiones y resistencia en la literatura cubana de origen yoruba», en: *Actas del XXIX Congreso del Instituto Internacional de Literatura Iberoamericana,* tomo 3, Barcelona 1994, págs. 543-549.

Sánchez, Reinaldo (ed.): *Homenaje a Lydia Cabrera,* Miami 1978.

Sánchez, Sara M. / Kirby, Diana G.: «Cuban Santería: A Review of the Literature and Annotated Bibliography», en: *Journal of Caribbean Studies* 13/3 (1999; Lexington, Ky), págs. 237-263.

Sánchez, Yvette: *Religiosidad cotidiana en la narrativa reciente hispano-caribeña,* Lausanne 1982.

Santí, Enrico Mario: *Fernando Ortiz: contrapunteo y transculturación*, Madrid
   2002.
Zielina, María Carmen: *La africanía en el cuento cubano y puertorriqueño*,
   Miami 1992.

12 La literatura infantil y juvenil

12.1 Su definición

La literatura infantil y juvenil se destina, en primer lugar, a los lectores que están en la edad del crecimiento, sin embargo es leída también por muchos adultos. Es una parte de la totalidad de la literatura porque está sujeta a las mismas condiciones de producción y las mismas relaciones socio-culturales. Aunque a esta literatura le caracteriza un fuerte componente didáctico, su línea de separación, frente a los libros de lectura y escolares como estrictamente destinados al uso, está claramente definida. No obstante, en la práctica, a la hora de seleccionar sus lecturas los niños y los jóvenes, apenas se pueden diferenciar los conceptos de obra literaria y libro de lectura porque ambos se entrecruzan con frecuencia en la realidad.

12.2 El modelo: José Martí: *La Edad de Oro* (1889)

La literatura infantil y juvenil es producto de la sociedad burguesa. Si partimos del supuesto que los mejores libros para niños son también literatura para adultos, los géneros se mezclan. Desde el libro clásico de Rousseau, *Émile ou de l'Education* (1762), la educación para niños y jóvenes gana en autonomía. Ya a fines del siglo XVIII se formó una literatura infantil que, dentro del marco de la familia burguesa, ofrecía instrucción y entretenimiento. Esta literatura divulgó la moral y la ideología burguesa por medio de ejemplos didácticos.

Este desarrollo se aceleró paralelamente a la revolución burguesa y sus fundamentos económicos e ideológicos. Al quedar destruida la macroestructura de la familia burguesa, se separó a los adolescentes del proceso de trabajo en común y del mundo de los adultos, propagándose una educación familiar y una pedagogía que obedecía a las nuevas exigencias.

El romanticismo amplió la gama temática por medio de cuentos y leyendas. En el contexto de la sociedad burguesa de clases y de la institución escolar, esta literatura constituía un instrumento importante para la socialización de los jóvenes, porque se exaltaban en ella las virtudes burguesas, como por ejemplo el orden, la limpieza, la obediencia, la aplicación y la piedad. El estado apoyó esta literatura como correa de transmisión para la formación de un espíritu sumiso y patriótico. El optimismo del progreso y la fe en la tecnología se expandieron, porque la burguesía estaba buscando una identidad en correlación con la revolución industrial.

La publicación de *La Edad de Oro* (1889) de José Martí coincide con el auge de la literatura infantil y juvenil, documentado por libros clásicos como Mark Twain, *The Adventures of Tom Sawyer* (1876), Carlo Collodi, *Le avventure di Pinocchio* (1881-1883), Roberto Louis Stevenson, *The Treasure Island* (1884), Edmondo de Amicis, *Cuore* (1886) y Rudyard Kipling, *Jungle Book* (1894-1895).

La corta vida de *La Edad de Oro* se despliega en cuatro números entre julio y octubre de 1889, en Nueva York. Martí la había proyectado como «publicación mensual de recreo e instrucción dedicada a los niños de América». En una carta, con fecha del 3 de agosto de 1889, dirigida a su amigo Manuel A. Mercado, Martí sintetizó los mensajes básicos de la revista con las palabras siguientes:

> [...] que es a llenar nuestras tierras de hombres originales, criados para ser felices en la tierra en que viven, y vivir conforme a ella sin divorciarse en ella [...] A nuestros hijos los hemos de criar para hombres de su tiempo, y hombres de América.[473]

Las aspiraciones de la burguesía a la emancipación, proclamada por la Revolución Francesa y por la unidad y soberanía nacional, son de cierto modo válidas en parte también para la burguesía cubana. La literatura infantil, frecuentemente olvidada en las historias de la literatura o descalificada como literatura trivial, tiene una importancia primordial dentro de la historia de mentalidades.

En este capítulo se estudiarán las posiciones de Martí frente a instituciones burguesas como familia, escuela, estado e iglesia. *La Edad de Oro* fue publicada durante la revolución industrial que, por una parte provocó un auge económico y por otra parte contribuyó a incrementar la diferencia entre pobres y ricos. Son de interés por eso las opiniones del autor acerca de la cuestión social, el progreso y la tecnología.

José Martí idealiza la familia burguesa del siglo XIX. El modelo de familia burguesa era la familia bien acomodada unida por el interés de los padres en crear niños bien educados. El fortalecimiento de la vida familiar, el cultivo de las facultades afectivas por medio de la literatura popular (cuento, leyenda, canción popular) y la neutralización de los conflictos sociales son algunas características de esta imagen nueva de la familia. En esta relación, Martí tenía una idea muy tradicional de la mujer.

Mirta Aguirre, en un trabajo excelente sobre «La Edad de Oro y las ideas martianas sobre educación infantil», opina con justa razón: «Tenía sin duda, en cierto modo, una visión de la educación del hombre como complemento de la existencia de éste».[474] Aunque Martí subraya el aspecto de igualdad: «para los niños es este periódico, y para las niñas, por supuesto»,[475] define después: «el niño nace para caballero, y la niña nace para madre».[476]

Los deseos secretos de Martí, dentro del contexto de una sociedad patriarcal, se reflejan por ejemplo en «La muñeca negra». La niña está preparándose para su papel de futura madre con muñecas, cochecitos y casas de muñecas,

---

[473]   Arias (1980: 33).

[474]   Arias (1980: 84).

[475]   Martí (1979: 9).

[476]   Martí (1979: 9).

ayudando a su mamá en la cocina; los niños se interesan por detalles técnicos, por caballos, carruajes y tambores. «Estar bien educado» es sinónimo de una educación buena, específica de la clase burguesa. El modelo de padre es el «padre bondadoso», el autorretrato de Martí en el cuento «Nené traviesa».

Si nos fijamos en la institución escolar, comprobamos que Martí critica una cierta deformación, basándose sobre todo en observaciones del sistema escolar, hechas en Estados Unidos. El memorismo, los castigos corporales y la ausencia de exposición de «los elementos vivos del mundo en que se habita», son para él, defectos centrales en la enseñanza infantil norteamericana.[477] Los errores radican, según él, en la concepción falsa de la educación pública, en la falta de espíritu amoroso en el cuerpo docente y en los ideales falsos de la vida en el sistema capitalista norteamericano.

No nos parece raro que la palabra «Cuba» aparezca una sola vez en toda la revista, porque Martí defiende la unidad de América, «Nuestra América», y no es amigo de ningún particularismo chauvinista. Los «tres héroes», Bolívar, San Martín e Hidalgo, enseñan a los niños que un

> [...] hombre que obedece a un mal gobierno, sin trabajar para que el gobierno sea bueno, no es un hombre honrado [...] Los que pelean por la ambición, por hacer esclavos a otros pueblos, por tener más mando, por quitarle a otro pueblo sus tierras, no son héroes, sino criminales.[478]

A veces el carácter modélico de algunos personajes históricos sufre cierta idealización, como en el retrato de Las Casas, pero sigue sin perder su validez la idea fundamental martiana de una familia de pueblos pacífica, más allá de los continentes y de las naciones.

En *La Edad de Oro*, el progreso y la tecnología ocupan un gran espacio. Martí varía constantemente la idea de que el saber significa poder. El Meñique derrota como David al Goliat; gracias a su sabiduría vence frente a la violencia brutal, y como premio le otorgan la princesa. El optimismo progresista de la revolución industrial y la fe en la tecnología de la burguesía liberal revelan en *La Edad de Oro* un cierto deje de romanticismo social.

El centro, en este aspecto, lo ocupa la descripción de la exposición mundial en París (1889) que, por su lujo de detalles, impresionó tanto que muchos niños imaginaban que el propio Martí había estado presente en París; probablemente utilizó para su artículo el libro de Henri Parville. El que estudie este artículo con detenimiento, notará que a Martí le importaba menos el contraste entre naciones pobres y ricas o una condena del «desigual cambio» económico que la visión de la tecnología como patrimonio de la cultura universal, de la solidaridad y de la creatividad entre los hombres.

Si había un propósito educativo para Martí, éste consistía en darles a los jóvenes la antorcha de la solidaridad. Este rasgo se explica tal vez como

---

[477] Arias (1980: 77).

[478] Martí (1979: 13; 16).

respuesta a la enajenación del individuo por la revolución industrial o por el deseo de armonizar las diferencias de clase.

En *La Edad de Oro* hay cierta idealización de la pobreza, por ejemplo en el delicioso poema «Los zapaticos de Rosa». La neutralización de los conflictos sociales en los cuentos de la vida diaria es una constante en la literatura para niños y jóvenes del siglo XIX. Es, sin duda alguna, reflejo de la posición contradictoria de una burguesía, cuyos sectores progresistas, como Martí, defendían los intereses del proletariado.

Martí habla de solidaridad y no de caridad cristiana. El editor de *La Edad de Oro* le exigió a Martí insertar más contenido religioso en el libro, y al negarse Martí, clausuró la publicación de la revista de manera brusca. En una carta dirigida a Manuel A. Mercado del 26 de noviembre de 1889, Martí explicó el conflicto:

> [...] por creencia o por miedo de comercio, quería el editor que yo hablase del 'temor de Dios', y que el nombre de Dios, y no la tolerancia y el espíritu divino, estuvieran en todos los artículos e historias.[479]

Ya en su comentario a la *Ilíada* de Homero, Martí había desjerarquizado la religión institucionalizada y la monarquía, «porque todavía hoy dicen los reyes que el derecho de mandar en los pueblos les viene de Dios».[480] Aunque este artículo sobre la poesía épica griega haya parecido a los jóvenes algo aventurado, no expresa glorificación alguna de las estructuras autoritarias o militaristas.

Para Martí, la historia de los pueblos indígenas en la América precolombina es tan importante como la cultura de los griegos y romanos en la antigüedad europea. La conciencia de su propio valor histórico debe reflejarse para la burguesía criolla en la valoración cronológica y artística de los logros culturales de los mayas, incas y aztecas.

Por otra parte, José Martí trata de no idealizar las culturas indígenas, como lo demuestran sus comentarios a los sacrificios humanos en comparación con los autodafés de la Inquisición. «La superstición y la ignorancia hacen bárbaros a los hombres en todos los pueblos».[481] La comparación entre las sociedades primitivas se repite más tarde en el paralelismo entre Nuevo Mundo y Viejo Mundo que desemboca en una comparación entre productos latinoamericanos y europeos:

> [El Salvador] [...] cultiva la caña y el café, y hace muebles comco los de París, y sedas como las de Lyon, y bordados como los de Burano, y lanas de tinte alegre, tan buenas como las inglesas.[482]

---

[479]   Arias (1980: 36).

[480]   Martí (1979: 37).

[481]   Martí (1979: 80).

[482]   Martí (1979: 110-111).

La conciencia de un pasado común cultural es para Martí un elemento importante para la integración de América Latina.

En el contexto de la literatura para niños del siglo XIX, la obra de Martí constituye una obra maestra y un modelo para la literatura infantil del siglo XX. Aunque *La Edad de Oro* refleja una fase diferente de la conciencia burguesa en América, Martí tenía una visión amplia de un posible futuro.

12.3 El desarrollo histórico

En un resumen sobre cien años de literatura infantil cubana, Antonio Orlando Rodríguez (1989: 20) constata: «Las enseñanzas de *La Edad de Oro* están presentes en el quehacer de los mejores autores de esta zona de nuestras letras contemporáneas.»

Cuando en noviembre de 1988 se inauguró el Primer Coloquio Internacional de Literatura Infantil Cubana, organizado por la UNEAC, en presencia de unos 200 invitados, la literatura infantil cubana había ya recorrido un largo camino y tras sí tenía una rica historia, pudiéndose medir en el contexto internacional con otros países.

Una característica de esta literatura y una aportación esencial para lograr su éxito lo fue, sin duda, el que, desde los tiempos de Martí, autores como Renée Potts (*Romancero de la maestrilla*, 1936), Emma Pérez Téllez (*Niña y el viento de mañana*, 1937), Raúl Ferrer (*El romancillo de las cosas negras y otros poemas escolares*, 1947), Hilda Perera (*Cuentos de Apolo*, 1947) y Emilio Bacardí Moreau (*Cuentos de todas las noches*, 1950) se hubieran dedicado a este género y que esta tradición se continuara con posterioridad también a 1959 con Dora Alonso, Mirta Aguirre, Nicolás Guillén, Onelio Jorge Cardoso, Félix Pita Rodríguez, Eliseo Diego, Renée Méndez Capote, Manuel Cofiño López, Mirta y Alberto Yáñez, entre otros.

El balance de este Coloquio puso de relieve, con razón el papel predominante en América Latina de la literatura infantil cubana y su importancia como producto de exportación hacia la literatura universal. Sus comienzos habían sido más bien modestos. Inmediatamente después del triunfo de la Revolución, la Dirección General de Cultura, del Ministerio de Educación, publicó en las Navidades de 1959 un libro de cuentos, teatro e ilustraciones, *Navidades para un niño cubano*. La institución cristiano-burguesa todavía no había sido cuestionada. Vicentina Antuña, la Directora General de Cultura, mencionaba en un breve prólogo la frase de Martí «que los niños son la verdadera esperanza y los que disfrutarán mañana de esta Patria que con tanto sacrificio vamos ganando».

El caracter cristiano es claramente visible en narraciones como «Jesusito» (Anita Arroyo), «Infancia de Jesús» (Concepción T. Alzola), «Mensaje a los Reyes» (María Julia Casanova), entre otros. En las ilustraciones aparece también un cuadro costumbrista de Samuel Feijóo. Los nuevos tiempos aparecen reflejados en el cuento «De cómo Baltasar entró en el Ejército Rebelde», de Marinés Medero (1959: 103-105), en la que Baltasar, uno de los tres Reyes

Magos, se incorpora al final con su saco de juguetes, al campamento de los guerrilleros en la Sierra Maestra. Castro y el ejército rebelde aparecen, de esta forma, rodeados de la aureola que simboliza a Cristo y al Redentor, simbolismo que, sobre todo después del asesinato de Che Guevara en octubre de 1967 en Bolivia, se convirtió en mito.

Desde 1962 hasta 1967 funcionó la Editora Juvenil de la Editorial Nacional de Cuba. Cuando después fue creado el Instituto Cubano del Libro, surgió con la Editorial Gente Nueva una editorial especializada, de gran importancia hasta hoy, que abastecía de libros a los sectores preescolar, escolar y juvenil, fomentándose, además, incluso con premios literarios, y sobre todo, autores cubanos.

En diciembre de 1972 tuvo lugar en La Habana el Primer Fórum Nacional de Literatura para Niños y Jóvenes, auspiciado por el Ministerio de Educación. El temario del Fórum abordaba cinco puntos generales:

1) el niño y el adolescente como lector,
2) el libro para niños y jóvenes sobre la base de la ideología revolucionaria,

3) la literatura al servicio de los programas escolares,
4) edición de publicaciones para niños y jóvenes,
5) libros, revistas y periódicos cubanos para niños y jóvenes.[483]

Ya en ese programa se pone de manifiesto la fuerte opresión ejercida por los organismos estatales, la politización de los textos y la orientación práctica de esta literatura. Un Grupo Asesor Permanente de Literatura Infantil empezó a coordinar desde 1973 todos los problemas que concernían a ese tipo de literatura. Se aspiraba a la profesionalización de los autores, fomentando para ello la concesión de premios literarios como el Concurso La Edad de Oro, el Concurso 13 de Marzo, el Premio Ismaelillo de la UNEAC, el Concurso Casa de las Américas y el Concurso 26 de Julio.

---

[483] Elizagaray (1981: 137).

**Ilustración
e ilustradores
en el libro
infantil**

Imagen 86

12.4 Clásicos de la literatura infantil y juvenil

Renée Méndez Capote

Como cronista de los tiempos pasados, pretendidamente buenos, y fósil superviviente en la isla, de una alta burguesía, que hacía tiempo había emigrado, Méndez Capote (12 de noviembre de 1901 La Habana — 1988 La Habana) fue una escritora muy publicada después de 1959. Con sus obras, sobre todo para la juventud basadas en su propia experiencia, estampó su sello peculiar a la imagen de la Cuba republicana y prerrevolucionaria.

Su padre, Domingo Méndez Capote (12 de mayo de 1863 Lagunillas, Cárdenas — 16 de junio de 1934 La Habana), un conocido jurista y gobernador civil de Las Villas, redactó el derecho penal y la Constitución de La Yaya en la Guerra de Independencia de 1895, presidió la Asamblea de La Yaya (1897) y fue Vicepresidente de la República en Armas, de 1897 a 1898; después, Presidente de la Convención Constituyente y, entre 1902 y 1906, Presidente del Senado y Vicepresidente de la República.

Renée Méndez Capote y sus cuatro hermanos crecieron en estos círculos de la alta burguesía. Institutrices de Suiza e Inglaterra, música, pintura y ballet llenaron sus años juveniles. En 1917 publicó su primer artículo en una revista para jóvenes. Como profesora, fundadora del Liceo, Directora de Bellas Artes y Jefa de la sección de Cultura General en la Dirección de Cultura abrió a muchas mujeres nuevos caminos y posibilidades en la profesión y la política de los años 30. Bajo las dictaduras de Machado y Batista, estuvo en parte encarcelada y, después sin trabajo.

Los cerca de 30 títulos de la autora comprenden crónica, narraciones, testimonios y libros de viaje. Con humor, amor por el detalle y sentido de lo anecdótico, la autora describe su vida ejemplar como modelo de enseñanza para las generaciones posteriores. En el centro de sus obras autobiográficas figuran sus *Memorias de una cubanita que nació con el siglo* (1963) y *Por el ojo de la cerradura* (1981). Aunque la autora afirma no haber empleado para sus libros apuntes ni notas de fuentes sino sólo haber seguido su inspiración,[484] el valor histórico-cultural de sus obras (ya elogiado por Juan Marinello) es indiscutible.

Con una nostalgia sincera, sin disfraz alguno, Méndez Capote describe la suntuosidad de la vieja Habana, las tiendas elegantes de la Calle Obispo, cuyos escaparates están hoy vacíos o revestidos de cartones y tras cuyas fachadas que se desmoronan malviven hoy familias numerosas. A qué cubano no se le hace la boca agua, cuando lee la descripción siguiente:

> Pero detrás de aquellos cristales se exhibían las mejores marcas europeas de bombones, pralines, galleticas y bizcochos, caramelos, compotas, almendras garrapiñadas, marrons glacés, caviar, paté de foie gras.[485]

Si se define la nostalgia como añoranza por el retorno del pasado, se distorsiona entonces la intención de las obras de Méndez Capote. Vista desde la retrospectiva de medio siglo, la nostalgia de los años 1901 a 1911 no está aquí tratada de modo fetichista, sino debe mostrar, a los ojos de la generación joven, el carácter parasitario de la alta burguesía.

Un ejemplo culinario aclarará esta afirmación: Con motivo del 50 aniversario del Hotel Nacional de La Habana se colgó el siguiente menú en una columna histórica del foyer:

Colonie Française de La Havana
Fête Nationale du 14 Juillet 1935

Menu
Celerie Olives
Suprême de Melon au Oporto

---

[484] Compárese la entrevista en la *Gaceta de Cuba* 173 (1978), págs. 10-12; 30.

[485] Méndez Capote (1984: 43).

Crème d'Asperges Argenteuil
Filet de Colin aux Amandes
Dindonneau Rôti à la Gelée de Groseilles
Haricots Verts Sautés
Pommes Parisiennes
Salade de Saison
Vins
Omelette Surprise Cerre-Neuve
Apéritifs Français Petits-Fours
Sauternes Café Créole
Medoc
Veuve Cliquot Sec
Liqueurs
Cigares

The National Hotel of Cuba

Los únicos productos cubanos de ese menú para sibaritas eran el café y los puros; el resto lo hizo traer por barco, desde Europa una élite para las delicias de su paladar.

En el libro *Dos niños en la Cuba colonial* (1966), Méndez Capote profundiza, en dos narraciones de gran tensión y riqueza de acción, la vida cotidiana en el siglo XIX desde la perspectiva de dos niños. La obra describe la vida de los dos protagonistas, Pelusa (nacida en 1863) y Manuelita, en una plantación azucarera de la Provincia de Matanzas, hasta los comienzos de su vida profesional en un caso, en el otro hasta el matrimonio. Aunque los dos niños proceden de familias tempranamente empobrecidas, se caracterizan por su audacia, patriotismo y su capacidad para superar las dificultades, un modelo que debería de representar el carácter de la juventud cubana actual.

En cuadros histórico-costumbristas como *De la maravillosa historia de nuestra tierra* (1967), *Episodios de la epopeya* (1968), *4 conspiraciones* (1972), *Costumbres de antaño* (1975), *Amables figuras del pasado* (1981), *Hace muchos años, una joven viajera* [...] (1983) o en el retrato muy leído de Che Guevara (*Che, comandante del alba*, 1977), Méndez Capote expone con fines didácticos la historia popular.

La historia de la familia en cuanto reflejo histórico de una época no significa para la autora en absoluto que «cualquier tiempo pasado fue mejor» como se puede ver en el opúsculo *A Varadero en carreta* (1984), delicadamente ilustrado von fotos de familia de los primeros tiempos del automovilismo.

En los cuentos, la autora continúa la heroización de la historia: «Un héroe de once años» (1968), «Relatos heroicos» (1975), «El remolino y otros relatos» (1982) que se manifiesta también en las *Crónicas de viaje* (1966), apuntes de un viaje a la Unión Soviética.

Onelio Jorge Cardoso

Onelio Jorge Cardoso (1914-1986) es autor del relato «La lechuza ambiciosa» (1966), una de sus primeras narraciones escritas después del triunfo de la

Revolución. El texto se basa en la génesis de la creación del mundo por el compadre Dios. Empleando los recursos clásicos de la fábula, Jorge Cardoso describe cómo llegó la luz a Cuba. La interpretación de este texto como metáfora del triunfo de la Revolución resulta dudosa y forzada. Aunque el mundo animal en su polarización toma una posición clara contra la Comadre Lechuza, representante de las tinieblas, no aparece en cambio en las ediciones posteriores la frase «Tiempo es ya que miremos con nuestros propios ojos y no con pétalos amarillos», citada por Orlando Rodríguez (1989: 21), que trata de hacer del relato una «hermosa parábola del triunfo de la Revolución».

Una gran parte de los cuentos de Jorge Cardoso para niños está incluida en libros escritos para adultos. Tal era uno de los principios fundamentales de Jorge Cardoso que correspondía, así, a las intenciones de la política cultural: dar acceso a la educación a las masas del pueblo sobre todo a los adultos recién alfabetizados. Los cuentos de Jorge Cardoso no figuraban sólo en los libros de la escuela primaria, sino fueron también incluidos en los libros de texto de cuentos para adultos.

Por otra parte, el gobierno trató ya desde muy pronto de acercar los niños a la literatura cubana y universal. En los cuadernos para escribir figuran, en la página de la izquierda, escritos a mano, poemas de García Lorca, Mirta Aguirre, Dulce María Borrero, entre otros. En la primera fase de la Revolución aparecen todavía pacíficamente unidos, los catálogos de las virtudes burguesas y revolucionarias.

En un poema se expresan sentimientos fraternales e internacionalismo:

Tengo un hermano
Yo soy de Cuba,
yo soy cubano,
pero allá lejos
tengo un hermano.

Rizos dorados,
ojos azules,
labios rosados.
¡Cuánto lo quiero!

La narración más extensa de Jorge Cardoso es la noveleta para niños *Negrita* (1984), la historia de una perra valiente, a la que Bruno, un guajiro cubano sin tierras, y sus dos hijos salvan un día de morir ahogada. Por la noche bajan de las montañas los jíbaros, perros salvajes, para apoderarse de los cochinillos, y Negrita tiene que arrastrar muchas aventuras.

Dora Alonso

Cuando en 1988, la narradora, poetisa, autora de libros infantiles y dramaturga Dora Alonso (22 de diciembre de 1910 Máximo Gómez, Provincia de Matanzas — 21 de marzo de 2001 La Habana) fue recompensada con el Premio Nacional de Literatura, este galardón fue el reconocimiento de una escritora polifacética, que sólo se había dado a conocer — también internacionalmente — después del triunfo de la Revolución.

En su libro de recuerdos de la infancia *Agua pasada* (1981), Alonso describe su vida en el campo, rodeada de antiguos esclavos, campesinos y buscadores de hierbas. Su padre, español de origen, era un rico ganadero, pero, ya en los años 30, la escritora rompió con su clase, entrando en conflicto con la dictadura de Gerardo Machado.

Protegida por Renée Méndez Capote, se familiarizó pronto con la prensa, la radio, el cine y después con la televisión, que contribuyeron en gran medida a la difusión de su obra (en conjunto, más de un millón de ejemplares). En sus relatos breves trató el tema del criollismo, pero fue con *Tierra inerme* (1961, escrita hacia 1944, Premio de Novela Casa de las Américas), una de las primeras novelas campesinas de la Revolución, donde consiguió triunfar literariamente.

Los acontecimientos de Playa Girón marcaron su posterior trayectoria creadora. En el patético testimonio *El año 61* (1981) están documentadas las campañas de alfabetización y la invasión de Bahía de Cochinos. Una parte de su obra total está recogida en la antología *Letras* (1980): *Cuentos escogidos* (1936-1979), *Ponolani* (1966), *Once caballos* (1970), *Gente de Mar* (1977), *Tierra inerme* (1961).

Alonso se hizo famosa con la telenovela *Media Luna*, con seriales radiofónicos como *Entre Monte y Cielo* (300.000 oyentes por año, desde 1947 una serie anualmente), en el que se vieron reflejados los campesinos y su entorno, y, sobre todo, con sus libros infantiles, su teatro de marionetas (*Pelusín del monte*, 1956), *Teatro para niños* (1992), fábulas (*El grillo caminante*) y sus libros con ilustraciones, que acompañaron a muchos cubanos desde su infancia y fueron lectura obligada en las escuelas primarias.

Entre los libros infantiles, los más conocidos son *Aventuras de Guille* (1964), *Once caballos* (1970), *El cochero azul* (1976, 200.000 ejemplares vendidos en Europa y América), *Palomar* (1979), *La flauta de chocolate* (1980), setenta poemas sobre la flora y la fauna cubanas, *El valle de la Pájara Pinta* (1984, Premio Casa de las Américas, con ilustraciones de Reynaldo Alfonso) y *Los payasos* (1985).

En los ocho cuentos de *Once caballos* (1970) están retratados los animales del zoo y las personas en lo que tienen en común. En la narración que da título al libro, la yegua y el potro están observados en su apacible armonía; nacimiento y muerte (el hombre como desencadenante de la violencia) representan el momento dramático del idilio. El talento de la autora para describir la naturaleza y los animales, las costumbres campesinas y la importancia de las cosas insignificantes son testimonio de una observación y un conocimiento exactos de ese medio ambiente.

Con **Mirta Aguirre** (18 de diciembre de 1912 La Habana — 8 de setiembre de 1980 La Habana) y **Nicolás Guillén** (10 de julio de 1902 — 17 de julio de 1989 La Habana), la literatura infantil cubana alcanza sus cimas más altas en la lírica. En el poemario de Aguirre *Juegos y otros poemas* (1974) figuran una serie de poemas famosos como «Retrato», «Caballito», «Isla», «Cortesía», que muchos niños cubanos conocen de memoria por su musicalidad. En rejuego sonoro la autora juega con voces criollas y americanas o sencillamente prueba las posibilidades del gerundio, como en el poema «Doña Iguana»:

> Por la mañana,
> girandolilla,
> va Doña Iguana
> con su sombrilla,
> girandorola,
> puesto en la cola.
>
> Señora Iguana
> de Varadero,
> girandolana,
> girandosoles,
> con su sombrero
> de caracoles
> [...][486]

La función ético-didáctica de los poemas es espontánea y transmitida con humor, como en el poema «Cortesía», en el que se trata de enseñar a los jóvenes una regla del comportamiento social:

> Limón, limonero,
> las niñas primero.
>
> Ceder la derecha,
> quitarse el sombrero
> jugar a la dama
> y a su caballero.
>
> Limón, limonero,
> las niñas primero[487]

Naturalmente, no faltan, como es de obligación, poemas dedicados a Castro, a Che Guevara y al heroico pueblo vietnamita, pero la ligereza del verso atenúa el patetismo patriótico en el Ex Libris final, con el himno a la naturaleza y al hombre:

> Porque el verano al viento
> y porque arriba la palmera.
>
> Porque la yagruma,
> porque la nube azul, porque la ceiba.
>
> Porque la mar y el caracol,
> porque el sol y la tierra.

---

[486]   Aguirre (1974: 24).

[487]   Aguirre (1974: 69).

Porque la caña dulce
y porque la arena.

Porque los muertos y los vivos.
Porque la Sierra.[488]

Nicolás Guillén ha escrito con *Por el mar de las Antillas anda un barco de papel* (1978) un libro para niños, delicioso y ameno, en el que se alternan poemas, canciones, adivinanzas y fábulas. La mayoría de los poemas se han liberado del contexto cubano y están dirigidos a los niños y adultos de todo el mundo:

Barcarola

El mar con sus ondas mece
la barca, mece
la barca junto a la costa
brava, la mece
el mar.
Del hondo cielo la noche
cae, la noche
con su gran velo flotando
cae la noche
al mar.[489]

---

[488]   Aguirre (1974: 99).

[489]   Guillén (1984: 21).

Imagen 87:
Ilustración de Rapi Diego al libro
Por el mar de las Antillas anda un barco de papel,
Berlín 1985

12.5 Autores y temas

Entre los autores de cuentos, **Carlos Calcines** (1964 La Habana) se ha hecho un nombre porque describe de forma expresiva los problemas de la juventud y la pubertad desde la perspectiva de los propios interesados. En sus libros *Los otros héroes* (1983, primera mención en el Concurso David 1981) y *Mañana es fin de curso* (1988) se vieron reflejados muchos jóvenes, y sus problemas tratados seriamente. El libro para niños *El país de las mil paraguas* (1993) obtuvo el premio de novela «La Edad de Oro» 1989.

Desde su niñez, **Nersys Felipe Herrera** (31 de agosto de 1935 Pinar del Río) creció en el mundo del teatro infantil. Fue una de las fundadoras del Grupo de Teatro Guiñol de Pinar del Río. Posteriormente hizo programas infantiles para la radio. Ganó varios premios con sus poesías y cuentos, entre ellos *Cuentos de Guane* (1976), donde describe el viaje de un grupo de hermanos de Pinar del Río a Guane, con retratos deliciosos de los abuelos, tíos, tías, amigos y amigas.

La narradora de cuentos y periodista **Olga Fernández Valdés** (6 de setiembre de 1943 Santa Clara) se ha dado a conocer con sus numerosos libros históricos — también para niños y jóvenes — y sus trabajos de historia de la música. Su libro de cuentos *Niña del arpa* fue finalista en el Premio Cuento Casa de las Américas 1988. Sus libros infantiles tratan de mantener viva la conciencia histórica y mostrar el carácter didáctico de la historia: *Dos días con el general Antonio* (1985, Premio «La Edad de Oro», 1980), *Con mi abuelo y mis amigos* (1988, Premio «La Edad de Oro», 1985), *A la vanguardia, el general* (1990, Premio «La Edad de Oro», 1986), *Mi amigo José Martí* (1991), entre otros.

Ronel González (1971 Cacocum) ha escrito décimas y prosa breve para niños, orientadas en parte en Nicolás Guillén, como la siguiente décima, incluida en el libro *Un país increíble* (1992):

> Para continuar soñando
> Todas las flores de abril
> Nicolás Guillén
>
> Quiero volar a la luna
> en un barco de papel
> sin riendas, sin timonel
> ni escaleras de aceituna.
> Quiero volar y que una
> marejada del añil
> me deje por el cantil
> de una ciudad diferente
> que alargue sobre mi frente
> todas las flores de abril.[490]

Entre los escritores de éxito y autores de libros infantiles, de gran originalidad, figuran también Chely Lima (*El barrio de los elefantes, Umbra*, ciencia ficción), Rodolfo Pérez Valero con teatro infantil (*Las aventuras de Pepito*, 1975), *Las siete puntas de corona de Tragamás* (1978, en colaboración con Antonio Veloso) y la novela juvenil policíaca *El tesoro de las cuevas del pirata* (1979), Excilia Saldaña, Vázquez Portal, Aramís Quintero, Enid Vián, Teresa Rodríguez Baz y otros.

El tema del internacionalismo lo ha descrito magistralmente **Félix Pita Rodríguez** (1909-1990) en el libro Niños de Viet Nam. La identificación con los niños de lejanos continentes debe contribuir a despertar sentimientos de solidaridad.

Sindo Pacheco (1956 Cabaiguán, Sancti Spíritus) ha encontrado un estilo propio y entusiasmado a un gran número de lectores con sus novelas, varias veces premiadas (*María Virginia en la luna de Valencia*, 1990, Premio «El Caimán Barbudo»), sus cuentos (*Oficio de hormigas*, 1990) y libros juveniles

---

[490] González (1992: 15).

(*María Virginia está de vacaciones*, 1994, Premio Novela, literatura para jóvenes, Casa de las Américas).

Con gran ingenio y humor, Pacheco describe, en la última novela mencionada, desde la perspectiva del joven Ricardo Armas Salteador, estudiante de secundaria, del segundo grado, los problemas de sus relaciones con su idolatrada María Virginia Lope de Vega. Armas la sigue, en unión de su compañero de viaje, el amigo filatélico Mariano Jesusón, a patita y andando y por *autostop*, desde el pueblo de Cabaiguán hasta su lugar de vacaciones, hacia Guanabo, en la Enseñada de Sibarimar, en las proximidades de La Habana.

Este viaje por la isla es descrito en episodios breves, en la jerga de los jóvenes, con picardía y choteo e ironizando sobre lemas y rituales. Arranque y final de la novela lo constituyen las variaciones epistolares de las cartas dirigidas a la veleidosa amada, desbordantes de la ironía sobre las frases y eslóganes oficiales que se hacen públicos a diario para mantenerse firmes y resistir:

> Querida María Virginia:
> Un día como hoy no podría recordarte de otra forma que no fuera con la admiración, el cariño y el respeto que te has hecho merecedora [...] Estoy seguro que darás grandes e incontables pruebas de abnegación, coraje y desprendimiento que no te importarán los peligros y los sacrificios, que no habrá fuerza en el mundo capaz de doblegar tu voluntad y tu espíritu, y que llegado el momento, no vacilarás en ofrendar hasta la última gota de sangre. Revolucionariamente, Ricardo[491]

Temáticamente muchos libros infantiles y juveniles son de alguna forma reflejo de la literatura para adultos. Esto es válido para una gran parte de la literatura sobre las campañas de alfabetización de 1961, en Cuba, y de 1979, en Nicaragua. El hecho de que, en aquel entonces, fueron niños los que instruían a los adultos tiene algo de fascinante para los jóvenes, sin embargo parece invertir las relaciones de autoridad y confirmar el tópico literario del «mundo al revés». No obstante, estos textos están sujetos a un regionalismo excesivo, aunque sus autores hayan tenido en cuenta un público internacional con un catálogo de valores intemporales.

Como autora de libros infantiles, la emigrante **Hilda Perera** (11 de noviembre de 1926 La Habana) es conocida por cuatro obras: historias breves como *Cuentos para grandes y chicos* (1976) y *Podría ser que una vez* (1981), novelas cortas como *Mai* (1983) y *Kike* (1984). Son textos de crítica social que presentan niños que son víctimas de la guerra y la violencia, que han sido transplantados y desenraizados de sus países y que luchan a diario por sobrevivir.

Mirta Yáñez (4 de abril de 1947 La Habana) ha escrito una deliciosa historia infantil con su obra *Serafín y su aventura con los caballitos* (1978, Premio Concurso «La Edad de Oro»). Personajes y animales como Crin-Crin-Bo, Misumiau, Coco, Jiribilla el Conejo, Casavecina, Caballito de Palo, Josefito

---

[491] Pacheco (1994: 129).

Gorrión, Chiva Belinda, Caracola, Cornelio Manatí, Tiovivo y Caballito del Monte, viven de la compenetración psicológica de la autora. Animales y personas viven pacíficamente en comunidad. Todos los problemas tienen una solución como en la «Canción de Josefito Gorrión» que explica por qué está caritriste:

Noche tras noche me voy a la laguna
aunque mucho mire, siempre veo dos lunas:

una es seca, lejana y poco habladora;
la otra es húmeda, tierna y acogedora;
una está arriba, mas la otra está abajo.
Saber a cuál quiero me cuesta trabajo.

Jiribilla el Conejo aconseja al pequeño gorrión:

De esas dos lunas
pienso que es una.
Quiérela así
o a ninguna.[492]

En 1995, la autora publicó la Poesía casi completa de Jiribilla, el Conejo. El libro *Una memoria de elefante* (1991) es un emotivo retrato en recuerdo a su profesora, Rosario Novoa.

Su polifacético hermano, **Alberto Jorge Yáñez** (1959 La Habana — 21 de octubre de 2008 La Habana), escritor familiarizado lo mismo con la pintura, la música, el teatro y el cine que con la lírica y la prosa, obtuvo dos veces el Premio Literatura para niños y jóvenes «13 de Marzo» auspiciado por la Universidad de La Habana, una vez con el tomo Cuentan que Penélope (1981). La perra Penélope es «un disparate con patas», «una perra que de su atento querer a los niños ha llegado a humanizarse, al extremo de parecérseles», como hace muy bien notar Alga Marina Elizagaray en su prólogo al libro.[493] Poesía y prosa se funden y surgen «histoires-rêves-poèmes», como diría Valéry:

En el mar de un pozo
se cayó la luna.
Como era preciosa
se vistió de espuma.

Comenzó a cantar
con su voz plateada,
escamas le salieron
y hasta una cola larga.

---

[492] Yáñez (1978: 18-19).

[493] Yáñez (1981: 6).

Nunca se dio cuenta
pero transformada
en una sirena,
vióse una mañana.

[...] En el mar de un pozo,
canta una sirena [...][494]

En la colección «Pinos Nuevos» publicó un libro encantador de prosa y poesía: *Este libro horroroso y sin remedio* (1996), con ilustraciones de Raúl Castillo Griñán, un libro «que nos hace conocer las yerbas y los animales de forma tierna y simpática». En 2000 publicó *La frenética historia del bolotruco y la cacerola encantada*.

Uno de los objetivos pedagógicos de la literatura infantil y juvenil cubana es que el lector mismo se transforme en autor. El estado fomenta, por medio de numerosos concursos y talleres para niños, estos propósitos: los niños crean sus libros con texto e ilustraciones. Como ejemplo de ello, sean mencionados los libros ilustrados *Niños de la Sierra Maestra* (1972, segunda edición 1975) y *Granma: proa a la historia* (1975), editado con motivo de la celebración del Primer Congreso del Partido Comunista. En el primer libro, cuatro alumnos de la Ciudad Escolar Camilo Cienfuegos hablan de sus familias, su vida en el campo y de su pasado, presente y futuro. La orientación ideológica es más patente en estas obras, como por ejemplo, en el himno a Fidel Castro, que la madre aprendió ya en la escuela y que el «niño alegre de las faldas del Turquino» entona:

Viva Fidel que por la infancia
de la tierna solicitud,
quiere librarnos de la ignorancia,
de las cadenas de esclavitud.

Viva el estudio, que es meritorio
ser ciudadano de una nación
que, aunque pequeña de territorio,
nos hará grandes de ilustración.

Héroes gloriosos que se inmolaron
dieron sus vidas por conseguir
conocimientos, y así sabremos
ser ciudadanos del porvenir.

Cuando los pueblos están conscientes
no pueden nunca retrogradar.
Si hacen sus hijos inteligentes,
tienen por fuerza que progresar.

Ya sí tenemos quien se desvele
porque adquiramos ilustración.

---

[494]   Yáñez (1981: 27).

Gritemos todos: ¡Viva Fidel!
con voz nacida del corazón.[495]

El catálogo de virtudes de los jóvenes pioneros aparece aquí claramente esbozado, pero también se hace alusión a la correa de transmisión de esta ideología: escuela — casa paterna — niños. Este mecanismo está ya grabado, consciente o inconscientemente, en la cabeza de los alumnos de las escuelas secundarias básicas del campo.

La saga de la travesía y desembarco del Granma fue narrada a los alumnos por dos expedicionarios. En textos animados y dibujos en color, un grupo de escolares entre cinco y once años trasladaron al papel los acontecimientos relatados, con sus héroes, Castro y Che Guevara, en el centro, para «así ser útiles a la Patria Socialista».[496] Parece como si se hubiera malinterpretado aquí el mensaje de *La Edad de Oro*, de José Martí.

Entre los autores de libros infantiles, que viven en el extranjero, **Joel Franz Rosell** (en París) es el más conocido. Sus libros, varias veces premiados (*Los cuentos del mago y el mago de los cuentos, Las aventuras de Rosa de los Vientos y Perico de los Palotes, ¡Vuela, Ertico, vuela!*) son bien acogidos por un amplio público internacional de lectores y despiertan, además, la fantasía silenciosamente dormida de los adultos hacia nuevos horizontes.

Imagen 88:
Alberto Jorge Yáñez con Hanna Schygulla

---

[495] Niños (1975: 30-31).

[496] *Granma* (1975: 62).

12.6 Teatro infantil y juvenil

12.6.1 El marco institucional

Las primeras obras de teatro infantil fueron representadas, después del triunfo de la Revolución, por el grupo los Barbuditos, propiciado por el Ejército Rebelde, bajo la orientación de Che Guevara. Incluso, se llegó a exhibir un teatro de títeres de Nicolás Guillén. Con la creación del Departamento Nacional de Teatro Infantil (1961), perteneciente al Consejo Nacional de Cultura, el teatro para niños logró que se le asignara un marco institucional, un presupuesto y que dispusiera de programas y estructuras que se desplegaron hasta los rincones más apartados del país.

Ya en 1966 se celebró el Primer Festival Nacional de Teatro Infantil y de la Juventud en La Habana y se organizaron con regularidad, cada dos o tres años, festivales parecidos, con una participación cada vez mayor. Los muchos concursos fomentaron el nivel de calidad, contribuyendo a una beneficiosa y sana rivalidad. En 1969 inició sus trabajos la Escuela Nacional de Teatro Infantil, bajo la dirección de Julio Cordero, lo que aportó una mayor profesionalización, sin por ello reglamentar el arte de la improvisación.

También el Plan de Desarrollo del Teatro para la Infancia y la Juventud, creado por el Ministerio de Cultura en 1978, contribuyó a la especialización de los futuros trabajadores de la cultura. A partir de 1982, se organizaron en la Facultad de Artes Escénicas, del Instituto Superior de Arte de La Habana, seminarios de teatro infantil, destinados a los estudiantes de teatrología y dramaturgia.

La Escuela Nacional de Teatro Infantil formó muchos colectivos jóvenes, que se desplegaron por todas las provincias, aportando entusiasmo e idealismo para hacer frente a sus nuevas tareas. Artiles (1988: 72-74) indica, para 1988, la cifra de 24 teatros para niños en las 14 provincias, incluida la Isla de la Juventud. Allí se habían establecido, desde diciembre de 1977, estudiantes de la especialidad de artes dramáticas, de la Escuela Nacional de Arte, con el objetivo de constituir la primera compañía de teatro juvenil. La socióloga Esther Suárez Durán, ella misma autora, además, de obras como *Asesinato en la playita de 16* (1983), describe, en una conversación con seis actores miembros del grupo, las dificultades de este Teatro Juvenil de Pinos Nuevos (Suárez Durán 1988).

A ello hay que añadir el Frente Infantil del Teatro Escambray, que se creó en 1969 como parte del trabajo de la compañía dirigida por Carlos Pérez Peña (Orihuela 1978). Todos estos grupos estudiaban sus obras en estrecha colaboración con los niños y jóvenes y se mantuvieron firmes frente a la competencia de los programas infantiles de la televisión.

El activo intercambio de experiencias, la colaboración entre teatro infantil, juvenil y para adultos, las relaciones internacionales con los grupos más importantes de los países socialistas y capitalistas, las actuaciones de compañías extranjeras e invitaciones recíprocas y las publicaciones, todo ello aportó un alto nivel al teatro infantil y juvenil cubano, también reconocido internacionalmente.

12.6.2 Autores y obras

Sólo a partir de 1981, la Editorial Letras Cubanas empezó a publicar teatro para niños, lo cual representó una primera base para disponer de textos para este género teatral. Si a ello se añade la albor de creación hecha en los talleres, resulta así toda una serie de obras, en la que participaron también conocidos dramaturgos.

Entre los numerosos autores descuellan algunos que destacaron, además, en otros géneros de la literatura infantil. Desde 1956, **Dora Alonso** empezó a escribir para el Guiñol Nacional de Cuba. Con su pieza Pelusín y los pájaros, creó el prototipo del niño campesino entrañable, Pelusín del Monte, que aparece también en otras obras de la autora. Definir el perfil de los personajes es una característica esencial de la literatura infantil y policíaca.

La pieza para niños más conocida de Dora Alonso es *El Espantajo y los pájaros* (1962), que despertó el entusiasmo de niños y adultos, incluso en América Latina y la República Democrática Alemana. Al final de la obra, el Espantajo expresa su sencillo mensaje para el público:

> ¡Yo soy el guardián! ¡La tierra tiene dueño! ¡Su Amo y Señor
> es el hombre trabajador! [...]
> Cuidando el arrozal,
> nadie podrá robar.
> Cada cual en su puesto
> ¡a velar, a velar![497]

> La fábula de esta pieza nos muestra a una pareja de ancianos que colocan en su arrozal a un espantajo a fin de librarse de una plaga de pájaros que le roban el arroz. Los pájaros se sorprenden al encontrarse con un obstáculo, pero una cotorra los convence de que el espantajo, con sus ropas harapientas y su pobre aspecto, no puede asustar a nadie. Así los páraros convocan a toda la bandada para arrasar el arrozal, pero la paloma le hace ver al espantajo que su deber es defender el fruto del trabajo y que puede hacerlo. Cuando llegan los pájaros ladrones el espantajo lucha bravamente, los ahuyenta y expresa su satisfacción por haber cumplido con su deber [...][498]

René Fernández es autor de unas 20 obras aproximadamente, entre las cuales *La amistad es la paz* tuvo mayor éxito: una gata temeraria, que antes no había conocido ningún perro, traba una profunda amistad con un perro de malas pulgas. El *fábula docet* aparece aquí de forma espontánea, como en las mejores piezas de teatro infantil.

---

[497] Alonso (1992: 17).

[498] Artiles (1988: 91-92.)

Ello es válido también para las obras de **Ignacio Gutiérrez**, cuyo teatro para niños está casi inédito. Una de sus obras más originales es *Una aventura*, estrenada en 1962: El niño Roberto viaja con un amigo al Polo Norte, donde no hay ni calor tropical ni profesores, pero precisamente este contraste le hace anhelar otra vez la vuelta a su país. La gran experiencia del dramaturgo hacen de él uno de los autores de teatro infantil más representados.

Entre los dramaturgos conocidos, figura también **Rolando Ferrer** (1925-1976), que adoptó para el teatro infantil el delicioso libro para niños *Platero y yo*, publicado en 1917 por el escritor español Juan Ramón Jiménez. Esta elegía andaluza describe, en escenas sueltas y en primer plano, la triste historia de la vida y la muerte de un burrillo. La obra simboliza, en un segundo plano narrativo, las fases de la vida humana. En *Buscando, buscando* Ferrer representa una revista musical para niños.

Las tres obras de teatro para niños de **Gerardo Fulleda León** (*Guille, cazador; Las flores; El trotamundos*) están agrupadas entorno a la figura de Guille, un fanfarrón, que se ve envuelto en numerosas aventuras. Mayor éxito alcanzó *Fulleda con Ruandi* (1978), pieza para jóvenes, en la que un joven negro lucha por su liberación, durante la época de la esclavitud, hasta que, finalmente, puede realizar su sueño de vivir en una sociedad liberada, en palenque.

Otra característica del teatro infantil cubano es que autores de renombre, como **Abelardo Estorino**, han enriquecido este género. Se han hecho famosas las versiones teatrales de cuentos como «El lindo ruiseñor», «La cucarachita Martina», «El mago de Oz». La sólida estructura y los delicados diálogos en prosa delatan a su experto autor.

Según las ideas del viejo comunista Blas Roca (*Influencia del arte y la literatura en la formación del niño*, 1974), el teatro infantil debería guiarse por los siguientes axiomas ideológicos en la sociedad socialista:

1. El sentido colectivista de nuestra moral en oposición al sentido individualista de la moral burguesa.
2. La nueva actitud ante el trabajo, considerado como una cuestión de honor y como el mérito más alto en nuestra sociedad.
3. La actitud ante el estudio como parte de la actitud ante el trabajo, que cada día a impulsos del desarrollo se hace más técnico y más complejo.
4. El sentido patriótico, que, aparte del amor a la patria, implica el cultivo de la valentía, la dignidad y el sentido del honor que deben tener los miembros de nuestra sociedad.
5. El espíritu internacionalista, entendiendo que el verdadero patriotismo sólo se desarrolla plenamente si va unido al internacionalismo.[499]

Que estas ideas saltaran hechas añicos al chocar con la dura realidad social, no necesita explicación.

---

[499]   Artiles (1988: 135).

12.6.3 El teatro de títeres

Entre el 27 de marzo y el 10 de abril de 1996 se celebró en Matanzas el Segundo Taller Internacional de Teatro de Títeres, convocado por el Teatro Papalote (fundado en 1962) que una vez más demostró la vigencia del teatro de muñecos y la tradición cultivada sobre todo por el grupo matancero. «En los noventa el grupo ha proseguido su vertiginoso ritmo de trabajo. Estrenos, giras internacionales, animación de su sede, publicaciones, creación del Taller Internacional [...]».[500]

Una de las características del Teatro Papalote es unir herencias europeas y africanas, incluyendo aristas de la cubanidad, como se pone de relieve en piezas tales como *Otra vez Caperucita y el lobo* y *Los ibeyis y el diablo* (1992). El mundo de los dioses afrocubanos se refleja también en la trilogía *Ochún y el espejo mágico, Yemayá y la maravillosa flauta, Obatalá y el castillo encantado* (1995) aparecidos en la revista de teatro de títeres «La Mojiganga» y textos dramaticos publicados por Ediciones Vigía en Matanzas.

Si prescindimos de predecesores como Modesto Centeno, fundador del teatro de títeres en Cuba en 1943 con *Caperucita roja*, este género es producto de la Revolución, sobre todo en lo que se refiere su amplia difusión hasta el último rincón del país. Ya en los años 60, en el Teatro Nacional de Guiñol (fundado en 1963), se desarrolló con apoyo estatal este subgénero del teatro infantil, por cierto influenciado por el *Bread and Puppet Theatre* (fundado en 1961 en Nueva York por Peter Schumann) y la tradición de los países socialistas.

Mientras en Asia, el actor animador de marionetas era muy considerado socialmente, en Europa fueron desde la Edad Media sobre todo feriantes y comediantes ambulantes, los que imprimieron carácter al teatro de títeres. Su posición social marginalizada llevó a menospreciar al animador de títeres. En contraposición a esta tradición, el teatro cubano de marionetas ha sido nacionalizado, y las iniciativas privadas están oficialmente prohibidas. Esto pone claramente de manifiesto las posibilidades subversivas de este teatro, que, al combinar entretenimiento y aspiración didáctica, puede iniciar un proceso de crítica del sistema en el espectador, fascinando por igual a niños y adultos.

El teatro de marionetas ha desempeñado siempre, en todas las épocas, una función instructiva y esclarecedora. Sea sólo mencionado aquí el teatro de marionetas, en la práctica pedagógico-cultural del movimiento obrero alemán y austríaco, desde 1918 hasta 1933. En Cuba este teatro debería haber sido un instrumento importante de formación de la propia identidad para la generación joven, pero, como consecuencia de su forma controlada, no pudo llevar a cabo su función más inherente: ser un teatro alternativo frente al aparato cultural estatal.

---

[500]   Valiño (1996: 15).

Textos

Aguirre, Mirta: *Juegos y otros poemas,* La Habana 1974.

Alonso, Dora: *Teatro para niños,* La Habana 1992.

Fernández, René: *Teatro infantil,* La Habana 1965.

González, Ronel: *Un país increíble,* Holguín 1992.

Granma: Proa a la historia, La Habana 1975.

Guillén, Nicolás: *Por el mar de las Antillas anda un barco de papel,* ilustraciones de Horacio Elena, Salamanca 1984.

Jorge Cardoso, Onelio: *Cuentos completos,* La Habana 1962.

Martí, José: *La Edad de Oro,* La Habana 1979.

Méndez Capote, Renée: *Memorias de una cubanita que nació con el siglo,* Barcelona 1984.

Navidades para un niño cubano, La Habana 1959.

Niños para la Sierra Maestra, segunda edición, La Habana 1975.

Pacheco, Sindo: *María Virginia está de vacaciones,* La Habana 1994.

Yáñez, Alberto: *Cuentan que Penélope,* La Habana 1981.

Yáñez, Mirta: «Serafín y su aventura con los caballitos», en: *La Edad de Oro: Concurso «La Edad de Oro»,* La Habana 1978, págs. 3-52.

Estudios

Alzola, Concepción Teresa: «Cuentística de Dora Alonso», en: *Unión* 1 (1962), págs. 89-106.

Andricaín Hernández, Sergio: «Literatura cubana para niños y adolescentes, hoy por hoy», en: *Unión* 8 (1989), págs. 58-86.

Arias, Salvador (ed.): *Acerca de la Edad de Oro,* La Habana 1980.

Artiles, Freddy: *Teatro y dramaturgia para niños en la Revolución,* La Habana 1988.

Bortolussi, Marisa: *El cuento infantil cubano: un estudio crítico,* Madrid 1990.

Elizagaray, Alga Marina: *En torno a la literatura infantil,* La Habana 1975.

Elizagaray, Alga Marina: *El poder de la literatura para niños y jóvenes,* La Habana 1979.

Elizagaray, Alga Marina: *Niños, autores y libros,* La Habana 1981.

Elizagaray, Alga Marina: «Andanzas de Dora Alonso por el reino de la fantasía», en: Prats Sariol, José (ed.): *Nuevos críticos cubanos,* La Habana 1983, págs. 437-445.

Emmrich, Chr.: «Kinder- und Jugendliteratur», en: Träger, Claus (ed.): *Wörterbuch der Literaturwissenschaft,* Leipzig 1986, págs. 260-263.

En julio como en enero: Boletín sobre literatura infantil — Prehistoria de la serie literaria infantil cubana 9 (1989).

Franzbach, Martin: «Análisis comparativo de objetos educativos de la burguesía: José Martí: *La Edad de Oro* (1889) y Edmondo de Amicis: *Cuore* (1886)», en: Schönberger, Axel / Zimmermann, Klaus (eds.): *De orbis Hispani linguis litteris historia moribus: Festschrift für Dietrich Briesemeister zum 60. Geburtstag*, tomo 2, Frankfurt am Main 1994, págs. 1409-1415.

Franzbach, Martin: «¿Existe una literatura infantil de vanguardia? Nicolás Guillén: *Por el Mar de las Antillas anda un barco de papel* (1977)», (manuscrito no publicado 2005).

González López, Waldo: «Sobre Juegos y otros poemas de Mirta Aguirre», en: Prats Sariol, José (ed.): *Nuevos críticos cubanos*, La Habana 1983, págs. 446-462.

Orihuela, Roberto: *Historia del frente infantil del grupo Teatro Escambray*, La Habana 1978.

Orlando Rodríguez, Antonio: «Literatura cubana para niños y adolescentes cien años después», en: *Revolución y Cultura* 9 (1989), págs. 20-25.

Pérez Díaz, Enrique: «Literatura para niños: renovación y ruptura en los 90», en: *La Gaceta de Cuba* 3 (1998), págs. 23-26.

Pérez Díaz, Enrique (ed.): *¡Mucho cuento! Narrativa infantil cubana de los años noventa (antología)*, La Habana 1998.

Rodríguez Mondeja, Iraida / López Lemus, Virgilio: *Contribución al estudio de la literatura para prescolares*, La Habana 1990.

Suárez Durán, Esther: *Un colectivo tras el telón*, La Habana 1988.

Valiño, Omar: «Como papalote [...] hasta la luna: el teatro de títeres en Cuba hoy», en: *La Gaceta de Cuba* 3 (1996), págs. 14-16.

Cronología en etapas

A. Luna de miel y años duros (1959-1967)

Mitos y sagas de la Revolución en la literatura?

13 Los cimarrones — símbolos de la libertad

Frauke Gewecke ha señalado en un brillante ensayo, tomando como ejemplo el caso de Cuba, que los mitos son indispensables en el debate político para justificar y legalizar un orden social.

> Los mitos de la Revolución cubana han mostrado su eficiencia en el proceso del desarrollo revolucionario pero, entretanto, han perdido vitalidad allí donde esencialmente cumplen una función compensatoria.[501]

Robespierre afirmó un a vez que todas las revoluciones tienen que crearse sus propios héroes para poder forjar una nueva identidad nacional. La Revolución cubana, como cualquier otra, ha actualizado figuras y movimientos históricos con el fin de integrar su propio proceso en un contexto orgánico. Mientras que los cimarrones, por ejemplo, antes de la Revolución despertaron el interés etnológico, en el mejor de los casos, de un grupo limitado de profesionales, y ello a pesar de los numerosos trabajos valiosos de Dallas, Franco, Ortiz, etc., fue sólo después de 1959 cuando una opinión pública más amplia tuvo conciencia de las luchas seculares de rebelión del esclavo cimarrón contra las estructuras coloniales y sus exponentes, a través de un estudio sistemático y detallado de la historia, a través del cine (*Cimarrón*, de Sergio Giral, 1967, *Rancheador*, 1976 y *La última cena*, de Tomás Gutiérrez Alea, 1976, etc.) y la literatura.

Aunque con anterioridad a 1959, el tema del cimarrón atrajo ya la atención de algunos autores literarios por su contenido dramático, como por ejemplo, *Caniquí* (1936) de José Antonio Ramos y *El negro que se bebió la luna* (1940), de Luis Felipe Rodríguez, la reflexión relevante sobre el individuo y la afirmación rotunda de este individualismo en la sociedad colonial no permitían, en cambio, que ese tema fuera enmarcado en un contexto actual.

A pesar de que en Cuba no se produjo ninguna revolución organizada de los negros, como en Haití (1791-1804), sí hubo desde finales del siglo XVIII y, sobre todo, en la primera mitad del siglo XIX, una serie de rebeliones, cuyo momento álgido fue el fracasado intento de Aponte en 1812. En la Primera

---

[501] Gewecke (1990: 93).

Guerra de Independencia (1868-1878), a más tardar, los negros habían ya comprendido el nexo existente entre la liberación nacional y la propia al unirse al ejército mambí.

En los capítulos dedicados a los autores se analiza, sobre todo en la novela, los textos más importantes sobre la temática de los cimarrones. Con el éxito internacional de la obra de Miguel Barnet, *Biografía de un cimarrón* (1966), se inició en Cuba el tratamiento literario de este capítulo olvidado de la historia. Simultáneamente se publicó la narración «Ponolani» (1966), de Dora Alonso, la historia de una esclava negra, basada en los relatos del pueblo de su infancia. No obstante, la obra maestra, hasta hoy no superada, y auténtica perla de la narrativa del cimarronaje, es el cuento de Alejo Carpentier «El fugitivo» (1946) que, a pesar de todo, apareció antes de la Revolución.

Con *Los guerrilleros negros* (1976) (publicado en España con el título de *Capitán de cimarrones*, 1982), de César Leante, el tema alcanzó una difusión mayor. Sin embargo, ya la modificación del título del libro — el concepto colectivo de los guerrilleros negros es sustituido por el individualizante Capitán de cimarrones señala la diferencia entre la politización de la cuestión en el socialismo y su revocación burguesa. Tampoco el tema de los cimarrones escapó al desencanto político, lo que llevó al escritor Leante a exiliarse en 1981 en España.

Estudios

Bansart, Andrés: *El negro en la literatura hispanoamericana (bibliografía y hemerografía)*, Sartenejas; Baruta 1986.

Dallas, R. C.: *Historia de los cimarrones*, La Habana 1980 (texto inglés 1803).

Franco, José Luciano: *Los palenques de los negros esclavos*, La Habana 1973.

Gewecke, Frauke: «Mythen als Begründungs- und Beglaubigungsrede: das Beispiel der Kubanischen Revolution», en: *Iberoamericana* 40-41 (1990), págs. 74-95.

Grötsch, Kurt: *Der Kampf um die Integration: Afrokubaner als Protagonisten und Autoren in der Literatur Kubas des 19. und 20. Jahrhunderts*, Frankfurt am Main 1989.

Ortiz, Fernando: *Los negros esclavos*, La Habana 1975 [¹1916].

Price, Richard (ed.): *Maroon Societies: Rebel Slave Communities in the Americas*, New York 1973.

Williams, Lorna Valerie: *The Representation of Slavery in Cuban Fiction*, Columbia (Miss.) 1994.

Williams, Luis: *Literary Bondage: Slavery in Cuban Narrative*, Austin 1990.

14 José Martí y Fidel Castro

14.1 José Martí

La transfiguración hagiográfica de Martí comenzó ya durante su vida, pero su intronización y la de Castro, como realizador de las ideas martianas, tuvo sus inicios a partir de 1959. Si esta argumentación sirvió, además, antes de 1959 para atraerse la adhesión de amplios sectores de la burguesía liberal y de las fuerzas antiamericanas a las ideas de los guerrilleros, en cambio ahora, después del triunfo de la Revolución, el nombre y la obra de Martí sirvieron por igual a los cubanos de la isla como a los del exilio para llevar adelante, en nombre del «auténtico» Martí, sus enfrentamientos falaces.

Desde la emisora «independiente» José Martí y una tele Martí, del mismo nombre — ambas en Miami — hasta el song «Rock-Guantanamera», de Tuli Kupferberg, cuya temática son los crímenes de los «marines» norteamericanos y de los tiburones de la bolsa de Wall Street, existe una línea permanente en la instrumentalización del nombre y las ideas de Martí por círculos interesados. Si ideología es, socialmente, falsa conciencia necesaria, en la que se entrecruzan verdad y falsedad, en este caso esa conciencia se hace patente, sobre todo, en las variadas interpretaciones del nombre de Martí.

Ottmar Ette (1991 edición alemana, 1995 edición española) ha recogido la historia, rica en errores, de la recepción de Martí en Cuba después del triunfo de la Revolución y en el contexto internacional la sacralización y canonización de Martí, como máxima expresión de la cubanidad, se manifiesta en muchos grados y variantes hasta desembocar en la usurpación de Martí en los debates del poder.

Al considerarse Castro a sí mismo, anclado en la tradición del guerrillero del siglo XIX, realizador de las ideas del apóstol, pudo lanzar a sus acusadores en el proceso del Moncada «que Martí era el autor intelectual del 26 de Julio».[502] Como símbolo creador de identidad al lado de Castro, Martí se hizo presente en todos los sectores de la realidad cubana — incluso iconográficamente — después de 1959. También Che Guevara vio en José Martí el «mentor directo de nuestra Revolución» y «nuestra bandera de combate».[503]

Después de que la pareja Martí — Castro había sido programada de esa forma, a los escritores no les resultó difícil entonar sus himnos a estos mellizos siameses. Guillén, por ejemplo, compuso su famoso son «Se acabó», publicado el 9 de agosto de 1960 en el periódico *Hoy*, cuya primera estrofa dice así:

Te lo prometió Martí
y Fidel te lo cumplió;
Ay, Cuba, ya se acabó

---

[502] Castro (1967: 21).

[503] Centro (1978: 71; 76).

se acabó por siempre aquí,
se acabó,
Ay, Cuba, que sí, que sí,
se acabó el cuero de manatí
con que el yanqui te pegó.
Se acabó.
Te lo prometió Martí
y Fidel te lo cumplió.
Se acabó.[504]

Dado que en nuestro contexto interesa sólo lo que aportaron los escritores a la formación de este mito, sería una tarea interesante, por lo demás, examinar todos los himnos literarios a Martí en su relación con el estudio político y científico de la obra martiana. Como seismógrafo de los enfrentamientos político-ideológicos, Martí adquiere una importancia de primer rango. José Martí cumple también una función legitimadora y orientadora para muchos cubanos exiliados. El reverso de la transfiguración hagiográfica es la destrucción del mito, cuyo representante más prominente es Cabrera Infante con su obra.

En su novela *Tres tristes tigres* (1967), Cabrera Infante se sirvió del extrañamiento con alusiones a Fidel Castro en el poema de Martí «Los zapaticos de Rosa» (en: *La Edad de Oro*) y que él tituló «Los hachacitos de Rosa», en el sentido de una parodia de la muerte de Trotzki.[505]

Su aversión al culto de Martí la expresó Cabrera Infante elocuentemente, poniéndola en boca de uno de los personajes de la novela:

No soy, no éramos martianos. En un tiempo admiré mucho a José Martí, pero luego hubo tanta bobería y tal afán de hacerlo un santo y cada cabrón convirtiéndolo en su estandarte, que me disgustaba el mero sonido de la palabra martiano. Era preferible el de marciano.[506]

De forma más violenta todavía, formuló Cabrera Infante en *Vista del amanecer en el trópico* (1974) su opinión sobre Martí:

Con el tiempo este cadáver se convirtió en una enorme carga de la conciencia revolucionaria. Hecho mártir el hombrecito creció y creció hasta que finalmente no se podía con la carga y todos invocaban su nombre, hablando de un muerto grande — aunque cuando lo enterraron medía apenas cinco pies y cinco pulgadas.[507]

Lo que aquí se desentimentaliza con ironía trágica no tiene otra función que reducir la preeminencia excesiva de la figura de Martí, devolviéndola su dimensión terrenal a la vez que la libera de toda interpretación transcendental.

Nicolás Guillén ha tratado acertadamente en sus *Epigramas* (1969) la transfiguración hagiográfica y la exaltación en la destrucción del mito martiano:

---

[504]   Guillén (1986: 212).

[505]   Cabrera Infante (1971: 227-228).

[506]   Cabrera Infante (1971: 403).

[507]   Cabrera Infante (1984: 78).

Martí, debe de ser terrible
soportar cada día
tanta cita difusa,
tanta literatura.
En realidad, sólo usted y la Luna.[508]

14.2 Fidel Castro

No nos extraña volver a encontrar el antiguo tópico del elogio del gobernan-
te (βασιλικὸς λόγος, 'basilikòs lógos') con su estilo panegírico también en los
homenajes a Fidel Castro. Lo que sí asombra, en cambio, es el hecho de que
cualquier escritor que ha triunfado no haya contribuido con su óbolo a este
culto del héroe. Los textos en este sentido arrojan una luz característica sobre
la relación de los intelectuales con el poder.

El «Elogio de los dioses y los hombres» (Quintiliano, *Institutio Oratoria*, II,
7, 6) representaba ya en la Antigüedad una de las actividades principales de los
sofistas y adquirió gran importancia política, sobre todo, en la época imperial.
La formación y la enseñanza de una retórica genérica propia pasó del elogio del
tirano en el helenismo al elogio del monarca en la Antigüedad y al espejo de
los príncipes en el Renacimiento hasta el discurso para ensalzar al Jefe de
Estado en los sistemas totalitarios.

La evolución del arte del tópico y de los lugares comunes hasta su ritualización y transformación en fórmulas fijas vacías es un barómetro para medir la
situación de las relaciones del poder. Sería interesante comparar el tópico así
entendido en los himnos a Stalin (¡Neruda!) con la elevación de Castro a los
altares de la heroicidad.

Se ha insistido con frecuencia en que en las vías públicas de Cuba apenas
existen testimonios de un culto totalitario a la persona de Fidel Castro. Esto es
una realidad, sin duda. Pero, en cambio se pueden observar muchas otras
formas y contenidos hagiográficos, en cuya creación han colaborado muchos
escritores.

> Una imagen crística ha sido sabiamente elaborada desde un principio. Según versiones
> posteriores destinadas a alimentar la leyenda, los guerrilleros reagrupados alrededor de Fidel
> Castro [...] eran doce, como los apóstoles. La barba, por supuesto, es un atributo crístico.
> Además, Fidel Castro llega al poder a la edad exacta de 33 años, edad mítica, la de la muerte
> de Jesucristo. Para colmo, durante sus primera intervención pública en La Habana, una
> paloma blanca viene a posarse directamente en su hombro. En la religiosidad popular cubana,
> todos esos elementos de escenografía orquestada tendrán su importancia, por lo menos en los
> primeros tiempos.[509]

Castro es la imagen radiante y la figura con la que se identifica *par excellence* el régimen cubano. Por eso, la ideología basada en la lealtad y adhesión no
conoce inculpación mayor que censurar a alguien de «traidor» y «desertor». Al

---

[508]   Guillén (1974: 326).

[509]   Machover (1997: 68).

fin y al cabo, los numerosos chistes políticos sobre Castro no son otra cosa, en su función de válvula de escape, que un indicador de la política de represión. Esto es válido también para los muchos apodos del «Comediante en Jefe», «coma-andante», «Tía Tata» (por el programa de TV «Tía Tata cuenta cuentos»), «bálsamo» (todo lo cura), «Esteban» ('Este-ban-dido'), etc.

El márketing político del régimen intensifica la personalización y la ideología del vasallaje: «Te sigo fiel [= Fidel] porque te quiero», «Fidelidad hasta siempre» (alusión al eslogan de la época colonial: «La siempre fiel isla de Cuba»), «Somos invencibles», «El Moncada nos unió como una familia». El pueblo cubano como familia, y Castro como *pater patriae,* tal es la vieja ideología del integracionismo. Incluso en el hogar familiar, Castro siempre está presente de palabra y en imagen, como se expresa en el poema de Reina María Rodríguez «Hoy habla Fidel», donde la poetisa describe la impaciencia ante un discurso de Castro:

> hoy habla Fidel y yo he crecido
> [...]
> comprendo por qué
> allá en la Sierra
> ponían su retrato como un santo.
> Sólo hay una forma de quererlo:
> hemos crecido dentro de él como un gran árbol
> por eso lo cuidamos
> con tanta vanidad y tanta fuerza.
> hoy habla Fidel
> mis hijos quieren boinas y barbas
> [...]
> pero se sientan frente al televisor
> y cuando pasan por los parques
> las calles las escuelas
> lo reconocen.[510]

La sacralización de Castro se enriquece con un parto colectivo: «Hemos crecido dentro de él como un gran árbol.» Según Hesiodo y Píndaro, Júpiter hizo nacer a Palas Atenea por partenogénesis de su cabeza. Según otra versión, Júpiter devoró a la madre embarazada y él mismo dio a luz a la hija. Al hacerse eco Rodríguez inconscientemente de estos mitos sobre el nacimiento y el origen, la poetisa nos suministra un valioso material de análisis para posteriores interpretaciones.

Todos los mitos se relacionan con mitos primitivos; sobre todo, los cuentos de hadas son un apreciado arquetipo. La comparación de Castro con un gigante «con unas botas de siete leguas» confiere al Comandante una dimensión sobrehumana y una energía supraterrenal, como en un poema para niños de Mirta Aguirre:

---

[510]   Rodríguez (1982: 52-53).

El Comandante,
como una gigante,
tiene unas leguas de siete botas:
digo, unas botas de siete leguas
[...]
Fidel, barbudo, llega primero;
Fidel, ligero
con sus botazas de guerrillero.

Así en Oriente
o en Vueltabajo,
en horas buenas o en horas malas.
En todas partes, Fidel presente:
en el trabajo
o entre las balas.

Como si fueran hechos de alas
sus zapatones de combatiente.[511]

A la omnipotencia de Castro pertenece también su capacidad para vencer las fuerzas de la naturaleza. Incluso en un testimonio sobre la agresión ecológica, representada por el huracán «Flora» en octubre de 1963, *Contra el agua y el viento* (1985, Premio Testimonio Casa de las Américas), del antiguo expedicionario del Granma, Juan Almeida Bosque (1927 La Habana), Castro es celebrado por su potencia para aplacar las tempestades.

En un soneto de Ángel Augier se combina esta dimensión con la metáfora de la luz en el trío Martí, Mella, Castro:

Fidel de tempestad y de ternura
que dominó la mar y la montaña
el plomo, el viento, el odio con su hazaña
y devolvió a la patria la estatura.

Fidel de llama y luz en la hora oscura,
con raíz de tu tierra en la honda entraña,
como las de la palma y de la caña
que en batalla solar ganan la altura.

Combatiente del músculo y la estrella,
con la espiga y la flor junto a la espada
tu pueblo marcha firme tras tu huella.

Cuba libre muestra su alborada
y la bandera de Martí y de Mella
resplandece al amor de tu mirada.[512]

---

[511]   Aguirre (1974: 88-89).

[512]   Augier (1965: 79).

La lealtad a la adhesión reclama, además, estar dispuesto a sacrificarse en aras del comandante-guía («¡Comandante en Jefe, ordene!»). Esta ideología del mártir ha sido expresada y no igualada hasta hoy, por Rafael Alberti, el viejo comunista español, en verso de romance:

> Desde mi mar gaditano
> llegué a tu mar habanero
> a decir cuánto lo quiero
> y cuánto quiero con él
> al gran pueblo que Fidel
> ama, alumbra y representa,
> dispuesto a morir por él.[513]

La eufórica admiración por Castro se refleja en muchos intelectuales extranjeros y cubanos. A modo de ejemplo, sea citada aquí la obra de Barnet y uno de sus encuentros carismáticos con Castro, esta vez en Nueva York en noviembre de 1995:

> Fue una emoción muy grande y un orgullo mayor como cubano lo que experimenté [...] Pude medir el alcance de su mensaje y la fuerza de su palabra una vez más. Fidel representó en la ONU y en las calles y barrios de Nueva York el sentimiento del pueblo de Cuba [...] Una vez más Fidel demostró su brillantez política e hizo gala de su auténtico carisma y de su talento de estadista.[514]

El reverso de esta medalla son los numerosos textos y panfletos para destruir el mito de Castro de cubanos exiliados y enemigos de Fidel Castro, desde Arrabal: *Carta a Fidel Castro* (1983) hasta las tiradas de Cabrera Infante o César Leante. El estudio de esta literatura está todavía pendiente.

Uno de los textos más sensacionales de esta literatura es el testimonio de la hija ilegítima de Fidel Castro, el «bestseller» de Alina Fernández (nacida en 1956), *Alina: memorias de la hija rebelde de Fidel Castro* (1997). En diciembre de 1993, Alina Fernández consiguió huir al extranjero como turista española, con una documentación falsa.

Al igual que muchas otras obras de la literatura del exilio, este libro sobre la destrucción de mitos vive también de las numerosas generalizaciones y «horror-stories» para justificar la propia decisión: Castro, el padre duro, Castro, el don Juan, Castro, el hombre solitario de decisiones equivocadas, Castro, el hombre sin escrúpulos, Castro, el celoso, ... etc. El testimonio de Alina Fernández refleja la vida de una mujer joven, vigilada por la Seguridad del Estado, en un estamento social de jerarcas corruptos y privilegiados.

---

[513] Rafael Alberti, en: *El País*, 27 de junio de 1992, pág. 12.

[514] *Granma*, 8 de noviembre de 1995, pág. 6.

Textos y estudios

Aguirre, Mirta: *Juegos y otros poemas,* La Habana 1974.

Augier, Ángel: *Isla en el tacto,* Poema, La Habana 1965.

Cabrera Infante, Guillermo: *Vista del amanecer en el trópico,* Barcelona 1984.

Castro, Fidel: *La historia me absolverá,* La Habana 1967.

[Centro de Estudios Martianos]: «Presencia de José Martí en 'Poemas a la Revolución Cubana'», en: *Anuario del Centro de Estudios Martianos* 5 (1982), págs. 381-384.

[Centro de Estudios Martianos]: *Siete enfoques marxistas sobre José Martí,* La Habana 1978.

Ette, Ottmar: *José Martí: apóstol, poeta revolucionario: una historia de su recepción,* México 1995 (edición original alemana (citada): Tübingen 1991).

Fernández, Alina: *Alina: memorias de la hija rebelde de Fidel Castro,* Barcelona 1997.

Franzbach, Martin: «Wer mit dem Wolfe tanzt ...: das Castro-Bild kubanischer Schriftsteller», en: *Bürgerliche Gesellschaft — Idee und Wirklichkeit: Festschrift für Manfred Hahn,* Berlin 2004, págs. 333-344.

Guillén, Nicolás: *Obra poética, 1958-1972,* tomo 2, La Habana 1974.

Guillén, Nicolás: *Summa poética,* edición de Luis Iñigo Madrigal, sexta edición, Madrid 1986.

Machover, Jacobo: «Parodia de la revolución: 'La entrada de Cristo en La Habana'», en: Ponce, Néstor (ed.): *Le néobaroque cubain,* Paris 1997, págs. 67-74.

Rodríguez, Reina María: *Cuando una mujer no duerme,* La Habana 1982.

15 El exorcismo del pasado: la lucha clandestina contra Batista y la corrupción del Ancien Régime

Todavía hoy, la Revolución cubana trata de buscar su justificación por com
paración, en gran parte, con el pasado anterior a 1959. Frente a la brutalidad
del régimen de Batista, sobre todo en la fase final, cuando se recrudecieron las
luchas de clase (1957/1958), se produjeron actos ingenuos de clemencia, como
la amnistía de los asaltantes al cuartel Moncada, decretada por Batista, des
pués de transcurridos ni siquiera dos años. Una cosa es la realidad y otra su
instrumentalización al servicio de la Revolución.

Abundan las descripciones de la burguesía corrupta y decadente en la Cuba
prerrevolucionaria, expresión de la crisis profunda del capitalismo en esa época.
La mayoría de esta clase social abandonó la isla tras la batalla perdida. Repre
sentantes de esta misma burguesía nos proporcionaron los retratos más fide
dignos, como por ejemplo, Lisandro Otero en su novela *La situación* (1963),
Jaime Sarusky en la novela social *La búsqueda* (1963) o Noel Navarro, en una
trilogía de los años 60, en la que hace un ajuste de cuentas con su propia clase:
Los días de nuestra angustia, El principio y el fin, Los caminos de la noche.

En las narraciones y novelas de Julio Travieso (*Días de guerra, Para matar
al lobo*) reaparece la burguesía compradora, saturada de americanismo, así como
en las novelas policíacas, donde esta clase es con frecuencia caricaturizada y
presentada de forma exagerada. Joaquín G. Santana ha recreado en la novela
Nocturno de la bestia (1978) un panorama muy detallado del mundo galante
(demi-monde) de la prostitución, a través de la propia observación y estudio del
medio ambiente en un bar de animación.

Sobre todo en la década de los años 60, cuando se estrechó aún más el
cinturón de castidad impuesto por la Revolución, se recurría al conjuro de la
contradicción entre la burguesía depravada y la nueva clase revolucionaria.
Nicolás Guillén ha tematizado en el famoso poema «Los burgueses» (incluido
en *La rueda dentada*, 1972) la cuestión de la ética y la moral. El mulato Guillén
justifica su desprecio por la burguesía, partiendo precisamente de la discrimina
ción de su clase, de la miseria y el hambre de una parte de la población antes
de 1959:

No me dan pena los burgueses
vencidos. Y cuando pienso que van a darme pena,
aprieto bien los dientes y cierro bien los ojos.
Pienso en mis largos días sin zapatos ni rosa
[...]
Pienso en mis largos días con mi piel prohibida.
Pienso en mis largos días
[...]
Pero además, pregúnteles.

Estoy seguro
de que también recuerdan ellos.[515]

Ninguna clase social abandona el campo de batalla sin luchar. Y, por ello, la literatura escrita en la clandestinidad ocupa un espacio importante. En ella, predomina el género del testimonio pero también reaparece en la novela, como en el caso de Reynaldo Arenas *El palacio de las blanquísimas mofetas* (1980) o en Jaime Sarusky *Rebelión en la octava casa* (1967) o en la obra clásica de Humberto Arenal *El sol a plomo* (1959). Persecuciones, torturas, atentados y secuestros son algunos de los elementos para mantener la tensión en estos textos.

Esta literatura floreció con una función didáctica, sobre todo en Oriente, donde las luchas fueron extremadamente duras. El modelo, hasta hoy no superado, lo proporcionó Soler Puig en *Bertillón 166* (1960), porque esta novela conjuga dramáticamente la vivencia propia con la maestría artística. El narrador y dramaturgo Justo Estevan Estevanell (1931 Santiago de Cuba) participó, con el «Movimiento 26 de Julio», en la lucha clandestina contra la dictadura de Batista.

Sus testimonios reflejan estas vivencias de forma dramática. Su obra *Santiago 57* fue estrenada en 1965 por el Conjunto Dramático de Oriente. En el tomo *Ciudad insurrecta* (1984) están recopiladas otras obras de teatro sobre esta temática. En el mismo contexto figuran los cuentos Santiago: *39 grados sobre 0* (1980), basados en notas tomadas desde 1952 y que culminan en los sucesos del 30 de noviembre de 1956 en Santiago.

La unidad autor-guerrillero aparece también en Joel James Figarola (13 de enero de 1941 La Habana — 27 de junio de 2006 Santiago de Cuba), ex-director de la Casa del Caribe en Santiago, hijo de una familia de cuáqueros. Su abuelo había llegado a la isla, como americano de EE.UU., con las tropas de invasión en 1898. Figarola se abrió camino en la guerrilla contra el régimen de Batista en Oriente (Banes, provincia de Holguín), después en el ejército como periodista y en el Ministerio de Agricultura (INRA); a la vez realizaba estudios de historia en la Universidad de Oriente, en Santiago.

En el libro-testimonio *Los testigos y otros cuentos* (1979, precedente: *Los testigos,* 1973), James Figarola ha descrito los sucesos dramáticos anteriores a 1959, en los que estaba en juego a diario la vida o la muerte. Es autor también de libros de poemas (*El caballo bermejo,* 1987, etc.) y de cuentos (*Hacia la tierra del fin del mundo,* 1982) sobre un grupo de soldados y reservistas en Angola.

También es muy extensa la llamada «Literatura de Sierra Maestra», que trata la última fase de la lucha de liberación (1956-1958), y hoy figura — desde la perspectiva de más de medio siglo — entre las sagas heroicas de la Revolución. Muchos testimonios, cartas, textos y diarios, todavía no impresos, esperan ser editados.

El ejemplo clásico son los *Pasajes de la guerra revolucionaria* (1963) de Che Guevara. Aunque la gesta revolucionaria de Guevara aspira a la veracidad, se

---

[515]   Guillén (1974: 289-290).

manifiesta, sin embargo, en la selección de los acontecimientos y la forma de describirlos, la tendencia a justificar «el triunfo de la causa justa» por la moral superior y la firme voluntad de los revolucionarios. De esta forma, esta literatura señala ya la dirección y el enfoque para los géneros posteriores.

Antología, texto y estudio

Galano, Guilarte: «Las novelas de la lucha clandestina y su múltiple recreación literaria», en: *Santiago* 43 (1981), págs. 149-184.

Guillén, Nicolás: *Obra poética 1958-1972*, vol. 2, La Habana 1974.

Travieso, Julio (ed.): *Cuentos sobre el clandestinaje*, La Habana 1983.

16 La lucha contra los contrarrevolucionarios en la Sierra del Escambray (1959-1965)

16.1 Los acontecimientos históricos

En la infranqueable Sierra del Escambray operó, con apoyo de la CIA, desde agosto de 1959 hasta julio de 1965, una guerrilla contrarrevolucionaria, que creó grandes dificultades al gobierno cubano. Se trataba de una región muy subdesarrollada (partes de las provincias de Las Villas, Camagüey, Sancti Spíritus y Matanzas), donde apenas existían escuelas, hospitales o carreteras.

La contraofensiva militar de las recién creadas Milicias Nacionales Revolucionarias (MNR), dependientes del departamento de «Lucha contra Bandidos», creado el 3 del julio de 1962, se desarrolló, al igual que en su momento en Sierra Maestra, paralelamente a la reforma de las condiciones de vida de la población rural. Sin duda alguna, uno de los éxitos en el sector cultural fue, por ejemplo, la creación del Teatro del Escambray.

El capítulo histórico de la lucha contra los contrarrevolucionarios no está de ningún modo concluido. Todavía hoy, los campesinos y sus hijos que fueron deportados a otras regiones del país y que habían simpatizado y apoyado a la contrarrevolución, exigen el retorno a su suelo natal y la devolución de sus tierras expropiadas.

El significado político de estas acciones está puesto claramente de relieve en el libro de Norberto Fuentes, *Nos impusieron la violencia* (1986). El material de esta antología lo componen artículos de prensa, órdenes de marcha, testimonios, entrevistas y otros textos útiles. En 1975 y 1985 respectivamente, Raúl Castro y Carlos Aldana expresaron su opinión sobre tales acontecimientos en un prólogo y una entrevista. En su interpretación de los hechos — consecuencia, según ellos, de la lucha de clases — la cuestión de por qué hubo que trasladar tantos campesinos después a otras regiones, dado que la trayectoria de la lucha les habría abierto los ojos, no ha sido todavía satisfactoriamente aclarada.

Con posterioridad, Raúl Castro expuso el nexo causal de la siguiente forma:

> Esa lucha es poco conocida. Fue la guerra civil que libramos después de la guerra civil contra Batista. Fue consecuencia de la violencia desatada por los sectores reaccionarios. No fue la revolución la que impuso la violencia, como muchas veces se cree. Fue una lucha esencialmente de clase.[516]

16.2 Los sucesos históricos reflejados en la literatura y el cine

Por su carácter dramático, los hechos históricos eran muy apropiados para ser tratados en la literatura y el cine (*El hombre de Maisinicú*, 1973, bajo la direc-

---

[516] Fuentes (1986: 6).

ción de Manuel Pérez; *Escambray,* 1961, cortometraje documental de Santiago Alvarez, entre otros). La literatura aportó, en sus mejores representantes (Fuentes, Jesús Díaz), un nuevo estilo realista, que presentaba los dos frentes irreconciliables por medio de diálogos breves, lenguaje coloquial directo y una polémica contrastiva.

Aunque en la gran mayoría de los textos se trata de testimonios, se recurre también a otros géneros, como el teatro y la novela testimonio. Obras como *Unos hombres y otros,* de Jesús Díaz, *El juicio,* de Gilda Hernández, *La emboscada,* de Roberto Orihuela, *El hijo de Arturo Estévez,* de Raúl González de Cascorro, *Asalto a las guaridas,* de Tito Junco, *En Chiva Muerta no hay bandidos,* de Reynaldo Hernández Savio, entre otros, han sido objeto de atención por parte de un gran público.

Los orígenes del tratamiento literario están el periodismo y, a su vez, están estrechamente relacionados con el nombre de Norberto Fuentes.

16.3 Norberto Fuentes

Después de una espectacular huelga de hambre llevada a cabo en arresto domiciliar, que ocupó la atención de la prensa internacional, tanto en la imagen como en la letra impresa, desde el 3 de agosto de 1994, el escritor Norberto Fuentes (2 de marzo de 1943 La Habana) obtuvo finalmente su pasaporte gracias a la intersección de Gabriel García Márquez, partiendo para México el 28 de agosto de 1994 y exiliándose después en Miami. Como hombre de confianza del general de división Arnaldo Ochoa, condenado a muerte y ejecutado en 1989, y amigo del también fusilado Toni de la Guardia, Fuentes fue considerado *persōna nōn grāta* después de cuatro peticiones para abandonar el país — todas ellas denegadas — y el fracaso de un intento de huida con su familia. Con ello, cambió radicalmente la biografía de un «favorito de los dioses», hasta entonces incluso reconocido internacionalmente como excelente periodista, biógrafo de Hemingway y cuentista premiado.

Por su acercamiento de la ficción al reportaje, Fuentes ocupa un puesto destacado en la literatura cubana. Resultado de su actividad como reportero en el frente de la Sierra del Escambray, durante la lucha contra los contrarrevolucionarios («Lucha contra Bandidos») fueron las obras *Condenados de Condado* (1968, Premio Cuento de la Casa de las Américas), los reportajes *Cazabandidos* (1970) y *Nos impusieron la violencia* (1986).

Fruto de su larga estancia, como cronista de guerra, en Angola, en 1981-1982, fue la «novela de campaña» *El último santuario* (1992), que presenta de forma estremecedora la brutalidad de la guerra para el ejército y la población civil. Pero lo que hizo realmente famoso a Fuentes fue su búsqueda en pos de las huellas de *Hemingway en Cuba* (1984, prólogo de Gabriel García Márquez), un conjunto testimonial de todas las fuentes orales y escritas, desde 1974 hasta 1981, sobre el Premio Nobel norteamericano, que pasó 23 años de su vida en Cuba.

El libro de Fuentes fue traducido a varios idiomas y se publicó también como lujoso libro nostálgico con el título *Ernest Hemingway Rediscovered* (1987), ilustrado con fotografías de Roberto Herrera Sotolongo y textos del autor. Frente al culto a Hemingway, muy difundido en Cuba como símbolo del machismo, Fuentes puso de relieve los valores modélicos del norteamericano por su calidad de reportero y escritor. Aunque el libro fue calificado por Reinaldo Arenas en sus *Memorias*[517] de «mamotreto horroroso», esta valoración se refería más bien a la dedicatoria de su autor al teniente Luis Pavón, «uno de los hombres más siniestros del aparato inquisitorial de Fidel Castro» (Arenas).

En las 25 narraciones del libro *Condenados de Condado* (1968), Fuentes describe la lucha contra los 3000 contrarrevolucionarios, apoyados desde los EE.UU., desde el pueblo de Condado, al pie de la Sierra del Escambray, con 1000 habitantes y un campamento militar de revolucionarios. Fuentes acompañó aquella empresa militar en calidad de periodista.

A sus relatos y reportajes, que aparecieron originariamente en los años 1963 a 1967 en periódicos y revistas como *Granma, Hoy, Bohemia, Verde Olivo, Cuba* y *Mella,* les añadió después una serie de crónicas no publicadas de los años 1966 a 1989, que formaron el libro *Cazabandido* (1970). De la descripción de las notas originales se desprende claramente cómo el objetivo de los guerrilleros contrarrevolucionarios era apoyar a los invasores de Playa Girón y organizar operaciones en el interior del país para, así, intranquilizar a la población cubana. En las «operaciones de limpieza» («limpia», según expresión oficial) perecieron 3591 contras, 900 fueron hechos prisioneros y murieron 500 soldados cubanos.

Para el tratamiento estético de estos «documentos de la violencia», Fuentes no se atiene a ningún esquema contrastivo extremo, sino describe cómo la violencia de la guerra civil corrompe a los dos bandos. En las breves descripciones magistrales de personas y situaciones se manifiesta la actitud del autor, sobre todo, por su sentido de la equidad que, tarde o temprano, le alcanzará también, por ejemplo, a Realito Quiñones, quien, antes de la Revolución, había fusilado al marido de Virgen María en un arrebato de cólera:

> Más allá de Condado, en donde la Sierra no tiene dueño, los ahorcados volvieron a sus árboles y se dejaron mecer, y un caballo blanco trotaba por las guardarrayas en busca de venganza [...] El día que capturaron a Realito Quiñones, Virgen María pidió al comandante que la dejara asistir al fusilamiento. Se lo permitieron. Pero nada cambió en ella, ni cuando Realito la conoció, ni cuando Realito le pidió clemencia, ni cuando Realito estalló en el poste del Bramadero, y ella había pensado que a partir de ese día las cosas serían distintas.[518]

---

[517]   Arenas (1992: 249).

[518]   Fuentes (1968: 35-36).

El escritor peruano Bryce Echenique reconoció justificadamente en sus antimemorias *Permiso para vivir* el valor histórico-literario y político de estas narraciones:

> Por primera vez en Cuba, se publicaba un libro en el cual no todos los guerrilleros eran santos de una sola pieza sino seres humanos con sus virtudes y sus defectos.[519]

En el jurado de la Casa de las Américas tomaron parte Jorge Edwards (Chile), Claude Couffon (Francia), Rodolfo Walsh (Argentina), Emilio A. Westphalen (Perú) y Federico Alvarez (Cuba).

En su libro de memorias *Persona non grata*, Jorge Edwards recordaría de nuevo los problemas que se plantearon con motivo de la concesión del premio, al cual se oponían porfiadamente los representantes cubanos:

> Los relatos de Fuentes [...] tenían una característica cuya peligrosidad se me había escapado: desechaban la clasificación maniquea de los personajes en gusanos y héroes [...] No cabía duda de que tal planteamiento, sobre todo en esos años, no podía ser del gusto del poder revolucionario en Cuba.[520]

Por esta razón, se vislumbra ya en este libro — obra temprana de Fuentes porque el autor tenía entonces 25 años — su actitud disidente frente a la dirección de la Revolución cubana, con sus parejas de contrarios: traidor o adicto, socialismo o muerte. La huida y el exilio serían la consecuencia para Norberto Fuentes, después de haber convivido 35 años con la Revolución.

En 1999 publicó unas memorias sobre su implicación en el caso Ochoa: *Dulces guerreros cubanos* y en 2004 una voluminosa *Autobiografía de Fidel Castro* muy discutida y traducida a varios idiomas.

16.4 Raúl González de Cascorro

A la popularidad y difusión del tema contribuyó, sobre todo con sus testimonios, Raúl González de Cascorro (13 de junio de 1922 Cascorro, Provincia de Camagüey — 1985 Camagüey). El autor no empezó a crear su extensa obra — lírica, teatro, narración, testimonios — hasta después de 1959. Como fiel comunista, varias veces condecorado, y militante sumiso del partido, puso toda su obra al servicio de la Revolución. Poco antes de su muerte, expuso su opinión sobre las cualidades de un escritor socialista:

> Ser honesto, valiente, amar la Revolución por sobre todo y tener talento.[521]

---

[519] Echenique (1993: 333).

[520] Edwards (1973: 36).

[521] Bernard / Pola (1985: 301).

Este catálogo de valores es un reflejo, de acuerdo con este orden, también de la vida del propio González de Cascorro, quien se opuso firmemente a la atracción que ejercía la capital, La Habana. Hasta su muerte, dirigió la UNEAC en Camagüey, cumpliendo, incluso en su vejez, con los turnos de vigilancia nocturna de los Comités de Defensa de la Revolución (CDR).

En sus libros, que alcanzaron en parte altas tiradas, trató de plasmar un lenguaje comprensible para el público de masas que acababa de aprender a leer y escribir. Las gestas heroicas de la Revolución — campaña de alfabetización, Playa Girón, lucha contra la contraguerrilla en la Sierra del Escambray, problemas de conciencia en la construcción del socialismo — constituyen la escueta temática de sus libros. Su teatro didáctico (*El hijo de Arturo Estévez,* 1975, *El fusil,* escrito en 1960, *Un maestro voluntario,* redactado en enero de 1961) pertenece a la historia del realismo socialista.

El género que González de Cascorro cultivó con preferencia fue el testimonio. Por encargo del Partido Comunista de su provincia, el escritor trató los acontecimientos de la Sierra del Escambray. Para ello, reunió abundante material, procedente de los archivos del Ministerio del Interior, actas de procesos y entrevistas de antiguos contrarrevolucionarios y combatientes, lo que sin duda podría proporcionar material para cuentos policíacos y novelas.

En el legado de González de Cascorro, se encontró la historia de Eduvino García («Primitivo») que, de bandido, se convirtió en internacionalista, lo que representaba un ejemplo del programa de rehabilitación del gobierno (*Muerte de un bandido,* 1989). Al escritor de Camagüey le interesaba, sobre todo, popularizar la historia, no crear grandes obras maestras.

Así, en el testimonio *Emboscada y masacre en Pino 3* (1978), entrevistó a 40 supervivientes y 30 personas vinculadas, de una forma u otra, con los hechos dramáticos de la madrugada del 27 de setiembre de 1958, cuando 33 hombres de la Columna 11 «Cándido González», hechos prisioneros, fueron masacrados en la tarde del mismo día por el ejército batistiano. La técnica, basada en el contraste entre el pasado y el presente, intensifica la función didáctica en el libro de cuentos *Gente de Playa Girón* (1962, 1975, Premio de Cuento Casa de las Américas).

González de Cascorro se orientó hacia la generación de los jóvenes con *Historias de brigadistas* (1979), y con la pieza didáctica *Vamos a hablar de El Mayor* (1978) trató de acercar la vida y obra del patriota y héroe de la independencia, Ignacio Agramonte, a la juventud. En una serie de episodios históricos es representada patéticamente la figura del héroe camagüeyano en su dimensión humana. El contexto histórico es ilustrado en la obra, por medio de la proyección en una pantalla, de *spots* de imágenes.

La prosa narrativa de González de Cascorro está en estrecho contacto con los testimonios: *Jinetes sin cabeza* (1975), *La ventana y el tren* (1978), *Despedida para el perro lobo* (1980), *La razón de los muertos* (1985) y su novela más conocida, *Romper la noche* (1976).

16.5 Desde lo policíaco hasta el Robin Hood de la Sierra del Escambray

Nogueras (1982: 53-54) ha señalado la afinidad de este tema con la literatura policíaca. Esta aspiración se cumple en la novela de contraespionaje, *Todo es secreto hasta un día* (1981), de Juan Carlos Fernández. También los agentes de la Seguridad cubana aparecen reflejados en la figura de **Juan Carlos Rodríguez Cruz**, con su crónica heroica *Hombres del Escambray* (1990).

En la mayoría de los casos, los cuentos se basan en declaraciones de testigos, como en *El cerco* (1984), de **Julio Crespo Francisco** (18 de diciembre de 1935 Zaza del Medio, Las Villas), un episodio dramático de estos sucesos bélicos. La mayoría de las narraciones ofrece, en su expresión extremista, abundante material de contrastes para un realismo socialista cualitativamente exiguo.

Así, **Hugo Chinea** (1 de abril de 1939 Sancti Spíritus, Las Villas) ha dedicado al tema los libros de cuentos *Escambray 60* (1970) y *Contra bandidos* (1973), reunidos bajo el título *Los hombres van en dos grupos* (1976). Como comunista fiel a la línea del partido[522] aporta su óbolo a la lucha ideológica de defensa contra el enemigo. También los cuentos cortos de **Arturo Chinea** (28 de setiembre de 1940 Las Villas), que luchó en Playa Girón y en la Sierra del Escambray, comparan defensores y enemigos de la Revolución, buenos y malos en situaciones dramáticas (*Escambray en sombras*, 1969).

La cuestión de la violencia y contraviolencia, justicia e injusticia, no llega a tratarse de forma diferenciada y literariamente brillante, desde una perspectiva narrativa alternativa, hasta la publicación de la trilogía de cuentos de **Jesús Díaz** «No matarás» («Los bandidos», «Erasmo», «La negativa») incluida en el libro galardonado *Los años duros* (1966). Díaz suprimió del material literario el cliché del testimonio contrapuntístico, situándolo en un plano general, sin regionalismo ni limitaciones temporales.

Los diálogos quedan reducidos a lo imprescindible. La violencia y la contraviolencia verbal y corporal se alternan como en un intercambio de golpes, propio del boxeo:

> De nuevo perseguir la palabra. Otra vez clavar la vista en la boca de la Thompson.
> — Te vamos a romper la vida.
> Miró al otro lado. La punta bola de la bota se colocó ante su vista.
> — ¿Cuál es tu último deseo?
> La boca de la Thompson.
> — ¿Ahorcado o fusilado?
> La punta bola de la bota.
> — ¿Algo para la familia?
> La boca de la Thompson.
> — Eso, por maricón.
> La punta bola de la bota.
> — ¡Mierda!

---

[522] Entrevista en: *Unión* 1 (1985), págs. 66-71.

La boca de la Thompson bajó lentamente hacia el rostro.
— Quita [...] quita.[523]

Resultan interesantes, por su paralelismo histórico con el tema del bandolerismo en Cuba (Paz Sanchez 1993/1994), las leyendas en torno a la figura del bandolero Polo Vélez que, en los años 20 y 30, llevó a cabo sus hazañas en las mismas montañas del Escambray y que, sin embargo, ha sobrevivido hasta hoy en coplas y canciones.

Rafael Hernández (nacido en 1948) ha tratado en la obra *Vida y muerte del bandolero Polo Vélez* (1979) la demistificación crítica de este misterioso personaje. Por medio de una serie de secuencias dramáticas, que introduce el trovador (una especie de coplero) en forma de décimas, se narran las hazañas milagrosas de este bandolero, que robaba a los ricos y regalaba a los pobres. Polo Vélez no actuaba, sin embargo, movido por la conciencia de clase, sino por una superstición y espiritismo vagos.

Aquí se ponía en juego la tendencia didáctica del autor, que hacía intervenir al público campesino en la acción, concediéndole incluso espacio para la improvisación. Un bandolero no es un guerrillero revolucionario. Sus actos espontáneos no contribuyen a modificar las relaciones de propiedad.

16.6 Novela-testimonio: Osvaldo Navarro

El caballo de Mayaguara (1984, 1990, Premio de la Crítica 1985), de Osvaldo Navarro (14 de agosto de 1946 Santo Domingo, Las Villas — 7 de febrero de 2008 México, D. F.) es la novela-testimonio más conocida sobre la lucha de los contrarrevolucionarios de la Sierra del Escambray. Basándose en la figura de Gustavo Castellón Melián (1920-1980), llamado «el Caballo de Mayaguara», el luchador casi legendario contra los contras, el autor describe en tres partes los primeros combates, «la limpia» del Escambray y, en un epílogo, las circunstancias histórico-autobiográficas en torno a la génesis del libro.

Navarro trabajó, durante casi seis años, con Castellón Melián, obteniendo de él muchos detalles de su vida. Poco después de su regreso de Angola, Castellón Melián se ahorcó de un arquitrabe en su casa de Cuomanayagua a la edad de 60 años, con el grado de mayor de las Fuerzas Armadas Revolucionarias. Por esta razón, el texto adquiere adicionalmente un significado aclaratorio.

Por medio de descripciones breves se presenta los crímenes de los bandidos. A cada crimen le sigue de inmediato el correspondiente castigo:

Pío estaba allí de miliciano, confiado. Le tocaron a la puerta y no cogió ni el machete. Preguntó: '¿Quienes son?' Y le respondieron: 'La Milicia.' Y como la milicia venía todos los días por allí, abrió. Y ese fue uno de los crímenes más grandes del Escambray. Aquello fue un desguazo. En esa casa casi no quedó nadie. Los hermanos, los hijos, la mujer se abrazaron a él y los ametrallaron a todos. Y eso vino por el informe que Pío nos había dado sobre Osvaldo

---

[523] Díaz (1966: 73-74).

Ramírez. Porque aquella gente no perdonaba. [...] En este combate se capturaron cuatro bandidos, pistolas, escopetas y muchas municiones. Pero tampoco pudimos coger a Osvaldo.[524]

Frente a la exaltación del individuo en la literatura del Escambray, el «auténtico héroe del pueblo», Navarro opone un tipo de hombre que carece de toda gloria:

Gustavo Castellón no tiene aureola de héroe encartonado, sino las cualidades del 'hombre natural' como decía Martí, que sabe hacer en cada momento lo que considera justo y humano.[525]

Sin embargo, el hecho de que Gustavo Castellón Melián renunciara a la vida suicidándose, hizo de él sin duda un héroe trágico.

Textos

Arenas, Reinaldo: *Antes que anochezca*, Barcelona 1992.
Batista Reyes, Alberto (ed.): *Cuentos sobre bandidos y combatientes*, La Habana 1983.
Bryce Echenique, Alfredo: *Permiso para vivir (Antimemorias)*, Barcelona 1993.
Díaz, Jesús: *Los años duros*, La Habana 1966.
Edwards, Jorge: *Persona non grata*, Barcelona 1973.
Fuentes, Norberto: *Condenados de Condado*, Buenos Aires 1961.[526]
Navarro, Osvaldo: *El caballo de Mayaguara*, La Habana ³1990 (con prólogo de Eduardo López Morales, págs. V-XXVI, opiniones de la crítica, págs. XXVII-XXX).

Estudios

Álvarez, Imeldo: *El tema del bandidismo en la narrativa cubana*, La Habana 1991.
Bernard, Jorge L. / Pola, Juan A. (eds.): *Quiénes escriben en Cuba*, La Habana 1985.
Crespo, Julio Francisco: *Bandidismo en el Escambray 1960-1965*, La Habana 1986.
Fuentes, Norberto: *Nos impusieron la violencia*, La Habana 1986 (con prólogo de Carlos Aldana).
Nogueras, Luis Rogelio: *Por la novela policial*, La Habana 1982.

---

[524] Navarro (1990: 91; 95).

[525] Salvador Bueno, en: «Revolución y Cultura», incluido en: Navarro (1990: XXVIII).

[526] Reseñas: *Casa de las Américas* 49 (1968), págs. 158-160 (Antonio Benítez Rojo); Julio Ortega: *Relato de la utopía*, Barcelona 1973, págs. 203-215.

Paz Sánchez, Manuel de (ed.): *El bandolerismo en Cuba (1800-1933): presencia canaria y protesta rural,* 2 tomos, Santa Cruz de Tenerife 1993-1994 (prólogo de María Poumier).

17 La campaña de alfabetización (1961)

La campaña de alfabetización figura entre las grandes hazañas de la Revolución y ha legado a la posteridad testimonios de gran fecundidad y riqueza en la literatura, el film, la radio y la televisión. La abundancia del material, recopilado en el Museo de la Alfabetización en la barriada de Marianao (La Habana), nos da una idea de los esfuerzos realizados y de la importancia de este hecho histórico.

De la riqueza de la literatura-testimonio hasta la actualidad destacan algunos textos por su alta calidad artística, como la novela-testimonio de **Manuel Pereira**, *El comandante Veneno* (1977), traducido a varios idiomas, en el que se combinan las vivencias directas del autor con una elevada estilización estética.

Tras algunos documentales, como *Y me hice maestro* (1961) de **Jorge Fraga**, *Historia de una batalla* (1962), de **Manuel Octavio Gómez**, o el *Tercer cuento de Lucía* (Humberto Solás), siguió el film *El brigadista* (1977), de gran calidad y emoción, pero melodramático a la vez, del director Octavio Cortázar y el guionista Luis Rogelio Nogueras, que tuvo gran resonancia internacional.

En esta producción cinematográfica aparece ya la unidad dramática, frecuentemente utilizada, entre la campaña de alfabetización y la lucha contra los bandidos, combinación que, a su vez, se repite también en la cuentística, como puede verse en los cuentos «La noche baja» (págs. 34-39) y «La arboleda del pozo» (págs. 188-192), que forman parte del tomo de narraciones cortas de **Manuel Cofiño López**, *Andando ahí, por esas calles* (1982).

Estas dos vertientes temáticas sirvieron para elevar la tensión y el interés al igual que los reportajes patético-patrióticos de prensa, en las instantáneas de **Dora Alonso** (*El año 61,* 1981), sobre los dos acontecimientos centrales del año: la campaña de alfabetización y la invasión de Playa Girón.

La cantidad de textos, que surgieron en la poesía popular, radio, telenovela y teatro (por ejemplo, Rolando Ferrer, Fiquito), no puede ser aquí reseñada. **Olga Alonso** (*Testimonios,* 1973) ha editado una selección de los diarios y epistolarios de los brigadistas, en gran parte inéditos. Si se los compara con las *Historias de brigadistas* (1979), de **González de Cascorro**, siete episodios cortos sobre la campaña de alfabetización en forma de relatos de testigos directos para niños, se percibe enseguida la diferencia: González de Cascorro insiste, sobre todo, en el proceso didáctico de aprendizaje para todos los participantes y para el lector actual en este hecho histórico que tuvo lugar hace ya 18 años.

Así, por ejemplo, en la narración «Los negros», un padre de la burguesía bien acomodada visita a su hija, que está alfabetizando en el campo a una familia de negros, para liberarla de ese ambiente de gente caracterizada por el padre como chusma («¡Pero sin negros [...] son negros [...]!»). Cuando la hija se niega a volver con él, el padre le da una bofetada y se marcha. La vergüenza y la ira, provocadas por el comportamiento del padre, se transforman en lágrimas en la brigadista. El carácter didáctico de estas narraciones se acentúa claramente de diversas maneras. Sin embargo, sería erróneo afirmar que los textos estéticamente más exigentes se reconocen por el hecho de que su valor didáctico sea menor.

Camino nuevo (1978), la narración de Julio Cid, enmarcada autobiográficamente según las notas de un diario, alcanzó mayor difusión. Al joven alfabetizador Noel se le encomienda una vieja pareja de campesinos con un niño, en la región pantanosa de Playa Girón. La extrema reserva del viejo y la timidez del niño tienen su explicación en el mito casi religioso, que ha creado el viejo, en torno a la muerte de su hijo en la guerra de guerrillas. Sólo cuando el brigadista Noel logra convencer, con ayuda de un comandante, al viejo para que él y su nieto se enfrenten a la realidad y al futuro, se abre paso la perspectiva de un «camino nuevo». En un dialógo tenso entre el viejo y el alfabetizador se inicia el proceso de transformación de la conciencia:

> El viejo se sobrecogió. Dejó caer la rama al suelo y se volvió hacia el brigadista.
> — El niño tiene que ser feliz. Pero para que sea feliz hay que evitarle la verdad.
> — No, Pedro. Nadie es feliz con la mentira.
> — Hay veces que la mentira ayuda.
> — No. No es cierto, Usted no está tranquilo a pesar de que ha inventado esa historia. Usted no puede vivir en paz pensando en que Santos puede saber la verdad en cualquier momento.
> — ¡Mientras yo viva no lo sabrá![527]

El brigadista comprende al fin que los problemas no pueden tratarse desde una visión estrictamente individual, sino que hay que relativizarlos de acuerdo con categorías sociales.

Las mejores narraciones sobre la campaña de alfabetización proceden de autores de la región de Oriente: **Rafael Soler,** en *Noche de fósforos* (1976), y **Ariel James,** en su libro de cuentos *Junto al eco y de pie en el bohío* (1987), con dos historias cortas de su época de alfabetizador en Sierra Maestra. James describe, de forma parecida a Manuel Pereira en *El comandante Veneno,* el contraste entre el mundo de la superstición y la luz de la racionalidad, que aportan los jóvenes brigadistas con sus linternas al mundo del subdesarrollo.

Es importante para la formación de la identidad de la juventud cubana que esta literatura continuara y que la iconografía mantuviera viva la imagen de la campaña. Esto es válido para el texto-testimonio ilustrado *Rendir montañas y amasar estrellas* (1986), de **Mirta Muñiz Egea** (26 de febrero de 1930 La Habana) que en 1961 dirigió el equipo técnico que realizó la campaña de divulgación de las Brigadas Conrado Benítez.

Luisa Campuzano aportó un nuevo planteamiento de la temática al colocar en primer plano la contribución de los testimonios femeninos, en su función de modelo para la identidad de la mujer, durante la fase temprana de la Revolución. Pues al igual que en el siglo XIX, María Luisa Dolz (*La liberación de la mujer cubana por la educación,* La Habana 1955), la mayor educadora cubana de su tiempo, reconoció claramente que la educación es un instrumento importante para la emancipación de la mujer.

---

[527] Cid (1978: 70).

Entre los testimonios femeninos hay que destacar los relatos de **Daura Olema** (*Maestra voluntaria,* 1962, Premio Novela Casa de las Américas), Araceli Aguililla (*Primeros recuerdos,* 1963) y **Matilde Manzano**.[528] Vilma, la protagonista de Olema, procedía de la pequeña burguesía y está llena de prejuicios sociales (racismo, anticomunismo).

Este intento de escribir una novela de formación de la conciencia burguesa, con el trasfondo de la campaña de alfabetización, fue, sin embargo, duramente criticado, desde la perspectiva del género, por J. M. López Valdizón: «ni es novela ni relato, sino un reportaje de escasa calidad literaria».[529]

Desde luego, el texto no resulta muy convincente como novela de tesis,

> [...] leído, en cambio, como testimonio, es de gran riqueza no sólo por lo que reporta y documenta de la vida de esos campamentos de montaña en los primeros años de la Revolución, de la realidad externa; sino por lo que significa como estudio obsesivo, documentado, de la transformación física, de la adecuacion al medio, del triunfo, en fin, de ese cuerpo femenino [...].[530]

Cuando **Araceli Aguililla** (1920 Paso Real de San Diego, provincia de Pinar del Río) publicó en 1963 su autobiografía *Primeros recuerdos,* es lógico que sus memorias se prolongaran hasta el presente y se ofreciera a un público amplio la alfabetización y Playa Girón, con fotos, documentos originales y textos intercalados. Así surgió el libro *Por llanos y montañas* (1975), que toma su título de las primeras palabras de la segunda estrofa del «Himno de la alfabetización».

La obra abarca todo el año 1961, en el que se decidió el destino de la Revolución cubana en la arena de la política internacional. El culto a Castro florece aquí también, cuando los brigadistas son mimosamente saludados por todas partes como «los niños lindos de Fidel». Este libro, publicado durante el «Quinquenio Gris», cumplió sin duda su misión política informativa.

Estudio

Campuzano, Luisa: «Cuba 1961: los textos narrativos de las alfabetizadoras; conflictos de género, clase y canon», en: *Unión* 26 (1997), págs. 52-58.

---

[528] «Apuntes de una alfabetizadora», en: *Casa de las Américas* 19 (1963), págs. 91-117.

[529] *Casa de las Américas* 13-14 (1962), pág. 55.

[530] Campuzano (1997: 55).

18 La invasión de Playa Girón (abril 1961)

El tigre, espantado del fogonazo,
vuelve de noche al lugar de la presa.
Muere echando llamas por los ojos
y con las zarpas al aire.[531]

Cuando el gobierno cubano festejó en 1981 el XX aniversario de la victoria sobre los invasores de Playa Girón, el emigrante uruguayo Mario Benedetti escribió poéticamente:

entre el viejo delirio y el novísimo
hay veinte abriles de crear en ascuas
y puede ya preverse
si en el año
2001 todo regresa
habrá
invasores columpiándose
y pueblo
que los revoltee
a tiros del columpio[532]

Y Alejo Carpentier hace culminar, no sin motivo, la acción de su novela de madurez *La consagración de la primavera* (1978) con el triunfo de Playa Girón. A su vez, Nicolás Guillén celebra en sus memorias el éxito de Playa Girón también como «una gran victoria de nuestra cultura». Muchos escritores, que, hasta entonces, habían adoptado una actitud de espera frente a la Revolución, empezaron a reflexionar de forma más concreta sobre su función en la sociedad, sintiéndose, como en el caso de **Antón Arrufat**, impotentes ante los acontecimientos dramáticos:

Con mis manos inútiles
que no saben hacer
otra cosa que escribir,
quisiera recoger vuestras cabezas,
hermanos míos, compatriotas,
las cabezas de los que murieron viendo
un sol diferente[533]

La elaboración literaria de estos hechos abarca desde numerosos testimonios, reportajes, collages, libros de cuentos, representaciones escénicas, literatura epistolar y poesía hasta diarios. En la antología *Retratos de Girón* (Marrero

---

531 José Martí: *Nuestra América* (1891).

532 *Casa de las Américas* 125 (1966), pág. 66.

533 Arrufat (1962: 70).

1982) están recopilados una serie de narraciones cortas; también en Raúl González de Cascorro, *Gente de Playa Girón* (1962), Eduardo Heras, *Los pasos en la hierba* (1970).

Además aportan testimonios Olga Alonso en un tomo del mismo nombre, *Rafael del Pino en Amanecer en Girón* (1969). Hay que mencionar las obras dramáticas de Raúl Macías, *Girón — historia verdadera de la brigada 2506* (1971, Premio Teatro Casa de las Américas), Rodolfo Pérez Valero, *Leopardos, máscaras y ratones* (1971) y Carlos Beltrán Martínez, *Girón todos los días* (1976), Premio Teatro 1974 en el Concurso 28 de mayo «Combate de Uvero», Universidad de Oriente.

La obra premiada de Víctor Casaus, con fotos, reportajes y collages, lleva por título *Girón en la memoria* (1970). Gabriel Molina escribió un *Diario de Girón* (1983) y Silvio Rodríguez compuso la canción «Girón: preludio»[534] con el siguiente estribillo:

> Nadie se va a morir.
> menos ahora que esa mujer sagrada inclina el ceño.
> Nadie se va a morir,
> la vida toda es un breve segundo de sus sueños.
> Nadie se va a morir,
> la vida toda es nuestro talismán, es nuestro manto.
> Nadie se va a morir,
> menos ahora, el canto de la Patria es nuestro canto.

En un prólogo a una antología sobre Girón (Marrero 1982) se hace mención de una tradición literaria que va desde las antiguas epopeyas heroicas hasta Hemingway y Norman Mailer, con lo cual se pretende iniciar ya la formación del mito, referida tanto a las descripciones de la lucha como al análisis de los hechos. Los muertos cubanos son declarados mártires de la Revolución. El triunfo es atribuido a la superioridad moral y la integridad de los cubanos frente a la mórbida venalidad de los contrarrevolucionarios (según versión del gobierno cubano: «mercenarios»), como se expone en las crónicas del aviador Alvaro Prendes; *En el punto rojo de mi kolimador* (1974, segunda edición 1983).

Los límites entre testimonio y ficción se entrecruzan reiteradamente. Sin embargo, en el tratamiento literario del tema, por ejemplo, en las narraciones de Noel Navarro, David Buzzi y Sergio Chaple, se hace visible una tendencia a ahondar psicológicamente en los caracteres de los personajes, que deben cumplir una función de modelo, pues esta literatura se dirige en primer lugar a la generación de los jóvenes.

A veces, la visión del triunfo de David sobre Goliat es conjurada en la tradición de Martí, ya que la audacia ha vencido a la cobardía. En uno de sus últimos poemas de abril de 1962, Manuel Navarro Luna celebra el triunfo de Playa Girón en 64 versos:

---

[534]   *Cuba Internacional* 5 (1983), pág. 88.

De nada les sirvierón las armas infernales
— ¡buques, aviones, tanques, ametralladoras y fusiles! —
que les dieron las fuerzas imperiales
de Kennedy. Tan viles, tan cobardes y viles
gusanos no pudieron tenerlas en sus manos
cuando los embestimos. La mayor parte de ellos
fueron para nosotros a golpes de centellas.
¡De las centellas de los milicanos![535]

Fayad Jamís dedicó un ciclo a la victoria de Playa Girón: «La victoria de Playa Girón (Boceto para una cantata)» en su libro de poemas *Por esta libertad* (1962, Premio de Poesía Casa de las Américas). Jamís describe, en nueve poemas en verso y prosa, la historia de la traición a un pueblo que trabaja tranquila y discretamente en la construcción de un nuevo estado, hasta el terror y la destrucción por mar y aire:

Sus manos no trajeron penachos de palomas
ni sacos de maíz ni cajones de libros;
sus manos no trajeron barriles de aceite
ni vasos, ni martillos, ni violines;
sus manos no trajeron la esperanza;
sus manos no trajeron el amor;
sus manos no trajeron la alegría;
sus manos no trajeron la paz;
sus manos no trajeron la vida.

Sus manos no huelen a tierra.[536]

Por medio de imágenes, imprecaciones y gestos fúnebres, que recuerdan al «Réquiem heroico» de Neruda en *España en el corazón* (1937), Jamís canta a los caídos:

Cayó muerto un miliciano
de cara al sol. Su camisa
dulcemente besada por la brisa
es un girón de cielo en el pantano.
[...]
Todo el coro: ¡Te llamas Pueblo!
¡Te llamas Pueblo![537]

Mientras que en Neruda los muertos claman por una nueva rebelión, Jamís escribe en el poema «El pueblo anuncia»:

---

[535] Navarro Luna (1980: 212).

[536] Jamís (1962: 54).

[537] Jamís (1962: 57).

Donde cayó mi hermano se levanta la patria.
Donde cayó mi hermano se levanta el futuro.[538]

Cuanto más generalizada aparece la abstracción (patria, futuro), tanto mayor es la amplitud de la identificación. Se podrá o no estar de acuerdo sobre el valor y contenido estéticos de estos versos, pero sin duda reflejan con exactitud los sentimientos nacionales de entonces y el despertar de una nueva época en una gran parte de la población.

Historia

Playa Girón: derrota del imperialismo, vols. 1-4, La Habana 1961-1962.
Rodríguez, Juan Carlos: *La batalla inevitable,* La Habana 1996.
Ros, Enrique: *Playa Girón: la verdadera historia,* Miami 1995.
Szulc, Tad / Meyer, Karl E.: *The Cuban Invasion,* New York 1962.

Textos

Arrufat, Antón: *En claro,* La Habana 1962.
Jamís, Fayad: *Por esta libertad,* La Habana 1962.
Marrero, Josué-Leonel (ed.): *Relatos de Girón,* La Habana 1982.
Navarro Luna, Manuel: *Poesía y prosa,* La Habana 1980.

---

[538] Jamís (1962: 63).

19 Che Guevara y la tradición internacionalista

En el *Diccionario de la literatura cubana* (vol. 1, La Habana 1980, págs. 401-407) se dedica a Che Guevara (14 de junio de 1928 Rosario, Argentina — 9 de octubre de 1967 asesinado en La Higuera, Bolivia) un largo artículo. Aunque Guevara no pertenezca a la literatura cubana — no llegó a pasar nueve años de su vida en la isla —, influyó decisivamente, sin embargo, en la Revolución cubana y en la liberación de los pueblos del «Tercer Mundo» («Mensaje a la Tricontinental», 1967) a través de sus escritos y sus intervenciones. Sus utopías continúan viviendo hasta hoy y proporcionan a millones de hombres y mujeres la esperanza en un mundo más justo.

En el contexto de esta historia de la literatura interesa el eco literario de su mito, sobre todo la poesía necrológica cubana, pero también el carácter paradigmático de sus escritos: los *Pasajes de la guerra revolucionaria* (1963), en la tradición de los testimonios de guerra; *La guerra de guerrillas* (1960) como fundamento teórico de la estrategia de liberación; el manifiesto de la utopía social humanista en el texto *El socialismo y el hombre en Cuba* (1965).

Pero además, la figura de Che Guevara encarna ética y voluntarísticamente de forma especialmente convincente, el compromiso internacionalista, como se manifiesta en la carta de despedida a sus hijos, sin fecha, escrita aproximadamente en 1967:

> Sobre todo sean siempre capaces de sentir en lo más hondo cualquier injusticia cometida contra cualquiera en cualquier parte del mundo. Es la cualidad más linda de un revolucionario.[539]

El auténtico legado de Che Guevara lo representan dos dimensiones incuestionables de su vida: haber transmitido el hecho de este sentirse afectado personalmente y la búsqueda de la unidad entre pensamiento y acción. Sus viajes a Africa y Asia durante los años 1960, 1964 y 1965 contribuyeron decisivamente a fijar las bases internacionalistas de la política exterior cubana. En el artículo 12 de la Constitución de la República de Cuba se dice:

> La República de Cuba hace suyos los principios del internacionalismo proletario y de la solidaridad combativa de los pueblos [...]

En abril de 1965 luchó, con 200 internacionalistas cubanos, en Congo Brazzaville, contra el régimen corrupto de Moisé Tschombé. En Bolivia, esta línea fue interrumpida con el asesinato del Che y proseguida en Vietnam, Angola, Nicaragua, entre otros países.

El compromiso internacionalista de Cuba tiene, además una tradición histórica, cuyos orígenes antifascistas y anti-imperialistas son reafirmados una y

---

[539] Guevara (1967: I, 696).

otra vez por el gobierno cubano. Pero sin duda se trata también de realidades históricas ya que, por ejemplo, en la Guerra Civil española (1936-1939), lucharon cientos de cubanos (*Cuba y la defensa de la República española*, La Habana 1981) en favor de la Segunda República española para manifestar su rechazo y oponerse al fascismo italiano y alemán.

Este compromiso encontró en la figura de **Pablo de la Torriente Brau** (12 de diciembre de 1901 San Juan, Puerto Rico — 19 de noviembre de 1936 caído en Majadahonda, Madrid) su símbolo heroico. En el Segundo Congreso Internacional de Escritores Antifascistas, de julio de 1937, celebrado en Madrid, Barcelona, Valencia y París, tomó parte también una delegación cubana, con Alejo Carpentier, Leonardo Fernández Sánchez, Nicolás Guillén, Juan Marinello y Félix Pita Rodríguez.

En los discursos de Nicolás Guillén y Juan Marinello se refleja ya el compromiso internacionalista de Cuba. La intervención de Nicolás Guillén se publicó primero en *Nueva Cultura* 4-5 (junio / julio de 1937; Valencia), pág. 4:

> [...] por eso os digo que así como el gobierno de mi país está frente a las angustias del pueblo español, todo el pueblo cubano sueña al lado de la España republicana, porque no ignora que ambos tienen idénticos enemigos, idénticos destinos e idénticas heroicas soluciones.[540]

Juan Marinello (1898-1977) vinculó más estrechamente y con una previsión aún mayor entre sí el destino de los dos pueblos. Su discurso del 11 de julio de 1937 apareció en *La Voz* (Madrid, 17 de julio de 1937, pág. 8):

> La derrota del pueblo español será nuestra derrota. Hagamos el más enérgico y decidido esfuerzo por su triunfo, que es nuestro triunfo.[541]

Al valorar literariamente la vida y la obra de Guevara predominan la poesía, la canción y el llanto fúnebre. Uno de los pocos textos en prosa, que se inspira en los diarios de guerra, en los *Pasajes de la guerra revolucionaria* y en el *Diario boliviano*, es *Mi llamada es* [...] (1982), de **Ezequiel Vieta** (1922-1995), en el que su autor trata de relacionar entre sí historia y ficción. Los textos están escritos entre julio de 1967 y diciembre de 1969 y, en ellos, destacan, por medio de numerosos diálogos, los hechos heroicos en la Sierra Maestra en torno a las figuras luminosas de Castro y Guevara.

El punto de arranque son los escritos originales de Guevara, expuestos, además, por referencias a cuentos anteriores del propio Vieta. La intención didáctica de esta obra reside en el hecho de querer popularizar la historia para la generación joven. Desde un comienzo aparecen las metáforas de la luz, el Salvador y Cristo, que posteriormente glosaría con una cierta ironía Carlos Fuentes en su novela *Diana o la cazadora solitaria*:

---

[540]   Aznar Soler / Schneider (1979: 219).

[541]   Aznar Soler / Schneider (1979: 190).

Ernesto Guevara, muerto, tendido como el Cristo de Mantegna, era el cadáver más bello de la época que nos tocó. Che Guevara era el Santo Tomás Moro del Segundo (o Enésimo) Descubrimiento Europeo del Nuevo Mundo. Desde el siglo XVI, somos la Utopía donde Europa puede lavarse de sus pecados de sangre, avaricia y muerte.[542]

Después del triunfo de la Revolución, los guerrilleros aparecen como redentores revolucionarios ya en uno de los primeros libros infantiles, *Navidades para un niño cubano* (1959), publicado por la Dirección General de Cultura, en el Ministerio de Educación de La Habana. La institución cristiano-burguesa de la Navidad no ha sido todavía objeto de controversia. En el cuento «De cómo Baltasar entró en el Ejército Rebelde», de Marinés Medero,[543] el rey Baltasar, uno de los tres Reyes Magos, se incorpora al final a los guerrilleros en la Sierra Maestra. De esta forma, los guerrilleros son circundados con la aureola invencible del simbolismo de Cristo y el Salvador.

Imagen 89

---

[542] Fuentes (1994: 45).

[543] Navidades (1959: 103-105).

Entre los más famosos intentos poéticos por cristianizar el cadáver del Che, figuran los poemas de **Cintio Vitier** («Treno», «Ante el retrato de Che yaciente») y **Raúl Rivero** («Guevara»). En un soneto escrito el 14 de octubre de 1967, con el título de «Treno», Vitier expresa su tristeza con un sentido cristiano. Ya el título poético «Treno» hace referencia a un canto de queja por una desgracia, aplicado particularmente a las lamentaciones del profeta Jeremías:

> Qué fiera soledad, cielo de tierra
> la del que muere combatiendo por
> la terrena justicia y el amor
> que en forma de odio la garganta cierra.[544]

En el «Credo», de Raúl Rivero, la metamórfosis de Che Guevara en naturaleza viva proporciona a su ser inmortalidad. Del curso de la naturaleza nace Che Guevara como metáfora de la vida diaria y eterna:

> Creo en la metáfora
> de su última víscera
> y en la tierra
> que ahora mismo
> lo vuelve
> agua
> nube
> lluvia
> trigo
> pan.[545]

La asociación Cristo / Che Guevara, la muerte del mártir y la inmortalidad, la transfiere **Nicolás Guillén** en uno de sus tres necrologios a la pareja de gemelos Castro / Guevara. Así como San Martín hubiera podido verse hecho realidad en la obra tardía de Martí, así Che Guevara ha sacrificado su sangre por Fidel Castro. La afinidad de la sangre y las ideas hace que la muerte de Che Guevara no aparezca en última instancia carente de sentido:

> Como si San Martín la mano pura
> a Martí familiar tendido hubiera,
> como si el Plata vegetal viniera
> con el Canto a juntar agua y ternura
>
> así Guevara, el gaucho de voz dura,
> brindó a Fidel su sangre guerrillera,
> y su ancha mano fue más compañera
> cuando fue nuestra noche más oscura.[546]

---

[544]   Vitier (1993: 131).

[545]   Rivero (1970: 53).

[546]   Guillén (1974: 152-153).

Mejor que este *kitsch* revolucionario es el poema más conocido sobre el Che de Nicolás Guillén, la «Guitarra en duelo mayor» (1968), al que se ha puesto música varias veces.[547] En versos populares de romance, Guillén se dirige, a través de diez estrofas, a un soldado boliviano, a manera de ejemplo, apelando a su fraterna solidaridad:

> Soldadito de Bolivia,
> soldadito boliviano,
> armado vas de tu rifle,
> que es un rifle americano,
> que es un rifle americano,
> soldadito de Bolivia,
> que es un rifle americano.[548]

Los estribillos son, a la vez, queja y denuncia. A continuación, se presenta a Che Guevara como ciudadano del mundo de origen argentino y cubano y defensor de los pobres. La queja se hace decisión de luchar, optimismo que Guillén extrajo, sin duda, de las luchas paralelas de liberación de los pueblos de Vietnam, Laos, Camboya (Kambuchea), Angola, Mozambique y de los acontecimientos del mayo parisino del 68:

> Despierta, que ya es de día,
> soldadito boliviano,
> está en pie ya todo el mundo,
> porque el sol salió temprano,
> porque el sol salió temprano,
> soldadito de Bolivia,
> porque el sol salió temprano.[549]

El necrologio concluye con una lección y la llamada a solidaridad con el hermano:

> Pero aprenderás seguro,
> soldadito boliviano,
> que a un hermano no se mata
> que no se mata a un hermano,
> que no se mata a un hermano,
> soldadito de Bolivia,
> que no se mata a un hermano.[550]

Sin duda, los poemas dedicados al Che expresan también los sueños de los propios intérpretes, la tantas veces conjurada unidad del frente de la pluma y el

---

[547] En: *Casa de las Américas* 46 (1968), págs. 55-59, con notas musicales.

[548] Guillén (1974: 348-349).

[549] Guillén (1974: 351).

[550] Guillén (1974: 351-352).

frente del fusil — el viejo tópico renacentista de las armas y las letras —, que
para muchos de ellos, parecía estar encarnada en la figura de Che Guevara.

Esto es válido también para **Miguel Barnet** que, en 1965, escribió el
siguiente poema en una cajetilla de cigarrillos el día en que Castro comunicó
que Che Guevara abandonaría Cuba para luchar en otros países de la tierra.
Este poema figura entre los más conocidos; después se tradujo a más de veinte
idiomas y Pablo Milanés le puso música. Se imprimió por vez primera en abril
de 1967 en *La Gaceta de Cuba*, el órgano de la UNEAC:

Che

Che, tú lo sabes todo,
los recovecos de la Sierra
el asma sobre la yerba fría,
la tribuna
el oleaje en la noche
y hasta de qué se hacen
los frutos y las yuntas

No es que yo quisiera darte
pluma por pistola
pero el poeta eres tú.[551]

Imagen 90:
Con Fernández Retamar, Ángel Augier
(en conversación con el autor),
Miguel Barnet (La Habana, enero 1987)

---

[551]   Barnet (1982: 90).

Imagen 91:
Con Günter Grass en la UNEAC, 1993

También **Pablo Armando Fernández** conjuró en el poema «Che, todos los homenajes» la unidad entre poeta y guerrero en la persona del Che:

Te debatías unánime
entre las exigencias de dos brujas feroces:
la poesía y la guerra.[552]

Una segunda pareja de gemelos en la mitografía de Che Guevara la representa la comparación con Don Quijote, una de las figuras literarias preferidas por el argentino. En la obra de que hasta ahora se dispone de Guevara — falta casi por completo su amplia correspondencia —, aparecen alusiones, directas e indirectas, a Cervantes y su caballero andante, «que ha de ser mantenedor de la verdad, aunque le cueste la vida el defenderla» (*Don Quijote* II, 18).

Manuel Díaz Martínez se ha servido de esta comparación en los últimos tercetos de un soneto dedicado a Che Guevara, del libro *Mientras traza su curva el pez de fuego* (1984):

Don Quijote moderno, proletario
andante — soñador, no visionario —,
no confundió gigantes y molinos.
Aún se lo ve cruzar, claro el semblante,
jinete a lomos de su Rocinante,
por el tiempo sin fin de los caminos.[553]

La comparación entre Guevara y un heroico caballero, en este caso la figura legendaria del caballero andante francés Pierre du Terrail, Seigneuer de Bayard (1476-1524) con el sobrenombre de «Chevalier sans peur et sans reproche», símbolo de la decadencia de la caballería, atrajo también a **Mirta Aguirre** en su «Canción antigua a Che Guevara» (8 de noviembre de 1967). En el diálogo

---

[552] *Poemas al Che* (1969: 178-179).

[553] Díaz Martínez (1991: 334).

entre el héroe y el sujeto lírico se invoca el catálogo de virtudes de Guevara, sirviéndose de la conocida metáfora luz — oscuridad:

> — ¿Dónde estás, caballero el más puro,
> caballero el mejor caballero?
> — Encendiendo el hachón guerrillero
> en lo oscuro, señora, en lo oscuro.
> [...]
>
> — ¿Dónde estás, caballero de gloria,
> caballero entre tantos primero?
> — Hecho saga en la muerte que muero;
> hecho historia, señora, hecho historia.[554]

Este catálogo de virtudes corresponde sin duda a la imagen de Che Guevara, que Fidel Castro describió en su alocución del 18 de diciembre de 1967 en la Plaza de la Revolución, de La Habana, con motivo de la muerte del guerrillero argentino:

> Che era una persona a quien todos le tomaban afecto inmediatamente por su sencillez, por su carácter, por su naturalidad, por su compañerismo, por su personalidad, por su originalidad, aun cuando todavía no se le conocían las demás singulares virtudes que lo caracterizaron.[555]

Aunque aquí me limito a los testimonios cubanos, cuya aportación original contribuye al mito del Che, sólo su enumeración exigiría una larga antología. En la recopilación *Poemas al Che* (1969), aparece un gran número de ellos desde la «Biografía» del Belkis Cuza Malé, hasta «Che vivo» de Ángel Augier, y «Che, el poeta saluda al sufrimiento armado», de Antonio Conte. Prepondera el tema de la inmortalidad del Che y la fe en las utopías, como en el magistral poema de **Eliseo Diego** «Donde nunca jamás se lo imaginan»:

> Hoy nos dicen
> que estás muerto de veras,
> que te tienen por fin donde querían.
>
> Se equivocan
> más que nosotros figurándose
> que eres un torso de absoluto mármol
> quieto en la historia, donde todos
> puedan hallarte.
>
> Cuando tú
> no fuiste nunca sino el fuego,
> sino la luz, el aire,
> sino la libertad americana

---

[554]   Aguirre (1974: 98).

[555]   Guevara (1970: I, 11-12).

soplando donde quiere, donde nunca
jamás se lo imaginan, Che Guevara.[556]

Marino Wilson Jay, un humilde y silencioso poeta de Santiago de Cuba, resumió en un poema tardío (mayo / junio de 1978), «Todavía hay voces que te cantan», el programa idealista del portador de esperanza Guevara:

Tú no viniste para que
el hombre-sin nada
y el hombre-lleno de harapos
y el hombre-hambriento de hambre
y el hombre-lleno de lepra
y el hombre-torturado
y el hombre-peleador
y el hombre-libre,
guerrillero,
te soñaran.
Viniste con ellos y todos
olvidaron los altares, y
buscaron en tu ejército de muchachos
orientados
un sitio más donde matar la bruma.[557]

La glorificación de Che Guevara alcanza su máxima expresión en las canciones de **Carlos Puebla**, entre ellas, los famosos homenajes «¡Hasta siempre, Comandante!» y «Lo eterno»:

¡Hasta siempre, Comandante!

Aprendimos a quererte
desde la histórica altura
donde el sol de tu bravura
le puso cerco a la muerte

Tu mano gloriosa y fuerte
desde la historia dispara
cuando todo Santa Clara
se despierta para verte.

Quien es que mandó la brisa
con sol de esta primavera
para plantar la bandera
con la luz de tu sonrisa.

Tu amor revolucionario
te conduce a nueva empresa
donde esperan la firmeza
de tu brazo libertario.

---

[556] Diego (1983: 390).

[557] Wilson Jay (1987: 15).

Seguiremos adelante
como junto a ti seguimos
y con Fidel te decimos
¡Hasta siempre, Comandante!

[Estribillo:]
Aquí se queda la clara
la entrañable transparencia
de tu querida presencia
Comandante Che Guevara.

La metáfora de la luz aparece contrapuesta a la oscuridad de la muerte, superada, sin embargo, por las consignas de victorioso avance con Castro, el compañero de lucha y lobo guía aún vivo. El eterno catálogo de virtudes del revolucionario, valor, fama, fuerza, sonrisa, firmeza, semeja, una cadena de victorias, alcanzadas aparentemente sin esfuerzo por estas fuerzas victoriosas.

En la siguiente canción se postula la inmortalidad del héroe, acogido en el panteón de los dioses, que continúa viviendo en el corazón del pueblo:

Lo eterno

Vengo a traerte un recado
de tu pueblo que es mi pueblo:
dice el pueblo, Che Guevara,
que es mentira que hayas muerto.

Hombres como tú no mueren
ni en la Historia ni en el Tiempo
Como habrían de morirse
los hombres que son eternos.

Dice el pueblo, Comandante,
que sigue la voz de acero
de tu fusil encendido
por el continente entero.

Dice el pueblo, Comandante,
que sigue firme en su puesto
tu corazón legendario
aguerrido y guerrillero.

Como fuiste más que un hombre
como fuiste luz y ejemplo
vivirás eternamente
en el corazón del pueblo.

[Estribillo:]
Tu presencia firme y clara
como estrella refulgente
sigue alerta y combatiente
Comandante Che Guevara.

Si los mitógrafos más estridentes de Che Guevara eran cubanos, fueron, sin embargo, los funcionarios dogmáticos quienes iniciaron inconscientemente, allí también, la destrucción del mito en los «Hijos del Che». **Eliseo Alberto**, que creció con esta generación en La Habana, describe retrospectivamente en un brillante ensayo estas contradicciones:

> La melena de Ernesto Che Guevara, imitada por la juventud era cortada en la isla por las tijeras de los funcionarios que llegaron a considerar el pelo largo una inmoralidad del capitalismo, a pesar de que muchos de ellos habían bajado de la Sierra Maestra con rabos de mula y greñas hasta los hombros. París se estremecía con las marchas de los estudiantes que cantaban temas de los Beatles y de Carlos Puebla [...] y en las calles y parques del Vedado se extremaba una absurda represión contra los jipis del patio, seguros de que las cadenas en el cuello, las minifaldas a medio muslo y los cinturones con hebillas metálicas reflejaban rasgos de una mariconería y de una putería extranjerizantes.[558]

De esta forma, se enterró muy pronto el impulso de la Revolución inmediatamente después del asesinato de Che Guevara.

Textos y estudios

Aguirre, Mirta: *Juegos y otros poemas*, La Habana 1974.

Alberto, Eliseo: *Informe contra mí mismo*, Madrid 1997.

Aznar Soler, Manuel / Schneider, Luis Mario (eds.): *II Congreso Internacional de Escritores Antifascistas (1937)*, tomo III: *Ponencias, documentos, testimonios*, Barcelona 1979.

Barnet, Miguel: *Carta de noche*, La Habana 1982.

Casa de las Américas 46 (1968) (necrólogos).

Castro, Fidel: «Discurso en el XX Aniversario de la caída del Che», en: *Casa de las Américas* 165 (1987) (suplemento, 16 págs.).

«Che siempre», en: *Casa de las Américas* 206 (1997) (homenajes, continuación, nº 209).

Díaz Martínez, Manuel: *Alcándara*, La Habana 1991.

Diego, Eliseo: *Poesía*, La Habana 1983.

Fuentes, Carlos: *Diana o la cazadora solitaria*, Madrid 1994.

García Carranza, Araceli / García Carranza, Josefina: *Bibliografía cubana del comandante Ernesto Che Guevara*, La Habana 1987.

Guevara, Ernesto Che: *Obras 1957-1967*, 2 tomos, La Habana 1970.

Guillén, Nicolás: *Obra poética 1958-1972*, tomo 2, La Habana 1974.

Navidades para un niño cubano, La Habana 1959.

Poemas al Che, La Habana 1969.

Rivero, Raúl: *Papel de hombre*, La Habana 1970.

Testimonios sobre el Che, La Habana 1970.

Vitier, Cintio: *Antología poética*, La Habana 1993.

Wilson Jay, Marino: *Yo doy testimonio*, La Habana 1987.

---

[558]   Alberto (1997: 74-75).

B. La larga marcha (1968-1975)

20 De utopías, desencantos y paraísos perdidos: el crisol cubano

20.1 Turismo revolucionario

Aunque este capítulo abarque hasta el presente, fue, sin embargo, en los años decisivos del «Caso Padilla» y el «Quinquenio Gris» (1971-1975) cuando se produjo entre muchos intelectuales del extranjero un cambio de imagen de la Revolución cubana. Tal rectificación condujo a una serie de controversias, algunas de ellas inflexibles, en el ámbito internacional entre partidarios y detractores de la Revolución cubana.

No podemos examinar aquí la totalidad de sus testimonios. Por eso, como contribución y explicación de las varias actividades contradictorias, se analizarán, sólo a través de ejemplos, las diferentes posiciones fundamentales ideológicas.

Entretanto, se ha publicado una interesante literatura sobre el «turismo revolucionario», que tiene su expresión exhibicionista en el jineterismo revolucionario. Hans Magnus Enzensberger analizó en su momento el fenómeno de los turistas de la Revolución inmortalizándolo irónicamente en el «Canto 9» de *El hundimiento del Titanic* (1978):

> Esos extranjeros, que se hacen fotografiar
> en los cañaverales de Oriente, machete en alto
> el cabello pegajoso, la camiseta de algodón tiesa
> de guarapo y sudor: ¡esa gente está demás!
> [...] «el pueblo»
> hacía pacientemente cola por una pizza al atardecer
> mientras en el Hotel Nacional, terraza al mar,
> donde antes comían los gángster, los senadores
> [...]
> estaban sentados ahora un par de viejos trotzkistas parisinos
> y lanzaban en su entorno bolitas de pan, «agradablemente
> subversivos», y con citas de Engels y Freud.
>
> Cena 14 de abril 1969
> (Año del Guerrillero Heroico)
>
> Cóctel de langostinos
> Consomé Tapioca
> Lomo a la parrilla
> Ensalada de berro
> Helados[559]

---

[559] Enzensberger (1978: 36).

Heberto Padilla, amigo de Enzensberger, secunda esta visión, desde la perspectiva del sujeto en cuestión, en el libro *Provocaciones* (1973), como puede verse en el siguiente poema:

Viajeros

En dos o tres semanas ya tienen experiencia
suficiente para escribir un libro sobre los guerrilleros
[...]
Todas son gentes cultas, serias, provistas de sistemas
[...]
Durante varios días proyectan diapositivas
[...]
Hay muchas fotos mías, de ésas, por el mundo,
donde aparezco igual que un saltimbanqui: un ojo
resentido mira a la cámara, el otro a cualquier sitio
[...] yo estoy
preso en la foto como un león en su jaula: rujo
contra las grandes palabras (eternidad, historia),
pero no puedo transformar los ficheros, ni aclarar nada.
Estoy condenado[560]

20.2 Cuba sí — yankis no

El sociólogo brasileño Márcio Alves (nacido 1936), que, al huir de la dictadura militar de su país, vivió en 1973 algunos meses en La Habana, en casa de la familia obrera de Máximo Gutiérrez, es autor de un testimonio, siguiendo la tradición de los trabajos sociológicos de Oscar Lewis, sobre la vida del hogar que le acogió.

En él, Alves defiende una valoración de la Revolución cubana únicamente desde la perspectiva de los «subdesarrollados» del «Tercer Mundo»:

Sólo quien venga de países hambrientos, harapientos, ignorantes y enfermos será capaz de comprender la importancia de un país, en el que la gente puede saciar su hambre y hay ropa y zapatos para todos, donde los niños van a la escuela y nadie se muere por falta de medicamentos o médicos. Estas necesidades básicas existenciales no tienen, incluso para europeos y norteamericanos de izquierda, el mismo valor casi inalcanzable que para nosotros. A pesar de la pobreza e injusticias todavía existentes, la mayoría de estos pueblos pueden satisfacerlas sencillamente.[561]

En sentido parecido se expresa el escritor peruano Ciro Alegría (1909-1967), que vivió en Cuba en los años 50 y a comienzos de la Revolución (1953-1960). Sus memorias póstumas, *Mucha suerte con harto palo* (1976), reflejan los acontecimientos dramáticos. En la revista *Marcha de Montevideo*, del 28 de octubre de 1960, Ciro Alegría insiste en el valor de la Revolución cubana como ejemplo:

---

[560] Padilla (1973: 31-33).

[561] Alves (1975: 11).

No pertenezco a la Revolución Cubana, soy un escritor independiente y he sido testigo de ese fenómeno [...] Entiendo que América Latina tiene una cierta misión que cumplir: la de tratar que este movimiento enorme y significativo se estabilice y sea permanente.[562]

También Pablo Neruda (1904-1973) fue un amigo crítico, pero a lo largo de toda su vida, de la Revolución cubana. En su último libro de poesía figura, junto a una serie de poemas antiimperialistas, un homenaje a Cuba. El papel ejemplar de Cuba es visto, a través de versos épicos, sobre todo en la heroica lucha contra el imperialismo yanqui y la burguesía cubana emigrante («gusanos»):

Cuba, siempre

Pienso también en Cuba venerada,
la que alzó su cabeza independiente
con el Che, con mi insigne camarada,
que con Fidel, el capitán valiente
y contra retamares y gusanos
levantaron la estrella del Caribe
en nuestro firmamento americano.[563]

En las memorias (*Confieso que he vivido,* 1973) de Neruda se pueden ver sus discrepancias con determinados escritores cubanos («retamares» = Fernández Retamar).

La Revolución cubana la defendieron, sobre todo, los muchos emigrantes latinoamericanos que huyeron de las terribles dictaduras militares de sus países para refugiarse en la isla caribeña, donde encontraron asilo y trabajo. Como ejemplo, sean mencionados aquí el uruguayo Mario Benedetti (nacido 1920) y Ezequiel Martínez Estrada (1895-1971). Benedetti dirigió desde 1968 a 1971 el Centro de Investigaciones Literarias en La Habana. Fruto de esos años fue su Cuaderno cubano (1969, segunda edición aumentada 1971).

Sus reflexiones, poemas, reportajes, análisis y entrevistas giran en torno al papel de los intelectuales en la Revolución, y respiran optimismo. En el «Caso Padilla», el autor secundaría después las medidas disciplinarias de intimidación que tomó el gobierno, porque la fracción internacional de los críticos le pareció una amalgama excesiva de intereses propios.

Martínez Estrada fue, desde 1961 hasta 1963, director del Centro de Estudios Latinoamericanos, en La Habana. Sus ensayos sobre José Martí (1966), Nicolás Guillén (1966) y su valoración de la Revolución cubana le revelan como un conocedor bien informado de la cultura y la historia de Cuba.

Partidarios incondicionales de la Revolución cubana hasta hoy parecen ser también Gabriel García Márquez, Eduardo Galeano (nacido 1940) y Ernesto Cardenal (nacido 1925). Sobre las relaciones del Premio Nobel colombiano con

---

[562] Alegría (1973: 84).

[563] Neruda (1973: 39).

Fidel Castro se ha derramado mucha tinta. Vázquez Montalbán (1998: 568) opina a este respecto:

> García Márquez y Fidel Castro tienen una amistad extraterritorial y yo creo que también extraideológica, relación de la que el escritor nunca da noticia, ni justificación porque en verdad en verdad os digo que las afinidades nunca son electivas.

En cualquier caso, algunos disidentes cubanos deben su liberación gracias a la intercesión de García Márquez. Preguntado en cierta ocasión sobre sus relaciones con la Revolución cubana, respondió anecdóticamente:

> Hace poco en México, un amigo me preguntó de golpe: — ¿Cómo serías tú hoy si no se hubiera hecho la Revolución cubana? — No sé — le contesté asustado —. Es imposible saber cómo sería uno si fuera cocodrilo.[564]

Sobre la defensa de Galeano de la Revolución cubana, su controversia en Zürich con Jesús Díaz, por ejemplo, permite darnos una idea. El diario de viaje, *En Cuba* (1972), de Ernesto Cardenal, fue muy leído en su época por su abundante información sobre la vida cotidiana en la isla. En ella, los cubanos expresan su opinión sobre temas tan delicados como homosexualidad, oposición, fe y obediencia al partido.

Algunos años antes de la destrucción de la comuna de Solentiname en la isla del lago de Nicaragua (1977), por la guardia nacional de Somoza, y antes del triunfo de la revolución sandinista nicaragüense, Cuba significaba para Cardenal algo así como una utopía hecha realidad en la tierra y un aliento en la lucha por la liberación de su país.

Sobre la postura de Julio Cortázar (1914-1984), no siempre libre de conflictos, frente a la Revolución cubana, puede verse el capítulo dedicado a la política cultural.

Entre los simpatizantes angloamericanos, hay que citar sobre todo a Graham Greene (1904-1991) y Ernest Hemingway (1899-1961), cuyo mito cubano ha sido documentado, en especial, por Norberto Fuentes. Greene (*Our Man in Havana*, 1958), que viajó a Cuba antes y después de la Revolución, expresó con ocasión de una visita en 1966 a un batallón cubano de vigilancia fronteriza en Guántanamo:

> Ustedes están a algunos metros de vuestro enemigo. Nosotros en 1940 estábamos a cincuenta kilómetros del fascismo. Por eso simpatizamos.[565]

Muchos poetas catalanes y españoles, en primer lugar Rafael Alberti, que, desde los años 30 visitó la isla varias veces, y que como Juan Ramón Jiménez y García Lorca, tuvo gran influencia sobre la generación de poetas cubanos de entonces, entonaron cantos de alabanza a la Revolución cubana. En especial, los

---

[564]   Vázquez Montalbán (1998: 297).

[565]   *Granma*, 29 de setiembre de 1985.

emigrantes esperaban ser estimulados en su lucha contra el régimen de Franco, incluso cuando la solidaridad de los dos «gallegos», Franco y Castro había acabado pronto con sus sueños inverosímiles.

En la antología española *España canta a Cuba* (1962), publicada en Ruedo Ibérico, la editorial del exilio español en París, figuran nombres ilustres como Pere Quart, Lauro Olmo, Carlos Barral, José Agustín Goytisolo, Jaime Gil de Biedma, José Ángel Valente, Blas de Otero, Rafael Alberti y otros. Como ejemplo de la euforia de entonces entre los intelectuales españoles de izquierda, mencionemos un poema de Gabriel Celaya (= Rafael Múgica) (1911-1991):

¡Muchas gracias, cubanos!

Cuando la Sexta Flota mancilla nuestros puertos,
pienso en Cuba.

Cuando los reactores yanquis nos petardean,
pienso en Cuba.

Cuando los invasores nos denuncian por rojos,
pienso en Cuba.

Porque el pueblo cubano da aliento a la esperanza,
creo en España.

Porque Fidel recorre siglos en un minuto,
creo en España.

Porque todo es posible si el corazón se alza,
creo en España.

¡Camaradas de Cuba, muchas gracias![566]

En la prosa, secundaron esta actitud, entre los comunistas españoles de la época, Santiago Carrillo, por esas fechas Secretario General del partido, con su relato de viaje *Cuba 68,* y Alfonso Comín, periodista, editor y dirigente des PSUC, con el libro *Cuba: entre el silencio y la utopía* (1979). Entretanto, Santiago Carrillo ha pasado a integrar las filas del Partido Socialista Obrero Español, por lo que resulta grotesco su sueño de aquellos años sobre la «futura y segura Revolución española».

Comín, que abrió el camino a algunos escritores cubanos en la editorial Laia, de Barcelona, hacia el mercado europeo del libro, amplió sus notas de viaje de febrero de 1978 con numerosos diálogos, reflexiones y lecturas. Su libro se cierra con una exposición de la revolución nicaragüense, por la que Comín, un marxista-cristiano creyente, se sintió atraído sobre todo, por su componente religioso.

---

[566] *España canta a Cuba* (1962: 119).

El relato de viaje *Pueblo en marcha* (1969), de Juan Goytisolo (nacido 1934), publicado primero en forma de colaboraciones en el suplemento de la revista Revolución, describe la fase temprana de la Revolución. El entusiasmo de muchos cubanos, dispuestos ahora a construir el socialismo a pesar de todas las dificultades, despertó la admiración del escritor emigrante español, que por aquellos años vio claramente en la Revolución cubana el ejemplo a seguir para su propio país y para sí mismo:

> Defender a Cuba era defender a España, como un cuarto de siglo atrás morir en España fue morir por Cuba [...] Al defender su Revolución, los cubanos nos defienden a nosotros. Si deben morir, muramos también con ellos.[567]

El bisabuelo de Goytisolo había sido propietario de plantaciones en Cuba y regresó a España enriquecido después de la Guerra del 98. En su viaje a Cuba, Goytisolo comprendió cabalmente a qué clase social pertenecía, impulsando el ejemplo de la historia de su familia en él un proceso de concienciación importante. Quizás esto explique, también, por qué Goytisolo se distanciaría después tan violentamente de la Revolución tras el «Caso Padilla», en el que el autor español sería uno de los organizadores y portavoces de la campaña en contra.

También otros escritores e intelectuales españoles dejaron atrás su cubanofilia, hasta alejarse de la Revolución cubana, como es el caso de Andrés Sorel. Su ensayo *Cuba: la Revolución crucificada* (1993), resultado de su viaje a la isla en 1992 / 93, antes de la despenalización del dólar, es una visión nostálgica y un ajuste de cuentas con los propios principios. En este triste registro de las contradicciones predomina la tendencia a reconocer el abismo que media entre las esperanzas y las realidades presentes. El recurso a la utopía, como tabla de salvación, tiene con frecuencia un carácter vago, acompañado de adjetivos como socialismo humano o democrático.

20.3 De la revolución traicionada a la solidaridad crítica

La entrada de las tropas del Pacto de Varsovia en Praga en agosto de 1968 y la aprobación inmediata de Castro a esta invasión, como consecuencia de su gran dependencia de la URSS, las circunstancias que condujeron a la liquidación de la guerrilla guevariana totalmente aislada en Bolivia, el «Caso Padilla» y sus secuelas, el fracaso de la proyectada zafra de los 10 millones toneladas en 1970 y otros desaciertos y frustraciones indujeron a muchos intelectuales europeos y latinoamericanos a reflexionar sobre la Revolución cubana, reflexión que hasta hoy se mantiene viva:

---

[567] Goytisolo (1969: 14; 84).

Cuba no hizo la revolución en América Latina. Siempre que trató de forzar las cosas fracasó de manera lamentable. Del mismo modo, cuando predominaban circunstancias favorables, pero Cuba no ayudaba, no ocurrió gran cosa.[568]

Mario Vargas Llosa recuerda[569] una cena en La Habana en 1970 con Jorge Edwards y Lezama Lima, en la que este último le dijo al despedirse: «¿Te has dado cuenta en qué país vivimos?» Vargas Llosa comenta cómo entonces empezó a reflexionar sobre su absoluta fidelidad a la Revolución cubana, y, sin embargo, no estaba dispuesto a proporcionar ningún arma al enemigo en una situación tan difícil para Cuba.[570] En la obra en tres tomos *Contra viento y marea* (1990) que abarca los años 1962 hasta 1988, se puede seguir la evolución del proceso político de Vargas Llosa en esta cuestión.

Nada ha cambiado, desde entonces, en esta actitud de espera del autor peruano frente a la Cuba actual, como lo ponen de manifiesto las siguientes declaraciones publicadas en *La Gaceta de Cuba*,[571] el órgano de la UNEAC:

> Mira, en el remoto caso de que sea invitado, voy encantado si puedo hablar y decir las cosas que yo digo del sistema de Cuba. Lo que no puedo hacer yo, pues sería una inmoralidad de mi parte, es ir a Cuba y hacer una mojiganga. Para mí Cuba es algo muy importante, es uno de los temas centrales de mi vida. Entonces sería absurdo si yo fuera a Cuba y no tocara el tema político. Pero si puedo ir y dialogar sobre lo que yo pienso, mañana mismo.

Entre los representantes más destacados de la tesis sobre la Revolución traicionada y la formación de una nueva sociedad clasista figuran Sartre, Edwards, Enzensberger y Debray. Simone de Beauvoir describe en *La cérémonie des adieux* (1981) la evolución de Sartre, desde el análisis entusiasta de la Revolución cubana en *Huracán sobre el azúcar* (1961) hasta la desilusión que le produjo el «Caso Padilla», una década después. Según Beauvoir, hacía tiempo que Sartre había perdido sus ilusiones sobre Cuba, y ya no hablaba de socialismo sino de castrismo.

Por invitación del gobierno cubano, Sartre y Beauvoir habían visitado La Habana en febrero de 1960 de vuelta de un viaje al Brasil. Su regreso a Francia les condujo de paso a la España franquista. Para Sartre, y su compromiso decidido en favor de una Argelia libre, que luchaba entonces por su independencia frente a la potencia colonial de Francia, la Revolución cubana desempeñaba un papel importante como portadora de la esperanza de un desafío victorioso contra el imperialismo.

Tras el distanciamiento de Sartre de la política del Partido Comunista francés y su desencanto por los sucesos de Hungría en 1956, en los que el socialismo real existente había enseñado sus zarpas, Sartre creyó encontrar en

---

[568]   Castañeda (1995: 106).

[569]   *Diario 16*, 1 de junio de 1986, pág. 15.

[570]   Verdès-Leroux (1989: 480).

[571]   Menéndez Plasencia (1998: 53).

Cuba la «tercera vía» entre los dos bloques. Con posterioridad, Simone de Beauvoir declararía al emigrante cubano Juan Arcocha en París, quien les había servido de intérprete en Cuba:

> Además, querido amigo, no tenemos ganas de volver a Cuba. Sabemos que las cosas van mal. Este nuevo viaje acarrearía una gran decepción y nosotros quisiéramos conservar la maravillosa primera impresión que tuvimos de Cuba que ya se nos nubló la segunda vez. En otras palabras, queremos mantener vivo el recuerdo de la luna de miel de la Revolución.[572]

El adiós a los mitos es siempre doloroso, sobre todo cuando afecta a la obra de toda una vida.

El libro sobre Cuba del escritor y diplomático chileno Jorge Edwards (nacido 1931) alcanzó una gran difusión. Edwards fue desde el 7 de diciembre de 1970 el primer embajador de la Unidad Popular chilena en La Habana hasta que el 22 de marzo de 1971 se vio obligado a abandonar el país como «Persona non grata» (título también de la obra, publicada en 1973, ampliada en 1982), libro que puede considerarse como el documento de un *insider* por su análisis del clima intelectual en Cuba y de la crisis económica. La obra, acabada un mes después del golpe de Estado en Chile de 1973, representa hasta hoy en día la «novela política» de las ilusiones perdidas.

Entre la carta abierta de Hans Magnus Enzensberger, dirigida al presidente de la Wesleyan University, en Connecticut (EE.UU.), el 31 de enero de 1968, y su saga glacial de *El hundimiento del Titanic* (1978), con el canto de cisne a la Revolución cubana, existe un abismo de esperanzas fallidas y de tergiversaciones recíprocas. En 1968, en el punto álgido de la guerra de Vietnam, Enzensberger se había expresado todavía en un tono antiimperialista:

> Pues una cosa es estudiar el imperialismo en el retiro de la celda y otra enfrentarse a él allí donde muestra su rostro menos desinteresado [...] Este otoño quisiera ir a Cuba para trabajar allí una temporada. Esta decisión no es ningún sacrificio; sencillamente tengo la impresión que puedo ser útil a los cubanos [...] y aprender más de ellos.[573]

Al parecer este proceso de aprendizaje acabó para Enzensberger con una serie de frustraciones inmensamente tristes, tras las cuales se ocultan también desilusiones personales y sociales sobre la evolución de la República Federal Alemana desde 1968. El escritor alemán no se le permitió trabajar en la Universidad de La Habana, fue internado en hoteles y, por sus contactos con Padilla y otros intelectuales críticos, estuvo muy pronto en el punto de mira de la Seguridad cubana, que continuó vigilándole durante varias décadas después con ayuda del servicio de Seguridad de la República Democrática Alemana.

El texto de Enzensberger *El interrogatorio de La Habana* (1970), una documentación escénica, se inspira en los protocolos de los interrogatorios de los invasores de Playa Girón. La versión alemana, dedicada a Heberto Padilla,

---

[572]   Vázquez Montalbán (1998: 287).

[573]   Enzensberger (1970: 238).

anticipa el interrogatorio del poeta cubano en La Habana que tendría lugar un año después (1971).

Los cantos 3, 4, 9, 22 y 28 de *El hundimiento del Titanic* son expresión de su proceso de desencanto. La obra, empezada en 1969 en Cuba, desaparecida, tenazmente reconstruida, meditada y terminada en 1977 en Berlín describe en 33 cantos una catástrofe. En aquellos años Enzensberger vela ya el Titanic, el buque fantasma, y el iceberg avanzando como una amenaza hacia el Malecón de La Habana:

> Ya entonces se desconchaba en La Habana el revoque
> de las casas, el puerto olía invariablemente
> a podrido, lo antiguo se consumía copiosamente
> la carencia roía día y noche
> con ansiedad el plan decenal, y yo
> escribía el Hundimiento del Titanic
> [...] Ya entonces todos pensábamos:
> mañana será mejor, y si no es
> mañana, pasado mañana. ¡Bueno! —
> quizás no necesariamente mejor,
> pero será diferente, completamente diferente,
> desde luego. Todo será diferente.
> Un sentimiento maravilloso. Lo recuerdo.[574]

Las realidades, tenidas por fundamentales, quebraron enseguida este mórbido horizonte esperanzador:

> Ignorábamos que la fiesta se había acabado hacía
> tiempo
> y todo el resto era un asunto
> para los directores del Banco Mundial
> y los camaradas de la Seguridad del Estado
> lo mismo que en nuestro país y en todas partes.[575]

Enzensberger describe con una gran plasticidad cómo era antes la libertad individual con aire de bohemia exótica:

> Debe haber sido en junio, no,
> a comienzos de abril, poco antes de Pascua Florida
> bajábamos por la Rampa,
> era la una pasadas, María Alexandrovna
> me miraba con ojos crepitantes de ira,
> Heberto Padilla fumaba, todavía no estaba
> en prisión — [...][576]

---

[574]   Enzensberger (1978: 14).

[575]   Enzensberger (1978: 15).

[576]   Enzensberger (1978: 16).

Al dolor por el fracaso de la Revolución, que produjo también egoísmo personal, respondió Enzensberger, replegándose al retiro del mito individual de revolución.

Muy diferente fue el proceso de desencanto en el caso de Régis Debray (nacido 1941). Su «honte d'être français» por las sangrientas guerras coloniales de Indochina y Argelia le condujo al internacionalismo. Ya en 1961, Debray había pasado seis meses en Cuba y tomado parte en la campaña de alfabetización; en 1963/1964 recorrió a pie América Latina durante año y medio, y en 1965 Castro le invitó personalmente a la Conferencia-Tricontinental celebrada en La Habana. Después inició, lo que sería su paso decisivo de la teoría a la práctica, una formación en la guerrilla como «cuadro estratégico de la Revolución» (según Piñeiro, Jefe de Seguridad). Debray fue compañero de Che Guevara en Bolivia, siendo allí encarcelado tras la liquidación de la guerrilla de 1967 a 1970 (en principio condenado a 30 años de prisión).

Con posterioridad, Debray se orientó hacia la socialdemocracia y se trasladó al Chile de Salvador Allende para apoyar el proceso del «Socialismo en Libertad». En 1973 se incorporó, como peregrino de un proceso revolucionario a otro, a los sandinistas de Nicaragua. A partir de 1981, entró al servicio de Mitterrand como asesor pragmático en el Palacio del Eliseo.

Debray es autor de una serie muy polémica de libros de culto de la izquierda, entre ellos *Révolution dans la révolution? et autres essais* (1967) y *La critique des armes* (1975). Menos éxito tuvo como novelista con *L'indésirable* (1975).

Para su visión de Cuba son importantes sus memorias, publicadas con posterioridad, *Loués soient nos seigneurs* (1996), el libro de las desilusiones donde se entierran los rituales de la Revolución cubana con su traición a los ideales de sus orígenes, el culto a la personalidad del comandante y la pérdida diaria de valores.

Debray subtitula su libro «une éducation politique», paralelamente a *L'education sentimentale* (1869), de Flaubert. La lección de la «fumée des utopies» de una «révolution trop mondiale» le llevó a Debray a sacar una conclusión amarga: «Je haïs la vie publique et les politiciens»,[577] sin duda un juicio demasiado duro, visto desde la perspectiva de un «idiota útil» instrumentalizado, según su opinión.

Es muy difícil establecer una tipología de grupos de autores según su postura frente a la Revolución cubana. Más viable resulta fijar una tipología de sus prejuicios. Tras hacer mención de los simpatizantes y desilusionados, debemos ocuparnos todavía de los partidarios de la solidaridad crítica.

La solidaridad crítica tiene que mantener incondicionalmente en estado de alerta permanente su observancia crítica para desbaratar los planes de sus detractores, residiendo su autenticidad en su sinceridad diferenciada. Quien interprete la solidaridad como adhesión incondicional, estigmatizará por supuesto a aquellos que son críticos solidarios como profanadores de la propia realidad. La solidaridad crítica fortalece la conciencia, puede librarnos de

---

[577] Debray (1996: 15).

ilusiones peligrosas y protegernos de un optimismo exagerado. Su campo de acción es el análisis de la realidad en su contexto histórico.

Los siguientes autores tienen, a pesar de sus diferencias, algunas afinidades en común que residen, en última instancia, en la separación entre instituciones y funcionarios privilegiados, por un lado, y, de otro, la población que lucha por sobrevivir. En una palabra: no el sistema merece ser apoyado, sino el pueblo. Aquí habría que mencionar, en primer lugar, al famoso escritor mexicano Carlos Fuentes (nacido 1928), cuya actitud frente a la Revolución cubana la caracteriza Vázquez Montalbán (1998: 525) de «agridulce».

El «Caso Padilla» fue también para Fuentes una lección amarga, pero al contrario de su compatriota ya fallecido, Octavio Paz, defendió siempre Cuba contra todo ataque anticomunista burdo. Fuentes ha reflexionado, junto con García Márquez, sobre la forma de mejorar las relaciones cubano-nor-teamericanas en una visita a Clinton, pero no ha autorizado la publicación de uno de sus libros de narraciones en Cuba porque no se le permitió dedicarla al defensor de los derechos humanos, Elizardo Sánchez Santa Cruz. La Cuba de los «aparatchiks» no es el mundo de Carlos Fuentes.

En las tres novelas que se citan a continuación se mezclan autobiografía y ficción. Se trata de narrativa de testimonio en la línea de la solidaridad crítica. Una parte de la novela *De ontdekking van de hemel* (1992, *El descubrimiento del cielo*) del famoso autor holandés Harry Mulisch (nacido 1927) transcurre en La Habana. El Instituto Cubano de Amistad con los Pueblos invita a cuatro amigos holandeses, dos de ellos músicos, a un supuesto congreso de cultura, que se revela en realidad como un congreso internacional sobre estrategias de la lucha armada.

Los invitados se ven obligados a soportar, durante una semana de octubre de 1967, los rituales y la demagogia de la izquierda posestalinista institucionali-zada. El choque entre el horizonte de esperanzas y las realidades cotidianas produce una serie de situaciones grotescas, hasta que el asesinato de Che Guevara en Bolivia proporciona una cierta respuesta a los conceptos de guerrilla y focos de insurrección. El autor no renuncia a ironizar críticamente a la hora de enfrentarse a las aspiraciones de la propia izquierda («Ahora hemos sido promovidos al grado de doctores en vanguardia de la subversión en Holanda»).

La Habana era una fiesta (1995), el libro del cantautor sueco Björn Afzelius (entretanto fallecido), magistralmente traducido al español por René Vázquez Díaz, es la obra de un amante comprometido con el pueblo cubano. La novela-testimonio está centrada sobre la historia dramática de amor del yo-narrador europeo y una mulata cubana. Todos los intentos de casarse con ella y cons-truir una nueva vida en Suecia fracasan, debido a las estructuras autoritarias de la burocracia cubana.

Esta vivencia le hace radicalizarse también al protagonista en su actitud personal frente al sistema cubano. La descripción de esta experiencia contiene numerosos análisis y observaciones de la vida cotidiana plenamente acertadas, que ilustran el proceso de desencanto progresivo. Pero al final, el autor se mantiene fiel a la utopía de un socialismo democrático, a pesar de todas las vivencias negativas. La dedicatoria — un poema de Julio Numhauser — expresa la paradoja de un amor mudadizo y, sin embargo, constante, con una valoración política del futuro:

> Pero no cambia mi amor
> por más lejos que me encuentre,
> ni el recuerdo ni el dolor
> de un pueblo y de mi gente.
> Y lo que cambió ayer
> tendrá que cambiar mañana
> así como cambio yo
> en esta tierra lejana.[578]

La novela-testimonio *Así en La Habana como en el cielo* (1998), del novelista, ensayista, filólogo y conocido periodista español J. J. Armas Marcelo (nacido 1946), se desarrolla entre cubanos de la isla y del exilio. En la obra abundan informaciones y análisis pero, en última instancia, ofrece una imagen desoladora de la situación en la isla y del ansia frustrada de libertad de sus gentes.

Textos

Afzelius, Björn: *La Habana era una fiesta*, Madrid 1995.

Alegría, Ciro: *La revolución cubana: un testimonio personal*, Lima 1973.

Alves, Márcio: *Erster beim Sterben, letzter beim Essen: Kuba — eine Arbeiterfamilie erzählt*, Reinbek 1975.

Benedetti, Mario: *Cuaderno cubano*, Montevideo 1969 (segunda edición aumentada 1971).

Debray, Régis: *Loués soient nos seigneurs: une éducation politique*, Paris 1996.

Enzensberger, Hans-Magnus: «Offener Brief an den Präsidenten der Wesleyan University», en: Schickel, Joachim (ed.): *Über Hans Magnus Enzensberger*, Frankfurt am Main 1970.

Enzensberger, Hans Magnus: *Der Untergang der Titanic: eine Komödie*, Frankfurt am Main 1978.

España canta a Cuba, París 1962 (antología).

Goytisolo, Juan: *Pueblo en marcha*, Montevideo 1969.

Neruda, Pablo: *Incitación al Nixonicidio y alabanza de la revolución chilena*, Lima 1973.

Padilla, Heberto: *Provocaciones (poemas)*, Madrid 1973.

---

[578]   Afzelius (1995: 9).

Estudios

Castañeda, Jorge G.: *La utopía desarmada: intrigas, dilemas y promesa de la izquierda en América Latina,* Barcelona 1995.

Esteban, Ángel / Panichelli, Stéphanie: *Gabo y Fidel: el paisaje de una amistad,* Madrid 2004.

Ette, Ottmar: «Esperando a Godot: las citas de Manuel Vázquez Montalbán en La Habana», en: *Encuentro de la Cultura Cubana* 14 (1999), págs. 69-89.

Franzbach, Martin: «De utopías, desencantos y paraísos perdidos: el crisol cubano», en: Paatz, Annette / Pohl, Burkhard (eds.): *Texto social: estudios pragmáticos sobre literatura y cine; homenaje a Manfred Engelbert,* Berlin 2003, págs. 441-452.

Leante, César: *Gabriel García Márquez, el hechicero,* Madrid 1996.

Menéndez Plasencia, Ronaldo: «Déjame que te cuente: entrevista con Mario Vargas Llosa», en: *La Gaceta de Cuba* 6 (1998), págs. 50-53.

Vázquez Montalbán, Manuel: *Y Dios entró en La Habana,* Madrid 1998.

Verdès-Leroux, Jeannine: *La lune et le Caudillo: le rêve des intellectuels et le régime cubain (1959-1971),* essai, Paris 1989.

C. Las utopías del socialismo real (1976-1989)

21 La guerra de Angola y las guerras olvidadas de Africa en el espejo de la literatura

De 1975 a 1989, Cuba hizo la guerra más larga de su historia. Mientras las guerras de independencia contra los españoles en el siglo XIX duraron diez y tres años y medio respectivamente, unos 40.000 soldados cubanos lucharon catorce años en Angola contra los mercenarios de la Unitá y sus cómplices sudafricanos.

Sin los triunfos de las tropas cubanas no existiría hoy una Namibia independiente, y Angola se habría convertido muy pronto en una colonia sudafricana. En Angola participaron médicos, maestros, ingenieros y representantes cubanos de otras profesiones. A su vez, muchos jóvenes africanos se formaron en Cuba y estudiaron, sobre todo, en la Isla de la Juventud.

Cuando Rafael del Pino, general cubano en la guerra de Angola, huyó a Miami a finales de mayo de 1987 en una avioneta Cessna, sus primeras declaraciones fueron para exponer (*Cambio 16* del 13 de juli de 1987, pág. 6) que el motivo de su deserción de la isla habían sido las discrepancias en el Estado Mayor cubano sobre la solución política o militar de la cuestión de Angola. La presencia de las tropas cubanas en este país africano la explicaba del Pino según tres razones:

1. Compensar a la URSS por la enorme ayuda militar a Cuba.
2. La necesidad de dar empleo a 40.000 cubanos como soldados, que a su regreso a Cuba no habrían tenido trabajo.
3. El papel de Angola como destino para deshacerse Cuba de militares de alta graduación, considerados incómodos.

Sobre todo, el último de los tres motivos tiene muchos argumentos en su favor. Pues exactamente dos años después, el 13 de julio de 1987, fueron condenados a muerte y fusilados en La Habana Arnaldo Ochoa, general en Angola, muy apreciado en todas partes, y otros militares de alta graduación, tras un largo simulacro de proceso, acusándoselos de haber creado una red secreta en combinación con el cartel colombiano de Medellín y haber traficado con divisas y cocaína.

Hasta hoy se sospecha si los hermanos Castro estaban o no enterados. Poco después, las tropas cubanas fueron retiradas gradualmente de Angola en cumplimiento de acuerdos internacionales. A los caídos se les enterró en cementerios cubanos. Pero ninguna lápida recuerda su difícil compromiso con la causa de la antigua colonia portuguesa.

La amplia tabuización política de la intervención cubana en Angola se manifiesta también en los testimonios literarios. Lentamente se ha publicado alguna escasa literatura sobre esta temática, sobre todo en forma de poemas y testimonios de internacionalistas cubanos. Fidel Castro, al que se le inculpó internacionalmente de que Cuba hiciera una falsa guerra en Angola sólo en nombre de la Unión Soviética, respondió en un famoso discurso en Luanda en abril de 1977 con el lema: «Somos un pueblo latinoafricano.» Y en un gigantesco cartel con los retratos de Castro y Agostinho Neto se podía leer: «O que é determinante para a unidade é a ideologia e não a geografía.»

Mientras el gobierno cubano intenta en la actualidad conseguir una mayor integración del futuro del país en el contexto latinoamericano, Cuba rompió en la década de los 70 el bloqueo impuesto por EE.UU. y apareció en la escena de la política mundial. Como portavoz de los países no alineados, Cuba trató, desde 1979 hasta 1983, de terciar en los acontecimientos políticos internacionales.

En el poema más famoso sobre Angola, de Nicolás Guillén (1902-1989), se expresan los muchos aspectos de lo que significó el compromiso cubano en Africa. El «Son de Angola» (tachado en la edición española) figura en el libro con el poético título *Por el mar de las Antillas anda un barco de papel* (1977), está fechado el 22 de julio de 1976 y dedicado a Electo Silva, director del Orfeón de Santiago:

> Te voy a cantar un son
> cubano en lengua española,
> y es para decirte, Angola
> que estás en mi corazón.
> ¡Muera el gringo, viva el son,
> viva Angola![579]

Aquí aparecen ya dos de las ideas fundamentales de la lírica sobre Angola, que Castro había expuesto poco antes en su discurso de Luanda: la solidaridad y el antiimperialismo. La solidaridad con Angola se nutre según opinión del gobierno cubano de las raíces africanas en lo étnico, lo religioso y lo cultural. La fraternidad antiimperialista con Africa fue una componente importante de la política exterior cubana desde el compromiso, en fechas tempranas, de Che Guevara con las guerras de liberación de Argelia y del Congo.

En abril de 1965, Che Guevara y 200 internacionalistas cubanos lucharon en el Congo (Brazzaville) contra el régimen corrupto de Moisé Tschombé.[580] El objetivo de la política exterior cubana, al intervenir militarmente en Angola, fue asestar indirectamente un golpe al gobierno de EE.UU., el cual, en unión de sus satélites, apoyaba a la Unitá de Jonas Savimbi.

---

[579] Guillén (1993: 52).

[580] Véase Paco Ignacio Taibo II / Froilán Escobar / Félix Guerra: *El año que estuvimos en ninguna parte*, México 1994.

La conocida canción satírica de Carlos Puebla (1917-1989), el cantante cubano más famoso en aquella época, subraya este entusiasmo antiimperialista. Se titula «El lobo domesticado» y son variaciones de la popular canción infantil sobre el lobo feroz. La gracia reside en la identificación del lobo con el imperialismo norteamericano, que sale bastante malparado de sus intervenciones militares — Playa Girón, Vietnam, Angola — y, por ello, ya no puede asustar a nadie. Carlos Puebla canta refiriéndose al gobierno de EE.UU.:

Por Cuba empezó la cosa
con barcos y mercenarios,
pero de Cuba salieron
con el rabo trasquilado.

Después de aquella derrota
para Vietnam apuntaron
y en tierra vietnamita
soltaron el carapacho.

Ahora andaban coqueteando
con Savimbi y los gusanos,
pero la fuerza angoleña
les volvió a torcer el rabo.

Por eso ya no hay prestigio
qué prestigio ni ocho cuartos
si el prestigio de los yankees
es un enano agachado.

También Silvio Rodríguez, que visitó Angola desde febrero hasta julio de 1976 en misión cultural para alentar a las tropas, enriqueció la canción cubana con el tema de Angola, por ejemplo, con la famosa «Canción para un soldado»:

Si caigo en el camino,
hagan cantar mi fusil
y ensánchenle su destino
porque él no debe morir.

Si caigo en el camino
como puede suceder,
que siga el canto mi amigo,
cumpliendo con su deber
[...]

Canción para mi soldado
es la que quiero cantar
y con ella confesar
que es un canto enamorado,
porque la canta el de al lado,
el de ayer, el de después;
canción que nació una vez
que se navegaba el mundo,

cuando elegimos el rumbo
bajo la estrella del Che.[581]

Estos dos temas — solidaridad y antiimperialismo —, que estaban también presentes en la poesía comprometida de Agostinho Neto (1922-1979), son el *leitmotiv* de los textos de periodistas e internacionalistas. Como en el caso de la literatura cubana sobre Nicaragua, aparecen también en ello confrontados con frecuencia el subdesarrollo de Angola hasta entonces y la herencia colonial con la lucha por un futuro mejor así, por ejemplo, en el libro de Otto Vilches *Angola asalta el cielo* (1980, con poemas de Agostinho Neto).

En la tradición de los diarios de guerra de Che Guevara, hay que citar *Angola: un abril como Girón* (La Habana 1983), de Pepín Ortíz (con un apéndice de fotografías y documentos) y *De Cabinda a Cunene* [...] (1983), de Emilio Comas Paret (1942 Caibarién). Comas Paret, historiador, poeta, cuentista y novelista, estuvo en Angola en 1976, enviado por el Comité Central del Partido Comunista Cubano, y aprovechó la ocasión para redactar un breve diario.

A la literatura sobre Angola pertenece también el testimonio de Norberto Fuentes *El último santuario: una novela de campaña* (1992). Por medio de escenas cortas, en forma de collage, y siguiendo el estilo de su maestro Hemingway, el autor describe ante nuestra mirada atónita el horror de un conflicto insoluble de manera militar. El texto ofrece paralelismos con la época de los años 60, cuando Fuentes fue corresponsal de guerra en la Sierra del Escambray. La combinación entre periodismo, literatura de ficción, reportaje y novela es prueba del talento del autor. Las fotos que acompañan la obra son de Ernesto Fernández, un veterano de Playa Girón y del Escambray.

En la misma dirección figuran también el libro testimonio de Rodolfo Torres, *Mis hermanos en la guerra* (1982) y las narraciones de Joel James Figarola, quien estuvo en Angola nueve meses a partir de diciembre de 1975, narraciones que giran entorno a un grupo de soldados y reservistas cubanos de la guerra de Angola y que llevan por título *Hacia la tierra del fin del mundo* (1982).

Con seguridad hubo también diarios y correspondencia epistolar de soldados desconocidos, como por ejemplo, se ve en la publicación póstuma del diario *Tener que dejarte* (1990), de Néstor Martínez de Santelices (12 de octubre de 1957 La Habana), quien, a la edad de 31 años, murió en una patrulla de exploración el 21 de mayo de 1988 en Tchipa, al sur de Angola. El libro contiene notas para un diario, poemas y narraciones cortas en la tradición de Pablo de la Torriente Brau. La «Canción SWAPO» nos resulta hoy anacrónica:

1 voz: El pueblo soviético debe estar agradecido
por haber encontrado el socialismo bajo
el liderazgo de Lenin.
Coro: Poder, Poder, NUJOMA

---

[581]   Casaus / Nogueras (1993: 167-168).

Poder, Erich Honecker
Poder, Camarada Gorbachov
Poder, Fidel Castro.[582]

Tres días antes de su muerte, el soldado describe en su diario, con una imagen sencilla de la naturaleza, su sueño de un mundo pacífico:

> Desde entonces, las mariposas volvieron a volar suave y tranquilas por los campos; aunque hay algunas que siguen atolondradas, pero ya no es por miedo, es que andan apuradas buscando un amor. Angola, 18 de mayo de 1988.[583]

Lo mismo que en la Guerra Civil española, también tomaron parte en Angola, como combatientes o testigos literarios, poetas conocidos: tal es el caso de Víctor Casaus (*Los ojos sobre el pañuelo*, 1984), Antonio Conte (*Con la prisa del fuego*, 1981), Rafael Carralero (*Tiro nocturno*, 1986), así como Waldo Leyva Guerra, Joel y Ariel James, de la provincia de Oriente. En un informe leído en el Tercer Congreso del Partido Comunista Cubano («Angola está aquí»), Waldo Leyva explica con palabras patéticas su presencia internacionalista en Angola:

> El planteamiento fue el siguiente: que queríamos [...] que queriamos ir, que necesitábamos ir para dar testimonio de alguna manera de aquel hecho heroico, donde se patentizaba la actitud internacionalista de la Revolución. Nosotros queríamos ir, pero ir como soldados, me parece que eso es importante que lo digamos. No como escritores, no como periodistas.[584]

En la poesía de Waldo Leyva, quien regresó de Angola herido a La Habana, esta ideología de la lucha se expresa en los siguientes términos:

Desde el este de Angola

Ahora,
mientras yo me levanto
y voy con el fusil hacia otro punto
donde vuelvo a tenderme y disparar.

Ahora,
mientras espero fundiéndome a la tierra
que reviente el obús del enemigo.

Ahora,
mientras Xieto pasa, aquí, a mi lado,
con el AK plegable bajo el brazo
corriendo y disparando
y la muerte hace estallar las piedras
a dos metros.

---

[582] Martínez de Santelices (1990: 128).

[583] Martínez de Santelices (1990: 110).

[584] *Unión* 2 (1985), pág. 30.

Ahora
en este mismo instante
mis hijos se despiertan en Santiago.[585]

La unión entre vida y muerte, pero también el sentido de la lucha por un
futuro mejor para la generación de los jóvenes a ambos lados del atlántico, está
aquí presente con imágenes sencillas. El mito del guerrillero heroico se une
inconscientemente con la Madre Tierra que reconforta y con la cual se funde el
soldado en un símbolo erótico. El pensamiento que rememora la patria, los
hijos, sirve para intensificar la identificación con el lector. Junto a la dimensión
política aparece en esta lírica la problemática personal de los internacionalistas,
su miedo ante la muerte como amenaza permanente.

Esta simbiosis entre el frente y la isla natal tiene una respuesta desde Cuba.
Para el soldado en Angola no llegan sólo correo controlado y donativos, sino
también poemas como esta «Crónica al amanecer» de la periodista y poetisa
Marilyn Bobes León:

Comienza la mañana.
Los relojes en Luanda, ¿qué hora tienen?,
¿Qué mano amiga te despierta al combate?
Comienza la mañana de este 25 de enero
y me levanto.
Una mujer entre el dolor y la confianza
se dispone a vivir.
Deja un poema escrito en la repisa
y peina su cabello levemente.
En ella viven hombres y ciudades,
mar y tierra,
noticias,
primaveras.
Es solamente una mujer que desayuna
a las 6 menos cuarto.[586]

Aquí se compara el comienzo del día en Angola, como posible presagio de
la muerte, con el quehacer al parecer banal de una mujer que madruga en La
Habana. El mito del ἔρως ('eros') y θάνατος ('tanatos') está presente en el
trasfondo del texto. El poema traslada el problema hasta la luz de la conciencia
surgiendo así una unión solidaria más allá del océano.

En una antología titulada *No me dan pena los burgueses vencidos* (editado
por Suardíaz 1991), figuran, como homenaje al Cuarto Congreso del Partido
Comunista Cubano, cinco poemas sobre Angola, que, sin vacilar, pueden
calificarse de poesía oficialista. Lo que en Nicolás Guillén sonaba, por su
biografía personal, por su originalidad y la fuerza expresiva de su lenguaje,
todavía auténtico en sus poemas, se convierte en los poetas siguientes y sus

---

[585]   Leyva (1982: 78).

[586]   Bobes León (1979: 36).

imitadores en una «pose» heroica anquilosada. Cuando Waldo Leyva entona la canción del camarada muerto, se dice:

> Todavía tengo el asombro de tus ojos
> pegado a la memoria.
> Te me fuiste de golpe entre las manos.
> No me bastó la sangre
> para cerrar tu herida.
> Te mataron de pronto
> al mediodía.[587]

La trivialidad del «kitsch» patriótico se expresa en la veleidad de la acción, en las imágenes rudas e incoherentes y en la ideología de la «misión cumplida». En otros poemas de esta antología partidista, la mujer angolana («esa pobre mujer de piel oscura»), de frente pura y mirada luminosa, avanza hacia un futuro mejor,[588] o la esposa lejana aparece en el poema «Noche de Luanda», de Domingo Alfonso, como «la flor de mi vida / huele a rosa y jazmín»;[589] en otra ocasión, el soldado se abre camino con el fusil (Antonio Conte):

> porque la lucha continúa
> y la victoria resplandece a tiro de fusil.[590]

La proximidad de estos textos al realismo socialista, con sus clisés simplistas y extremos, es sorprendente, y así desfilan en el mismo tono los héroes positivos — en el sentido de Che Guevara — por los caminos polvorientos (narraciones cortas de Rafael Carralero):

> Los hombres marcharon con las camisas empapadas en sudor, con el polvo pegado a la piel y el cansancio como una cicatriz marcando cada rostro.[591]

Ariel James planta incluso una bandera en la frontera con Namibia, donde «terminó la aventura imperialista» y «los afrikanders / volvieron a correr en desbandada / y sin un tiro».[592]

En el poema «Regreso», Benito Estrada Fernández (1945 Holguín), hace balance de su lucha en Angola, desde 1976 hasta 1977:

> Partí una tarde guerrera
> con el Turquino en la frente
> vestido de combatiente

---

[587] Suardíaz (1991: 104).

[588] Suardíaz (1991: 26), Jesús Orta Ruiz: «Indio Naborí».

[589] Suardíaz (1991: 72).

[590] Suardíaz (1991: 106).

[591] Carralero (1986: 45).

[592] Suardíaz (1991: 106).

del socialismo, y regreso
a tu vientre con el beso
del hermano continente.[593]

La casualidad de la empresa, la legitimación y la «unión mística» erótica entre el seno de la «Madre Patria» y el beso del «hermano continente» África son parte, sin duda, de los falsos mitos históricos y del «kitsch» altruista, pero tienen su validez dentro del marco eufórico del año 1979, cuando los sandinistas acabaron en Nicaragua con la dictadura de Somoza. Castro fue elegido presidente de los países no alineados y 100.000 cubanos exiliados pudieron visitar, por primera vez, su antigua tierra natal como turistas portadores de divisas.

La guerra de Angola fue incluso llevada al teatro, como en la obra varias veces premiada de Ignacio Gutiérrez (1929 La Habana) Kunene, escrita en 1981 y estrenada al año siguiente. Gutiérrez estuvo en Angola en los años 1977 y 1978 para atender las necesidades culturales de la tropa. En Kunene, el autor parte de las contradicciones, conflictos y dudas de un grupo de internacionalistas.

Con el fin de intensificar el carácter didáctico de la historia narrada, la obra está construida en contrapunto. El grupo de soldados se constituye en unidad sólo después de la invasión de las tropas sudafricanas en Angola. Al final, los personajes brindan con una botella de Caney: «¡Por Cuba! [...] ¡Por el socialismo! [...] ¡Por el internacionalismo!».[594]

También Antonio Conte hizo un balance muy personal de su participación internacionalista en Angola en 1978. Lucha, muerte y nostalgia forman en el poema una trinidad revolucionaria:

Siempre regreso a Angola

Me sorprendo en la sed marítima del tórrido desierto,
en la bíblica lluvia de la selva,
en el frío tenaz de las postas,
en el silbido del mortero buscando al enemigo,
en la última carta que escondo en la memoria
[...]
Queden en paz mis compañeros muertos,
no habrá traición ni Atlántico revuelto que tuerza la victoria.
Siempre regreso a Angola con las limpias estrellas de mi barrio.
Siempre regreso a Angola.[595]

Sería interesante comparar estos mitos afirmativos de Angola sobre héroes positivos con aquellos otros textos destructores de tales mitos, cuyos autores son cubanos exiliados. Un ejemplo en este sentido es la «Elegía para un soldado

---

[593]   Estrada Fernández / Oliver Labra (1979: 38).

[594]   Gutiérrez (1989: 387).

[595]   Conte (1981: 45-46).

cubano muerto en Angola», de Armando Valladares, preso político durante 22 años en Cuba antes de su salida para EE.UU. en 1981.

En esta elegía es puesta en duda la totalidad del hecho histórico: el carácter voluntario de la misión en Angola, el sentido de la ayuda militar y la muerte heroica del soldado. Frente al «kitsch» patriótico sagrado de la lírica partidista de la Cuba insular, el poema de Valladares sentimentaliza la despedida familiar:

Tu esposa no quería que fueras a la guerra
tu hija, que apenas intentaba
dar sus primeros pasos,
con su carita tierna se abrazaba a tu cuello
[...]

En el último verso se dice que «encontraste en la jungla al fin, la libertad».[596] Lo que para unos era una muerte heroica, significaba para otros un sacrificio falaz que termina con un ritual atávido: Valladares apela al hechicero africano de la tribu para que extraiga del pecho del soldado cubano muerto el corazón. Ninguna imagen refleja mejor la impotencia de la agresividad del autor cubano exiliado. La elegía sobre Angola representa sólo un pretexto para liquidar viejas cuentas. Si las ideologías son fenómenos intercambiables, aquí estamos ante un ejemplo ilustrativo de ello.

En su *Estética de la resistencia* (1975-1981), Peter Weiss nos advierte sobre el peligro de que la lírica política degenere en un instrumento de pura propaganda. En la poesía de guerra de todas las épocas se manifiestan claramente las posibilidades y los límites que entraña esta lírica.

Walter Benjamin señala en su ensayo *La obra de arte en la época de su reproducibilidad técnica* (1936) que, si el fascismo estiliza estéticamente la política, el comunismo responde con la politización del arte. En ese caso, esta afirmación tiene, sin duda, su validez también para la literatura cubana sobre Angola. Tal literatura pertenece en Cuba hoy ya a la historia, aun en el caso de que se publique algún que otro testimonio o alguna mini-memoria.

¿Por qué tenía que surgir en Cuba una literatura sobre Angola, exclusivamente relacionada con determinados intereses, cuando precisamente la poesía política de Agostinho Neto, el escritor angoleño más importante, había ya demostrado que el compromiso político y la calidad estética son perfectamente compatibles en la creación literaria?

Cuando tuve la oportunidad, a finales de mayo de 1995, de escuchar en Cuba en la vivienda de un amigo una canción sobre Angola, entonada apasionadamente por un grupo de jóvenes cubanos y cubanas, les rogué me proporcionaran el texto. Su tono era algo nuevo. El autor de la letra y la música, Frank Delgado, estaba presente. Delgado había luchado en Angola, defendía su compromiso, pero a su vez estaba en contra de cualquier instrumentalización política.

---

[596]   Valladares (1988: 156-157).

En los versos de la canción alternaban el humor, la amargura y el deseo de salvar «la historia de la gente sin historia». Tuve el presentimiento y la esperanza de que hubiera también en Cuba gente joven que ya no se deja seducir por las visiones míticas. Los refranes siguientes de esta canción muestran el distanciamiento frente a la literatura oficialista sobre Angola:

[...]
Angola, mi madre en realidad se quedó sola
buscándome en un mapa rotulado en portugués
por tus ciudades sucias y sonoras.

Angola, mi novia procuró calor humano
mi perro un nuevo dueño y hasta puede suceder
que algún día me llamen veterano.

Un día con alegría nos recibieron
y otro día que esperábamos eso mismo
nos insultaron y maldijeron.
[...]
Pero lo que dio mi gente en esa batalla
perdonen el adjetivo pero no cabe
en la calamina de una medalla.

Las guerras olvidadas de África

Hasta hace algunos años se desconocía la existencia de noticias escritas exactas sobre la participación militar, en fecha temprana, de Che Guevara en el Congo africano. La historia de los testimonios cubanos sobre la guerra de Etiopía no se ha escrito todavía pero, sin duda, su contenido no se diferencia mucho de los textos precedentes.

Reynaldo Fernández Pavón (1951 La Habana) participó como combatiente en 1977 en misiones internacionalistas y en 1978 en la guerra de Etiopía. Su libro *Cruzando mares* (1981, Premio David Poesía 1980 compartido) refleja su compromiso entre orgullo, nostalgia y tristeza, como se pone de relieve en un poema al amigo africano Abebe, caído en la lucha: «Se me ha muerto un amigo que me duró tres días».[597]

Carlos Cabrera Pérez (14 de octubre de 1962 La Habana) es autor de una extensa novela-testimonio, aún no publicada, titulada *El animal* (1996). Después de haber ejercido como periodista Cabrera Pérez, estuvo dos años y medio, desde 1981, en ese país del noreste africano. Desde 1992 vive exiliado en España.

Al final de la obra — en algunos momentos de un valor picaresco-erótico -, Nicu, el protagonista, consigue llegar a Etiopía. Es natural que la realidad que se presenta en este testimonio, escrito fuera de Cuba, sea muy distinta a la reflejada en los textos escritos en Cuba. La despersonalización de los comba-

---

[597] Fernández Pavón (1982: 25).

tientes empieza con la retirada de los pasaportes por los funcionarios. A los internacionalistas no les queda otra elección que el triunfo o la muerte:

> Una vez que llegaban a su unidad de destino, el jefe del personal recogía los pasaportes y los guardaba hasta el regreso o la muerte del titular. La única identificación para un cubano en contienda africana era una chapilla metálica colgada al cuello con un número. A Nicu le correspondió la 163259 y no pudo evitar el miedo, cuando explicaron que en caso de herida grave o muerte había que meterse la chapilla en la boca para facilitar la posterior identificación de los cadáveres.[598]

Frente al ritual de los discursos internacionalistas, en boca de los comisarios políticos, aparece la realidad cotidiana del subdesarrollo. Así, sobre todo después de la muerte del primer amigo, se plantea la cuestión sobre el sentido de la misión internacionalista 14.000 kilómetros lejos de la patria:

> Qué coño hemos venido a hacer aquí. Cuántos habrán muerto hoy, y cuántos mañana [...] Total, para nada. Estos que luchan hoy, mañana estarán en el poder[...][599]

Nicu pone fin a su misión internacionalista como escribiente de cartas de amor para los soldados analfabetos en general. La destrucción de los mitos no precisa de ninguna exageración. Por el contrario, la descripción sencilla de la realidad cotidiana, desde una óptica picaresca, desemboca en el balance final en la última frase de la novela: «Se acabó todo, cubano».[600]

Historia social y política

Alfonso Díaz, Juan: *Cubanos en el Ogaden*, La Habana 1989.
Correa Wilson, Roberto: *Ogaden*, La Habana 1988.
La guerra de Angola, La Habana 1989.
Hatzky, Christine: «Latin-African Solidarity — The Cuban Civilian Mission in Angola, 1975-1991», en: *Iberoamericana* 20 (2005), págs. 159-164.
Mestiri, E.: *Les cubains et l'Afrique*, Paris 1980.
Oramas, Oscar: *Angola: ha nacido una nueva generación*, La Habana 1978.
Taibo II, Paco Ignacio / Escobar, Froilán / Guerra, Félix: *El año que estuvimos en ninguna parte*, México 1994.
Valdés Vivó, Raúl: *Etiopía: la revolución desconocida*, La Habana 1977.

Textos

Bobes León, Marilyn: *La aguja en el pajar*, La Habana 1979.
Cabrera Pérez, Carlos: «El animal» (1996, sin publicación).
Carralero, Rafael: *Tiro nocturno*, La Habana 1986.

---

[598] Cabrera Pérez (1996: 221, manuscrito).

[599] Cabrera Pérez (1996: 229, manuscrito).

[600] Cabrera Pérez (1996: 271, manuscrito).

Casaus, Víctor / Nogueras, Luis Rogelio (eds.): *Silvio: que levante la mano la guitarra,* La Habana ⁴1993.

Conte, Antonio: *Con la prisa del fuego,* La Habana 1981.

Estrada Fernández, Benito / Oliver Labra, Carilda: *Del Turquino hasta el Cunene y Tú eres mañana,* La Habana 1979.

Fernández Pavón, Reinaldo: *Cruzando mares,* La Habana 1981.

Guillén, Nicolás: *Por el mar de las Antillas anda un barco de papel,* La Habana ⁴1993.

Gutiérrez, Ignacio: «Kunene», en: Leal, Rine (ed.): *6 obras de teatro cubano,* La Habana 1989, págs. 327-387.

Leyva, Waldo: *Con mucha piel de gente,* La Habana 1982.

Martínez de Santelices, Néstor: *Tener que dejarte,* La Habana 1990.

Suardíaz, Luis (ed.): *No me dan pena los burgueses vencidos,* La Habana 1991.

Valladares, Armando: «Elegía para un soldado cubano muerto en Angola», en: Lázaro, Felipe (ed.): *Poetas cubanos en España,* Madrid 1988, págs. 156-157.

Estudios

Burness, Donald: *On the Shoulders of Martí: Cuban Literature of the Angolan War,* Boulder (Colorado); London 1996.

Franzbach, Martin: «Angola im Schnittpunkt von Afrika, Europa und Amerika: das Echo des Angola-Kriegs in der kubanischen Literatur», en: Ulferts, Hella / Franzbach, Martin (eds.): *Togo, Kamerun und Angola im euro-afrikanischen Dialog,* Bremen 1996, págs. 125-133.

22 Nicaragua en el testimonio cubano

La lucha de liberación del pueblo de Nicaragua hasta su victoria sobre el ejército de Somoza en julio de 1979 fue para muchos cubanos algo así como revivir el triunfo sobre Batista y sus órganos represivos. En un momento, en el que las dificultades de la lucha revolucionaria parecían desvanecerse ya para muchos cubanos, nacidos después de 1959, la solidaridad y la ayuda a los nicaragüenses aparecen reflejados en numerosos testimonios. Tales testimonios sobre Nicaragua tienen por igual valor de crónica y modelo. Todavía en la actualidad trabajan en Nicaragua internacionalistas cubanos. Sus relatos, junto con otros textos, constituyen un corpus extenso, del cual sólo podemos mencionar aquí algunas obras de autores conocidos.

Entre los primeros testimonios figuran el largo poema en prosa, *Viaje a Nicaragua,* de Cintio Vitier, y los poemas de García Marruz, producto de su viaje a Nicaragua en el invierno de 1979, poco después del triunfo de la Revolución sandinista. Rubén Darío, el General Sandino y Ernesto Cardenal fueron las luminarias políticas y literarias que guiaron al pueblo nicaragüense para liberarse de las tinieblas de la opresión.

Hay como una especie de reencuentro con el pasado cubano en el poema «Moreno», de García Marruz, en el que un médico cubano cumple a diario con su misión internacionalista:

> ¡Moreno! Es Cuba, lo que vemos
> allí [...]
> y — ¡Cuba! ¡Cuba!, como en los versos de
> Plácido —, nos abraza otra vez.[601]

El papel desempeñado por la religión y el evangelio de la teología de la liberación atrajeron, en especial, el interés del matrimonio García Marruz y Cintio Vitier quien describe este encuentro entre religión y revolución:

> Dos volcanes en una sola isla. ¿Dos revoluciones a la vez? Porque desde Waslala, en la montaña, vienen los huesos vivos de Carlos Fonseca, atravesando el país, y en la iglesia de Solentiname la misa era un acto político, el Evangelio era el anuncio de la Revolución, y en Nicaragua se están cantando, con guitarras, violines de ñámbar, marimbas, quijongos y zambumbias, las imágenes de la teología de la liberación.[602]

Una serie de testimonios de forma concreta, tomando por ejemplo el caso de nicaragüenses jóvenes, cómo percute la guerra de liberación en los interesados y en la población. Tal es el caso de la novela testimonio Bluefields (1988, Premio Concurso 26 de Julio del MINFAR, 1986), de Enrique Cirules, quien coloca paradigmáticamente en el centro de la acción a la nicaragüense

---

[601] García Marruz / Vitier (1987: 36-37).

[602] García Marruz / Vitier (1987: 75-76).

Sagrario, para expresar, su admiración por la lucha del pueblo de Nicaragua contra el subdesarrollo, contra los contrarrevolucionarios y la intervención de los EE.UU. También Juan Carlos Pérez Díaz (1959 Güira de Melena, provincia La Habana) describe la vida de tres jóvenes nicaragüenses, que intervinieron en la lucha antes de 1979 y ahora estudian en Cuba.

Fruto de su entusiasmo por la lucha de liberación de Nicaragua es la novela *La fogata roja* (1985) de Eliseo Alberto, que cuenta la historia del joven guerrillero Pablo Morazán, quien se incorporó en 1927 a las tropas de Augusto César Sandino, texto que fue escrito originariamente para la editorial infantil «Gente Nueva». La emocionante historia es internacionalismo vivido directamente y diseña — en parte, en forma de diario — también para el público en general, un momento de la historia de América Latina con imágenes impresionantes y sin pretensión didáctica.

Fernando Pérez Valdés (1944 La Habana), cineasta, autor además del documental sobre la lucha en Angola Cabinda, entrevista en el libro Corresponsales (1981, Premio Testimonio Casa de las Américas) a cinco corresponsales jóvenes de guerra latinoamericanos, fotógrafos y camarógrafos, que habían operado en el frente sur de Nicaragua exponiendo su vida. Todos estos títulos tratan de conseguir la mayor identificación posible entre lectores y texto, objetivo que hacen realidad los personajes descritos y su actuación heroica.

Es natural que la alfabetización en Nicaragua haya despertado en Cuba el recuerdo sobre todo de la propia campaña de alfabetización en 1961. Tal asociación se refleja en el mejor testimonio cubano sobre Nicaragua (*Cro-Nicas desde Nicaragua*, 1981), de Manuel Pereira, pero también en otros testimonios.

En *El aula verde* (1982), la periodista cubana Marta Rojas sigue las huellas de la alfabetización en Nicaragua con un abundante material fotográfico de los alfabetizadores cubanos. Julio Crespo Martínez (18 de diciembre de 1935 Zaza del Medio, Las Villas) recoge los testimonios de 14 maestros cubanos que alfabetizaron en Nicaragua desde los años 1979 hasta 1981 (*Tras la huella de un contingente*, 1989). El interés principal lo representan las dificultades al tratar de alfabetizar al pueblo y la creación de un nuevo sistema de educación así como la lucha permanente para defenderse de los ataques de los contrarrevolucionarios.

Alfredo Antonio Fernández (1945 Camagüey), también autor de la novela histórica *El candidato* (1979, Premio UNEAC de Novela «Cirilo Villaverde», 1978), introdujo una nueva temática en este contexto. Después de una breve estancia en Nicaragua, Fernández escribió la historia de un atentado fracasado (julio de 1986) contra el Presidente en funciones, Daniel Ortega, en forma de novela y titulada *Los profetas de Estelí* (1990).

Texto

García Marruz, Fina / Vitier, Cintio: *Viaje a Nicaragua*, La Habana 1987.

D. El «período especial» (desde 1990)

23 El mercado del libro y sus nuevas formas

La red insular de las 320 librerías aproximadamente, de las 300 bibliotecas públicas y de las 400 bibliotecas escolares ha sido considerablemente diezmada, entre otros factores porque muchas personas privadas comercian con sus libros, a ser posible a cambio de divisas. La Plaza de Armas, en La Habana Vieja, es un buen ejemplo de la venta ambulante de libros (con impuestos), a veces organizada según métodos de la mafia. También los libros sustraídos de las bibliotecas públicas (a veces con ayuda de los mismos bibliotecarios) son objeto de venta clandestina. Con ello, se abre paso un cambio de orientación en la sociedad, cuyas consecuencias hoy por hoy no son previsibles.

Por un lado, existe en la población un ansia de lectura e información, consecuencia del embargo y el aislamiento del gueto en que vive la gente; por otro, la mentalidad de «¡Sálvese quién pueda!» ha traído consigo en este período de depresión económica un antiintelectualismo serio.

A pesar de las dificultades económicas del país, en La Habana se celebró entre el 9 y el 15 de febrero de 1994 la Sexta Feria Internacional del Libro con exposición y venta de publicaciones. Unas 400 editoriales expusieron, en representación de 34 países, sus libros, admirados y codiciados por cerca de 65.000 visitantes ávidos de lectura. Unas 20 editoriales (de las 40 existentes aproximadamente) agrupadas en la Cámara del Libro, sondearon la posibilidad de iniciar una cooperación internacional, ya que, de los cerca de 1500 títulos publicados anualmente en el pasado, sólo pudieron aparecer en 1993 unos 400, y de ellos 80 en coproducción, sobre todo con Méjico.

Hay algunas revistas literarias, como por ejemplo *Revolución y Cultura,* que pueden sobrevivir sólo gracias a los anuncios de inversores extranjeros, o *La Gaceta de Cuba,* el órgano de la UNEAC, que recibe donativos de papel de las Asociaciones de Solidaridad europeas. En la colección Pinos Nuevos financiada con la ayuda de editores, grupos de solidaridad, empresarios argentinos, aparecieron, desde mediados de los años 90, textos breves, en su mayoría de autores cubanos jóvenes de la isla, que de otro modo no hubieran tenido la posibilidad de publicar.

A partir de 1997, una serie de nuevas colecciones, como Cemí (poesía, narrativa, teatro), Dragón y Huracán (novela) con tiradas entre 10.000 y 25.000 ejemplares, vendidos a precios módicos, o la Colección Centenario (obras de historia y ciencias sociales) apenas contribuyen escasamente a satisfacer las necesidades del mercado del libro.

Además, hay que resaltar, sobre todo las llamadas plaquettes, hojas sueltas impresas de color marrón, hechas a base de cartón con bagazo que, como es lógico, ofrecen espacio sólo para textos cortos.

Alfredo Zaldívar y sus colaboradores, de Matanzas, trabajaban desde 1985, con gran entusiasmo en las Ediciones Vigía, ediciones hechas a mano, con diseños y dibujos o pergaminos cuyas tiradas oscilan entre los 100 y 200 ejemplares, muchas veces numerados y firmados por los propios autores. Ediciones Vigía editan también dos revistas. El engomado se obtiene sólo con divisas, no existe fotocopiadora y la fábrica de papel de Cárdenas ya no funciona tampoco.

Ediciones Vigía son el modesto comienzo de una editorial alternativa y representan — incluso a escala internacional — un fenómeno sin precedentes. Mientras que las estructuras estatales todavía se extienden, como un pólipo, a todos los sectores de la economía y de la vida, y la actividad económica privada está autorizada sólo en forma de empresa individual o familiar para determinadas profesiones, se han constituido, gracias a las empresas mixtas, vanguardias capitalistas a las que, es de esperar, también tenga acceso el sector cultural.

Imagen 92

En el caso de Ediciones Vigía, de Matanzas, se trata de una empresa minúscula, cuya actividad queda limitada, en gran medida, a la isla, debido precisamente a la falta casi total de contactos internacionales. En un país con una economía planificada en su mayor parte, se tolera la existencia de pequeños nichos económicos semi-privados en el sector cultural — siempre, claro es, que no resulte de ello ningún detonante político — y, a su vez, tales empresas no ambicionen más que subsistir.

¡Qué ironía de la historia si algún día estas pequeñas ediciones se vendieran como joyas bibliófilas a altos precios en el mercado capitalista del anticuariado! Por ahora, los colaboradores de esta «manufactura artística» luchan diariamente por sobrevivir.

En alusión a la autorización para trabajar por cuenta propia a los que se dedican a actividades culturales, Efraín Morciego Reyes (1950 Camagüey) escribió ya en 1990 un poema irónico, alabando sus servicios, prestados en el nuevo mercado laboral:

Un escritor ofrece sus servicios
(Patente no. 500 42 50 4406)

Se venden libros
[...]
Tabulamos planillas, diplomas, cuños, títulos y reconocimientos para colgarse incluso, del cuello.

Decoramos buróes y mesas de trabajo
[...]
Se imparten cursos para alabar al Jefe.
[...]
Mecanografiamos tesis
[...]
Corregimos estilos de autobiografías. Traiga la suya.
Usted mismo se reconocerá en ella
[...]
Redactamos ponencias
si usted aporta el tema y la bibliografía;
sobre marxismo, incluso. (Se excluyen médicos).

Se escriben cartas
de todo tipo de contenido social:
[...]
Especialidad
en cartas de Amor.

Trabajamos a domicilio,
a carretera,
a alcoba.

De turno 24 horas.
Se generan ideas
[...]
No se adivina el porvenir.[603]

El balance amargo de la necesidad de explotar la capacidad intelectual, según las leyes del mercado, aparece aquí tratado irónicamente.

---

603   *Poesía Anuario* 1994, La Habana 1994, págs. 389-391.

Imagen 93:
Ernesto Cardenal en la Feria del Libro

Imagen 94:
Miguel Barnet (Ex-Presidente de la UNEAC)
y Abel Prieto (Ministro de Cultura)

Imagen 95

Imagen 96

Imagen 97:
Feria del Libro

Estudios

Alegría, María Eugenia / Estévez, Rolando / Zaldívar, Alfredo: «Vigía: the Endless Publications of Matanzas», en: Behar, Ruth (ed.): *Bridges to Cuba: Puentes a Cuba*, Ann Arbor (Mich.) 1995, págs. 316-322.

Oraá, Pedro: «Alternativas editoriales: en ausencia del libro», en: *La Gaceta de Cuba* (marzo / abril de 1993), pág. 46.

24 Un tema nuevo en la literatura cubana: el jineterismo

En el bestseller del escritor español Javier Marías *Corazón tan blanco* (1993), sus protagonistas, Juan y Luisa, pasan algunas noches de su viaje de bodas en el hotel Sevilla, de La Habana Vieja, y son involuntariamente testigos de algunas escenas dramáticas entre la apasionada jinetera Miriam y el turista español Guillermo quien, todos los años, retrasa la salida del país prometida a Miriam, con la disculpa de la enfermedad incurable y la muerte inminente de su mujer. La reacción de la mulata desesperada es la siguiente: «Tendrás una muerta, o ella o yo».[604] ¿No suena esto a una parodia de la consigna oficial cubana «Socialismo o Muerte»? En cualquier caso, Marías presenta al tipo de la jinetera en su elemento más característico: el sector turístico.

El cinturón moral de castidad, que la burocracia machista impuso a las cortesanas, fue una señal evidente de que el gobierno cubano no quería aceptar, durante mucho tiempo, la existencia de este fenómeno en la isla porque se creía haber extirpado esta lacra social por medio de razzias, reeducación y otras medidas de rehabilitación.

El bibliógrafo **Tomás Fernández Robaina** (1941 La Habana) publicó en 1983 los testimonios de dos prostitutas de los barrios de Colón y San Isidro, en La Habana, antes de 1959 (*Recuerdos secretos de dos mujeres públicas*), cumpliendo con ello de manera indirecta una misión político-social: «Por suerte, ya no habrá más Consuelos, como tampoco podrá haber más Violetas. Todos tenemos que luchar por ello. Todos».[605] Esta ilusión se había desvanecido, a más tardar, al iniciarse el «período especial». Mientras los mandarines estatales se prostituían por la «penetración» del capital extranjero, las jineteras y jineteros se prostituían por la «penetración» turística.

En octubre de 1987, **Luis Manuel García**, que hoy vive en Madrid, publicó en la revista de la juventud Somos Jóvenes un artículo sobre «El caso Sandra», reportaje sobre la evolución típica de una prostituta de La Habana. El carácter didáctico ejemplar del caso Sandra aparece ya en el texto que sirve de introducción, donde se contrapone el trabajo honrado y productivo al trabajo falso y parasitario:

> Un panadero se levanta muy de madrugada para hacer el pan nuestro de cada día. Cada pan lleva la huella de su cansancio. Una muchacha se levanta al mediodía y al atardecer sale en busca de un turista a quien venderse por billetes con rostros de patriotas desconocidos. A eso se llama en el argot hacer el pan. Es muy distinto el sabor de ambos panes.

El tema de las jineteras está estrechamente relacionado con el contacto con el extranjero y, en efecto, se trata no sólo de la recompensa material por un servicio amoroso, sino que, en una sociedad cerrada y doblemente bloqueada,

---

[604] Marías (1996: 51).

[605] Fernández Robaina (1983: 105).

los extranjeros son una puerta abierta para huir a otros mundos remotos. El género preferido para esta temática es el cuento.

Miguel Barnet relató en el cuento «Miosvatis» (1992), la relación, según un hecho real, entre un alemán y una cubana en el barrio de Colón. El autor representa el enlace entre los dos, es un portador atento de regalos selectos en Suiza, pero presagia ya, al describir los dos mundos diferentes, que la relación va a fracasar, lo que sucedió en la realidad algún tiempo después. El ambiente de miseria de las dos hermanas, Miosvatis y Yalaine, quienes no pueden ofrecer otra cosa que su lindo cuerpo, es descrito con gran expresividad.

También **Jesús Vega** (1954 La Habana), narrador, poeta y crítico de cine, se sintió atraído por este tema, después de una visita algo accidentada en Alemania, pero su narración desemboca en una crítica irónicamente humorística de las turistas alemanas que van a La Habana en busca de una aventura amorosa. Vega obtuvo en 1993 una mención en el Premio David de la UNEAC por su volumen de cuentos *Wunderbar / ¡Maravilloso!* (1994), pequeños esbozos en torno a sucesos de la vida cotidiana, con retratos de personajes descritos con humor, en los que la gente trata de superar lo mejor que puede el «período especial».

«Wunderbar», el cuento que sirve de título al libro, es una inversión del tema de la jinetera, en forma de parodia. Un cubano cae involuntariamente, en la Bodeguita del Medio, en La Habana Vieja, en las garras de una turista alemana y sus dos amigas, quienes le obligan incluso, como si fuera algo exótico, a hacerse una foto con ellas y dar un paseo en un auto de turismo, a pesar de que el pobre se está casi muriendo de hambre. El involuntario jinetero describe irónicamente esta aventura, que puede considerarse representativa sin duda de la actitud de muchos cubanos frente al turista extranjero. El cubano se considera a si mismo como un ser exótico en el zoo de su pobreza.

El encuentro entre el cubano y las europeas pone claramente de manifiesto la diferencia profunda entre las culturas y los valores. Al final, la turista alemana somete, incluso, al cubano a una revisión de sus atributos corporales como si se tratara de una mercancía humana en un mercado de esclavos. El autor describe la escena en la Bodeguita del Medio con una ironía mordaz:

> Era una mujer increíblemente gorda, fea, con el pelo teñido de rubio, que le sonreía afable mostrando una dentadura con muelas enchapadas en oro. No le quedó más remedio que contestarle en un inglés entrecortado, aprendido en la calle [...] La mujer era alemana, y, mientras lo presentaba a otras dos mujeres de su misma edad, le alargó un mojito. 'Ernesto, glad to mít yu' — respondió él, muy educado. Todas rieron, al ver que su protectora le tocaba los bíceps morenos y exclamaba: 'Wunderbar, wunderbar, ¡maravilloso!'[606]

También el cuento premiado de **Marilyn Bobes** (1955 La Habana), *Pregúntaselo a Dios* (1995, segunda edición 1996) trata una relación transatlántica entre una cubana y un francés. En él, el tema de la jinetera está enlazado con el de la emigración y sus consecuencias trágicas. Como todos estos textos

---

[606] Vega (1994: 6-7).

deben leerse no sólo teniendo en cuenta la difícil situación económica, sino bajo el aspecto de presentar, también un catálogo de valores, además de tener una intención didáctica, es innegable su función afirmativa del sistema.

Por medio de escenas paralelas, Bobes narra la vida frustrada de Iluminada Peña en Toulouse, quien en 1991 conoció en el Malecón a Jacques Dupuis, turista francés, y le siguió a Francia. En las cartas escritas a su amiga Yanai, de La Habana, que espera casarse con un gallego, cuenta sus experiencias. Cuando las dos amigas vuelven a verse finalmente en el Malecón y un grupo de borrachos entona en la noche la canción «Pregúntaselo a Dios», afluyen a la vez separación, nostalgia y dolor:

> Iluminada se estremece. Me voy mañana, anuncia con voz neutra, y su amiga se le cuelga del cuello e Iluminada siente su olor a perfume barato y sufre también por ese olor que ya no le pertenece.[607]

En otros textos, las jineteras desempeñan también un papel aunque no siempre de protagonistas. **Miguel Mejides** (1950 Nuevitas) obtuvo en 1994 el Premio «Juan Rulfo» en París por su cuento «Rumba Palace». En él, un cubano busca platónicamente la proximidad de una prostituta en Quinta Avenida, en el barrio de Miramar de La Habana, la cual es protegida, sin embargo, por un grupo de proxenetas frente a las intenciones del pobre diablo cubano.

También en la novela policíaca *Pasado perfecto* (1991), de **Leonardo Padura Fuentes** (1955 La Habana), aparece una jinetera, Zoila Amarán Izquierdo. El autor de novelas policíacas **Daniel Chavarría** (1933 San José de Mayo, Uruguay) describe en *Adiós, muchachos* (1996) un caso auténtico: por casualidad un profesor universitario se deja seducir por una ex-alumna, jinetera de lujo, a quien los apuros y estreches del «período especial» la inducen a jinetear.

Sobre este texto escribe Vázquez Montalbán (1998: 232-233):

> Daniel Chavarría diseña una jinetera-pícara, en la tradición del barroco español, que desde técnicas artesanales de seducción como mover los glúteos sobre el sillín de una bicicleta probablemente china, accede a niveles superiores de instrumentalización del sexo. En sus tiempos de jinetera convencional, gracias al trueque ha conseguido almacenar, en 18 meses de actividades, ocho relojes valorados en 2.200 dólares, dos frigoríficos, un piano, tres guitarras finas, cinco equipos para disco compacto, una computadora de mesa y otra portátil, una motocicleta, aunque subraya Chavarría que ella sigue pedaleando, y un equipo de aire acondicionado [...] Ni siquiera ve el jineterismo como un fracaso revolucionario, sino como la evidencia del retraso de la llegada del hombre nuevo, de la mujer nueva.

Joaquín Baquero (1951 Santiago de Cuba) hizo del tema objeto de una novela, aunque la jinetera cubana aparece sólo como producto de la fantasía y del recuerdo de un español. En *Malecón* (original alemán 1994, no hay versión española publicada), obra en la que apenas hay acción, un turista vuelve a La Habana para encontrar el amor que ya no existe del año anterior. Se ha hecho una representación escénica del texto en Miami (Cámara 1995).

---

[607] Bobes (1996: 203).

Llama la atención el hecho de que, en todas estas obras, en contraposición a las declaraciones políticas y medidas draconianas, el fenómeno de las jineteras es descrito con un cierto grado de comprensión en general. Aunque faltan los testimonios directos de las interesadas, los autores han profundizado en su mundo con una gran sensibilidad.

Esto es válido, sobre todo, en la lírica para el poema «Las dueñas de la noche» (febrero 1993) del poeta santiaguero **Marino Wilson Jay** (1946 Guantánamo). Aquí las jineteras son las «muchachas alegres de la ciudad» que consuelan al turista en su soledad:

> No se nos llame en lengua vulgar,
> dejamos párpados en labios ajenos
> y en nuestras caderas alumbran las estrellas.
> Por eso quizás se reconozca un día
> que este mensaje puede salvar la pena.
> Somos sinceras. Sembramos el beso
> en hombres de lejos con sed de islas,
> es entonces que entonamos himnos dorados
> y despierta una campana en nuestros muslos.[608]

En el libro de cuentos *Tirar la primera piedra* (1997, mención Concurso David, 1995), en el que se analiza las contradicciones sociales del «período especial», la narradora **Nancy Alonso** (1969 La Habana) se plantea el problema del jineterismo en la narración que da título al libro. Un matrimonio de médicos argentino se da cita en el vestíbulo del hotel Habana Guitart (antes «Habana Libre») con una colega cubana. Aunque los visitantes extranjeros relativizan claramente la prostitución manifiesta en Cuba, comparándola con el mismo fenómeno en Argentina, la doctora cubana se avergüenza de la situación de su país.

Cuando finalmente un jovencito cubano les ofrece una moneda con el rostro del Che por tres dólares y la médica cubana le ahuyenta varias veces, se inicia un proceso de reflexión en la doctora como resultado de un análisis emocional de las contradicciones. Ella que acaba de aceptar un obsequio (zapatos y una camisa con el retrato del Che) del matrimonio argentino, se niega ahora a que el jovencito harapiento haga un modesto negocio. Al final, la médica dice a los argentinos: «Si quieres, cómprale la moneda».[609] La frase evangélica «el que esté libre de pecado, que tire la primera piedra» (San Juan, 8, 7) refleja el sentido del relato.

Una actitud crítica parecida adapta **Raúl Rivero** en el mejor poema escrito hasta ahora sobre el tema del jineterismo: «Paisaje con jineteras (Estudio)». También Rivero parte de un análisis de las contradicciones. ¿Cómo es posible, se pregunta, que a las jóvenes alumnas, que antes entonaban con entusiasmo el himno nacional, proclamaban consignas y lemas revolucionarios y realizaban

---

[608]   Wilson Jay (1994: 28).

[609]   Alonso (1997: 14).

trabajos voluntarios en las brigadas de pioneros, se las vea hoy en la calle, disfrazadas de prostitutas, a la caza de dólares de los turistas?

La destrucción de la niñez y la fantasía, la deprimente imitación de modelos soviéticos, las falsas promesas y los lemas huecos son, según su opinión, el origen de este cambio paradigmático de la juventud. El poema termina con un tono pesimista e irónico porque, después de la visita del Papa y haber reactualizado el catolicismo, Dios ha vuelto a entrar triunfalmente en la sociedad cubana:

> Dispensen los campamentos
> donde se hacinaban con niños desconocidos
> para destruir la privacidad y el misterio.
> Ahora que Dios ha vuelto
> pedidle que les permita perdonarnos.[610]

Eugenio Hernández Espinosa (1936 La Habana) llevó al teatro el tema del jineterismo en *Alto riesgo* (1997). EL y ELLA se enfrentan en discusiones enconadas:

> ELLA. [...] va hasta su bolso, saca un preservativo, lo infla como un globo y se lo lanza a la cara [...]
> EL. [...] ¿Por qué te acuestas con extranjeros? ¡Contesta! ¿Por qué te acuestas con extranjeros? PUTA.
> ELLA. Puta no. Jinetera computarizada, que no es lo mismo.
> EL. Puta. Eso es lo que tú eres.
> ELLA. Supongamos que yo sea una mercancía que se vende no por su valor, sino según su precio de producción. ¿Por cuánto tú me comprarías?
> EL. Ni por un centavo partido a la mitad.
> ELLA. ¿Ves? Los extranjeros que tú dices me dan divisa convertible. Por eso, mi premisa es adaptarme a las nuevas circunstancias y convertirme en virtud de la demanda, en una inversión de exportación.
> EL. ¡Puta desvergonzada!
> ELLA. [...] Estoy cansada de clichés ideológicos, de esquemas y consignas vacías, de moral puritana [...]
> EL. ¿También lo aprendiste de los extranjeros?
> ELLA. (Violenta.) No, ¡aquí, aquí! ¡Aquí!
> El. ¿Sabes cómo se llama eso?
> ELLA. Diversionismo ideológico. Pero, coño, ¿cuándo aprenderemos a ver la vida no a través del sexo, sino a través del intelecto? ¿Tú nunca te has acostado con extranjeras?
> EL. ¿Cómo [...]? (Grita.) Eso es distinto. Eso es distinto.
> ELLA. ¿Por qué es distinto? ¿Por qué tú puedes, y yo no? Quién de los dos demostró tener más problemas ideológicos? ¿Tú o yo? A ti te tronaron no a mí. Diste mítines de repudio y tiraste huevos [...]
> EL. ¡Vete al carajo![611]

Es lógico que el tema haya interesado también a la colonia cubana en el exilio en los EE.UU. Como ejemplo sea mencionado el cuento de **Armando**

---

[610] Rivero (1998: 36).

[611] Hernández Espinosa (1997: 10-11).

Armas (15 de octubre de 1958 Santa Clara) quien, en abril de 1994, abandonó la isla y ahora vive en Miami. En su tomo de cuentos *Mala jugada* (1996), Armas hace un ajuste de cuentas irónico e ingenioso con el ideal del «hombre nuevo» propagado por el sistema cubano.

El internacionalismo proletario es enterrado en un escenario de horror, en el que los cubanos cambian su sangre por ron y cerveza, conservas destinadas a los comunistas argelinos. En el cuento «La Pía» (acabado 25 de noviembre de 1991 en Cienfuegos), una prostituta de este nombre y su chulo Cortadillo (una alusión a la novela corta picaresca de Cervantes «Rinconete y Cortadillo», 1613) son asesinados por huestes totalitarias (monikongas). La actitud ambivalente de Pía frente a su cuerpo y el dinero se desprende del siguiente monólogo:

> El sexo para mí no es nada importante, es más bien algo sucio, no me acuesto con el primero que venga, tiene que gustarme alguien mucho para eso, si no es por dinero, claro, se entiende; puedo pasarme perfectamente sin el sexo, desearía más bien no tener sexo, y nunca lo haré ni con mujeres ni con negros, ni por dinero ni por nada del mundo, aunque uno nunca debe escupir para arriba.[612]

Finalmente, sería exagerado considerar estos textos literarios como una especie de contraopinión pública frente a las declaraciones políticas sobre el fenómeno de la prostitución. Como la literatura es apropiación estética de lo real, no puede medirse con la realidad cruda.

En una información aparecida en Cuba Press el 16 de enero de 1996, publicación ilegal en la isla, Ana Luisa López Baeza, de La Habana, describe un juicio sumarísimo contra Suleidy, una joven de 19 años, hija de un profesor, ante el Tribunal Popular del municipio Playa, de La Habana, condenada a dos años de privación de libertad en Manto Negro, prisión de mujeres en el occidente de la isla.

Suleidy fue condenada como jinetera porque se la veía frecuentemente en su barriada pasear en compañía de un italiano que quería casarse con ella y llevarla a Europa. El proceso tuvo lugar a puerta cerrada pero «hubo un momento en que se escuchó afuera el llanto de la jovencita y el padre no pudo obedecer la voz de un agente policial y entró en la sala, para tener que abandonarla de inmediato por la fuerza. Se le impuso una multa de 100 pesos por desobediencia civil». La envidia económica y las denuncias de los vecinos tuvieron su parte en la sentencia.

El comentario de la periodista termina con la siguiente valoración:

> Los que hicieron inútil el sacrificio de los padres, imposibilitándoles garantizar a los hijos alimentos, vestidos y el mínimo de alegrías que su edad necesita, son responsables de que hoy muchos jóvenes resuelvan no seguir el camino de sus progenitores y equivoquen el rumbo sobre la base de esta conclusión: ¿Trabajo honrado? ¿De qué sirve? Mis dos padres lo tienen y si no es porque yo lucho a mi manera nos morimos de hambre.

---

612 Armas (1996: 11).

Textos

Alonso, Nancy: *Tirar la primera piedra*, La Habana 1997.

Armas, Armando de: «La Pía», en: Armas, Armando de: *Mala jugada*, Miami 1996, págs. 3-20.

Baquero, Joaquín: *Malecón*, Heilbronn 1994 (novela).

Barnet, Miguel: «Miosvatis», en: *La Gaceta de Cuba* (mayo / junio de 1992), págs. 26-29.

Bobes Marilyn: «Pregúntaselo a Dios», en: López Sacha, Francisco (ed.): *La isla contada: el cuento contemporáneo en Cuba*, segunda edición, Donostia (San Sebastián) 1996, págs. 193-202.

Chavarría, Daniel: *Adiós muchachos*, Madrid 1996.

Fernández Robaina, Tomás: *Recuerdos secretos de dos mujeres públicas*, La Habana 1983.

Fusco, Coco: «Jineteras en Cuba», en: *Encuentro de la Cultura Cubana* 4-5 (1997), págs. 53-64.

[García], Luis Manuel: «El caso Sandra», en: *Somos Jóvenes* (octubre de 1987), págs. 68-81.

Hernández Espinosa, Eugenio: «Alto riesgo», en: *Tablas* 1-2 (1997), 11 págs. (Tablas Libreto; 41).

Marías, Javier: *Corazón tan blanco*, Barcelona 1996.

Mejides, Miguel: «Rumba Palace», en: Mejides, Miguel: *Rumba Palace*, La Habana 1995, págs. 36-50 (antes publicado en: *La Gaceta de Cuba*, enero / febrero de 1995, págs. 12-16).

Rivero, Raúl: «Paisaje con jineteras», en: Rivero, Raúl: *Herejías elegidas*, Madrid 1998, págs. 35-36.

Sierra Fabra, Jordi: *La noche de la jinetera*, Barcelona 1997.

Valle, Amir: *Jineteras*, Bogotá 2006 (los primeros estudios empíricos amplios que se basan en entrevistas auténticas).

Vega, Jesús: «Wunderbar», en: Vega, Jesús: *Wunderbar, ¡Maravilloso!*, La Habana 1994, págs. 5-8.

Wilson Jay, Marino: «Las dueñas de la noche», en: Wilson Jay, Marino: *El libro terrible*, Santiago de Cuba 1994, págs. 27-29 (poemas).

Estudios

Cámara, Madeline: «La mulata cubana de la plaza al Malecón», en: *Cuba: la isla posible*, Barcelona 1995, págs. 60-66.

Elizalde, Rosa Miriam: *Flores desechables: ¿prostitución en Cuba?*, La Habana 1996.

Franzbach, Martin: «Un tema nuevo en la literatura cubana: el jineterismo», en: Große, Sibylle / Schönberger, Axel (eds.): *Dulce et decorum est philologiam colere: Festschrift für Dietrich Briesemeister zu seinem 65. Geburtstag*, Berlin 1999, págs. 233-237.

Tchak, Sami: *La prostitución en Cuba: comunismo, traquimañas y picardías*, París 1999.

Vázquez Montalbán, Manuel: *Y Dios entró en La Habana*, Madrid 1998.

25 La crisis de los balseros en la literatura

Vamos, mujer, la destrucción del
mundo comienza cuando un hijo
huye de su casa.[613]

Alfredo González González (25 de octubre de 1968 La Habana), periodista, ha dedicado el cuento breve «La ascensión de Jacobo», no publicado hasta ahora, a esta temática. En la narración, según la metáfora bíblica de la escala de Jacob (1. Moisés 28, 10-38), la escala celestial que se le aparece a Jacob en sueños, Esaú, el mayor de los hermanos mellizos de Jacob, desposeído por Jacob de su primogenitura, huye por el mar mítico. Las humillaciones cotidianas en las instituciones (universidad, servicio militar) explican la huida del narrador:

> En el tercer año de mis estudios de Filología mis condiscípulos me amonestaron públicamente por leer a Orwell y a Vargas Llosa: Debes cuidar las lecturas. El enemigo puede penetrarte. Un inglés muerto y un peruano propuesto para el Premio Nobel pueden ser el enemigo. George Orwell había escrito la antiutopía del idilio comunista. Mario Vargas Llosa había censurado los excesos de la dictadura del proletariado. El enemigo, dos proscritos. Me niego a vivir con esas dos prohibiciones [...] y otras más. Siempre será mejor la aventura de vivir que la monótona seguridad de vegetar.

Jesús Díaz ha descrito procesos parecidos de sectarismo en el mundo académico cubano de los años 60 en su novela *Las iniciales de la tierra* (1987). La novedad en este cuento es el hecho de reconocer abiertamente ser un rebelde. A Jesús Díaz no le quedó más remedio que exilarse; González González se sirve de la alegoría bíblica de la escala de Jacob. Al final de su narración aparece un helicóptero (de los «Hermanos del Rescate»), que sobrevuela el mar y que tiende una escala y un ángel o un hombre acoge al balsero en sus brazos: «Y subo, subo, subo [...]»

Es natural que, en especial, los escritores exiliados cubanos se hayan ocupado del tema de los balseros. Así, en el autor cubano exiliado **Manuel C. Díaz** (1942 La Habana) se corresponden la realidad de la vida y la ficción porque Díaz había estado encarcelado antes por intentar abandonar el país en una balsa. En 1979 fue indultado y, en la actualidad radica en Miami.

En el cuento «Un paraíso bajo las estrellas» (1995, título también del libro) se describe la melodramática love story entre el licenciado Carlos Aceves y Zenaída Batista en el cabaret Tropicana. La brutal burocracia cubana impide la salida del país a la bailarina, en la que incluso ha puesto un ojo encima un funcionario corrupto y perverso.

Al fracasar todos los intentos — también por la vía diplomática —, Zenaida Batista se lanza al mar y desaparece para siempre en la noche de los elementos. El contraste entre el mundo del sueño y el de las luces de Tropicana — aquí

---

[613] «El ángel», en: Estévez, Abilio: *La noche,* La Habana 1998, pág. 86.

Díaz se apoya para presentar el ambiente en la famosa descripción de Cabrera Infante — y la infecta represión política proporcionan la tensión a la narración.

Abilio Estévez sorprendió a la opinión pública en 1997 con la novela Tuyo es el reino, que no apareció en Cuba sino en España. En ella figuran escenas dolorosas de despedida entre los balseros y sus parientes. Pero también el hecho de reconocer que la espera en la isla puede representar una muerte lenta, es frecuente para el narrador:

> Aquí en la arena yo tampoco voy a llegar a ninguna parte, él se podrá ahogar, podrá terminar sus días en el fondo del mar, yo me ahogaré en la superficie, terminaré mis días en la orilla, es lo mismo, sólo que él ejecuta un acto, yo no ejecuto ninguno.[614]

La desesperación de los que esperan se transforma en una carcajada demente, que expresa al mismo tiempo la tantas veces repetida lección: «Hay momentos en que la huida parece la única solución, exclama una voz a sus espaldas, y ríe, y cómo ríe».[615]

Zoé Valdés ha publicado textos sobrecogedores, escritos y sin embargo no escritos en la isla: *Cartas de los balseros cubanos* (1995). Se trata de una selección de 59 cartas de esos infelices *boat people* que, a partir de 1994, abandonaron la isla, huyendo por el mar, y que, después de estar internados durante un año en la base de la marina norteamericana de Guantánamo, lograron entrar en los EE.UU.

Estas cartas no hacen alusión a la política con mayúscula, sino hablan de la tristeza y el afecto hacia los suyos y de una espera dramática. Son textos de gente sencilla que, sin embargo, deben a la Revolución haber aprendido a leer y escribir, su capacidad de expresarse y su conciencia. Estos testimonios forman parte de la literatura cubana entre las épocas y los distintos mundos. En total el servicio norteamericano de vigilancia de las costas salvó, entre 1991 y 1994 la vida a 45.575 cubanos y cubanas.[616]

La posición contraria a esta tragedia de los balseros cubanos la representa un grupo de sociólogos que, por encargo del Ministerio del Interior cubano, redactó el informe *Los balseros cubanos: un estudio a partir de las salidas ilegales* (1996). Los intentos para salir ilegalmente de la isla son interpretados aquí como parte de la política de agresión contra Cuba y no como consecuencia del empeoramiento de la situación económica desde 1990.

Según las estadísticas presentadas, la emigración cubana hacia EE.UU. expresada en porcentajes por relación a la población, es muy reducida si se la compara con otros países latinoamericanos. La política norteamericana de emigración y el cañoneo propagandístico del Norte son, según el estudio, otros de los motivos que influyen en las decisiones de los balseros y lancheros cubanos.

---

[614] Estévez (1997: 171).

[615] Estévez (1997: 172).

[616] Ackerman (1996: 163).

Para los autores, esta argumentación revela la actitud arrogante de los gobiernos de los países desarrollados frente a los países subdesarrollados:

Los resultados demuestran que la política migratoria de Estados Unidos hacia Cuba influye de manera decisiva en la utilización de la vía ilegal como medio para emigrar a ese país [...][617]

Textos y antologías

Estévez, Abilio: *Tuyo es el reino,* Barcelona 1997.

Guerra, Felicia / Alvarez-Detrell, Tamara (eds.): *Balseros: Historia oral del éxodo cubano del '94 / Oral History of the Cuban Exodus of '94,* Miami 1997 (edición bilingüe).

Valdés, Zoé (ed.): *Cartas de los balseros cubanos,* Palma de Mallorca 1995.

Vázquez-Fernández, Carmen: *Balseros cubanos,* Madrid 1999 (testimonio).

Estudios

Ackerman, Holly: «The Balsero phenomenon, 1991-1994», en: *Cuban Studies* 26 (1996), págs. 169-200.

Ackerman, Holly: «Protesta social en la Cuba actual: los balseros de 1994», en: *Encuentro de la Cultura Cubana* 3 (1996/1997), págs. 125-131.

[Dossier]: «Más allá de las balsas: migrantes en el estrecho», en: *Encuentro de la Cultura Cubana* 36 (2005), págs. 119-180.

Solomon, William S.: «Cubriendo Cuba: la crisis de los balseros: agosto — septiembre de 1994», en: *Temas* 20-21 (2000), págs. 66-76.

[Autores varios]: *Los balseros cubanos: un estudio a partir de las salidas ilegales,* La Habana 1996.

---

[617]   [Autores varios] (1996: 118).

Literatura cubana en la diáspora

It is possible that there is other memory than
the memory wounds (Czeslaw Milosz).

26 El problema de las definiciones

En un breve ensayo, Lourdes Gil señaló en 1989, «que la literatura de Cuba
ha sido siempre una literatura escrita tanto fuera como dentro de la isla». Si
esta perogrullada es válida para cualquier literatura, entonces habrá que
preguntarse qué es lo peculiar del exilio literario cubano desde 1959. Gil lo
descubre, siguiendo el ensayo de Cintio Vitier *Lo cubano en la poesía* (1958)
en el hecho de «que la ausencia y el destierro se vinculan a la identidad
nacional en las expresiones literarias de poetas que siempre vivieron dentro
de la Isla».[618]

La vinculación del exilio, voluntario o involuntario con el concepto de
identidad proporciona a la cultura la posibilidad de tender un puente entre la
isla y el extranjero, sin embargo se expone a la vez a una instrumentalización
al servicio de intereses divergentes. En los últimos 40 años no han faltado los
intentos para llegar a un compromiso — sean citadas aquí sólo, a modo de
ejemplo, Lourdes Casal (fallecida en 1981) y Ana Mendieta (fallecida en 1985)
que fundaron la revista *Areíto* y organizaron la Brigada Antonio Maceo, pero
llama la atención que casi todas esas iniciativas partieran del extranjero y
despertaran poco o ningún entusiasmo por parte de las autoridades políticas de
ambos lados.

La extraordinaria antología *Bridges to Cuba: Puentes a Cuba* (1995), de la
antropóloga, ensayista y narradora Ruth Behar, que vivió algún tiempo en
Israel y conocía, por eso, la problemática de la diáspora, refleja la situación de
la asimetría cultural.

Si se pregunta a los escritores cubanos que viven en el extranjero si se
consideran o no parte de la literatura del exilio, la respuesta es negativa en la
mayoría de los casos. Este hecho está relacionado con la connotación de este
concepto, pues exilio suena a ruptura definitiva con la patria, pero, a su vez,
puede tener consecuencias jurídicas, además para los interesados en el país que
les ha acogido cuando se trata de exiliados políticos.

Incluso si, después de algún tiempo de espera, adquieren la nacionalidad del
país receptor, los cubanos siguen dependiendo — cuando vuelven de visita a
Cuba — de la autorización que les extiende la representación consular cubana.
En última instancia, sigue existiendo — según los casos — la preocupación de si

---

[618] Monge Rafuls (1994: 289-290).

la salida de regreso de la isla, una vez autorizada la entrada, no irá acompañada de complicaciones, siempre posibles.

Quizá sea más acertado decir que muchos autores toleran antes el concepto más neutral de diáspora, que originariamente hacía referencia a las minorías de una comunidad religiosa. Aunque es un hecho que las diferentes generaciones de cubanos representan hoy la mayoría de la población en el estado federal de la Florida, el concepto de diáspora, sin embargo, incluye a la totalidad de los cubanos residentes en el extranjero.

Entre ellos, existen las más variadas formas de creación literaria: literatura escrita y publicada dentro y fuera de la isla, literatura escrita dentro y publicada fuera de la isla, literatura del exilio con connotación de disidente, literatura escrita fuera de Cuba de cubanos aún residentes en Cuba. Lo acepte o no, todo autor cubano formará siempre parte de la literatura cubana.

La valoración resulta más difícil cuando se trata de la segunda o tercera generación, cuyas obras — como por ejemplo, en EE.UU. — están escritas en inglés. Nos referimos a los llamados «Cuban-Americans». Si sus obras tratan temas cubanos, entonces se les considera a veces como escritores pertenecientes a la literatura cubana. El futuro mostrará si los criterios de lengua y temática resultan válidos para decidir tal canonización.

La situación política y económica del emigrante ha dado origen a una serie de matices sobre las diferentes formas de exilio que el lenguaje popular ha expresado con giros expresivos. Al parecer, el término «exilio de terciopelo o baja intensidad» procede de Arturo Cuenca. Este vocablo expresa la forma de vida de todos aquellos cubanos, que viven y trabajan en el extranjero, pero que vuelven de visita a la isla para disfrutar allí los dólares obtenidos con tantas dificultades fuera de su país. A estos cubanos se les llama también «quedaditos»: No se han quedado a vivir permanentemente fuera de Cuba, pero residen en el extranjero.

El escritor Pío E. Serrano, él mismo emigrante que vive en Madrid desde los años 60 y no es «quedadito», explica el fenómeno en los términos siguientes:

> Es una nueva generación de exiliados que han sabido separar lo que es patria de lo que es gobierno. Han separado nación de Estado, patria de partido único, y aunque nos cueste trabajo entender el fenómeno a los primeros exiliados, ésa es una realidad.[619]

Incluso, en el caso de que los autores hayan vivido la mayor parte del tiempo fuera de Cuba y publicado casi toda su obra en el extranjero, se les considera pertenecientes a la literatura cubana, aunque tal reconocimiento — como en el caso de Sarduy — lo concedan las autoridades insulares en general sólo *post mortem*. A escritores como Cabrera Infante, Jesús Díaz o Reinaldo Arenas, que confesaban abiertamente su oposición al sistema, se les sigue castigando por ahora con el anatema de disidentes.

---

[619] *El Nuevo Herald*, 13 de agosto de 1997, pág. 14.

Este concepto tan maleable — según la jerga de la Seguridad del Estado («el Aparato») «diversionistas político-ideológicos» — se aplica a todos aquellos que reclaman la libertad de palabra, reunión y prensa, en otros términos, los derechos civiles inherentes a cualquier sociedad civil. Desde luego que tales principios existen también para los intelectuales en el propio país, en el que por otra parte están enfrentados los reformistas «desde dentro» con los reformistas «desde fuera», pero la discusión sobre cuál sea la amplitud de las conquistas de la Revolución cubana pone de manifiesto, en última instancia, las diferentes interpretaciones de la utopía social.

Un sistema que, con su ortodoxia y dogmatismo, engendra a diario nuevos disidentes, incluso entre marxistas, tiene que obstruir cualquier desafío de aquellos que luchan por un socialismo democrático. Por otra parte, es evidente que la instrumentalización de la disidencia, en forma de «casos famosos», intensifica la difusión de clichés y prejuicios en los *mass media* del extranjero y, en definitiva, contribuye cada vez menos a un análisis serio de este fenómeno.

26.1 La problemática de la distribución internacional

Quien quiera escribir una historia de la literatura cubana creada fuera de la isla, tendrá que investigar en todos los continentes. Incluso en lejanos países, como Suecia y Hawai, viven escritores cubanos, cuya producción literaria es objeto de lectura. La globalización del exilio y el permanente movimiento migratorio de los autores, convierten en aventura, a pesar de todos los sondeos bibliográficos, el simple inventario de esta literatura.

Sin duda, existen puntos centrales donde está concentrado el exilio, como la costa oriental de EE.UU. con las ciudades de Nueva York y Miami, o en Europa, las metrópolis de París y Madrid, pero también muchos escritores cubanos han encontrado un refugio en regiones apartadas para esperar, desde allí, la evolución política de la isla.

También resulta problemático ordenar el exilio según criterios temporales para las fases de salida: los años 60, con autores prominentes como Guillermo Cabrera Infante, Enrique Labrador Ruiz, Eugenio Florit, Severo Sarduy, Lino Novás Calvo, Lydia Cabrera, Eduardo Manet, entre otros; los «marielitos» de 1980, con Heberto Padilla, Reinaldo Arenas, César Leante, Carlos Victoria y muchos otros, y los 90, con Jesús Díaz, Manuel Pereira, Zoé Valdés, los balseros y tantos otros.

A ellos habría que añadir la «segunda generación del exilio» en EE.UU. con Max Castro, Uva Clavijo, Ileana Fuentes, Damián Fernández, Román de la Campa, Marifeli Pérez-Stable, Marilú Menéndez, Ruth Behar, Enrico Mario Santí, Adriana Méndez y otros. Eliseo Alberto configura, en su brillante libro testimonio *Informe contra mí mismo* (1997: 292-302) y sirviéndose de la forma retórica clásica de la «enumeratio», una lista (incompleta) de los escritores, pintores, músicos, bailarines, académicos, periodistas, cineastas y gente de teatro emigrados más conocidos, con su lugar de residencia. La lista representa un balance sobrecogedor y una diatriba contra el régimen de Castro, pero, a la vez, una prueba evidente de la fecundidad y riqueza de la literatura cubana, precisamente la literatura del exilio.

Mientras se han hecho ya una serie de investigaciones demográficas y sociológicas sobre el exilio cubano en EE.UU., faltan, en cambio, estudios parecidos sobre la emigración cubana en las metrópolis europeas. Se debe mencionar en este punto que ha sido precisamente Madrid, la ciudad donde se ha constituido, gracias a las muchas iniciativas existentes desde hace tiempo, una infraestructura en el sector editorialista, que ha proporcionado impulsos valiosos y amplios a la literatura: Carlos Alberto Montaner creó la Editorial Playor, Pío E. Serrano la Editorial Verbum, Felipe Lázaro la Editorial Betania, César Leante la Editorial Pliegos, José Mario las editoriales El Puente y La Gota de Agua, Rosario Hiriart dirige las Ediciones Cocodrilo Verde publicadas en Cáceres, Alberto Lauro Ediciones San Roque, José Francisco Tinao Olalla Ediciones, Bartleby Editores (José Paz, Carlos Cabrera Pérez, Dionisio Rodríguez) en Madrid.

Desde 1998 se publican libros cubanos en las editoriales «Colibrí», en Madrid, dirigida por Víctor Batista, especializada en ensayística cubana, y «Casiopea», en Barcelona, dirigida por Marta Fonolleda con su colección latinoamericana «Ceiba», al cuidado de Iván de la Nuez, autor del ensayo *La balsa perpetua* (1998).

Si se añade la revista creada por Jesús Díaz, Pío E. Serrano y Felipe Lázaro, en 1996, *Encuentro de la Cultura Cubana* (con servicio digital) resulta, sin duda, una potencia cultural de consideración. No hay que asombrarse, por otro lado, si los músicos, actores y artistas cubanos despiertan, en el mercado cultural hispánico, sueños en el subconsciente del consumidor español por motivos y razones muy diversos.

Pues Cuba no es sólo un paraíso políticamente perdido, sino una ilusión del trópico, llena de expectativas, que cualquier turista puede realizar tras algunas horas de vuelo. La «cultura de ida y vuelta» refleja para muchos cubanos una flexibilidad que, en el fondo, es ficticia, pero que los patronos esperan permanentemente ver realizada en el mercado laboral.

Cuando el director español de cine, Manuel Gutiérrez Aragón, rodaba en 1997 *Cosas que dejé en La Habana,* un film sobre la vida de los emigrantes cubanos en Madrid, afirmó en una entrevista, refiriéndose a la situación de los 20.000 cubanos aproximadamente que viven en la capital que «los españoles no los tratamos como extranjeros porque, al fin y al cabo, son los descendientes de nuestros tíos que fueron para allá» (*El País,* 5 de julio de 1997, pág. 15). Esta opinión, muy extendida entre muchos españoles, es un indicador, sin duda, de algo muy característico de la colonia cubana exiliada en España, pero no hay que engañarse porque, en realidad, el único privilegio de que gozan los cubanos en el país es que la barrera del idioma no existe para ellos.

Muy distinta es la situación de los cubanos en EE.UU., sin olvidar desde luego las diferencias que existen según la formación, la edad, la profesión, el sexo, el color de la piel, el estado federal y otros factores. Aquí se ha creado, por intereses y necesidades del mercado, un sector de prensa y publicaciones, encabezado por Ediciones Universal, fundadas por Juan Manuel Salvat, en 1965, y hasta hoy en poder de la familia. Esta editorial, la mayor del exilio, publica también literatura latinoamericana, libros escolares y de texto. Salvat creó en 1970 Ediciones Salvat, ya establecidas en España, Méjico y Miami.

Una serie de editoriales, algunas de ellas de breve existencia, completan (sin que se pretenda enumerar todas ellas) el panorama del sector: En Miami: Editorial Cernuda, de Ramón Cernuda, SIBI, de Nancy Pérez Crespo, La Torre de Papel, de Carlos A. Díaz, Deleatur, de Ramón Alejandro, con sus colecciones Mañunga y Baralanube, y Persona, de Matías Montes Huidobro, dedicada a obras teatrales cubanas. En Nueva York: Arca y El Palmar, de Rafael Bordao, y Ollantay Press, de Pedro R. Monge-Rafuls, la ya desaparecida Senda Nueva de Ediciones, de Alberto Gutiérrez de la Solana en Nueva Jersey, y Ediciones Ella y Linden Lane Press, de Belkis Cuza Malé en Texas (según *Revista Hispano Cubana* 2 (1998), pág. 155).

La revista científica *Cuban Studies*, fundada por Carmelo Mesa-Lago en Pittsburgh, goza de reputación internacional y aporta un impulso importante a la investigación con sus secciones monográficas y bibliográficas. La mayoría de las numerosas revistas literarias tiene una breve duración. Entre las más conocidas figuran *Linden Lane Magazine* (fundada 1982, cuando Heberto Padilla y su esposa, entonces Belkis Cuza, se trasladaron de Madrid a Princeton, Nueva Jersey), la revista cubana de literatura de mayor continuidad, publicada fuera de la isla, y *Apuntes posmodernos / Postmodern Notes* (Miami, desde 1990), revista cubana de crítica cultural, social, política y artística.

Otras revistas culturales que desaparecieron pronto fueron *Unveiling Cuba, Enlace, Término, Exilio* (New York, 1967-73), creada por Víctor Batista Falla y Raimundo Fernández Bonilla, *Revista Alacrán Azul* (Miami 1970), editada por la Editorial Universal, Caribe (1975-80), editada por Matías Montes Huidobro, *Escandalar* (New York 1978-82), editada por Octavio Armand.

En los años 80 aparecieron, entre otras, *El Gato Tuerto*, editado en San Francisco por Carlota Caulfield, *La Nuez* (New York), editada por Rafael Bordao, *Lyra*, editada por Lourdes Gil e Iraida Iturralde, *Dramaturgos*, editado por Matías Montes Huidobro y Yara González Montes. La revista *Mariel* (1983-1985 de Miami, creada por Reinaldo Arenas, Roberto Valero y Juan Abreu) se trasladó después a Nueva York y volvió a reaparecer con el título de *Mariel Magazine* (1986-1988) en Miami, bajo la dirección de Marcia Morgado. En los años 90 informaciones útiles salieron en el *Catálogo de Letras*, publicado por Soren Triff en Miami.

Los temas que tratan en general estas revistas se pueden agrupar bajo los epígrafes de reconciliación, ruptura y recuerdos (como en la antología de Ruth Behar: *Bridges to Cuba*, 1995), y en ellas predominan la lírica y el testimonio que sirven de base para el análisis frecuente de traumas personales. Las vivencias negativas en Cuba y las frustraciones del exilio pueden considerarse las causas determinantes de que algunos sectores del exilio cubano en Miami — prescindiendo de grupos militantes y políticos como «Alfa Omega» — hayan adoptado una actitud más radical e intolerante en el sector de la cultura que en otras partes.

He aquí sólo dos ejemplos ilustrativos de los años 80 en Miami. En 1986, 31 artistas y escritores protestaron contra la presentación de la obra de teatro *Coser y cantar,* de Dolores Prida, en el Primer Festival de Teatro Hispánico. Prida, que preconizaba el diálogo entre las dos Cubas, fue tratada de comunista y agente de Castro. Tras amenazar con la explosión de una bomba, la obra fue finalmente estrenada, como «workshop» y bajo protección policial, en Miami Dade Community College.

En 1988, se produjo también un escándalo con motivo de una subasta de obras de arte, celebrada en el Museo Cubano de Arte y Cultura en Little Havana, de cuatro artistas cubanos que no habían roto con el régimen de Castro, siendo acusada la dirección de simpatizar con el comunismo. Uno de los cuadros objeto de polémica, adquirido por 500 dólares, fue quemado públicamente delante del Museo. Pocos días después estalló una bomba también delante del Museo y al comité se lo amenazó de muerte. A Ramón Cernuda se le acusó de haber infringido el embargo y traído a Miami vía Canadá, las obras de arte. Estos ejemplos demuestran claramente que todavía queda por recorrer un largo camino hasta llegar a un entendimiento recíproco.

Sin duda sería una labor atractiva examinar y comparar el exilio cubano en EE.UU. y la *ethnic literature* con otras literaturas de los *hispanics,* sobre todo con la literatura de los chicanos, analizando lo que les separa y lo que les es común, con el fin quizás de haber contribuido así a una caracterización tipológica de la literatura del exilio. La investigación comparativa en el campo de la literatura escrita en el exilio está todavía en la fase de sus comienzos.

Su temática son la analogía de las formas de comportamiento, sus fases y estructuras, las implicaciones simbólicas del exilio, el exilio como forma especial de migración, la ruptura no consumada, las pérdidas simbólicas de objetos y el «trastorno de identidad», las repercusiones de choque cultural y problemas de la integración, nuevos proyectos e idiosincrasias de la identidad, las repercusiones del choque cultural y problemas de la integración, nuevos proyectos e idiosincrasias de la identidad y problemas de búsqueda de un nuevo público (Schumm 1990).

26.2 La escuela del exilio

El sociólogo cubano Rubén Rumbaut bautizó la generación de cubanos jóvenes que se fueron de Cuba, siendo aún menores de edad, con el nombre de generación del «1, 5» o «el uno-y-medio». Pérez-Firmat se ha servido en sus publicaciones (1994, 1996) de este concepto en el campo de la literatura. La tesis de si los cubanos emigrados contribuyen al proceso de latinización en los EE.UU. continúa todavía sin ser demostrada su validez, debido a que se carece de una perspectiva temporal suficiente. ¿Qué elementos componen este proceso y cómo podrá surgir sobre esta base una nueva identidad?

No todos los emigrantes compartirán la visión positiva del exilio como escuela de vida, tal y como la expuso Padilla en un coloquio en Nueva York el 17 de junio de 1989:

> Mi experiencia personal del exilio, sobre la base que llevo tantos años en él ha sido, primero, enriquecedor. Yo vivía encerrado en La Habana, yo vivía sin poder llegar a las cosas que quería. Yo quería ver el mundo y el exilio me dio esa oportunidad.[620]

De forma parecida se había expresado Julio Cortázar, que se vio obligado a vivir muchos años de su vida en el extranjero, sobre la función del exilio como puente:

> Por mas crueles que puedan parecer mis palabras, digo una vez más que el exilio enriquece a quien mantiene los ojos abiertos y la guardia en alto. Volveremos a nuestras tierras siendo menos insulares, menos nacionalistas, menos egoístas; pero esa vuelta tenemos que ganarla desde ahora y la mejor manera es proyectarnos en obra, en contacto, y transmitir infatigablemente ese enriquecimiento interior que nos está dando la diáspora.[621]

Es demasiado pronto para enjuiciar y valorar qué obras de la literatura cubana, publicadas fuera de la isla, sobrevivirán al paso del tiempo, pero los ejemplos históricos que nos sirven de base para la comparación demuestran que transcurrirá mucho tiempo hasta que sean conocidas en Cuba, más allá del círculo de los iniciados, por un público mayor y encuentren acceso en las instituciones de formación cultural. A pesar de todas las diferencias, no son por ahora más que un «espejo de paciencia», en la esperanza de poder acceder un día a un futuro común y solidario de todo el pueblo cubano sin barreras.

---

[620]   Monge Rafuls (1994: 320).

[621]   Cortázar, Julio: *Nicaragua tan violentamente dulce*, Barcelona 1984, pág. 89.

27 Las dos Cubas: identidad y diálogo

27.1 Reflexiones sobre nación, identidad, cultura y diáspora

El problema de la unidad de la literatura cubana está estrechamente ligado con la definición de la identidad cubana: la «cubanidad» o «cubanía». Estos conceptos fueron acuñados por el etnólogo Fernando Ortiz (1881-1969), paralelamente al término de Miguel de Unamuno «hispanía» en contraposición al de «hispanidad»: «Cubanidad es la calidad de lo cubano, o sea su manera de ser, su carácter, su índole, su condición distintiva, su individuación dentro de lo universal»[622] [...] «la cubanidad es condición del alma, es complejo de sentimientos, ideas y actitudes».[623]

Ortiz vio la «cubanía» — sobre todo en escritos como *Entre cubanos: estudio de una psicología tropical* (1913) — condicionada por la cultura y lo humano. Para un análisis más exacto del concepto hay que apelar a su génesis histórica. Los antecedentes de la identidad nacional los encontramos a partir de la Conquista, los de la identidad cultural en cambio desde la aparición de los primeros testimonios escritos completos a comienzos del siglo XVII. Pero identidad nacional y cultural constituyen una unidad que, en momentos de crisis de la historia cubana, siempre fue definida por intelectuales extraordinarios de su tiempo en el propio país y en el extranjero.

La serie de intentos por hallar una definición válida va desde Luz y Caballero, José Agustín Caballero, Varona, Varela, José Martí, Lydia Cabrera, Jorge Mañach, Lezama Lima, Fernández Retamar y Cintio Vitier hasta la actualidad. El famoso ensayo de Vitier Ese sol del mundo moral. *Para una historia de la eticidad cubana* (1975) es una exposición diacrónica de esa tradición. Vitier parte de una tesis basada en la continuidad, en la que la independencia nacional y la autonomía de los cubanos culminan, según él, en la Revolución de 1959. A partir del programa del Partido Revolucionario Cubano, de 1892, hasta enunciados políticos de Fidel Castro Vitier descubre cuatro constantes esenciales paralelas:

1. la continuidad y unidad de la lucha revolucionaria,
2. el antirracismo,
3. la toma de partido «con los pobres de la tierra»,
4. el antianexionismo y el antiimperialismo.

Sin embargo, la instrumentalización política y fragmentación de la identidad en muchas identidades aisladas, la desacreditaron, confundiéndola y

---

[622] Ortiz (1964: 91).

[623] Ortiz (1964: 94).

ofuscándola cuando se trataba de fijar el concepto. Junto a los amplios aspectos generales de la vida cotidiana aparece el lado emocional de la «cubanía», tal y como lo expone Roberto González Echevarria en una entrevista, publicada en *La Gaceta de Cuba* 6 (1995), págs. 23-24:

> Definir todo esto es mucho más difícil: hay algo en la cubanía que sería como una suma de cierto cariño, cierto choteo, la idea de que las cosas pueden ser serias pero nosotros no podemos ser solemnes ni dados a esos pronunciamientos retóricos. También la cubanidad es la música, la pelota, y una inteligencia especial para adaptarse a las situaciones difíciles y cierta viveza que a veces puede ser demasiado porque los cubanos suelen pasarse de listos. Pero ahí está la creatividad de la gente.

Si identidad es la suma de las diversas actitudes, expresadas en el marco de la unidad de «la isla entera», y si la cultura es universal, entonces la discusión sobre si algo forma parte o no de la literatura cubana, por el simple hecho de haberse publicado en EE.UU., en Europa, en América Latina o en cualquier otra parte, carece de sentido. Pero sin duda, se trata aquí de una controversia política, que refleja la lucha de las ideologías.

Ciertos funcionarios cubanos de la isla tratan de hacer prevalecer la unidad cultural insular. El término «nosotros» lo pronuncian a la ligera con excesiva frecuencia,[624] mientras que rechazan desdeñosamente el exilio cubano como algo disperso, atomizado y carente de identidad. La cuestión de si existe o no una identidad común en la literatura cubana es frecuentemente caracterizada, por parte de los círculos dogmáticos de la isla, como integracionismo o anexionismo. Este empeño político se hizo patente sobre todo en el «Encuentro de Cultura e Identidad Nacional», celebrado el 23 y el 24 de junio de 1996 en La Habana y organizado por la Universidad metropolitana y la UNEAC.

El ensayista cubano Rafael Rojas (1994: 16-25), residente en Méjico, ha expuesto en un brillante ensayo, con el título de «Insularidad y exilio de los intelectuales cubanos» la actitud contradictoria de muchos intelectuales cubanos, de la isla como del exilio, a la hora de plantear el problema sobre la identidad nacional, a través de numerosos ejemplos. Rojas hace referencia al movimiento pendular de siglos, entre éxodo y regreso, como una constante de la historia cubana, observando y analizando las varias fases y motivaciones distintas de la emigración hasta hoy.

Las fases represivas representan, por un lado, una medida de seguridad frente a aquellos «diversionistas político-ideológicos», excesivamente críticos, que fueron puestos en la picota para que sirvieran de escarmiento, mientras que por otro lado, tales fases provocaron nuevas oleadas de disidencia por su carácter restrictivo y por el empeño permanente de las autoridades de tener que demostrar ser el servicio de vigilancia e higiene del sistema:

---

[624]　Fornet, A., en: *La Gaceta de Cuba* 5 (1996), pág. 16.

De manera que la época revolucionaria ha sido, después de la Colonial, la que más éxodo de intelectuales ha desatado en la historia de Cuba.[625]

Exilio e insilio, destierro y entierro son las dos caras de una sola y la misma medalla, puesto que la insularidad de la cultura cubana produce, por una parte, el tipo del intelectual sedentario, al que en general no le interesa viajar, como en el caso de Lezama Lima, pero, por otra, fomenta el deseo de evasión y de desplazarse. Entre la hiperinsularidad intelectual y el exilio existe toda una escala de «lejanías».

Dos formas de la cultura insular, una de lejanías y otra de inmersiones, aún enfrentan a los intelectuales cubanos. Pero sólo encadenadas configuran la expresión de la identidad.[626]

27.2 Diálogo incipiente

A principios de los años 90 aumentaron los encuentros de intelectuales cubanos, organizados en general en el extranjero para mantener un diálogo entre la literatura insular y la del exilio, buscando caminos para un entendimiento común.

A pesar de las dificultades políticas y burocráticas de estos eventos y de las discrepancias surgidas entre los diferentes campos, estos encuentros perturbaron los nervios de las instituciones correspondientes, porque abrían una brecha de «oxígeno» a los escritores críticos residentes en la isla. Más allá de estos objetivos personales se discutía en tales actos la utopía de una posible Cuba donde la unidad de la cultura cubana no desapareciera tras las exigencias económicas.

El difícil camino para buscar referencias comunes parecía lo más sencillo en el campo de la cultura, pero pronto puso de manifiesto en esos diálogos que todavía no estaban curadas del todo muchas cicatrices y, por ello, resultaba problemático separar la literatura de la política. El hecho de que el centro de estos simposios fuera España, demuestra también la importancia considerable del modelo español de transición pacífica, tras los 36 años de franquismo, hacia un sistema más democrático para Cuba: la isla posible (1995).

Después del derrumbamiento del campo socialista en Europa del Este, después del recrudecimiento del embargo de EE.UU. y la proclamación del «período especial», la literatura insular cubana entró también en una fase que puede considerarse como estado de excepción. ¿Podía esperarse una apertura ideológica paralela a la apertura económica, necesaria frente al capital extranjero? Sin duda, existen algunas pruebas para esa interacción entre la base y la superestructura, pero otros muchos factores también demuestran lo contrario.

A pesar de las dificultades de la época, ha habido siempre un diálogo entre escritores cubanos de la isla y los de exilio y las relaciones y amistades privados

---

[625] Rojas (1994: 23).

[626] Rojas (1994: 25).

se han mantenido firmes, en contra de lo manifestado en muchas declaraciones oficiales. Sin embargo, cuando los grupos se han reunido para dialogar o un congreso ha reclamado la atención de las autoridades, el diálogo — en el caso de que hubera llegado a celebrarse — solía quedarse a mitad del camino, sin progresar, o ha desembocado en una controversia infranqueable.

Enrico Mario Santí, uno de los cubanos exiliados en EE.UU. más conocidos, ha propuesto por eso sustituir el concepto de diálogo por el término de debate, para así evitar, desde un principio, falsas ilusiones.

Como introducción a un proceso que conduzca a un diálogo entre la isla y el exilio, Ambrosio Fornet expresó en 1992, refiriéndose a Cabrera Infante y Reinaldo Arenas, lo siguiente:

> [...] hay una gran diferencia entre ellos y nosotros: ellos son individuos aislados que no tienen que rendirle cuentas a nadie, mientras que nosotros, como nación, somos responsables del conjunto de nuestra cultura. De ahí que a nadie le pareciera extraño, aquí, que reimprimiéramos libros de autores muertos en el exilio — Mañach, Lidia Cabrera, Novás Calvo [...] — ni que hace poco apareciera aquí en *La Gaceta* una sentida evocación de Labrador Ruiz.[627]

La conciencia de la unidad, del colectivo y de la responsabilidad, de la que presume este autoproclamado guru, aparece aquí contrapuesta a la creación literaria de los desesperados del exilio en desbandada. Sólo la muerte de aquellos escritores exiliados, que se hayan comportado con el visto bueno oficial, hará posible su readmisión en la corte insular, como lo demuestran los ejemplos arriba mencionados a los que se podría añadir todavía el nombre de Severo Sarduy, fallecido en París en 1993.

Como jueces que deciden sobre la calidad de la apropiación estética de la realidad, a los autores cubano-americanos se les ha acusado de haber creado una visión estereotípica del presente real que les excluye per se del círculo de los iniciados en la literatura cubana. A la pregunta de Padura Fuentes de si un escritor, como Oscar Hijuelos, se le puede considerar autor cubano, Fornet respondió:

> No. Es un autor norteamericano que aporta a su literatura una serie de elementos cubanos — bastante estereotipados, por lo demás — pero que a la nuestra no le aporta nada. Digo, nada que un extranjero no pueda aportarle. Algo semejante podría decirse de Cristina García, con su novela *Dreaming in Cuban*, y de Roberto G. Fernández, con *Raining Backwards*, aunque en este caso con una salvedad, y es que Fernández escribió sus libros anteriores en español. Pero desde el momento en que, como escritores, escogen el inglés para comunicarse — una decisión, por otra parte, muy natural — pasan a insertarse en esa rama de la narrativa estadounidense que ya se conoce como cuban-american.[628]

El crítico de literatura Antonio Vera-León, un exiliado cubano, comentó las ideas arriba expuestas, considerándolas un reflejo de la jerarquía autoritaria de las instituciones y de su arrogancia hegemónica:

---

627 Padura Fuentes (1992: 5).

628 Padura Fuentes (1992: 5-6).

De este texto quiero indicar la idea de que la 'cultura nacional' esté al cuidado de ciertas personas e instituciones que como 'nación' con un sentido fuerte de propiedad, pertenencia y legitimidad, determinan lo que es o no 'recuperable', así como el momento en que debe procederse a su recuperación. También, la noción de 'responsabilidad' o de 'rendir cuentas' (¿a quién?) bajo cuyo peso operarían quiénes estén a cargo del cuidado de la cultura.[629]

En un valiente artículo, publicado en 1992 en *La Gaceta de Cuba,* poco antes de que abandonara la isla, Rine Leal, crítico de literatura y experto en teatro, entretanto fallecido, hace un llamamiento en favor del entendimiento entre las dos Cubas, tomando como ejemplo para ello una antología del teatro cubano (Carlos Espinosa Domínguez, Madrid 1992), aparecida en el exilio. El artículo, bajo el título de «Asumir la totalidad del teatro cubano», desató una serie de violentas polémicas, y en él Leal expresa el siguiente punto de vista sobre el tema:

La cultura del silencio no conduce más que al silencio de la cultura. Algo hemos hecho en literatura en los últimos años con la publicación de Acosta, Cabrera, Lino Novás Calvo y Jorge Mañach, pero es bien poco y se trata de autores fallecidos, como si la muerte blanquease los sepulcros. También tuvimos que esperar la desaparición de Lezama y Piñera para que nos permitiesen glorificarlos. Pero una cultura viva no se erige sobre cadáveres ilustres.[630]

En la respuesta al artículo en cuestión, Núñez Rodríguez hacía mención de la vieja ideología integracionista, según la cual la Revolución y la nación constituyen una unidad para todos los cubanos insulares y, por ello, resulta difícil moverse en el mismo plano con los dramaturgos cubanos del exilio. Según el autor, el teatro escrito en la isla está sujeto en EE.UU. a los mismos tabús que en sentido contrario:

Piense Rine leal [sic] en estas cosas y comprenda que, pese a nuestra amplitud constitucional en materia de credos religiosos, no es el mejor momento para poner la otra mejilla. Porque lo más que lograremos con eso es que nos abofeteen las dos.[631]

En vista de eso, Padrón Nodarse prosiguió el debate en la revista Areíto (1993), de EE.UU., concluyéndolo con la observación general de que «la literatura cubana no puede, ni debe tener fronteras. La cultura cubana es mucho más que una ideología. La cubanía es siempre ella, en Cuba, Miami o Alaska».[632]

Como resultado, *La Gaceta de Cuba* accedió poco a poco a imprimir textos de poetas cubanos que viven en EE.UU. y Europa. En 1994, aparecieron una serie de poemas y colaboraciones de Lourdes Gil, José Kozer, Armando Fernández, Eliana Rivero, Magaly Alabau, Juana Rosa Pita, Emilio Bejel, José

---

[629] Vera-León (1996: 26).

[630] Leal (1992; 9).

[631] Núñez Rodríguez (1992: 32).

[632] Padrón Nodarse (1993: 22).

Corrales, Omar Torres, René Vázquez Díaz, Elías Miguel Muñoz, Luis González-Cruz, Jorge Oliva, Orlando González Esteva, Pío E. Serrano, Enrique Sacerio-Garí, Alina Hernández y Lilliam Moro.

Ambrosio Fornet reunió estos textos con el título «El discurso de la nostalgia» (1994), lo que le valió muchas protestas de círculos del exilio. Reducir el exilio a la categoría de nostalgia concierne al problema sólo de forma manipulada. Cuando Fornet acusa a la emigración de «desarraigo, esquizofrenia, vacío», ello representa sin duda una calificación desvalida y unilateral del fenómeno, que traslada al exilio el mismo doble discurso de los autores insulares.

Hay que dar por supuesto que todas estas manifestaciones estaban escrupulosamente coordinadas con la dirección política del país, ya que en abril de 1994 las autoridades cubanas convocaron, bajo el título de «La nación y la emigración», un segundo encuentro de representantes del gobierno y cubanos del exilio, rigurosamente seleccionados, considerados como simpatizantes del castrismo. También en este caso, la estrategia era evidente: fijar las reglas del juego desde la isla.

Desde entonces no han faltado los intentos para reactivar el diálogo interrumpido entre escritores cubanos de la isla y del exilio. Un ejemplo de ello es el «Encuentro de Estocolmo», del 25 al 28 de mayo de 1994, al que había invitado el Centro Internacional Olof Palme.

De La Habana acudieron Pablo Armando Fernández, Antón Arrufat, Miguel Barnet, Senel Paz y Reina María Rodríguez, de EE.UU. y Europa Heberto Padilla, José Triana, Manuel Díaz Martínez, Jesús Díaz, Lourdes Gil y René Vázquez Díaz. Aunque el encuentro se celebró a puerta cerrada, las opiniones publicadas con posterioridad (Vázquez Díaz 1994) muestran más divergencias que puntos de vista comunes.

En el programa figuraban temas como la unidad de la nación, definiciones de cubanía, la situación política interna, el arte cubano más reciente y vivencias traumáticas del exilio. Hubo consenso sobre la unidad de la cultura cubana; en cambio, se discutió polémicamente la supresión del embargo de EE.UU.

Sobre las causas que habían dado origen a la división de opiniones, volvió a salir a relucir la vieja polarización: por un lado, el embargo norteamericano, por otro, Fidel Castro. En alusión indirecta a un gran film cubano de la época, Carlos Franqui escribió en *The New Herald* de Miami: «La fidelista fundación Palme quiere ahora convertir la sangre en fresa y chocolate».[633] La coacción de cada uno de los grupos sobre sus miembros fue mayor en los de la generación de los mayores que en la de los más jóvenes.

---

[633] *La Gaceta de Cuba* 4 (1994), pág. 60.

27.3 La isla entera y la isla posible

Después hubo otros intentos para proseguir el diálogo como el encuentro «La isla entera» (poesía), en noviembre de de 1994 y «La isla entera» (cuentística), en marzo de 1996, ambos en Madrid y con apoyo de organismos españoles paraestatales y la Universidad Complutense, pero para el segundo de ellos las autoridades cubanas no autorizaron la salida de ningún escritor. ¿Qué había pasado? Raúl Castro había proclamado, entretanto, en una filípica inflamatoria de marzo de 1996 un nuevo período glaciar para los intelectuales, apostrofándolos de «quinta columna» al servicio del enemigo de clase.

Entre ambas fechas, había habido una serie de intentos desalentadores, como en Berlín en mayo de 1995 y en Barcelona el mismo año, bajo el epígrafe «Cuba: la isla posible». A pesar de ello, en el verano de 1996 apareció en Madrid el primer cuaderno de la revista de cultura cubana *Encuentro de la Cultura Cubana,* editado por Jesús Díaz, quien, como pocos, había sufrido en su propia vida una evolución dolorosa hasta llevarle a un desencanto realista. Este escritor, después de haber sobrevivido a «los años duros», título de uno de sus libros de narraciones, al «Quinquenio Gris», a la caza de brujas de los años 1971 a 1975 y a «los años puros», fue forzado a exiliarse por una burocracia cultural cubana exaltada.

La revista *Encuentro de la Cultura Cubana* trata de servir de puente para el diálogo entre la cultura insular y el exilio, consideradas ambas como una unidad. Pero entre sus colaboradores predominan los cubanos residentes en el extranjero. Los números de la revista, publicados hasta ahora, muestran las heridas abiertas a la vez que ponen al descubierto los tabús.

Si el diálogo que se persigue tiene o no lugar dependerá en gran parte de la capacidad para razonar abiertamente y aceptar compromisos entre los interesados. Temas desde luego no faltan, para que el sueño de la razón no produzca monstruos. Esta publicación, sin embargo, no es bien acogida por las autoridades insulares cubanas, como se puede leer en *La Gaceta de Cuba* 5 (setiembre / octubre de 1996) y en *Casa de las Américas* 205 (1996), pág. 159, al rechazar categóricamente este proyecto de diálogo por considerarlo una maniobra contra la cultura y la soberanía cultural de la isla.

28 El conflicto de la conciencia: Cuba o Miami

Mas no parto
al instante yo quisiera
regresar.
¡Ah! Cuándo querrá el destino
que yo pueda en mi camino
regresar (Julián del Casal).

El dramático trauma de la emigración es uno de los temas capitales de la literatura, el arte y el filme cubanos. Sin embargo, se pueden señalar algunos momentos centrales: a comienzos de los años 60, alrededor de 1978-1980 (llegada de la Comunidad a La Habana, Mariel) y a partir de 1989. Las posibilidades y límites de los diferentes géneros merecerían un análisis especial en cuanto al tratamiento de este tema. En este contexto, se han elegido sólo algunos textos, en los que el conflicto de la conciencia y la emigración desempeñan un papel importante.

Es lógico que los acontecimientos trágicos, como la emigración de «los catorce mil niños que, entre diciembre del 60 y octubre del 62 fueron enviados por sus padres a los Estados Unidos en el marco del Programa Peter Pan»[634] desafíen un tratamiento literario. En *Camarioca la bella* (1966), una de las primeras narraciones sobre este tema, **Sergio Chaple** describe de una forma algo melodramática la emigración de una madre con sus dos hijos. Los cambios políticos y sociales condujeron a la separación del matrimonio.

La esposa es presentada como una católica piadosa y racista, el marido, en cambio, como revolucionario, trabajador y muy buen cumplidor:

Un día (ella) se marchó al Norte con los muchachos. No me dejó entrever que lo haría. Pensé matarme. Me faltaron cojones. Sólo me volví loco (ciento veintiséis días en el Hospital Fajardo).[635]

También la narración de **Marta A. González**: *Bajo palabra* (1965) representa un terrible testimonio disuasorio en estos primeros años. La autora abandonó Cuba el 23 de abril de 1962 vía México. Un día después exigió asilo político en Miami, recibiendo un número de «parolee» lo que significa que uno como refugiado permanece en el país «bajo palabra». El 31 de julio de 1962 volvió desilusionada a Cuba. A pesar de la abundancia material preponderan los aspectos negativos como prostitución, el juego y las drogas. Finalmente la nostalgia de la isla la induce al regreso:

---

[634] Intervención de Ambrosio Fornet (1995: 129).

[635] Chaple (1980: 75).

Aquella noche comenzó, de golpe, a pesarme el exilio como nunca antes. Y ya dormí tranquila, porque no podía. Había comenzado a reflexionar.[636]

En pleno «Quinquenio Gris», en vísperas del Primer Congreso del Partido Comunista, se sitúa *Testimonio de una emigrada* (1974), obra muy leída de **Edith Reinoso** (1940 Sancti Spíritus). La autora, después de una vida aventurera — lucha subversiva contra Batista, conspiración con la contrarrevolución, huida ilegal con su hija a los EE.UU. en 1967 — regresa arrepentida a Cuba. En los años 70, el libro tuvo una función eminentemente política como ejemplo aleccionador para los que querían emigrar. En él se describe el mundo norteamericano de las drogas, la violencia y la delincuencia infantil, tal y como lo ponían de relieve siempre los sectores oficiales cubanos.

El libro empieza citando algunas frases del profeta Fidel Castro del año 1965:

> [...] en aquel 'paraíso', ya hay muchos que están locos por volver; en aquel 'paraíso' hay muchos arrepentidos a estas horas [...] En los años futuros cuántos añorarán, cuántos llorarán por volver a pisar esta tierra que han traicionado y que han despreciado.[637]

A continuación, la autora traza un perfil de su vida en el infierno de los EE.UU. y su peripecia en las «entrañas del monstruo» (José Martí). Un anexo con fotografías y artículos de prensa subraya el carácter documental del testimonio, con la finalidad de contribuir a su credibilidad.

La emigración cubana de primera hora es también tratada literariamente en los cuentos (*Los patos en el pantano*, 1976) de **José Antonio Grillo Longoria** (21 de octubre de 1919 Santiago de Cuba). Ya en los años 30 había luchado como comunista contra la dictadura y defendido después, como abogado, a muchos revolucionarios. Sus narraciones se basan en sus propias indagaciones y, como obra literaria de un testigo directo, pertenecen al género de la literatura de testimonio.

También como testimonio, **Raúl González de Cascorro** (13 de junio de 1922 Cascorro, Provincia Camagüey — 1985 Camagüey) redactó su novela corta *Romper la noche* (1976) sobre el tema de la emigración. En ella, un grupo de 20 personas de muy diferente procedencia social espera dos días y medio, oculto en una bahía, el embarque ilegal para ir a Miami, por el que ha tenido que pagar 1000 pesos por persona. Como la salida se retrasa, ello da origen a una serie de conflictos dramáticos, dudas y actos criminales (hasta el asesinato de un joven) que el autor vincula con el miedo a ser descubiertos.

Al describir los motivos de la huida, González de Cascorro destaca el medio social del que proceden los emigrantes (prostitución, proxenetismo, pequeña y gran criminalidad, homosexualidad, entre otros), que la propaganda oficial calificaría indistintamente de «escoria» algunos años después con la salida

---

[636]   González (1965: 220).

[637]   Reinoso Hernández (1974: VII).

del país de unos 130.000 cubanos y cubanas por el puerto de Mariel en 1980. En la argumentación desempeñan un papel importante las dificultades económicas (años de crisis desde 1968 a 1971), el «igualitarismo» y las medidas tomadas por el gobierno cubano sobe la educación y la política familiar.

En las discusiones se pone claramente de manifiesto el abismo ideológico entre los padres y sus hijos. Un joven de 13 años se lanza al mar finalmente desde el yate para volver a nado a su país. En tales discusiones entre las generaciones, el autor destaca los problemas de conciencia de los «gusanos», que, en su lógica, sucumben a la argumentación de la generación joven.

Los adultos sólo pueden imponerse en última instancia con su autoritarismo (bofetadas, amenazas). El autor describe irónicamente las «desgracias» de los grupos de refugiados, quienes, perseguidos por los mosquitos y las hormigas y atormentados por el hambre y la sed, están por completo a la merced de las represalias de sus agentes criminales. La imagen de los antihéroes está deformada hasta su extremo más grotesco.

No es una casualidad que estos textos aparecieran en un momento, en el que los primeros cubanos exiliados se disponían a visitar su país y sus familiares como turistas. Quién haya visto cómo este sector acomodado de los cubanos de Miami vaciaba las tiendas para extranjeros (en las que entonces no podían comprar los cubanos de la isla), comprenderá la discrepancia de sentimientos de muchos cubanos frente a la inesperada lluvia de divisas. Aquel que oficialmente hasta entonces había sido tratado de «gusano», se transformaba de la noche a la mañana en «mariposa».

El diálogo con el exilio cubano fue el comienzo de una nueva fase de la política exterior de la isla que, sin embargo, volvió a sufrir un retroceso debido a que Cuba intensificó su compromiso en Angola y Nicaragua y a las restricciones impuestas por los EE.UU. durante la era Reagan.

En aquellas fechas se desplazaba anualmente a Cuba la Brigada «Antonio Maceo», integrada por jóvenes cubanos entusiastas, procedentes del exilio, entre 18 y 35 años que, en parte en su niñez, habían sido llevados por sus padres fuera del país a los EE.UU. Rafael Betancourt, miembro del comité ejecutivo de la Brigada en los EE.UU. y Puerto Rico, declaró a la prensa (*Granma*, 6 de mayo de 1979) que los jóvenes venían de los EE.UU., Puerto Rico, México, Venezuela, Costa Rica y España y anunció, además, que se desplazarían también 100 «maceítos», hijos de la brigada de trabajo. Los miembros de estas brigadas ayudaban en la construcción de viviendas, trabajos sociales y el campo.

En el marco del «deshielo» de esa época, la concesión del premio extraordinario «La juventud en Nuestra América» en 1978 de la Casa de las Américas al grupo del exilio cubano «Areíto» por su documentación *Contra viento y marea* (1978) tuvo una importancia eminentemente política. El tomo contiene declaraciones de jóvenes cubanos exiliados sobre su emigración en los EE.UU., sobre su proceso de concienciación política como se manifiesta en las luchas por los derechos humanos y civiles, por ejemplo contra la guerra de Vietnam.

Desde finales de los años 60 surgieron grupos de jóvenes cubanos exiliados, por ejemplo, en Miami en diciembre de 1970 se creó la «Juventud Cubana

Socialista», que se extendía hasta Nueva York y Puerto Rico o el grupo en torno a la revista Areíto, que apareció en 1974, dos meses después de la creación de la revista *Joven Cuba*, la cual tuvo una duración breve.

Contra viento y marea refleja en textos muy heterogéneos el difícil proceso de evolución psicológica y social de los jóvenes cubanos exiliados, en su gran mayoría intelectuales. Algunos de ellos tuvieron que sufrir un doble exilio: el distanciamiento frente a los padres y frente al sector militante de la colonia cubana en el exilio.

En un epílogo se describe la inseguridad en la búsqueda de la propia identidad:

> ¿En 1988? ¡Qué barbaridad [...] con treintinueve años! ¿Qué hacer? ¿Dónde estaremos viviendo, trabajando, de aquí a diez años? ¿Quisiéramos regresar a Cuba? [...] Yo no sé donde o cómo estaré en 1979; mucho menos en 1988. Hay que darse cuenta que muchos de nosotros vivimos sin permanencia alguna, sin raíces, y sin estabilidad.[638]

En esta época obtuvo también el testimonio *De la patria y el exilio* (1979), de **Jesús Díaz**, el Premio UNEAC de testimonio «Pablo de la Torriente Brau» (1978). En él describe Jesús Díaz las primeras impresiones de los jóvenes cubanos exiliados que, en el marco de la política liberal del gobierno de Carter, se habían desplazado en 1977 a Cuba por poco tiempo en una brigada de trabajo. En el documental 55 hermanos, que se rodó a continuación, o en filmes como *Polvo rojo* (1981) y *Lejanía* (1985), Jesús Díaz dio a conocer esta temática también en el extranjero a un público más amplio, lo que provocó discusiones muy controvertidas. Después se produjo el éxodo de 130.000 cubanos y cubanas por el puerto de Mariel, con lo que el tono conciliante se hizo cada vez más raro.

Entre los escritores que, en los primeros años, trataron de tender un puente entre la Comunidad cubana en los EE.UU. y la isla figura **Lourdes Casal** (1938 La Habana — 1981 La Habana), muerta prematuramente, profesora de psicología en la Universidad Rutgers en New Jersey, a cuya iniciativa se debe la creación de la Brigada «Antonio Maceo» cofundadora de la revista *Areíto* (desde 1974), coautora de la obra testimonial *Contra viento y marea* (1978), ganadora del premio especial del concurso Casa de las Américas.

Su libro de poemas *Palabras juntan revolución* (Premio Casa de las Américas 1982, a título póstumo) refleja el entusiasmo de este breve período de «deshielo», cuando cada una de las partes parecía escuchar a la otra y creer en la coexistencia pacífica. El hecho de que sus trabajos y su actitud fueran premiados, sobre todo por los responsables de la cultura cubana insular, no significa que se aprovecharan de ella, la utilizaran, sino significa el reconocimiento de sus esfuerzos sinceros por llegar a un diálogo.

Sus poemas se refieren melancólicamente a la pérdida de identidad, critican la fanfarronería y arrogancia de cubanos exiliados y se hacen eco de las utopías

---

[638]   Grupo Areíto (1978: 185).

de la agitada rebelión de 1968. En el poema «Definición» habla de sus reiterados sentimientos de tristeza:

> Exilio
> es vivir donde no existe casa alguna
> en la que hayamos sido niños;
> donde no hay ratas en los patios
> ni almidonadas solteronas
> tejiendo tras las celosías,
>
> Estar
> quizás ya sin remedio
> en donde no es posible
> que al cruzar una calle nos asalte
> el recuerdo de cómo, exactamente,
> en una tarde patines y escapadas
> aquel auto se abalanzó sobre la tienda
> dejando su perfil en la columna,
> en que todavía permanece
> a pesar de innumerables lechadas
> y demasiados años.[639]

Después el clima de las relaciones volvió a endurecerse. La invasión de 6000 soldados estadounidenses en Grenada que expulsaron a uns 800 cubanos, quienes en su mayoría trabajaban en la isla como voluntarios y empleados en la construcción, la creación y puesta en servicio de la emisora de propaganda «José Martí» en Miami en 1985 y otros conflictos pueden contribuir a explicar los textos siguientes que, indistintamente, se caracterizan por referirse a una época.

Entre los ajustes de cuentas más despiadados con el exilio cubano figura el poema ultrajante «Un carta oro por tu antimemoria» (1984), del antiguo diplomático **Mario Martínez Sobrino**, de cuyos 97 versos libres sólo citamos una parte:

> Ahora vendrá tu carta us stamp
> y sé cómo vas a decir,
> con qué palabras triviales,
> con qué intento de coloquio habitual
> hablarás tu manifiesto de traición:
> ¡Aprende pronto el ingles!
> Te prohibimos, habaneros, nuestro argot de pueblo.
> Ya no eres, date cuenta. Ya no existes.
> No tienes derecho a nuestra voz,
> a seguirla en un papel perfecto
> con tu nueva paper mate comprada en woolworth.
>
> Nada tienen que hacer en la Isla esas palabras.
> Para decirlas

---

639   Casal (1981: 31).

tuviste que vivir con nuestra sangre.
Ya no viviste aquí, invernabas.
Guilléndote de cubano, ser
de cualquier parte. No haces falta.
[...]
Ya ves, para saber adonde soy,
esa conquista
y esta victoria sobre insectos implacables
ayuda un poco tu manifiesto de traición.
Util fuiste al fin después de muerto,
puedo decir,
socio sepultado
sin tierra de morir,
de paso por la Rampa camino del Karachi.

Un carta oro por tu antimemoria.[640]

Rolando Pérez Betancourt (1945 La Habana), periodista y cofundador de Granma, ha descrito en *Mujer que regresa* (1986) la historia melodramática del retorno de Zelda que, después de 20 años en los EE.UU., vuelve a la isla de su infancia. En un epílogo se narra la muerte de Zelda por un fallo cardíaco al tener un parto prematuro, tras su regreso a los EE.UU. dos días antes de que el autor empiece con esta fingida historia en primera persona.

De este epílogo se deduce, además, que el final de la historia coincide con los sucesos de la embajada peruana, en el barrio de Miramar, en La Habana, en mayo de 1980. La trivialidad de los diálogos y clichés relega los problemas de identidad y profundización psicológica. Sobre el carácter didáctico del libro, he aquí algunos párrafos:

> Muchos años habían transcurrido desde la llegada de Zelda a los Estados Unidos, no olvidaba, sin embargo, que en el momento de la partida, al reposar el rostro lloroso en el pecho de abuela Juana, sentía más pena en lo que dejaba atrás que avidez en marchar hacia lo desconocido [...] Y encontraba ridículas e infundadas aquellas historias de que los hijos serían arrancados a sus padres y entregados a la Rusia del telón de hierro con la prescripción 'lavado de cerebro' colgada de una tarjetica al cuello. Tampoco los choques de la Iglesia y el Estado la desvelaban porque, ahora lo comprendía mejor, nunca, ni de pequeña, había tomado en serio toda aquella madeja eclesiástica [...][641]

Un escritor importante, como **Gustavo Eguren** (6 de abril de 1925 Nueva Gerona) aportó matices más diferenciados a este tema. En su novela *La espada y la pared* (1987), el joven cubano Alejandro que, en los primeros años de la década del sesenta, fue enviado, siendo niño, a los EE.UU. por sus padres, trata de recuperar su identidad perdida. Sus experiencias contradictorias le crean una serie de problemas insolubles.

En la narración «Uno de estos viajes» (1979), Eguren deja a la opinión del lector el fallo definitivo sobre quien tiene razón en el diálogo que entablan la

---

640   Martínez Sobrino (1984: 329; 331).

641   Pérez Betancourt (1986: 118-119).

madre y su hijo, dispuesto a abandonar el país. La libertad de conciencia del hijo, que le impide hacer el servicio militar, es empleada por el autor, sin embargo, sólo como pretexto para exponer el puro afán de prestigio y consumo del joven:

> ¡Quiero respirar! ¡Quiero llegar a ser alguien, a tener un automóvil, una casa, un yate, qué sé yo [...]! Algo distinto a esta vida sin horizontes[...][642]

La madre menciona el ejemplo de los hermanos, que están de acuerdo con el sistema, y quienes para el hijo insatisfecho sólo son títeres al servicio de los funcionarios. En la escena de despedida, madre e hijo coinciden emocionalmente:

> 'Mamá ¡tú siempre estarás conmigo! Deséame que Dios me acompañe.' Sus ojos azules la miran implorantes y húmedos. 'Sí, hijo, yo estaré siempre contigo, no importa donde estés [...]'.[643]

Miguel Barnet ha expresado sus sentimientos discrepantes como cubano de la isla entre cubanos fuera del país en Miami en un poema titulado «Miami, Fla.»[644] con los versos siguientes:

> Pero yo, que voy de paso me quedo triste
> ¿Será que no me gusta el paraíso?
> ¿Será que prefiero el infierno?
> Me confunde Miami
> For example, cuando voy a la calle Ocho,
> tan bonita, con tantos restaurantes,
> se me quita el apetito
> ¿Será que hay demasiados platos, demasiadas opciones?
> [...]
> Mira que el corazón pesa
> A pesar de todo.

La crítica escondida al *way of life* materialista y a la abundancia de consumo se mezcla con el recuerdo nostálgico de amigos y parientes que emigraron a lo largo de los decenios.

Textos

[Areíto]: *Contra viento y marea*, La Habana 1978.
Casal, Lourdes: *Palabras juntan revolución*, La Habana 1981.
Chaple, Sergio: «Camaricoa la bella», en: Chaple, Sergio: *De como fueron los quince de Eugenia de Pardo y Pardo*, La Habana 1980, págs. 69-76.

---

[642] Eguren (1979: 44).

[643] Eguren (1979: 48).

[644] *La Gaceta de Cuba* 4 (1997), pág. 29.

Eguren, Gustavo: «Uno de estos viajes», en: Eguren, Gustavo: *Los pingüinos,* La Habana 1979, págs. 39-49.

Eguren, Gustavo: *La espada y la pared,* La Habana 1987.

González, Marta A.: *Baja palabra,* La Habana 1965.

González de Cascorro, Raúl: *Romper la noche,* La Habana 1976.

Martínez Sobrino, Mario: «Un carta oro por tu antimemoria», en: Suardíaz, Luis / Chericián, David (ed.): *La generación de los años 50: antología poética,* La Habana 1984, págs. 328-331.

Pérez Betancourt, Rolando: *Mujer que regresa,* La Habana 1986.

Reinoso Hernández, Edith: *Testimonio de una emigrada,* La Habana 1974.

Estudio

«Intervención de Ambrosio Fornet», en: *Cuba: Cultura e identidad nacional — memorias de encuentro «Cuba: Cultura e Identidad Nacional»* (23-24 de junio de 1995), La Habana 1995, págs. 124-130.

29 El grupo de Mariel

La deficiente situación económica, pero también el incipiente turismo de cubanos exiliados para visitar la isla hacia finales de 1979, son frecuentemente considerados como los desencadenantes que provocaron el éxodo de unos 130.000 cubanos y cubanas aproximadamente que abandonaron el país por el puerto de Mariel desde mayo hasta junio de 1980. El mismo año, el Segundo Congreso del Partido Comunista decidió autorizar el Mercado Libre Campesino, lo que iba a mitigar en algo la situación económica nacional. En política exterior, el acceso de Reagan al poder en 1981 condujo a un empeoramiento aún mayor de las relaciones entre Cuba y EE.UU.

La tensión se incrementó en abril de 1980 con asalto y ocupación de la embajada peruana en el barrio de Miramar, de La Habana, por unos 10.000 cubanos bajo condiciones realmente indescriptibles, ocupación acompañada por «actos de repudio», vandalismo y manifestaciones organizados oficialmente.

Un relato conmovedor de un «acto de repudio» dio **Carlos A. Díaz** (1950 La Habana), cuentista (*El jardín del tiempo*) y periodista (redactor de *The Miami Herald*):

> Me mataron a mi perra Sata Oui-Oui, acusada de ser espía de la CIA en el acto de repudio. Me saquearon la casa y se llevaron todo una libra de limones, un pan de molde y un viejo juego de dominó. Me tiraron una rata podrida por el hombro. Me llenaron las paredes de la casa con inmensos carteles que decían 'Maricón', 'Tarrúo', 'Putas', 'Escorias' [...]
>
> Mi suegro, casi octogenario, fue acusado de chulo y ya ni me acuerdo de cuántas inclemencias tropicales más. Nos llenaron el patio con muñecones de trapo ahorcados, que los cederistas quemaban como si fuera bagazo de caña. Me robaron del refrigerador los huevos que luego me lanzaron a mí y a mi familia. Al principio, fue una docena de huevos, pero luego se unieron los de otros vecinos que los guardaban en sus congeladores, para cuando estuvieran congelados, lanzárnoslos por la cabeza.
>
> Me robaron tres camisas de nylon. Un blue jean. Un viejo Lee. Y una cajita donde yo guardaba un condón antediluviano. Esos son los objetos menores. Los mayores, la casa, el país, los amigos [...][645]

La apertura oficial de la vía marítima hacia Cayo Hueso, las llegadas y salidas continuas de la «Flotilla de la Libertad», operación llevada a cabo por los cubanos exiliados, hicieron que aumentara la ola de los que estaban dispuestos a salir del país.

Bajo el nombre de Grupo o «Generación de Mariel» se suele mencionar, sobre todo, a escritores — con Reinaldo Arenas como el más representativo —, pero también René Ariza, Juan Abreu, Jesús J. Barquet, René Cifuentes, Miguel Correa, Carlos A. Díaz, Reinaldo García Ramos, Ismael Lorenzo, Luis de la Paz, Roberto Valero, Carlos Victoria, etc.), pintores como Carlos José Alfonzo, Jaime Bellechasse, Luis Molina, Héctor Nieblas, Andrés G. Valerio, etc.), músicos y periodistas que, en el marco de esta crisis, emigraron a EE.UU.

---

[645] En: *Encuentro de la Cultura Cubana* 8-9 (1998), pág. 139.

Juan Abreu definió los rasgos comunes de los marielitos de la manera siguiente:

> What they have in common is a way of perceiving certain things. Anguish, for instance. Anguish reigns in their works. Also a feeling of displacement, or having been violently torn out from the roots [...] There's a kind of fury that I think is conditioned by the fact that we lived in a society that attempted to eliminate any authentic form of expression, and that superimposed on the individual a mask and a simulation. Since art is the search for authenticity, and you lived inside a capsule in which you were watched 24 hours a day, there's a kind of energy that's cumulative, and that's the extra baggage of my generation.[646]

Por muy heterogéneo que sea este grupo, a pesar de ello aportaron nuevos temas y una visión más realista de Cuba a la escena cultural del exilio. Al hacer la presentación de este grupo, Arenas distorsiona la imagen de una generación condenada al ostracismo y silenciada en la isla:

> Veinte años de consignas y discursos altisonantes y ofensivos, humillantes y arbitrarias leyes, trabajos obligatorios y forzados, incomunicación, purgas, expulsiones e incesantes fusilamientos [...] Veinte años de represión los han hecho cómplices en la difícil tarea de burlar el terror creando.[647]

La propia experiencia dolorosa aparece aquí generalizada y transformada en ley general válida para todos.

Jesús J. Barquet (1998: 122-123) dio un catálogo incompleto de los escritores y las obras más importantes de este grupo:

En novela

Arenas, R.: *Otra vez el mar, El portero, El asalto, Viaje a La Habana, Arturo, la estrella más brillante, La Loma del Ángel, El color de verano*
Correa, M.: *Al norte del infierno.*
Díaz, C. A.: *El jardín del tiempo, Balada gregoriana.*
Martínez, M.: *Sitio de máscaras, Espacio y albedrío.*
Matías, M. (M. M. Serpa): *Las chilenas.*
Valero, R.: *Este viento de cuaresma.*
Victoria, C.: *La travesía secreta, Puente en la oscuridad.*

En poesía

Abreu, J.: *Libro de las exhortaciones al amor.*
Arenas, R.: *Leprosorio, Voluntad de vivir manifestándose.*
Báez, F.: *Insomnia.*

---

[646]   Abreu (1988: 12).

[647]   Arenas (1981: 2).

Barquet, J. J.: *Sin decir el mar, Sagradas herejías, Un no rompido sueño, El libro del desterrado.*
Bordao, R.: *Proyectura, Acrobacia del abandono, Escurriduras de la soledad.*
Díaz, C. A.: *La claridad del paisaje, Las puertas de la noche, Oficio de responso.*
García Ramos, R.: *El buen peligro, Caverna fiel.*
Reynaldo, A.: *La canción de las esferas.*
Valero, R.: *Desde un oscuro ángulo, Venías, No estaré en tu camino, Dharma.*

En cuento

Arenas, R.: *Termina el desfile, Adiós a mamá.*
Morelli, R.: *Algo está pasando.*
Serpa, M. M. (M. Matías): *Día de yo y noches de vino y rosas.*
Victoria, C.: *Las sombras en la playa.*

En ensayo y crítica literaria

Arenas, R.: *Necesidad de libertad.*
Barquet, J. J.: *Consagración de La Habana.*
Valero, R.: *El desemparado humor de Reinaldo Arenas.*
Valero, R. (ed.): *Voces del silencio.*

En teatro

Arenas, R.: Persecución.

En memoria y testimonio

Arenas, R.: *Antes que anochezca.*
Hernández, G.: *Memorias de un joven que nació en enero.*

En *Mariel: Revista de Literatura y Arte* (1983-1985, segunda etapa a partir de 1986) se concentraban las aspiraciones de este grupo generacional de escritores y artistas. En su breve existencia, la revista publicó textos de más de 120 colaboradores, en su mayoría cubanos, considerándose como «un contra-canon de la literatura cubana»,[648] en la cual predominaban los motivos políticos para decidir la aceptación o el rechazo de sus colaboradores. La revista, agrupada en torno a la figura de Reinaldo Arenas, sin acceso prácticamente a los medios de difusión de los EE.UU. y limitada de facto a la cultura cubana, estaba condenada a su pronta desaparición.

Uno de los «marielitos» más importantes y talentosos era **Carlos Victoria** (1950 Camagüey — 12 de octubre de 2007 Hialeah, Miami), gran novelista y cuentista. En 1971 fue expulsado por «diversionismo ideológico» de la Uni-

---

[648] Ette (1986: 84).

versidad de La Habana, donde cursaba estudios de lengua y literatura inglesas. En 1978 fue arrestado por la Seguridad del Estado que confiscó todos sus manuscritos. Desde 1980 trabajó en la redacción del Miami Herald.

Sus textos reflejan situaciones difíciles en la cerrada sociedad cubana, así por ejemplo en las novelas *Puente en la oscuridad* (1993, Premio Letras de Oro) y sobre todo en *La travesía secreta* (1994). En *La ruta del mago* (1997), Victoria narra, sobre fondo autobiográfico, la infancia y juventud del joven *Abel en Camagüey*, la olvidada ciudad de provincias. Sus cuentos, sobre temas del exilio y de la isla, están recogidos en los tomos *La sombra en la playa* (1992) y *El resbaloso y otros cuentos* (1997).

Una obra excelente es *La travesía secreta* (1994). Se trata de una novela de formación en torno a la figura del joven poeta camagüeyano Marcos Manuel Velazco, prototipo de una *lost generation* que pierde paso a paso sus ilusiones en la fase especialmente dogmática de la Revolución de finales de los 60 y comienzos de los 70, en conflicto con una clase torpe, apresora y puritana que detenta el poder. La vida del protagonista le conduce, desde un ambiente provinciano asfixiante a La Habana para devolverlo otra vez al «pueblo de los demonios».

El proceso de formación del protagonista se desarrolla en los medios artísticos de un grupo de cubanos jóvenes y adultos, pero también al margen de ellos. El excesivo consumo de alcohol y drogas tiene por objetivo desviar la atención de los procesos inquietantes de represión (detenciones, humillaciones de todo tipo, denuncias), pero tales excesos se saldan a menudo con una depauperación y un desarraigo aún mayores, como es el caso de Eulogio, un actor homosexual — una especie de figura paterna para Marcos — que acaba suicidándose.

La caza de homosexuales melenudos, hippies y otros insumisos de la sociedad militarizada y unidimensional está descrita de forma impresionante. Es evidente que un sistema así no ha podido crear el «hombre nuevo», sino el disidente involuntario.

El talento de Victoria reside en la descripción de los problemas psicológicos de los personajes y en el tratamiento lleno de expresividad de las diferentes situaciones. El destino individual, sobre un fondo autobiográfico, está en la novela enmarcado en un contexto colectivo, típico de una generación. Este libro merece una atención especial por ser una de las novelas cubanas más importantes del exilio.

Liliane Hasson, la mejor conocedora de su obra, destaca sobre todo su valor autobiográfico:

> Lo autobiográfico, patente en la mayoría de los cuentos, es más bien de orden intelectual y psicológico. Los episodios más relevantes de su vida, el despido de la Universidad, el trabajo en una empresa forestal, la detención 'por escribir poemas', la falta del padre, se encuentran desparramados entre varios cuentos y aplicados a distintos personajes.[649]

---

[649]   Hasson (1997: 217).

También en los 14 relatos de **Luís de la Paz**, reunidos en el libro *Un verano incesante* (1996), se recogen, tras un largo proceso de maduración literaria, los acontecimientos traumáticos de su huida.

Un escritor-profesor y cuentista original es **Rolando D. H. Morelli** (1953 Horsens, Dinamarca) que creció en Camagüey, donde vivió hasta 1980. Después de terminar sus estudios en Estados Unidos, es profesor en el Departamento de Lenguas y Literaturas Extranjeras de la Universidad de La Salle en Philadelphia. Tiene publicados, entre otros, *Algo está pasando* (cuentos), que aparecerá nuevamente en edición bilingüe, *Varios personajes en busca de Pinocho* (teatro para niños) y *Leve para el viento* (poesía).

Un novelista importante de este grupo era **Guillermo Rosales** (1946 La Habana — 1993 Miami, suicidio) quien ganó en 1986 el Premio Letras de Oro con la novela *Boarding Home* (1987) donde narra la vida desesperada de un emigrante cubano en EE.UU., que finalmente termina en un asilo para locos («Se llamaba Boarding Home pero yo sabía que sería mi tumba»). El autor dejó inédito varias novelas, entre ellas *El juego de la viola* y *El bunker fantasma*.

La mayor parte de los «marielitos» ha destacado en la lírica. **Reinaldo García Ramos** (1944 La Habana), que a comienzos de los años 60 pertenecía a Ediciones El Puente, fue uno de los cofundadores de la revista Mariel. En Cuba se publicó su libro de poesía *Acta* (1962) y en el exilio *El buen peligro* (1987) y *Caverna fiel* (1993, poemas de sus años en Nueva York entre 1987 y 1992). En este libro figura el poema «El emigrante», al que le ha llegado la hora de despedirse y en el que son enumerados los fragmentos arbitrarios del equipaje:

> Cuando llegue el momento,
> aunque sea tarde y te apresuren y te griten,
> pon en el armario oscuro los recuerdos,
> ciérralo despacio, como puedas,
> y trata de dejarlo para siempre en el rincón más limpio de
> la casa
> [...]
> En tus bolsillos llevarás, de todos modos,
> ambiguos talismanes, objetos proverbiales que vendrán
> a iluminar el inmenso exorcismo:
> barajas incompletas,
> pañuelos, abalorios,
> secretos códigos, insignias,
> emblemas de cartón,
> la imagen única del ave
> serena y disecada,
> dibujos coloreados de los trajes
> que se esfumaron en el extraño sueño [...]
>
> alguna cosa más, pero ligera;
> témele al exceso de equipaje.[650]

---

[650] García Ramos (1993: 23-24).

El poeta y filólogo **Jesús J. Barquet** (1953 La Habana) se desplazó largo tiempo entre México y los EE.UU. En su lírica, como *Sin decir el mar* (1981), *Sagradas herejías* (1985) y *El libro del desterrado* (1994), se describe patéticamente la nostalgia de la tierra natal perdida, como en este poema a vista de pájaro:

Esto,
eso
que sobrevuelo
desde el Pacífico inhóspito hasta el Golfo acogedor
es hoy por hoy
— no lo fue ayer, no sé mañana —
mi patria:
montañas, desiertos, depredadoras nieves,
ríos inmensos que obligan a construir
innumerables puentes, grandes ciudades de ilusión
mas sin furia, máquinas y objetos sin fin, colores
diversos que recombinar cada día [...] no logran
sin embargo reemplazar
— ni como consuelo imitar —
una breve tarde habanera escapando de la lluvia y
besándonos premonitoriamente quizás
en todos los andenes.[651]

Rafael Bordao (1951 La Habana) canta en sus libros premiados el mar y la soledad del emigrante (*Escurriduras de la verdad, El libro de las interferencias*). En sus libros de poesías *Proyectura* (1986) y *Acrobacia del abandono* (1988), *Propinas para la libertad* (1997) y *El lenguaje del ausente* (1998) describe la amargura de sus vivencias en el exilio.

Su poema «Desideratum», escrito en 1982 en Riverdale (Nueva York) está dedicado a José Luis Pacanowski:

Habana
yo te pienso de noche
como piensan los emigrantes a sus novias:
te camino a la inversa
desde tanta distancia aglomerada
observando mis crónicos furores
vencidos para siempre en tus riberas.
He quedado inerme encima de tu aliento
mirando la deshidratación de mis huellas
desde mis nuevos y reversibles pasos
sin poder evitar la caída de las gotas
esos resblandecidos ojos que se estrellan
contra el muelle desnaturalizado.[652]

---

[651]   Lázaro / Zamora (1995: 232).

[652]   Lázaro / Zamora (1995: 191-192).

Antología

Lázaro, Felipe / Zamora, Bladimir (eds.): *Poesía cubana: la isla entera,* Madrid 1995.

Estudios

Abreu, Juan: «Art and Politics and Passion», en: *New Times* (13-19 de abril de 1988), págs. 7-12.

Arenas, Reinaldo: «La generación de Mariel: The Mariel Generation», en: *Noticias de Arte* (Nueva York), número especial (noviembre de 1981), pág. pág. 2.

Barquet, Jesús J.: «La generación de Mariel», en: *Encuentro de la Cultura Cubana* 8-9 (1998), págs. 110-125.

Bertot, Lillian D.: *The Literary Imagination of the Mariel Generation,* Miami; Washington 1995.

Boswell, Thomas D. / Rivero, Manuel: *Bibliography for the Mariel Cuban Diaspora,* Gainesville (Fl.) 1988 (Occasional Paper; 7).

Engstrom, David W.: *Presidential Decision Making a Drift: the Carter Administration and the Mariel Boatlift,* Lanham (Md.) 1997.

Ette, Ottmar: «La revista 'Mariel' (1983-1985): acerca del campo literario y político cubano», en: Bremer, Thomas / Peñate Rivero, Julio (eds.): *Hacia una historia social de la literatura latinoamericana,* vol. 2, Gießen; Neuchâtel 1986 (AELSAL: Actas 1985), págs. 81-95.

Hasson, Liliane: «La génération des cubains de Mariel et leur presse littéraire au États-Unis», en: *America: politiques et productions culturelles dans l'Amérique latine contemporaine* 1 (1986), págs. 117-135.

Hasson, Liliane: «Los cuentos de Carlos Victoria: de Cuba a Miami, ideas y vueltas», en: *Encuentro de la Cultura Cubana* 4-5 (1997), págs. 215-220.

Nuez, Iván de la: «Mariel en el extremo de la cultura», en: *Encuentro de la Cultura Cubana* 8-9 (1998), págs. 105-109.

30 La literatura de los «Cuban-Americans»

Una cuestión muy controvertida es la pertenencia de los escritores «Cuban-Americans» a la literatura cubana. Si consideramos el idioma como criterio medular, tampoco un libro como *Holy Smoke* de Cabrera Infante, escrito por su autor en inglés, o las novelas escritas en francés por Eduardo Manet podrían figurar en la literatura cubana.

Es un hecho innegable que, entretanto, se ha constituido paralelamente a la literatura de los chicanos y puertorriqueños en EE.UU. un «mainstream» de literatura anglo-cubana que, en la actualidad, abarca también la literatura anglo-americana de emigrantes de la segunda y tercera generación con obras en lengua inglesa.

Incluso un *bestseller*, como la novela de Oscar Hijuelos *The Mambo Kings Play Songs of Love* (1989), se ha llevado al cine. En tanto que la mayoría de los autores chicanos reflejan, por su bilingüismo («spanglish») inseguridad en cuanto a su identidad, los autores de literatura anglo-cubana en cambio, están ya en gran parte integrados idiomáticamente en la *american way of life*. Una parte considerable de esta literatura aparece dispersa en revistas.

Más difícil resulta aún determinar con exactitud, en el *melting-pot* de la sociedad multicultural norteamericana, qué elementos y cualidades definen esta escritura cubano-americana. Incluso en su comparación o delimitación con la literatura de los chicanos, tales intentos resultan problemáticos:

> Creo que si hay una escritura cubano-americana y que en ella se describe una problemática histórica específica. Esta problemática, sin embargo, no es radicalmente distinta a la de un chicano o un neoyorriqueño. Cierto es que hay una fuerte 'conciencia de exilado' en los cubano-americanos [...] Al escritor cubano-americano, como al chicano, lo define su rebeldía, su diálogo constante con la sociedad donde le toca crecer y con los discursos monológicos que lo dominan y lo excluyen.[653]

A más tardar, a partir de la segunda generación, el lenguaje empleado suele ser el inglés con el objetivo de llegar a un público de lectores mayor. La orientación hacia el lector internacional es, sin duda, uno de los aspectos positivos de esta literatura, pues, en última instancia, puede servir de eslabón y puente entre la cultura cubana y norteamericana o universal. Por otra parte, el rigor del mercado de producción obliga a hacer toda clase de compromisos o concesiones.

A pesar de la heterogeneidad de esta literatura, se ha intentado repetidas veces definir lo que le es común, sus constantes y sus temas esenciales. La tentación de considerar como literatura cubana todas las obras que tratan temas cubanos, a pesar de estar escritas en inglés, incluso en el caso de que en ellas

---

[653] Muñoz (1988: 71-73).

Cuba no sea, y no siempre, más que un ingrediente folklórico de moda, es muy grande.

En una antología de la literatura cubano-americana (1962-1982), editada por Sylvia Burunat y Ofelia García (*Veinte años de literatura cubano-americana*, Tempe (Arizona) 1988), las autoras consideran los siguientes temas como los puntos centrales de esa literatura: identidad cubana y afrocubana, recuerdo nostálgico, búsqueda de las raíces familiares, literatura de «roots», descripción de la vida en EE.UU., análisis de la política cubana. Si se añade la temática lesbiana y *gay*, resulta un espectro bastante completo de dicha literatura.

Sólo el tiempo permitirá saber si las obras escritas en inglés de autores como Oscar Hijuelos, Cristina García, Roberto G. Fernández, Pablo Medina, José Raúl Bernardo, Elías Muñoz (*Crazy Love, The Greatest Performance*), Vigil Suárez (*Latin Jazz*), Guy García (*Skin Deep*) pertenecen o no a la literatura cubana o norteamericana o bien encuentran un puesto como apéndice en la correspondiente historia de la literatura. Sin duda, la lengua será un criterio decisivo a la hora de su atribución, de mayor peso que las preferencias temáticas.

José Rodríguez-Luis, experto cubano en literatura residente en EE.UU., ha analizado críticamente la literatura multicultural de los «hispanics» en EE.UU. Como autores más conocidos de los años 70, cita sobre todo a Lino Novás Calvo, Lydia Cabrera, Lourdes Casal, Achy Obejas, para los años 80 a Reinaldo Arenas, Antonio Benitez Rojo, Heberto Padilla, José Kozer y Carlos Victoria. Mientras que la mayoría de estos escritores pudo continuar de alguna forma su obra iniciada en Cuba, se produjo en cambio una ruptura en la generación de sus hijos o nietos, como se manifiesta idiomáticamente en su creación literaria, escrita en inglés o «spanglish». Muchos de ellos encontraron su portavoz en *Linden Lane Magazine* o en la revista cultural *Areíto*.

En contraposición a la emigración mexicana o puertorriqueña, se trataba en este caso, en primer lugar, de una burguesía blanca ilustrada que poseía requisitos individuales privilegiados. Las interferencias idiomáticas de estos autores pueden percibirse en muchos puntos. Cuba, como escenario para la acción de una obra, es a menudo sólo una concesión a un público, que, anclado entre el recuerdo nostálgico y las utopías del futuro, trata de salvar el presente. La diversidad de raíces de esta literatura y sus diferentes niveles de integración o delimitación le llevan a Rodríguez-Luis a considerar más adecuado el concepto de transculturación para describir este fenómeno multicultural.

> Es posible que el concepto de transculturación, según lo emplea Rama (Transculturación narrativa en América Latina) sea, en definitiva, el más útil para entender las literaturas hispánico-americanas, viéndolas como literaturas menos 'modernas' que la norteamericana [...][654]

---

[654] Rodríguez-Luis (1993: 48).

Las obras más significativas de la literatura de los «Cuban-Americans» son las novelas de Oscar Hijuelos, Cristina García, Roberto G. Fernández, Pablo Medina y José Raul Bernardo, que aquí serán tratados a modo de ejemplo de la creación de muchos otros autores, permitiéndonos así adentrarnos en la temática de esta literatura.

Oscar Hijuelos, hijo de padres cubanos, nació en 1951 en Nueva York y murió allí en 2013. El mundo de sus antepasados y la emigración a EE.UU. son los grandes temas de sus novelas. El éxito de su carrera literaria se inició en 1990 con la concesión del famoso Premio Pulitzer por la novela *The Mambo Kings Play Songs of Love* (1989), también llevada al cine con el título español *Los reyes del mambo tocan canciones de amor.*

El autor retrata, con una cierta melancolía y alegría de vivir, los hermanos Cesar y Nestor Castillo, tan diferentes — Cesar, un machista, y Nestor, un tímido —: ambos, cantantes, guitarristas y trompetistas, llegan de su patria Cuba, con el mambo y crean en el Nueva York de los años 50 una orquesta latina, los «Mambo Kings».

Los dos llegan a ser famosos y hacer fortunas, pero la nostalgia de la patria perdida no les abandona en ningún momento. A pesar de su matrimonio con la sensual Delores, Nestor recuerda con tristeza su amor cubano de juventud, para el que compone el melancólico bolero «Beautiful Maria of my Soul»:

Oh, tristeza de amor,
¿por qué tuviste que venir a mí?
Yo estaba feliz antes que
entraras en mi corazón.

¿Cómo puedo odiarte
si te amo como te amo?
No puedo explicar mi tormento
porque no sé como vivir sin tu amor.

Qué dolor delicioso
el amor me ha traído
en la forma de una mujer.
Mi tormento y mi éxtasis.
Bella María de mi alma,
María, mi vida [...]

¿Por qué me maltratabas?
¿Dime por qué sucede de esta manera?
¿Por qué es siempre así?
María, mi vida,
Bellísima María de mi alma.[655]

Hijuelos conocía bien el ambiente ya que había sido antes guitarrista en una orquesta puertorriqueña.

---

[655] Transcripción española del bolero, al final de la novela.

Su novela anterior, *Our House in the Last World* (1983, *Nuestra casa en el fin del mundo*) no fue «descubierta» sino después. En ella se trata la historia de una familia a través de tres generaciones, entre 1929 y 1975. Tres de los catorce capítulos se desarrollan en Cuba, el resto en el barrio cubano de Manhattan. Al comienzo, la familia Santinio se establece en San Pedro, una pequeña ciudad cubana de Oriente. En los años 40, Alejo Santinio y su mujer Mercedes Sorrea, emigran a Nueva York, donde viven ya dos de sus hijos, Horacio y Hector.

El libro puede interpretarse y leerse como novela de formación o aprendizaje del hijo mayor de la familia, Hector Santinio. El espíritu aventurero y los problemas personales con los parientes, presionan a la familia para irse al extranjero. Los hijos de la segunda generación se abren camino mejor que los padres, quienes continúan hablando español en casa, cocinan a la cubana y escuchan música de la isla. En los años 50, los padres hacen una breve visita a Cuba, pero en 1965 la otra parte de la familia Santinio se ve obligada a exiliarse en EE.UU.

Hijuelos siguió tratando fielmente el tema de las historias familiares como se puede apreciar en su tercera novela *The fourteen Sisters of Emilio Montez O'Brien* (1993, *Las catorce hermanas de Emilio Móntez O'Brien*). La «casa llena de mujeres» en una pequeña ciudad de EE.UU. continua unida a su patria, Cuba, toda su vida. En 1999, Hijuelos publicó *Empress of the Splendid Season,* una novela sobre la vida de «Cuban-Americans» en Nueva York.

El *bestseller,* objeto de grandes elogios, de **Cristina García** (1958 La Habana) *Dreaming in Cuban* (1992, *Soñar en cubano*), dedicado a su abuela cubana y al esposo norteamericano, describe la turbulenta historia de una familia de emigrantes cubanos a lo largo de tres generaciones. La familia de García se trasladó en 1960 a EE.UU. y, tras algunos años de estudio en Nueva York, la autora empezó a trabajar en el periodismo, entre otros, como corresponsal del *Time Magazine* en San Francisco, Miami y Los Ángeles. En 1984, volvió de visita a su antigua tierra natal en búsqueda de su perdida identidad cubana — como se afirma en la reseña publicitaria — y allí concibió la novela.

El éxito se explica posiblemente porque la obra fue lanzada al mercado en un momento, en el que muchos cubanos deseaban con avidez el diálogo entre la isla y el exilio tras décadas de confrontación. A pesar de todas las diferencias que las separan, Cecilia, la vieja abuela fiel a Fidel y Lourdes, su hija emigrada, a su vez acompañada por la nieta Pilar (el personaje autobiográfico clave), que han conseguido en EE.UU. un nivel de vida modesto, se reúnen durante una semana de abril de 1980 — en la realidad literaria de la novela — y logran encontrarse y entenderse humanamente.

La familia, aunque por ambas partes en fase de disolución, representa el marco que une a todos sus miembros. La escueta estructura de la saga familiar, a través de generaciones, responde al modelo de *La casa de los espíritus* (1982), de Isabel Allende. Pero, además hay un entrecruce de elementos esotéricos y parapsicológicos con el realismo mágico de García Márquez.

Cada uno de los personajes despliega sus propios sentimientos. Los personajes femeninos están en el centro de la acción con sus buenos y malos momentos: amor, odio y tristeza, temperamento y sentimientos primarios se van revelando paulatina y sucesivamente, a través de escenas dinámicas. Lo que en Allende eran esotérica y espiritismo aparecen aquí potenciados con escenas sangrientas de la santería.

La Revolución, Playa Girón, crisis de los misiles, entre otros, constituyen el marco histórico, y nada más. Los acontecimientos de esa época en Cuba, que culminaron en la dramática primavera de 1980 con la emigración de unos 130.000 cubanos y cubanas por el puerto de Mariel no están narrados siempre con exactitud. Uno de los personajes pide prestado un libro en la biblioteca del college, otro se hace pasar por la mujer decente de buenas costumbres en un baile universitario de La Habana, todo ello experiencias propias de la autora de su época de estudiante en EE.UU. y que García traslada a un mundo que ella desconoce.

Las cartas nunca enviadas, de la abuelita Celia a Gustavo, su amor de juventud que se ha fugado a España recuperan los sucesos históricos entre 1955 y 1959 y deben interpretarse como una especie de diario interior, lo que proporciona al texto un matiz nostálgico. Las fantasías sexuales de las mujeres en un mundo, en última instancia, sin hombres se mezclan con un *kitsch* político de escasa calidad.

Con motivo de un ejercicio de prácticas militares en Sierra Maestra en 1974, Felicia del Pino (nacida en 1968) da rienda suelta a sus fantasías de pubertad. El personaje con el que se identifica es nada menos que Fidel Castro:

> [...] what would he be like in bed? Would he remove his cap and boots? Leave his pistol on the table? Would guards wait outside the door listening for the sharp pleasure that signaled his departure? What would his hands be like? His mouth, the hardness between his thighs? Would he churn inside her slowly as she liked? Trail his tongue along her belly and lick he there? Felicia slips her hand down the front of her army fatigue pants. She feels his tongue moving faster, his beard against her thighs. 'We need you, Compañera del Pino', she hears him murmur sternly as he comes.[656]

Es más que dudoso que la trivialidad de tales escenas pornográficas aporte algún elemento nuevo a la comprensión de las estructuras psíquicas autoritarias. En una entrevista (Leyva 1995), la autora se declaró en contra de la politización de sus personajes: «Quería que estos personajes — que son mujeres — fueran auténticos y no que se comportaran como caricaturas políticas».[657] Si García cree pertenecer a la literatura norteamericana, habrá que encuadrarla, sin embargo, por el contenido de sus textos y su ascendencia isleña, formando parte también de la literatura cubana, ya que la literatura cubano-americana es una vida en el guión, como afirma acertadamente la escritora. En su novela *The Agüero Sisters* (1995), la autora siguió la pauta de la novela de familias.

Roberto G. Fernández (24 de setiembre de 1951 Sagua la Grande, provincia Villa Clara) es uno de los novelistas y autores de cuentos más conocidos de

---

[656] García (1993: 110-111).

[657] Leyva (1995: 57).

la segunda generación de emigrantes. A la edad de diez años llegó a EE.UU. y, desde entonces, vive en la Florida como profesor de literatura y escritor. En sus mejores novelas (*La vida es un special,* 1981, *La montaña rusa,* 1985, *Raining backwards,* 1988, *Holy radishes!* 1994) retrata tragicómica e irónicamente la comunidad cubana de Miami. Los sueños de un mundo ideal y de la liberación de la isla contrastan más de una vez, en sus personajes, con las extravagancias pequeñoburguesas o la imitación del estilo de vida de la *High Society* que, en el fondo, no son más que sustitución y supresión de la realidad.

Pero también los míticos héroes cubanos de la isla, como Fidel Castro, que en *Holy radishes!* es caracterizado como «Faithful Chester», autor del manifiesto «La historia te absorberá», son desmitificados y devueltos al terreno de la realidad. En 2001 publicó el libro *En la Ocho y en la Doce.*

En *Raining Backwards* (1988), Fernández describe los conflictos entre los cubanos y los anglos de Miami, durante los años 60 y 70. Por medio de retrospectivas, se resucita y se destruye viejos mitos en el ambiente de Little Havanna. El punto central de la obra lo representan los problemas de identidad, resueltos de muy diferentes formas por los personajes.

Mientras la vieja generación apenas puede integrarse (Barbarita: «We should never have left. This country changes people. I think it is the water. It makes them crazy»),[658] los jóvenes en cambio logran adaptarse ampliamente a la *american society.* Sin embargo, en el capítulo central de la novela, una vieja cubana y su nieto proyectan regresar a Cuba en una lancha. La maestría del autor se muestra, sobre todo, en la crítica satírica e irónica de las costumbres institucionalizadas: fiestas familiares, ceremonias en la iglesia católica, orgías anticomunistas, fiestas quinceañeras, culto a José Martí y la Virgen de la Caridad, costumbres campesinas como la pelea de gallos, etc. La destrucción humorística de los mitos obliga a reflexionar sobre el pasado y proporciona a la vez a los personajes la posibilidad de tener un futuro.

Pablo Medina (1948 La Habana) abandonó Cuba en 1960 y, por sus novelas y poesía (*Pork Rind and Cuban Songs,* 1975, *Arching into the After-Life*), pertenece también a esta literatura. En 1994, Medina logró un gran éxito internacional con la novela *The Marks of Birth.* Se trata de una obra semi-autobiográfica sobre el problema de la identidad, con una estructura contrastiva — antes y después de 1959 — : Antón crece en el seno de una familia acomodada y tradicional de los años 50 y 60 en Cuba.

Su vida parece tomar un rumbo tranquilo, sin sobresaltos, rodeada de mitos y ritos sagrados, del tío Antonio, Don Juan y revolucionario en una persona, de la devota abuela Felicia, de la adivina Marina y Mirta, la criada. En este idilio irrumpe de pronto la Revolución, con tanques y cañones. Antón es expulsado del Paraíso y huye. Quince años después, hace balance de su vida en la paz pequeñoburguesa de una ciudad provinciana de Nueva Jersey. Al final de la novela, un comando aéreo armado lo arranca violentamente de su pasividad y lo lanza a la isla.

---

[658]   Fernández (1988: 55).

Desde hace más de cuarenta años, **José Raúl Bernardo**, de origen cubano, vive como arquitecto en Catskill Mountains en el Estado de Nueva York. Con su novela *The Secret of the Bulls* (1996), publicada simultáneamente en inglés y español, triunfó internacionalmente. Se trata de una novela sobre el problema de la identidad, en el marco de la historia familiar de su madre: un retrato de Cuba a comienzos del Siglo Veinte, puesto que el recuerdo es el único paraíso del que no podemos ser expulsados.

Las barreras del idioma no son siempre un criterio para la creación literaria de los Cuban-Americans. Así, por ejemplo, se publicó en español el bestseller *Erótico 69: memorias eróticas de una cubanoamericana* (1998), primera novela de una trilogía sobre el Miami cubano, de la autora **Marcia Morgado** (1951 La Habana), periodista, poetisa, narradora, fundadora y editora de la revista Mariel. Resulta sin duda exagerado considerar esta novela como una crítica de la hipocresía y represión de una sociedad y de la doble moral de los colegios católicos.

Tampoco es la primera novela erótica del exilio cubano. Este mérito habría que atribuírselo a **José Carlos Somoza Ortega** (1959 La Habana), un psiquiatra cubano que vive en Madrid, quien en enero de 1996 ganó el prestigioso premio para literatura erótica «La Sonrisa Vertical», con la novela fetichista *Silencio de Blanca*, en la que se describe la relación de un profesor de piano, de unos 40 años, con Blanca, un tipo de mujer muy peculiar.

En 1999, el mismo autor ganó el codiciado premio «Café Gijón» de novela policíaca, dotado con dos millones de pesetas con la novela *La ventana pintada;* con anterioridad ya había obtenido el «Cervantes» de teatro.

Textos

Fernández, Roberto G.: *Raining Backwards,* Houston (Texas) 1988; [2]1989.
García, Cristina: *Dreaming in Cuban,* New York 1993.

Estudios y entrevistas

Fornet, Ambrosio: «Soñar en cubano, escribir en inglés: una reflexión sobre la triada lengua-nación-literatura», en: *Temas* 10 (1997), págs. 4-12.
Leyva, Waldo: «Trópico de semejanzas (conversando con Cristina García y Achy Obejas)», en: *La Gaceta de Cuba* 5 (1995), págs. 54-57.
López Cruz, Humberto: «Humor e hipérbole en Raining Backwards y Going Under», en: *Encuentro de la Cultura Cubana* 14 (1999), págs. 163-169.
López, Iraida H.: «'[...] and there is only my imagination where our history should be': an Interview with Cristina García», en: Behar, Ruth (ed.): *Bridges to Cuba / Puentes a Cuba,* Ann Arbor (Mich.) 1995, págs. 102-114.
Luis, William: «Reading the Mcodes of Cuban Culture in Cristina García's Dreaming in Cuban», en: *Cuban Studies* 26 (1996), págs. 201-223.

31 Bibliografía general

31.1 «Literatura cubana en la diáspora»

31.1.1 Antologías

Behar, Ruth (ed.): *Bridges to Cuba / Puentes a Cuba*, Ann Arbor (Mich.) 1995.

Burunat, Silvia / García, Ofelia (eds.): *Veinte años de literatura cubano-america-na: antología 1962-1982*, Tempe (Arizona) 1988.

Fernández, Damián / Cámara, Madeline (eds.): *Cuba: the Elusive Nation: Interpretations of National Identity*, Miami (Fl.) 1999.

Hospital, Carolina (ed.): *Cuban American Writers: los Atrevidos*, Princeton (New Jersey) 1988.

Poey, Delia / Suárez, Vigil (eds.): *Little Havana Blues: A Cuban-American Literature Anthology*, Houston (Texas) 1996.

31.1.2 Bibliografías

Fernández, José B. / Fernández, Robert G. (eds.): *Índice bibliográfico de autores cubanos (Diáspora 1959-1979) / Bibliographical Index of Cuban Authors (Diáspora 1959-1979)*, Miami (Fl.) 1983.

Kanellos, Nicolás (ed.): *Bibliographical Dictionary of Hispanic Literature in the United States: the Literature of Puerto Ricans, Cuban Americans, and other Hispanic Writers*, New York; Westport 1989.

Lomelí, Francisco (ed.): *Handbook of Hispanic Cultures in the United States: Literature and Art*, Houston (Texas); Madrid 1993.

Maratos, Daniel C. / Hill, Marnesba D. (eds.): *Escritores de la diáspora cubana: manual biobibliográfico / Cuban Exile Writers: A Biobibliographic Handbook*, Metuchen (New Jersey); London 1986.

Stoner, K. Lynn / Serrano Pérez, Luis Hipólito (eds.): *Cuban and Cuban-American Women: An Annotated Bibliography*, Wilmington (Del.) 2000.

Varona, Esperanza B. de: *Cuban Exile Periodicals at the University of Miami Library: an Annual Bibliography*, Madison (Wisconsin) 1987.

Zimmermann, Marc: *U.S. Latino Literature: An Essay and Annotated Bibliography*, Chicago 1992.

31.2 Estudios
(Literatura y cultura en general)

Aguirre, Mirta: «Poesía y cubanía», en: Aguirre, Mirta: *Estudios literarios*, La Habana 1979, págs. 43-77.

Alberto, Eliseo: *Informe contra mi mismo*, Madrid 1997.

Alegría, Fernando / Ruffinelli, Jorge (eds.): *Paradise Lost or Gained? The Literature of Hispanic Exile*, Houston (Texas) 1990.

Alonso Gallo, Laura / Murrieta, Fabio (eds.): *Guayaba Sweet: literatura cubana en Estados Unidos,* Cádiz 2004.

Alvarez Borland, Isabel: *Cuban-American Literature of Exile: From Person to Persona,* Charlottesville; London 1998.

Ares, Meray: *Características nacionales de la literatura cubana,* Miami (Fl.) 1986.

Baur, Sigrid: «Kubanische Exilliteratur in den USA: Autoren der ersten und zweiten Generation: revolución — exilio — comunidad», Magisterarbeit (=tesis de mestrado), Heidelberg 1997.

Beier, Claudia: *Literarische Inszenierungen von Wertstrukturen und Wertkonflikten in zeitgenössischen kubanisch-amerikanischen Romanen,* Trier 2003 (tesis de doctorado, Gießen 2002).

Benjamin-Labarthé, Elyette / Grandjean Yves-Charles / Lerat, Christian (eds.): *Actes du VIe Congrès Européen sur les cultures d'Amérique Latine aux Etats-Unis: confrontations et métissages; Bordeaux 7-8-9 juillet 1994,* Bordeaux 1995.

Buxó Rey, María Jesús / Calvo Buezas, Tomás (eds.): *Culturas hispanas en los Estados Unidos de América,* Madrid 1990.

Casal, Lourdes / Hernández, Andrés R.: «Cubans in the U.S.: A Survey of the Literature», en: *Cuban Studies* 5/2 (1975), págs. 25-51.

Castro, Nils: *Cultura nacional y cultura socialista,* La Habana 1978.

Cortina, Rodolfo: *Cuban American Theatre,* Houston (Texas) 1991.

Cuba: cultura e identidad nacional: memorias del Encuentro «Cuba: Cultura e Identidad Nacional» (23-24 de junio de 1995), La Habana 1995.

Duany Jorge: «Hispanics in the United States: Cultural Diversity and Identity», en: *Caribbean Studies* 22/1-2 (1989), págs. 1-36.

Duany, Jorge: «Ni 'exiliado dorado' ni 'gusano sucio': la identidad étnica en recientes novelas cubano-americanas», en: *Temas* 10 (1997), págs. 22-30; versión inglesa en: *Cuban Studies* 23 (1993), págs. 167-183.

Espinosa Domínguez, Carlos: *El peregrino en comarca ajena: panorama crítico de la literatura del exilio,* Boulder (Colorado) 2001.

Ette, Ottmar: «'Partidos en dos': zum Verhältnis zwischen insel- und exilkubanischer Literatur», en: *Romanistische Zeitschrift für Literaturgeschichte* 13 (1989), págs. 440-453.

Fernández Retamar, Roberto: *Calibán y otros ensayos,* La Habana 1979.

Fornet, Ambrosio: «El discurso de la nostalgia», en: *La Gaceta de Cuba* 4 (1994), págs. 32-33.

Fornet, Ambrosio: *Bridging Enigma: Cubans on Cuba,* Durham (N. C.) 1997.

Fornet, Ambrosio (ed.): *Memorias recobradas: introducción al discurso literario de la diáspora,* Santa Clara 2000.

Fornet, Ambrosio: «La literatura cubana de la diáspora y el dilema de las dos culturas: un testimonio personal», en: *La Gaceta de Cuba* 6 (2006), págs. 42-46.

Fornet-Betancourt, Raúl (ed.): *Filosofía, teología, literatura: aportes cubanos en los últimos 50 años,* Aachen 1999.

García, José Manuel: *La literatura cubano-americana y su imagen,* Miami 2004.

García, María Cristina: «Cuban Writers and Scholars in Exile», en: García, María Cristina: *Havana USA: Cuban Exiles and Cuban Americans in South Florida, 1959-1994,* Berkeley; Los Ángeles; London 1996, págs. 169-207.

Gewecke, Frauke: «Ariel versus Caliban? Lateinamerikanische Identitätssuche zwischen regressiver Utopie und emanzipatorischer Rebellion», en: *Iberoamericana* 19-20 (1983), págs. 43-68.

Gewecke, Frauke: «Kubanische Literatur der Diaspora (1960-2000)», en: Ette, Ottmar / Franzbach, Martin (eds.): *Kuba heute: Politik, Wirtschaft, Kultur,* Frankfurt am Main 2001, págs. 553-616.

Gewecke, Frauke: «La literatura de los 'Hispanic U.S.A.' en el mercado, ¿'New Spice in the Melting Pot'?», en: Paatz, Annette / Pohl, Burkhard (eds.): *Texto social: homenaje a Manfred Engelbert,* Berlin 2003, págs. 517-531.

Gewecke, Frauke: «Teatro y etnicidad: el ejemplo de los Cuban Americans», en: Adler, Heidrun / Herr, Adrián (eds.): *Extraños en dos patrias: teatro latinoamericano del exilio,* Madrid; Frankfurt am Main 2003, págs. 101-123.

Gewecke, Frauke: «Literature on the Move: acerca de las prácticas culturales de los latinos en Estados Unidos», en: *Iberoamericana* 27 (2007), págs. 199-225.

Hernández-Miyares, Julio E. / Fernández-Torriente, Gastón / Fernández-Marcane, Leonardo (eds.): *Cuba, exilio y cultura: memoria del Congreso del Milenio,* Miami 2002.

Izquierdo Pedroso, Lázara: *Zwei Seiten Kubas: Identität und Exil — ein literaturkritischer Beitrag,* Stuttgart 2002 (sobre la obra de René Vázquez Díaz en Suecia).

Knauer, Gabriele: «Lenguas e identidades en transgresión: el teatro cubano en Estados Unidos», en: Knauer, Gabriele / Miranda, Elina / Reinstädler, Janett (eds.): *Transgresiones cubanas: cultura, literatura y lengua dentro y fuera de la isla,* Madrid 2006, págs. 141-158.

Leal, Rine: «Asumir la totalidad del teatro cubano: invitación al debate a partir de una reveladora antología», en: *La Gaceta de Cuba* (setiembre / octubre de 1992), págs. 7-9.

Le Riverend, Pablo: *Diccionario biográfico de poetas cubanos en el exilio (contemporáneos),* Newark (New Jersey) 1988.

Lisocka-Jaegermann, Bogumila: «Identidad cultural de las sociedades regionales: el caso del oriente cubano», en: *Actas latinoamericanas de Varsovia* 18 (1995), págs. 41-64.

López Lemus, Virgilio: «Para el estudio de la literatura cubana en el exterior, 1960-1995: una introducción posible al planteamiento del problema de investigación», en: *Cuba: cultura e identidad nacional: memorias del Encuentro «Cuba: Cultura e Identidad Nacional» (23-24 de junio de 1995),* La Habana 1995, págs. 229-233.

Luis, William: *Dance between two Cultures: Latino Caribbean Literature Written in the United States,* Nashville; London 1997.

Monge Rafuls R. (ed.): *Lo que no se ha dicho: Essays Commissioned by Ollantay Center of Arts,* Jackson Heights (N. Y.) 1994.

Muñoz, Elías Miguel: *Desde esta orilla: poesía cubana del exilio,* Madrid 1988.

Nuez, Iván de la: «El destierro de Calibán: diáspora de la cultura cubana de los 90 en Europa», en: *Encuentro de la Cultura Cubana* 4-5 (1997), págs. 137-144.

Núñez Rodríguez, Enrique: «¿La totalidad del teatro cubano? una respuesta sobre algunas interrogantes», en: *La Gaceta de Cuba* (noviembre / diciembre de 1992), pág. 32.

Padrón Nodarse, Frank: «Recuperando lo que nos pertenece: escritores exilados se publican en Cuba», en: *Areíto* 4/14 (octubre 1993), págs. 18-22.

Padura Fuentes, Leonardo: «Tiene la carabina el camarada Ambrosio: entrevista homenaje a Ambrosio Fornet, en su sesenta cumpleaños», en: *La Gaceta de Cuba* (setiembre / octubre de 1992), págs. 2-6.

Pérez Jr., Louis A.: *On Becoming Cuban: Identity, Nationality, and Culture,* Chapel Hill; London 1999.

Pérez Jr., Louis A.: *Ser cubano, identidad, nacionalidad y cultura,* La Habana 2006.

Pérez-Firmat, Gustavo: *Transcending Exile: Cuban-American Literature Today,* Florida: Florida International University, 1987 (Occasional Paper; 92; Dialogue Series, Latin American and Caribbean Center).

Pérez-Firmat, Gustavo: «Cuba sí, Cuba no: querencias de la literatura cubano-americana», en: *Encuentro de la Cultura Cubana* 14 (1999), págs. 131-137.

Pérez-Firmat, Gustavo: *Vidas en vilo: la cultura cubano-americana,* Madrid 2000 (edición ampliada de *Life on the Hyphen,* 1994).

[PEN-Club]: *La literatura cubana del exilio,* Miami 2001.

Prieto, Abel: «Cultura, cubanidad, cubanía», en: [Autores varios]: *La nación y la emigración,* La Habana 1994, págs. 38-83.

Rodríguez-Luis, Julio: «Sobre la literatura hispánica en los Estados Unidos», en: *Casa de las Américas* 193 (1993), págs. 37-48.

Rojas, Rafael: «Insularidad y exilio de los intelectuales cubanos», en: *Plural* 274 (1994), págs. 16-25.

Rojas, Rafael: «Diáspora y literatura: indicios de una ciudadanía postnacional», en: *Encuentro de la Cultura Cubana* 12-13 (1999), págs. 136-146.

Rojas, Rafael: *Tumbas sin sosiego: revolución, disidencia y exilio del intelectual cubano,* Barcelona 2006.

Sánchez-Boudy, José: *Historia de la literatura cubana (en el exilio),* vol. 1, Miami 1975.

Santí, Enrico Mario: «Cuba y los intelectuales: una reflexión necesaria», en: *Encuentro de la Cultura Cubana* 3 (1996-1997), págs. 92-95.

Schumm, Petra: *Exilerfahrung und Literatur: lateinamerikanische Autoren in Spanien,* Tübingen 1990.

[UNEAC]: *Intercambio cultural entre intelectuales cubanos de la isla y de la emigración (1988-1995),* La Habana 1995.

Valdés Bernal, Sergio: *Lengua nacional e identidad cultural del cubano,* La Habana 1998.

Vázquez Díaz, René (ed.): *Bipolaridad de la cultura cubana: ponencias del Primer Encuentro de Escritores de dentro y fuera de Cuba; Estocolmo, 25-28 de mayo de 1994,* Estocolmo: The Olof Palme International Center, 1994.

Vázquez Díaz, René (ed.): *Cuba: voces para cerrar un siglo: testimonios de cubanos residentes en la Isla (I) y en el exterior (II),* 2 tomos, Estocolmo 1999.

Vitier, Cintio: *Lo cubano en la poesía,* La Habana 1970.

31.3 Estudios
(historia y política)

Ackerman, Holly: *Mass Migration, Nonviolent Social Action and the Cuban Raft Exodus, 1959-1994: An Analysis of Citizen Motivation and International Politics*, Diss. Miami 1996.

Alvarado, Ana María: *En torno a la cubanía: aproximaciones a la idiosincrasia cubana*, Miami 1998.

Antón, Alex / Hernández, Roger E.: *Cubans in America: A Vibrant History of a People in Exile*, New York 2002.

Artalejo, Lucrecia: *La máscara y el marañón: la identidad nacional cubana*, Miami 1991.

Barkan, Elazar / Shelton, Marie-Denise: *Borders, Exiles, Diasporas*, Stanford 1998.

Behar, Ruth: *The Vulnerable Observer: Anthropology that Breaks Your Heart*, Boston 1996.

Benítez Rojo, Antonio: *La isla que se repite (El Caribe y la perspectiva postmoderna)*, Miami 1989; edición definitiva y ampliada: Barcelona 1998.

Boswell, Thomas D. / Curtis, James R.: *The Cuban-American Experience: Images and Perspectives*, New Jersey 1984.

Castellanos, Isabel: «El uso del inglés y el español entre los cubanos en Miami», en: *Temas* 10 (1997), págs. 48-53; versión inglesa en: *Cuban Studies* 20 (1990), págs. 49-63.

Cobas, José A. / Duany, Jorge: *Cubans in Puerto Rico: Ethnic Economy and Cultural Identity*, Gainesville 1997.

Croucher, Sheila L.: *Imagining Miami: Ethic Politics in a Postmodern World*, Charlottesville, Virginia 1997.

Cuba: la isla posible, Barcelona: Centre de Cultura Contemporània de Barcelona; Ediciones Destino, 1995 (Literatura y Arte).

Díaz, Antonio Aja / Milán Acosta, Guillermo: «El flujo migratorio externo de Cuba en la década del noventa», en: *Universidad de La Habana* 247 (1997), págs. 41-61.

Duany, Jorge: «Hispanics in the United States: Cultural Diversity and Identity», en: *Caribbean Studies* 22 (1989), págs. 1-25.

Esteve, Himilce: *El exilio cubano en Puerto Rico: su impacto político-social, 1959-1983*, San Juan (Puerto Rico) 1984.

Fornet, Ambrosio: «La diáspora cubana y sus contextos», en: *Casa de las Américas* 222 (2001), págs. 22-29.

García, María Cristina: *Havana USA: Cuban Exiles and Cuban Americans in South Florida, 1959-1994*, Berkeley; Los Ángeles; London 1996.

González-Pando, Miguel: *The Cuban Americans*, Westport (Conn.) 1998.

Guanche, Jesús: *Componentes étnicos de la nación cubana*, La Habana 1996.

Henning, Doris: «Kuba in Miami: Migration und ethnische Identität», en: Ette, Ottmar / Franzbach, Martin (eds.): *Kuba heute: Politik — Wirtschaft — Kultur*, Frankfurt am Main 2001, págs. 617-652.

Ibarra, Jorge: *Nación y cultura nacional*, La Habana 1981.

Martín Fernández, Consuelo / Romano, Vicente: *La emigración cubana en España,* Madrid 1994.

Masud Piloto, Félix: *With Open Arms: Cuban Migration to the United States,* Totowa (New Jersey) 1988.

Masud Piloto, Félix Roberto: *From Welcomed Exiles to Illegal Immigrants: Cuban Migration to the U.S., 1959-1995,* Lanham (Md.) 1996.

Pérez-Firmat, Gustavo: *Life on the Hyphen. The Cuban American Way,* Austin 1994.

Pérez-Firmat, Gustavo: «Vivir en la cerca: la generación del 1, 5», en: *La Gaceta de Cuba* 5 (1996), págs. 21-24.

Pérez-Firmat, Gustavo: «A Willingness of the Heart: cubanidad, cubaneo, cubanía», en: *Cuban Studies Association* 2/7 (1 de octubre de 1997), págs. 1-11 (CSA Paper Series).

Pérez-Firmat, Gustavo: *Cincuenta lecciones de exilio y desexilio,* Miami 2000.

Portes, Alejandro / Bach, Robert L.: *Latin Journey: Cuban and Mexican Immigrants in the United States,* Berkeley; Los Ángeles 1985.

Portes, Alejandro / Stepiek, Alex: *City on the Edge: the Transformation of Miami,* Berkeley 1993.

Prohías, Rafael J. / Casal, Lourdes: *The Cuban Minority in the U.S.: Preliminary Report on Need Identification and Program Evaluation,* Boca Raton 1973.

Rieff, David: *The Exile: Cuba in the Heart of Miami,* New York 1993.

Rodríguez Chávez, Ernesto: «El flujo emigratorio cubano 1985-1995: balance y perspectivas», en: *Revista de Ciencias Sociales* 3 (1997; San Juan, Puerto Rico), págs. 37-81.

Rodríguez Chávez, Ernesto: «Notas sobre la identidad cubana en su relación con la diáspora», en: *Temas* 28 (2002), págs. 44-55.

Rojas, Rafael: *Isla sin fin: contribución a la crítica del nacionalismo cubano,* Miami 1998.

Sorel, Julián B. (= Miguel Sales): *Nacionalismo y revolución en Cuba 1823-1998,* Madrid 1998.

Ubieta Gómez, Enrique: *Ensayos de identidad,* La Habana 1993.

Uriarte, Miren: «Los cubanos en su contexto: teorías y debates sobre la inmigración cubana en los Estados Unidos», en: *Temas* 2 (1995), págs. 64-78.

Vargas Llosa, Alvaro: *El exilio indomable: historia de la disidencia cubana en el destierro,* Madrid ²1998.

Vera-León, Antonio: «El uno y su doble», en: *La Gaceta de Cuba* 5 (setiembre / octubre de 1996), págs. 25-26.

Vitier, Cintio: *Ese sol del mundo moral: para una historia de la eticidad cubana,* México 1975.

32 Índice de fuentes

Las fotografías de los autores son de propriedad privada del autor. Para el resto de reproducciones, el autor tiene el permiso de los autores respectivos y de las instituciones.

Bibliotheca Romanica et Latina

Editada por

Dietrich Briesemeister
Eberhard Gärtner
Sybille Große
Maria de la Pau Janer
Axel Schönberger

1. Dietrich Briesemeister / Axel Schönberger (eds.): *De litteris neolatinis in America Meridionali, Portugallia, Hispania, Italia cultis,* Frankfurt am Main: Valentia, 2002, ISBN 3-936132-00-3, 221 págs.

2. Eberhard Gärtner / Axel Schönberger (eds.): *Über die Entwicklung der Terminologie der spanischen Grammatikographie,* Frankfurt am Main: Valentia, 2003, ISBN 3-936132-01-1, 129 págs.

3. Susanne Hartwig / Klaus Pörtl (eds.): *Identidad en el teatro español e hispanoamericano contemporáneo,* Frankfurt am Main: Valentia, 2003, ISBN 3-936132-03-8, 207 págs.

4. Thomas Bodenmüller / Thomas M. Scheerer / Axel Schönberger (eds.): *Romane in Spanien: Band 1 — 1975-2000,* Frankfurt am Main: Valentia, 2004, ISBN 3-936132-04-6, 328 págs.

5. Axel Schönberger: *Priscians Darstellung der lateinischen Präpositionen: lateinischer Text und kommentierte deutsche Übersetzung des 14. Buches der* Institutiones Grammaticae, Frankfurt am Main: Valentia, 2008, ISBN 978-3-936132-18-2, 218 págs.

6. Axel Schönberger: *Die* Ars minor *des Aelius Donatus: lateinischer Text und kommentierte deutsche Übersetzung einer antiken Elementargrammatik aus dem 4. Jahrhundert,* Frankfurt am Main: Valentia, 2008, ISBN 978-3-936132-31-1, 201 págs.

7. Axel Schönberger: *Die* Ars maior *des Aelius Donatus: lateinischer Text und kommentierte deutsche Übersetzung einer antiken Lateingrammatik des 4. Jahrhunderts für den fortgeschrittenen Anfängerunterricht,* Frankfurt am Main: Valentia, 2009, ISBN 978-3-936132-32-8, 423 págs.

8. Eberhard Gärtner / Axel Schönberger (eds.): *Estudos sobre o Português Brasileiro,* Frankfurt am Main: Valentia, 2009, ISBN 978-3-936132-33-5, 245 págs.

9. Thomas Bodenmüller / Maria de la Pau Janer / Thomas M. Scheerer / Axel Schönberger (eds.): *Romane in Spanien: Band 2 — 1975-2005*, Frankfurt am Main: Valentia, 2009, ISBN 978-3-936132-13-7, 374 págs.

10. Axel Schönberger: *Priscians Darstellung der lateinischen Pronomina: lateinischer Text und kommentierte deutsche Übersetzung des 12. und 13. Buches der* Institutiones Grammaticae, Frankfurt am Main: Valentia, 2009, ISBN 978-3-936132-34-2, 238 págs.

11. Axel Schönberger: *Priscians Darstellung der lateinischen Konjunktionen: lateinischer Text und kommentierte deutsche Übersetzung des 16. Buches der* Institutiones Grammaticae, Frankfurt am Main: Valentia, 2010, ISBN 978-3-936132-09-0, 202 págs.

12. Axel Schönberger: *Priscians Darstellung der lateinischen Syntax (I): lateinischer Text und kommentierte deutsche Übersetzung des 17. Buches der* Institutiones Grammaticae, Frankfurt am Main: Valentia, 2010, ISBN 978-3-936132-10-6, 654 págs.

13. Axel Schönberger: *Priscians Darstellung des silbisch gebundenen Tonhöhenmorenakzents des Lateinischen: lateinischer Text und kommentierte deutsche Übersetzung des Buches über den lateinischen Akzent,* Frankfurt am Main: Valentia, 2010, ISBN 978-3-936132-11-3, 511 págs.

14. Martin Franzbach: *Sozialgeschichte der kubanischen Literatur (1608-1958),* Frankfurt am Main: Valentia, 2012, ISBN 978-3-936132-14-4, 388 págs.

15. Martin Franzbach: *Historia social de la literatura cubana II (1959-2005): Tomo primero,* Frankfurt am Main: Valentia, 2014, ISBN 978-3-936132-15-1, 398 págs.

16. Thomas Bodenmüller / Maria de la Pau Janer / Axel Schönberger (eds.): *Romane in Spanien: Band 3 — 1975-2010,* Frankfurt am Main: Valentia, 2015, ISBN 978-3-936132-35-9, 197 págs.

17. Martin Franzbach: *Historia social de la literatura cubana II (1959-2005): Tomo segundo,* Frankfurt am Main: Valentia, 2015, X + 512 págs.

En preparación:

Cristina Bermond: *Il sacrificio del falcone nella IX novella della V giornata del* Decameron: *nuove considerazioni.*